NTJ
新約聖書注解

ガラテヤ書簡

浅野淳博●著

Novum Testamentum Japonicum

日本キリスト教団出版局

沖縄の友へ

「友いま一人の己なれば」
(Arist. *Ethica* 9:4:5)

「NTJ 新約聖書注解」の刊行にあたって

　古代教会の時代以来、あらゆるキリスト教会にとって、聖書を読むことはすべての宗教的実践の源泉であり、その手引きとなる聖書釈義ないし注解は、キリスト教信仰の基盤となる不可欠の取り組みであった。

*

　現代聖書学は、とりわけ聖書の権威を教会より上におく 16 世紀西欧の宗教改革の原理が、後の西欧近代の啓蒙主義や歴史主義と結びつくことで誕生した。聖書解釈は、文献学や言語学といった一般の人文諸学の手法を取り入れることにより、教会共同体や個人の信仰的敬虔と並んで、ときにはそれと対立しつつ、理性による検討対象となった。プロテスタント教会のみならず、伝統的に教会の教導権を聖書に並ぶ権威と見なすカトリック教会においても、とりわけ前世紀から続くエキュメニズムの進展の結果、現代聖書学の研究方法と成果は広く受け入れられている。また 19 世紀以降、ユダヤ教学者による新約聖書理解への貢献も著しくなってきている。このように聖書研究は、特定の教派や信仰に偏るものではないし、またキリスト教信仰の有無をも越えて、他宗教の信者や無宗教者にも開かれたものである。このことを反映し、本注解シリーズの執筆者の信仰的背景も多彩なものとなったことを喜びたい。

　なお、本シリーズ監修者たちの教会宣教に関する理解の一端については、本シリーズに先立って公開された中野実（他）著『共同研究　新約聖書学と現代の宣教――学問と実践の協働を目指して』（2015 年、http://bp-uccj.jp/tokusetsu/2015sympo.pdf）を、また現代の新約研究における方法論上の多様性については、同様に本シリーズ監修者を中心とする浅野淳博（他）著『新約聖書解釈の手引き』（日本キリスト教団出版局、2016 年）を、それぞれ参照していただきたい。

*

「NTJ 新約聖書注解」の刊行にあたって

本年 2017 年は、くしくも宗教改革 500 周年に当たる。当時の激烈な社会変動に応答し、同時にこれを先導するかたちで生じた宗教改革のひとつの重要な側面に、聖書の民衆語への翻訳と普及があったことはよく知られている。このことは、新しい時代が聖書の新しい理解を求めると同時に、聖書には新しい時代を切り開く力が宿っていることを、聖書の「民主化」がその端緒になりうることを意味する。

それゆえ本注解シリーズは、今日、日本語を使って生き、また考えている人々に、この聖書の力を明らかにすることを願って、日本語による書き下ろしとして企画された。これが最大の特徴である。シリーズの名称 Novum Testamentum Japonicum（NTJ）がそのことを示す。

もちろん日本には、現代聖書研究の成果をよく踏まえた英米独語による優れた注解シリーズの翻訳が、すでに複数存在する。とりわけ『ATD 旧約聖書註解』と『NTD 新約聖書註解』（ともに ATD・NTD 聖書註解刊行会、1973 年以降）がドイツ語圏を、『ニューセンチュリー聖書注解』（日本キリスト教団出版局、2004 年以降）が英国圏を、そして『現代聖書注解』（日本キリスト教団出版局、1986 年以降）が米国圏をそれぞれ代表している。

さらに日本語による書き下ろしも、本シリーズが最初ではない。すでに『現代新約注解全書』（新教出版社、1969 年以降）と『新共同訳 新約聖書注解』（日本キリスト教団出版局、1991 年以降）がある。どちらも優れたシリーズである。とりわけ前者は学問的に本格的なものであるが、それだけに初学者や一般読者には詳細すぎる印象があり、他方で後者は説教準備や教会での聖書研究にはよく適しているが、コンパクトであるがゆえに釈義の結論にいたる論証プロセスを丁寧に追うことが必ずしも容易でない。

これに対して本シリーズは、分量的にも学術的な水準の点でも、上述の二つの日本語による注解シリーズのいわば中間あたりを目指している。これが本シリーズの第二の特徴である。したがって古代ギリシア語（その他の古代語）を用いはするが、その知識は前提しない一方で、脚注による二次文献との詳細な折衝を基本的に行わない。

＊

具体的には本シリーズは以下のような〈**共通フォーマット**〉を採用する。
各注解書の冒頭に「**緒論**」を置き、当該文書の成立にまつわる歴史的問題と文書全体の構成および単元の区分について説明する。

これに続く本体部分では、各単元に区切って注解がなされる。そのステップは以下のとおりである（Word Biblical Commentary シリーズから着想を得ている）。

　まず「**翻訳**」は、各文書に特徴的な文体上の個性を尊重しつつ、古代ギリシア語を解さない読者にも、原典本文の〈手ざわり〉を伝えることを目指す。もっとも翻訳は釈義の出発点であると同時に到達点でもあり、これに以下のステップが続く。

　「**形態／構造／背景**」は、当該単元の様式（ないし文脈）上の特徴と構成、および必要な背景情報について述べる。

　これを受けて「**注解**」が、上掲の「翻訳」に至った理由を含めて、当該単元がどのような歴史的・文化的・社会的状況を背景に、どのような内容を、どのような受け手に向かって、どのような仕方で表現および伝達しようとしているかを、既存の別訳との異同も含め、抑制された分量による諸学説との対話を踏まえつつ説明する。

　最後に「**解説／考察**」は当該単元の要約的な解説、あるいは当該テクストで提起された問題が現代の私たちにとって持ちうる意味について、場合によっては特定の時代状況への適用も含めて考察する。とりわけこのステップに、21 世紀の東北アジアで生きるそれぞれの著者（および読者）の視点が、より明示的に反映されるであろう。

＊

　聖書の新しい読解は、キリスト教信仰と教会に新しい自己理解を与え、それにより社会と時代精神の革新をもたらしてきた。この対話的で創造的な営みに、読者の皆さんがともに参加して下さることを願ってやまない。

2017 年 8 月
「NTJ 新約聖書注解」監修者

須藤伊知郎（西南学院大学神学部教授）
伊東　寿泰（立命館大学産業社会学部教授）
浅野　淳博（関西学院大学神学部教授）
廣石　　望（立教大学文学部教授）
中野　　実（東京神学大学教授）
辻　　　学（広島大学大学院総合科学研究科教授）

凡　例

1、本書が引用する聖書の翻訳は、断りがない限りすべて著者の私訳である。

2、注解各単元の冒頭に《逐語訳》《自然訳》の2つの翻訳を掲載した。詳細は本書18頁を参照。

3、参考文献は、本文中で（著者名　出版年：該当頁）を略記し、巻末の文献表に詳細な書誌情報を掲載した。

4、聖書の書名の略語は、『聖書　新共同訳　旧約聖書続編つき』に準拠した。その他は以下のとおり。

〈偽典〉
　　アブラハムの黙示録　　　　　アブ黙
　　アリステアスの手紙　　　　　アリ
　　Ⅰエノク書（エチオピア語）　Ⅰエノ
　　十二族長の遺訓
　　　　ヨブの遺訓　　　　　　　ヨブ遺
　　　　ルベンの遺訓　　　　　　ルベ遺
　　　　レビの遺訓　　　　　　　レビ遺
　　ソロモンの詩編　　　　　　　ソロ詩
　　Ⅱバルク書（シリア語）　　　Ⅱバル
　　Ⅲマカバイ記　　　　　　　　Ⅲマカ
　　Ⅳマカバイ記　　　　　　　　Ⅳマカ
　　ヨセフとアセナト　　　　　　アセ
　　ヨベル書　　　　　　　　　　ヨベ
　　シビュラの託宣　　　　　　　シビュ

凡例

〈使徒教父文書〉

　　Ⅰクレメンス書　　　　　　　　　　　　Ⅰクレ
　　Ⅱクレメンス書　　　　　　　　　　　　Ⅱクレ
　　イグナティオス書簡
　　　　エフェソ人への手紙　　　　　　　　イグ・エフェ
　　　　マグネシア人への手紙　　　　　　　イグ・マグ
　　　　トラレス人への手紙　　　　　　　　イグ・トラ
　　　　ローマ人への手紙　　　　　　　　　イグ・ロマ
　　　　フィラデルフィア人への手紙　　　　イグ・フィラ
　　　　スミュルナ人への手紙　　　　　　　イグ・スミュ
　　　　ポリュカルポスへの手紙　　　　　　イグ・ポリュ
　　ポリュカルポスからフィリピ人への手紙　ポリュ・フィリ
　　ポリュカルポス殉教物語　　　　　　　　ポリュ殉
　　ディダケー　　　　　　　　　　　　　　ディダ
　　バルナバの手紙　　　　　　　　　　　　バル手
　　ヘルマスの牧者
　　　　幻　　　　　　　　　　　　　　　　ヘル幻
　　　　戒め　　　　　　　　　　　　　　　ヘル戒
　　　　喩え　　　　　　　　　　　　　　　ヘル喩
　　ディオグネトスへの手紙　　　　　　　　ディオ手
　　パピアス断片　　　　　　　　　　　　　パピ断
　　クアドラトゥス断片　　　　　　　　　　クア断

〈ラビ文献／ユダヤ教関連〉

1、フィロン

　　世界の創造　　　　　　　　　　　　　　創造
　　ケルビムについて　　　　　　　　　　　ケル
　　カインの子孫　　　　　　　　　　　　　子孫
　　巨人について　　　　　　　　　　　　　巨人
　　神は不動であること　　　　　　　　　　不動
　　農耕について　　　　　　　　　　　　　農耕
　　覚醒について　　　　　　　　　　　　　覚醒
　　アブラハムの移住について　　　　　　　移住
　　神の賜物を相続するのは誰か　　　　　　相続
　　予備教育　　　　　　　　　　　　　　　教育
　　逃亡と発見について　　　　　　　　　　逃亡

		凡例
改名について	改名	
夢について	夢	
モーセの生涯	モーセ	
十戒各論	各論	
賞罰について	賞罰	
観想的生活	観想	
ガイウスへの使節	ガイ	
出エジプト記問答	出問答	
モーセ五書の寓意	寓意	

2、ヨセフス

ユダヤ古代誌	古誌
ユダヤ戦記	戦記
アピオーンへの反論	アピ

3、ラビ文献

ミシュナ・ブラホート	Mブラ
ミシュナ・ハッラー	Mハッラ
ミシュナ・プサヒーム	Mプサ
ミシュナ・ハギガー	Mハギ
ミシュナ・エドゥヨート	Mエド
ミシュナ・アヴォダー・ザラー	Mザラ
ミシュナ・アヴォート	Mアヴォ
ミシュナ・クリトート	Mクリ
バビロニア・タルムード・メッギラー	メギ a/b
バビロニア・タルムード・バヴァ・メツィア	メツィ a/b
バビロニア・タルムード・サンヘドリン	サン a/b
バビロニア・タルムード・アヴォダー・ザラー	ザラ a/b
バビロニア・タルムード・ムナホート	ムナ a/b
パレスティナ・タルムード・サンヘドリン	Pサン
トセフタ・ブラホート	Tブラ
トセフタ・アヴォダー・ザラー	Tザラ
創世記ラッバー	創R
出エジプト記ラッバー	出R

凡例

5、事典類の略語については以下のとおり。

ABD	*The Anchor Bible Dictionary*
BDAG	*A Greek-English Lexicon of the New Testament and Other Early Christian Literature* (by Bauer)
BDB	*The New Brown–Driver–Briggs–Gesenius Hebrew and English Lexicon with an Appendix Containing the Biblical Aramaic*
HALOT	*The Hebrew and Aramaic Lexicon of the Old Testament*
LSJ	*A Greek-English Lexicon* (by Liddel, Scott & Jones)
LW	*D. Martin Luthers Werke*
MAMA	*Monumenta Asiae Minoris Antiqua*
MM	*The Vocabulary of the Greek New Testament Illustrated from Papyri and Other Non-Literary Sources* (by Moulton & Milligan)
NETS	*A New English Translation of the Septuagint and the Other Greek Translations Traditionally Included under That Title*
OCD	*The Oxford Classical Dictionary*
OED	*Oxford English Dictionary*
OGIS	*Orientis Graeci Inscriptiones Selectae*
Str-B	*Kommentar zum Neuen Testament* (by Strack & Billerbeck)
TDNT	*Theological Dictionary of the New Testament*
バルツ＆シュナイダー	ギリシア語新約聖書釈義事典

6、テクストの略語については以下のとおり。

LXX	七十人訳ギリシア語聖書
MT	ヘブライ語聖書マソラ本文

NTJ 新約聖書注解

ガラテヤ書簡

目 次

「NTJ 新約聖書注解」の刊行にあたって　3
凡　例　7

はじめに（読んで下さい）　17
日本語訳について／パウロ書簡群の範囲について／テクストの名称について／「ピスティス」について／視点について／適用について／謝辞

緒　論
導入　27
A.　著者としてのパウロ　28
B.　ガラテヤとガラテヤ書の宛先　30
C.　執筆年代と執筆状況　40
D.　反対者のプロファイル　44
E.　パウロの改宗　50
F.　ガラテヤ書のアウトライン　59

注　解
第Ⅰ部　導入（1:1–9）　67
A.　キリストの使徒からの挨拶（1:1–5）　69
　　トピック #1　ΑΠΟΣΤΟΛΟΣ：使徒職とパウロの使徒観　88
B.　キリストの福音からの乖離（1:6–9）　92
　　トピック #2　ΕΥΑΓΓΕΛΙΟΝ：パウロとキリストの福音　104

目次

第Ⅱ部　福音の啓示とその弁護（1:10–2:14）　111

A. 導入：啓示としての福音（1:10–12）　113
    トピック #3　ΑΠΟΚΑΛΥΨΙΣ：パウロと黙示／啓示　121

B. 啓示とその前後（1:13–24）　125
    トピック #4　ΖΗΛΟΣ：パウロとマカバイ殉教思想　150

C. 福音の真理の弁護（2:1–14）　156
  1. エルサレム会議（2:1–10）　156
    トピック #5　ΕΚΚΛΗΣΙΑ：パウロの福音宣教と多様な教会観　183
  2. アンティオキア事件（2:11–14）　191
    トピック #6　ΠΡΟΣΗΛΥΤΟΣ：ユダヤ教の宣教？　204

第Ⅲ部　福音の真理とその適用（2:15–6:10）　209

A. 導入：信頼性による義（2:15–21）　211
    トピック #7　ΠΙΣΤΙΣ / FIDES：信頼性／信仰とキリスト　232

B. 福音の真理（3:1–4:31）　238
  1. 信頼性と霊の受容（3:1–5）　238
    トピック #8　ΝΟΜΟΣ：律法とユダヤ人の律法観　250
  2. 信頼性と契約の祝福（3:6–14）　257
    トピック #9　ΚΑΤΑΡΑ：呪いと救い　276
  3. 約束と律法体制（3:15–24）　283
    トピック #10　ΣΥΜΜΕΤΟΧΗ：キリストへの参与　301
  4. 約束の相続者（3:25–4:11）　306
    トピック #11　ΒΑΠΤΙΣΜΑ：儀礼としてのバプテスマ　332
  5. ガラテヤ人によるパウロ受容（4:12–20）　336
    トピック #12　ΦΙΛΟΞΕΝΙΑ：地中海世界のおもてなし　351
  6. 2つの契約のメタファ（4:21–31）　354
    トピック #13　ΕΡΜΗΝΕΙΑ：聖典の解釈　374

C. 福音の適用（5:1–6:10）　379
　1. 自由の行使（5:1–15）　379
　　　トピック #14　ΠΕΡΙΤΟΜΗ：古代地中海世界における割礼と去勢　408
　2. 相反する霊と肉（5:16–24）　411
　　　トピック #15　ΣΑΡΞ ΚΑΤΑ ΠΝΕΥΜΑ：霊に対峙する肉　434
　3. 霊の共同体（5:25–6:10）　437
　　　トピック #16　ΝΟΜΟΣ ΧΡΙΣΤΟΥ：
　　　　　　　　　　律法、キリスト、キリストの律法　458

第Ⅳ部　結び（6:11–18）　463
　　　トピック #17　ΙΣΡΑΗΛ：パウロとイスラエル　483

あとがきに代えて：その後のガラテヤ書　489
参考文献　505

装丁　熊谷博人

はじめに（読んで下さい）

「大著これ悪著なり（μέγα βιβλίον μέγα κακόν）」（カリマコス、前 3 世紀）

　エジプトはアレクサンドリア図書館に所属した詩人にして文献学者カリマコスは、長大な作品を嫌ってこう記しました。120 巻からなる文献目録『ピナケス』を編纂する中で、冗長な著作家らに辟易したのでしょうか。150 節にも満たないガラテヤ書が彼の目にとまったなら——年代的に不可能ですが——、少なくともそのサイズには満足したでしょう。今このガラテヤへの短信に関する注解を書き終えてふり返ると、それは 500 頁を超える長大な解説書になっていました。カリマコスがこれを目にしたなら、先ずそのサイズに苦言を呈したことでしょう。

　一方で現代の聖書学の執筆傾向は、そのページ数が明らかに膨張気味で、1,000 頁を超える大著群がのきなみ私の研究室の書架にも負荷を加えています。アバディーン大学で長年教鞭を執られた故 I. Howard Marshall 教授（1934–2015）が、750 頁を超える著書を「端的にまとめた」（*New Testament Theology*, 2004）と記されたのは、スコットランド人の控えめなユーモアというだけでなく、この現代の趨勢を印象づけています。これは、2,000 年にわたる新約聖書解釈史と周辺領域の学問を基盤とした慎重な研究の成果とも言えましょう。そのような中で執筆された本書が、注解書というジャンルと VTJ/NTJ シリーズの執筆指針の制限にもかかわらず、近年のパウロ研究の動向をそれなりに反映させた結果——私のこだわりも相まって——、読者の皆さんが手にしているサイズになった点を、まずご了承頂きたく思います。

　このサイズの注解書を読み進めるにあたって読者の皆さんが方向感覚を失わないために、まずいくつかの確認事項を提案しておくことが肝要かと思われます。第 1 に、本書が各ペリコペの冒頭で提案するギリシャ語テクストの**日本語訳**についてです。この注解書シリーズはそのセールス・ポイントとして「原語の文書・文体・文法・語彙の特徴が分かる」と謳って

おり、日本語訳の背後に原語のギリシャ語が透けて見えるような翻訳をするようにとの指針が打ち出されました。私も監修者の1人としてこれに同意しましたが、執筆を進めるうちに、この指針を尊重する場合どこまで自然な日本語を犠牲にしてよいかという葛藤に当然ながら苛まれ始めました。結論を述べると、私は《逐語訳》——語の意味を厳密に逐った訳——と《自然訳》——語の意味をできるだけ崩さず日本語としてより自然な表現に寄せた訳——という2とおりの原語翻訳を提示することでこの葛藤を乗り切ることにしました[1]。もっともこの場合、本来100%の逐語訳と100%の自然訳が想定されているのでなく、直訳的傾向から意訳的傾向へとじょじょに移行する連続線上に、これら2つの訳が配置されているという構図をイメージして下さい。しかも、逐語訳のある部分は他の部分より直訳的傾向が大きく、自然訳のある部分は他の部分より意訳傾向が大きいという事態は、十分に想定されます。じつに現存する様々な聖書翻訳は、同様の仕方でこの連続線上に散らばって配置されています。あえて分類するなら、本注解書の《逐語訳》はかなり厳密な「形式的等価」であり、《自然訳》はマイルドな「機能的等価（動的等価）」と言えるでしょう（フィー＆スチュワート2014:60–65参照）。ある意味で本文の【注解】部は、なぜギリシャ語テクストが《逐語訳》になり、それが《自然訳》に行き着いたかを説明しています。《逐語訳》が本注解書著者の目にギリシャ語テクストがいかに映るかを示すなら、《自然訳》はそれを著者の口がどう咀嚼して表現するかを示しているとも言えましょう。したがって各ペリコペの要所要所で、説明文の終わりがカギ括弧付の（したがって「……」）となっています。カギ括弧の中は《自然訳》なので、これは〈解説の結果、こうして《自然訳》が成立します〉ということを意味します。

また【翻訳】の下には、ギリシャ語のテクストを確定する際の注が記されている場合があります。《逐語訳》は基本的にネストレ・アーラント28版（NA28）に依拠していますが、本注解書ではNA28が信頼性を判断しかねる語句として挙げているもの（NA28の本文で［括弧］で括られた語句）に関してのみ注をあて、その語の日本語訳を〈鋭括弧〉で括っていま

---

[1] この点は本シリーズの一貫した構成上の特徴でなく、おそらく他の注解者（の多く）は、原語への忠実さと日本語の自然さとを上手くマッチさせた1つの翻訳を提示されることだろう。

す。それ以外の箇所で、日本語としてそれなりに成り立たせるために補足が必要な箇所は、その補足を〈曲括弧〉で括っています（ガラ 1:15–16 の《逐語訳》参照）。なお、異本との比較が解釈に関わる場合は、【注解】において扱います。

　第 2 は、**定義**上の問題です。本注解書が〈パウロ書簡（群）〉と記す場合、そこにはローマ書、Ⅰ－Ⅱコリント書、ガラテヤ書、フィリピ書、Ⅰテサロニケ書、フィレモン書以外に、コロサイ書とⅡテサロニケ書が含まれます。それは私が本書において、これら 9 書を説明付きの真正パウロ書簡群として想定するからです（Hagner 2012 参照）。読者の皆さんには、より限定的な 7 書を（大貫・山内 2003; 辻 2013 参照）、あるいはエフェソ書と牧会書簡をも含めた 13 書を（Johnson 1986 参照）、パウロが執筆した手紙と理解されている方も多いことでしょう[2]。このパウロの著者性に関する議論については他所に譲ります。とくにコロサイ書に関しては近々発刊が予定されているコロサイ書注解（T&T Clark SICNT シリーズ）で紙面を割いて論ずるつもりです。ここでは読者の皆さんに、パウロの著者性に関してある程度の幅があること自体が本注解書における議論の説得性を左右することにならないであろうことを確認するに留めます。ちなみに本書が〈パウロ文書〉と記す場合、それはエフェソ書と牧会書簡をも含めた 13 書を指します。

　新約聖書以外に中心となる一次文献として、キリスト教会がその前編と見なす旧約聖書があります。本注解書では、パウロ書簡群をも含める第二神殿期文献が依拠した旧約聖書を「ユダヤ教聖典」と表現することにします。さらにこのユダヤ教聖典のヘブライ語言語をより意識している場合は、これを「ヘブライ語聖典」と称することにします。これはまた、いわゆる「七十人訳聖書（LXX）」の背後にあったと想定されるテクストでもあります。さらにこの LXX の定義は研究者によって異なります。研究者によってはモーセ五書のギリシャ語訳のみを LXX と称しますが、より一般にはモーセ五書を含む旧約聖書全体のギリシャ語訳（及びそれらの書に対するのちの付加を含む）と、上のヘブライ語聖典に含まれない本来ギリシャ語で執筆されたであろう書を指し LXX と言います。LXX という表現

---

[2] その他、これら 9 書にエフェソ書とⅡテモテ書とを加えて 11 書を真正パウロ書簡とする立場（Campbell 2014 参照）もあり、この議論に決着はなさそうだ。

はじめに（読んで下さい）

があたかも調和のある翻訳書群のような誤った印象を与えかねないことから、近年では個々の書（やその一部）のギリシャ語翻訳を Old Greek (OG) と呼ぶことが提唱されてもいますが (McLay 2003:5-7)、ここでは権威ある LXX 研究機関 (International Organization for Septuagint and Cognate Studies) によって編集された最近の LXX 英語訳 (*NETS* 2007:xiii) が Septuagint (LXX) という伝統的な呼称を保つことを選択したのに倣い、上で述べた広義の文献群を LXX と称することにします³。ちなみにこれらの原本が存在するわけでないので、なんらかの仕方でテクストを確定する必要があります。本書ではとくに旧約聖書のヘブライ語とギリシャ語とを比較する場合、前者を MT、後者を LXX と表記します。MT（マソラ本文）自体は 11 世紀の写本に見られるテクストですが、本書が MT と表記する場合はこの写本を元にした校訂本 (*Biblia Hebraica Stuttgartensia*) を、LXX と表記する場合は A. Rahlfs 版を元にしたテクスト (*Septuaginta*) を参考にしています。「校訂本」とは、本文批評上の分析をとおして原本に近づく作業の結果として得られたテクストですが、もちろんこれらが決定版ではなく、LXX の背後にあるだろうヘブライ語聖典と MT とのあいだには看過しがたい乖離があろうことを断っておきます。

　第 3 は、注解書本文でも繰り返し述べることですが、私の「πίστις（信頼性／信仰）」理解についてです。本書公刊前から、この語あるいは概念をいかに解釈して訳出するかに関する問い合わせを、それぞれ異なる立場の方々から頂き、私の現在の理解を説明させて頂きました。これらのご質問すべてがガラテヤ書と使徒パウロに対する関心の高さと受け止め感謝しております。詳細は、ガラ 2:16 の注解部とトピック #7 をお読み下さい。ただ私がこの語をより幅の広い概念として捉えつつ、一貫して「信頼性」と訳していることは、キリスト者の信仰を軽視することでも、改宗における信仰の重要性を否定することでもありません。私は、〈神の前で律法の行いによって義と認められるのでなく、むしろ人に対してたえず誠実な神にキリストをとおして信仰（信頼）を置くことによって人は義と認められる〉、これがパウロの強調する義に関する教えだと考えます。じつにルターはそのガラテヤ書注解で——「律法の行い」（ガラ 2:16）を正しく理解

3　LXX に関する基本的な情報は、ヘンゲル (2005)、秦 (2006) を見よ。

したかは別として——この信仰(信頼)の姿勢によって誠実な神に応答する人の義を強調しました。そして、これを私なりの言語表現で繰り返すと、以下のようになります。

　すなわち、「πίστις（信頼性）」とは本来、健全な関係性を開始し維持するために不可欠な主要素を指します。「義」は究極的に「正しい関係性」を意味するので、それはじつに「πίστις（信頼性）」に依拠しています。パウロはとくにガラテヤ書（またローマ書）において、神がアブラハムとのあいだに結んだ契約関係がもたらす祝福を、キリストの出来事ゆえにユダヤ人のみならず異邦人が享受すること（キリストの福音）として説明しました。したがってこの福音の祝福が十全に体験されるためには、神がその恵みと憐れみとによって開始した関係性を維持するための「πίστις（信頼性）」が不可欠となります。この祝福を体験するとは、神とキリストと（霊に促された）人とがいつわりのない信頼関係にあること、またそのような関係性において生きる人が、隣人とより広い社会と真摯に向き合いその関係性を育むこと、を意味します。この正しい——あるいは豊かな——関係性（義）はじつに「πίστις（信頼性）」によります。つまり、神がキリストをとおして示す信頼性（誠実）に対して、私たちが信頼（信仰）を置き、誠実な姿勢で応答することです。私が「キリストの信頼性に依拠した義」というやや回りくどい印象を与える句を用いる場合、このような救いの理解が想定されています。本注解書の《逐語訳》では一貫して「信頼性」という訳が用いられますが、《自然訳》ではその文脈に応じて「信頼」や「誠実さ」といった訳語が用いられます。

　第4は**視点**についてです。周知のとおりパウロはユダヤ人であり、彼がガラテヤ書において批判する宗教母体は彼が帰属するユダヤ教です。彼の反対者らやその思想的指導者らもユダヤ人です。したがって当然、パウロによるユダヤ教批判は、2017年を生きる日本人の私がユダヤ人やユダヤ教を批判することとは、まったくもって事情が異なります。本注解書において、パウロのユダヤ教批判を注解書著者である私が解説する際に、「民族的奢り」、「高慢」、「偽兄弟」等の表現を用いる場合、それはユダヤ人パウロが自らとその同胞とに向けた批判の内容を反映しているのであって、当然私のユダヤ教観ではありません。

　今ひとつは「死」に関する視点です。イエス運動は指導者の死に直面し

はじめに（読んで下さい）

ましたが、原始教会はその復活信仰によってイエスの死をなかったことにしませんでした。たんに復活の引き立て役としてその死を捉えたというのでもなく、むしろ指導者の死自体に対して〈なぜ〉と問いかけました。それは弟子たちが権力者の暴力に痛み、愛する者の別れを悼む過程で問われ、その結論が彼らの福音の中心に位置づけられました。したがってガラテヤ書は、神の救済計画のクライマックスとしてキリストの死と十字架に言及します。また神の救済が彼らの在り様を方向づけるということは、つまりキリストのリアル（生き様と死に様）が彼らの命に深く根ざすことを意味しました。したがってパウロは、自らの生き様に対して「死」というメタファを用います。与えることの延長にあった死が与えることを象徴する「死」となったことを、現代的な感性――権力者の不正を問いただす術を持つ民主主義的特権階級の感性――によって、そしてこれを殉国のレトリックと早々に結びつけて〈死に積極的な意味を求めてはいけない〉と批判することは容易ですが、この事実を看過して教会の起源を語ることはできません。したがって本注解書は、神の救済計画という文脈において、いたましい死に言及します。それが原始教会へ与えたインパクトについて、また現代を生きるキリスト者への適用について言及します。なおキリストの死と贖罪に関して、またそれらを連結するメタファの選択が現代のキリスト者に対して開かれていることに関しては、ガラテヤ書よりもむしろローマ書において深められるべき主題なので、『NTJ 新約聖書注解 ローマ書簡』にその機会を譲ります。

　第5は**適用**についてです。各ペリコペ後半に配置されている【解説／考察】では、「現代社会への深い洞察」につながる聖書本文の適用を提案することが本シリーズ著者に求められています。この部分は、ある意味で注解書著者がもっとも気を遣う箇所だと思います。それは著者が、〈私は読者を代表して語り得るか〉と自問するからでしょう。しかし私は、〈自分が辿った道と置かれた場に限定された視点で語ることしかできない〉という現実を直視し、〈それでも人として語りうることがある〉との思いで注解書のこの部分を書きました（本書脚注56参照）。牧師、ソーシャルワーカー、企業人、大学人、学生、主婦／主夫、その他の多様な背景を持つ読者の皆さんは、それぞれが辿り置かれた場所で、より適切な適用をテキストから導き出されることでしょう。したがって私が【解説／考察】で

提示する内容が、そのような適用作業を少しばかりでも促進させることになるなら、私は十分にその役目を果たしたことになるのだと思います。それにしても、本書を読まれる読者の皆さんは、私の適用に明白な か た よ り——より肯定的な表現を用いれば 独 特 の 傾 向——を見出されることと思います。それにはとくに 2 つの事情があります。1 つには、私が社会科学批評をテクストに適用しており、とくに民族アイデンティティに大きな関心を寄せているという背景が関わっています。そしてもう 1 つには、本書の執筆作業が終わりを迎えつつあった 2016 年後半から 2017 年前半にかけて、世界情勢を大きくシフトさせる出来事が相次ぎ、それによって私の情動が大きく揺さぶられたことが関わっています。時代限定的な適用をできるだけ避けて経年劣化を最小限に留めるという監修者会による執筆指針は正しいのですが、それでも本シリーズの著者らは〈今語るべきことを語らねば執筆とは何か〉という思いに突き動かされる場合もあることでしょう。10 年後（より楽観的には 1–2 年後）に本書を読みかえしたとき、〈あのような暗澹たる日々を私たちは乗り越えた〉と言っていたいものです。

　最後になりますが、本注解書を擱筆するにあたり、各方面への謝辞を記す必要があります。誰よりもまず、The Center for Advanced Theological Studies, Fuller Theological Seminary で私のガラテヤ書研究の手ほどきをして下さった故 David M. Scholer 教授と、The Queen's College, Oxford University でガラテヤ書に関する博士論文を指導して下さった Christopher C. Rowland 教授へ、それぞれの個性と専門性とに依拠した的確な指導と、お 2 人に共通する温かな励ましに対して、尽きせぬ感謝を述べます。お 2 人がいなければ本注解書はあり得ません。そして、多忙にもかかわらず NTJ の監修者として原稿に目をとおしてくれた立教大学の廣石望さんへ、重要な助言とコメントとをありがとう。また、最近 St. Andrew's University でやはりガラテヤ書に関する博士論文を提出して学位を取得し、東京基督教大学で教鞭を執りつつ牧会に従事されている山口希生さんは、本書の原稿全体に丁寧に目をとおし、いくつかの重要な改善点を提案してくれました。山口さんありがとう、そして今後も引き続きご教示下さい。貴重な写真を提供してくれたフォト・サイクリストの木下滋雄さんへ、キー坊どうもありがとう。所属大学開講科目の「研究演習（ゼミ）」と「新約聖書原典研究」において、初期の原稿へ数々のコメント

はじめに（読んで下さい）

をしてくれた学生諸君へ、謝辞（と相応の成績／単位）を送ります。そして自らの体験から貴重な適用例（ガラ 2:11–14 の【解説／考察】）のヒントを提供してくれた同僚の神学者である加納和寛さんへ、ありがとう。また本書執筆にあたっては、2017–20 年度を予定して実施されている科学研究費助成事業による基盤研究（C）：「博愛原理の再検討——愛他精神に潜む暴力性をメタファ複合の観点から乗り越える一試み」（17K02609）に係る公的資金の一部が充てられていることも併せて記します。そして最後に、日本キリスト教団出版局の土肥研一さん、ありがとう。『新約聖書解釈の手引き』刊行（2016 年）の際と同様に、今回もゲラ上の容赦ない赤ペンが雄弁に物語る丁寧な編集者としての仕事を進め、温かい励ましと締め切り確認の「アメとムチ」（？）で本書を完成へと導いてくれました。土肥君をはじめ上記の皆さんへ、心からの感謝と大きな拍手を送ります。

宗教改革 500 周年
秋分

浅野淳博

緒 論

ガラテヤ書緒論

導入

　宗教改革者マルティン・ルターはガラテヤ書に対して特別な愛着を抱いて、この書を「私自身の書簡、これに対して夫婦の誓約をする。私のカタリーナ・フォン・ボラ」（*LW* 40:I:2）と告白した。これは、彼が行為義認と捉えた教皇派の教えに抵抗する信仰義認の原則を、ガラテヤ書のテクストから導き出したことが大きく影響する。時代と地域を超えた 1926 年の日本では、内村鑑三がそのガラテヤ書研究（『加拉太書之精神』）で、ルターのガラテヤ書注解を引用しつつ「ルーテルはガラテヤ書を称して『これ我が書なり』と言った。私もまた彼に倣って言う事が出来る。……しかしながら私がガラテヤ書に負うところはルーテル以上であろうと思う」（内村 1926:458）と述べた。この意識は、ルターが完成し得なかった改革を内村自身がその無教会運動において成しつつあるとの理解に基づいている。使徒パウロが執筆したガラテヤ書が時空を越えてその影響力を及ぼし続けていることを、両者の言動が明らかに証言し、彼らの追従者らもそれに倣った。

　じつにガラテヤ書は、歴史を動かす重要な出来事に少なからず影響を与えた。そしてその度ごとに、ガラテヤ書解釈の新たな可能性が提案された。歴史――少なくとも西洋史――の節目にガラテヤ書が見え隠れすると言っても過言でなかろう。霊肉の二元論的な救済観を前面に打ち出すグノーシス派は、初代教会に、その後の教会の方向性を決定しかねない重大な影響を及ぼした。いわゆる「正統派」もグノーシス派もガラテヤ書に依拠しつつ、それぞれの解釈をとおして覇権を争った。中世において、当時の社会体制であるカトリック教会に対するプロテスタント（改革者）らの挑戦は、その後のヨーロッパ社会とキリスト教の在り方を左右する事件だった。そして改革者らの行動原理である信仰義認は、とくにガラテヤ書（と、もちろんローマ書）から抽出された。近代に提唱された進化論は世人の歴史観を揺るがしたが、それは「形骸化したユダヤ教から進化したキリスト教」

という宗教進化的史観をも生んだ。これは従来のユダヤ人に対する偏見を助長し、ホロコーストに至るまで（そしてそれ以降も）破壊的なプロパガンダとして用いられた。ガラテヤ書の反対者に対するパウロの反論は、この排他的圧力を支持するレトリックとして用いられもした。聖書学者はあの歴史的惨事を機に、原始教会派生にまつわる理解の再評価を迫られ、ガラテヤ書と新約聖書他書の精査に取りかかっている。そして20世紀後半以降、西洋諸国が「あらたな異教地」へと変容するのを尻目に、アフリカ、アジア、南米の諸国では、ガラテヤ書がむしろコロニアルな圧力に抗う場を提供さえしている。21世紀に足を踏み入れた私たちは、この大きな解釈史の流れ（詳細は「あとがきに代えて」）に背中を押されるようにして、ガラテヤ書を読み続けている。本注解書はその歴史の中にあり、その歴史を証言している。

A. 著者としてのパウロ

　ガラテヤ書は誰が執筆したか。今更の感は否めないが注解書の緒論として欠かせない問いだ。新約聖書各文書の著者性——誰が書いたか——について何らかの判断を下す場合、その文書自体が著者について何を述べているか、あるいは示唆しているかという内的証言と、初期の教会伝統においてその著者性がいかに理解されていたかという外的証言を考慮する必要がある。これらの証拠をもとに近現代の注解者がいかなる判断を下したかを概観して、本注解書著者なりの推論を導く。

1. 内的証言

　ガラテヤ書はその冒頭で「使徒パウロ」と明言しており（1:1）、これが著者を指すことは明らかだ。この人物が神から異邦人宣教へ召命されたとの自己認識を持っていることから（1:16）、それが使徒行伝の後半部で小アジアとエーゲ海沿岸部において異邦人宣教に従事するパウロを指すことは容易に推測できる。この著者がガラテヤ諸教会の具体的な現状をどこまで把握していたかは不明だが（反対者の具体的な名前や所属等）、著

者がガラテヤ信徒らと個人的交流を持っていたことは、「愚かしいガラテヤの人々」で始まる批判（3:1–5）や「神の使いかキリスト・イエスのように私を受け入れてくれました」（4:14）等の表現を含む回想（4:12–20）からうかがい知ることができる。そしてガラ3–4章に展開する議論では、異邦人宣教を意識した説得スタイル、LXXを論拠として用いる傾向、およびパトスに訴える傾向が、パウロ的な特徴を示している。

2. 外的証言

おそらくガラテヤ書を使徒パウロによる著作と認める最古の現存する証言はマルキオン（後160年頃没）だろう（テルトゥリアヌス『マルキオン反駁』5; エピファニウス『異端駁論』42）。マルキオンはガラテヤ書に彼の神学と適合する編集を加えるが、そのこと自体は彼の証言の価値を低めない。ムラトリ正典（後170–200年）もガラテヤ書をパウロ書簡のリストに含めている。後2世紀後半の教父エイレナイオスは、ガラ4:8–9を引用して、それをパウロによると述べた（『異端駁論』3:6:5）。同時期にアレクサンドリアのクレメンスもガラ4:19に見られるパーソナルなメッセージを引用しつつ、パウロがこれをガラテヤ諸教会に宛てて書いたと述べた（『雑録』3:16）。後2世紀中盤から始まり、初期キリスト教は一貫してガラテヤ書がパウロによって執筆されたことを証言している。この理解に疑念が挟まれることは、19世紀までなかった。

3. 近代以降の評価

F. C. Baur（1866）とテュービンゲン学派は、ペトロを中心とするユダヤ人のキリスト教とパウロを中心とする異邦人のキリスト教との対峙という構図を原始教会に対して想定したが、その際ガラテヤ書、コリント2書、ローマ書をパウロ書簡と定め、これらがこの対立構造におけるパウロ側の主張を反映すると論じた。これに対し、B. Bauer（1852）はいわゆるパウロ書簡がすべて後2世紀の著作であると主張し、おそらくガラテヤ書に関するパウロの著者性を初めて否定する学者となった。

近年においてはJ. C. O'Neil（1972:86）が、パウロの中心主題である反

ユダヤ的議論とは異質な箇所をガラテヤ書中に 30 以上見出し、これらをパウロ以降の挿入と論じた。とくにガラ 5:13–6:10 にかけて展開される奨励部を、パウロの喫緊の課題と何ら関係がないと考えた。ガラテヤ書における異質と思われる箇所（とくに 5–6 章の倫理部）は、Lütgert (1919) の「二極理論」——パウロには律法遵守者と無法主義者という 2 種類の反対者がいた——や（Ropes 1929 参照）、Schmithals (1965) のグノーシス理論——パウロの反対者はグノーシス派の影響を受けたユダヤ人で、通過儀礼として割礼を強調しながらも生活面では徳を重んじない——などの解釈を刺激することとなった。

4. 結論

ガラテヤ書解釈 2,000 年の歴史において、パウロの著者性に異論を唱えたのは 19–20 世紀のごく少数の研究者に限られ、これらの議論が広く支持を得ることはない。R. Brown (1997:467) は、ガラテヤ書が「もっともパウロ的なパウロ書簡」として認められてきたと述べる。したがって以下が、ガラテヤ書の著者性とそれに付随する結論となる。(1) ガラ 1:1 が言及する「使徒パウロ」がガラテヤ書の著者である。(2) ガラテヤ書はガラテヤ諸教会によって保存・継承された。(3) ガラテヤ書は使徒パウロの権威のもとキリスト共同体で広く受容されて、最終的にパウロ書簡群として収集される文書に含まれた（後 200 年頃の写本と考えられる $\mathfrak{P}^{46}$ は、パウロ書簡群をほぼ完全な形で保存している。Metzger & Ehrman 2005:54–55 参照）。(4) ガラテヤ書を含むパウロ書簡群は歴史的・地理的な枠を越えてより普遍的な価値が認められ、結果的に正典の一部として認められた。

B. ガラテヤとガラテヤ書の宛先

1.「ガラテヤ」の起源とガラテヤ属州

カエサルの著作とされる『ガリア戦記』は著名な古代史書の 1 つであり、ラテン語文学の傑作と見なされている。ここで言うガリアとは、本来現在

のフランスとベルギー、またオランダとドイツの南部、そしてスイスを含む地域の呼称だった。前900年頃から、この地にインド・ヨーロッパ人種のケルト民族が中央ヨーロッパの天候不良に際して移動し始めた。ローマ人は彼らの移入地がガリア地方だったため、ケルト人あるいはケルタエ人という正式名で呼ばず、「ガリア人」と称した。したがって、カエサル率いるローマ軍がこのケルト民族(そしてガリア進出を図るゲルマン人)を平定する記録は、『ガリア戦記』と題された。このガリア人あるいはケルト人の一部は東方へ移動し、現代のバルカン半島を経由して小アジアに達した。

　ケルト民族の一部族であるガラティ人(あるいはギリシャ語を話すガリア人を意味する「ガログラエキア」)は、本来ビティニアの王が傭兵として小アジアに招き入れたが、前3世紀中盤にアンキュラ市(現在のアンカラ市)を含む小アジア中央に広く居住したフリギア人を制圧し、ここに定住した。それゆえこの地はガラテヤと呼ばれるようになった。ガラテヤ人は小アジア西部へ度重なる侵略を試みたが、ペルガモン王国とくにアッタロス1世によってその野心が阻まれた。イタリアはカピトリーノ博物館にある『瀕死のガリア人(Galata morente)』と題された大理石像は(写真)、本来アッタロス1世がガラテヤ人侵略軍制圧を記念して作らせた像を、のちにローマ人がケルト人制圧を記念して複製したものと言われる。これはガラテヤ人の多くが本来は傭兵として生業を立てており(Ⅱマカ8:20参照)、戦士として非常に恐れられていたことを現代に伝えている。ガラテヤ人の支配地は、トリストボギイ、テクトサゲス、トログミの3部族に区分され(ストラボン『地誌』12:5:1–4; ディオン・カッシオス『ローマ史』41:63; 42:46–49; プリニウス『博物誌』5:42)、それぞれが四分領統治区に分かれていた。ローマの著名な博物誌家である大プリニウス(23–79年)は以下のように述べる。

B・ガラテヤとガラテヤ書の宛先

同時に、ガラテヤについても語るのが適切と思われる。このガラテヤはフリギアの上手にあり、大部分フリギアから奪取した土地を、それの以前の首都であったゴルディウムをも含めて、持っている。この地区はトリストボギイ族、ウォトゥリ族、アンビトゥティ族と呼ばれるガリアの植民者たちによって占められている。そしてマエオニア地区とパフラゴニア地区を占めている人々は、トログミ族である。ガラテヤの北と東に沿ってカッパドキアが延びており、そのもっとも肥沃な部分はテクトサゲス族とトウトボディ族によって占領された。これらがこの国に住んでいる諸種族である。種族と、それらが分けられている四分領は全部で 195 にものぼる……（プリニウス『博物誌』5:146）。

しかし前 1 世紀の中盤には、トリストボギイ族のデイオタロスの外交的手腕と軍事的能力により、またこれにローマの支援も加わり、ガラテヤ地方はデイオタロス王国支配の下に置かれた。ローマは前 2 世紀にセレウコス朝シリアとの戦いに勝利し、小アジアにその存在感を示していた。デイオタロスの死後、彼の孫であり実務官を務めたアミンタスが、前 31 年にローマ皇帝オクタウィアヌスから南部のリカオニアとパンフィリアを譲り受けて領地を広げた。このアミンタスが没すると、前 25 年にオクタウィアヌス帝はガラテヤ本来の領地とこれら南部の地域を統合し、それをローマ属州ガラテヤとした。その後このガラテヤ属州はその北部（パフラゴニア）と東部（ポントス）へと領地を広げた（Mitchell 1993:I:63; Horsley 2000:49–55）。するとパウロの宣教活動期におけるガラテヤ属州は、おおよそ北は黒海に面するポントスから南は地中海に面するパンフィリアにまでその領域を広げていたことになる（『博物誌』5:147）。本来のガラテヤ人は、北部のアンキュラ、ペッシヌス、タウィウムを拠点としており、後に吸収合併された南部には退役ローマ軍人が居住する植民市が多く建設された。いわゆる第一次宣教旅行に際してパウロが訪れたピシディアのアンティオキア、イコニオン、リストラ（使 13–14 章）もローマ植民市だった。民族的な分布を考えると、上述のとおり民族としてのガラテヤ人の多くは北部に居住していただろうが、先住民のフリギア人がガラテヤ属州全体に広く存在し、それに他の諸民族が加わっていたことだろう。後 3 世紀の終わりになると属州から南部地区が切り離され、北部ガラテヤのみがガラテヤ属州として残ることになる。

小アジア中央に定住したガラテヤ人は農業と酪農によって富を得、各都市はヘレニズム文化を謳歌し、とくにアンキュラには皇帝を祀る神殿が建設されたが、辺境においては本来の民族文化が根強く残った。公用語としてのギリシャ語やラテン語以外にも、ガラテヤ属州においてはガラテヤ人、フリギア人、ピシディア人、またリカオニア人が独自の言語を用いた。またゼウス信仰やケルト民族独自のドルイドと呼ばれる神官が司る自然崇拝のみならず（Ó Hógáin 2003:26–28; Rankin 1989:191）、フリギア人の母神アグディスティスやアナトリア月神のメンも祭られていた（*ABD* II:870–72）。一方で、ガラテヤ属州南部の中心都市として栄えたピシディア地方の植民市アンティオキアも土着の守護神メン・アスカエノスと皇帝アウグストゥスを祀る神殿（写真）を中心に栄え、これらへの信仰と忠誠が住民の生活を形づくっていた。パウロが数回にわたって訪問した時期（後45–55年）に皇帝神殿はいまだ建設中だったが、その存在感は小アジア中央において確かだった（Mitchell 1993:II:9–10）。

　後1–2世紀のガラテヤ属州にユダヤ人会堂やキリスト者教会の存在を示す外的証拠はほとんどない。使13:14; 14:1以外では、後4世紀に至るまでこの地域にユダヤ人が存在したことを示す資料は見つからない。もっともエウセビオス（260–340年頃）は、後200年頃にキリスト教の一派であるモンタノス派がアンキュラにいたと報告する（『教会史』5:16）。後4世紀にはこの地域の住民の大半がキリスト教の影響を受けており、とくにガラテヤに隣接するカッパドキアにおいてはキリスト教会の影響が顕著となる。

アウグストゥスを祀る神殿跡（ピシディアのアンティオキア）　撮影：木下滋雄

B・ガラテヤとガラテヤ書の宛先

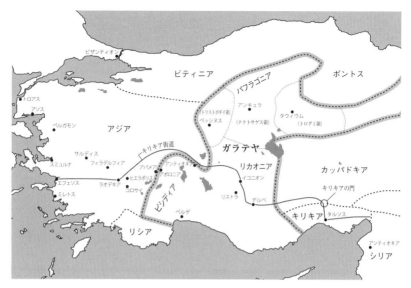

太線に囲まれた地域がガラテヤ属州
(Mitchell 1993:I:268, Kingdoms and Roman provinces in Anatolia in the first century BC 参照)

2. ガラテヤ書の宛先：南北ガラテヤ説

パウロはガラテヤ書を「ガラテヤの諸教会へ（ταῖς ἐκκλησίαις τῆς Γαλατίας）」宛てている（ガラ 1:2）。パウロ書簡群の中で「ガラテヤ」という宛名は特殊だ。他の書簡はテサロニケ、コリント、フィリピ、コロサイ、ローマのいずれも場合も、一都市のキリスト者集団へ宛てられているが、ガラテヤ書は一集団でなく諸集団に宛てられており、「ガラテヤ」は特定の都市名でなくより広範囲の地方名あるいは属州名だ。このように曖昧な宛先では、この諸教会が実際どこに位置していたか、あるいは集中していたかを特定することが困難だ。19 世紀までの注解者らのあいだでは、民族としてのガラテヤ人が集中する北部ガラテヤへこの書簡が宛てられたという説が一般だった[4]。これには、後 3 世紀にガラテヤ属州からその南部地域が引き離されたことも影響していよう。しかし Ramsay (1899) 以降、ガラテヤ属州南部の諸教会、すなわち使 13–14 章でパウロ一行がい

---

[4] 日本の研究者らは、おおかたこの伝統に則っている（山内 2002:196–97; 原口 2004:3–8; 佐竹 2008a:3）。

わゆる第1次宣教旅行の際に設立した共同体へこの書簡が宛てられたという説が支持され始め、今日ではいわゆる「北ガラテヤ説」と「南ガラテヤ説」とのあいだで議論が膠着している。以下では両説を概観し、最後に本注解書が暫定的に「南ガラテヤ説」を前提とする理由を挙げる。

a. 北ガラテヤ説を支持する議論

i.「ガラテヤ（人）」：この説は「ガラテヤ人（Γαλάται）」（3:1）という表現がもっとも一般的には民族としてのガラテヤ人を指すという、いたって常識的な理解に依拠している。上述のとおりガリア人の一部である民族が、前3世紀に北部の3都市アンキュラ、タウィウム、ペッシヌスを中心とするフリギア人の地を侵略し、ここを定住の地と定めた。その際にこの地が「ガラテヤ」、またこの地に定住したガリア人が「ガラテヤ人」と呼ばれるようになった。したがってパウロが「ガラテヤ人よ」と呼びかける場合、この民族としてのガラテヤ人を指すと考えるのがもっとも自然だ。そして彼らの居住地は、ローマ属州ガラテヤの北部に集中していた。すなわちパウロは、彼がガラテヤ属州北部に設立した諸教会に集うガラテヤ人らへガラテヤ書を書き送ったと考えられる（Lightfoot 1887:1–9）。ガラテヤ属州南部に居住するピシディア人やパンフィリア人らも行政的観点からは「ガラテヤ人」となろうが、パウロが「愚かなガラテヤ人よ」（ガラ3:1）と言う場合、彼らはこの修辞的な訴えを個人的に受け止めることはできなかった——この揶揄表現が他人事のように聞こえた——だろう（Kümmel 1983:258–60）。

使徒行伝には、パンフィリア（使13:13）、ピシディア（13:14）、リカオニア（14:6）などと、ガラテヤ属州に所属する地域をその地理名称で表現する慣習がある。それならば、「フリギアとガラテヤの地域（τὴν Φρυγίαν καὶ Γαλατικὴν χώραν）」（16:6）という表現も、ガラテヤ属州に属するフリギア地方とガラテヤ地方を指すと考えるのがもっとも自然だ。それなら、「フリギア」が地理名称でありながら「ガラテヤ」が属州名だと考えるのは不自然だ。さらに使徒行伝は、ガラテヤ属州南部の諸都市を、「ピシディア地方のアンティオキア」（使13:14）や「リカオニア地方のリストラとデルベ」（使14:6）などと地方名称によって特定し、より広域的な行政区名を用いる慣習がない。「ガラテヤ」が属州名でなく地方名として用い

られるならば、それはガラテヤ属州北部を指す（使18:23をも見よ）。これはパウロが北ガラテヤに教会を設立したことを示す資料になるばかりか、「ガラテヤ」という語の用法が民族としてのガラテヤ人がより集中する限定的な地域を指すことを示すことになる。

　ii.　**パウロの行程**：使徒行伝は、パウロが所謂第二次宣教旅行に赴く過程で小アジアを通過する様子を報告する（使16:6–10）。その際に、「アジア州で御言葉を語ることが聖霊から禁じられたので（κωλυθέντες）、フリギア・ガラテヤ地方を通って行った」（使16:6, 新共同訳）。このアオリスト時制分詞（「禁じられた」）は、小アジア中央をキリキア街道沿いに横断していたパウロ一行が、アジア属州での宣教活動を御霊によってすでに禁じられていたので（アオリスト時制の相対的時制を重視）、アジア属州に入らずフリギア地方とガラテヤ地方へと進んだことを示す。このガラテヤ地方とは上述したように北ガラテヤを指す。

　iii.　**ガラテヤ人の気質**：パウロはその宣教活動をとおして改宗したガラテヤ人が、容易に反対者の意見に影響されてしまったことを強い口調で批判する（ガラ1:6; 3:1）。このように移り気な性格は、『ガリア戦記』（2:1; 4:5）におけるガリア人の性格描写と一致する。また同著6:16にはガリア人が迷信的で宗教儀式に明け暮れていた様子が報告されているが、これはガラテヤ人の偶像崇拝を非難するパウロの様子とも符合する（ガラ4:9–10; 5:20; Lightfoot 1887:15）。もっとも移り気は人間一般の脆弱さだろうし、偶像崇拝もパウロの設立した異邦人教会一般の問題だった。したがって、この性格上の議論がガラテヤ書の宛先を特定するのに有効かは、北ガラテヤ説の支持者たちも疑問視する。

b.　**南ガラテヤ説を支持する議論**

　i.　**「ガラテヤ（人）」**：後1世紀に「ガラテヤ」という語が、民族的なニュアンスをどれほど持っていたか不明だ。当時の碑文には、ガラテヤ属州南部諸都市の有力者らが「ガ・ラ・テ・ヤ・の官吏」と記されている場合がある（Hemer 1989:291; Callander 1906:162）。また、ガラテヤ属州南部とアジア属州との州境を示す碑石は、都市の境（ガラテヤ州のアポロニア市とアジア州のアパメア市）を示すとともにガラテヤ属州とアジア属州の境を明記している（*OGIS* 538）。つまり、アポロニア市が「ガラテヤ」と記されてい

る。さらにピシディアのアンティオキアに隣接するこのアポロニア市のゼウス神を祀る石碑は、保存状態が悪いので明確に読み取れないものの、この地を「ガラテヤの地」と記しているように見受けられる（*MAMA* 4:140）。このように後1世紀の小アジアにおいて、「ガラテヤ」は本来ガラテヤ民族が集中していたガラテヤ属州北部を限定的に指すのでなく、広くガラテヤ属州を示す語として一般だったようだ。したがって、パウロが「愚かなガラテヤ人ら」（ガラ3:1）と述べる場合、おそらく民族的なガラテヤ人に対象を限定していなかっただろうし、ガリア人という強い民族意識を持つ者のみがこの注意喚起に応答したとも考え難い。

そもそも北部ガラテヤの諸教会に宛てて「ガラテヤ人」と記す場合、民族的なニュアンスがどれほど込められているか。S. Mitchell（1980:1058–59）は、小アジア中央出土の碑文に見られる固有名詞のうち、ケルト伝来の名前の割合を算出したが、ケルト文化が根強いと思われる地域でさえ4.6%、アンキュラで1.5%、ペッシヌスで2.7%と、著しく低い結果となった。当然これが決定的な証拠にはなり得ないが、この結果はガラテヤ属州北部が民族的なガラテヤ人で溢れかえっていたようなイメージとはほど遠い。

ii. **パウロの行程**：前出の使16:6（τὴν Φρυγίαν καὶ Γαλατικήν）は2つの点で異なる解釈が可能だ。まず、パウロ一行が通り過ぎたのは「フリギア地方と（北）ガラテヤ地方」でなく「フリギア・ガラテヤ地域」と訳し得る。すなわち、「フリギア」は形容詞的に用いられており、本来のフリギア地方と重なるガラテヤ属州の地域を指す（荒井 2014:399–40参照）。たとえばガラテヤ属州に属するポントス地方を指す「ポントス・ガラテヤ（*Pontus Galaticus*）」という表現は碑文に一般で、ガレノスはアジア州に属するフリギア地方を「フリギア・アジア地方の外縁（ἐσχάτη τῆς Ἀσιανῆς Φρυγίας）」（*de Aliment. Facult.* 1:13:10）と記している。「フリギア・ガラテヤ地方」もこの用法に相当する。そしてこのフリギア・ガラテヤ地方とは、パウロがイコニオンでの滞在からキリキア街道を通ってピシディアのアンティオキアまで至る地域を含む、ガラテヤ属州の一部となったフリギア地方の領域を指す（Hemer 1989:305–07）。

もう1つは、アオリスト時制分詞「禁じられた（κωλυθέντες）」の用法に関してである。聖霊によってアジア属州に行くことが禁じられたのはフ

リギア・ガラテヤ地方を通ったあとのことで（アオリスト時制の様態を重視、Porter 1989:385–87）、その結果一行はビティニア属州へと旅を続けることとなった（使 16:7）。したがってこれは、パウロ一行がガラテヤ州北部に足を進めた（Moffatt 1918:95）ことを示す決定的な証拠となり得ない。

使 16:6 の訳	
北ガラテヤ説	南ガラテヤ説
アジア州で御言葉を語ることが聖霊によって禁じられたので、フリギア地方と（北）ガラテヤ地方を通って行った。	フリギア・ガラテヤ地方をも通って行ったが、（その後）アジア州で御言葉を語ることが聖霊によって禁じられた。

iii. バルナバへの言及：ガラテヤ書にはバルナバの名が3度言及されている（ガラ 2:1, 9, 13）。使徒行伝によると、いわゆる第一次宣教旅行の際にバルナバはガラテヤ属州南部での宣教活動に参加しており、この地域の諸教会では個人的に知られていた。もしガラテヤ書がガラテヤ属州南部の諸教会へ宛てられたなら、ガラテヤ書がバルナバにたびたび言及することは容易に理解できる。もっとも、バルナバの名はⅠコリ 9:6 にも言及されているが、彼はコリント宣教に参加しておらずコリント教会に個人的に知られていなかったと考えられる。使徒行伝によると、バルナバはエルサレム教会において多大な経済的貢献をなし、その後シリアのアンティオキア教会では指導的な立場にあった（使 4:36–37; 13:1）。原始教会において指導的な立場にあったバルナバの名は、おそらく各地の宣教活動における説教等の内容に登場し、彼自身が訪問しなかった教会でもその名が知られていた可能性はある。

c. 結論に代えて

上では、「ガラテヤ（人）」という語の用法と使 16:6 の解釈とに焦点をおいて考察した。「ガラテヤ（人）」の用法に関しては、この語を単独で捉えた場合に、地域、民族、行政区のいずれかと断定することはしかねる。使 16:6 の「禁じられた」という分詞構文も、そのアオリスト時制が相対的時制か様態かの断定はできかねる。上述したとおり、北ガラテヤ説におけるガラテヤ人の気質、また南ガラテヤ説におけるバルナバへの言及は決定的な証拠となり得ない。

その中で本注解書著者が現時点で南ガラテヤ説にやや傾くのは[5]、北ガラテヤ説が基本的に推論の上に推論を重ねる作業である一方、南ガラテヤ説には少なくともパウロ一行がガラテヤ属州南部の具体的な諸都市を訪れたことを示す資料があることだ（使13–14章; 16:1–2）。使徒行伝の歴史的信憑性に関する判断は研究者によって異なるが、南部諸都市の訪問をすべて創作と理解する必要はない。むしろ使徒行伝著者は、ガラテヤ書が本来ガラテヤ属州南部の諸教会へ宛てられたという前提に立って、数ある小アジアでのパウロによる宣教活動の記録の内でも、南部ガラテヤでの活動にとくに紙面を割いたかも知れない。北ガラテヤ説の支持者は、使徒行伝の南部ガラテヤ宣教に律法の問題が言及されていない点を指摘しがちだが、使徒行伝著者はたとえばコリントでの宣教においても、コリント書でパウロが扱う神学的問題を扱わない。あえて挙げるなら、ピシディアのアンティオキアでのパウロの説教がエルサレムでのペトロの説教と構成的に近似しているにもかかわらず、唐突に「モーセの律法では義とされ得なかった……」（使13:38. 15:1, 5 参照）という文言を挿入しているのは、ガラテヤ書の神学的主題をある程度意識してのことかも知れない。また、ガラテヤ人がパウロを受容した様子（ガラ 4:14）は、使 14:8–20 が報告するリストラでの宣教活動を容易に連想させる（ガラ 4:14 注解）。

したがって、本注解書ではパウロが所謂第一次宣教旅行の際に設立し、その後幾度か訪問したガラテヤ属州南部の都市（ピシディアのアンティオキア、イコニオン、リストラ、デルベ等）の諸教会へガラテヤ書を書き送っ

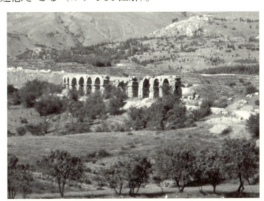

水道橋（ピシディアのアンティオキア）
撮影：木下滋雄

---

[5] ガラテヤ書の南北問題は、自信をもって白黒を判断しかねる。過去に本注解書著者はそのガラテヤ書研究（Asano 2005）において北ガラテヤ説を前提に議論を進めたが、その後南ガラテヤ説へやや重心を移しつつある。最も注意深い南ガラテヤ説の議論は、Hemer (1989:277–307) を見よ。

たという前提で解釈を進める。諸教会へ宛てられた回覧書簡であることは、パウロの個人的で強い感情が顕著な書簡でありながらガラテヤ信徒の名前がまったく記されていないことを説明するかも知れない。しかし読者は、本来この手紙がガラテヤ属州北部へ宛てられた蓋然性をも十分に考慮すべきだろう。南北ガラテヤいずれの説を採用しようとも、それがガラテヤ書の主要な議論の解釈に影響を与えることはない。

C. 執筆年代と執筆状況

1. 執筆年代

a. 49年執筆

　本注解書が南ガラテヤ説を採用する場合、それは第一次宣教旅行の直後の後49年（エルサレム会議以前）に、おそらくシリアのアンティオキアでガラテヤ書が執筆されたという、南ガラテヤ説に依拠した一般的なシナリオを想定しない。その理由は、上のシナリオではガラテヤ書執筆がエルサレム会議以前なので、ガラ 2:1–10 の描写する会議がエルサレム会議となり得ない点だ。一般的な南ガラテヤ説の支持者は、ガラ 2:1–10 を飢饉に苦しむエルサレム教会への義捐金をバルナバとパウロが届けるためのエルサレム訪問（使 11:27–30）と理解する（Porter 2016:192–96）。このシナリオの利点はほぼ1点——しかし非常に重要な1点——に集約される。それは、パウロがガラテヤ書を執筆する以前にエルサレム会議が起こっていたとすると、この会議の決議内容——異邦人に偶像崇拝と食事と不品行に関する注意のみを周知し、割礼の有無は問わない（使 15:23–29）——がガラテヤ書に反映されていないことが不自然だ、という点である。エルサレム会議がガラテヤ書執筆以前なら、この決議をパウロの正当化の証拠として用いたのではないか。もっとも、この決議内容が異邦人キリスト者を正式な教会成員と認める条件だったかは不明であり（トピック #5）、その場合、ガラテヤ書がこの決議内容に言及していないとしてもそれほど不自然ではない。

b. 50–51年執筆

　上の問題に鑑みるなら、所謂第二次宣教旅行の開始にあたってパウロ一行がガラテヤ属州南部を再訪した（使 16:1–6）あとでエーゲ海沿岸地域の宣教を開始し、フィリピ、テサロニケ、アテネ等を足早に過ぎてコリントに 1 年半滞在していた時（18:11）に、ガラテヤ書が執筆されたと考えることもできよう。これはガラテヤ再訪の約 1 年後の執筆となる。再訪時には良好な状態だった教会から 1 年後に由々しい問題の発生について知らされたパウロは、事態の急展開に対して「こんなにも早く……離れて……驚いています」（ガラ 1:6）と記し、困惑の様子を隠さない。「こんなにも早く」が修辞表現だったにせよ、読者が同意するだけの「短期間」でなければ意味が通じない（Longenecker 1990:14）。

　これは「第 1 回目に（τὸ πρότερον）あなた方に福音を宣べ伝えた」（ガラ 4:13）という表現とも符合する。この表現は厳密には、ガラテヤ書執筆以前に少なくとも 2 回ガラテヤ諸教会を訪問していることを前提とする。50–51 年執筆というシナリオによると、パウロはすでに 2 回ガラテヤ諸教会を訪問しているので、その「第 1 回目」とは第一次宣教旅行を指すことになる。49 年執筆のシナリオでは執筆前に 1 回の訪問しかないので（復路を 2 回目と考えれば 2 回となるが）、こちらはガラ 4:13 の描写と合わない。もっともこの表現（τὸ πρότερον）は「初めて／以前」とも訳し得るので（Lake 1911:266）、その場合は 49 年執筆のシナリオでも問題はない。本注解書ではこれを両義的に「以前」と訳している。

c. 54–55 年、57 年執筆

　第 3 回のガラテヤ訪問（使 18:23）の直後にパウロが執筆したなら、54–56 年の 3 年間をエフェソで過ごした時となる（Brown 1997:468）。この場合、それ以前に執筆されたことになるテサロニケ 2 書とコリント 2 書に割礼の問題が言及されていないのは、いまだこの問題が教会において顕在化していなかったからとなろうか。もっとも特定の問題がエーゲ海沿岸都市の諸教会に広く影響を与えていたことを想定する必要はない。あるいは Lightfoot（1887:48–49）は、ガラテヤ書とローマ書との主題が著しく重なっていることに鑑み、ガラテヤ書の執筆をコリントで 57 年にローマ書が執筆される直前と考える。この後者の場合、ガラテヤ諸教会の最後の訪問から 4 年が経っており、「こんなにも早く」（ガラ 1:6）という表現

に違和感を禁じ得ない。

たしかにコリント2書には、ガラテヤ書が扱う主題——律法遵守と神の救済計画——に関する具体的な言及がない。しかしたとえば「他の福音」（Ⅱコリ 11:4）を宣べる「偽使徒」（Ⅱコリ 11:13）に関する警告は、ガラテヤ書におけるパウロの反対者を想起させる。一方で、教会におけるユダヤ人と異邦人との共生に関して、Ⅰコリ8章はガラテヤ書より慎重な姿勢——ユダヤ人キリスト者のために異邦人キリスト者が肉食に気を遣う——を示しており（Ⅰコリ8章）、この姿勢はローマ書にも継承されている（ロマ14章）。これはガラテヤ書において異邦人キリスト者を弁護することに心を砕いていたパウロが、その後教会におけるユダヤ人と異邦人との共生という現実に直面して、より慎重な指示を伝えざるを得なくなった現状を示しているのかも知れない（Jewett 2007:70–72）。また、たしかにガラテヤ書とローマ書とは主題的に重なるが、神の救済計画における律法の役割やイスラエルの立場に関する後者の神学的考察は前者のそれと較べてかなり深化しており、2つの手紙のあいだにパウロの思想が熟成するためのある程度の期間を想定することが良いとも考え得る。

d. 結論

これらのシナリオを比較すると、ガラテヤ書は50–51年、コリント滞在時に執筆されたと考えることが他よりもやや優ると考えられる。このシナリオを採用する場合、以下の点も考慮すべきだろう。パウロはコリント滞在時にガラテヤ諸教会へ宛てた手紙の中で性差の撤廃を宣言し（ガラ 3:28）、聖霊顕現体験の重要性を強調した（ガラ 3:1–5）。これらの主題について、パウロは滞在先のコリント教会でも語ったことだろう。もしかすると、Ⅰコリント書が言及する秩序を逸する女性の振る舞い（11:2–16）や聖霊体験の濫用（14章）は、パウロがコリント教会で教えた内容の直接的結果でなかったものの、パウロが去ったコリント教会でそれらの教えが問題者の行動を刺激する結果になったとも考えられよう。

2. 執筆状況と執筆の特徴

上では、パウロがコリント市滞在中にガラテヤ諸教会での不穏な動きについて報告を受けたと想定した。ガラテヤのキリスト者たちが「他の福

音」に心を動かされてしまったという（ガラ 1:6）。パウロ一行がガラテヤでの宣教活動をとおして諸教会を設立し、次の宣教地へと旅立った後、ユダヤ律法の遵守——とくに割礼（5:11–12; 6:12–13）と祭日（4:10）——を採用するよう異邦人キリスト者を促す宣教者（以後「反対者」）が、ガラテヤ諸教会を訪問したようだ。彼らが律法の諸規定を異邦人に守らせようとした動機は、異邦人キリスト者をユダヤ教伝統に根ざした「正統な教会成員」にすることだった。この点でパウロによる異邦人宣教の方針は明らかに異なる。反対者らがエルサレム教会に所属したか、シリアのアンティオキア教会所属かは不明だが（緒論 D「反対者のプロファイル」）、そのユダヤ教伝統に立った視点と改宗体験を経たパウロの視点とは相容れない。これはエルサレム会議の報告（ガラ 2:1–10）において明らかになる（トピック #5）。

　パウロはガラテヤ諸教会における反対者らの影響に危機感を抱き（ガラ 4:11, 20）、これに対処するためガラテヤ書を書き送った。したがってこの手紙の中心となる主題はパウロの理解する福音であり（トピック #2）、パウロはこれを神がアブラハムと結んだ永遠の契約という文脈において説明する（3–4 章）。この主題説明においてパウロは、ユダヤ律法に関する彼の理解を示す。反対者らが割礼等の律法遵守を異邦人に促すので、ユダヤ律法体制に対する否定的な表現が散見されるが、パウロはその中で神の救済計画における律法の役割とユダヤ人の律法に対する誤解を指摘し（トピック #8）、永遠の契約の成就としてのキリスト（トピック #9）と、律法の精神とキリスト者の倫理との関係性（トピック #16）とを明らかにする。そしてこの福音提示において、パウロは神がアブラハムをとおして人類とのあいだに確立した信頼関係、またそれを完成に導くキリストの誠実さを明らかにするが、その際に「信頼性（πίστις）」という語を繰り返し用いて印象的に語る（トピック #7）。契約成就という終末の出来事には、御霊の授与が関わる（ガラ 3:14）。したがってパウロがガラテヤ信徒らの終末における生き方について語る際（5–6 章）、霊と肉との葛藤（トピック #15）という印象的な表現でキリスト者の倫理が述べられる。

　パウロはこの神学的な説得に先立ち、自らの立場の弁護を試みる。その過程で彼は、自らの使徒としての立場がエルサレム教会の権威を越えた神からの直接召命である点を強調する（ガラ 1:1, 15–16; 2:1–10）。おそらく

この背景には、反対者らがパウロの宣教者としての——いわんや使徒としての——信憑性に疑義を挟むようなことを述べて、パウロの福音が不十分であると論じたという事情があろう（トピック#1）。パウロは神の直接啓示に起因する改宗体験（1:15–16）を起点とし、彼が伝える福音が神の直接啓示による真正の福音であると宣言する（1:11–12）。この過程で読者は、パウロが他所で明かさない自伝的情報を得る。彼はその他様々な修辞的表現を用いて読者を惹きつけるよう試みるが（3:1; 4:12–20）、その中で彼自身が「諷喩（アレゴリー）」（トピック#13）と称するユダヤ教聖典の驚くべき解釈を披露する（4:21–31）。パウロは異邦人教会という新たな共同体のアイデンティティ確立のため、非常に特徴的な解釈を基にした新たな世界観を構築する。

D. 反対者のプロファイル

ガラテヤ書において、パウロはその反対者を考慮に入れつつ議論を進めるが、反対者が具体的に誰かを述べない。彼らは、「あなた方を混乱に陥れ（る者）」（1:7; 5:10）、「キリストの福音を歪めようとしている（者）」（1:7）、「私たちが以前宣べ伝えた福音と異なることを……宣べ伝える（者）」（1:8）、「あなた方が受け取った福音と異なることを……宣べ伝える（者）」（1:9）、「あなた方に邪悪な視線を放って惑わした（者）」（3:1）、「真理に従わないようあなた方の邪魔をした（者）」（5:7）、「肉において見栄えを整えたいと思う（者）」（6:12）、「あなた方が割礼を受けるように強要してい（る者）」（6:12）と、その行動や意図は明言するが、具体的な所属や思想に関して曖昧で、読者はそれらを推測せねばならない。以下では、パウロの反対者理解に関する歴史的な議論を踏まえながら、もっとも確からしいと思われる反対者像を提案する。

1. 伝統的理解とその継承

伝統的にパウロの反対者は、ガラテヤ信徒にユダヤ律法を遵守するよう求めた「偽兄弟（ψευδάδελφοι）」（ガラ2:4. Ⅱコリ11:13の「偽使徒

[ψευδαπόστολοι]」参照）だという理解が一般だった。この理解はマルキオンによるガラテヤ書序説（後2世紀）にはじまり、ルターやカルヴァンに代表される宗教改革者らにも見られる（Dahl 1978:233–77）。もっとも、この「偽兄弟／偽使徒」が誰かも明らかでない。

a. テュービンゲン学派

その後19世紀のドイツにおいて、F. C. Baur（1866:251–53）を中心とするテュービンゲン学派が、初代教会におけるエルサレムの使徒らとパウロとの対立関係という構図の中で反対者の正体を捉えようとした。異邦人キリスト者にユダヤ教律法の遵守を求める姿勢は本来エルサレムの使徒らに認められるが、彼らはパウロやバルナバとの約束に拘束されているので（ガラ 2:1–10 参照）、あからさまにガラテヤ信徒に割礼を強要できない。しかしエルサレム教会の他のキリスト者ら——「偽兄弟（ψευδάδελφοι）」（ガラ 2:4）——は積極的にガラテヤ信徒に対してユダヤ教律法の遵守を説き、パウロの教えとその使徒性に対して異論を唱えることができた。これらの「偽兄弟」こそが、パウロの反対者である。

b. J. B. Lightfoot

Lightfoot（1887:27, 68）は、Baur とテュービンゲン学派の教会史理解から距離を置き、パウロとエルサレムの使徒らとのあいだに真の友好関係があったと考えた。したがって、ペトロのアンティオキアにおける行動（ガラ 2:11–14）は一時的な言行不一致となる。これらのエルサレムの使徒らと異なり、「偽兄弟」は「心底からのファリサイ派」また「裏切り者」だ。すなわち Lightfoot は、エルサレム教会に異邦人宣教に関して2つの異なる考えがあったことを想定した。ファリサイ派的思想を持った「棄教者」が、ガラテヤ教会におけるパウロの反対者か、あるいは少なくとも反対者と思想的に繋がりを持つ者となる（使 15:5 を参照）。

c. コメント

テュービンゲン学派のように、「ペトロ対パウロ」という明確な構図を初代教会理解の枠組みとすることには慎重になる必要がある。ガラ 2:1–10 では、両者に完全な見解の一致がないものの、何らかの合意に至った様子が窺える。その一方で Lightfoot のように、エルサレムの使徒らと「偽兄弟」が完全に異なる思想の持ち主だったと理解することも困難だ。パウロが「偽兄弟」という表現を用いる場合、「偽」はパウロの評価だが、

「兄弟」はエルサレム教会の認識だ。すなわち彼らは、エルサレム教会の正当な成員だった。異邦人キリスト者であるテトスに割礼を施そうとする「偽兄弟」の様子は（ガラ 2:3–4）、ガラテヤ信徒に割礼を強要するパウロの反対者の姿（ガラ 6:12）と通じることは確かだ。しかし、Lightfoot のように「偽兄弟」を「棄教者」と見なすことは、エルサレム信徒に対してパウロが用いる「偽兄弟」という修辞的な表現にとらわれ過ぎており、教会の多様性を看過することになりかねない（トピック #5）。

2. グノーシス的影響

a. 律法と霊

W. Lütgert（1919）はその著書 *Gesetz und Geist* で、2種類の反対者に対してパウロが応答していると主張した。一方はガラテヤ信徒に律法遵守を求めるユダヤ地方から来たユダヤ人宣教師、他方は霊的体験を強調する宣教師だ（したがって「Gesetz und Geist [律法と霊]」）。後者は、福音をユダヤ教聖典から引き離し、霊にある新たな生活が真の知識へとキリスト者を導くと教える。この知識（グノーシス）によって「肉の行い」は意味を失い、倫理的生活はその根拠をなくす。パウロはこの後者の教えを意識しつつ「その自由を、肉をとおして満足を得る機会として誤用せず」（ガラ 5:13）と警告する一方で、前者の教えを意識しつつ「しっかり立ち続け、奴隷の軛に2度と捕らわれないようにしなさい」（ガラ 5:1）と教える。パウロがエルサレムの権威から独立した使徒職と神的啓示による福音を強調するのは、この後者の宣教師らが、パウロはエルサレムに依存した古いユダヤ教の世界から十分に解放されていないと批判したからだ。

b. 折衷案

Schmithals（1965:9–46）は Lütgert が提唱した2種類の反対者の存在をより単純化し、反対者をユダヤ人キリスト者のグノーシス集団だと考えた。すなわち、グノーシス的神秘主義を取り入れたユダヤ教の影響を受けたままキリスト者へと改宗した者らである。グノーシス主義者はより高い知識への到達をとおして救済を得ようとするが、その際の通過儀礼として割礼を要求した。Schmithals によると、パウロはコリントにおいても同様の集団に対応する必要があった。

c. コメント

　パウロがコリントにおいて霊を強調する集団と律法を強調する集団の両方に対して、彼の福音を弁護する必要があったことは認められる。しかし、ガラテヤ書において同様の強調は見られない。コリント書執筆のあとにガラテヤ書が執筆されたことを想定すれば、コリント教会で起こった状況をそのままガラテヤ教会に投影し、ガラテヤ教会に対しても両方の集団に対する警告を発していると考えることが不可能ではなかろう。しかし本著では、ガラテヤ書をコリント書以前の執筆と理解する。ガラテヤ書の倫理部に見られる「肉による行い」への警告を理解するために、グノーシス主義者や霊体験を強調する集団を想定する必要はなかろう。

3. 律法遵守は誰の教えか

　上の議論からは、いまだ反対者の「顔」が見えてこない。ただ、ユダヤ教伝統に基づき、異邦人宣教において割礼をはじめとしたユダヤ律法の諸規定遵守を求めていたことは確かだ。この者らはどこから来て、何に所属していたか。

a. ユダヤ人会堂

　Ropes（1929:459）は、ガラテヤのユダヤ人会堂がガラテヤ諸教会に対してユダヤ教の儀礼を遵守するよう働きかけ、この影響を受けたガラテヤ信徒らが割礼等のユダヤ教規定を受け入れるようになったと論ずる。すなわち、Ropes が提案するパウロの反対者とは、ガラテヤのユダヤ人会堂にいるユダヤ人である（同様に、Nanos 2002）。

b. ガラテヤ教会

　Munck（1959:87）は、パウロの反対者をガラテヤ諸教会の部外者でなく、ガラテヤ信徒自身だと考える。パウロのガラテヤにおける宣教活動ののち、エルサレム教会のユダヤ人キリスト者らが割礼を受けていると知ったガラテヤ信徒らは、パウロの宣教が中途半端であり、彼ら自身もエルサレム教会の在り方を模倣する必要があると考えた。諸国民に対する神の祝福が割礼を受けたアブラハムの子孫をとおしてもたらされることを知ったガラテヤ信徒らは、祝福を享受するために律法を守る必要があるという理解に至った。その結果彼らは、自ら割礼を始めとするユダヤ律法を守ることによ

って、パウロが始めた福音宣教を自分らのあいだで完成させようとした。

c. 募金のための 2 人の使徒

Hurd（2005）は、Ⅱコリ 8:16–24 に登場する 2 人の「兄弟」および「使徒」である人物に注目する。彼らはパウロの募金活動に参加すべく任命された人物で、コリント教会へ派遣される手はずになっていた。ちなみにパウロの募金活動はガラテヤ教会でも行われることになっていた（Ⅰコリ 16:1）。Hurd は、パウロがエフェソで投獄されたので（フィリ 1 章参照）募金活動が困難になったと考えたエルサレム教会が、上述の 2 名の「使徒」にその仕事を託しガラテヤ教会へ派遣した、と考える。彼らはガラテヤ諸教会で支援金を集めると同時にそこで福音説教をするが、その内容はエルサレム教会の思想に則していた。彼らは、パウロの宣教活動の妨害をしようとしたのでないが、結果的に律法遵守を教える説教を行い、ガラテヤ信徒はその教えの影響を受けた。

d. 「ヤコブからの派遣団」あるいは「偽兄弟」

使 13–15 章の記述とガラ 2 章の記述を総合すると、アンティオキア教会で行われた異邦人宣教がガラテヤにまで及んだようだ。アンティオキア教会の宣教活動の結果として設立されたガラテヤ教会は、アンティオキア教会を母教会としてその指示を仰いだ。パウロによる度重なる訪問はあったが、おそらくアンティオキア教会は「ヤコブからの派遣団」（ガラ 2:12）と同様の派遣団をガラテヤ教会に送り、その結果として割礼の実施が促された。彼らは同時に、アンティオキア教会とその背後にあるエルサレム教会の権威を強調し、パウロの権威を貶める発言をした。あるいは、エルサレム会議においてパウロに押しのけられた「偽兄弟」が、アンティオキアにおけるパウロの権威失墜を図り、パウロの異邦人宣教を阻むような行動に出た（Dunn 1993:14–15）。

e. コメント

パウロは、ガラテヤ信徒が「異なる福音」（ガラ 1:6）に翻弄されその影響を受けつつあることを伝える。パウロの視点からは誤った教えでも、それは「福音」であり、何らかの「福音」宣教が行われたようだ。したがって Ropes が提唱する、近隣のユダヤ人会堂のユダヤ人から——キリスト者でないユダヤ人から——影響を受けたという想定は受け入れがたい。Munck は外部者の来訪でなく、ガラテヤ信徒自らが律法遵守の道を選ん

だと想定するが、ガラテヤ書においてパウロは反対者を3人称で表し、2人称のガラテヤ信徒らと区別している（ガラ 3:1; 4:17; 5:7–8, 12; 6:13 参照）。つまり反対者はそれが誰であれ、外からガラテヤ諸教会に律法遵守の教えをもたらした訪問者と考えるべきだろう。Hurd の状況設定については、ガラテヤ書の執筆時期を50年中盤から後半に置かなければならないのみならず、あまりにもパウロの世界を狭く捉え過ぎているという印象を否めない。Ⅱコリ8章に1度だけ登場する2人の兄弟／使徒になぜ固執しなければならないか理解しかねる。またこの2人は、パウロが募金の働きのためにその資質を認めた者だ。Hurd が述べるとおり、募金活動には説教が伴うことは十分に考えられ、パウロもそのことを予想しただろう。それならパウロは、なぜ異邦人に律法遵守を教えるような人物を、異邦人教会を巡って自身の募金活動の援助をする使者として認めたか。Dunn の状況設定はより説得性がある。しかし、律法遵守を教え、その過程でパウロの権威に疑念を呈したユダヤ人キリスト者（の宣教者）は、コリント教会にもフィリピ教会にも現れたようだ。これらの教会は、パウロのエーゲ海沿岸宣教の結果としてできた教会で、アンティオキア教会を母教会としない。反対者を「偽兄弟」と特定することは不可能でないが、これも Hurd と同様にパウロの人間関係を著しく狭く捉えているように思われる。またかりに反対者が「偽兄弟」なら、パウロはガラテヤ書でそのことを明言するのでなかろうか。

4. 結論

反対者に対するパウロの描写は直接的でない。名前が挙がることもなければ所属も明らかにされない。「偽兄弟」に関してはエルサレム会議の文脈にその言及が限られる。パウロはガラテヤで起こった混乱を聞きつけたが、反対者と直接面識がなく、間接的に聞き知った内容に則して応答しているようだ。ガラテヤ教会におけるパウロの反対者は、ユダヤ人キリスト者であり、異邦人教会のあいだで割礼をはじめとする律法遵守の必要性を教える宣教者だった。彼らはガラテヤ諸教会の内部者でなく、あるいはガラテヤ地方のユダヤ人会堂に属するユダヤ人でもなく、ガラテヤ諸教会においてユダヤ的なキリスト教宣教を行うために外部から訪問した者である。

ガラ5章には「肉による行い」に関する教えがあるが、これをグノーシス的影響を持つ反対者への警告と捉える必要はない。分派をも含めた不道徳の問題は、より一般的な人間の性向と考えられる。

使徒行伝の記事と比較すると、エルサレム教会の影響下にあるアンティオキア教会において居場所をなくしたパウロは、独自の異邦人宣教を展開するため小アジアからエーゲ海沿岸へと活動の場を移した。反対者は、アンティオキア教会あるいはエルサレム教会を中心とするユダヤ地方の教会から派遣された、ユダヤ教伝統により深く根ざした福音宣教を目的とした宣教者だろう。彼らにパウロの働きを牽制する目的が当初からあったかは不明だ。むしろ彼らの宣教活動の過程で、パウロの異邦人宣教を批判することとなったのだろう。もっとも、第二神殿期ユダヤ教が宣教を意識していたかという問いに鑑みると、これらの反対者を「宣教者」と呼ぶことに、いささかの躊躇を禁じ得ない。この点に関してはトピック #6 を参照されたし。

E. パウロの改宗

パウロはその改宗を、ダマスコ途上の啓示体験と直結させる（ガラ 1:15–16）。この体験によってパウロ神学すべてを説明する試み（Kim 1981）が極端だとしても、これがパウロの宗教観および世界観の決定的な転換点であることは否めない。パウロの福音とその神学をユダヤ教伝統や原始教会のイエス伝承という文脈で捉えることが当然だとしても（トピック #2）、この文脈に対して彼の改宗体験が新たな視点を付与したことを絶えず意識している必要があろう。したがって本注解書の開始において、パウロの改宗体験を論考することが肝要と思われる。以下では、パウロの改宗体験の本質、啓示体験の内実、改宗体験と異邦人宣教との関連について述べよう。

1. 改宗という体験

a. ジェイムズの改宗理論

19世紀の心理学者ウィリアム・ジェイムズはその古典的著書『宗教的

経験の諸相』(1969:I:287–326) において改宗（回心）に関する2つのケースを紹介している[6]。一方は道徳的・霊的な行動と心の姿勢を一定方向へ、意識的にしかも徐々に向けていく行為であり、他方は予期しない急激な自己の明け渡しによる方向転換である。使徒行伝が語るパウロの改宗物語（使 9:1–19）は明らかに後者で、もしⅡコリ 12 章がパウロの改宗と関係するなら、それはなおさらだ（Buck & Taylor 1969:22–24; Thrall 2000:778–85）。そしてガラテヤ書における「啓示」（ガラ 1:12, 16）という表現も、宗教的確信の漸増というより急激な転換を支持する。したがって多くの学者が後者の宗教体験をパウロに当てはめる（Ashton 2000:116; Segal 1990:35）。

b. 良心の呵責

もっともその例外はある。Lüdemann（2002:187–91）は、深層心理分析によってパウロの改宗を説明する。彼によると、パウロはキリスト者の教えに何らかの賛同を禁じえず、自分自身の置かれた立場とキリスト者の生き方とのギャップから、反動的に教会に対する迫害の手を強めた。しかしこの内的矛盾が、最終的にパウロをキリストへの改宗へと導いた。したがってロマ 7 章は、パウロの内的葛藤を描いていることになる。しかし、改宗に際してのパウロの心理状態を分析するには資料が僅少な点を多くの学者が指摘している（Bruce 1977:76; Hengel & Schwemer 1998:68）。またロマ 7 章の「私」については、これが修辞的表現で、パウロの個人的体験を描写していないという理解が一般だ（Jewett 2007:441–45）。ちなみに本注解書著者は、ステファノ殺害への直接関与（使 7:58; 8:1）がパウロの殉教思想に著しい影響を与え、これがのちの改宗体験の心理的伏線となっていると推測するものの（トピック #4）、ステファノ殺害のトラウマを改宗体験自体（啓示体験）と考えない。

Lüdemann が提案するような良心の呵責による漸増的な宗教的確信に対し、Stendahl（1976:7–23）はパウロの「強靱な良心（robust conscience）」と現代的な良心の呵責とが符合しないことを、フィリ 3:6 におけるパウロの証言から指摘する。パウロはここで、「律法の義に関して

---

[6] ジェイムズは宗教心理学の観点から論考しているので、その邦訳は conversion を正しく「回心」とするが、本注解書では「改宗」を用いる。この点に関しては緒論 E.1.c を見よ。

は非難の余地がない」という自己認識を示しており、罪意識に葛藤する様子が伺えない（Bockmuehl 1998:201–03 参照）。もっともこのパウロの証言は、彼が律法違反を犯した覚えがまったくないとか、ましてや人の内面に関して石のように鈍感だとかを意味しない。Sanders (1977) が「契約維持のための律法体制（covenantal nomism）」という表現で説明するとおり、第二神殿期ユダヤ教において律法は契約の民の共同体生活を潤滑にする道しるべであり、1つ1つの規定を遵守するかどうかに成員の「救い」がかかっていると考えられていなかった。律法違反は契約の民としての立場を揺るがすが、違反の償いによって契約共同体の成員としての立場を回復する道も律法には備わっていた（トピック#8）。したがってパウロが「律法の義に関しては非難の余地がない」と言う場合、それは何よりも、違反に際しては償いをしつつ、契約共同体の成員として・ちゃんとしていたことを意味する。そして当時このようにちゃんとしていたユダヤ人は、とくにファリサイ派ユダヤ人の内にかなりいただろう。もっともパウロは「私はユダヤ教に関して同世代の多くの同胞らに優っており、父祖の伝承についてはきわめて熱心でした」（ガラ1:14）と述べているので、〈かなりちゃんとしていた〉という自己認識があっただろう。

c. 改宗、回心、召命

ここで用語の整理をしておこう。上の注（#6）で触れたとおり、哲学者にして心理学者であるウィリアム・ジェイムズは本主題に関わる宗教体験を心理学的な観点から conversion と表現しているので、『宗教的経験の諸相』を翻訳した桝田氏はこれを正しく「回心」と訳している。「回心」という表現を心理学用語として限定的に理解する必要はないが、日本人のパウロ研究者らがパウロの体験に「回心」という表現を用いる場合（朴 2003:32–41; 佐竹 2008b:73–93. 山内 2002:81 は「回心・召命」）、救いを個人な心の変化としてのみ捉えがちな伝統的キリスト教神学の影響がその背後にあるかも知れない。もっともパウロの啓示体験という個人的性格に鑑みると、これを適切に「回心」と呼ぶことができよう。一方でパウロの宣教の対象である異邦人の体験に関しては、「回心」（原口 2004:55）、「改宗／改宗者」（山内 2002:245–46）、「回心／回宗／入信」（佐藤 2012:95, 107, 137, 176, 186）など多様な表現が用いられる。これは集団改宗等の、「回心」以外の表現が相応しい状況をも想定されたからだろうか。

もっともパウロの体験に関して、「回心」という表現を用いることが躊躇されることも確かだ。佐藤（2012:38, 118）は「いわゆる『回心』」という暫定的な表現を用い、他の神へ宗旨替えするのでなく、同じ神の新たな啓示に対する応答へ「回心」という語を用いることに慎重な姿勢を示す。宗旨替えという意味では、「改宗」の方がそのニュアンスが強いだろうか。「改宗」が、土足で仏間に上がり込んで仏壇を壊す類の、戦後日本における一部の宣教師の活動を連想させる、という感想も聞く。ただ、「改宗」は宗教／宗派の移行を示すより中立的な表現として成り立っており（ベルレユング&フレーフェル 2016:613–14; リヴィングストン 2017:171）、じつに προσήλυτος の訳には「改宗者」が一般に用いられる。「回心」に心理学的なニュアンスが優勢な一方で、「改宗」には社会学的なニュアンスが優勢だとの分類もできよう。本注解書著者は、個人の信仰という側面を否定も軽視もしないが、新約聖書テクストの社会学的な側面を十分に読みとるという近年の釈義傾向に倣って、「改宗」という語を用いる。この場合、ユダヤ教ファリサイ派からユダヤ教ナザレ派（キリスト者共同体）に移行するパウロ、同様にユダヤ教内でこの共同体へ新たに帰属するユダヤ人、異教からこの共同体へ宗旨替えする異邦人それぞれの帰属変更の体験に対し、一貫してこの語を用いる（Haacker 2003:23–24 参照）。パウロ等の体験の内面性に焦点が置かれる場合は、「啓示体験」やそれに準ずる表現が用いられる。「改宗」という語が持つ宗教間移行というニュアンスを回避しようとする研究者は、パウロの体験をむしろ「召命」と表現する（Dunn 1990a:89–101; Knox 1989:117; 原口 2004; 佐竹 2008a）。ガラ 1:15 の注解部にあるとおり、パウロは自分の啓示体験をとくに預言者イザヤやエレミヤの召命体験になぞらえる。パウロの啓示体験が新たな唱道活動（異邦人宣教）を開始するきっかけとなった点に焦点を置くなら、これを「召命」と呼ぶことも可能だろう。

　注目すべきは、パウロ自身が啓示体験の前後を著しく異なったものと表現している点だ。彼はじつに、「かつてのユダヤ教（ποτε ἐν τῷ Ἰουδαϊσμῷ）」という表現で啓示体験以前の状態を描写し、啓示以降にユダヤ教から距離を置いたように語る（ガラ 1:13）。しかし、教会がユダヤ教という宗教母体から独立した宗教共同体としての自己認識を持ち始めるのは後 2 世紀中盤のことだ。ここでは、パウロがガラテヤ書を執筆した事

情を考慮すべきだろう。「ユダヤ教」に対する否定的な表現は、異邦人キリスト者にユダヤ律法の遵守を求める反対者への応答だ。パウロは、本来の律法の目的を肯定的にとらえるが（3:21）、この律法を神の祝福を占有する根拠としてユダヤ人が誤解したことを批判する（3:21–22）。したがって彼は、「イスラエル」を神の祝福がキリストをとおして成就する場と捉える一方（6:16）、ユダヤ人による律法の誤解と誤用を象徴する「ユダヤ教（体制）」や「律法の行い」に否定的だ（トピック#8, #17）。すなわちこの言説は反対者への応答という文脈で理解すべきであり、パウロ的な表現を用いれば、〈ユダヤ教でなくイスラエルに属する〉という契約の再認識としての改宗がここに描かれている（Dunn 1998:499–532）。

2. 改宗体験としてのメルカヴァ神秘体験

パウロの改宗体験が究極的に神の一方的な啓示に起因するなら、その啓示とは具体的にどのような体験か。後1世紀をも含むユダヤ教の神秘主義が再評価されると、この神秘主義という文脈の中でパウロの改宗を理解する試みがなされた。この神秘主義は、エゼ1章が記す「主の栄光の姿」（1:1, 28）の顕現——それは「人のよう」（1:5, 26）——の場としての王座である車輪（＝戦車［מֶרְכָּבָה メルカヴァ］）というモチーフから、「王座・戦車神秘主義（メルカヴァ神秘主義）」といわれた（『Mハギ』2:1）。エゼ1:26は述べる。「生き物の頭上にある大空の上に、サファイアのように見える王座の形をしたものがあり、王座のようなものの上には高く人のように見える姿をしたものがあった」。「人のように見える姿」は、堕落によって失われた本来の神の姿（創1:27）を指す。したがって、神の栄光（כָּבוֹד カーヴォード）は人の姿として示される神だ。ユダヤ教の一部にはエゼキエルの幻を再体験しようとする願望があり、彼らはこのメルカヴァ神秘体験をとおして神の啓示を授かろうとした（Scholem 1955:65）。このメルカヴァについて瞑想しその幻を求めるユダヤ人による神秘的実践の文脈にファリサイ派教師サウロを置くことで、彼の啓示体験はこの神秘的実践に端を発する体験として理解される（Bowker 1971:158–59; Segal 1990:34–71）。

Rowland（1982:369–71）は、使2–3章における大量恍惚体験あるいは使7章におけるステファノの幻視体験を根拠として、少なくとも原始

教会の一部にも神秘主義的要素を重視する集団があった可能性を指摘する。また、預言者エゼキエルについても、イザヤやエレミヤの場合と同様に「顕現をとおした派遣」という主題は明白で（エゼ2:3–4）、パウロの神秘的改宗体験がその後の宣教活動へとつながることと符合する。パウロの場合は、「神の似姿であるキリストの栄光の福音」（Ⅱコリ4:4）や「キリストの御顔に輝く神の栄光」（4:6）がパウロのダマスコ途上体験――神の似姿である神の子キリストの神秘的啓示――と関連づけて考えられる（Thrall 1994:318–20; Kim 1981:119）。つまりパウロは、ダマスコ途上での啓示をとおして体験した神の子としての栄光をキリスト・イエスだと確信し、この啓示体験を根拠に「私は信じた」（Ⅱコリ4:13）という改宗に至った。パウロの啓示体験をメルカヴァ神秘主義と断定しないまでも、少なくともパウロは、そのような啓示体験を積極的に求める宗教的環境に置かれていたようだ（Scott 1996:260–81）。パウロの改宗を理解するためには、当時の地中海世界にこのような宗教のリアルがあったことを考慮する必要がある。もちろん彼の啓示表現、そしてそれを元にした使徒行伝著者の改宗物語に修辞的要素があることを看過してこれを額面どおりに受け止める必要はないが、これを「現代的感性がより把握しやすい他の神学的確信に対する、二義的存在へと貶めないことは重要である」（Dunn 1998:180）。

3. 改宗と異邦人宣教

　神の子の啓示はいかに異邦人宣教とつながるか（ガラ1:16）。この厄介な問題を回避するため、Watson（1986:28–38）をはじめとする一部の研究者は、パウロが異邦人宣教に着手した動機について社会的な説明に終始する。すなわち、改宗後ユダヤ人宣教を開始したパウロは、その困難に直面して異邦人宣教へと移行した、と言う。教会の迫害者が唱道者に変わったという風評はたしかにユダヤ人を当惑させ（使9:22）、パウロの説得力を低下させる原因となっただろう。パウロの教会迫害がエルサレムに限定され、ダマスコにも及ぼうとしている中で、迫害者パウロの噂はすでにダマスコに到達していた（使9:13）。迫害活動が地域限定的で、ユダヤ地方の諸教会はパウロと顔見知りでなかったにせよ（ガラ1:22）、風の便りはエルサレム以外の地域にも広がった。これがパウロによるユダヤ人宣教を困

難にしたことは十分に考えられる。しかしこの説明にはいくつかの問題がある。第1に、なぜユダヤ人宣教が困難なら異邦人宣教へ向かうか。パウロには、困難なユダヤ人宣教を継続することもできたし、宣教活動から一切身を引くこともできた。トピック#6が示すように、本来第二神殿期ユダヤ教というパウロの宗教的背景に、異邦人に対する積極的な改宗活動は見られない。第2に、ユダヤ人宣教が困難なので異邦人宣教へ鞍替えしたなら、異邦人宣教は継続するに値するほど当初から成功を収めたか。ガラテヤを始めとする諸教会での反対者との対峙、フィリピでの投獄、アテナイ人の無関心、エフェソでの暴動、その他Ⅱコリ11:22–28に記される艱難は、パウロが異邦人宣教から他の活動へ鞍替えする動機にならなかったか。Watsonらの社会的説明は、啓示などという現象を受け入れがたい現代的感性には都合が良かろうが、じつは解答よりもはるかに多くの疑問を生じさせる（浅野2010a:15–28）。

　神の子の啓示はいかに異邦人宣教へとつながるか。Dunn（1990a:100）は、木にかけられ神の呪いを受けて契約の外に置かれたイエスが、契約の外にいる異邦人とその運命を共有するので、復活したイエスの顕現が神の報いを示すなら、当然キリストに属する異邦人もその報いの恩恵に与る、と考える。Chilton（2004:54–55）はイエスの顕現をより個人的なパウロによる適用として捉える。すなわち、教会迫害活動によって神から疎外されたパウロは、異邦人と〈疎外されている〉という運命を共有し、もし神の恵みによってイエスがパウロに啓示されたなら、恵みによる福音が（民族的に疎外されている）異邦人へも宣べ伝えられるべきと考えた。ただこれらは、異邦人宣教の動機付けになっても、異邦人宣教の論理とならない。

　啓示と異邦人宣教はいかに結びつくか。啓示体験が確証する「律法からの自由」が「世界大の規模での歴史の転換」なので、それに伴う大義（宣教）の対象は「すべての人」（すなわち異邦人）だとの説明（佐竹2008b:73–93, 95–100）は論理的に説得性がある。もっともとくにガラテヤ書においては、律法以前のユダヤ教伝承をパウロが前提としていることをも考慮する必要があろう。ガラ3–4章の議論によると、パウロはこの世界的広がりを見せる異邦人宣教の論理を、創12–17章のアブラハム召命物語の内に見出している。神はここでアブラハムと永遠の契約を結ぶが、この時アブラハムは諸民族の父となり、諸民族へと神の祝福が及ぶた

めの「祝福の源」となると言われる（創 12:2–3; 17:4–8）。じつにパウロは この永遠の契約を根拠として、ガラ 3–4 章でその救済観を詳らかにする。 イスラエルは諸外国の圧政に苦しむ歴史の中で、異邦人に対する敵愾心 を醸成させた（ハバ 1:4, 13; エズ・ラ 5:23–27; 13:37–39. さらなるテクストは、 Davies 1980:62.n6 を見よ）。しかしユダヤ教はそのような中でも、本来の 諸民族への祝福の源となるヴィジョンを継承させ、神の言葉が諸外国へと 向かい、諸民族がシオンへ向かうという終末の期待を述べる（イザ 2:2–4 ＝ミカ 4:1–3. 詩 22:28; 65:9; 87:1–7; エレ 12:16; 16:19;『シビュ』3:772–73. さ らなるテクストは、Davies 1980:61.n3 を見よ）。パウロが生きた後 1 世紀の ユダヤ社会には民族主義とある種の普遍主義とが混在しており、おそら く彼はその啓示体験を決定的な契機として前者から後者へと激しく揺れた のだろう。もっともこの場合の普遍主義では、一般に律法の下での諸民族 の共生が想定されていようから、この点で普遍主義はパウロの啓示体験に よってその普遍度がさらに進み、それがキリストの福音――キリストに よる永遠の契約の成就という救済計画（トピック#9）――として提示され た（普遍主義と個別主義に関しては後述）。神の意志を示す律法の教師であり、 迫害も辞さない熱心な唱道者（ガラ 1:13–14）に新たな啓示が与えられた ことの当然の結果は、その啓示がもたらした理解を唱道することへの献身 だろう。したがってこの啓示はパウロにとって、ファリサイ派からイエス をキリストと告白する共同体への改宗であり、この新たな確信を唱道する 召命だった。

　それゆえパウロはガラテヤ書の歴史的叙述部において、自らの啓示体験 とユダヤ教聖典に登場する預言者の召命体験とを重ねつつ、それを召命 への献身として表明している。たとえばガラ 1:15 の「呼んだ／召された （καλέσας = καλέω）」は LXX イザヤ書に頻出する語（主題）で（41:9; 42:6; 43:1; 45:3; 48:12, 15; 49:1; 50:2; 51:2）、またガラ 1:15–16 同節とエレ 1:5 と では異邦人への派遣（ἐν τοῖς ἔθνεσιν / εἰς ἔθνη）、聖別（ἀφορίσας / ἡγίακα）、 そして母の胎（κοιλία、イザ 49:1 参照）という主題が重なっている。これ らの例は、パウロが預言者的召命を啓示体験と関連させていることを示す （Strecker 1999:111）。ユダヤ教聖典においては、啓示をともなう召命体験 にしばしば派遣主題が見られ、その派遣がイスラエルの民を超えた諸国民 へ至るという上述の普遍主義を含む場合がある（イザ 2:2–4; 25:6–7; エレ

1:5; ミカ 4:1–3)。パウロはこの諸国民への派遣主題を重視し、新たな確信を諸国民へと唱道することに特化した異邦人宣教へと従事する道を選んだのだろう。

　「普遍主義」という語の選択に関しては、パウロの宣教や当時のユダヤ教の一部を表現するのにより適切な語が欠如していることに起因する。この点に関しては廣石（2016:3–33）が Boyarin（1994）や上村（2008）によるパウロ理解——普遍主義でなく同化強要あるいはセクト主義——を起点として、より均衡のとれた視点を提供している。パウロの思想、姿勢は普遍主義か排他的個別主義か。〈普遍主義か〉という問いに対しては、その定義が「極めて多くの物事に当てはまるさま」（大辞林）なら、他民族だという理由で所属を禁ずる民族限定的な（一部の）ユダヤ教から、パウロは普遍主義の方向へ踏み出している[7]。しかし固有の宗教としてのアイデンティティを放棄しないかぎり——それは固有の宗教の消滅につながり得る——、その定義上、普遍主義を突き詰めることはできない。しかしこのような生存に関わるアイデンティティ維持を排他的個別主義と分類するなら、この地上のおおよそすべての存在が同化を強要するセクト主義として批判されかねない。そしてこのような批判は、普遍主義という名の暴力へと容易に変化する。この点は、共同体アイデンティティ形成という視点からすでに他所（浅野 2012a:212–19）で述べた。少なくとも Boyarin はこの点を理解して、同化強要というパウロ批判を撤回したとの報告を本注解書著者は受けた（British New Testament Conference, Cambridge 2002）。パウロによる越境行為はガラ 3:28 にある平等宣言と直結しており、これが当時の世界において排他性と異なる理想として際立っていたことは、多くの研究者が認める（ガラ 3:28 注解）。本注解書著者は、パウロに対するより均衡

---

[7] 廣石（2016:6–7）は、パウロの活動に関して閉鎖性と開放性の両側面を持ち、排他的のようで完全にそうでないという Runesson（2000:131ff）の分類を紹介する。多様な言語表現を駆使する分析を要約し、「普遍主義」という語の曖昧さを克服することを試みている。ここで述べる個別主義と普遍主義との対比は、〈ユダヤ教という単一民族的で個別主義的な（劣悪な）宗教から普遍的な宗教へと進化したキリスト教〉という F. C. Baur（1863）の宗教進化史観を支持しているのでない。上で述べたとおり、ユダヤ教の内にも普遍性を希求する傾向があり、ヤハウェとアブラハムとの契約は諸国民の祝福を視野に入れている（創 12–17 章）。この主題に関しては、さらに Dahl（1977:178–91）を見よ。

のとれた視点こそが、多様性の調和という現代人の価値観に応えるに資するテクスト解釈上のスタンスだと考える。

F. ガラテヤ書のアウトライン

1. 弁証的手紙としてのガラテヤ書？

　ガラテヤ書をいかなるアウトラインで示すか——この書簡は論理的にどのように構成されているか——に関して、各注解者が微妙に異なる理解を提示してきたが、とくに近年では Betz (1975:354) がその後のガラテヤ書構成の理解に大きな影響を与えた。Betz はガラテヤ書を、法廷において陪審員や裁判官に対し弁護したり告発したりする際に用いられる修辞法の形態に倣った「弁証的手紙」と理解する。このような文書形態に見られるアウトラインをもとに、Betz は以下のようなガラテヤ書のアウトラインを提案した。すなわち、(a) 書簡前記（ガラ 1:1-5）、(b) 導入（*Exordium*/1:6-11）、(c) 叙述（*Narratio*/1:12-2:14）、(d) 提題（*Propositio*/2:15-21）、(e) 論証（*Probatio*/3:1-4:31）、(f) 勧告（*Exhortatio*/5:1-6:10）、(g) 結び（*Conclusio*/6:11-18）だ。

　Betz 以前には、ガラテヤ書がときとしてパウロの感情に著しく左右され、その結果として論理の逸脱が目立つと理解されることがあった。したがって Burton (1921:235) はガラ 4:12-20 を突然の感情の高まりによる論理的逸脱と捉え、O'Neil (1972:71) はガラ 5:13-6:10 を論理的に場違いな、後に挿入された倫理的教示だと考えた。Betz の「弁証的手紙」による論理的展開はこれらの見解を退けることとなった。また Betz の視点は、ガラ 1-2 章における歴史的叙述が手紙全体といかに関わるかをも明らかにした。これらの点で Betz の提唱するアウトラインはガラテヤ書理解に重要な影響を与えており、日本語のガラテヤ書注解者では原口 (2004:18) が Betz のアウトラインを踏襲している（英語圏では Longenecker 1990）。

　もっとも、ガラテヤ書を「弁証的手紙」として理解することに問題点がないわけでない。第 1 に、Betz は「弁証的手紙」のアウトラインを導き出すための材料となる古典文献として、プラトン著『書簡』、イソクラ

テス著『アンティドシス』、デモステネス著『冠について』等を挙げるが、これらの文書どれ1つをとっても「手紙」という文書形態をとらず、ガラテヤ書と安易に比較しかねる（Meeks 1981:306）。第2の問題は、BetzがFが古代ギリシャ修辞法とガラテヤ書とのあいだに密接な系統的関連を前提とする一方で、他の文学——ことにユダヤ教聖典——との比較を怠っている点だ。反対者の烙印化（ガラ1:7; 5:10; 6:17）は代上2:7におけるアカルに関する烙印化（「イスラエルに災いをもたらした」）を想起させるだろうし、ガラ1:8–9における呪いは、預言者的表現とも比較できよう（出3–6章; イザ6章; エレ1章）。またアブラハムに始まるイスラエル史への言及（ガラ3章）はユダヤ教聖典に頻出する主題だが（ヨシュ24:2–3; イザ51:2; ネヘ9:7–8）、Betzの場合はこれらを看過しがちだ。これらの影響を見過ごして、パウロを古代ギリシャの修辞法を駆使する雄弁家のように見なすことは現実的でなかろう。パウロが当時のヘレニズム文化からある程度の影響を受けたことは否めないが、彼はその他の修辞法をも意識的に選択することができた（Aune 1981:323）。それなら私たちは、ガラテヤ書のアウトラインをいかに捉えるべきか。おそらく厳密なギリシャ的修辞法の枠組みにガラテヤ書を無理やり押し込むのではなく、むしろ手紙自体の自然な議論の流れを十分に考慮しつつアウトラインを定めることに努めるべきだろう（Dunn 1993:20）。

2. ガラテヤ書のアウトライン

本注解書は以下のアウトラインに沿って、それぞれのペリコペ（#1–17）を解説する。

Ⅰ．導入（1:1–9）
  A. キリストの使徒からの挨拶（1:1–5）　　　　　　　　　　（#1）
    1. 手紙の発信者と受信者（1:1–2）
      a. 発信者（1:1–2a）
        i. 使徒としての弁明（1:1）
          α．人間的権威（1:1a）
          β．神的権威（1:1b）

                ii. パウロの同席（同伴）者（1:2a）
            b. 受信者（1:2b）
        2. 恵みと平和の願い（1:3–4）
            a. 恵みと平和の出処（1:3）
            b. 恵みと平和の根拠（1:4）
        3. 頌栄（1:5）
    B. キリストの福音からの乖離（1:6–9） (#2)
        1. ガラテヤ信徒らに対する驚き（1:6–7a）
            a. 召命者からの乖離（1:6a）
            b. 異なる福音への逸脱（1:6b–7a）
        2. 反対者らに対する糾弾（1:7b–9）
            a. キリストの福音の歪曲（1:7b）
            b. 確かな宣教と福音の歪曲への糾弾（1:8）
            c. 確かな改宗と福音の歪曲への糾弾（1:9）

II. 福音の啓示とその弁護（1:10–2:14）
    A. 導入：啓示としての福音（1:10–12） (#3)
        1. パウロの動機（1:10）
            a. 神の認証か人の認証か（1:10a–b）
            b. キリストの奴隷（1:10c–d）
        2. 福音の神的権威（1:11–12）
            a. 福音の人的権威（1:11）
            b. 福音の神的啓示（1:12）
    B. 啓示とその前後（1:13–24） (#4)
        1. 啓示以前のパウロの生き方（1:13–14）
            a. ユダヤ教への忠誠と教会の迫害（1:13）
            b. ユダヤ教への忠誠と父祖の伝承への熱心（1:14）
        2. 啓示体験とその直後（1:15–17）
            a. 神による聖別（1:15）
            b. 神の子の啓示と派遣（1:16a）
            c. 啓示直後のアラビア滞在（1:16b–17）
        3. 啓示以降のパウロの行動（1:18–24）
            a. エルサレム訪問（1:18–20）
            b. シリア・キリキア地方滞在（1:21–24）
    C. 福音の真理の弁護（2:1–14） (#5)
        1. エルサレム会議（2:1–10）

　　　　　a. エルサレム再訪の契機と目的（2:1–2）
　　　　　　　i. 啓示によるエルサレム再訪（2:1–2a）
　　　　　　　ii. エルサレム再訪による福音宣教の確認（2:2b–c）
　　　　　b. 福音の真理（2:3–6）
　　　　　　　i. 無割礼者テトス（2:3）
　　　　　　　ii. 偽兄弟の作為（2:4）
　　　　　　　iii. 福音の真理（2:5）
　　　　　　　iv. エルサレムの使徒らの応答（2:6）
　　　　　c. 福音宣教の分担（2:7–10）
　　　　　　　i. ユダヤ人の福音と異邦人の福音（2:7）
　　　　　　　ii. ユダヤ人への使徒と異邦人への使徒（2:8）
　　　　　　　iii. 福音宣教の分担（2:9）
　　　　　　　iv. 貧者への配慮（2:10）
　　　2. アンティオキア事件（2:11–14）　　　　　　　　　　　　（#6）
　　　　　a. ペトロの虚偽とその影響（2:11–13）
　　　　　　　i. パウロとペトロの対峙（2:11）
　　　　　　　ii. ペトロの虚偽（2:12）
　　　　　　　　　α. 異邦人との食事（2:12a）
　　　　　　　　　β. 異邦人への拒絶（2:12b）
　　　　　　　iii. ユダヤ人キリスト者の虚偽（2:13a）
　　　　　　　iv. バルナバの虚偽（2:13b）
　　　　　b. ペトロ批判の理由（2:14）
　　　　　　　i. おおやけのペトロ批判（2:14a）
　　　　　　　ii. 異邦人のような振る舞い（2:14b）
　　　　　　　iii. ユダヤ人のような振る舞い（2:14c）

Ⅲ. 福音の真理とその適用（2:15–6:10）
　A. 導入：信頼性による義（2:15–21）　　　　　　　　　　　　（#7）
　　　1. 律法と民族性（2:15）
　　　2. 信頼性による義（2:16）
　　　　　a. 律法の行いと信頼性（2:16a）
　　　　　b. 信頼の重要性（2:16b）
　　　　　c. 律法の行いでなく信頼性による義（2:16c）
　　　　　d. 律法の行いによる不義（2:16d）
　　　3.「信頼性による義」の根拠（2:17–21）
　　　　　a. キリストは罪に仕えるか（2:17）

  b. パウロは違反者か（2:18–20）
   i. 律法の行いを否むパウロ（2:18）
   ii. 十字架につけられたパウロ（2:19）
   iii. キリストが内に生きるパウロ（2:20）
  c. キリストは無駄死にしたか（2:21）
B. 福音の真理（3:1–4:31）
 1. 信頼性と霊の受容（3:1–5）   （#8）
  a. キリストの啓示体験（3:1）
  b. 霊の受容体験（3:2–5）
   i. 霊の受容体験の根拠は律法の行いか信頼性か（3:2）
   ii. 霊の受容体験を肉によって完成するか（3:3）
   iii. 霊の受容体験は無駄か（3:4）
   iv. 霊の受容体験の根拠は律法の行いか信頼性か（3:5）
 2. 信頼性と契約の祝福（3:6–14）   （#9）
  a. 信頼性に依拠した契約の祝福（3:6–9）
   i. アブラハムの子孫（3:6–7）
   ii. 異邦人に及ぶ祝福（3:8–9）
  b. 律法の結果としての呪い（3:10–12）
   i. 律法の呪い（3:10）
   ii. 律法か信頼性か（3:11–12）
  c. キリストによる祝福の成就（3:13–14）
   i. キリストの十字架（3:13）
   ii. 約束の霊（3:14）
 3. 約束と律法体制（3:15–24）   （#10）
  a. 永遠の契約（3:15–18）
   i. 約束の不可変性（3:15–16）
   ii. 律法の後発性（3:17–18）
  b. 律法の目的（3:19–24）
   i. 違反のための律法（3:19–21）
   ii. キリストへと導く律法（3:22–24）
 4. 約束の相続者（3:25–4:11）   （#11）
  a. キリストに属する者の立場（3:25–29）
   i. 養育係から自由な立場（3:25）
   ii. 神の子としての立場（3:26–27）
   iii. 平等な立場（3:28）
   iv. 相続者としての立場（3:29）

           b. 相続者の立場（4:1–11）
               i. 未成年者の隷属状態（4:1–3）
               ii. 立場の移行（4:4–7）
               iii. 立場の逆行（4:8–11）
        5. ガラテヤ人によるパウロ受容（4:12–20）　　　　　　（#12）
           a. 使徒の受容（4:12–15）
               i. 他者のための絆（4:12）
               ii. 弱さと福音宣教（4:13）
               iii. 受容と試練（4:14–15）
           b. 反対者の惑わし（4:16–18）
               i. 真実の敵（4:16）
               ii. 自己のための絆（4:17）
               iii. 本来の熱意（4:18）
           c. 使徒の悩み（4:19–20）
               i. キリストの形成（4:19）
               ii. 使徒の臨在（4:20）
        6. 2つの契約のメタファ（4:21–31）　　　　　　　　　（#13）
           a. 導入（4:21–22）
           b. 約束物語の再話（4:23–27）
               i. 2つの契約の諷喩（4:23–24a）
               ii. ハガルの範疇（4:24b–25）
               iii. サラの範疇（4:26）
               iv. 地位逆転（4:27）
           c. 再話の適用（4:28–31）
               i. 約束の子との連帯（4:28–30）
                   α. 約束の享受（4:28）
                   β. 迫害の甘受（4:29）
                   γ. 地位逆転（4:30）
               ii. 自由の女との連帯（4:31）
    C. 福音の適用（5:1–6:10）
        1. 自由の行使（5:1–15）　　　　　　　　　　　　　　（#14）
           a. キリストの自由に反する割礼（5:1–6）
               i. キリストの自由と割礼の隷属（5:1）
               ii. キリストからの分離としての割礼（5:2–4）
               iii. 割礼に替わる信頼（5:5–6）
           b. 反対者に関する警告（5:7–12）

            i. 反対者の悪影響（5:7–10）
            ii. 反対者への応答（5:11–12）
        c. 隣人愛による自由の行使（5:13–15）
            i. 愛による奉仕の勧め（5:13）
            ii. キリストによる隣人愛の戒め（5:14）
            iii. 搾取による破滅の警告（5:15）
    2. 相反する霊と肉（5:16–24） (#15)
        a. 霊と肉（5:16–18）
            i. 霊による歩みの奨励（5:16）
            ii. 霊と肉との対峙（5:17）
            iii. 霊と律法（5:18）
        b. 肉の行い（5:19–21）
            i. 悪徳目（5:19–21a）
            ii. 神の王国との訣別（5:21b）
        c. 霊の実（5:22–24）
            i. 徳目（5:22–23）
            ii. 肉との訣別（5:24）
    3. 霊の共同体（5:25–6:10） (#16)
        a. 奨励部（導入）：霊と共同体（5:25–26）
        b. 命令部（6:1–8）
            i. 過ちの克服（6:1）
                α. 互助（6:1a）
                β. 自戒（6:1b）
            ii. 他者の支え（6:2–5）
                α. 互助（6:2）
                β. 自戒（6:3–5）
            iii. 行為への報い（6:6–8）
                α. 互助（6:6）
                β. 自戒（6:7–8）
        c. 奨励部（まとめ）：善行のための忍耐（6:9–10）

Ⅳ. 結び（6:11–18） (#17)
  A. 導入：パウロの大きな字（6:11）
  B. 肉の誇りと十字架の誇り（6:12–15）
    1. 十字架の恥と割礼の誇り（6:12–13）
    2. 十字架の誇りと新たな創造（6:14–15）

C. 最後の挨拶（6:16–18）
    1. 平和の願い（16:16）
    2. イエスの印（16:17）
    3. 頌栄（16:18）

第 I 部
導　入
(1:1–9)

A. キリストの使徒からの挨拶（1:1–5）

【翻訳】

《逐語訳》

^{1:1} パウロ――人々からでなく、1人の人を介してでなく、むしろイエス・キリストを介して、またこの方を死者らのあいだから甦らせた父なる神からの使徒――が、² また私とともにいるすべての兄弟らが、ガラテヤの諸教会へ。³〈私たちの〉父なる神と主イエス・キリストから、恵みと平和があなた方に。⁴ この方（キリスト）は、私たちの諸罪過のために自分を与えた。それは私たちの神また父の意志にしたがい、現行の邪悪な時代から私たちを連れ出すためだ。⁵ この方（神）に、永遠の永遠に至る栄光が、アーメン。

《自然訳》

^{1:1} 人々の合議によらず、一指導者の決断を介したのでもなく、むしろイエス・キリストを介して、またこの方を死者のあいだから復活させられた父なる神により使徒として任命されたこのパウロと、² 私のもとにいるすべての兄弟姉妹が、ガラテヤの諸教会へ挨拶を送ります。³ 私たちの父なる神と主イエス・キリストから、恵みと平和とがあなた方にありますように。⁴ キリストは、私たちの諸々の罪のためにご自身をお与えになりました。それは私たちの父なる神のご意志にしたがって、今の邪悪な時代から私たちを救い出すためです。⁵ この神に、永遠の昔から永遠の未来に至るまで変わらない栄光がありますように、アーメン。

1:3 「〈私たちの〉父なる神と主イエス・キリスト（θεοῦ πατρὸς ἡμῶν καὶ κυρίου Ἰησοῦ Χριστοῦ）」には、「父なる神と私たちの主イエス・キリスト（θεοῦ πατρὸς καὶ κυρίου ἡμῶν Ἰησοῦ Χριστοῦ）」（𝔓^{46.51vid}, B, D, G, H, K 等）とする重要な写本がある。前者のパターンはパウロ書簡他所にも見られる（ロマ 1:7; Ⅰコリ 1:3; Ⅱコリ 1:2; フィリ 1:2; フィレ 3. エフェ 1:2 参照）。後者は「私たちの主」という敬虔表現が好まれたことによる変更か。その他 ἡμῶν を欠く写本、あるいは「神」と「キリスト」それぞれに ἡμῶν を付す写本もあるが、これらは後の写字生らによる編集だろう。

【形態／構造／背景】

著者はその書き出しに気を遣う。アリストテレスは議論を構築するにあたってこの気遣いを強調するため、万事においてその始まりが肝心だとの原則を引き合いにし、「開始は全行程の半ばを越える（πλεῖον ἢ ἥμισυ τοῦ παντὸς εἶναι ἡ ἀρχή）とある」（『ニコマコス倫理』1:7:23. プラトン『国家』2:17:377 参照）と記したほどだ。パウロもまた、本書簡の開始部にひとかたならぬ思いを込めている。

本箇所（ペリコペ）は、一般文書の「序文」、「手紙」というジャンルの「挨拶部」と言えよう。古代の手紙において狭義の「挨拶」には、「こんにちは」等を意味する χαίρειν（ギリシャ語）あるいは saluto（ラテン語）が用いられた。簡潔な挨拶文の例としては、「クラウディウス・リシアが総督フェリクス閣下にご挨拶申し上げます（χαίρειν）」（使 23:26）が挙げられる。ここには、発信者、受信者、そして（狭義の）挨拶が含まれる。パウロの手紙における挨拶部にもこれら３つの要素が含まれる。挨拶部には一般に感謝部が続くが（Murphy-O'Connor 1995）、後述するようにガラテヤ書はこの慣習から逸脱している。

発信者は「パウロ」だが、彼はやや長い修飾句を発信者名のあとに続けている。すなわち、「人々からでなく、１人の人を介してでもなく、むしろイエス・キリストを介して、またこの方を死者らのあいだから甦らせた父なる神」（ガラ 1:1）である。ガラテヤ書よりもほぼ１年ほど先んじて執筆されたテサロニケ２書には、「パウロ、シルワノ、テモテ」という発信者名が連ねられるのみだ。ガラテヤ書執筆からおよそ３年ほど経って書かれたⅠコリント書とそれに続くⅡコリント書では、発信者名「パウロ」に続いて、「神の御心によって召されてキリスト・イエスの使徒となった」（Ⅰコリ 1:1）、あるいは「神の御心によってキリスト・イエスの使徒とされた」（Ⅱコリ 1:1）という修飾句が付されている。ガラテヤ書とコリント書の共通点は、パウロの使徒性に神的根拠があることを強調している点だ。この特徴はテサロニケ２書の発信者名には見られない。これは、ガラテヤ書執筆時にパウロが自らの使徒としての立場を正当化する必要が生じたことを示しており、使徒としての正当性がコリント書執筆時にも問題視され続けたことを示唆している。「神」を先行詞とする同格（分詞）節は、

〈この神がこの方（イエス・キリスト）を復活させたのだ〉という確信を表明している。挨拶部においてさえパウロは彼の福音を早々と宣言する。発信者には「私とともにいるすべての兄弟ら」（ガラ1:2）も含まれる。

　発信者名に続いて、受信者名として「ガラテヤの諸教会」（ガラ1:2）が紹介される。発信者名と異なり、受信者名は著しく簡潔だ。他書では、教会あるいは集会を意味するἐκκλησίαに神へ帰属することを知らせる修飾句が添えてある（「神の教会」）。一方でガラテヤ書の受信者名には、集会の神的根拠を示すこのような表現が欠如している。

　「私たちの父なる神と主イエス・キリストから、恵みと平和があなた方に（あるように）」（ガラ1:3）という祈祷の表現は、多くのパウロ書簡に共通する（ロマ1:7; Ⅰコリ1:3; Ⅱコリ1:2; フィリ1:2; Ⅱテサ1:2; フィレ3. エフェ1:2参照）。ガラテヤ書の挨拶部において特徴的な点は、この定型句に続いて「この方は、私たちの諸罪過のために自分を与えた。それは私たちの神また父の意志にしたがい、現行の邪悪な時代から私たちを連れ出すためだ」（ガラ1:4）という終末的な救済が、前出の「主イエス・キリスト」を先行詞とする同格（分詞）節による修飾句として付加されていることだ。この福音の要約は、ガラテヤ書全体をとおして「私たちがあなた方に宣べ伝えたもの（福音）」（ガラ1:8）の弁護が展開される布石として機能している。

　上述のとおり通常パウロ書簡においては、挨拶文に続いて感謝が記される。この感謝部は喜びと喜びの理由に大別される（ロマ1:8–15; Ⅰコリ1:4–9; フィリ1:3–11; コロ1:3–8; Ⅰテサ1:2–5; Ⅱテサ1:3–4; フィレ4–6）。この慣習から外れるのはⅡコリント書とガラテヤ書だ。Ⅱコリ1:3–7では、他書と異なる仕方で神への讃美が展開する。Ⅱコリント書に直接の感謝部が欠如する理由としては、パウロとコリント教会の和解（Ⅱコリ7:5–16）にもかかわらず、両者のあいだに依然として何らかのわだかまりが存在したことが挙げられよう。ガラテヤ書の場合は、これらの書簡と事情が大きく異なる。ガラテヤ書においては短い頌栄（ガラ1:5）によって挨拶部全体が締めくくられ、手紙導入部の一部としてではあるが、いきなりガラテヤ信徒への忠言が始まる（1:6）。感謝部の完全な欠落は、パウロのガラテヤ書に込める緊急性として説明できよう。本ペリコペのアウトラインは以下のとおりである。

1. 手紙の発信者と受信者（1:1–2）
    a. 発信者（1:1–2a）
        i. 使徒としての弁明（1:1）
            α. 人間的権威（1:1a）
            β. 神的権威（1:1b）
        ii. パウロの同席（同伴）者（1:2a）
    b. 受信者（1:2b）
2. 恵みと平和の願い（1:3–4）
    a. 恵みと平和の出処（1:3）
    b. 恵みと平和の根拠（1:4）
3. 頌栄（1:5）

【注解】

1:1　パウロ――人々からでなく、1人の人を介してでもなく、むしろイエス・キリストを介して、またこの方を死者らのあいだから甦らせた父なる神からの使徒――が……。

　ガラテヤ書は他のパウロ書簡と同様に、「**パウロ（Παῦλος）**」という発信者名によって開始する。この名はおそらくラテン語の家系名（第三名）「パウルス」をギリシャ語表記したものだ。ローマ名の慣習では、第一名が個人の名、第二名が氏族名、そして第三名が家系名だったので、たとえばガイウス・ユリウス・カエサルは、ユリウス氏族に属するカエサル家のガイウスである。したがって「シーザー（カエサル）」として知られる人物を、私たちは苗字で呼んでいることになる。「パウルス」が家系名ならば、発信者パウロの父親か祖父が解放奴隷となった際に、パトロネジ（保護者―庇護民体制）の枠組みの中でローマ人のパトロン（保護者）であった人物からその家系名を受け継いだとも推測できよう。キプロス宣教における最初の改宗者である総督セルギウス・パウルス（使13:12）がこの保護者であったという議論（Harrer 1940:30–31）は、使徒行伝資料の読み込み過ぎか。

　使徒行伝は「パウロでもあるサウロ（Σαῦλος δέ, ὁ καὶ Παῦλος）」（13:9）と記している。「サウロ（Σαῦλος、他所では Σαούλ も）」はヘブライ語名の

「サウル（שָׁאוּל シャーウール）」をギリシャ語表記にしたものだ。Σαῦλος（Σαούλ）は新約聖書で使徒行伝にのみ登場する（24回）。ヘブライ人の中のヘブライ人でありベニヤミン族に属するパウロの家族は（フィリ 3:5; ロマ 11:1）、ベニヤミン族を代表するサウル王（サム上、代上を参照）に因んで手紙著者に「サウロ」という名を与えたか。使徒行伝では、サウロからパウロへの名称移行は改宗物語でなく、異邦人宣教物語の開始時に起こっている。ここには、異邦人宣教においては異邦人名の「パウロ」が相応しいという、使徒行伝著者の物語上の意図がうかがえる。パウロ自身はその書簡群で「パウロ」のみを用いているので、おそらく異邦人のあいだではそのように呼ばれていただろう。

　パウロの自己認識が使徒であるという点は、書簡冒頭で「パウロ」と「**使徒**（ἀπόστολος）」とが同格名詞として並列されていることから明らかだ。この使徒職が異邦人宣教に特化しているという事実は、ガラ 1–2 章で明らかとなる（トピック #1）。

　パウロは自らの使徒としての正当性を確立するため、「人々からでなく、1 人の人を介してでもなく、むしろイエス・キリストを介して、またこの方を死者らのあいだから甦らせた父なる神からの」という長い説明を加えている。この修飾句においては、人的権威（1:1a）と神的権威（1:1b）とが対比されている。

　パウロの使徒職はまず、「**人々からでなく**（οὐκ ἀπ' ἀνθρώπων）」と限定される。複数形の「人々」は具体的に何を指すか。前置詞の「〜から（ἀπ' = ἀπό）」は権威の出処を示す。おそらく「人々から」とは、エルサレムあるいはアンティオキアの教会指導者によって構成される何らかの決議機関を指すだろう。使徒行伝は、使徒ユダの欠員を埋めるためにエルサレムで会議が開かれ、最後にヨセフとマティアのあいだでくじによる投票が行われたと報告する（使 1:15–26）。パウロはここで、彼の使徒職が（エルサレム）教会の指導者体制の権威に依拠しないことを明言している（したがって「人々の合議によらず」）。この表現の背景には、ガラ 2 章において明らかになる、エルサレム会議とアンティオキア事件に対するパウロの失望と憤りがあるとも考え得る。パウロの使徒職は、これらの人間的な指導者集団に依拠するのでないことが強調されている。

　そしてパウロの使徒職は、「**1 人の人を介してでもなく**（οὐδὲ δι'

ἀνθρώπου)」とさらに限定される。複数の「人々」については出処を示すἀπό という前置詞が用いられたが、単数の「1 人の人」については媒体を示す前置詞「～を介して（δι' = διά）」が用いられる。決定機関がエルサレムにあれば、媒体はペトロやヤコブが考えられようし（Dunn 1993:26）、アンティオキアにあれば、媒体としてバルナバがその候補として挙げられよう（Von Zahn 1907:3）。パウロはここで、その権威が〈他の使徒らのようにイエス自身でなく、エルサレム教会やペトロ個人に依拠した二義的なものだ〉との、反対者による批判に対して応答していよう（Mußner 1981:45–46）。パウロは他所でもペトロ訪問の様子を伝え（ガラ 1:18–19）、エルサレム教会訪問の様子を伝えて（2:1–10）、それらの訪問がパウロの独立した使徒としての権威を損ねない点を強調している（したがって「一指導者の決断を介したのでもなく」）。

パウロは自らの使徒職の神的権威を確立するため、「**むしろイエス・キリストを介して……父なる神からの**（διὰ Ἰησοῦ Χριστοῦ καὶ θεοῦ πατρός …）」と述べる。一見するとこの表現は、媒体者を示す前置詞 διά がイエス・キリストと父なる神の両方にかかるように見える。しかし神が媒介者となると、神的権威の源泉が神であり、キリストという媒介をとおして使徒職がパウロに付与される、という常識的なシナリオが崩れる。ここではむしろ、「人々」、「1 人の人」、「キリスト」、「父なる神」がキアスムス構造を成し、「父なる神」の直前に源泉を示す前置詞 ἀπό が省略されていると考えるのが適切だろう（Bligh 1969:62）。すなわち：

> a.　ἀπό + 人々
>   b.　διά + 1 人の人
>   b'.　διά + イエス・キリスト
> a'.　(ἀπό) + 父なる神

この構造は、キリストと神の登場順序をも規定する。一般にパウロが両者を並列させる場合、神を先に、キリストをあとに置く（ガラ 1:3; ロマ 1:7; Ⅰコリ 1:3; Ⅱコリ 1:2; フィリ 1:2; Ⅰテサ 1:1; Ⅱテサ 1:1）。したがって本節での神とキリストの登場順序の逸脱も、キアスムス構造によって説明できる。パウロは、〈自らの使徒職の根拠が神にあり、その権威がキリスト

の啓示をとおして与えられた〉と主張している（ガラ 1:15–16 参照）。

　父なる神とイエス・キリストとの関係は、「**この方を死者らのあいだから甦らせた**」という修飾句によって示される。この表現は一般に原始教会の信仰告白に依拠した伝承と理解されるが（ロマ 4:24; 8:11; 10:9; Ⅰコリ 6:14; 15:15; Ⅱコリ 4:14; Ⅰテサ 1:10 参照）、もちろん断言できない（Dunn 1998:174–77）。パウロは「甦らせる（ἐγείραντος = ἐγείρω）」という語を書簡群中で 35 回用いており、これは彼のキリスト信仰における復活の重要性を示す。使 1:21–22 は使徒選出の条件の 1 つとして生前のイエスを目撃した者であることを挙げるが、反対者らはこの条件を根拠にパウロの使徒性を批判しただろう。Ⅰコリント書でパウロは、自らを復活したイエスの目撃者だと主張してこの批判を回避しようとするが（Ⅰコリ 9:1; 15:8）、ガラテヤ書においても復活したイエスの啓示体験が強調されている（ガラ 1:15–16. Thiselton 2000:668–69; Fitzmyer 2008:355–56, 552 を見よ）。したがって、パウロ書簡群において「（神の）子」という表現は（十字架の）死と密接に結びついているが（ロマ 5:10; 8:3; ガラ 2:19–20; 4:4–5）、それはまた復活（さらに高挙）とも結びつく（ロマ 1:3–4; Ⅰテサ 1:10）。本節では、神がキリストを復活させた力がパウロを使徒と任命する権威とつながっている。

　パウロがガラテヤ書において復活に 1 度しか言及しないことから、この書におけるパウロの（黙示的観点の）中心主題は復活でなく十字架だ（Martyn 1997:85, 97–105）という理解は適切か。はたしてこの頻度は、その重要性を測る尺度となるか。パウロ書簡群において「キリストの十字架」とこれに準ずる表現が限定的（Ⅰコリ 1:18; ガラ 6:12, 14; フィリ 3:18; コロ 1:20）なのはいかに説明するか。ローマ書では「十字架、十字架につける（σταυρός, σταυρόω）」という語が用いられないことをいかに説明するか。むしろ反対者との議論の焦点が復活にないこと——キリストの復活に関してパウロと反対者らを含む原始教会とが理解を共有していたこと——を示すのでないか（Dunn 1993:28–29）。さらに、復活の定型表現によらずとも、神の子の顕現（ガラ 1:15–16）や非常に特徴的なキリストの内在に関する表現（2:20）によって、パウロがキリストの復活信仰を前提としていることは明らかだ。とくにガラ 2:20 では、「自分を引き渡した神の子」が「生きている」。つまりガラテヤ書が描くパウロの救済の体験

は、十字架と復活とによって規定されている。また、Martyn（1985:420）はガラ 6:14（「世は私に対して十字架刑に処されてしまっており、私も世に対して」）を用いつつ、パウロがガラテヤ書では復活でなく十字架の重要性に注目していると主張するが、パウロは直後で割礼の価値を相対化しつつ「新たな創造」（6:15）の重要性に読者の注意を向ける。これは「現行の邪悪な時代」（1:4）にあってその成就が待たれる新たな時代を示唆しており、その開始と成就とは「初穂」としてのキリストの復活が確証する（Ⅰコリ 15:20–24. Beker 1980:211 参照）。さらに直前のペリコペにおいて、「永遠の命」への期待が倫理的動機付けとなっている（ガラ 6:8）。パウロの福音において、十字架と復活とは「あれかこれか」でない。「復活がなければ十字架は失望であり、十字架がなければ復活は現実逃避である」（Dunn 1998:235）と言われるゆえんだ（トピック #9）。

1:2　また私とともにいるすべての兄弟らが、ガラテヤの諸教会へ。

　発信者のパウロは、「私とともにいるすべての兄弟らが（οἱ σὺν ἐμοὶ πάντες ἀδελφοί）」として、ともに挨拶を送る「兄弟たち」に言及する。導入部で述べたとおり、パウロはガラテヤ書をギリシャ半島にあるアカイア属州の港湾都市コリントで執筆しているので、この兄弟たちにはコリント教会の信徒らが含まれていよう[8]。パウロは他所で彼の共同宣教者らの個人名を挙げる。すなわち、ソスセネ（Ⅰコリ 1:1）、テモテ（Ⅱコリ 1:1; フィリ 1:1; コロ 1:1; フィレ 1）、シラスとテモテ（Ⅰテサ 1:1; Ⅱテサ 1:1）だ。使徒行伝のパウロによるエーゲ海沿岸宣教の様子を考慮に入れると、このコリントでパウロにシラスとテモテとが合流するので（使 18:5）、上述のテサロニケ 2 書と同様に彼らの名が記されることが期待されるところだ。しかしパウロは、「すべての兄弟たち」という一般的な表現に留めている。パウロは他所で、やはり「私とともにいる兄弟たち」と記すが（フィリ 4:21）、本箇所では「すべての（πάντες）」という形容詞を加えて言及される教会成員とパウロとの一致を印象づけている。ここには、ガラテヤ教会の問題がコリント信徒のあいだで周知されていること、またその問題に対するパウロの対処法をコリント教会（とパウロの共同宣教者ら）が支持して

---

[8] 「兄弟たち」を共同宣教者のみに限定する立場としては、Betz（1979:40）を参照。

いることが暗示されているかも知れない。

ちなみに、ガラテヤ書の執筆場所がコリントであれば、コリント信徒らがガラテヤ書の内容を、おそらくコリント教会にお

古代コリント市とアクロ・コリントス

けるパウロの説教等をとおして知っていたことが考えられる。それならば、その教えはコリント教会へも影響を及ぼしただろう。たとえば礼拝における性差の撤廃が教えられたり（ガラ 3:28）、聖霊顕現体験が強調されたなら（ガラ 3:1–5）、パウロがコリントを離れたあとで——パウロの意図からも離れて——、礼拝における特定の人物の参加が教会の秩序を乱す結果（Ⅰコリ 11:2–16）になったり、霊の賜物の使用が礼拝の秩序を乱す結果（14:39–40）になったことも考え得る。

「兄弟ら（ἀδελφοί）」という語は、ヘレニズム・ローマ文化において宗教共同体の成員一般を指した（たとえばセラピオン礼拝に関して、BDAG 18–19; MM 9 を参照）。ユダヤ教文化においてもこれは同様だ（出 2:11; 32:27; レビ 19:17; 25:47; 申 1:16; ユディ 8:24; Ⅱマカ 1:1）。パウロにとっては、イエスが弟子たちに「兄弟」というメタファを用いたことも強い印象を残したことだろう（マタ 23:8. マコ 3:31–35 では「姉妹」も）。当時の家父長制社会では、男性を指す名詞が慣習的に女性成員を含むことが前提となっていた。たとえば格言の多くが「兄弟」より直接的な性別表現である「男（ἀνήρ）」を主語としながら、人間一般の真理を言い表す。したがって、「悪人（ἀνδρὸς πονηροῦ）の同行をつねに避けよ」（メナンドロス『一行格言』24）、「正しき人（ἀνδρὸς δικαίου）の果実は廃れず」（同 26）、「時は正しき人ら（ἀνδρῶν δικαίων）の最善の救済者なり」（ピンドロス『断片』136）。歴代の日本語訳聖書は ἀδελφοί を文字どおりに正しく「兄弟たち」と訳してきた（口語訳、新共同訳、岩波訳、フランシスコ会訳）。しかしここ

で現代的適用を考慮するなら、少なくともおおやけの礼拝において用いられる聖典では、ἀδελφοίをより包括的に意訳することが適切かと思われる（したがって「すべての兄弟姉妹」）。「友よ（friends）」（NRSV, ガラ 4:12. しかしガラ 1:2 では「神の家族の成員すべて」）等の言い換えもされるが、教会に対してキリストの家族というメタファ（ロマ 8:29; ガラ 6:10; エフェ 3:15）が用いられることを看過する訳語は選択しがたい。

パウロは発信者に続き、受信者である「**ガラテヤの諸教会**」に言及する。パウロ書簡群は一般に特定の 1 都市にある信仰共同体に送られ、フィレモン書も個人名を冠してはいるが、フィレモンとアフィア（あるいはむしろアルキポ）の「家の教会」が宛先となっている（フィレ 2）。その中で、ガラテヤ書のみが例外的にローマ属州ガラテヤという広範な行政区名によって限定された複数の「諸教会（ἐκκλησίαις）」を宛先としている[9]。緒論で述べたとおり（B.2）、本注解書著者はこれらの諸教会がピシディアのアンティオキア、イコニオン、リストラ、デルベ等の諸都市に点在していたと想定する。ラオデキア（とヒエラポリス）とコロサイを含む諸都市（30–40 キロ圏内）のあいだに回覧書簡が存在していたこと（コロ 4:16）、またヨハネ黙示録が 7 都市（170–80 キロ圏内）を視野に執筆されたことに鑑みると、後者とほぼ同距離のキリキア街道沿いの諸都市を視野に入れた回覧書簡をパウロが執筆したという想定は不可能でない。これはまた、パウロの反対者がいかに広範にわたってその影響を及ぼしたかをも示す。

「教会（ἐκκλησία）」は「集会／集まり」を意味する一般的なギリシャ語だが、おそらくパウロはヘブライ語聖典が用いる「集会（קָהָל）」という語のギリシャ語訳（LXX 参照）としての ἐκκλησία を意識していよう。MT では「ヤハウェの集会」（民 16:3; 20:4; 申 23:2, 3, 4, 8; 代上 28:8; ネヘ 13:1; ミカ 2:5）や「イスラエルの集会」（12:6; レビ 16:17; 民 14:5; 申 31:30; ヨシュ 8:35; 王上 8:14, 22, 55; 12:3; 代上 13:2, 4）という表現が契約の民を指す。のちにパウロは、この ἐκκλησία を「神のイスラエル」と呼ぶ（ガラ 6:16 注解）。とくに「ヤハウェの集会」という神的帰属と神的起源を明示した表現は、パウロの「神の教会」（Ⅰコリ 1:2; 10:32; 11:22; 15:9; Ⅱコリ 1:1; ガラ 1:13; Ⅰテサ 2:14; Ⅱテサ 1:4）という表現に影響を与えていよう。異邦人

---

9 「属州（ἐπαρχεία）」とより狭い地域名「地区（κλίμα）」の違いに関しては、ガラ 1:21 をも参照。

にとって ἐκκλησία は任意団体や組合より一般的な集会を意味したようだ（LSJ 509）[10]。すると「神の」という属性を明言することには、これらの集会から教会を区別する意図もあろう。たとえばテサロニケ教会は「（私たちの）父なる神と主イエス・キリストにあるテサロニケの教会」（Ⅰテサ 1:1; Ⅱテサ 1:1)、またコリント教会は「コリントにある神の教会」（Ⅰコリ 1:2; Ⅱコリ 1:1）と記される。また他書では、「ローマにいる、神に愛され聖徒として呼ばれたすべての方々」（ロマ 1:7）、「フィリピにいるキリスト・イエスにあるすべての聖徒ら」（フィリ 1:1）、あるいは「コロサイの聖徒ら」（コロ 1:2）と、受信者を「聖徒」と表現し、宛先が宗教共同体であることを明示している。ちなみにガラテヤ書においてガラテヤ信徒が聖徒と呼ばれることは一度もない。反対者の影響に対して容易になびいてしまう（ガラ 1:6）ガラテヤの諸教会に対して憤り（ガラ 3:1）と失望（ガラ 3:4）と困惑（ガラ 4:20）を抱くパウロは、あえて受信者に言及する際に神的帰属を示す表現を付加しなかったか。

1:3 〈私たちの〉父なる神と主イエス・キリストから、恵みと平和があなた方に。

本節は、パウロ書簡群に広く見られる祈りの定型文だ（ロマ 1:7; Ⅰコリ 1:3; Ⅱコリ 1:2; フィリ 1:2; コロ 1:2; Ⅱテサ 1:2. エフェ 1:2をも参照）。祈りの内容である恵みと平和には、「**私たちの父なる神と主イエス・キリストから**」という前置詞句が付加され、これらの出処あるいは源泉が明示されている。

神が「**父 = πατρός**」であるという理解は、ヘレニズム・ローマ世界で広く見られる。ホメロスにとって、ゼウスはすべての神的存在と人類の普遍的父だ。セラピス、ミトラ、ヘリオス等の密儀においても、神は入信者との霊的家族という文脈において父と子の関係を築く。プラトンはその宇宙観に父という概念を持ち込み、神を「創造者にして父（ποιητὴν καὶ πατέρα）」（『ティマイオス』28c）とする。ストア派哲学においても、世界創造にゼウスとヘラの婚礼という奥義が関わる。したがって神は、とくに善良なる人類の父である。ならばガラテヤ諸教会の異邦人信徒にとって、「父」という表現は神に対する修飾語として違和感はない。ヘブラ

---

10 パウロの教会モデルに関する議論は、アスコー（2015）とクラウク（2017:81–96）を参照。

イ語聖典においては、「父（אָב＝アーヴ／πατήρ）」という表現は頻繁に用いられてはいない。これはおそらく、密儀との連想を回避したり、親子関係よりも契約関係を重視する傾向（申 32:9, 18–19; 詩 89）があったためだろう（*TDNT* V:945–1014）。もっともヘブライ語聖典には愛の源泉としての父という概念も登場し（詩 103:13; 箴 3:12）、この父とイスラエルとの民族的あるいは個人的な繋がりも見られる（詩 27:10; 68:6）。しかし、イエスが——とくに祈りにおいて（マタ 6:9）——神を非常に親しく父と呼び、弟子らにも同様の言語表現を用いさせようとした様子は非常に印象的であり、おそらく同時代のユダヤ教における霊性に例を見ない（Jeremias 1967:61–67; Dunn 1975:38）。パウロが記す神への呼びかけ「アッバー」（ガラ 4:6; ロマ 8:15）は、このイエスによる祈りの姿勢を継承していよう。したがってパウロは、祈りや懇願の文脈において神を父と表現する（Ⅰテサ 1:2–3; 3:11）。子が父を慕い求めるというイメージが、祈りの姿勢を豊かに表現する。しかし旧約聖書以来、神を「父」というメタファのみで認識することの限界が感じられていたようだ。それゆえ、母性的な神表現も用いられた。これはパウロの表現にも影響を与えた。パウロ神学における母性に関しては、とくにガラ 3:28; 4:19 の注解で触れよう。

「**主イエス・キリスト**（κυρίου Ἰησοῦ Χριστοῦ）」という表現はパウロ書簡中に 44 回見られ、イエスを表現する句としては、単独の「キリスト」（180 回）とキリスト・イエス（45 回）に次いで頻用されている。「あなた方が十字架につけて殺したイエスを、神は主とし、またメシア（Χριστός）となさったのです」（使 2:36. 3:20; ヨハ 20:31 をも参照）という表現が原始教会の開始時に信徒らのあいだで共通の認識だったとすると、いかに急速にこの信仰告白が正式な呼び名として確立したかをうかがい知ることができる。

キリスト	180
イエス	15
イエス・キリスト	26
キリスト・イエス	45
主キリスト	26
主イエス・キリスト	44
私たちの主イエス・キリスト	4
私たちの主キリスト・イエス	3
私の主キリスト・イエス	1
イエスは主です	2
イエス・キリストは主です	1

上述の「甦らせる（ἐγείραντος＝ἐγείρω）」（ガラ 1:1）を含む復活定型文は、この「主」という語と深く結びついている。なぜならロマ 10:9

でパウロは、「口でイエスは主であると公に言い表し、心で神がイエスを死者の中から復活させた（ἤγειρεν）と信じるなら、あなたは救われるからです」というバプテスマ定型文を紹介しているからだ。復活をとおしてこの主権がすべての人に及ぶことに関して、パウロは同書で「キリストが死に、そして生きたのは、死んだ人にも生きている人にも主となられるためです」（ロマ 14:9）と説明している。またパウロはフィリピ書のケノーシス賛歌において、復活・高挙後のイエスに関して「すべての舌が、『イエス・キリストは主である』と公に宣べて、父である神をたたえるのです」（フィリ 2:11）と結んでいる。「イエス・キリストは主である」という告白は、ユダヤ教伝統に則して考えると目を見はる内容だ。「主（κύριος）」という語は本来的に所有と管理に関わり、家長や王に対して用いられ、また神々に対しても適用されるようになった。そして最初に神を表す語として「主」を用いたのは LXX である。LXX は 6,000 回にわたって、「ヤハウェ（יהוה）」という語に対して「主（אֲדֹנָי）」の訳語である κύριος という語をあてている（TDNT III:1039–58）。創造神として人と宇宙を支配し、解放神としてイスラエルを導くヤハウェは、すべての主権を有する者として「主」である。じつにこれは「あらゆる名にまさる名」（フィリ 2:9）であり、イエスは復活をとおして——神の子としての立場を保ちながら——神と等しい地位を有するこの称号を頂いた[11]。主権者としてのイエスと神との関係について、パウロはさらに「すべてが御子に服従するとき、御子自身もすべてをご自分に服従させて下さった方に服従されます」（Ⅰコリ 15:28）と述べており、このようにして復活信仰に裏打ちされるパウロのキリスト論は、のちの教会によって三位一体論の証拠として用いられることになる。

「主」はまた、「救済者（σωτήρ）」とともに政治的支配者カエサルに対して用いられるタイトルで、ルカ 2:11; フィリ 3:20; Ⅱペト 1:11; 2:20; 3:2, 18 では、「主」と「救済者」が併記される。ローマ属州ガラテヤにおける被征服民にとって、これらの称号をカエサルに対して用いることが政治的および軍事的に強要された。したがって、ガラテヤ社会に生まれたばかりの諸教会に対してパウロが「主イエス・キリスト」と記す場合、ここには抵抗のレトリックが示唆されていよう。すなわちパウロはガラテヤ信徒ら

11　キリストの神性に関する最近の厳密な議論に関しては、Hurtado (2003); Dunn (2010) を見よ。

に対して、〈カエサルの主権の下に服するか、あるいはイエス・キリストの主権の下に服するか〉と問うている（Wright 2005:59-79）。イエスが主であれば、カエサルは主であり得ない。誰も2人の主人に仕えることはできない（ルカ 16:13// マタ 6:24）。

既述のとおり、祈りの内容は「**恵みと平和があなた方に**（χάρις ὑμῖν καὶ εἰρήνη）」である。【形態／構造／背景】で述べたとおり、ヘレニズム文化圏における挨拶には「こんにちは（χαίρειν）」が用いられ（使 23:26;『オクシュリンコス・パピルス』292, 299 参照）、パウロ書簡群では慣用的にその名詞形「**恵み**（χάρις）」が使用される（ロマ 1:7; Ⅰコリ 1:3; Ⅱコリ 1:2; フィリ 1:2; コロ 1:2; Ⅱテサ 1:2）。χαίρειν / χάρις がヘレニズム的な挨拶ならば、「平和（εἰρήνη）」はユダヤ的な挨拶（שָׁלוֹם シャーローム）だ（サム下 18:28; LXX 王下 5:22; Ⅱマカ 1:1; ルカ 24:36 を参照）。これらの語句から、ガラテヤ信徒らの救済（ガラ 1:4）に神とキリストが一致して関わっていることが読み取れる。救いは「キリストの恵み」（ガラ 1:6）でありながら「神の恵み」（ガラ 2:21）であり、救いの結果としてもたらされるのは「神の平和」（フィリ 4:7）でありながら「キリストの平和」（コロ 3:15）だからだ。

ヘレニズム・ローマ社会にあって、「**平和**」は本来的に戦争のない状態を意味する（LSJ 490）。一方でユダヤ的な「シャーローム」のニュアンスとしては、身体や関係性の健全さ、幸福、安寧が挙げられる（Holladay 1988:423）。したがってガラテヤ信徒らは、外的で社会的な安全や安寧という意味に加えて、パウロ（あるいはガラテヤのユダヤ人会堂）をとおして共同体的で内的な平安や安寧という意味を知ることとなった。ガラ 1:4 で明らかになるとおり、パウロはガラテヤ信徒らの救済（救出）を終末論的な文脈で語る。神が主導する平和の確立は、今の邪悪な時代からの救出であり、神との平和という内的安寧でもある（ロマ 15:13）。パウロはのちに、この救出を神がもたらした永遠の契約の成就という枠組みで詳しく説明し（ガラ 3:6-14）、キリスト者の終末的救済の体験を霊と肉との対峙というイメージを用いて説明する（5:1-6:10）。

おそらくこの平和に関する言及は、それが圧倒的な軍事力によってもたらされた「ローマの平和（*Pax Romana*）」[12] と本質的に異なることを、被征

12　もっとも「ローマの平和」という表現自体は、後2世紀の五賢帝時代を指す句として、歴史家の E. ギボン（1737-94年）が広めたが（『ローマ帝国衰亡史』。ただ、

服民であるガラテヤ信徒らに意識させずにはいられまい。ブリタニア総督でありタキトゥス（後56–120年頃）の岳父であるアグリコラが記したカレドニア諸部族の指導者カルガクスの言葉は、そのままガラテヤ信徒らの体験でもあっただろうからだ。カルガクス曰く：

> 世界の略奪者（たるローマ人）らは、すべてを荒らし回って陸地を見捨てた後に、今は海を探し求めている。彼らは、敵が裕福ならば貪欲となり、貧乏ならば野心を抱く。東方も西方も彼らを満足させなかった。すべての者の中で彼らだけが、富と困窮とを同じ情熱で欲している。略奪し殺戮し強奪することを、偽りの名で支配と呼び、無人の野をつくると平和と呼ぶ（タキトゥス『アグリコラ』30:5:4–5）。

　中央主権者が思い描く平和の下で苦しむガラテヤ信徒らは、異なる次元の平和を、パウロがもたらした福音の内に聞きとっただろう。カルガクスとほぼ同じ内容の告発を、知恵の書もなす。諸外国の戦争における破壊や搾取の数々を並べつつ、「このような悪事を彼らは平和と呼んでいます」（知14:22）と記し、これを神の慈しみと憐れみと比較する（15:1）。これは現代のディストピア小説の最高峰であり続ける『一九八四年』において、空想社会を支配する第一党が「戦争は平和なり」をスローガンとして掲げるという人間社会への鋭い洞察につうずる（オーウェル2009:11）。こうしてガラテヤ信徒は、支配者が提供する虚偽の「平和」を評価する規範を得た。こうして現代のキリスト者は、「積極的平和主義」という概念の本来の意味を著しく歪めて誤用した政治的レトリックを注意深く読み取り（ガルトゥング2017:18–20参照）、その虚偽を暴露し、その圧力に抗する視点と動機を得る。

1:4　この方（キリスト）は、私たちの諸罪過のために自分を与えた。それは私たちの神また父の意志にしたがい、現行の邪悪な時代から私たちを連れ出すためだ。

　前節では恵みと平和の出処が神とキリストだと特定されたが、本節では神とキリストがいかに恵みと平和をもたらしたかを説明する。タキトゥ

プリニウス『博物誌』27:1:3参照）。

スが記す「偽りの名」の平和支配に代表されるこの世の在り方が、じつは「邪悪な時代」だと暴露されると、そこからの救出劇が明らかにされる。ガラ 1:1 の復活定型文（「死者らのあいだから甦らせた」）とともに、本節に見られる（原始教会の）信仰告白文はパウロが提示する福音を要約する。パウロはガラ 1:1, 4 で同様の同格節を用いて神とキリストを修飾し、自らが確信する福音の要約を完成させている。

　本節は、イエスの死に贖罪的価値があるという原始教会の信仰告白と思しき表現、すなわち「**この方は、私たちの諸罪過のために自分を与えた**」によって始まる。分詞「与えた（δόντος）」の原形 δίδωμι には「己をある目的や大義のために捧げる」というニュアンスがある（BDAG 242–43）。キリストが自分自身を与えた動機は「私たちの諸罪過のため（ὑπὲρ τῶν ἁμαρτιῶν ἡμῶν）」だ。もっともパウロがキリストの死の贖罪価値を表現する場合は、複合動詞の παραδίδωμι を用いることが多い（ガラ 2:20; ロマ 4:25; 8:32. エフェ 5:2, 25 も参照）。その表現は様々で、ある場合はキリストに主導権があり、「私のために自分を引き渡した神の子」（ガラ 2:20）、「ご自分を……私たちのために神に献げて下さった」（エフェ 5:2）、「教会のためにご自分をお与えになった」（5:25）と記され、ある場合は神に主導権があり、「イエスは、私たちの罪のために死に渡され」（ロマ 4:25）、「その御子をさえ惜しまずに死に渡された」（8:32）と記される。いずれにせよ、これらの表現の背景には「キリストが、聖書に書いてあるとおり私たちの諸罪過のために死んだ」（Ⅰ コリ 15:3）という福音伝承（15:1, 3）に反映される原始教会のキリスト理解があろう。この理解は、「これは、あなた方のために与えられる私の体です」（ルカ 22:19）という聖餐伝承、「人の子は……多くの人の身代金（λύτρον）として自分の命を献げるために来たのです」（マコ 10:45）という受難告知伝承にも見られる。この λύτρον という語に贖罪の意味が含まれるかに関しては議論が分かれるが（*TDNT* IV:341–49 参照）、イザ 53:11 に見られる受難と贖罪思想のみならず、第二神殿期ユダヤ教の伝承においても義人の受難が契約の民全体の罪を浄めるという思想があることは看過できない（Ⅱ マカ 7:33, 37–38;『Ⅳ マカ』6:27–29; 17:21–22）。ここでは、パウロに特徴的な「罪の支配力」を示す単数の「罪（ἁμαρτία）」でなく、よりユダヤ教的な複数の「**諸罪過（ἁμαρτιῶν）**」が用いられている。これは本節がパウロ以前の原始教会に属

する贖罪論の影響を受けていることを示すかも知れない。少なくとも、現代の邪悪な時代が罪の支配下にあるというパウロの世界観が（トピック#15）、よりユダヤ教的な罪表現と矛盾しないことを教えている。

イエスの引き渡しには「**現行の邪悪な時代から私たちを連れ出すため**」という目的がある。パウロが「**連れ出す、取り出す（ἐξέληται）**」という語を用いるのはこの1箇所のみだ。ἐξέληται（= ἐξαιρέω）という語はLXXに頻出し（140回）、とくにヘブライ語聖典の「救う、救出する（נצל ナーツァル）」の訳語として用いられるが（士18:28; サム上12:21）、その中でも「（敵の）手から救い出す」という慣用表現が目立つ（士9:17; サム上7:3; 10:18; 12:11; サム下19:10; 22:1; 詩144:7, 11; エレ20:13; 21:12; ダニ3:15）。新約聖書においては使徒行伝にこの語が頻出するが（使7:10, 34; 12:11; 23:27）、その意味はやはり敵からの救助・救出である（したがって「救い出す」）。

人は「**現行の邪悪な時代**」から救出される（エフェ5:16の「今は悪い時代です」参照）。この世界観はユダヤ教の黙示思想を反映する。エズ・ラ7:50によると、「至高者は1つでなく2つの世を作られた」。それらは、朽ちるべき世と神の支配する来るべき世である。朽ちる世を満たす「被造物は年老いて、力強い青年期を過ぎてしまったかのよう」（エズ・ラ5:55）だ。この邪悪な現行の世は、人の罪ゆえに暗くなっている（エズ・ラ14:20）。そこで御使いはエズラに、「この世という道は……邪悪なものとなった。あなた方は来るべきことを思い至らずに、現在のことを考えるのか」（エズ・ラ7:12–16）と問う。パウロはこの世界観に沿って「現存している、差し迫っている」を意味するἐνίστημιの完了分詞を用い（したがって「今の［ἐνεστῶτος］」）、現行の時代の状況に読者の注意を向けつつ、それを「邪悪」と評する。この「邪悪（πονηροῦ）」という語は道徳的また社会的な悪を指す（BDAG 851–52）。まさに人の罪（あるいは諸罪過）ゆえに、この世が光を失い暗くなっている状態を表す。パウロはこの邪悪な時代から来たるべき時代への救出が、イエスの死の目的だと述べている。もっともクムラン共同体では、神が与えた人の歴史に関するペシェル（4Q180. 11QMelchizedek 2:18参照）で歴史が10に区切られており、贖いの時の訪れは第10のヨベル（10 × 49年）の終わりである。パウロの想定した終末的区分も、この時代と来たるべき時代という単純なイメージでなかったかも知れないが、これらの黙示的テクストの関心はすべての時代区分にあ

るのでなく、終わりの時代に置かれている（Collins 1997:52–70）。

ちなみに、ヘレニズム的世界観によれば、この世は「黄金期」から堕落の道を辿り、次第に光を失い、朽ち続けて今に至っている（ヘシオドス『労働と日々』105–99）。ヘレニズム・ローマ世界における帝国の被征服民にとって、属州支配という「時代」は今の過ぎゆくべき邪悪な時代の象徴だ。パウロが説く終末的メッセージは、ローマ帝国の圧政に苦しむガラテヤ信徒に対して大いなる慰めを与えただろう。

新たな時代へ向かう救出は、イエスの死（1:4）と復活（1:1）とによって決定的となった。しかしこれは、今の時代が終了してしまったことを意味しない。あるいは今の時代からの分離を意味しない。「現行の邪悪な時代」は完了形分詞の ἐνεστῶτος（切迫が開始して今その状態が続いている）が示すとおり現在も継続する体験だ。その意味において、パウロは「開始された終末論（inaugurated eschatology）」を想定している。現行の邪悪な時代は確実に存在するが、「この世の有り様は過ぎ去りつつある」（Ⅰコリ7:31）。終末の時代は、過ぎゆく邪悪な時代と完成に向かう来たるべき時代とが重なる「終末的緊張」の状態にある（上図参照。Dunn 1998:461–98 参照）。この開始された終末の時代において、キリスト者は神の霊により心を一新し続け、新たな時代に相応しい生き方を今するよう求められる（ガラ 5:16–18; ロマ 12:2）[13]。

パウロはこの節を「私たちの神また父の意志にしたがい」という句によって結ぶ。神はイエスの復活に関わり、イエスの高挙において至高の名を授け（フィリ 2:9–11 参照）、イエスの死をとおした人類の救済計画におい

---

[13] この終末的緊張の期間を、新たな時代（「来たるべき世」エフェ 2:7）に先んじる「penultimate age（最後から 2 番目の時代）」と捉え、約束の地に向かう民が試された荒野の時代がこの期間のメタファとして用いられる場合がある（4QpPsª, col.2 8–9［詩 37 編］）。Moffitt（2011:81–116［とくに 89–91］）を見よ。

ても主導権を持っている。この神が「私たちの父」であることは、神の子キリストとの関係性を示すのみならず、この救済計画全体が、父の慈愛によって進められていることをも教えている。

1:5 この方（神）に、永遠の永遠に至る栄光が、アーメン。

前節の父を先行詞とする関係代名詞によって、本節はこの父に対する光栄賛詞を導入し、本ペリコペ全体を結んでいる。ヘブライ語聖典において「栄光（δόξα）」を意味する כָּבוֹד（カーヴォード）はイスラエルの畏怖と讃美の対象である神の威光を指す（出 33:22; 詩 26:8; 29:2）。「永遠の永遠に至る（εἰς τοὺς αἰῶνας τῶν αἰώνων）」という句は LXX の慣用表現であり（εἰς αἰῶνα αἰῶνος, 詩 18:10 [MT19:10］；20:5, 7 [MT21:5, 7]；21:27 [MT22:27]；36:27, 29 [MT37:27, 29]；131:14 [MT132:14]）、それは永遠性を強調する（したがって「永遠の昔から永遠の未来に至るまで」）。これは書簡の末尾に頌栄を置くというパウロの慣例から外れるが、既述のようにガラテヤ書の挨拶部には感謝部が欠如しているので、その代替としてこの場所に記されているのだろう。

【解説／考察】

導入部を飛ばして本論へと急くのが読者の習性なら、それは著者の願いとすれ違う。著者は開始部にその思いを詰め込むことが多いからだ。導入部が独特なだけ著者の思いの丈が反映されていよう。ガラテヤ書はその冒頭で使徒職に対するこだわりを見せ、挨拶部にありがちな受信者への感謝が欠け、その代わりに早々とパウロの福音が明示され、手紙の始まりに世の終わりが語られている。この尋常でない導入によってパウロは読者の注意を喚起する（あるいは期待感をそそる）。

とくに現代の読者にとって、冒頭での終末への言及は予想外だ。「おおよそ終末論は、今を生きるキリスト者にとって時間的に——それゆえ意識的に——遠い出来事に関する後付けのように、キリスト教教理書の最終章へと追いやられている」（Rowland 2002:109）と言われるゆえんだ。しかし Rowland（2002:109–15）が続けるように、原始教会はまさにその終末への期待によって特徴づけられていた。教会最古の文献（テサロニケ 2 書

の執筆が「主の来臨」という終末的主題に起因していること、そしてガラテヤ書がパウロの終末理解によって開始していることは、この原始教会の特徴を裏づける。

しかし終末論は、個人の死後の生という問題に留まらず、まさに今に関わる。ガラ 1:4 の注解では、パウロの「開始された終末論」が彼と読者の「今」に関わり、したがって現代への意義が大きいことを述べた。この終末観においては、未来（神の秩序）が現在に侵入し、私たちの道程を示し導く。パウロの使徒職に関する強い確信は、この未来が啓示という体験をとおして彼に訪れたことと直接関係している（ガラ 1:15–16）。未来がこの体験によってパウロに及んだことは彼にとっての福音であり、パウロの福音宣教の契機となった。反対者らによって未来へつうずる道程から逸脱しそうなガラテヤ共同体を、もう一度軌道修正させなければならないというパウロの危機感は、ガラテヤ信徒に対する感謝を省略するほどだった。本ペリコペはこの終末観によって色づけられ、この終末期待の中で書簡の本論を読み進むよう読者を整えている。

繰り返すが、ガラテヤ書が未来志向の書簡であることは、過去を忘却し現在を看過する姿勢を示さない。「現行の邪悪な時代」（ガラ 1:4）に将来の成就を待つ神の秩序が介入したので、私たちは不正と欺瞞と暴力とが横行する時代にしっかり立ち、義と真実と平和を体現した主イエス・キリストに倣う。

トピック #1　ΑΠΟΣΤΟΛΟΣ
使徒職とパウロの使徒観

「使徒（ἀπόστολος）」という語は当たり前のように用いられがちだ。しかし、12 弟子が活躍（？）する福音諸書がこの語をほとんど用いないことに、多くの読者は驚かされる（表）。また新約聖書におけるこの語の用法には不可解な点がいくつかある。

ἀπόστολος の頻度	
マタイ福音書	1
マルコ福音書	2
ルカ福音書	6
使徒行伝	28
パウロ書簡	25
その他	17

A. 「使徒」の語源

まずは「使徒」の語源について述べよう。古典ギリシャ語において ἀπόστολος は、個人や派遣団または旅団や積荷等、移送されたり派遣されたりする人や物を指すこともあれば、その派遣自体を指す言葉として用いられることもあった（LSJ 220）。したがって、この語の主要なニュアンスは「派遣」だ。LXX にこの名詞は登場しないが、同根語の動詞 ἀποστέλλω はヘブライ語聖典で用いられる「送る、解放する（שָׁלַח シャーラハ）」の訳語として 700 回以上登場する。新約聖書においてこの ἀποστέλλω という動詞が用いられる場合は、何らかの公式な大義が付属していたり神的派遣を意味する傾向がある。LXX に ἀπόστολος という名詞が登場しないのに対し、新約聖書ではこの語が 79 回用いられている。このことから、新約聖書において「使徒」という概念がいかに重要かを知ることができる。

B. 「使徒職」の起源

この使徒職の起源に関しては意見が分かれる。マコ 3:14 の信憑性を支持するなら、「（イエスは）12 人を任命し、使徒と名づけた（ἀποστόλους ὠνόμασεν）」ので、使徒職の起源はイエスにまで遡る。この使徒という職制の背景に、ラビ・ユダヤ教における外交師団や全権公使（שְׁלִיחִים / שָׁלִיחַ）があったとも考えられる（TDNT I:407–44）が、後 2 世紀以降の制度を初期のイエス運動へと読み込むことは慎重を要する。マコ 3:14 のいくつかの写本では「使徒と名づけた」という句が欠損している（4–5 世紀の א, A, B, C には見られる）。そのため、「使徒任命」はイエス自身に依拠せず、使徒の権威を強調する傾向があるルカの使徒任命物語（ルカ 6:13「12 人を選んで使徒と名づけた」）を上の写本がマコ 3:14 に挿入したとも考えられる（Collins 2007:214; Hooker 1991:111）。そうすると、使徒職の起源は原始教会にあり（Schmithals 1961:56–76）、「エルサレム教会の指導者＝使徒」という原始教会の理解をルカが福音書中のイエス活動期に反映させたことになる。ただ、マルコ福音書の重要な写本にこの使徒任命が含まれていること、またマコ 3:14 全体の文章構造を考慮するなら、使徒任命箇所がのちの写本へ付加されたというより、むしろ他の写本において削

除されたと考える方が本文批評上適切と思われる（Metzger 1975:80; Gundry 1993:168）。またイエスの言葉において、ἀποστέλλω（שָׁלַח）という語がイエスの神による派遣と弟子のイエスによる派遣という意味で頻繁に用いられていることに鑑みると（ルカ 22:35; マタ 10:40// ルカ 10:16; マコ 9:37// ルカ 9:48// マタ 18:5）、機能としての「派遣」のみならず、「使徒職」という職名自体がイエスにまで遡ることは十分に考えられる。

C. ルカの使徒理解

この場合に使徒の本来的役割は、イエスの活動に同行し、その活動の延長にある宣教の働きのために遣わされることだ（マコ 3:14）。おそらくルカは、この伝統に依拠して 12 使徒の条件を特定している。すなわち、(1) ヨハネのバプテスマからイエスの昇天までの目撃者であること、(2) 他の使徒らと行動をともにしてきたこと、そして (3) イエスの復活を証しする者であること（使 1:21–22）だ。ルカは使徒行伝において使徒の欠員補充の重要性を強調する（1:15–26）のみならず、福音書においては、使徒と預言者を並列させたり（ルカ 11:49）、主の晩餐場面で唐突に「使徒」に言及したり（22:14）、復活のイエスとの会見で「使徒」を登場させたりして（24:10）、使徒の権威を著しく高めるとともに、「エルサレム教会の指導者＝12 使徒」という狭義の使徒観を描いている。もしこれがユダヤ地方の原始教会の様子を反映するなら、パウロ書簡群に見られる使徒の描写とは著しく異なる。もっとも、ルカが使徒職の扱いに苦労している様子も窺える。使徒ユダの欠員を埋めるべく選ばれたマッティアは、使 1 章以降まったく登場しない。使徒ユダの欠員は埋めるが、使徒ヤコブの死後、その欠員を埋めた様子がない（使 12:1–5）。パウロは上述の使徒の条件にとうてい当てはまらないが、ルカはパウロを異邦人宣教の開始部にあたって 1 回のみだが使徒と呼ぶ（14:14）。

D. パウロの使徒理解

パウロはルカよりも「使徒」を広義にとらえている。彼は「私た̇ち̇は̇、キリストの使徒として権威を主張することができたのです」と訴

える（Ⅰテサ 2:7）。つまりパウロ一行（「私たち」）は、テサロニケの教会から使徒として経済的な支援を受ける権利があったがそうしなかった。ここで使徒の権利を主張する資格があったのは、パウロのみならず複数の「私たち」だ。Ⅰテサロニケ書の挨拶部ではシルワノとテモテの名が発信者パウロの名のあとに連ねられていることから（Ⅰテサ 1:1）、「私たち」にこれら2人が含まれると考えるのが自然だろう（Ⅱコリ 1:19;Ⅱテサ 1:1 参照）。すなわちパウロは、異邦人宣教の同労者にも「使徒」という職名を用いた。パウロはまた、霊の賜物の1つとして「使徒」を挙げる（Ⅰコリ 12:28）。「第1に使徒、第2に預言者……」という教会を建て上げる働きのための賜物（人）のリストに続けて、「より大きな賜物を受けるよう熱心に努めなさい」と奨励する（Ⅰコリ 12:31）。使徒職を霊の賜物の範疇に位置づけて、キリスト者が求めれば与えられるものとするのは、使1章に見られる使徒職継承の様子と大いに異なる。

　ローマ書のエピローグには今1つ興味深い使徒観が見られる。パウロはローマ教会のアンドロニコスとユニア（ス）を「使徒たちの中で目立っており」（新共同訳）／「使徒たちのあいだによく知られている」（新改訳）と紹介する（ロマ 16:7, ἐπίσημοι ἐν τοῖς ἀποστόλοις）。ここには2つの問題がある。1つは本文批評上の問題で、本来「ユニアス」は女性名の「ユニア」が時代を経て男性名の「ユニアス」に変化したという点だ（荒井 2005:185–96）。もう1つの問題は、ἐπίσημοι の訳としては「目立って」、「有力な」、「有名である」などが適切だろうが、この2人と使徒らとの関係を示す前置詞「～の中で、あいだで (ἐν)」のニュアンスがやや曖昧だという点である。とくに新改訳は「使徒らのあいだで有名な（使徒でない）人」というニュアンスを選択しているようだが、アンドロニコスとユニアが「（使徒として）使徒らのあいだで際立っている」という訳も十分に可能だ。伝統的な訳には2つの力学が働いているようである。1つは家の教会の指導者を「使徒」と呼ぶことへの躊躇であり、1つは女性に使徒職をあてはめることへの躊躇だ。ロマ 16:7 から分かることは、パウロがローマの信仰共同体を形成する多数の家の教会の1つを指導する夫婦を、その妻をも含めて「使徒」と認めている可能性が十分にある、というこ

トピック1　使徒職とパウロの使徒観

とだ（Jewett 2007:961–63）。パウロが「使徒」という言葉を用いるとき、それは少なくとも一部の宣教や伝道牧会に従事する教会の指導者を指し、またそれは霊の賜物としてキリスト者が求め得るものである。このパウロ的な使徒観が1世紀終盤の教会に受け継がれたことは、『ディダケー』（11:4–6）が巡回宣教師に対して「使徒」という語を用いていることから分かる（Niederwimmer 1998:175）。

E. まとめ

原始教会の様子を反映するルカの使徒観とパウロの使徒観との違いは、どのように理解されるべきか。一方では、ルカがエルサレム教会の指導者の権威を強化しようとする意図も看過できない。他方では、パウロによる使徒職の相対化という意図をも考慮しなければならない。パウロによる異邦人宣教はユダヤ人教会とその宣教者からの抵抗に晒されたが、この抵抗手段の1つはパウロの使徒性に対して異論を唱えることだった。それゆえパウロは、復活のイエスの啓示を根拠として自らの使徒性を弁護する（Ⅰコリ9:1; 15:1–11）。パウロはこのようにして自らの使徒性を確固たるものとするとともに、広義の使徒観を提示することによって、使徒職がエルサレム指導者にのみ付与された特権でないという理解をおおやけにし、パウロの異邦人宣教に対する圧力を逸らしているのだろう。

B. キリストの福音からの乖離（1:6–9）

【翻訳】

《逐語訳》

1:6 私は驚いている、あなた方を〈キリストの〉恵みにおいて呼んだ方からこのように早くあなた方が逸脱し、異なる福音へ向かっていることに。7 それは

《自然訳》

1:6 私は、あなた方がこんなにも早く、あなた方をキリストの恵みによって召して下さった方から離れて、異なる福音へと向かっていることに驚いています。7 もっとも別に福音があるのでは

別の福音でない。ただある人々は、あなた方を掻き乱し、キリストの福音を歪曲することを願っている者らだ。⁸ しかし、たとえ私たちでも天からの使いでも、私たちがあなた方に宣べ伝えたものから逸れたことを〈あなた方に〉宣べ伝えるなら、その人を呪われたものたらせよ。⁹ 私たちが以前言っておいたように、今もう１度私は言っている。あなた方が受け取ったものから逸れたことを、誰かがあなた方に宣べ伝えるなら、その人を呪われたものたらせよ。

ありません。ただ、ある人々があなた方を混乱に陥れ、キリストの福音を歪めようとしているだけです。⁸ しかし、たとえ私たちであっても天の御使いであっても、私たちが以前宣べ伝えた福音と異なることをあなた方に宣べ伝えるなら、そのような人は呪われるべきです。⁹ 私たちが以前言っておいたとおりのことを今もう１度言いましょう。あなた方が受け取った福音と異なることを誰かが宣べ伝えるなら、そのような人は呪われるべきです。

1:6 〈キリストの（Χριστοῦ）〉という修飾語が欠損した写本には、$\mathfrak{P}^{46vid}$, G, H^{vid}, Marcion, Tertullian 等がある。〈キリストの〉を含む写本（$\mathfrak{P}^{51}$, ℵ, A, B, Ψ, 33, 81 等）の写字生が上のテクストに補足したとも考えられるが、$\mathfrak{P}^{46vid}$ 以外の証拠が弱い。したがって〈キリストの〉という語の有無は判断しがたい。

1:8 〈あなた方に（ὑμῖν）〉という代名詞が欠損した写本には、F, G, Ψ, Cyprian 等がある。これを含む写本（D^2, L, 6, 33 等）の写字生が上のテクストに補足したとも考えられるが、一方で、異なる福音宣教への批判をガラテヤ諸教会のみに限定するように見受けられる後者のテクストから、前者が〈あなた方に〉を削除してより普遍的な価値を持たせようとしたとも考えられ、この語の有無は判断しがたい。

【形態／構造／背景】

怒ることは骨が折れる、とくに正しく怒ることは。ある程度の感情を動員しながら、誰に何の責任を問うかを冷静に判断しなければならないからだろう。そして当事者の更生を願うとき、その痛みを自ら共有する覚悟がいるからだろう。古のギリシャの賢人が、知性と自制とを要する投資と正しい憤りとを並列させるゆえんだ（『ニコマコス倫理』2:9:2 参照）。

本ペリコペは唐突に「私は驚いている（θαυμάζω）」（1:6）と始まり、読

者はすぐさまパウロの憤りと当惑とを読みとる。しかし本ペリコペでは、パウロのガラテヤ信徒に対する姿勢（警告）と反対者に対する姿勢（糾弾）とが明確に分けて読まれる必要がある。パウロはその憤りと困惑の中でも、ガラテヤ書全体をとおしてガラテヤ信徒らに「兄弟」という親しい呼びかけを繰り返す（1:11; 3:15; 4:12, 28, 31; 5:11, 13; 6:1, 18）。一方で「呪われたものたらせよ」という強い批判の言葉は、「異なる福音」を宣べ伝える反対者に向けられ（1:8–9）、のちに彼ら（の影響）は比喩的に去勢されて根絶やしにされることが望まれる（5:12）。語気の強い警告に満ちた挨拶部後半では、この二重構造を意識すべきだ。本ペリコペのアウトラインは以下のとおりである。

1. ガラテヤ信徒らに対する驚き（1:6–7a）
   a. 召命者からの乖離（1:6a）
   b. 異なる福音への逸脱（1:6b–7a）
2. 反対者らに対する糾弾（1:7b–9）
   a. キリストの福音の歪曲（1:7b）
   b. 確かな宣教と福音の歪曲への糾弾（1:8）
   c. 確かな改宗と福音の歪曲への糾弾（1:9）

【注解】

1:6–7a　私は驚いている、あなた方を〈キリストの〉恵みにおいて呼んだ方からこのように早くあなた方が逸脱し、異なる福音へ向かっていることに。それは別の福音でない。

　パウロはガラテヤ書導入部の後半で単刀直入に、「**私は驚いている**（θαυμάζω）」と切り出す。θαυμάζω は一般に「驚く」という動作を指すが、文脈によって驚きの質は異なる。もっとも頻繁に登場する表現は奇跡に対する驚嘆であり（マタ 8:27// ルカ 8:25; マタ 9:33// ルカ 11:14; ヨハ 7:21; 使 2:7）、ときとして不可思議な出来事への戸惑いを表す（マコ 15:44; ルカ 1:12; ヨハ 3:7）。イエスが期待以上の信仰に対して示す驚きや（マタ 8:10// ルカ 7:9）、不信仰に対して示す驚きの場合もある（マコ 6:6）。パウロは弟子たちの不信仰に驚くイエス同様に、ガラテヤ信徒の不理解に対して失望を交えた驚嘆を示している。イエスの生き様に倣うとは、このような失望

さえも共有することを意味するだろう。

　Betzはこの驚嘆表現を、法廷や議会における修辞的戦略と捉え、論争相手に対する激しい反論のための手法と説明する（Betz 1979:47）。それならパウロ書簡群において頻出しそうなものだが、この箇所以外でこの語は1度だけ、しかも肯定的な意味で用いられるに過ぎない（Ⅱテサ1:10）。たとえばコリント2書簡において、なぜパウロはこの修辞表現を有効活用して反論を試みないか。また、反論を向けるべき反対者への激しい糾弾が見られるのは本ペリコペの後半部分（ガラ1:7b-9）である。既述のとおり本ペリコペでは、2人称で表されるガラテヤ信徒への警告と、3人称で表される反対者への糾弾の2つを区分して読む必要がある。

　パウロは「**このように早く**」という副詞を用いてガラテヤ信徒の異変を表現する。「早く（ταχέως）」は、場合によって肯定的に「滞りなく」を（ルカ14:21; 15:22; Ⅰコリ4:19; フィリ2:19）、また否定的に「尚早な」を意味する（Ⅱテサ2:2; Ⅰテモ5:22;『ポリュ・フィリ』6:1）。ここでは早さの意外性が否定的に強調されている。早々の逸脱という主題は、LXXにおけるイスラエルの不信仰を彷彿とさせる。たとえば、「彼らは私が彼らに命じた道を早くも放棄してしまった（παρέβησαν ταχύ）」（出32:8）。また「あなた方は主があなた方に命じた道を早くも放棄してしまった（παρέβητε ταχύ）」（申9:16）。パウロは、モーセをとおして神からトーラーを授かったイスラエルの民が早々と金の子牛の像を拝んだ信頼性の脆弱さを意識しているかも知れない（Mußner 1981:53）。

　「**逸脱し**」と訳されるμετατίθεσθε（= μετατίθημι）という動詞は、「他所に移す」（LXX創5:24; イザ29:14; 使7:16; ヘブ11:5;『ポリュ殉』8:2）、「歪める」（LXX王上20:25; ユダ4）、そして「（考え方／慣習を）変える」（Ⅱマカ4:46. したがって『ポリュ殉』11:1では「悔悛」、Ⅱマカ7:24では「棄教」）を意味し得る。ここでは、考えを変えて立ち位置を移すという意味で「逸脱」が適当だろう。パウロはこの動詞の現在時制を用いて、ガラテヤ信徒が今まさに道を踏み外そうとしている状態を言い表している。具体的には、ある者が反対者によって「異なる福音」に説得されてしまっており、ある者が「異なる福音」を受け入れるべきか逡巡しており、ある者がパウロの宣べ伝えた「キリストの福音」に留まり続けている、そのような様子を伝えているのだろう。そのように異なる状態にある者が混在しながら、全体

として「キリストの福音」から距離が開き始めている状況を表している。

ガラテヤ信徒らは「**あなた方を……呼んだ方**」から逸脱しつつある。「呼んだ」を意味する καλέσαντος（= καλέω）という語をパウロ書簡群は24回用いるが、その多くが改宗の文脈にあり（ロマ 8:30; 9:24, 25–26; Ⅰコリ 1:9; 7:15, 17, 18, 20, 21, 22; ガラ 1:15; 5:8, 13; Ⅰテサ 2:12; 4:7; 5:24)、改宗をもたらす主体は神である。とくに後出するガラ 1:15 では、パウロが自らの改宗体験を神からの呼びかけと表現する。この背景には、契約に対して誠実な神が捕囚後のイスラエルをもう1度契約の内に確立する様子を「呼ぶ（קרא = καλέω）」という動詞で表現するユダヤ教伝承（イザ 41:9; 43:1; 48:12; 50:2. 42:6 参照）があろう。預言者の特別な召命（呼びかけ）にもこの語が用いられており（イザ 49:1)、パウロはガラ 1:15 で自らの改宗体験をこれに準える。ここでは、ガラテヤ人らが改宗するように招く神の呼びかけが語られている。パウロはのちに、異邦人の救済を神とアブラハムとのあいだに結ばれた永遠の契約という文脈で説明するが（ガラ 3:6–14)、本節での呼びかけはその伏線となっていよう。

パウロはこの呼びかけの根拠が「**恵みにおいて**（ἐν χάριτι）」あるとする。「〜において（ἐν）」を場所を示す前置詞とするなら、たとえばロマ 5:1 と同様に、「恵みへ」あるいは「恵みの中へ（呼び込む）」と理解されよう（口語訳、新共同訳）。もっともその場合は、直後の「異なる福音へ向かっている（εἰς ἕτερον εὐαγγέλιον)」にあるように、方向性を示す前置詞 εἰς がより適切だ。むしろここでは、手段を示す前置詞 ἐν と理解し（BDAG 328, #5)、「恵みによって」と理解すべきだろう（Ⅱコリ 1:12 参照）。のちにパウロは多少表現を変えつつ、自らの改宗体験を「神が恵みをとおして呼んだ（καλέσας διὰ τῆς χάριτος)」（ガラ 1:15）と記している。この「恵み」に「**キリストの**」という修飾語を付加する写本があることは【翻訳】で既述したとおりである。この修飾句がなくても、神の恵みがキリストをとおして提供されていることは、神の恵みの提供が神の意志にしたがって自らを与えたイエス・キリストに起因する（ガラ 1:3–4）ことからすでに明らかとなっている（「恵み」に関しては、トピック #8.A)。

パウロがガラテヤ信徒に警告する根本的な理由は、彼らが「**異なる福音へ向かっている**」ことであり、これに対してパウロは即座に「**それは別の福音でない**」とつけ加える。前者の「異なる（ἕτερος)」と後者の「別

の（ἄλλος）」は、両者とも「他の」と訳されがちだが、厳密にはニュアンスに違いがある。すなわち前者は「異質の他」で、後者は「同類の他」である（Ⅰコリ 15:39–41 を参照。Burton 1921:420–22）。もっともⅡコリ 11:4 では両者の違いが曖昧で、「異なった（ἄλλον）イエス……他の（ἕτερον）霊、……他の（ἕτερον）福音」が並列されている。しかし、あえて ἕτερος であって ἄλλος でないと限定している本節では、厳密な意味上の違いが意識されている。したがってパウロは、〈ガラテヤ信徒が心を向けた対象はキリストの福音と本質的に異なる（ἕτερος）受け入れがたい「福音」であって、そもそも受け入れる選択の余地が残された同類にして他なる（ἄλλος）「福音」などない〉と念を押している。

1:7b　ただある人々は、あなた方を掻き乱し、キリストの福音を歪曲することを願っている者らだ。

　キリストの福音以外に考慮の余地がある別の福音などないと断言したパウロは、「**ただ**（εἰ μή）」という例外を示す導入句（ガラ 1:19 をも参照）によってパウロと相対する反対者の存在に言及する。緒論（D.4）で述べたとおり、本注解書ではユダヤ律法の遵守を異邦人キリスト者に要求する——すなわち「異なる福音」の内容——ユダヤ人キリスト者の宣教師を「反対者」と呼ぶ。この反対者の具体的な正体に関してパウロは述べず、本節においても「**ある人々**（τινές）」という曖昧な表現が用いられるのみだ。ガラテヤ書他所でも 3 人称によってのみ登場する反対者の正体は、パウロの言説から汲みとるほかに知る術はない。

　パウロは反対者を 2 つの現在分詞によって描写する。第 1 に彼らは、「**あなた方を掻き乱**（ταράσσοντες ὑμᾶς）」す者だ。パウロは ταράσσοντες（= ταράσσω）という語を 2 度のみ、いずれもガラテヤ書で反対者に対して用いる（1:7; 5:10）。本来は水を撹拌する行為を指す動詞だが（LXX エゼ 32:2, 13; ヨハ 5:7）、そこから転じて煽動者による政治的な騒擾行為を指す語として用いられるようにもなった。したがってルカは、ベレア市におけるテサロニケ人の煽動行為にこの語を用いる（使 17:13. 15:24 参照）。福音書では、感情が揺さぶられて恐れや動揺が生じる場面で同語が用いられる（マタ 2:3; 14:26; マコ 6:50; ルカ 1:12; 24:38; ヨハ 12:27; 13:21; 14:27）。反対者が実際ガラテヤ信徒に恐れを抱かせるような脅迫行為をしたかは不明だ

が、パウロは反対者の活動に対して意識的に語気の強い「掻き乱す」という表現を用いて糾弾している。パウロによるこの修辞的戦略を考慮に入れると、「惑わし」（新共同訳、フランシスコ会訳）という訳では語気が弱すぎるか（口語訳：「かき乱し」、岩波訳：「動揺させ」）。

第2に反対者は、「**キリストの福音を歪曲することを願っている**」。「歪曲する」と訳されるμεταστρέψαι（= μεταστρέφω）という動詞をパウロがその書簡群において用いるのは本節のみだ。この動詞は、「川を血に変え」（LXX 詩 77:44 = MT78:44）、「善を悪に変え」（シラ 11:31）、「太陽が闇に変えられる」（使2:20）際に用いられ、いずれにしても何かを質的に反対の状態に変化させる行為を表す。すなわち反対者は、「質的に異なった（ἕτερος）福音」によってガラテヤ信徒らの福音（理解）を質的に誤ったものへと変化させようとしている。「願っている（θέλοντες）」という現在分詞は継続のニュアンスを伝えている。前節の「逸脱し（ている）」また本節の「掻き乱し（ている）」、そしてこの「願っている」はいずれも現在時制で、反対者の影響が今まさにガラテヤ諸教会にジワジワと浸透しているようにパウロが捉えていることを示す。

反対者が歪曲させようとしているのは「**キリストの福音**」（トピック #2）だ。「良い知らせ（福音）」と訳されるεὐαγγέλιονは新約聖書に76回登場するが、そのうちの52回がパウロ書簡群にある。この1点からしても、原始教会において「福音」という語を積極的に用いたのがパウロだったと推測できよう（Burton 1921:422–23）。この語の適用にあたっては、外世界とユダヤ思想にその背景がある。ヘレニズム社会において、同語はしばしば勝戦等の報告（朗報）を表す（キケロ『アッティクス宛書簡集』2:3:1; 13:40:1. *TDNT* II:710–12, 22–23 参照）。LXX サムエル記下でも、サウルの死（4:10）とアブサロム軍の敗走（18:22, 25–26）の知らせは、ダビデ軍にとって「朗報（εὐαγγέλια）」だった。これは圧政の終結とそれに伴う解放・復興の「朗報」となる。したがって、捕囚からの帰還を記すLXX イザ 40:9 は動詞の「朗報をもたらす（εὐαγγελίζω）」の分詞を用いつつ、「朗報をシオンにもたらす者よ（ὁ εὐαγγελιζόμενος Σιων）」と呼びかける。イザヤ書はこの動詞にイスラエルの解放という明らかなニュアンスを持たせ、「主の霊が私の上にある。それは、貧しい者に朗報をもたらすために（εὐαγγελίσασθαι πτωχοῖς）主が私に油を注がれたからだ。心の砕かれ

た者を癒し、捕らわれた者に解放を、目の見えない者に開眼を告げ知らせるために、主が私を遣わしたからだ」（61:1）と記す。ルカは公的活動開始時期のイエスにこのテクストを多少編集して引用させ、油注がれたキリストとしての自己認識を強調しつつ、イエスを福音（朗報）の体現者として描く（ルカ 4:18–19, Marshall 1978:183–84）。したがって、キリストは救いの福音を告げるが、同時にキリストはこの福音の実現者だ。じつにパウロにとって福音宣教の内容がキリストである（O'Brien 1991:148）。

ユピテル神の姿で立つクラウディウス帝
（ラヌウィウム出土、バチカン美術館所収）

「私たち自身を宣べ伝えるのでなく、主であるイエス・キリストを宣べ伝えています」（Ⅱコリ 4:5）。したがって福音は「**キリストの**（τοῦ Χριστοῦ）」福音——キリストに関する福音、キリストという福音——である（ロマ 15:19；Ⅰコリ 9:12；Ⅱコリ 2:12；9:13；10:14；フィリ 1:27；Ⅰテサ 3:2）。

　おそらくパウロと原始教会が「福音」という語を用いる際、ローマ帝国の支配という社会的・政治的文脈をも念頭に置いていただろう。上述したとおり、εὐαγγέλιον には政治的な朗報という意味がある。のちの皇帝オクタウィアヌスはアクティウムの戦いに勝利し、「アウグストゥス（神なる者）」という称号を獲得する（写真はユピテル神として描かれたクラウディウス帝）。このアウグストゥスの到来の様子は、地に平和をもたらす神の誕生という「朗報」として小アジアはエーゲ海沿岸都市のプリエネ市にある神殿の碑文に刻み込まれた。「神なるアウグストゥスの誕生の日はこの世における朗報の始まりである」（『プリエネ碑文』40–42、前９年頃）。それ以来ローマは、搾取という帝国支配を被支配者に対して「朗報（福音）」として受け入れさせた（ガラ 1:3 の「平和」参照）。パウロは、ガラテヤ属州の民衆が強要された帝国支配という「福音」とはまったく別の福音を宣べ伝えた。ガラテヤ信徒は、このダビデ王の子孫である神の子の誕生とい

う福音（ロマ 1:3–4）を真の福音として受容し、真の王国への所属を喜んだことだろう（ガラ 5:21 を参照）。パウロは、「邪悪な時代」の偽りの福音に対抗するキリストの福音を異質なものに変え、新たな偽りを重ねる反対者に対して、激しい憤りを覚えた。

1:8　**しかし、たとえ私たちでも天からの使いでも、私たちがあなた方に宣べ伝えたものから逸れたことを〈あなた方に〉宣べ伝えるなら、その人を呪われたものたらせよ。**

　反対者に対する糾弾の後半部は、「しかし（ἀλλά）」という強い逆接の接続詞によって始まる。この接続詞は、〈反対者らの明らかな意図にもかかわらず、しかしそれがそのまま見過ごされることはない〉という強い反論を示しており、ここにパウロの反対者に対する糾弾が始まる。

　パウロはまず、福音の提供者として「**私たちでも天からの使いでも**」という主語を用いる。「**私たち**」はパウロとその宣教活動の同労者（テモテやシルワノ）を指す。「**天からの使い**（ἄγγελος ἐξ οὐρανοῦ）」への言及は唐突のように感じられるが、パウロ書簡中もっとも黙示表現に富む書簡の 1 つと見なされるガラテヤ書ではそれほど不自然でなかろう（トピック #3）。ユダヤ教の黙示伝承（ダニ 10–12 章; エゼ 8–13 章）では、天の使いがしるしを伴う啓示をもたらすが、パウロはこの伝統に依拠しつつ、福音受容を「イエス・キリストの啓示」（ガラ 1:12）と表現する。また自らの改宗体験を神の啓示と表現し（1:15–16）、ガラテヤでの宣教において啓示（／霊）的な体験をガラテヤ信徒らと共有したことを語る（3:1–5）。

　「**私たちがあなた方に宣べ伝えたもの**」は「キリストの福音」（1:7）であり、これがパウロのガラテヤ宣教に言及していることは明らかだ。パウロは、これから「**逸れたことを〈あなた方に〉宣べ伝えるなら**」という蓋然的条件法（ἐάν + 接続法動詞）を用いる。この条件法は実現の不確実性を示すのみだが、パウロの視点からはまったく非現実的な状況だ。パウロはこの条件法において、神からの権威を受けたパウロと天の使いという、究極の福音提供者をテスト・ケースとして提示している。

　この条件法の帰結部分で、パウロは「**その人を呪われたものたらせよ**」と述べる。「呪われたもの（ἀνάθεμα）」という中性名詞は「献納する（ἀνίστημι）」の派生語で、本来は「神々に献呈あるいは聖別されるもの」

というニュアンスがある。そのためルカ福音書では、神殿への「供物」に対してこの語が用いられる（ルカ21:5）。ここから、「神の怒りのために納め、破壊のために捧げ、呪いの下に置かれるもの」（*TDNT* I:354–55. Holladay 1988:117 をも参照）という意味が生じる。したがって「呪われたもの（ἀνάθεμα）」は、ヘブライ語聖典の חֵרֶם（ヘーレム）の訳語として LXX に見られる（レビ 27:28; ヨシュ 6:17; 7:12）。パウロはこのように強い語気の表現を用いて、「キリストの福音」の歪曲がもたらす重大な結果を知らせる。繋辞（Be 動詞）の 3 人称単数命令法（ἔστω）を文字どおりに訳すと「その人を呪われたものたらせよ」だが、それはすなわち「その人は呪われるべきです」を意味する。パウロ自身や天の使いといった神の権威に依拠していると思しき者の言葉であっても、それは福音の真理に照らし合わせて評価される。

1:9　私たちが以前言っておいたように、今もう 1 度私は言っている。あなた方が受け取ったものから逸れたことを、誰かがあなた方に宣べ伝えるなら、その人を呪われたものたらせよ。

　パウロは本節でも前節に続いて条件文を用いるが、その際に「**私たちが以前言っておいたように、今もう 1 度私は言っている**」と前置きする。パウロとその同労者を指す「私たち」が「以前言っておいた」、とはどの時点のことを指すか。前節を指す――〈8 節で述べたように 9 節でも言う〉――との解釈もあるが（Bruce 1982a:84）、「今もう 1 度（ἄρτι πάλιν）」という表現を用いるにしては時間的ギャップがなさすぎる。また 8 節を記したのはパウロであって、複数の「私たち」（パウロと同労者ら）でない。パウロはガラテヤ書冒頭でコリント信徒らの挨拶を添えたが、彼らはパウロの共著者ではない。Martyn（1997:114）は「私たち」が編集上の複数であり実際にはパウロ 1 人を指すと理解するが、それならパウロはなぜ直後で「私は……言っている（λέγω）」という 1 人称単数を用いるか。「言っておいた（προειρήκαμεν）」は προλέγω の完了形だが、他所でもパウロが同語の完了時制（προείρηκεν, προείρηκα）を用いる場合、かなりの時間的ギャップを想定している（ロマ 9:29; II コリ 13:2 参照）。したがってこの「私たち」が以前話したのは、パウロが過去にガラテヤで行った福音宣教を指すとの理解がより適切だろう（Schlier 1965:40; Schmithals 1965:18）。

それなら、反対者によるガラテヤ訪問以前に、パウロらはガラテヤ信徒に対して福音の歪曲を警告する必要を感じていたか。パウロはガラ 2:11–14 において、ガラテヤ宣教以前に起こったアンティオキア事件について述べている。この事件では、ペトロの差別的会食が異邦人に対してユダヤ律法を遵守するような圧力をかける結果となった。その背後には、より広い社会的状況もあろうが、反対者の「福音」と同様の思想を持つユダヤ人キリスト者（「偽兄弟」、ガラ 2:4）の影響があった。したがって、パウロらがガラテヤ信徒へ「キリストの福音」を宣教した際に、それとは異なる「福音」の流入を警告していた可能性は否めない（Dunn 1993:47）。完了時制は過去に「言った」結果が現在にも影響を及ぼしていることを示す。すなわちパウロは、彼と同労者らの警告がガラテヤ信徒のあいだで記憶として影響を留めていることを前提としている。だからこそ、ガラテヤ信徒が反対者の影響を受けていることが、パウロにとっては驚きなのだ。したがって「今もう 1 度私は言っている」と記し、過去に述べた警告を繰り返す。

　本節でもパウロは、基本的に前節と同じ内容の条件文を繰り返し、「**あなた方が受け取ったものから逸れたことを、誰かがあなた方に宣べ伝えるなら、その人を呪われたものたらせよ**」と宣べる。もっとも、本節の条件文は基本的条件法（εἰ + 直説法動詞）で、前節の蓋然的条件法のような不確実性のニュアンスはない。福音を歪曲する人物には、パウロや天の使いのような非現実的な人物が想定されておらず、より一般的な「誰か」だ。福音の歪曲がパウロや天の使いだという究極の場合でも「呪われる」なら、そうでないより一般的な「誰か」の場合も同様だ。ここで「あなた方が受け取った（παρελάβετε）」とは、前節の「私たちがあなた方に宣べ伝えた」の言い換えである。この言い換えには、パウロらの福音宣教も確かなら（8 節）、ガラテヤ信徒らの改宗も確かだ（9 節）という、確固たる確信を提供する目的があろう。

　「受け取る（παραλαμβάνω = παρελάβετε）」という動詞はパウロ書簡群に 11 回登場するが、その 9 回までが伝承継承の文脈で用いられる。そしてこの伝承過程は「受け取る」とその前提となる「引き渡す（παραδίδωμι）」によるサイクルをもって成立する（I コリ 11:23; 15:3）。パウロは伝承および啓示を受け取り、改宗者にそれを引き渡し、彼らはそれを受け取り、他

の改宗者へ引き渡す。パウロが受け取った教えが原始教会の伝承か直接啓示かがときとして曖昧だが（ガラ 1:12 に詳しい）、本節では、ガラテヤ信徒が「キリストの福音」をパウロらから「受け取る」ことによって、原始教会における伝承継承過程に組み込まれる。パウロによると、反対者はこの正統な伝承継承過程を損ねる者であり、何よりもその継承内容が「キリストの福音」に関わることなので、「その人を呪われたものたらせよ」と繰り返して厳しく糾弾する。

【解説／考察】

　　　「福音書を執筆しなかったパウロは、しかし福音を生きた」
　　　　　　　　　　　　　　　(C. C. Rowland)

　ガラテヤ書の中心主題はキリストの福音である。この福音の啓示が使徒パウロ誕生の契機となり、その活動に根拠を与えたことに鑑みると、パウロの人生の中心主題がキリストの福音といっても過言でなかろう。福音がたんなる教義でなくパウロの実存に深く関わるので、パウロは感情を動かさずにいられない。だから本ペリコペでの福音提示には、痛ましいほどに使徒としての悩みが刻まれている。前ペリコペで邪悪な時代からの救出というキリストの福音に言及したパウロは、それに応答したガラテヤ信徒が、しかしふたたび邪悪な時代の深みへと歩みを戻す様子に憤りと困惑を隠そうとしない。

　しかし同時に、彼はガラテヤ信徒を諦めない。パウロは反対者を糾弾するが、ガラテヤ信徒への警告にはキリストの福音へ立ち戻るようにとの強い願いが込められている。その様子は、本ペリコペ後半で 2 度繰り返される〈あなた方を惑わせる者は呪われよ〉という反対者らへの糾弾が、ガラテヤ信徒の保護を前提としていることから明らかだ。ガラテヤ信徒を福音の真理へと引き戻す忍耐と希望は、〈教会の迫害者（ガラ 1:13, 23）である私でさえも見捨てられなかった〉という、パウロの内に染み込んだ福音の体験——受容と期待の体験（the gospel of acceptance and expectation）——に裏打ちされている。パウロはじつに福音書を執筆しなかった。偽典にさえ『パウロ（とテクラ）行伝』や『パウロの黙示録』はあっても、『パ

ウロによる福音書』はない。福音書を書かなかったパウロは、じつに福音を生きた。パウロがその体に刻む「イエスの印」は彼が生きた福音を語った（ガラ 6:17 注解）。この福音の受容の経緯、内容、そして体現（実践）がこののち詳らかになる。

トピック #2　ΕΥΑΓΓΕΛΙΟΝ
パウロとキリストの福音

パウロの自己理解とキリストの福音とは不可分だ。それはパウロの改宗体験が神の子の啓示だということだけでなく、それが神の子キリストを宣教するという使命と直結するからだ（ガラ 1:15–16. ロマ 1:1 参照）。その体験はキリストによる福音宣教への派遣でもある（Ⅰコリ 1:17）。福音が人類に救いを得させる神の力だ（ロマ 1:16）という確信はパウロをたえず未踏の地へ誘う（Ⅱコリ 10:16; ロマ 15:20）要因となったことだろう。パウロは福音の僕となり（コロ 1:23）、またキリスト者が福音に相応しく生きることを促した（フィリ 1:27）。パウロにとって福音がすべてとなり、すべての人に福音を提示した。したがって当然、パウロ書簡には「福音（εὐαγγέλιον）」や「福音を宣べ伝える（εὐαγγελίζομαι）」という語が頻出する。これらの語はパウロ書簡に頻出するのみならず、パウロ書簡を特徴づけている。この点はガラ 1:7 の注解でも簡単に触れたが、下の表ではさらに詳しい。

A.　「福音」の起源

単数名詞の「福音（εὐαγγέλιον）」は新約聖書以前にほとんど用いられた形跡がなく、LXX には皆無だ。例外的にホメロスの『オデュッセイア』で、オデュッセウス

	εὐαγγέλιον	εὐαγγελίζομαι
パウロ書簡	52	19 (18)
その他のパウロ文書	8	2
マタイ福音書	4	1
マルコ福音書	8	0
ルカ福音書	0	10
使徒行伝	2	15
その他	2	7
計	76	54 (53)

の帰還という朗報をもたらした者への「褒美」という意味で用いられている（εὐαγγέλιον δέ μοι ἔστω, 14:152, 166）。【注解】で既述のとおり、複数形（εὐαγγέλια）は古典ギリシャ語文献とLXXの両方に登場し、それは「褒美」という意味以外に、勝戦、解放、誕生等の「朗報」という意味で用いられた（サム下4:10; 18:22;『アッティクス』2:3:1; 13:40:1;『プリエネ碑文』line 40–42）。そして同根の動詞（εὐαγγελίζω）も、やはり「朗報を告げる」という意味で用いられた（サム下18:19, 20, 26; 詩39:10［MT40:10］; 67:12［MT68:12］; 95:2［MT96:2］; イザ40:9; 52:7）。とくに、油注がれた「私」が貧者に主の好意の年の到来という朗報を伝えるため（εὐαγγελίσασθαι）に派遣されるイザ61:1–3の預言が、イエスに関するメシア信仰を支えるテクストとして原始教会に根付いたとき（マタ11:5// ルカ7:22; ルカ4:16–21. 4Q521.col2.12参照）（Evans 1997:97）、メシアのもたらす朗報が単数名詞の「福音（εὐαγγέλιον）」として定着し始めたのだろう。おそらくこの定着化にはパウロの福音宣教が重要な役割を果たしており、その過程でキリストは福音の報告者から（マコ1:14–15; マコ1:38// ルカ4:43）、福音の内容へとその重心を移した（Ⅱコリ4:5. ルカ1:19; 2:10参照）。そこには、救済という福音を報告する者自身が、その救済活動において福音を特別な仕方で体現したという理解があろう。したがってパウロの福音の内容は、キリストの死と復活という決定的な事件にその焦点を置いたとしても、生前のイエスの生き様がまさに福音の内容だという点に無頓着であり得ない。この点で、「私たちはキリストを肉にしたがって知っていたとしても、今やその様にこの方を知ることはありません」（Ⅱコリ5:16）とパウロが言う場合、それは死と復活以前のキリストに関心がない（Bultmann 1976:156）というのでなく、むしろキリストの死と復活がキリストの生き様にも新たな視点を提供したことを意味する。

B. 福音の内容

1. （十字架の）死

福音が人類に救いを得させる力（ロマ1:16）ならその内容は人類の救いに関するものである。パウロは原始教会の受難理解にならいキリストの死に贖罪的価値を見出すので（Ⅰコリ15:3）、キリストの死（と、

ときとしてそれを印象的に示す十字架)は彼の福音の中心にある。すでにⅠテサロニケ書ではイエスの死が異邦人の救いと直結しており、この死は預言者の受難と使徒の受難とを結びつけつつ福音宣教の広がりを描いている(Ⅰテサ2:15–16)。ガラテヤ書でパウロは福音を永遠の契約という視点から述べ、キリストの十字架は人類を(申命記的)呪いから解放する(ガラ3:6–14)。またキリストの十字架は、救われた者の生き様をも方向づける(2:19–20)。Ⅰコリント書は、キリストの十字架が救われる者にとって神の力だと述べる(Ⅰコリ1:18)。そして「過越しの子羊であるキリストが犠牲とされた」(5:7)という非常に特徴的な仕方で(エゼ45:18–22)、キリストの死の贖罪的価値を提示する。Ⅱコリント書は、キリストの死が神と人類とのあいだに和解をもたらし、罪人に義をもたらしたとする(Ⅱコリ5:19–21. コロ1:20–22参照)。ローマ書はまず、人の犯した罪のための償いとして「血」を説明する(ロマ3:22–26. 8:3参照)。さらにキリストの死がアダムのもたらした死を相殺して命をもたらす時代が到来したことを知らせ(5:12–21)、救われた者の新たな歩みをキリストの死と復活とによって指し示す(6:1–11)。そしてフィリピ書は、キリストの十字架に至る誠実さが人をはじめ全被造物を神のもとへ引き寄せるという賛歌を記す(フィリ2:6–11)。人類に救いをもたらす福音の中心には、十字架に引き渡されたキリストの死がある[14]。

2. 復活

キリストの復活信仰が福音の中心にあることは、「もしキリストが甦らされなかったら、私たちの宣教は空虚で、私たちの信仰は虚しい」(Ⅰコリ15:14)という言説においてもっとも明らかな仕方で述べられている。そしてⅠコリ15章は、キリストの復活に関する証言に始まり、キリストの復活の意義、また復活一般に関する論考を扱う。そしてパウロはローマ書で救済に至る福音を説明するにあたり、死とともに復活を救済プロセスの中心に位置づけ、「私たちの違反のために引き渡され、私たちの義のために甦らされた」(ロマ4:25)キリストについて語る。私たちは「彼(キリスト)の血によって義とされ」

---

[14] 十字架の直接的な救済的価値に関しては、トピック#9.Bを見よ。また、Dunn 1998:chp.9(とくにpp.212–22)参照。

(5:9)、「命の内に救われる」(5:10)。私たちはキリストの死と復活に参与する (6:5–11)。私たちの信仰告白は、「神が彼（キリスト）を死者のあいだから甦らせた」(10:9) である。これは「私たちは、キリストが死んでさらに甦ったことを信じます」（Ⅰテサ 4:14）という告白と符合する。「律法の行い」という特有の問題に焦点を置くガラテヤ書では復活への言及が限定的だが、その冒頭で復活と贖罪のための引き渡し（死）と救済とがコンパクトに語られている（ガラ 1:4 の注解を見よ）。上述のとおりパウロが死と復活とを救済の中心に置き、さらにローマ書でもⅠコリント書でも十字架の神学を語らずして復活の神学を語り得ない様子は、読者が勝利主義や自己満足の宗教へ陥ることを防ぐ配慮として捉えられよう（Moxnes 1980:231–82; Harrisville 1987:248. マクグラス［2015:248–62］のルターによる「十字架の神学」と「栄光の神学」との対比を見よ）。このような修辞的——あるいはある意味で倫理的——な配慮を汲みとることが適切であっても（Thiselton 2000:1169–78 参照）、キリストの十字架はそれ自体で完結しない。

3. 生前のイエス

福音の中心に十字架と復活があったとしても、パウロはイエスの受難や顕現を物語りはしない。パウロは義認に関する重要なペリコペ（ロマ 3:21–26）でも、「十字架」のみならず歴史的な「死」という語さえ用いず、読者は「彼の血」(3:25) からイエスの歴史的な十字架死を連想させられる[15]。読者に周知の受難物語を、パウロは紙面の限られた手紙において繰り返す必要はなく、「十字架」、「死」、「血」等の用語が十分なほど雄弁に語り得ると考えたのだろう。パウロ自身が語る神の子の啓示体験（ガラ 1:15–16、Ⅱコリ 12:1–4 参照）もまた、著しく漠然としている。Dunn (1998:175–77) が指摘するとおり、人類の窮状と告発について冗長に（ロマ 1:18–3:20）語るパウロが、その解決としての福音を著しく簡潔に（3:21–26）提示していることに注目すべきだ。パウロは手紙を執筆する際に、読者がイエス伝承を繰り返す必要がないほど知っていることを前提としていたようだ。パウロ

15　この「血」が死でなく命に焦点を置いているという理解については、Moffitt (2011) 参照。この議論では、「生き物の命は血の中にある……血はその中の命によって贖いをする」（レビ 17:11）という理解に注目が集まる。

自身が設立せず訪問したことがないローマの教会においてさえもそうなのだ。それならパウロは、イエスの生前の生き様も、同様に鍵となる用語を用いることで事足りると考えただろう。上（A）では、「福音」という語が原始教会において定着したことに、教会が生前のイエスを〈解放と平和という朗報をもたらす報告者〉と認識していたことが関わっている可能性に言及した。ここではその他に2つのケースをとりあげるが、さらなる網羅的な議論は Wenham (1995) を参照されたし（ガラ 6:2 の注解、トピック #16）。

a. **「アッバ、父（αββα ὁ πατήρ）」**（ガラ 4:6; ロマ 8:15）：これはゲッセマネでのイエスの祈りにおける神への呼びかけである（「彼［イエス］は言った、『アッバ、父……』」、マコ 14:36）。アラム語の「父」の強調形「アッバ（אַבָּא）」がギリシャ語に字訳されて、マルコ福音書に記されている。当時のユダヤ社会においてアラム語の「アッバ」が神への呼びかけとして用いられたかに関しては議論が続いている（Jeremias 1966:15–67; D'Angelo 1992:611–30）。4Q372 1:15–16 はヘブライ語の「父（אָב）」が神への呼びかけとして用いられた蓋然性を示すが、それでもアラム語の「アッバ」による呼びかけは非常に稀だったろうとの結論が一般的だ（Fitzmyer 1985:29–30）。それなら、原始教会がイエスの口にこの語を置く必要性は低い。このイエス自身による特別な神への呼びかけがアラム語の字訳として保存され、異邦人教会においても周知されたのだろう（Brown 1993:172–74）。パウロが2つの手紙で「アッバ」に言及する際に神の家族への養子縁組やキリストとの共同相続という主題が付随するのは、「アッバ」の呼びかけが示すイエスと神との親しい関係性の記憶がキリスト者の祈りにおいて繰り返され、彼らの救いの確信を強化することになったからだろう。

b. **罪人との食事**：ガラ 2:11–14 に描かれるアンティオキア事件で問題となったのは、教会においてユダヤ人と異邦人とが食卓をともにすべきかという点だ。異邦人との会食に関してはユダヤ人のあいだでも意見が分かれたが（浅野 2012a:132–45）、ユダヤ教律法の浄め規定（レビ 15:16–18）に依拠した当時の伝承によると儀礼上汚れた異邦人との会食には問題があった。異邦人キリスト者を排除することにつながる浄め規定の遵守を非難するパウロは、そのきっかけを作ったペト

ロに対し、「私たちは生まれながらのユダヤ人であり、異邦人のような罪人ではありません」（ガラ 2:15）と述べた。「罪人」という唐突とも思われる表現の背後には、おそらくイエス自身が意識的に「罪人」と会食をした（マコ 2:15–17// マタ 11:19// ルカ 7:23; ルカ 15:1–2 等）という記憶があろう。罪人へ朗報を告げ、その朗報を体現するイエスの生き様自体がパウロにとって福音の内容であり、これをもってペトロの行動規範が福音から逸脱していることを指摘した。ガラ 2:15 は、〈ペトロよ、あなたはイエスとともに「罪人」と食事をしたではないか。それなのに今は「罪人」の食卓から離れるのか〉という批判だろう。弱者の食事への招きと神の王国の到来とが連結するイエスの教え（ルカ 14:12–24// マタ 22:1–10）はまた、ローマ教会におけるユダヤ人と異邦人の会食指示に神の王国の原理をもちだす（ロマ 14:17）根拠となっていよう（Dunn 1998:191–92; Jewett 2007:863–64）。

　パウロの福音の中心にキリストの死があることに疑いの余地はないが、それは福音の内容に地上でのイエスの生――すなわちその生き様――が含まれないことを意味しない。すると、イエスがいかに生きたかはキリスト者の行動規範であり動機付けとなる。パウロはコリント信徒に「私に倣う者となりなさい」（Ⅰコリ 4:16）と促すが、それは彼らに対して「福音をとおして父となった」（4:15）パウロの模範であると同時に、「キリストにある私の生き方（ὁδούς μου）」（4:17. 4:12–13 参照）とパウロが述べるとおり、パウロの生き様に反映される他者への献身的奉仕というキリストの模範でもある。福音に誠実であろうと思えば、キリスト者はイエスの死に様のみならず、その生き様から目が離せない。イエスの生き様の延長にその死に様があったことを忘れない。人の子がいかに死ぬかは、いかに生きるかという物語を完結する句点だからだ。

　そして、山陰は松江を初期の宣教地と定めたエミー・カーマイケル（1867–1951）の口調に倣ってあえて付加するなら、キリストの模範に関する上の論考を、他者に犠牲を強いて自らを利するためのレトリックとわずかでも重ねる時、私はキリストに倣うことをまったく知らない（カーマイケル 2004 参照）。

第 II 部
福音の啓示とその弁護
(1:10–2:14)

A. 導入：啓示としての福音（1:10–12）

【翻訳】

《逐語訳》

^{1:10} 今私は、人々を説得しているのか、あるいは神をか。または人々を喜ばせているのか。もし私が人々をも喜ばせていたなら、私はキリストの奴隷でない。¹¹ なぜなら兄弟らよ、私によって宣べ伝えられた福音は人によらないと、私はあなた方に知らせているからだ。¹² なぜならこの私は、それを人から受けたのでも教えられたのでもなく、むしろイエス・キリストの啓示をとおして（得たの）だからだ。

《自然訳》

^{1:10} 私は今、人に認められようとしているでしょうか、それとも神に認められようとしているでしょうか。換言するなら、権威ある人に取り入ろうとしているでしょうか。もし私が権威ある人にも取り入ろうとしているなら、私はキリストの奴隷として仕えているとは言えません。¹¹ 私がこのように述べるのは、兄弟姉妹の皆さん、私があなた方に宣べ伝えた福音が、人の権威をとおして継承されたものでないということを知ってもらいたいからです。¹² というのも、この福音は人から受け取ったのでも教えられたのでもなく、じつに私自身がイエス・キリストの啓示をとおして受け取ったからです。

【形態／構造／背景】

　ガラテヤ書全体の導入部は、「キリストの使徒からの挨拶」と「キリストの福音からの乖離」という2つのペリコペから構成された。前者では使徒パウロの神的権威が強調され、後者ではパウロが宣べ伝える「キリストの福音」と反対者が宣べ伝える「異なる福音」との対比が印象的に提示された。本来なら挨拶と感謝が大きな割合を占める手紙の導入部で、パウロは強い語気の表現を用いつつ喫緊の問題の核心に触れた。

　これを踏まえて、ガラテヤ書は本ペリコペから本論を開始する。この本論では反対者に対する本格的な反論が展開されるが、それは2部構成になっている。第1部は「福音の啓示とその弁護」（1:10–2:14）であり、ここでは歴史的の叙述によって、神的権威に依拠したパウロの独立性と、彼

の福音の神的起源が明らかとなる。第 2 部「福音の真理とその適用」（2:15–6:10）では、より神学的（理論的）な反論が展開され、それに倫理的奨励が続く。本ペリコペはこの本論第 1 部の導入として、パウロの福音が神からの直接啓示であり、神の権威に依拠していることを、おそらく反対者からの批判の弁明として宣言する。本ペリコペのアウトラインは以下のとおりである。

1. パウロの動機（1:10）
    a. 神の認証か人の認証か（1:10a–b）
    b. キリストの奴隷（1:10c–d）
2. 福音の神的権威（1:11–12）
    a. 福音の人的権威（1:11）
    b. 福音の神的啓示（1:12）

【注解】

1:10 ^a **今私は、人々を説得しているのか、^b あるいは神をか。^c または人々を喜ばせているのか。^d もし私が人々をも喜ばせていたなら、私はキリストの奴隷でない。**

パウロは本ペリコペを「人々を説得しているのか、あるいは神をか」という修辞疑問によって始める。「説得する（πείθω）」の具体的な意味に関して注解者らの意見は異なる。πείθω には他に「認めさせる」、「喜ばせる」、「言いくるめる」等の意味がある（BDAG 639）。この語が否定的に用いられるか肯定的に用いられるかは文脈によって異なる。パウロは、コリント信徒に復活の望みとそれに伴う生き方を認めさせ（πείθομεν, Ⅱコリ 5:11）、宣教の言葉を聴衆が受け入れるように説得する（ἔπειθεν, πείθεις, πείθων, 使 18:4; 26:28; 28:23）。Ⅱマカ 4:45 では大祭司メネラオスが金品を約束して王を喜ばせ（πεῖσαι）、使 12:20 ではティルスとシドンの住民が侍従ブラストを喜ばせておいて（πείσαντες）ヘロデ・アグリッパ 1 世との和解を求め、『ポリュ殉』9:2 では属州総督がポリュカルポスを棄教するように言いくるめようとした（ἔπειθεν）。

Bruce（1982a:84–85）は「人々を説得している」ことを宣教行為として肯定的に捉え、一方で「神を（説得している）」ことを魔術的な操作と

して否定的に捉える。Bruce は本節を前ペリコペの結論に位置づけており、パウロが「人々を説得する」自らの宣教行為と、「神を説得する」ことによって呪いを受ける魔術的行為とを対比している、と説明する（Betz 1979:55 参照）。一方で Dunn（1993:49–50）は、「人々を説得する」ことを律法を強要しない安易な教えによってガラテヤ信徒に取り入る行為とし、また「神を（説得している）」ことを異邦人信徒に安易な救済方法を提供するように神を説得する行為であるとして、いずれも否定的に捉える。これらの行為は反対者によるパウロの糾弾内容であり、パウロはその両方とも否定していることになる。いずれの説明もこの語の意味範囲の広さに依拠しているが、はたしてガラテヤ信徒らが具体的な説明なしにそれほどの状況を理解したか疑わしい。ガラ 1:10a–b の解釈は 1:10c–d との関連（下図）で捉える必要があろう。

人々を説得する（10a）	=	人々を喜ばせる（10c）
↓↑	ἤ	↑↓
神を説得する（10b）	=	キリストの奴隷（10d）

パウロは続いて「または人々を喜ばせているのか」と問う。ここでの「喜ばせている（ἀρέσκειν）」は、前出の「πείθω」を「または（ἤ）」という同義語による言い換えを示す前置詞（ロマ 14:13）によって言い直している（したがって「換言するなら」）。パウロは続けて、「**もし私が人々をも喜ばせていたなら、私はキリストの奴隷でない**」と述べ、1:10a–b の修辞疑問文に応答する。したがって「人々を説得する」は「人々を喜ばせる」に対応し、「神を説得する」は「キリストの奴隷」と対応する。パウロは他所でも「キリストの奴隷」という自己理解を示し（ロマ 1:1; フィリ 1:1）、これを肯定的に用いている。それならば、これに対応する「神を説得する」行為は肯定的に捉えられるべきだろう。そして、「キリストの奴隷」の対極にある行為が「人々を喜ばせる」ことならば、それと対応する「人々を説得する」行為は否定的に捉えられるべきだ。パウロはしばしば、誠実な姿勢を言動で示すことに奴隷のメタファを用いる。それは対象が神やキリストであれば肯定的だが、罪や文字としての律法体制や肉の欲望であれば否定的であり、おうおうにして両者が対比される（ロマ 7:6, 25; 16:18）。したがって、「説得する（πείθω）」もその言い直しである「喜ばせる（ἀρέσκω）」も、主人に対して奴隷が忠実な態度を示すこととして理解すべきだろう。パウロはその福音宣教において、「人々を喜

ばせず（οὐχ ... ἀνθρώποις ἀρέσκοντες）、神を（喜ばせる）」（Ⅰテサ 2:4）と述べ、神の派遣に誠実な態度を示している。したがって彼は本節でも、異邦人の使徒としての権威を付与した神に対する自らの誠実さを神に「認め／納得させて満足させる」ことをしており、それは人的権威に対する誠実さを人に「認めさせて満足させる」（したがって「人に認められ／権威ある人に取り入ろうとしている」）ことでない、と述べている。

「（人々）をも（ἔτι）」という語は、これを時間的副詞と捉えて「いまだ」とも訳し得るが、同時に論理的副詞として捉えると、「～に加えてさらに」とも訳し得る（ガラ 5:11 注解）。前者なら〈以前と同様に人々を喜ばせる〉ことが問題であり、後者なら〈神を喜ばせるだけでなく人々をも喜ばせる〉ことが問題である。本節前半から続く〈神か人か〉という対比構図に鑑みると後者がより適切と考えられる。これが反対者によるパウロ批判への応答とすると、その批判は改宗以前の「私のかつてのユダヤ教における生き方」（ガラ 1:13–14）だろう（Martyn 1997:140）。改宗したパウロの視点からすれば、以前のファリサイ派における在り方は人的権威や民族アイデンティティを排他的に誇る姿勢であり、パウロはそこからの改宗を遂げた（1:15–16. フィリ 3:5–8 参照）。「もし……喜ばせているなら（εἰ ... ἤρεσκον, ... ἄν）」という非現実条件法は、話者が事実でないと認識していることを示す。すなわちパウロは、自分の行動原理を〈神を喜ばせることであって人に取り入ることでない〉と主張している。ガラ 2:1–10 の注解でさらに明らかとなるが、異邦人宣教について反対者と同様の理解を示すエルサレムのユダヤ人キリスト者の一部（「偽兄弟」）の確信を、パウロはエルサレム教会の人的権威とともにより広いユダヤ教体制という人的権威に依拠したものとして批判する。つまり、「偽兄弟」はユダヤ教体制一般とエルサレム教会の権威により頼んでいるが、パウロは彼らと自らを対比している。パウロは、もはやこのような人的権威でなく、むしろ神の権威によって福音宣教を行っている、と主張している。

パウロは本論の導入部において自らの姿勢をもう1度明らかにする。それはちょうど、ガラ 1:1 で彼の使徒職が人的権威によらず神的権威によると明言して挨拶部を始めたことに対応する。そこでの人的権威はエルサレムの指導者らだった。パウロは本節において、かつてのようにファリサイ派の人的権威に仕え満足させるようなことはもうせず、そうかと言っ

てエルサレム教会の人的権威に仕え満足させるのでもなく、神のみが奉仕の対象だと宣言している。これはまた、パウロの反対者に対する批判でもある。すなわちパウロは、反対者の活動が人的権威に取り入るものであり、それゆえ彼らの「異なる福音」は神的権威に依拠していないことを暗に糾弾している。

1:11 なぜなら兄弟らよ、私によって宣べ伝えられた福音は人によらないと、私はあなた方に知らせているからだ。

　前節が明らかにしたのはパウロ自身の行動原理だった。そして本節を「**なぜなら**（γάρ）」という理由を示す接続詞によって開始して、その行動原理が福音受容の神的権威に依拠することを知らせる。福音の受容はパウロの行動原理を決定的に変化させたが、この点に関してはガラ 1:13–16 に詳しい。「**あなた方に知らせている**（γνωρίζω … ὑμῖν）」という表現は、他所で聴衆の注意を促すために用いられており（Ⅰコリ 12:3; 15:1; Ⅱコリ 8:1）、これは「**兄弟らよ**」という呼びかけとともに本論の導入部に相応しい注意喚起だ。パウロは、「**私によって宣べ伝えられた福音**」について述べる。「**宣べ伝えられた**（εὐαγγελισθέν）」という動詞のアオリスト過去時制と「**私によって**（ὑπ᾽ ἐμοῦ）」という媒介者の明示によって、パウロは以前に福音宣教を目的としてガラテヤを訪れた時のことを読者に想起させ、その際にガラテヤ信徒らが確認したであろうパウロの宣教に対する権威と福音に対する責任に注意を向ける。

　パウロがガラテヤ人に宣べ伝えた福音は「**人によらない**」。「**人による**（κατὰ ἄνθρωπον）」という表現は新約聖書で 7 回用いられ、その内の 6 回がパウロによる。大別すると「人間の思い／視点から」（ロマ 3:5; Ⅰコリ 3:3; 9:8; ガラ 3:15）、「人間の権威で」（Ⅰコリ 9:8）を意味する（BDAG 68）。後者は「肉による（κατὰ σάρκα）」（パウロ書簡に 20 回）とニュアンスが近い（トピック #15）。とくに後者は神的権威との比較においてその劣性が強調される（『ソクラテスの弁明』20D–E でも人の知恵［ἡ κατ᾽ ἄνθρωπον σοφία］とアポロン神の知恵が対比される、Betz 1979:56 を参照）。パウロの福音が「人によらない」という場合、それは〈パウロ自身の人間的考察から出ていない〉あるいは〈人的権威者から継承されたものでない〉のいずれかを意味するだろう。直後のガラ 1:12 と後続するペリコペの内容に鑑

みると、パウロが人的権威者からの継承を否定している（後者）と解釈することがより適切だろう。

1:12　なぜならこの私は、それを人から受けたのでも教えられたのでもなく、むしろイエス・キリストの啓示をとおして（得たの）だからだ。

　パウロは本節も「**なぜなら**（γάρ）」という接続詞で開始する。それはパウロの福音が「人によらない」（1:11）ことの根拠を本節で示そうとするからだ。パウロはまた、1人称主格代名詞「私（ἐγώ）」を明記することで、〈福音を受け取ったのは他の誰でもなく私だ〉という点を強調している（したがって「じつに私自身が」）。

　前節でパウロは「人による（κατὰ ἄνθρωπον）」という表現を用いて人的権威を表したが、本節では「**人から**（παρὰ ἀνθρώπου）」という類似表現で人的起源を表現する。後者は新約聖書において本節以外にヨハネ福音書で2度のみ登場する。「私は人から証言を受けない」（ヨハ5:34）と「私は人から栄誉を受けない」（5:41）のいずれも、イエスの権威に関する起源が人的か神的かを問題としている。「**それを**（αὐτό）」という代名詞が、文脈から「福音」を指すことは明らかだ。したがってここでは、福音の人的起源が否定されている。

　パウロは福音の起源を、「**受けた**」と「**教えられた**」という2つの動詞でより明確にする。既述のとおり、「受けた（παρέλαβον = παραλαμβάνω）」は、「引き渡す（παραδίδωμι）」とともに原始教会の伝承継承の過程を指す用語だ（ガラ1:9参照）。パウロは「教えられた（ἐδιδάχθην = διδάσκω）」も伝承継承を指す語として用いる。Ⅰコリ4:17では、パウロが教える（διδάσκω）内容（「キリストの内にある私の道」）がテモテを介してコリント教会へと継承される。あるいは同根語の名詞「教え（διδαχή）」が上述の「引き渡す」という語とともに用いられ、継承の内容を指す（ロマ6:17）。この教えは罪からの解放と義の生活であり、福音内容と深く関わっている。パウロはここで、「受けた」ことも「教えられた」ことも否定して、福音受容の方法が人的な伝承や教示でないことを強調している。

　人的な伝承でない福音受容の方法は何か。パウロは「**むしろ**（ἀλλά）」という強い逆接の接続詞を用いて、その受容方法を紹介する。その方法とは「**イエス・キリストの啓示をとおして**」である。「啓示（ἀποκαλύψεως）」

はおうおうにして幻をとおし（Ⅱコリ12:1; 黙1:1）、隠されていたことが明らかにされることを意味する。したがってロマ16:25では、「世々にわたって隠されてきた奥義の啓示」が述べられる（エフェ3:3参照）。既述のとおり、天の使いの介入（ガラ1:8）、啓示を伴う改宗体験（1:15–16）、改宗における霊的体験（3:1–4）を報告するガラテヤ書は、パウロ書簡群中もっとも黙示的な文書の1つだ（トピック#3）。「イエス・キリストの（Ἰησοῦ Χριστοῦ）」という属格名詞が「啓示」を修飾する場合、「イエス・キリストが啓示する」という主語属格（属格名詞のキリストが主語となる）と「イエス・キリストに関する啓示」という目的語属格（属格名詞のキリストが目的語となる）が考えられる。ガラ1:16を先取りすると「神がその子を啓示した」のであり、後者の理解が適切なようだ。それなら「イエス・キリストの啓示をとおして」受け取った福音は、「キリストの福音」（1:7）が意味するところと同じである。

　本節では福音の受容方法を啓示と説明するが、パウロはのちに、少なくともこの福音の一部を「私も受けたもの（ὃ καὶ παρέλαβον）」（Ⅰコリ15:3）と述べ、自らを原始教会の伝承継承のプロセスの一部に位置づける。パウロはコリント信徒に対して、神的啓示の内容が原始教会の伝承と符合し、その伝承が直接啓示の内容に確証を与えることを認めることに問題を感じない（Fitzmyer 2008:435–36）。あるいは、原始教会の伝承を共有しつつも、それが異邦人に開かれているという新たな確信を啓示によって受けたことにより、伝承と啓示が混在しているとも説明できよう（Dunn 1998:177–78. トピック#3）。しかし、反対者を意識するガラテヤ書において、パウロは彼自身が神的権威のみに依拠し、その結果として彼の宣べるキリストの福音も神的啓示によるものであることを強調する必要を感じた。そうして、神的権威に依拠するパウロと人的権威に依拠する反対者、また神的起源の福音と人的起源の「福音」を明らかに対比し、ガラテヤ信徒がどちらを選択すべきかを問うている。

【解説／考察】

「誰も2人の主人に仕えること（δουλεύειν）はできない」（マタ 6:24）

パウロはあたかもイエスの金言（ルカ 16:13 をも参照）を噛みしめるかのように、神か人かという議論に終始した。おそらくこの背景には、反対者がパウロの福音宣教をエルサレム教会の権威に依拠しない不完全なものだと批判したことがあろう。したがってこの本論の導入部で、彼は非常に鮮明な仕方で人的権威に優る神的権威に依拠していることを宣言した。〈私の行動原理は神であって人でなく、その福音の起源は神であって人でない〉と。

ガラテヤ書にときとして見られるパウロの激しい語気は、彼がその執筆時に、反対者の対パウロ批判を意識しているからだ。この点を看過する時、私たちはガラテヤ書を見誤りかねない。本書簡における神か人かという印象的な対比を根拠に、パウロをあたかも論争を好む闘争家のごとく理解することは誤りだ。そのような読者は——当時からこのような誤解を受けていたようだが（Ⅱコリ 10:1, 10）——、たとえばロマ 13:1–7 の日和見的と映りかねないパウロの言説に困惑する。彼は好戦的運動家でもなければ日和見主義者でもない。本ペリコペが修辞的効果を意識して対比を強調しているとすれば、ロマ 13 章は、上に立つ者が悪を強要しない限り（ネロ帝治世初期のように）、キリスト者が「善良」の定義を変えずとも為政者に従い得るとの考えを示しており、権威へ無批判に従うことを促さない（Jewett 2007:785–803）。また神に焦点を合わせることは、人から目を逸らすことでない。パウロは神の救済の完了を心待ちにしつつも、同胞のユダヤ人の運命を憂えて苦悶する（ロマ 9:1–3）。パウロのバランス感覚を、その文脈から引き離してアンビバレントと批判することは容易だが賢明でなかろうし、私たちの闘争心を正当化する立証テクストとしてガラテヤ書を用いることはさらに不適切だ。

トピック #3　ΑΠΟΚΑΛΥΨΙΣ
パウロと黙示／啓示

A. 黙示／啓示

1. 語源

「黙示」あるいは「啓示」という語はギリシャ語の ἀποκάλυψις の訳語だ。これは「覆い（κάλυμμα）」が「取り去られる（ἀπό）」という意味の複合名詞で、隠されたものが明らかにされることを指す。たとえばⅡコリ 3:14 は、神の意志が「以前の（シナイ）契約」において覆い隠されていたが、キリストにおいてその覆いが取り除かれた、と説明する。したがって一般には、隠されていたものが神によって明らかにされた内容を記す書物を「黙示（apocalypse）」、そのような露呈の現象を「啓示（revelation）」として区別する。聖書学における黙示（文学）とは、啓示受容者に対して神から直接的に与えられた啓示とその内容に関する記述を指す。ユダヤ教黙示文学としては、ダニエル書、『Ⅰ－Ⅱエノク書』、『エズラ記ラテン語（Ⅳエズラ書）』、『Ⅱ－Ⅲバルク書』、『アブラハムの黙示録』、『アブラハムの遺訓』があり、これにヨハネ黙示録が加わる。この場合、黙示文学が強調するのは、それが幻や天の使いをとおして神が直接人に明かした秘密であり、聖典の解釈によって人が獲得した真理でない、という点だ。天的な知識が直接明かされたという主張は、その文書に神的な権威を付与する。パウロがガラ 1:11–12 で「イエス・キリストの啓示」を人からの教えと対比して強調することは、このユダヤ教的な黙示思想を背景としていよう。

2. 黙示と終末

とくにヨハネ黙示録がこの時代の終わりと新たな時代の開始と、この転換期における裁きや復活に焦点を置いているので、黙示思想と終末思想とが同視される傾向がある。もちろん黙示文学は、天の情景（ダニ 7:9）、占星学（『Ⅰエノ』72 章）、ユダヤ民族の歴史（エズ・ラ 11–12 章）、人類の命運（『アブ黙』20 章）等に加えていわゆる終末の情景を主題にする場合もあるが、一般に将来の希望に関する詳細は見

られない。したがって、2つの時代の闘争と将来的な神の王国の確立に関する詳細を描いたヨハネ黙示録は、ユダヤ教黙示文学の中にあっては珍しい。一方で、秘密を明かす神や啓示を受けるための天への旅などの、黙示文学の典型的な主題に対して関心を持たない黙示文学以外の文書形態でも、終末やイスラエルの運命という主題が扱われ得る。したがって厳密には、黙示と終末とを私たちは分けて理解する必要がある。

3. 黙示と伝承

ファリサイ派（の父祖の伝承）と黙示思想とは相容れないという極端な理解（Rössler 1960）は、現在ではほぼ論破されている（Beker 1980:137）。むしろ第二神殿期ユダヤ教において黙示的神理解がラビによって実践されており、これをユダヤ教社会の隅で密かに行われた行為と見なすことはできないとの理解が一般だ（Rowland 2009:23–28）。したがって、パウロが自らを啓示受容者と捉えつつ福音の人的起源を否定したとしても、それはガラテヤ書における反対者を意識した特別な議論であって、彼が記述や口伝の伝承を蔑ろにしたことにはならない。パウロが黙示（啓示）を強調しながら教会伝承にも依拠したバランス感覚は、彼の背景にあるユダヤ教黙示思想から逸脱するものでない。

B. 伝承と啓示とパウロ神学

1. 黙示的パウロ

パウロが黙示的とはどういう意味か。私たちが知る彼の著作は書簡に限られており、その文書形態は当然書簡であって黙示文学でない。しかし彼の書簡群には、黙示的主題が散りばめられている。パウロはその福音を神からの啓示として提示し（ガラ 1:12）、自らの改宗を神がその子を啓示したことと結びつける（1:15–16）。パウロはじつに「啓示（ἀποκάλυψις, ἀποκαλύπτω）」という語を繰り返し用いる（名詞が11回、動詞が12回）。Ⅱコリ 12:1–10 では、より明らかな仕方でパウロの啓示体験が語られている。これらの具体的な啓示の情景のみならず、キリストの啓示に関する表現はⅠコリ 1:7; Ⅱコリ 3:16; 4:6 にも窺える。パウロはユダヤ教黙示文学に見られるような詳細な啓示場面

を描かないが、その伝統を念頭に置きつつ、書簡という文書形態の制限の中で黙示的パウロとして語っている（Rowland 1982:374–86）。

2. パウロの終末観

上では、黙示と終末とが異なる点を強調した。しかし本注解書著者はガラテヤ書を黙示的な手紙だと述べ、またパウロがその終末的視点から議論すると述べる。それはガラテヤ書に両方が混在するからであり、これらが混同されているからでない。既述のとおりパウロは黙示受容者として語るが、同時に彼はキリストの引き渡し（死）を今の邪悪な時代から人類を解放する救済の業としてとらえ（1:4）、（霊という）約束の受容（3:14）、義の希望（5:5）、「神の王国」（5:21）、「永遠の命」（6:8）などの終末的主題について語り得る。したがってパウロは、その特徴的な終末的視点に立って議論を展開している。彼の終末観がその黙示的体験によって影響を受けたり形成された可能性は十分にあるが、この２つを混同することは黙示という概念を誤解することに繋がりかねない。

3. パウロの啓示と教会伝承

パウロは彼の福音に関して、「人から受け取ったのでも教えられたのでもなく、じつに……イエス・キリストの啓示をとおして」（ガラ1:12）受けたとして、福音の起源が人的でなく神的啓示だと明言する。しかしこれは、上述したとおりパウロが福音伝承を拒絶したことを意味しない。この点はⅠコリ 11:23–25 において明らかだ。ここでパウロが記す主の晩餐の言葉は、とくにルカ 22:15–20 の伝承と大幅に一致しており（マコ 14:22–24// マタ 26:26–28 参照）、同じ伝承に依存している蓋然性が極めて高い。そしてⅠコリ 15:3–4(5) では、福音伝承を「私も受けた（παρέλαβον）」（15:1, 3）という伝承継承を指す語彙とともに提示している。このように教会伝承への依拠が明らかな箇所に加え、研究者らは語彙や構文の反復等を根拠に原始教会が継承した定型句をパウロ書簡群の内に特定している（Kramer 1966:19–44; Wengst 1972:27–104）。すなわち、復活定型句（ロマ 7:4; 8:11;Ⅰコリ 6:14;Ⅱコリ 4:14; ガラ 1:1 等）、「〜のために死んだ」定型句（ロマ 5:6;Ⅰコリ 8:11;Ⅱコリ 5:14–15 等）、「引き渡された」定型句（ロマ 4:25;Ⅰコリ 11:23; ガラ 1:4; 2:20 等）等である。とくに最後の定型句のガラ

1:4における例では、当該箇所の注解部分でも言及したとおり、パウロの慣例から逸脱して「罪」が単数形でなく複数形で書かれており、伝承の蓋然性をさらに高める。

それでは、パウロが福音の人的起源を否定しつつ——つまり啓示を強調しつつ——、伝承に依拠したことをどのように理解すべきか。ユダヤ教の黙示思想という背景に照らし合わせて、この点を考えよう。ラビたちによる啓示の追求がトーラーの軽視でなく、むしろトーラーの深い理解の手段であったように、パウロの啓示は伝承の軽視でなく、むしろその深い理解を促した。ガラテヤ書の反対者らがパウロの使徒としての権威に嫌疑をかけつつ彼の福音の信憑性を低めようとしたために、自らの使徒性と福音の神的起源をことさら強調する必要があったパウロは、あたかも教会伝承を軽視するかのような表現を用いた。しかしそれはパウロの真意ではないようだ。むしろパウロが啓示を強調する場合、それは教会伝承の背後にあるパウロと異邦人キリスト者とにとって重要な真理——神が啓示をとおしてパウロに示した真理——を意識しているのだろう。それはなによりも、キリストの福音が異邦人へも開かれており、パウロが異邦人の使徒としてこの福音宣教へと派遣されているという真理である（ガラ 1:15–16）。パウロはエルサレム教会を中心とするユダヤ人キリスト者らと教会伝承を共有しつつ、あるいは彼らから伝承を継承しているが、異邦人に対するその適用においては、その権威を神からの啓示に置いている。

4. 黙示、歴史、贖罪

黙示という概念の中心に、神の真理が決定的な仕方（幻や御使いの訪問）で明らかにされるという理解がある（Rowland 2002:54–56）。ここに強調される神の主権が、人とその歴史とを超越した介入として極端に捉えられると、既述のとおり黙示と伝承とが両立しないかのごとく理解される。また特定の救済史観を否定するために黙示が注目される。あるいは黙示という枠組みにおいて、悪からの人類の解放が強調され、個人の罪の赦しが看過される場合もある。おそらくこの典型的な例として、Martyn（1997:308, 347）のガラテヤ書注解が挙げられる（de Boer 2011 をも見よ）。しかしこのような黙示理解は誤解を与えかねない。むしろユダヤ教黙示文学は、たとえばダニエル書

に顕著なように（エズ・ラ 11–12 章をも参照）人類史に関心を示しており、その歴史の内にイスラエルに対する神の介入を物語っている（Rowland 1982:136–55）。したがってパウロはその黙示的な観点に立ちつつ、神の救済意図を、神がアブラハムと結んだ永遠の契約という枠組みにおいて論ずる。契約やアブラハムという（救済史的）主題は、反対者が持ち込んだもので、パウロはそれらに関心がなく、むしろそれらに反論しているとの解釈は、極端な黙示理解に依拠している（ガラ 4:21–31 の【形態／構造／背景】での Martyn への応答を見よ）。同様に、パウロの黙示的性格を認めることは、個人の罪の赦しを看過することに直接繋がらない。ガラ 1:4 が原始教会の贖罪理解を反映した定型表現だとしても、それを用いたパウロもまたこの理解に立っている（Rowland 2002:209）。ましてやこれは、パウロが修正を試みる反対者の言い分でない（ガラ 1:4 の注解を見よ）。このような偏った贖罪論は、「『高い』キリスト論が『低い』キリスト論に影を落とす」（Beker 1980:209）──勝利者キリストによる支配が受難のキリストによる贖罪を覆い隠すような──極端な（誤った）黙示理解に依拠している[16]。

B. 啓示とその前後（1:13–24）

【翻訳】

《逐語訳》

1:13 それはあなた方が聞いたからだ、私のかつてのユダヤ教における生き方、つまり私が度を超えて神の教会を迫害し滅ぼしていたことを。14 ユダヤ教において、私の同胞の多くの同世代の者らよりも私は前を行き、著しく私

《自然訳》

1:13 この点に関しては、あなた方がすでに聞いたとおりです。つまり私が以前ユダヤ教においてどのように生きていたかです。私は神の教会を徹底的に迫害し、破壊していました。14 また私はユダヤ教に関して同世代の多くの同胞らに優っており、父祖の伝承につ

---

16 Wright（2015:chps.6–9）は、黙示思想の解釈史という観点から Martyn（1997）と de Boer（2011）の釈義方針を詳しく論じ批判している。

の父祖の伝承の熱心者だった。¹⁵ しかし、私の母の胎から私を分かち、彼の恵みをとおして呼んだ方〈である神〉が、喜んで ¹⁶ 私の内にその子を啓示したとき——彼を異邦人のあいだで（良い知らせとして）宣べ伝えるために——、私は即座に血肉に相談せず、¹⁷ また、私より前からの使徒らを目指してエルサレムへ上らず、むしろアラビアに退き、再びダマスコに戻った。¹⁸ それから3年あとに、ケファを訪ねるためエルサレムに上り、彼のところに15日留まった。¹⁹ しかし使徒たちの他の1人にも会わなかった、主の兄弟ヤコブ以外は。²⁰ 私があなた方に書いていることを、見よ、神の前で私は偽っていない。²¹ それから私はシリアとキリキアの諸地方へ行った。²² それでキリストにあるユダヤの諸教会に対して私は顔を知られていなかった。²³ ただ、「私たちをかつて迫害していた者が、かつて滅ぼそうとしていた信頼性を今宣べ伝えている」と彼らは聞き、²⁴ 私において神を褒めていた。

いてはきわめて熱心でした。¹⁵ しかし、母の胎にいるときから私を選び分けて、恵みによって召された神は、喜んで ¹⁶ その御子を私の内に啓示して下さいました。それは私が異邦人に対してキリストの福音を宣べ伝えるためです。そのとき私は即座に人々に相談せず、¹⁷ 私よりも以前から使徒であった人々に会おうとエルサレムに上ることもせず、アラビアに出て行き、そこから再びダマスコに戻りました。¹⁸ それから3年目に、私はケファを訪ねてエルサレムに上り、彼のもとに15日間滞在しました。¹⁹ しかし主の兄弟のヤコブ以外、他の使徒たちに会うことはありませんでした。²⁰ ご覧なさい。神の御前で証言しますが、私があなた方に書いていることに偽りはありません。²¹ その後、シリアとキリキアの地方へ向かいました。²² ですから私は、キリストにあるユダヤ地方の諸教会の人々とは面識がありません。²³ ただ彼らは、「私たちをかつて迫害していた者が、そのときまさに破壊しようとしていた神と人との信頼関係について、今は宣べ伝えている」と聞いて、²⁴ 私の身に起こったことのゆえに神を褒め称えていたのです。

    1:15 〈（である）神（ὁ θεός）〉を含む写本には有力な証拠も多く（ℵ, A, D, K, L, P, Ψ等）、それなりに信憑性は高いが、欠損する写本に多くの重要なものがあり（𝔓⁴⁶, B, F, G 等）看過しかねる。いずれも意味を変えることはないが、分詞の名詞的用法に「神」を補足して説明しようとする写字生の意図が反映されているという推論の説得性は高い。

【形態／構造／背景】

　パウロとほぼ同時代を生きたストラボンは、スペインが貴金属の採掘に適していることを報告するが、具体的な錬金方法に話題が移ると、「柔らかな火を生じさせるもみ殻で起こした火で金を溶かすのが良い」とし、さらに「石炭の火では、その激しさゆえに、金を加熱しすぎて蒸発させてしまうから」（『地誌』3:2:8）と説明する。金の純度を高める精錬のプロセスには慎重な加減が不可欠なようだ。

　パウロはある意味で錬金術師のように細心の注意を払いつつ、本ペリコペの議論において自らの福音の純粋性を高めようと努めている。反対者の批判をたんに強い語気（火力）で完全否定してしまうと、かえって史実に矛盾し、あるいは論理に綻びが生じ、自らの信憑性を失墜させてしまいかねない。パウロが教会を迫害したこと、ペトロらエルサレムの指導者と較べ遅れて使徒としての活動をスタートさせたこと、ペトロを訪ねてエルサレムに赴いたこと、これらを反対者がパウロ批判の材料として用いたとすれば、それは否定しようのない事実だった。パウロはこれらの史実から、彼の権威を貶めることが予想される部分を慎重に解説し直しつつ不純物を取り除き、自らの福音と宣教活動の純度の高さを極めて、これをガラテヤ信徒らに知らしめている。

　本ペリコペはこの試みを3部に分けている。第1はパウロの「ユダヤ教」における在り方だが、これはその後の啓示体験が決定的な転換点となったことを印象づける伏線として機能する。第2にパウロは啓示体験について語るが、それは神の選びと恩寵による一方的な出来事である。その結果パウロは人とのコンタクトを避けるが、これは啓示内容の純粋性を際立たせる。第3にパウロはエルサレム訪問について言及するが、訪問の日数また対象人数が限定的であることが強調され、エルサレム訪問後のシリアとキリキアの諸地方への移動と併せて、人的権威との接触が最小限だったことを印象づける。本ペリコペのアウトラインは以下のとおりである。

1. 啓示以前のパウロの生き方（1:13–14）
    a. ユダヤ教への忠誠と教会の迫害（1:13）
    b. ユダヤ教への忠誠と父祖の伝承への熱心（1:14）

2. 啓示体験とその直後（1:15–17）
     a. 神による聖別（1:15）
     b. 神の子の啓示と派遣（1:16a）
     c. 啓示直後のアラビア滞在（1:16b–17）
  3. 啓示以降のパウロの行動（1:18–24）
     a. エルサレム訪問（1:18–20）
     b. シリア・キリキア地方滞在（1:21–24）

【注解】

1:13　**それはあなた方が聞いたからだ、私のかつてのユダヤ教における生き方、つまり私が度を超えて神の教会を迫害し滅ぼしていたことを。**

　パウロは本節を「**それは〜からだ**（γάρ）」という理由を示す接続詞によって始める。前ペリコペの導入部を本ペリコペ（そして 2:14 に至る箇所）の歴史的叙述部が立証することを示している。〈私は神の権威によって活動し、私の福音は神に起源を置く。そこには以下のような歴史的事情がある〉というニュアンスだろう（したがって「この点に関しては……聞いたとおりです。つまり」）。その情報を「**あなた方が聞いた**（ἠκούσατε）」とは誰から聞いたか。以前のガラテヤ宣教の際に、パウロから聞いたことは十分に考え得る。「聞いた」内容がどこまでの範囲かが不確かだ。ガラ 1:20 に「私があなた方に書いていることを、見よ、神の前で私は偽っていない」とあることから、改宗の契機となった啓示体験まではすでに語ったとしても、エルサレムでの指導者らとの接触が限定的だった点は新たな内容か。あるいはガラテヤ信徒らが、反対者からパウロに関する情報を「聞いた」ことも十分に考え得る。教会の迫害者、テモテの割礼、エルサレム訪問等について反対者の視点からの情報を受けたガラテヤ信徒らが、パウロの使徒性と福音の信憑性に対して疑念を抱いたなら、改宗前後の事情に関する情報を提供し直す必要があっただろう。

　少なくともガラテヤ信徒にとって周知の内容は、「**私のかつてのユダヤ教における生き方**」だ。「生き方（ἀναστροφήν = ἀναστροφή）」はある原則に則った行動、活動を指す（エフェ 4:22; Ⅰペト 3:16. BDAG 61）。本節でのその原則とは「ユダヤ教（Ἰουδαϊσμός）」を指す。「ユダヤ教」という語

は新約聖書中、ガラ 1:13–14 に 2 回のみ登場する。第二神殿期ユダヤ教文献においてこの語は、アンティオコス 4 世のヘレニズム化政策を背景として先鋭化したユダヤ民族意識を明示するのに貢献した（Ⅱマカ 2:21; 14:38.『Ⅳマカ』4:26 参照）。これは排他的な抵抗思想と結びつき（Hengel 1969:1–2 参照）、改宗前のパウロに行動原理を与えていた。ユダヤ教が原始教会の宗教母体だったこと――教会がユダヤ教の一部だったこと――に鑑みると、「かつてのユダヤ教」というユダヤ教から距離を置くような表現は注目に値する。教会がユダヤ教から完全に分離した時期や事件を定めることは困難だが、多くの研究者がバル・コホバの反乱（後 132–35 年）を引き返し不可能な決定的分岐点と捉えている（Goodman 1992:27–38. Dunn 1991:243 参照）。後 110 年頃には、アンティオキア市の教会監督イグナティオスがこの「ユダヤ教」と「キリスト教（Χριστιανισμός）」という語を併記しつつ 2 つを対比させるが（『イグ・フィラ』6:1;『イグ・マグ』10:3.『イグ・マグ』8:1; 10:1 参照）、いまだ分離は決定的でなかった。このような状況で後 50 年辺りに、パウロが「ユダヤ教」なる宗教体制の外に自らを置くような表現からは、とくにファリサイ派の人的権威から独立していることを強調する目的もさることながら、反対者のユダヤ民族意識に依拠した自己理解と一線を画する狙いが窺える。また私たちは、パウロがこの民族意識を象徴する「ユダヤ（教）」と、神の救済計画の成就をイメージさせる「イスラエル（の民）」とを意識的に区別して用いている点をも考慮する必要があろう（トピック #17）。

　この生き方として、パウロは「**私が度を超えて神の教会を迫害し滅ぼしていた**」と説明する。「度を超えて（καθ᾽ ὑπερβολήν）」という熟語は肯定的でも否定的でも極端な様子を指し、パウロは他所で「限りなく罪深い」（ロマ 7:13）あるいは「非常に（良い）道」（Ⅰコリ 12:31）と述べる（Ⅱコリ 1:8; 4:17 参照）。この副詞の背景に、パウロが口にしないステファノ殺害事件への荷担（使 7:54–60）があるかも知れない（トピック #4）。パウロの迫害は「神の教会」に向けられた。ガラ 1:2, 22 では複数の「諸教会」――諸地域の各集会――だが、本節では単数の「教会（ἐκκλησίαν）」が用いられている。おそらく上述の「ユダヤ教」との対比として「教会」という包括的表現が用いられただろう（Ⅰコリ 10:32; 11:22; 12:28; 15:9; フィリ

3:6 をも参照）[17]。ここで教会に「神の（τοῦ θεοῦ）」という修飾語が付加されるのは、既述（ガラ 1:2 注解）のとおり、「イスラエルの集会／ヤハウェの集会」というユダヤ教伝承における信仰共同体の呼び方が影響を与えていよう。それとともに、以下の点も考慮すべきだ。第 1 に、「神の」と明示することで、改宗以前のパウロの迫害がじつに神への反逆だったことが強調される[18]。第 2 に、民族的イスラエルでない教会が神の選びの民（「神のイスラエル」、ガラ 6:16 参照）であるという認識を示唆することである。

教会に対するパウロの否定的な姿勢は、具体的に「迫害し滅ぼしていた（ἐδίωκον ... καὶ ἐπόρθουν）」という 2 つの動詞によって描写される。他所で自らの過去に言及する際も、教会に対する迫害者だったと述べる（Iコリ 15:9; フィリ 3:6）。とくにフィリ 3:6 ではユダヤ教への熱心が教会迫害と直結しており、これはガラ 1:13–14 の描写と符合する。Conzelmann（1969:51–52, 64）は律法を遵守するユダヤ地方の教会を改宗以前のパウロが迫害する理由がないことから、パウロの迫害活動をシリアのアンティオキアに限定する。しかしアンティオキアにおけるパウロの迫害活動を示す証拠はなく、これは推測の域を出ない。むしろ使 8:3 にあるパウロの破壊的活動がギリシャ語を話すユダヤ人キリスト者——彼らは律法や神殿の重要性を顧みなかった（使 6:13 参照）——を対象にしていたと考えるべきだろう（Hengel & Schwemer 1998:60–61）。「破壊する（πορθέω）」という語は新約聖書に 3 回登場するが、すべてパウロの迫害活動を指す（ガラ 1:13, 23; 使 9:21）。この活動の具体的内容は不明だが、使 9:21 を考慮に入れるなら、少なくとも何らかの身体的暴力が示唆されていよう。同語は『IV マカバイ記』で 2 回用いられているが、いずれもアンティオコス 4 世による軍事力を背景とした破壊的な反ユダヤ政策を指す（『IV マカ』4:23; 11:4）。

1:14 ユダヤ教において、私の同胞の多くの同世代の者らよりも私は前を

---

17 当然、この包括的表現を「普遍的教会（καθολικὴ ἐκκλησία）」と混同することは時代錯誤的な解釈である。

18 ラビ・ガマリエルは原始教会の処遇に関して、「神から出たものなら、彼らを滅ぼすことはできない。もしかするとあなた方は神に逆らう者になるかも知れない」（使 5:39）と述べるが、はたして教会を迫害したパウロはその改宗時に「なぜ私を迫害するか」という「主」の声を聞くことになる（9:4–5）。

行き、著しく私の父祖の伝承の熱心者だった。

　パウロは前節でユダヤ教への誠実さと教会への迫害とを直結させたが、その誠実さには他の側面もある。「**前を行き**（προέκοπτον = προκόπτω）」という語は本来は航海用語で、船が向かってくる波を押し分けて進む様子を表す。ここから転じ、宗教や哲学において道徳的（霊的）に成長するという意味で用いられた（*TDNT* VI:704–07）。たとえば、「主の命令に対して秀でる」（『Ⅱクレ』17:3）、あるいは「教育において非常に進展を遂げた」（ヨセフス『生涯』8）。新約聖書では、イエスが「知恵において成長した」（ルカ 2:52）。本節では未完了時制が用いられており、パウロが「ユダヤ教において」知識と実践の点で熟練／練達の過程にあったことが分かる（したがって「優って」）。その前進の比較対象が、「**私の同胞の多くの同世代の者ら**」と明示される。「同胞（γένει）」と「同世代の者ら（συνηλικιώτας）」とは一般的表現で、ファリサイ派など特定の宗派が想定されてない。パウロのファリサイ派起源は、本節後半で示唆されている。

　パウロは、「**著しく私の父祖の伝承の熱心者だった**」。「著しく」と訳されるπερισσοτέρωςは同世代を対象とした比較副詞でなく、絶対最上級だろう（Ⅱコリ 1:12; 2:4; 7:15 を参照）。パウロは自らを「熱心者（ζηλωτής）」と表現するが、この語はLXXでイスラエルへ熱意を向ける神にのみ用いられる（出 20:5; 34:14; 申 4:24; 5:9; 6:15）。しかし同根の形容詞や動詞（ζῆλος, ζηλόω）は、マカバイ期のヘレニズム化政策に抵抗したユダヤ人の、民族性に対する「熱意」を示す語として用いられた（Ⅰマカ 2:23–28, 49–50; Ⅱマカ 4:1–2）。パウロが「熱心（者）」という語の持つ歴史的重み（マカバイ戦争）を意識して用いていたことは十分に考えられる（Gaventa 1986:26）。「熱心者」としての改宗前のパウロは、当時のローマ帝国支配においてマカバイ抵抗思想に準拠しつつ、律法を蔑ろにしてユダヤ民族の純粋性を侵しがちな教会（とくにギリシャ語を話すユダヤ人キリスト者）を迫害の対象としたのだろう（トピック #4）。

　パウロの熱心の具体的な対象は「**私の父祖の伝承**（τῶν πατρικῶν μου παραδόσεων）」である。ヨセフスはこれを、モーセ律法に記されていない口伝規定を父祖からファリサイ派が継承したもので、成文律法でないがゆえにサドカイ派はそれを拒絶したと説明する（『古誌』13:10:6）。これはマコ 7:3, 5 の「長老たちの伝承（ἡ παράδοσις τῶν πρεσβυτέρων）」（マタ 15:2

参照）と同義だろう。後者はファリサイ派、律法学者、また他のユダヤ人が守る伝承なので、「律法に関してはファリサイ派」（フィリ 3:5）というパウロの自己描写と符合する。パウロはファリサイ派の教師として、成文律法のみならず、ファリサイ派が重視する父祖の伝承にも特別な熱意を注いでいた。

1:15　しかし、私の母の胎から私を分かち、彼の恵みをとおして呼んだ方〈である神〉が、喜んで……。

　ガラ 1:13–14 で改宗以前の「ユダヤ教」における生き方を描写したパウロは、ガラ 1:15–16 で改宗の様子を伝える。この転換期が逆接の接続詞「しかし（δέ）」によって示されている。

　この改宗体験では、まずその準備段階としての選びと召命とが2つのアオリスト時制の分詞によって示されている。この（論理的）段階はローマ書にも引き継がれ、パウロは「（神が）あらかじめ定め（προώρισεν）、これらの者を召した（ἐκάλεσεν）」（8:30）と説明する。もっとも選びと召命とを厳密な時系列的パターンとして捉えることはできない。なぜならパウロは他所で、「使徒として召され（κλητός）、神の福音へと分かたれた（ἀφωρισμένος）」（ロマ 1:1）という逆パターンを示し得るからだ。厳密な順序は別にして、神は「**私の母の胎から私を分か**」つ[19]。「分かち（ἀφορίσας = ἀφορίζω）」とは本来分離することを意味するが（ガラ 2:12; Ⅱコリ 6:17. マタ 13:49; 25:32; ルカ 6:22; 使 10:9 参照）、本節ではある任務遂行のための任命というニュアンスを含んでおり（使 13:2 参照）、ロマ 1:1 でも自らを「神の福音へと分かたれた」と紹介する。当然「母の胎から（ἐκ κοιλίας μητρός）」とは、身体的に子宮から取り出されたことでなく、「胎児の時（生まれる前）からすでに」というニュアンスで計画の周到さと確かさとを強調していよう（イザ 49:1; エレ 1:5 参照）。

　そして神は「**彼の恵みをとおして呼んだ**」。この改宗の基盤には、「彼の恵みをとおして（διὰ τῆς χάριτος αὐτοῦ）」とあるように、神の恩寵がある。パウロは「恵み（χάρις）」を神的好意として一方的に神から注がれる賜物という意味で用いており（BDAG 1079）、のちに律法の行いによる義

---

[19] 〈（である）神〉に関しては、【翻訳】の本文コメントを参照。

と信頼性に依拠した義とを対比しつつ、「行いに頼る者にとって、報酬は恵みでなく義務と見なされる」（ロマ 4:4）と説明する（トピック #8.A）。パウロはすでにガラテヤ信徒らに関して「あなた方を恵みにおいて呼んだ（καλέσαντος ὑμᾶς ἐν χάριτι）」（ガラ 1:6）と述べており、改宗に関しては使徒パウロもガラテヤ信徒らも同様に神の恩寵に起因していることが明らかとなる。パウロが「呼んだ（καλέσας）」という表現を用いる場合、おうおうにして救済的意義が備わっている（ロマ 9:12, 24; Ⅰコリ 1:9; 7:18, 20, 21, 22, 24; ガラ 5:8; Ⅰテサ 2:12; 5:24）。研究者のあいだでは、ガラ 1:15–16 の体験が改宗なのか召命なのかという議論がなされるが、この点に関しては緒論（E.1.c）で述べた。

じつに本節と次節は、預言者イザヤとエレミヤの召命記事を彷彿とさせる。

主は私の母の胎から私の名を呼んだ（イザ 49:1）。

私があなたを胎の中で形づくる前に私はあなたを知っている、あなたが生まれる前からあなたを聖別していた、私はあなたを異邦人への預言者として呼んでいた（エレ 1:5）。

これらのテクストとガラ 1:15–16 とのあいだには、(1) 母の胎主題、(2) 分離／聖別主題、(3) 異邦人への派遣主題、という 3 つの主題が共通しており、（ガラテヤ信徒が理解したかは別として）パウロが自らの体験を預言者らの召命体験に準えていたことは十分に考えられる（*TDNT* I:439–40）。「苦難の使徒」という自己理解（Ⅱコリ 11:16–33; 12:10; ガラ 4:19; 6:17 を参照）を持つパウロは、ガラテヤ書における神学議論のすべてをイザ 49–55 章を意識しつつ進めた（Scott 1993b:645–65; Martínez 2014:51–67; Yamaguchi 2015:173–240）という解釈の是非は別としても、苦難の預言者らとのあいだに連帯感を抱いていただろう。

選び召命した神は、「喜んで」神の子を啓示する。「喜ぶ（εὐδόκησεν = εὐδοκέω）」には「喜び満足する」（サム下 22:20; コヘ 9:7）以外にも、「認証する」という意味がある（LXX シラ 34:19. 新共同訳では 34:23 参照）。するとパウロの改宗体験に関わる一方的な好意以外に、異邦人宣教への派遣を「認証する」という側面が意識されているのかも知れない。

1:16 ᵃ私の内にその子を啓示したとき──ᵇ彼を異邦人のあいだで（良い知らせとして）宣べ伝えるために──、私は即座に血肉に相談せず……。

　神は「**私の内にその子を啓示した**」。構文上は、前節の主動詞「喜んで」の目的語として、本節の「啓示した（ἀποκαλύψαι）」という不定詞が続いている。啓示された内容は「その子」だ。これはガラ 1:12 の「キリストの啓示」を想起させるが、そこでパウロは人的介入でなく、キリストの啓示によって福音を受け取ったと主張した。このことから、Kim（1981）はパウロの福音の起源をこの改宗体験のみに限定したが、その議論ではパウロが教会伝承へ依拠したという事実（ガラ 1:18–19; Ⅰコリ 11:23–26; 15:3–5）を説明しきれず（トピック #3）、またたとえば福音の内容が異邦人宣教の困難さを前提としている点（ロマ 9–11 章参照）を説明できない（Dunn 1998:526.n132）。したがってのちに Kim（2002）は、福音を啓示と伝承の両方によって説明し直した。ルカはこの体験を、ダマスコ途上の改宗物語として使 9:1–19 で紹介している。改宗したパウロ（サウロ）は、じつにこの啓示を「この人こそ神の子（ὁ υἱὸς τοῦ θεοῦ）である」（使 9:20）と証言しており、本節の啓示内容と符合する。ルカの劇的な改宗物語と比較すると、パウロの改宗体験の報告は驚くほど簡潔だ。おそらくパウロは福音起源が人的権威に依拠しないという議論（ガラ 1:16b–23）へ早々に移ってしまったのだろう。それでも、パウロが教会の迫害者から教会の唱道者へと方向転換したことから（1:13–16a）、啓示体験の衝撃は推測できる。他所での描写から、啓示体験のさらなる側面が浮かび上がる。Ⅰコリ 9:1 では「私は私たちの主イエスを見た（ἑόρακα）ではないか」と訴え、さらに「そして最後に……私にも（キリストが）見られた（ὤφθη）」（15:8）と述べる。後者は、弟子らによるイエスの顕現体験と同列に置かれる。しかし本節には「見る」という視覚表現はない。むしろ「**私の内に**（ἐν ἐμοί）」という啓示の場を明記しつつ、この体験の内面性を強調する。パウロはまたこの体験を、「神は私たちの心の中に、イエス・キリストの顔に輝く神の栄光の知識の光を照らした」（Ⅱコリ 4:6）と表現する。「神の栄光の知識の光」という意味では、この啓示体験がパウロに福音理解のための新たな視点を提示したことを推測させる。

　啓示の具体的な内容は「**その子**」である。これがイエスを指すことは明白だ。パウロは「神の子」を定型句としてでなく 3 回（τοῦ ... υἱοῦ θεοῦ / ὁ τοῦ θεοῦ ... υἱός / τοῦ υἱοῦ τοῦ θεοῦ 等の表現、ロマ 1:4; IIコリ 1:9; ガラ 2:20)、それに準ずる表現、すなわち「彼の子」を 10 回（ロマ 1:3, 9; 5:10; 8:29, 32; Iコリ 1:9; ガラ 1:16; 4:4, 6; Iテサ 1:10)、「彼自身の子」を 1 回（ロマ 8:3)、「子」を 1 回（Iコリ 15:28)、そして「彼（神）の愛の子」を 1 回（コロ 1:13) と、計 16 回用いている。このように表現にばらつきがあることから、パウロはイエスが神の子であることに関心があったものの、そのキリスト論的定型句には関心を抱かなかったことが推測される。これらのうち 11 回が、ユダヤ律法の意義、イスラエルの独自性、メシア期待などのユダヤ教伝統に則した議論が集中するローマ書とガラテヤ書に見られることから、「神の子」という概念がユダヤ教伝統を意識していると考えられる。したがって Bousset（1970:208–09）が論じたように、ギリシャ世界の神話的背景を持つ「神の子」概念によって異邦人信徒の信仰を促したとは考え難い。ユダヤ文献では、「神の子」という表現の対象としておよそ 4 通りが考えられる。(1) 天の御使いが「神の子ら」と呼ばれる（創 6:2–4; 申 32:8; 詩 29:1; 89:7)。(2) 神がイスラエル民族の父であるという意味において、イスラエル民族は「神の子ら」である（申 32:5; エレ 3:4, 19; 31:9; ロマ 9:4)。(3) ダビデ家の王が「神の子」と称される（サム下 7:14; 詩 2:7; 89:27–28)。(4) そしておそらくメシアも「神の子」と呼ばれる場合があった（エズ・ラ 7:28–29; 13:32; 14:9; 4Q174 (Flor). 4Q246 をも参照)。パウロの神の子理解の背景には、第 1 にイエスが「アッバ、父よ」と呼んで神との特別な関係、立場、またその好意を示唆しているという伝承があり（マコ 14:36. ロマ 8:15; ガラ 4:6 を参照)、またダビデの子孫としての王的メシアが復活によって神の子と認められたという原始教会の信仰（ロマ 1:3–4) があろう。それでは、パウロはなぜ本節で「その子」という表現を選んだか。パウロの啓示体験は福音理解のすべてでなく、その開始であり、復活したイエスの顕現が福音理解のための新たな視点を提供した（緒論 E.3 参照)。それならば、後続する異邦人宣教という啓示の目的も（ガラ 1:16b)、福音理解の深化の結果だろう。すなわち、パウロによるキリスト理解の深化が異邦人宣教の必要性の認識へと進んだ。パウロはこの認識の手がかりをユダヤ教聖典の内に見出した。「お前は私の子、今日、私はお前を産んだ。求めよ。私は国々をお前の嗣業とし、地の果てまで、お前の領土とする」（詩 2:7–8)。この戴冠詩篇において、王的メシアである「神

カエサル　神（なる）の子　　　　　　神ユリウス
CAESAR DIVIF(ilius)　　　　　　　DINOS IULIUS

前38年のコインの表裏

の子」の任命は、国々における神の子の支配という結果をもたらす。すなわち異邦人宣教を目的とする啓示は「神の子」の啓示と不可分なのだ。

　同時に「神の子」という語句の選択は、ローマ帝国支配という文脈における「神の子」理解を意識しているとも考え得る。ヘレニズム・ローマ社会において、古くはヘラクレス等の英雄が神格化される伝統があり、その結果としてアレクサンドロス大王は「ゼウスの子」と呼ばれた。ローマでは、カエサルがその死後に「神的なユリウス（Dinos/Dinus Iulius）」と呼ばれてその像がパンテオンに置かれた（ディオン・カッシオス『ローマ史』53:27:3）。またオクタウィアヌスは「神（なる者）の子（Divi filius）」あるいは「アポロンの子」と呼ばれた（スエトニウス『アウグストゥス』94:4; ディオン・カッシオス『ローマ史』45:1:2）。ペルガモン市の石碑はオクタウィアヌスに関して「皇帝カエサル、神の子（θεοῦ υἱός）」と刻んでいる。このような時代背景にあって、イエスを「神の子」として提示することは抵抗の神学を提供することでもあり、ガラテヤ信徒は神の子である王として誰に誠実さを示すべきか再確認する機会となる。

　この啓示の目的は異邦人への福音宣教であり、パウロは「**彼を異邦人のあいだで**（良い知らせとして）**宣べ伝えるため**」と述べる。宣教の内容である「彼（αὐτόν）」は「その子」（キリスト）だ。ガラテヤ書では宣教の内容はおうおうにして「福音」だが（1:8, 9, 11; 2:2; 4:13）、前述のとおりこの福音はキリストの啓示の結果であり（ガラ 1:11–12）、またキリストを内容とする福音（「キリストの福音」）だ（1:7）。したがって、福音を宣べ伝えることとキリストを宣べ伝えることはおおよそ同義語で、他所でパウロは

「キリストを宣べ伝える」と記す（ロマ 15:18–20; Ⅰコリ 1:23; Ⅱコリ 1:19; 4:5; フィリ 1:15, 18; コロ 1:28）。

パウロは啓示体験に続いて、**「私は即座に血肉に相談せず」**と断る。「即座に……せず（εὐθέως οὐ）」は、彼が後述するように、啓示体験からエルサレム訪問までの3年ほどの期間を指す（ガラ 1:18）。「相談（する）（προσανεθέμην）」という語は、「誰かから何らかの助言を得る」ことを意味するが（BDAG 711）、Dunn（1982:462）はさらに、資格ある解釈者から重要な意義を求めるという特殊な古典的用法をこの語に見出す。すると、パウロは啓示体験の解釈を権威ある他者に委ねなかったと主張したことになる。

パウロは終末的緊張関係において、この時代に属するものの総称として「肉」という語を用いる（トピック #15）。またそれに属する人の総体について「肉と血（σαρκὶ καὶ αἵματι）」という表現を用いるが、この場合とくに（神との対比で）道徳的、身体的、時間的制限がある人間を意識している（Ⅰコリ 15:50; エフェ 6:12; ヘブ 2:14）。これは LXX の用法に準拠する。「太陽よりも光り輝くものがあるか。この太陽でも欠けるのだ。それなら血と肉（である人）は、悪しき思いを抱く」（シラ 17:31. 14:18 参照）。パウロは神的啓示体験に言及したかと思うと、即座に不特定の「人」とエルサレム指導者とのコンタクトがないこと、あるいは限定的であることを付加する。その目的は、パウロ自身の使徒職の独立性、そして神的啓示によって獲得した福音の純粋性を強調するためである。

1:17　また、私より前からの使徒らを目指してエルサレムへ上らず、むしろアラビアに退き、再びダマスコに戻った。

パウロは前節後半に続けて、彼がいかに人的介入を避けたかを述べる。「**上ら（ず）**（ἀνῆλθον = ἀνέρχομαι）」は前置詞「上へ（ἀνα）」と「行く（ἔρχομαι）」からなる複合動詞で、ユダヤ人が都エルサレムへ「上京する」場合に用いられる（ガラ 1:18）。もっともより一般には「上京／上洛する（ἀναβαίνω）」が用いられる（王上 12:28; Ⅰマカ 13:2; マタ 20:18; マコ 10:32; ルカ 19:28; ヨハ 2:13; 使 11:2; ガラ 2:1）。ユダヤ人パウロの思想世界において、エルサレムは「上る」べき都だ。

「**エルサレム**」を表す語には2とおりあり、LXX では神聖なニュアンス

がある Ἰερουσαλήμ（イェルーサレーム／イェルサリム）が用いられ、異邦人著作家や異邦人聴衆を意識したユダヤ人著作家らはより世俗的なニュアンスがある Ἱεροσόλυμα（ヒェロソリュマ／イェロソリマ）を用いる。新約聖書では前者が77回、後者が62回とほぼ均等に用いられている。ガラテヤ書においては、歴史的叙述部では後者が（1:17, 18; 2:1）、より神学的な議論においては前者が用いられる（4:25–26）。歴史的叙述部で後者が用いられるのは、地理的場所に焦点が置かれているからだろう。ガラテヤ信徒にとって「エルサレム」とは何を意味したか。Martyn（1997:169）はこれが一義的にエルサレム教会を意味したと論ずるが、それがエルサレム教会を指したかユダヤ教の都あるいは神殿を指したかは文脈によって異なるだろう（ガラ 2:1 注解）。

パウロは「**私より前からの使徒ら**」、すなわちエルサレム教会の指導者らとのコンタクトを避けた。ここで人的権威を相対化しようとするパウロが「私よりも以前から」という場合、これは単純に時間的な先行性を意識しており、「先輩」のような地位的重要性を示唆していなかろう。この点に関してはガラ 2:1–10 で詳述する。したがって、本節での他の使徒との関係性は、Ⅰコリ 15 章の描写と異なる。後者でパウロは、以前の教会迫害者として使徒と呼ばれるに相応しくないもっとも小さな使徒、と自らを表現する（Ⅰコリ 15:9）。ただこの場合も即座に、すべての使徒よりもさらに多くの働きをした、と断っているが（15:10）。Ⅰコリント書でパウロは、自らの使徒性が特異であっても否定されるべきでないと主張しているが、ガラテヤ書では、自らの使徒性の独自性を強調し、他の使徒の人間的権威に依存しない神的根拠があることに読者の注意を向けている。パウロはこの使徒らを「**目指して**」エルサレムに向かわなかった。ここでは、方向性や目的を示す前置詞（πρός）を訳出するために動詞を補った（したがって「会おうと」）。

パウロはエルサレムを訪問するどころか、「**むしろアラビアに退**」く。ここでは「むしろ（ἀλλά）」という強い逆接の接続詞、また前出の「上った（ἀνῆλθον）」と「退いた（ἀπῆλθον）」との対比によって、目的地としてのエルサレムとアラビアの違いを強調している。当時の「アラビア（Ἀραβίαν）」はユダヤ属州の東側境界線とシリア属州の南側境界線に面する地域を含む広大なエリアで、その拠点がペトラだった。このペトラは

ナバテア人の主都であり、ストラボンは「ナバテア人のアラビア」と表現する(『地誌』17:1:21)。ヘロデ大王は母親がナバテア人だったにもかかわらずナバテアと2度交戦しており、その関係修復のためにか、その子ヘロデ・アンティパスはナバテア王アレタス4世(前9–後40)の娘

と婚姻関係を結んだ。しかしアンティパスは兄弟フィリポの妻ヘロディアスと結婚するためアレタス王の娘を離縁した。洗礼者ヨハネがこの出来事を批判した結果アンティパスに処刑されたことは広く知られている(マコ6:14–29;『古誌』18:116–19参照)。境界線問題が燻っていたことと離縁問題とが重なり、アンティパスとアレタス4世とのあいだに戦争が起こり、アレタス4世がこれに勝利する。このようなユダヤ／ナバテア間の外交状況において、ユダヤ人パウロがアラビアの奥深くまで入り、長期間滞在できたとは考え難い。Murphy-O'Connor (1996:84) は、パウロがデカポリスの東端に位置するボスラ(ダマスコから南へ約100キロ)までも行き着くことができたか疑問視する。この激化する領土争いの結果として、パウロはナバテア領内での滞在を早々に切り上げて、ダマスコに戻ったのかも知れない (Hengel & Schwemer 1998:183–84)。すると、啓示体験からエルサレム訪問までの3年間、パウロはその大半をダマスコで過ごしたことになる。

アラビアをあとにしたパウロは、「再びダマスコに戻った」。「再び戻った (πάλιν ὑπέστρεψα)」とあることから、アラビアへ出立する前にパウロ

はダマスコにいたようだ。それならばこれは、パウロの啓示体験の場所がダマスコ途上であったという、ルカのパウロ改宗物語（使 9:1–9）と符合する。ヨセフスはダマスコにおけるユダヤ戦争の犠牲者数を、15,000 人（『戦記』2:561）あるいは 18,000 人（『戦記』7:368）と記している。これらはかなり誇張された数字だろうが、それでもダマスコには当時まとまった数のユダヤ人が居住していたようだ。ルカがダマスコの「諸会堂」の存在に言及する（使 9:2）ゆえんだ。それでもこの都市は異教の地だった。アレクサンドロス大王の継承者たちが建設した異教の地デカポリスの一都市である。著しくギリシャ化されたこの都市は、貿易の要衝として栄えていた（『地誌』16:2:20）。

パウロは啓示体験のあとの 3 年弱を、しばらくのあいだアラビアに滞在したものの、ほとんどダマスコに留まった。この期間パウロは何をしていたか。ユダヤ教社会から離れて、啓示に関して黙想していたか（Lightfoot 1887:87–90; Longenecker 1990:34）。もっともパウロが 3 年の長きにわたって、ぽつねんと啓示体験をただ思い巡らしていたとは考え難い。もちろん啓示体験を起点として新たな世界観を構築するために時間を費やしたことは否定しないが、キリスト理解の深化がもたらした異邦人宣教の必要性を認識しそれを行動に移すのに、アラビアとダマスコは最適の異邦人環境だった（使 9:19–22 参照）。パウロは他所で、ダマスコを離れてエルサレムへ移る原因を、アレタス王の代官（ἐθνάρχης）による逮捕を逃れるためとする（Ⅱコリ 11:32–33）。「代官」は外国の居住区民を代表する役人を指すこともある（『古誌』14:117）。しかしそうであれば、ユダヤ人のパウロがダマスコ駐在のナバテア人の役人を脅威と感じる理由がない。おそらくこれは、ダマスコが一時的にアレタス 4 世の支配下に入った時期（後 37 年か？）にその支配を任された軍司令官（στρατηγός）を指すだろう（Ⅰマカ 14:47 参照）。ユダヤ教の一宗派の教えをダマスコのユダヤ人とナバテア人のあいだに広めようとしたパウロが、不穏分子としてアレタス王の部下の怒りに触れたとしても不思議でない（Thrall 2000:766–69）。こうしてパウロは、エルサレムを目指した。

1:18 それから 3 年あとに、ケファを訪ねるためエルサレムに上り、彼のところに 15 日留まった。

場面はエルサレムに移る。「**それから**（ἔπειτα）」という副詞は、時間的また論理的推移を示す語だ。本ペリコペと後続するペリコペで歴史的叙述が続く中、パウロはこの副詞を繰り返しつつ時間を追って議論を進める（ガラ 1:21; 2:1）。文字どおりには「**3 年あとに**（μετὰ ἔτη τρία）」でよいが（新共同訳、新改訳）、1 年のうちの一部分でも 1 年と勘定する慣習から、厳密には「足かけ 3 年」と理解すべきだろう（岩波訳脚注参照）（したがって「3 年目に」）。これはイエスの死から復活までが「足かけ 3 日」であるところを「3 日後（μετὰ τρεῖς ἡμέρας）」（マコ 8:31; 10:34）と表記するのと同様だ。啓示体験からケファ訪問までに十分な期間があり、そのあいだに自分の福音と福音宣教に関する独自の考えを確立させてしまっていることを、パウロはここで確認している。

　パウロは「**ケファを訪ねるためエルサレムに上**」った。「上る」に「上京」というニュアンスがあること、また「エルサレム（Ἱεροσόλυμα）」が地理的な意味に焦点を置いていることに関しては前節で述べた。「訪ねる（ἱστορῆσαι = ἱστορέω）」という動詞は、パウロがガラ 1:16 で用いた「相談する」よりも一般的なニュアンスを持ち、助言や解釈を仰ぐというより「誰か／何かを知る目的で訪問する」ことを意味する（『古誌』1:94；『戦記』6:81. BDAG 383 参照）。とくに人が目的語になる場合、「面識を持つ／知り合いになる」ことを意味する。これら 2 語の使い分けは重要だ。パウロはエルサレム訪問の目的が「訪ねる」ことだと明記することで、彼の啓示体験に対して人的助言が必要ないことを印象づける。これはガラ 1:11–12 において、福音の神的起源が強調されたことと符合する。「ケファ（Κηφᾶς）」はアラム語名 כֵּיפָא（ケーファー）の音訳で「岩」あるいは「石」を意味し、すなわち 12 弟子の 1 人ペトロ（Πέτρος：岩／石）を指す。新約聖書ではほぼパウロのみが「ケファ」という呼び名を用いる（Ｉコリ 1:12; 3:22; 9:5; ガラ 2:9, 11, 14）。唯一の例外がヨハ 1:42 だが、そこでは「ケファ」に「訳すとペトロ」という説明が続く。一方でパウロが「ペトロ」を用いるのはガラ 2:7–8 で 2 回のみだが、その理由に関してはガラ 2:1–10 のペリコペで言及しよう。

　パウロは、「**彼のところに 15 日留まった**」。ここでは上述の 3 年と「15 日（ἡμέρας δεκαπέντε）」が比較されている。すなわち、パウロは 3 年の長きにわたる独立した福音の考察と実践を、15 日という短期間のペトロ訪

問と対比し、自らの使徒としての独立性と彼の福音の神的起源がペトロとの面会によって揺るがない点をガラテヤ信徒に印象づけている。もっともパウロは、15日間をペトロとの表面的な社交辞令だけに費やしたわけでなかろう[20]。パウロに啓示されたキリストが、地上の生涯において何を語り何をなしたか、ペトロから興味深く聞く機会を得ただろう。少なくともパウロの福音の内に見られる生前のイエスの記憶の一部は、この機会に得られた。しかしパウロは、そのような情報が有益であったにせよ、ガラテヤ信徒に対しては福音を「人から教えられた」(1:12) と認めない。

1:19 しかし使徒たちの他の1人にも会わなかった、主の兄弟ヤコブ以外は。

パウロはペトロ訪問を認めながらも、「**使徒たちの他の1人にも会わなかった**」と断る。もっともその例外として、「**主の兄弟ヤコブ以外は**」と付す。ここで「以外 (εἰ μή)」が表す例外性は2とおりに考えられる。その1つは、〈他の使徒には1人も会わず、ただヤコブだけに会った〉であり、もう1つは、〈私が会った他の使徒はヤコブだけだ〉である。前者の理解では「以外」が上述の「会う (εἶδον)」を受けており、後者の理解では「以外」が上述の「他の (ἕτερον)」を受けている。「以外」と「他の」がともに限定的なニュアンスを有していることから、これらの語の繋がりがより強いと考えられる。したがってパウロは、後者――〈私が会った他の使徒はヤコブだけだ〉――を意味している (Bruce 1982a:100–01; Schmithals 1961:54–55)。そうすると、パウロはヤコブを使徒の1人として認識していることになる (トピック#1)。

福音書にはヤコブ以外にも「主の兄弟」がおり、彼らはイエスの活動を理解せず、かえって不信感を抱いたように描かれている (マコ 3:21; 6:3; ヨハ 7:2–5)。しかしパウロは彼らをペトロや使徒たちと同列に記し、教会の活動に深く関わる人物として描く (Ⅰコリ 9:5. Thiselton 2000:682 参照)。いずれかの時点で彼らが原始教会の活動に加わったと考えられるが、『ヘブライ人福音書』は復活したイエスによる特別な顕現に応答したヤコブの改宗体験を記している (ヒエロニムス『著名者列伝』2 所収)。おそらくエル

20　Dodd (1963:16) は、「彼らがそのあいだ (15日間) ずっと天気の話しかしなかったとは考えがたい」と、英国人らしいユーモアを交えて述べている。

サレム教会の指導者としてのヤコブに対する敬意の念から、『トマス福音書』12 は義人ヤコブが弟子たちの上に立つ、とイエスに言わしめる。エウセビオスもヤコブを「義人」と表現する（『教会史』2:1:4）。実際にパウロは、後続するペリコペ（ガラ 2:1–10, 11–14）において、ヤコブがエルサレム教会の中心人物であるように描写している。これは使徒行伝の記述とも符合する（15:13–21; 21:18）。

ユダヤ人史家ヨセフスは、ユダヤ属州において総督がフェストゥスからアルビヌスへと交代する合間に、アグリッパ王がアナノス 2 世を大祭司として据えるが、このアナノス 2 世の暴挙によって「キリストと呼ばれたイエスの兄弟ヤコブ」が処刑されたと伝える（『古誌』20:197–203）。これに対して「律法遵守に厳格な」エルサレム市民が抗議行動を起こしてアナノス 2 世を失脚させるが、アナノス 2 世がサドカイ派に属していたことから、これらの市民はファリサイ派が中心だったとも考えられる（メイソン 2007:317）。すなわち、ファリサイ人らがキリスト者を擁護したのだ。これは上述したように（ガラ 1:13 注解参照）、エルサレム教会への迫害がギリシャ語を話すユダヤ人キリスト者に対するもので、ヘブライ語（アラム語）を話すユダヤ人キリスト者はユダヤ社会にかなり溶け込んでいたことを示すかも知れない。

主の「兄弟」という表現が何を意味するかについて、テルトゥリアヌス（2–3 世紀）はヨセフとマリアの子と理解するが（『マルキオン反駁』4:19）、同時期にマリアの永遠の処女性という観点から、「ヨセフと前妻の子」（『ヤコブ原福音書』9:2）あるいは「いとこ」（『教会史』3:11）と説明されるようになる。プロテスタントの注解者のあいだでは、主の「兄弟」をヨセフとマリアの子と理解するのが一般だ（Fee 1987:403; Longenecker 1990:39）。しかし Bauckham（1994:686–700）は、イエスに関して唐突に「マリアの子」という表現が用いられていること——他の兄弟たちと区別して——を根拠として（マコ 6:3）、腹違いの兄弟という理解も安易に否定すべきでないと主張する。

1:20 私があなた方に書いていることを、見よ、神の前で私は偽っていない。

パウロは、本ペリコペの中間にさしかかったところで、歴史的叙述の

信憑性に関して確認する。「**私があなた方に書いていること**（ἃ δὲ γράφω ὑμῖν）」は、本節以前の歴史的叙述部全体と考えるのが一般だ（Betz 1979:79）。しかしパウロの焦点は、ペトロとヤコブ以外の使徒に面会しなかったことではないか。パウロは歴史的叙述部における時間的推移を「そのとき（ὅτε）」（ガラ 1:15; 2:11）と「それから（ἔπειτα）」（1:18, 21; 2:1）の道標によって示している。すると、2つの「それから」（1:18, 21）によって囲まれた部分（1:18–20）は1つのまとまりと考え得る。それならばパウロが意識している内容の少なくとも中心は、彼とエルサレムの使徒らとの関係性を述べるこの部分だと言えよう。

「**見よ**（ἰδού）」という表現は、パウロが読者／聴衆の注意を喚起する際に用いる常套句だ（ロマ 9:33; Ⅰコリ 15:51; Ⅱコリ 5:17; 6:2, 9; 7:11; 12:14）。「**偽っていない**（οὐ ψεύδομαι）」はパウロ書簡群に3度登場し、いずれも自らの潔白を表明している。ロマ 9:1ではパウロの民族的同胞への忠義心を告白し、Ⅱコリ 11:31ではパウロの使徒職における誠実さを告白しつつ、そこに偽りがないと断言する。「**神の前で**（ἐνώπιον τοῦ θεοῦ）」と特定する背景には、「偽ってはならない（οὐ ψεύσεσθε）」（レビ 19:11）という十戒規定があろう（箴 14:5; ヨブ 6:28;『Ⅳマカ』5:34 参照）。すなわち、偽証は神に対する不誠実というユダヤ教思想に基づいている。このように自らに神的臨在（神の前での証言）という試験を課すパウロの姿は、福音の信憑性のために自らをも呪いという試験の下に置くガラ 1:8–9の描写を想起させる。他所でパウロは自らの信憑性を擁護するため、神がパウロのために証言するという表現をも用いる（ロマ 1:9; Ⅱコリ 1:23; フィリ 1:8; Ⅰテサ 2:5, 10）。

1:21　それから私はシリアとキリキアの諸地方へ行った。

「**それから**（ἔπειτα）」という副詞が物語の新たな展開を示し（ガラ 1:18 参照）、パウロはエルサレムから北上する。「**諸地方**（κλίματα）」は帝国属州（ἐπαρχεία / ἐπαρχία）よりも狭い「地域／地区」を指す。したがって「アカイア（属州）の諸地方（τοῖς κλίμασιν τῆς Ἀχαΐας）」（Ⅱコリ 11:10）はアッティカ、アカイア、アルカディア諸地方を示す。「**シリアとキリキア**（τῆς Συρίας καὶ τῆς Κιλικίας）」は、それぞれ前67年と64年にポンペイウスの率いるローマ軍に侵略された。そののちキリキア東部はシリア属州

に統合される。これがすなわち、シリア・キリキア属州だ（*ABD* I:1022）。この帝国属州の州都は、後続するペリコペに登場するアンティオキアである。キリキア東部には、パウロの生地タルソスがある（使 21:39）。細かいことだが、異本には「Κιλικίας」の直前の「τῆς」を省くものもある（τὰ κλίματα τῆς Συρίας καὶ Κιλικίας, ℵ, 33, 1505, 1881 等）。これは帝国行政区のシリア・キリキア属州を念頭に置いたテクストの変更と考えられる。その場合は「シリア・キリキア属州の諸地域」と訳されよう。

ガラ 1:17 以降に見られるパウロの地理的移動（ダマスコ→エルサレム→シリア／キリキア）は、使 9:23–30 と符合する。使 11:25–26 では、キリキアのタルソスに滞在しているパウロを訪ねたバルナバが、パウロをアンティオキア教会の活動に参加するよう誘う。これは後述するペリコペ（ガラ 2:1–10, 11–14）でパウロとバルナバが同労者であること、また彼らがアンティオキア教会を拠点としたことと符合する。すると、パウロの福音を補足すべきイエスの目撃証言や原始教会伝承は、ペトロとヤコブからだけでなく、あるいはそれ以上にバルナバとアンティオキアのユダヤ人キリスト者が提供源とも考え得る。

パウロがタルソス出身であることは、使徒行伝が知らせるのみだ（21:39; 22:3. 9:30 参照）。Hengel (2002:73) は、使徒行伝の歴史的資料価値をほとんど認めない学者らが、それでもパウロがタルソス出身であることを疑いもしない点に矛盾を見出し、使徒行伝の二次的資料としての価値を再確認する。タルソスに関しては古代の著作家がその様子を著している。たとえばストラボンは後 1 世紀前半に、「タルソスの人々は、哲学だけでなく教育全般に対して熱心で、この点においては、アテナイ、アレクサンドリア、その他哲学教師らが学派を構えるどんな場所にも勝っている」（『地誌』14:5:31）と報告する。一方で後 2–3 世紀のソフィストであるフィロストラトスは、「彼（アポロニウス）が 14 歳の時、彼の父は、フェニキア人エウティデモスのもとで学ぶために、彼をタルソスへ送った。エウティデモスは弁論に長け、彼を教えはじめた。彼はこの教師に対しては熱心に師事したが、この町が退廃的で哲学に敵対的だと悟った。タルソス人は贅沢に心を奪われ、軽薄で高慢、アテナイ人が哲学に没頭するよりも熱心に、上質の亜麻布を追い求めている」（『ティアナのアポロニウスの生涯』1:7）と酷評している。おそらく文化的に高い水準でありながら社会的には退廃した

一面をも見せるタルソスにおいて、パウロはその幼少期にギリシャ語によるユダヤ教教育を受けただろう。

1:22 それでキリストにあるユダヤの諸教会に対して私は顔を知られていなかった。

　前節と本節は弱い逆接の接続詞「δέ」で結ばれており、逆接の「しかし」とも順接の「そして」とも訳し得る。本節では「それで」という順接的な意味で、パウロがシリアとキリキアへ去った結果を表していると考えよう（したがって「ですから」）。パウロはエルサレムに長らく留まらなかったので、ユダヤ地方のキリスト者らに「**私は顔を知られていなかった**」と述べる。「知られていなかった（ἤμην ... ἀγνοούμενος）」は迂説構文（εἰμί 動詞＋分詞）で表されており、古典ギリシャ語では継続性が強調される表現だが、新約聖書ではこの構文にどれほど継続的ニュアンスが含まれていたか不明だ。「知られていない」状態には「**顔を**（顔に関して）（τῷ προσώπῳ）」という修飾句が付加されている（したがって「面識がありません」）。

　パウロは、「**ユダヤの諸教会**（ταῖς ἐκκλησίαις τῆς Ἰουδαίας）」に知られていなかったか。使徒行伝（8:1–3; 9:1–2, 11）が伝えるようにパウロがエルサレムで教会を迫害していたなら、ユダヤ地方にその名が知られているはずだ。それなら、使徒行伝が伝えるエルサレムでの迫害活動には信憑性がないか（Becker 1990:18; Bornkamm 1971:15）。それゆえパウロの教会迫害はダマスコに（Schnelle 2005:84–85）、あるいはシリアのアンティオキアに限定されていたか（Conzelmann 1969:51–52）。このような結論は性急だ。パウロが「顔を」と限定するのは、諸教会がパウロと面識があるかを問題にしており、諸教会がパウロの迫害活動に関する知識を持っているかを問題にしていない。後者については、ガラ 1:23–24 が述べるように、彼らは知識を確かに持っている。パウロはここで、彼の迫害活動以降に設立されたユダヤ地方の諸教会が、総じてパウロと面識がなかったことを述べているに過ぎない。この補足情報は、エルサレム滞在期間がどれほど短かったかを強調しており、多くのキリスト者に会うほどエルサレムに長らく留まっていなかったことを述べているのみだ。

　パウロはユダヤ地方の諸教会を、「**キリストにある**（ἐν Χριστῷ）」とする。彼は他所で同様の表現を用い、「ユダヤ地方のキリスト・イエスにあ

る神の諸教会」（Ｉテサ 2:14. フィリ 1:1 をも参照）と述べる。「キリスト（・イエス）（のうち）にある／〜における」という表現は、パウロ文書に合わせて 83 回登場するが（パウロ書簡群だけで 61 回）、それ以外ではＩペトロ書に登場するのみで（3:16; 5:10, 14）、「主（のうち）にある」とともにパウロ特有の表現と考えられる（Dunn 1998:396–401）。これは、神の救済計画の中心にあるキリストに依拠するという神学的アイデンティティをも指すだろうが（ガラ 2:17; 3:14）、同時にキリストの臨在の内にあるという実存的アイデンティティをも含意する（3:26–29）。そしてこれらのアイデンティティをとおして、キリスト者はキリストへの所属／参与を確認する（3:28–29）（トピック #10）。したがって、教会が「キリスト（のうち）にある」とは、キリストがなした救済の業によって神の祝福を受けるキリスト者の共同体であると同時に、それゆえにキリストに属し、キリストの臨在が満ちる共同体であることを指す。パウロの反対者批判は、エルサレム指導者とパウロとの距離感の描写に影響を与えるが、これはユダヤ地方のユダヤ人キリスト者らの共同体一般への批判ではない。

1:23　ただ、「私たちをかつて迫害していた者が、かつて滅ぼそうとしていた信頼性を今宣べ伝えている」と彼らは聞き……

　パウロはユダヤ地方の諸教会が改宗後のパウロと面識がないと述べたあと、「**ただ**（μόνον）」という副詞を用いて例外的な事実を 1 点つけ加える。つまり面識はないが、ある評判を「**彼らは……聞**」いていた。文法的には前節の「諸教会（ταῖς ἐκκλησίαις）」（女性複数名詞）を受けて、女性形分詞の「聞いて（ἀκούουσαι）」となるべきところが男性形分詞（ἀκούοντες）になっているのは、評判を聞いていた主体を諸教会ではなくその構成員（男性形によって女性構成員をも兼ねている）へとシフトしているからだろう。なお本節でも前節の迂説構文を受けて、「聞いて」が未完了時制の迂説構文になっている（「聞いて［いました］」）。

　評判の内容は、「**私たちをかつて迫害していた者が、かつて滅ぼそうとしていた信頼性を今宣べ伝えている**」ことだ。パウロはこの評判の内容を直接話法によって引用文の体裁にしている。Bammel（1968:108–12）は「**信**仰を（信頼性を）宣べ伝えている（εὐαγγελίζεται τὴν πίστιν）」を非パウロ的表現と捉え、これを古い教会迫害伝承と説明した。しかしこの表現を

非パウロ的と判断するのは性急だ。実際パウロは、「私たちが宣べ伝える信仰／信頼性の言葉（τὸ ῥῆμα τῆς πίστεως ὃ κηρύσσομεν）」（ロマ 10:8）という表現を用いるからだ。さらに本節での「信頼性（πίστις）」を、福音の内容や教義——あるいはその教義を反映する宗教——という意味での「信仰（内容）」（Wolter 2011:74）と理解することは、その語意を急速に進化させすぎている（Morgan 2015:266）。一般に「信仰」と訳されがちな πίστις の意味に関しては、トピック #7 で詳しく述べる。ここではその本来のニュアンスが、何らかの関係性を確立し維持するための主要素である「信頼性」だと指摘するに止める。そして本節における破壊の対象は神とキリストとキリスト者との信頼関係であり、それゆえこの信頼関係の場である教会の破壊（ガラ 1:13）をこのように言い換えている（したがって「神と人との信頼関係」）。この理解は、「滅ぼす（πορθέω）」という語が破滅や破壊というニュアンスで用いられるが、（教義等の）論破というニュアンスで用いられないことからも支持されよう。さらに、「**かつて（ποτέ）**」や「**迫害して（διώκων）**」や「**滅ぼそうとしていた（ἐπόρθει）**」という語は、パウロが自らの迫害活動の描写ですでに用いている。したがって本節の直接話法による評判の表現は、前パウロ伝承を反映しているというより、パウロ自身の語彙範囲（ガラ 1:13–14）の作文だろう。この評判内容には、「かつて（ποτέ）」が 2 回、そして「今（νῦν）」が 1 回用いられている。これには啓示体験後のパウロの方向転換が顕著で、それがキリスト者のあいだに驚きと動揺を与えたことを示唆している（使 9:21 参照）。

1:24　私において神を褒めていた。

「褒めていた（ἐδόξαζον = δοξάζω）」は、とくにその目的語が「**神（τὸν θεόν）**」の場合、栄光に満ちた神が受けるに値する畏敬の念を捧げることを意味するが、しばしば奇跡等の肯定的で驚くべき出来事への応答を指す（マコ 2:12; 使 4:21; 11:18; 21:20）。前置詞「**～において（ἐν）**」は原因や理由を表す特別な用法だろう（LXX 詩 30:11 [MT31:11]「悲し・み・の・ゆ・え・」、Ⅰマカ 16:3「憐れみ・の・ゆ・え・」、マタ 6:7「多くの言葉・の・ゆ・え・」、ロマ 9:7／ヘブ 11:18「イサク・の・ゆ・え・」）。彼らはパウロの歓迎すべき変化のゆえに（したがって「私の身に起こったことのゆえに」）、おそらく驚き戸惑いつつも、その原因となった啓示体験をもたらした神の栄光に相応しい敬意を示した。

【解説／考察】

「世に稀なるは生きること、多くは存在するのみ」
（オスカー・ワイルド）

　おそらくその福音宣教において、パウロは神の子の啓示体験を重要な証言として繰り返した。とうぜんガラテヤの読者らもこれを熟知していた（「あなた方が聞いた」ガラ1:13）。したがってパウロは、この衝撃的な事件を28–30語による端的な文章でまとめ得た（ガラ1:15–16）。それ以上言葉を重ねる必要がないほど周知の出来事だった。現代の読者としては、パウロがもっと饒舌であって欲しいと願う場面の1つだ。それでもこの2節は、読者を形而上へと招く扉のごとく、ガラテヤ書のなかで異彩を放っている。本ペリコペは、この啓示体験を中心として、パウロの改宗前と改宗後とを語りつつ、彼の福音と宣教の純度の高さを強調した。

　そしてガラ2章以降においてパウロが福音を弁護し続け、福音に則った生き様が何かを語るとき、読者はこの啓示の衝撃の計り知れない大きさを知る。じつにこの衝撃がパウロ神学を方向づけた。したがって、黙示は取り除かれるべき真理の外皮（Bultmann 1984:1–43, とくに14, 19）などでなく、むしろ「パウロはキリストの出来事の黙示的解釈をその福音の中心に一貫して置いている」（Beker 1980:18）。それゆえパウロは、「悔い改め」という語自体をほとんど用いないものの（ロマ2:4; Ⅱコリ7:9–10. 動詞はⅡコリ12:21参照）、救いのプロセスにおいて何らかの起点あるいは移行——回心（改宗）の瞬間やその出来事——を明らかに意識している。しかしこれは、私たちにパウロと同様の体験が期待されていることを意味しない。明らかな改宗体験がない場合をも含めて、改宗体験は十人十色だ。パウロがこの起点をバプテスマ（ガラ3:27）や誕生（4:19）など多彩なメタファによって印象的に表現するゆえんだ。それでも人にはその理知や情緒によってキリストを意識し、キリストを主とするモメント（ロマ1:5）があることをパウロは前提としている。キリスト者はたえずこの起点に立ち戻りつつ、主との歩みを継続するのだろう。そのときキリスト者の生き様は、ある意味でワイルドの洞察にある「たんなる存在」の殻を破って意識

的な生となり、建設的な自己批判をも可能とする。そのときキリスト者としての存在は、キリストとともに生きるという実存となろう。

トピック #4　ZHΛΟΣ
パウロとマカバイ殉教思想

A.　マカバイ殉教思想
1.　テクスト

「マカバイ記」と題する多数の文献の中でも、とくに LXX の I – II マカバイ記と偽典『IVマカバイ記』が重要だが、ここではIIマカバイ記と『IVマカバイ記』に注目する。前者は、ハスモン家ユダの解放運動とそれに付随する殉教者に焦点をおきつつユダヤ解放を祝うハヌカ祭制定の経緯を記す目的で執筆された（前123年頃）。後者は、知性と感情との関係というギリシャ的な主題を装いつつ、IIマカバイ記の殉教物語を敷衍する（後2世紀初頭か）[21]。これら2書によって時代的に挟まれるパウロ書簡群は、その殉教／抵抗思想から影響を受けたことが推測される。

2.　時代背景／設定

前2世紀のユダヤ地方は、アレクサンドロス大王の後継者が創設した王朝の1つ、セレウコス朝の支配下にあった。自らを「エピファネス（神の顕現）」と名乗るアンティオコス4世（前175–63年治世）は、セレウコス朝によるエジプト遠征失敗に乗じて反逆の気配を見せたユダヤ人に対して厳しいギリシャ化政策を敢行した。このため、とくに前167–66年の1年間、ユダヤ人は「忌まわしき侵犯」（Iマカ 1:54; ダニ 11:31. マコ 13:14 参照）と呼ばれる暗黒の日々を送る。これがIIマカバイ記と『IVマカバイ記』が描く殉教物語の背景だ。

3.　殉教物語

このギリシャ化政策はそのまま反ユダヤ政策だった（IIマカ 6:1–11）。エルサレム神殿はゼウス神殿へと変更され（6:2）、異教信仰

21　Joslyn-Siemiatkoski（2009:18）は、『IVマカバイ記』がパウロに先行すると理解する。

を拒否する者、食事規定と割礼と安息日を固守する者らは処刑された（6:7–11）。この状況下で、律法学者エレアザル（6:18–31．『Ⅳマカ』5–6章参照）とある母子（7:1–41．『Ⅳマカ』8–16章参照）の殉教に焦点があてられる。高齢の学者エレアザルが豚肉を食べるように強要されると、「若者達に高潔な模範を残し、彼らも尊く聖なる律法のためには進んで高潔な死に方ができるように」（6:28）と言って拷問死を遂げる。母親と7人の息子も豚肉を食べることを拒絶すると、目の前で息子らを1人ずつ処刑される母親は、「喜んで死を受け入れなさい。そうすれば、神は憐れみによって兄たちとともにお前を私に戻して下さるだろう」（7:29）と死にゆく末子を鼓舞し、最後に自らもわが子らと運命をともにする。「殉教」と見なすべきか議論が分かれるが、Ⅱマカバイ記は最後に長老ラジスの死をも報告する（14:37–46）。王の側近ニカノルは律法を尊ぶラジスを捕らえて拷問しようと企てるが、ラジスは異邦人らの手に堕ちることを潔しとせず、剣の上に身を投じ、城壁から飛び降り、自らのはらわたを掴みだして群衆に投げつけ、「命と霊の主がそれら（内臓）を再び（私に）戻して下さるように」と叫びつつ（14:46）、凄まじい最期を遂げる。

4. 受難の贖罪価値

現代的な倫理評価は他に譲るとして、苦難の民はその苦しみを神の民に対する神の懲らしめと捉えた。Ⅱマカバイ記の著者はエレアザルの殉教に際し、この苦しみは「訓育」（6:12）であり、悪を早めに摘み取るためだ（6:15）とする。7人息子の末子は、「私たちの生ける主は戒めと訓育のためしばらく怒りを向けられるが、ご自分の僕たちとまた和解される」（Ⅱマカ7:32–33）と述べる。そして彼らが死ぬと戦況は一変し、「主の怒りが憐れみに変わった」（8:5）。あたかも、殉教が神の怒りを鎮め、代表的贖罪として機能するかのように（Van Henten 1997:137）。すると「血を一滴残らず流しきり、内臓を引き出して」（14:46）死ぬラジスが、神殿での動物供儀を連想させさえする（Kellermann 1980:77–79）。〈殉教者の死の意味は何か、それは民の贖罪だ〉となる。『Ⅳマカバイ記』は、ローマ帝国支配下での圧政を経てこの贖罪思想を深化させる。エレアザルは「私の血が彼らの浄めとなり、彼らのために私の命を身代わり（ἀντιψυχόν）としてお取り下さ

い」(『Ⅳマカ』6:28–29) と祈ることから、殉教者の死をイスラエルに救いをもたらす贖い (ἱλαστήριον) と著者が考えていることが分かる (17:21–22)。

5. 報いとしての復活

イスラエルには、最終的に神の統治が完成するという終末観があった (ゼカ 12:9)。列強の支配下で苦しむ中、人の手で神の秩序を確立するという楽観的な思想が立ちゆかなくなると、新たな世を神がもたらすという終末観が表面化した (イザ 65:16–17)。本来死後の生に関する明確な期待を持たなかった (詩 115:17) イスラエルの民は、アンティオコス 4 世の迫害を経た辺りから復活に言及し始める (ダニ 12:2. イザ 26:19 参照)。〈殉教者に報いはあるか、それは復活の希望だ〉となる。したがって「律法のために死ぬ私たちを (神が) 永久に続く生命の復活へと甦らせる」(Ⅱマカ 7:9) と息子が叫ぶと、「霊と生命を再びお前たちに与えられる」(Ⅱマカ 7:23) と母は呼応する。自らの内臓を取り出してまき散らすラジスも、「命と霊の主がそれら (内臓) を再び彼に (私に) 戻して下さるように」(14:46) と叫ぶ。戦死した兵士の弔いをするユダ・マカバイも復活の希望を語る (12:43–44)。パウロの思想 (Ⅰコリ 15:35–49) につうずるこの復活の身体性は、ヘレニズム的二元論の影響によって次第に薄められ、『Ⅳマカバイ記』では復活の希望が「不死 (ἀθανασία)」(14:5) や「不滅 (ἀφθαρσία)」(17:12) という表現に留まる。

B. パウロの熱心

1. 殉教思想の継承

前 2 世紀に強く意識されだした殉教思想が後 1 世紀にまで継承されたことは、『Ⅳマカバイ記』がⅡマカバイ記を敷衍してその思想を引き継いだことからも分かる。マコ 13:14 が終末の情景を「忌まわしき侵犯 (τὸ βδέλυγμα τῆς ἐρημώσεως)」と表現するのは、後 1 世紀のユダヤ社会が体験する迫害をアンティオコス王 4 世による神殿冒瀆 (Ⅰマカ 1:54; ダニ 11:31; Ⅱマカ 6:2) に準えたからだ。これは、皇帝カリグラ (後 37–41 年治世) がエルサレム神殿に自らの影像を打ち立てようとした暴挙 (『古誌』18:260–309) に震えあがった原始教会の記憶に

依拠していよう。同様の事態は、パウロがエルサレムで律法教育を受け、その後律法教師の務めに励んでいた（ガラ 1:13–14）時期にもあった。ヨセフスは、総督ピラトが皇帝の彫像（軍旗？）をエルサレムに持ち込んだことに抗議するユダヤ人らを皆殺しにすると脅迫したこと、土木工事費を捻出するため神殿宝庫に手を出したことに抗議する住民を実際に虐殺したことを報告する（『戦記』2:169–177）。民族存亡の危機にあって、マカバイ殉教者らの律法への熱心という記憶が少なくとも一部のユダヤ人の行動規範となった。「熱心」という語で自らの過去をふり返るパウロも（ガラ 1:14）、このようなマカバイ殉教思想の影響を強く受けていただろう。じつにマカバイ抵抗者／殉教者らの熱心は、大祭司アロンの子孫ピネハスの熱心（民 25:11）を模範としており（Ⅰマカ 2:54; Ⅱマカ 4:2;『Ⅳマカ』18:12）、この熱心はまさに律法の死守を意味した。

2. 熱心の二面性

死をもって何かを守るとは、自らの死のみならず反対勢力の死をも意味する。マカバイ殉教思想をのちに伝える 2 書は、既述のとおり律法が表象するユダヤ民族意識のために自らの命を献げる者の姿を報告するが、同時にマカバイ抵抗運動に立ちはだかる者らの虐殺をも告げる（Ⅱマカ 8:6, 24, 30; 10:22–23, 31, 36; 12:16）。したがって、パウロが自らを「著しい熱心者（ζηλωτής）」（ガラ 1:14. Ⅰコリ 15:9; フィリ 3:6 参照）と述べるとき、命を賭して律法と父祖伝承の純粋性を守ることのみならず、その純粋性を侵す者に対する攻撃性をも含意している。後者はステファノ殺害において具体と化した（使 7:54–8:1）。パウロはその書簡群で、ステファノ殺害に直接言及しない。律法に対する熱心ゆえに（レビ 24:11–16 参照）教会を迫害したと告白するのみだ（ガラ 1:13, 23; フィリ 3:6; Ⅰコリ 15:9）。新約聖書では使徒行伝のみがステファノ殺害とパウロの関与に言及する（使 7:54–8:1）。ちなみに、グノーシス文献の 1 つである『ステファノの黙示』は、パウロがステファノの十字架刑を命ずるという仕方で、パウロの事件への関与を記している。パウロがいかにこの事件へ関与したかは議論が分かれる。たとえば Barrett（1994:381, 386）は、ステファノ殉教物語をアンティオキア教会の伝承とし、そこに著者がパウロを登場させて劇的な効

果を演出したと論ずる。しかし使徒行伝が初代教会の代表的指導者として描くパウロが、改宗以前とはいえリンチ致死事件に直接関わったことは非常にスキャンダラスで、これが史実でなければ、なぜローマ世界において教会の立場を著しく貶める事柄を創作するか、という疑問が残る。パウロ自身が「迫害」や「破壊」という表現以上に直接的な言葉を選ぶ気にならなかったとしても、パウロがステファノの死に関わったことを疑う必要はなかろう（Dunn 2009a:I:274–78 参照）。

　この事件がパウロに与えたであろう衝撃に関しては、十分に考慮されていない側面がある。この衝撃によってパウロは、殉教者（martyr）としての自己認識が殺害者（murderer）としての現実を含むことを自覚した[22]。テレビ番組等をとおして殺人事件を日々繰り返し家庭内にエンターテインメントとして持ち込む現代人には気付き難いかも知れないが、人は容易に人を殺せない[23]。ステファノのリンチ致死という事件がパウロの改宗に直接繋がったとは言わないが、それが啓示体験をもたらしたメルカヴァ神秘主義的修練へとパウロをつよく促す遠因となったことは否定できない（緒論 E）。この体験をとおして「被害者（殉教者）パウロ」が「加害者（殺害者）パウロ」となったことは、「教会の迫害者」（ガラ 1:13; フィリ 3:6）という自己認識が明示する。パウロはその改宗を前後して、マカバイ殉教者の継承者であるという意識を再考せずにはいられなかっただろう。すなわち、殉教者から殺害者という要素を排除する道を探り出した。

---

[22] 「テロリストは僕だった――基地建設反対に立ち上がる元米兵」（テレビ朝日 2016/11/20 放送『テレメンタリー 2016』）は、イラク戦争で派兵された元海兵隊員マーク・ヘインズ氏が辺野古基地建設へ反対する抗議行動に参加した様子を伝えた。イラク市民を助ける目的で派兵された自分がイラク市民にとってテロリストだった（Terrorist that I had become）という自覚が、ヘインズ氏のその後の生き方を変えた。すなわち、英雄的行為と考えていた行動が市民を恐怖に陥れていた――「英雄（hero）はじつは恐怖（terror）だった」――という発見が、彼の平和構築への姿勢を一変させた。

[23] 議論の詳細は他所に譲るが、この点は戦争歴史家（Marshall 1947; Grossman 2009）や戦闘要員の PTSD を扱う精神科医（Swank & Marchand 1946）の報告に詳しい。また古代の戦闘ストレスに関しては、Shay（1995; 2002）; Meineck & Konstan（2014）を見よ。

3. 殉教思想の再考

　パウロがガラテヤ書で用いる語彙がマカバイ諸書と著しく重なることは以前から指摘されている。表面的にもガラテヤ書はユダヤ人の食事規定と割礼の問題を扱っており、マカバイ諸書におけるアンティオコス4世のヘレニズム化政策を想起させるが、これだけではユダヤ人と異邦人との接触において顕著となる文化的要素（民族アイデンティティの顕現要素）というだけで、両者のみの共通点でない。しかし、「強要する（ἀναγκάζω）」（ガラ 2:3, 14; 6:12; Ⅱマカ 6:1, 7, 18; 7:1; 8:24; 11:11, 14;『Ⅳマカ』4:26; 5:2, 27; 8:2, 9; 15:7; 18:5)、「ユダヤ教（Ἰουδαϊσμός）」（ガラ 1:13, 14; Ⅱマカ 2:21; 8:1; 14:38;『Ⅳマカ』4:26）、「（ユダヤ人としての）在り方（ἀναστροφή）」（ガラ 1:13; Ⅱマカ 6:23）、「友好のための右手（δεξιός）」（ガラ 2:9; Ⅱマカ 4:34; 11:26, 30; 12:11, 12; 13:22; 14:19. 14:33; 15:15 参照）などの語彙が共通する。しかもこれらの多くが新約聖書とLXXとにおいてマカバイ諸書とガラテヤ書に限定的で特徴的な語彙であり、それが民族アイデンティティの再定義という同様の文脈において現れているとなると、この共通点は容易に看過できない。

　したがって Cummins（2001:119–20, 231–32）は、〈パウロが自らをマカバイ殉教者に準え、反対者をアンティオコス4世に荷担する不敬虔なユダヤ人指導者と見なした〉という議論を展開した。しかしこの推論には無理がある。反対者らはヘレニズム化に抗する律法への熱心者であり（ガラ 2:11–14 注解参照）、この点では割礼と食事規定を相対化するパウロの方がむしろヘレニズム化を促進するアンティオコス4世の手先のようだ。むしろこの後者の連想こそが、反対者によるパウロ批判――〈律法の純粋性を侵すアンティオコス4世／カリグラの手先！〉――でなかったか。したがってパウロは自らもマカバイ諸書の語彙を用いつつ、反対者の批判に反論を試みた。〈じつに「強要」はユダヤ人にでなく異邦人キリスト者に向けられ、割礼と食事規定はユダヤ人アイデンティティを異邦人から守るというより、異邦人のアイデンティティを消滅させるために用いられた。ユダヤ人キリスト者は民族意識の被害者でなく加害者となった。殉教者は殺害者となった〉、と。

パウロは殉教思想自体に背を向けたのでなく、自らの体験をもとにそれを再定義し始めた。そして改宗を起点として、イエスの在り様（生き様と死に様）の内に徹底的な殉教者を見出し、自らの大義のために加害者にならない徹底した受難の奉仕者の姿を見た。したがって、殉教者の死の意義を浄めの儀礼に準える思想[24]、神の終末における報いが体の復活において成就するという思想をむしろ深化させた。なかでもイエスの愛敵思想（ルカ 6:27–36//マタ 5:43–48）とその実践は、パウロの救済観において殉教死／英雄死の焼き直しを手助けした。たとえば、敵の手に堕ちるくらいなら命を賭して戦い抜く（リュクルゴス『レオクラテス告発弁論』1:84–87）というアテナイ王コドルトスの姿勢に反映される一般的な英雄像に反し、むしろ敵のために仕えて死ぬ英雄／殉教者としてキリストを提示した（ロマ 5:6–11）。このような仕方でイエスをある種のアンチ・ヒーローとして提示するパウロの救済論は、マカバイ殉教思想の徹底的な読み直しの結果でなかろうか。

C. 福音の真理の弁護（2:1–14）

1. エルサレム会議（2:1–10）

【翻訳】

《逐語訳》
²:¹ それから 14 年あとに、私はふたたびエルサレムへ上った、バルナバとともにテトスをも伴って。² 私はある啓示にしたがって上り、私が異邦人のあいだで宣

《自然訳》
²:¹ その後 14 年目に、私はバルナバと一緒にテトスをも伴って、再びエルサレムに上りました。² この再訪は啓示にしたがったもので、私が異邦人のあいだで宣べ伝えている福音

24　ロマ 3:25 の文言が直接的に II マカバイ記、『IV マカバイ記』に依拠しているとする Van Henten（1993:101–28）の議論はさらなる考察が必要となるが。

べ伝えている福音を彼らに提示した。しかし個人的には、認められている人々に（提示した）。私が無駄に走っている、または走ったのでないように（確認するため）。³ しかし、私とともにいたテトスさえ、ギリシャ人だが、割礼を受けるように強要されなかった、⁴ 忍び込んだ偽兄弟らにもかかわらず。彼らは、私たちがキリスト・イエスの内に持っている私たちの自由を監視しようと脇から入り込んだが、それは私たちを隷属させるためだった。⁵ 彼らに対して、私たちは短時間さえも従属へと屈しなかった。それは福音の真理があなた方へ留まるためだった。⁶ また何者かであると認められている人々からは——彼らが以前誰だったか、それは私に何の違いももたらさない。神は人を顔で判断しない——、この私に対して、認められている人々は何もつけ加えなかった。⁷ しかしそれどころか彼らは、ちょうどペトロが割礼者の（福音を信任されている者）であるように、私が無割礼者の福音を信任されてしまっていると分かり——⁸ なぜなら、割礼者の使徒職のためにペトロへ働きかけた方が、異邦人への（使徒職のために）私にも働きかけたから——、⁹ そして私にその恵みが与えられたのを知ると、柱と認められているヤコブとケファとヨハネは、私とバルナバへ交わりの右手を与えた。それは私たちが異邦人へ、彼らが割礼者へ（と行くこと）のためである。

をエルサレム教会の人々に提示するためでした。もっとも、重要と思しき指導者らには個別に面会しました。それは私の労苦が無駄になっていないことを確認するためでした。³ ところが、私に同行したテトスでさえ、ギリシャ人であったにもかかわらず、割礼を強要されませんでした。⁴ 予期しない偽兄弟らの闖入があったにもかかわらずです。この人々は、私たちがキリスト・イエスにおいて抱いている自由に目を光らせ、私たちを隷属させようという目的で端（はた）から介入して来たのです。⁵ しかし私たちは、彼らに対し一時たりとも屈しませんでした。それは福音の真理があなた方の内に留まるためです。⁶ また何者か重要と思しき指導者らは——彼らがそもそもどのような者であったか私には関係ありません。神は人を外見によって判断されないのです——、じつに私に対して何も注文を加えませんでした。⁷ それどころか彼らは、ちょうどペトロが割礼者への福音を委ねられているように、私が無割礼者への福音を委ねられていることを認めました。⁸ それは、割礼者に対する使徒としての務めのためにペトロに働きかけられた方が、異邦人に対する使徒としての務めのために私にも働きかけて下さったからです。⁹ そして私にその務めの恵みが与えられていることを認めると、柱と思しきヤコブ、ケファ、そしてヨハネは、私とバルナバに対して友好の握手を求めました。こうして私たちは異邦人へ、彼らは割礼者へと向かうことになっ

II・C・1　エルサレム会議（2・1—10）翻訳

¹⁰ ただそれは、私たちが貧者らを憶えるためだが、私もまさにこのことを為すことを努めた。

たのです。¹⁰ ただ1点、私たちが貧しい人々へ配慮するようにとのことでしたが、私にしてもまさにこのことを行うよう努めていたのです。

【形態／構造／背景】

ナポレオン戦争後の欧州の行方を定めるべきウィーン会議（1814–15年）は、堂々巡りを続けて出口が見えない。業を煮やしたシャルル・ド・リーニュ侯は「会議は踊る、されど進まず」と苦言を呈したが、これは同主題を扱う映画のタイトル（『会議は踊る（*Der Kongreß tanzt*）』、1931年）となり、人々の記憶に留まった。エルサレム会議も、その会期の長さは別として、空転したようだ。パウロ一行、エルサレムの指導者、「偽兄弟」の異なる思惑が、「公式発表」という主旋律と「隠された筋書き」という副旋律に乗って、あたかも錯綜のステップを踏むようだ。

パウロの歴史的叙述は、ダマスコとアラビアに始まり（ガラ 1:15–17）、エルサレムへと続き（1:18–20）、シリアとキリキア諸地方へ場所を移した（1:21–24）。そして本ペリコペにおいてこの歴史的叙述はエルサレム再訪に焦点を移す。本注解書では、このエルサレム再訪を使15章が伝えるエルサレム会議と特定する（緒論C）。本ペリコペは、パウロ一行とエルサレムの指導者とのあいだに合意がもたらされたように伝えるが、後続するペリコペ（ガラ 2:11–14）は、直後のアンティオキアでペトロとパウロとのあいだに、アンティオキア教会を巻き込んだ対立が生じたことを伝える。合意は破られたか。そもそもエルサレム会議がもたらした合意とは何だったか。エルサレム会議の合意という「公式発表（public transcript）」の行間には読みとるべきいわゆる「隠された筋書き（hidden transcript）」（Scott 1990参照）があろう。しかし、「公式発表」とはパウロが史実を曲げたというのでなく、史実に対するパウロの解釈であり、ガラテヤ信徒が知るべきとパウロが判断した内容だ。もっともそれは史実の一側面であり、他の登場人物（エルサレムの使徒ら、「偽兄弟」）の視点をも考慮に入れた全体像を意識しつつテクストを読み進める時、パウロの執筆意図（隠された筋書き）がより明らかとなる。

公式発表、全体像、隠された筋書きをはっきり分けて解説することは不

可能だが、ここでは【注解】でパウロによる公式発表をその執筆意図とともに解説し、それに続くトピック#5で他の登場人物の視点をも含めたエルサレム会議の全体像を確認しよう。それは、後続するペリコペが報告するアンティオキア事件の内実を知る準備となるだけでなく、それに続く神学・奨励部分（ガラ2:15–6:10）を理解する鍵をも提供することになる。本ペリコペのアウトラインは以下のとおりである。

a. エルサレム再訪の契機と目的（2:1–2）
   i. 啓示によるエルサレム再訪（2:1–2a）
   ii. エルサレム再訪による福音宣教の確認（2:2b–c）
b. 福音の真理（2:3–6）
   i. 無割礼者テトス（2:3）
   ii. 偽兄弟の作為（2:4）
   iii. 福音の真理（2:5）
   iv. エルサレムの使徒らの応答（2:6）
c. 福音宣教の分担（2:7–10）
   i. ユダヤ人の福音と異邦人の福音（2:7）
   ii. ユダヤ人への使徒と異邦人への使徒（2:8）
   iii. 福音宣教の分担（2:9）
   iv. 貧者への配慮（2:10）

【注解】

2:1　それから14年あとに、私はふたたびエルサレムへ上った、バルナバとともにテトスをも伴って。

　パウロはエルサレム再訪の報告を「**それから（ἔπειτα）**」という接続詞によって開始する。彼はこの語をガラ1:18, 21でも用いているが、その繰り返しによって、啓示（改宗）体験とダマスコ滞在、エルサレム訪問、シリア／キリキア滞在、エルサレム再訪という一連の出来事を結んでいる。

　「**14年あとに（διὰ δεκατεσσάρων ἐτῶν）**」という年数は、どの時点からの14年か。これには幾つかの選択がある（Murphy-O'Conner 1995:7–9）。（1）啓示体験から14年、（2）エルサレム訪問から14年、そして（3）シリア・キリキア地方滞在から14年である。（3）に関しては、たしかにシリア・キリキア地方への言及はあるが（ガラ1:21）、そこでの滞在と活動に焦点

が置かれてない。この地方での滞在開始時から14年ならば、(2) と年数は実質的に変わらない。シリア・キリキア滞在に焦点がない以上、パウロがその滞在終了時から14年を想定しているとは考え難い。ここでは、「それから＋数詞」を1つの区切りと捉え、啓示体験からエルサレム訪問までの3年間、エルサレム訪問からシリア・キリキア訪問までの（15日間）、そしてその時点からエルサレム再訪までの14年間という時間経過が想定されていると理解しよう（すなわち[2]）。ちなみにガラ1:18では前置詞 μετά ＋対格数詞が時間経過を表したが、本節では前置詞 διά ＋属格数詞が同様に時間経過を表している。後者の例としてはマコ2:1; 使24:17がある（『IVマカ』13:21参照）。当時の年数や日数の算入方法に鑑みると（ガラ1:18注解）、実質的には「14年目」となろう。

「上った（ἀνέβην = ἀναβαίνω）」という動詞は、本来上に向かって移動する動作を指す。エルサレムが高所に位置するという地理的な理由もあろうが（BDAG 58）、宗教的な意味で重要な場所へ行く——神殿へ参る——というニュアンスが示唆されていようか（TDNT I:519「都上り（מַעֲלָה / ἀναβαθμός）」、詩120–34/LXX119–33の冒頭参照）。したがってユダヤ人は、「祭りのために上る」（ヨハ7:8, 10）。既述の通り（1:17注解）、「エルサレム」は文脈によってユダヤ人の聖都もしくは神殿、場合によってはエルサレム教会をも意味し得るだろうが、人的権威の相対化を試みるパウロがエルサレム教会に対して「上る」という表現を用いるとは考え難い。むしろユダヤ人の都に対して、ユダヤ人として「上る」（上京／上洛）という表現を無意識に用いたと思われる。ちなみに非ユダヤ教資料（碑文）にも、「神殿に上る」というニュアンスで同語を用いる例もある（LSJ 98）。

パウロが「**ふたたびエルサレムへ上った**」と言う場合、これは使徒行伝に記されるどのエルサレム訪問と符合するか（この議論の概要は、荒井2014:284–85を見よ）。一般に南ガラテヤ説を支持する注解者ら（緒論B.2.b, C.1.a）は、使11:30のエルサレム訪問がこれに対応すると主張する（Bruce 1982a:43–56; Longenecker 1990:lxxvii–lxxxiii. 緒論B.2参照）。いわゆる第一次宣教旅行（使13–14章）の直後に執筆されたガラテヤ書に使15章のエルサレム訪問は登場し得ないからだ。しかし、もし使11:30と本ペリコペが同じエルサレム訪問ならば、この際に異邦人宣教に関するある程度の合意がエルサレムとパウロとのあいだにできただろう。そ

れならなぜ、使15章で同様の議論があらためて繰り返されるかが不明だ。また、もし本ペリコペのエルサレム訪問が義捐金を届けるためなら（使11:27–30）、なぜエルサレムの使徒らは寄付を受け取った矢先に、その相手に対して「貧者を憶えよ」（ガラ2:10）などと「釈迦に説法」的なことを言うか。したがって、本ペリコペにおけるエルサレム訪問は使15章のエルサレム会議を指すと考えるのが妥当だろう（Hengel & Schwemer 1998:367–68）。本注解書は南ガラテヤ説の立場をとるが、ガラテヤ書執筆をパウロがコリントに滞在していた51年と想定するので（緒論C.1.b）、このエルサレム訪問をエルサレム会議と同視することに問題はない。この場合、エルサレム訪問がより個人的訪問（ガラ2章）か公的訪問（使15章）かという描写の違いは、パウロとルカの視点の違いに起因するものと考えられよう（Schlier 1965:115–16）。

パウロは「**バルナバとともに**（μετὰ Βαρναβᾶ）」エルサレムを訪問した。彼は「バルナバ」にガラテヤ書で3度言及する。本ペリコペで2度同僚として登場したあと、後続するペリコペではパウロがバルナバの行動を批判する（ガラ2:13）。パウロとバルナバとの関係に亀裂が生じたとしても、それは一時的なことだったようだ。なぜならパウロは、職業宣教者としての権利を主張する際に自らとバルナバの名を連ね（Ⅰコリ9:6）、マルコを歓迎するようにとの要請に際して彼がバルナバの従兄弟であることを書き添えているからだ（コロ4:10）。使徒行伝によると、バルナバはキプロス出身のギリシャ語を話すユダヤ人であり、エルサレム教会における経済的貢献が著しかった（使4:36）。おそらくそのため、ヘブライ語を話すユダヤ人キリスト者とギリシャ語を話すユダヤ人キリスト者とのあいだを取りもつ役割を果たし、改宗したパウロをエルサレムの使徒らに引き合わせてもいる（使9:27）。その後バルナバはエルサレム教会によってアンティオキア教会へ派遣され、そこでパウロの同労者としてアンティオキア教会の活動（アンティオキア宣教［使11:22–26］、エルサレム訪問［11:30］、第一次宣教旅行［13–14章］）に関与した。ルカはアンティオキア教会からのエルサレム訪問者を「パウロとバルナバとその他数名」（使15:2）と記すが、パウロはバルナバ以外の同伴者としてテトスのみを挙げる。パウロが言及しない同行者（とくにユダヤ人）がいたとしても不思議でない。

「**テトスをも伴って**（συμπαραλαβών）」という表現から3名の関係が推

測される。συμπαραλαβών = συμπαραλαμβάνω には「（助手を）随伴する」というニュアンスがあり、ルカはバルナバがマルコを随伴する際にこの語を用いる（使12:25; 15:37–39）。すなわちエルサレム再訪に際しては、パウロとバルナバが代表者で、テトスは彼らに付き添った。テトスがパウロの宣教活動に関わった時期は不明だが、おそらくパウロがアンティオキア教会に滞在していた頃だろう。使徒行伝が1度も言及しないテトスは、しかしパウロのコリント宣教においてその存在感を示す。パウロとのあいだに摩擦が起こったコリント教会に対し「涙ながらの手紙」（Ⅱコリ2:4）を届けたのは、おそらくテトスだ。この現存しないが重要な手紙とテトスの牧会活動の結果として、コリント教会とパウロとの関係は修復された（Ⅱコリ7章）。その後テトスは2人の兄弟である「使徒」とコリント教会を再訪し、エルサレム教会のための募金活動を行う（Ⅱコリ8:6, 16–24）。パウロはその際に、テトスを「私の同僚（κοινωνός）で、あなた方に対する同労者（συνεργός）」（Ⅱコリ8:23）と言って推薦する。パウロにとってテトスは、テモテやシルワノと肩を並べる同労者だった。それほど重要な同労者が使徒行伝に登場しない点については、「テトス（Τίτος）」が「テモテ（Τιμόθεος）」の短縮形だ（Borse 1984:80–85）とか、テトスが使徒行伝著者に近しい情報提供者なので匿名で登場したなどと説明されるが、いずれの理由も推測の域を出ない。

2:2 ᵃ 私はある啓示にしたがって上り、私が異邦人のあいだで宣べ伝えている福音を彼らに提示した。ᵇ しかし個人的には、認められている人々に（提示した）。ᶜ 私が無駄に走っている、または走ったのでないように（確認するため）。

　パウロはエルサレム再訪の契機を、「**私はある啓示にしたがって上**」ったと説明する。無冠詞の「ある啓示（ἀποκάλυψιν）」が具体的に何を指すか不明だ。南ガラテヤ説を採用するBurton（1921:21–22）は、この啓示を預言者アガボが受けた飢饉に関する啓示（使11:27–30）と理解する。Manson（1962:176–77）は、アンティオキア教会の長老らがパウロとバルナバを宣教活動に派遣した際の按手（使13:1–3）と考える。おそらく無冠詞の曖昧さは、この啓示が既知の具体的な出来事を指さず、エルサレム再訪が・なんらかの神の啓示に起因するからだろう。つまり、〈エルサレムの

使徒らからの要請やアンティオキア教会からの派遣といった人的事情でなく、これは神的意志への応答だ〉という点が強調されている（ガラ 1:12, 16 での「啓示」を参照）。

　パウロは啓示に応答して、「(福音を) 彼らに提示した」。彼は福音提示の対象として 2 集団を挙げるが、まずは「彼ら（αὐτοῖς）」である。複数代名詞（「彼ら」）が具体的に誰を指すか不明瞭だが、文脈からエルサレム教会の成員一般を指すことは明らかだ。それならばこの「彼ら」は、エルサレム会議の公的性格を示している（Burton 1921:70）。「提示した」と訳した ἀνεθέμην（= ἀνατίθημι）は、一般に「提示する、報告する、言及する」等を意味する。たとえばヘリオドロスは、エルサレムに到着すると大祭司に来訪の真意を告げた（Ⅱマカ 3:9）。総督フェストゥスは、ヘロデ王に対してパウロの件を報告した（使 25:14）。パウロが「提示した」という動詞を用いたのは、この訪問が福音に対してエルサレムの使徒らからのお墨付きをもらうためでなく、自らの立場を明示しつつエルサレムの使徒らの姿勢を見定めることが目的だったことを示している（Schmithals 1963:33–34; Dunn 1993:92）。

　提示した内容は、「私が異邦人のあいだで宣べ伝えている福音」である。ガラ 1:16 では、啓示体験においてパウロが受けた大義が、啓示された神の子を異邦人へ宣べ伝えることだった。じつにパウロはこの啓示に応答して福音を「異邦人のあいだで宣べ伝えている」。パウロは「宣べ伝える」という行動に、1 人称単数の現在時制（κηρύσσω）を用いる。これは、啓示体験への誠実な応答が現時点でも続いていることを強調する。パウロはこの語を 1 人称複数（「私たちが宣べ伝える」）で用いる傾向があるが（ロマ 10:8; Ⅰコリ 1:23; 15:11; Ⅱコリ 1:19; 4:5; 11:4; Ⅰテサ 2:9）、本節ではバルナバという同労者がいるにもかかわらず単数形で用いている。これには、反対者の批判の矛先がパウロ個人に向けられていたという事情があろうか。後続するペリコペにおいて、バルナバがこの異邦人宣教から逸れることへの伏線でもあろう。

　もう 1 組の福音提示の対象は、「個人的には、認められている人々」である。パウロは「個人的に（κατ' ἰδίαν）」という熟語によって、対談の個人的性格を強調する。具体的な相手は「認められている人々（τοῖς δοκοῦσιν）」だ。辞書形の δοκέω という動詞は、一般に「考える、見える」

を意味するが、そこから転じて「重要と認める」というニュアンスを持つ（Ⅱマカ 1:13 を参照）。Betz (1979:86–87) はこの語に皮肉的なニュアンスがあると指摘する。たとえばプラトンは、一般大衆や本人には賢いと思えても実際には賢者でない人物に言及する（『ソクラテスの弁明』21B–E. 22A, B, 29A, 36D, 41E,『アピオーン』1:67 参照）。すなわちこれは、ある意見の存在を認めながらも著者はその意見から距離を置くか、それに反対する際の表現だ。δοκέω の分詞を用いた同じ表現をパウロは本ペリコペで 4 回繰り返す（ガラ 2:2, 6a, 6b, 9）。とくに 2:6a では「何者かであると認められている人々……が以前誰だったか……私に何の違いももたらさない」と述べており、パウロがこの集団から距離を置いていることが明白だ。この集団の正体が「ヤコブとケファとヨハネ」だと分かるのはガラ 2:9 である。Hengel & Schwemer (1998:86–87) はガラ 2:2, 6 の集団を 2:9 の 3 人と区別しつつ前者をアンティオキア教会に派遣されたヤコブの使節団（ガラ 2:12）と考えるが、同じ文脈にある「ヤコブ、ケファ、ヨハネ」を指す方が、文脈が異なる集団を指すと考えるより自然だ。パウロはこれら 3 名——すなわちエルサレムの使徒（ガラ 1:19 を見よ）——に対して「認められている」、さらに「何者か重要と思しき」という距離を置いた空々しい表現を用いている。これは神的権威による使徒として異邦人宣教を行うパウロが、エルサレム教会の指導者らから独立した対等な立場にあることを、読者に印象づけるためだろう。

　福音提示の目的は、「**私が無駄に走っている、または走ったのでないように**」確認するためだ。「（あるいは／まさか）〜ないように（μή πως）」という表現にはパウロの懸念が窺える（Ⅰコリ 8:9; 9:27; Ⅱコリ 2:7; 9:4; 11:3; 12:20; ガラ 4:11; Ⅰテサ 3:5）。現在時制の「走っている（τρέχω）」および同じ動詞のアオリスト時制「走った（ἔδραμον）」は、「力を発揮して物事を前進させる」というニュアンスの競走競技メタファで、ここではパウロの福音宣教における過去から現在に至る努力を指す。「無駄に（εἰς κενόν）」という熟語の自然なニュアンスは、何かが結実しないことだ。パウロは同様の表現を自らの宣教活動についてⅠテサ 3:5 とフィリ 2:16 で用いる。いずれも宣教における努力と熱情が浪費されることを意味するが、福音自体の正当性は問題にされない。この点に関しては本節でも同様だろう（ガラ 4:11 注解）。パウロは彼の福音が神的権威によって正当化されていると

確信しており、この点についてエルサレムの使徒らの承認を得る必要を感じていない。むしろその懸念は、パウロの福音に対してエルサレムの使徒らが同意しなかった際に神の教会全体が被る損失、すなわち教会としての一致が危機に瀕することだ (Bruce 1982a:111)。この懸念は、後続するペリコペで展開するアンティオキア事件の伏線となる。また、キリスト者らがキリストにあって「1人の人」(ガラ3:28) となるヴィジョンにも繋がる。

2:3　しかし、私とともにいたテトスさえ、ギリシャ人だが、割礼を受けるように強要されなかった、

　本節以降では、福音提示の結果が報告される。「**しかし** (ἀλλ᾽ = ἀλλά)」という強い逆接の接続詞は、その結果がガラ2:2の懸念を払拭するものであることを示す。パウロはまず「**私とともにいたテトス** (Τίτος ὁ σὺν ἐμοί)」に注意を向ける。バルナバをも含めた「私たち」でなく「私」なのは、(ガラ2:2に挙げた理由以外に) パウロが自らの弁護を試みているという事情が第1にあろうし、異邦人のテトスを随伴するよう提案したのがパウロだったという事情をも反映しているかも知れない。テトスは「**ギリシャ人**」だった。εἰμί動詞の分詞 (ὤν) は、「ギリシャ人であるにもかかわらず」という譲歩のニュアンスを伝えている。「ギリシャ人 (Ἕλλην)」という語は、一義的にギリシャ語やギリシャ文化を有する民族的なギリシャ人を指す (ロマ1:14)。しかしアレクサンドロス大王以降にヘレニズム文化が地中海世界を席捲すると、「ギリシャ人」は (とくにユダヤ人の視点から) ヘレニズム文化を吸収した人々を総称する語として用いられるようになり、「異邦人」とほぼ同義語となる (ロマ1:16; 2:9; 3:9; 10:12; Ⅰコリ1:24; 10:32; 12:13; ガラ3:28; コロ3:11)。たとえばマコ7:24–30はシリア・フェニキア地方の女性を異邦人という意味で「ギリシャ人」として紹介するが (France 2002:297)、マタ15:21–28ではこれに「カナン人」という限定が加えられる。テトスの民族アイデンティティを知るすべはないが、本節では、彼が異邦人だと分かれば、パウロの意図を果たしている。

　なぜならテトスは、「**割礼を受けるように強要されなかった**」からだ。「(テトスでさえ) 〜なかった (οὐδέ)」という強調否定詞は、エルサレム教会あるいはユダヤ人キリスト者らの共通理解、すなわち異邦人がキリス

ト者として教会に所属する際に割礼を受けるという理解（使15:1, 5）への強い反対を示す。この前提には、イスラエルに属する男児へ生後8日目に割礼を施すようにとの神からの指示がある（創17:12）。それゆえイスラエルの民は割礼によって特徴づけられ、そうでない異邦人が「無割礼（ἀπερίτμητος）」（士14:3; 15:18; サム上17:26, 36; 代上10:4; エゼ32:17–32）あるいは「包皮（ἀκροβυστία）」（ガラ2:7参照）という語で表現される。地中海世界においてユダヤ人は割礼という慣習を持つ民族として知られた（ストラボン『地誌』16:2:36–37; タキトゥス『同時代史』5:5. トピック#14）。異邦人が完全同化してユダヤ社会に所属する際、割礼を受けることが要求される。たとえば異邦人アキオルは、「割礼を受けて……イスラエルの家に入った」（ユディ14:10）。ユダヤ教に関心を示すアディアベネ国のイザテス王は、割礼を受けて「ユダヤ人となった」（『古誌』20:38–39）。教会がユダヤ教一宗派としての自己認識を持ち、そのように見なされていた時代（後150年頃まで）、とくにその最初期には、多くのユダヤ人キリスト者が異邦人の教会編入に割礼の必要性を感じたようだ。

　一方でパウロはその異邦人宣教において、改宗者に割礼を求めなかった（トピック#5）。パウロは、「もしあなた方が割礼を受けるなら、キリストはあなた方を何も利さない」（ガラ5:2）と述べ、「人はイエス・キリストの信頼性をとおして以外、律法の行いゆえに義とされない」（ガラ2:16）と教える。パウロは神的な啓示体験に依拠した異邦人宣教への召命を契機として、神の救済計画について再考を余儀なくされた（Segal 1990:71）。とくにガラ3–4章で明らかとなるが、パウロは神がアブラハムと結んだ永遠の契約の祝福が諸国民（異邦人）に及ぶという視点に立って、当時の律法体制を評価し直した。その際に異邦人を排除する結果となるユダヤ人の民族意識――パウロはこれを民族的奢りと捉えたようだ（ロマ2:17–29）――を象徴する「律法の行い」を相対化した（ガラ2:16注解）。パウロはテトスが最終的に割礼を要求されなかったことを根拠に、彼とエルサレムの使徒らとのあいだで異邦人宣教に対する共通理解が認識されたと主張している。もっとも、後続するペリコペが報告するアンティオキア事件（2:11–14）は、この共通理解が脆いものだったことを知らせる。

2:4　忍び込んだ偽兄弟らにもかかわらず。彼らは、私たちがキリスト・

イエスの内に持っている私たちの自由を監視しようと脇から入り込んだが、それは私たちを隷属させるためだった。

　結果的にテトスは割礼を強要されなかったが、その圧力はあった。パウロはこの圧力集団を「**偽兄弟（ψευδαδέλφους）**」と呼ぶ。これは「偽（ψευδ-）」と「兄弟（ἀδελφός）」からなる複合語で、「偽」の部分はパウロの評価だが、彼らはエルサレム教会で「兄弟」として認められていた。彼らは「**忍び込んだ（παρεισάκτους）**」。これは「密かにもたらす（παρεισάγω）」という動詞から派生した形容詞で、秘密性や悪意を伴う場合がある。Ⅱペト2:1では、偽教師たちが破壊的な異端の教えを秘密裏に持ち込む（παρεισάξουσιν）。彼らは、パウロ一行とエルサレムの使徒らの個人的な会合に何らかの理由をつけて介入したと思われる（したがって「予期しない……闖入」）。また「**彼らは……脇から入り込んだ（παρεισῆλθον = παρεισέρχομαι）**」。この語は、上述の「忍び込んだ」の場合と同じ接頭辞「側に、横に（παρά）」を持つ複合語で、傍流からの不本意な介入というニュアンスで用いられている（ロマ5:20参照）。

　「偽兄弟」らの目的は「**監視する（κατασκοπῆσαι = κατασκοπέω）**」ことだった。新約聖書で他に使用例のない語である「監視する」は、LXXでは「スパイ目的で監視する」ことを意味する。たとえばアンモン人は、ダビデ王の弔問が町をスパイする（κατασκοπήσωσιν）ためだと考えた（サム下10:3; 代上19:3）。「偽兄弟」による監視対象が「**私たちの自由（ἐλευθερίαν）**」であるとは、パウロの福音に特徴的な自由の正当性に彼らが疑念を抱いていたことを示唆する。パウロの福音を弁護する目的があるガラテヤ書は、この「自由」という語を名詞と形容詞と動詞とで合計10回用いる。そしてそのほとんどが、奴隷メタファ——奴隷の身分でない自由の身分——においてである（ガラ2:4; 3:28; 4:22–31）。奴隷が人口全体の15％を占めたとされるローマ帝国において（クナップ2015:185）、またローマの被支配民の隷属状態に鑑みると、このメタファはガラテヤ信徒にとって非常に印象的だったろう。ここでの「自由」は、広義には福音がもたらす解放を指すが（トピック#2）、反対者が異邦人キリスト者に強要する割礼や他の律法規定にとらわれないキリスト者のあり方をも指そう。

　さらにこの自由は「**私たちがキリスト・イエスの内に（ἐν Χριστῷ Ἰησοῦ）持っている**」。パウロはのちに、「私たちをキリストは自由にした」

（ガラ 5:1）と述べて、キリストの信頼性に依拠する自由（解放）に言及する。この意味で「キリストの内にある自由」とは、キリストがもたらした客観的自由と理解できよう（Burton 1921:83）。しかし「キリスト（の内）にあって／〜において（ἐν Χριστῷ）」というパウロ特有の表現は、キリストへの参与という主題をも提示していよう（Dunn 1988:396–401. トピック #10）。とくにガラ 3:27–29 では、バプテスマにおいてキリストを身にまとい、キリストの内にあってキリスト者らは 1 人の人となり、「あなた方」はキリストのものである。このようなキリストへの実存的な所属の文脈において、キリスト者は人種、階層、ジェンダーを根拠とした束縛と周縁化を超越した自由を得る。

　自由の監視には、「私たちを隷属させるため」という目的がある。上述のとおり「隷属（καταδουλώσουσιν）」は奴隷メタファにおいて「自由」の対極にある。もっとも、ユダヤ律法の本質が隷属支配だという 20 世紀前半までの古い理解（Wrede 1907:73 参照）を踏襲する必要はない（浅野 2009:20–47. トピック #8）。反対者を意識するパウロが、ガラテヤ書において律法に対するやや極端な表現を用いたとしても、それは永遠の契約における神の救済意図の表れだ。ここでは、反対者（と「偽兄弟」）が、割礼をとおしてユダヤ人の民族アイデンティティへと異邦人キリスト者を統合しようとする、排他的圧力を「隷属」と称している点を見逃してはならない。

2:5　彼らに対して、私たちは短時間さえも従属へと屈しなかった。それは福音の真理があなた方へ留まるためだった。

　パウロは「偽兄弟」らの圧力に対して「**従属へと屈しなかった**（οὐδὲ ... εἴξαμεν τῇ ὑποταγῇ）」と述べる。すなわち、「偽兄弟」の従属圧力に抵抗した。ちなみに西方テクストとともにテルトゥリアヌス（『マルキオン反駁』5:3:3）とエイレナイオス（ラテン語訳『異端反駁』3:13:3）のテクストには「（彼らに対して）〜しない（οὐδέ）」が欠損しており、その場合は「私たちは一時のあいだ従属した」となる。つまりこれらのテクストでは、パウロ一行がテトスの割礼を認めたことになる。Metzger（1975:591–92）はこの異読傾向を、Ⅰコリ 9:20–23 に見られるパウロの柔軟姿勢への適合と理解する。テルトゥリアヌスは、むしろマルキオンが否定詞（οὐδέ）を挿入してパウロとユダヤ人教会との訣別を意図的に印象づけ、パウロから

ユダヤ的な要素を排除する表現に変えたと理解した(「あとがきに代えて」B.1)。これに対してテルトゥリアヌスやエイレナイオスは、パウロとエルサレムの使徒らとの訣別を強調するグノーシス的な解釈に抵抗するため、否定詞のないテクストを支持したようだ (Longenecker 1990:xlvi; Bruce 1982a:114)。しかし現行テクストは、ほぼすべてのアンシャル写本や𝔓⁴⁶、またギリシャ語教父によって支持されている。

「**屈する** (εἴξαμεν = εἴκω)」は新約聖書で他に使用例のない語だが、『Ⅰクレ』56:1 では違反者が「私たちでなく神の意志に屈するように」執りなす(『古誌』1:115; 2:23; 4:143 も見よ)。パウロ一行が屈する対象は「**従属(の圧力)**」である。「従属 (ὑποταγῇ)」あるいは同根の動詞 ὑποτάσσω の意味は中立的で、その対象によってニュアンスが肯定的にも否定的にもなる。したがってパウロはこの語を被造物の創造者に対する従順を表すため(ロマ 13:5; Ⅰコリ 15:27–28)、また人間社会の適切な秩序を表すため(ロマ 13:1; Ⅰコリ 16:16)に用いる一方で、被造物が愚かにも虚無に服する様子を表すのにも用いる(ロマ 8:20)。本節では割礼の圧力への服従だが、それは異邦人キリスト者をユダヤ民族に同化させるという広い服従を象徴している。またパウロは屈することへの否定を強調するため、「**短時間さえも** (πρὸς ὥραν)」という熟語を用いる。本来「時間」は昼間の 12 等分の単位なのでおおよそ「1 時間」となるが、短い期間(一時)をも意味する。

パウロは「偽兄弟」の圧力に屈しない動機を、「**それは福音の真理があなた方へ留まるため**」とする。彼は「真理 (ἀλήθεια)」を神の意志と業の信頼性という意味で用い(ロマ 3:7; 15:8; Ⅱコリ 7:14)、それゆえキリスト者が神や人へ示す信頼をも表す(Ⅰコリ 5:8;『ポリュ・フィリ』4:2)。その意味で真理は、人の信仰心を促す信頼性 (πίστις) と深く繋がる(トピック #7)。また、たんなる見せかけでない現実を意味する(フィリ 1:18. マタ 22:16 参照)。パウロにとって啓示体験は見せかけの幻想でなく、彼をして異邦人宣教へ突き動かす現実だった。したがって「福音の真理」は、神的啓示に依拠した、異邦人を視野に入れた福音を指す。パウロは「福音の真理」という表現をガラ 2:14 で繰り返し、さらにガラテヤ信徒の従順の対象として「真理」に言及する(5:7)。いずれの場合も真理は、反対者あるいはそれと思想的に繋がる「偽兄弟」の「他の福音」(ガラ 1:6–7) の対極

に置かれる。

　パウロはこの真理が「あなた方へ留まる」ことを想定する。「留まる（διαμείνῃ = διαμένω）」は「残る、留まる（μένω）」を強調する複合動詞で、継続的あるいは恒久的に留まる様子を表す（ルカ 22:28; 使 10:48）。「あなた方（ὑμᾶς）」は当然ガラテヤ信徒を指すが、このエルサレム再訪は、少なくともガラテヤの諸教会で反対者の問題が起こる以前の出来事だ。パウロはこの回顧的な歴史的叙述において、エルサレムにおける福音の真理のための「偽兄弟」たちに対する抵抗が、究極的には（その時点からは将来の）ガラテヤ教会の成長と確立に結びついていることを知らしめている（Lyons 1985:136）。

2:6　また何者かであると認められている人々からは——彼らが以前誰だったか、それは私に何の違いももたらさない。神は人を顔で判断しない——、この私に対して、認められている人々は何もつけ加えなかった。

　パウロは読者の注意を、「偽兄弟」からエルサレムの使徒らへと移す。ガラ 2:2 と同様に、エルサレムの使徒らは「**認められている（／思しき）（τῶν δοκούντων）**」という語で表される。ただ本節では「**何者かである（εἶναί τι）**」が追加されている（したがって「何者か重要と思しき〜」）。このようにしてパウロはふたたび外見上の権威の重要性から距離を置くのみならず、後続する挿入文によって今度はこれを即座に相対化する。ちなみにこの挿入文を付加したため、文法が崩壊し（破格構文）、「何者かであると認められている人々」という出だしの文章が宙に浮いてしまっている。パウロは自然な構文を犠牲にしてまで、エルサレムの使徒らの権威が自分の神的権威に対して優位でないと断ることに心を砕いている。

　エルサレムの使徒らの権威は、「**彼らが以前誰だったか**」に関わる。ペトロとヨハネはイエスの公的活動に直接参加した弟子、しかもその内部集団（12 弟子）に属した（マコ 3:16–19）。ヤコブは既述のとおり「主の兄弟」だ（ガラ 1:19）。そして彼らはおそらく設立当初からエルサレム教会とユダヤ地方の諸教会で指導的な立場にあっただろう（ヨセフス『古誌』20:200. メイソン 2007:308–22 参照）。これはまた、後続するペリコペ（ガラ 2:11–14）から推しはかられるように、シリア属州のアンティオキア教会においてさえ権威が認められるに十分なプロフィールだ。パウロはこの名

声に対し、「私に何の違いももたらさない (οὐδέν μοι διαφέρει)」と断言する。彼はエルサレムの使徒らの名声を否定してはいない。それは厳然としてある。ただその名声が、啓示体験に依拠したパウロの神的権威を揺るがさないことを述べている。教会伝承の重要性をより明確に支持するⅠコリント書においてさえ（Ⅰコリ 15:3）、パウロは「私たちの主イエスを見たではないか」（Ⅰコリ 9:1）と述べて、自らの使徒性を他の使徒らのそれと同列に置く（Fitzmyer 2008:355–56. もっとも、Ⅰコリ 15:9）。

　パウロは挿入文の後半で、より一般的な神理解を提示する。すなわち、「**神は人を顔で判断しない**」。文字どおりには「神は人の顔を取らない (πρόσωπον ὁ θεὸς ἀνθρώπου οὐ λαμβάνει)」である。このユダヤ教文献以外では稀な慣用表現は、おそらくヘブライ語聖典の「顔を取りあげる (נשׂא פנים ナーサー・パーニーム)」の影響を受けていよう。この表現自体は中立的で、「依怙贔屓」（マラ 2:9）のみならず「好意を示す」（創 31:5）や「高く評価する」（王下 5:1）をも意味する。LXX ではこの表現が一般に「依怙贔屓する」を意味する（レビ 19:15; マラ 1:9; 2:9; エズ・ギ 4:39; シラ 4:22, 27; 35:12, 13）。この慣用表現は新約聖書や使徒教父文書に引き継がれ（ルカ 20:21;『ディダ』4:3;『バル手』19:4）、さらに一般化されて「顔」と「取る」の 2 語からなる複合名詞 (προσωπολήμπτης, προσωπολημψία) が「依怙贔屓」という意味で用いられる（使 10:34; ロマ 2:11; エフェ 6:9; コロ 3:25; ヤコ 2:1.『ヨブ遺』43:13 参照）。このように、パウロはエルサレムの使徒らの名声が彼の啓示体験に依拠した権威を揺るがすものでない点を強調するため、神が外見で人を判断しないという一般的な神理解をも動員する。

　上の挿入文による弁明のために本節導入部が文法的に宙に浮いてしまったので、パウロは改めてエルサレムの使徒らを主語とした結論を記す。すでに 3 回目となる「**認められている人々** (οἱ δοκοῦντες)」という表現はこれらの使徒を指す。倒置によって文頭に置かれた代名詞「**私に** (ἐμοί)」には強調のニュアンスがある（したがって「じつに私に対して」）。エルサレムの使徒らは「私」、つまりパウロに「**何もつけ加えなかった**」。「つけ加える (προσανέθεντο = προσανατίθημι)」は「相談する」をも意味するが（ガラ 1:16）、ここでは直接目的語が「何も (οὐδέν)」なので「つけ加える」が適切だろう。ここで危惧された付加とは、割礼を含めた律法規定の遵守だ。「無駄に走った」（ガラ 2:2）というパウロの懸念は、（表面上）払拭さ

れた。

　ガラ 2:4–6 をとおして、パウロの福音に対するエルサレムの使徒らと「偽兄弟」らとの姿勢が異なることが明らかとなった。後者は異邦人が教会に所属するのに律法遵守を求める点で、パウロの福音に対する付加を主張するが、前者は何も付加しない。この様子からエルサレム会議における関係性は、〈パウロとエルサレムの使徒ら〉対〈「偽兄弟」〉という構図で捉えられがちだ。したがって Lightfoot (1887:106) は、「心情的にはファリサイ人であるこれらの裏切り者 (偽兄弟) は、名前と外見において信徒を装っていた」と結論づける。しかし既述のとおり「偽兄弟」は厳然としたエルサレム教会の成員だ。しかもパウロ一行とエルサレムの使徒らとの個人的な会談に介入することができたことに鑑みると、彼らはエルサレム教会の有力な成員だったとも考え得る。このように、エルサレムの教会内にも教会論的に多様な立場が見られる。ここでは、〈エルサレム教会の内部者としてのエルサレムの使徒と「偽兄弟」ら〉対〈部外者としてのパウロ一行〉という関係性を念頭に置きつつ、エルサレム会議の内容を考察する必要がある（トピック #5）。

2:7　しかしそれどころか彼らは、ちょうどペトロが割礼者の（福音を信任されている者）であるように、私が無割礼者の福音を信任されてしまっていると分かり……。

　前節で示された（表面上の）合意を受け、本ペリコペの残りの部分では福音宣教の分担に焦点が移る。「**しかし**（ἀλλά）」という強い逆接の接続詞と逆接の副詞「**それどころか**（τοὐναντίον）」は、エルサレムの使徒らの「加えなかった」という消極的な対応と、より積極的な応答とを印象的に対比させている。彼らの積極的な応答の根拠は、パウロの福音と使徒性（ガラ 2:8）への認識である。じつにガラ 2:7–9 の 3 節は、理由を示す従属節 (2:7)、理由の根拠を示す挿入句 (2:8)、そして帰結部としての主節 (2:9) という構造になっている（ガラ 2:9 注解の表参照）。「**分かり**（ἰδόντες = ὁράω)」は本来視覚的な認識（「見る」）を意味するが、より比喩的に観念的な認識や理解にも用いられる。したがってパウロは、この語の命令法「見よ（ἰδού)」を頻用し、読者の理解力を促すための注意喚起を行う（ロマ 9:33; Ⅰコリ 15:51; Ⅱコリ 5:17; 6:2, 9; 7:11; 12:14; ガラ 1:20）。この認

識の内容は、「私（パウロ）が無割礼者の福音を委ねられてしまっている」という事実だ。「**無割礼者**（ἀκροβυστίας）」は本来は男性器の包皮を意味し、割礼（περιτομή）との対比で「無割礼」を指す（ロマ 2:25–29; 4:9–12; Ⅰコリ 7:18–19; ガラ 5:6; 6:15）。既述のとおり（ガラ 2:3）、イスラエルの民は神との契約のしるしとして、「包皮」の切除（割礼）が命じられた（創 17:11, 23–25; レビ 12:3; ヨシュ 5:3）。したがって「包皮」を切除していない状態の「無割礼」は異邦人を指す。ディナの兄弟シメオンとレビは異邦人（ヒビ人）のシケムが「包皮を持つ者」であるがゆえにディナとの結婚を許さない（創 34:14）。アンティオコス 4 世のヘレニズム化政策の下で割礼のしるしを取りのぞく外科手術を受けるユダヤ人がいたが、Ⅰマカバイ記は彼らを、「自らに包皮を作り（ἐποίησαν ἑαυτοῖς ἀκροβυστίας）」神との契約から離れて異邦人になった者らと表現する（Ⅰマカ 1:15）。「包皮」が異邦人を指すのと対照的に、「割礼（περιτομή）」はユダヤ人を指す表現となった（ロマ 3:30; 4:9; コロ 3:11, ガラ 2:12 をも参照）。本節ではこれら 2 語が対比されている。「無割礼者（包皮）の福音」とは、すなわち異邦人への福音宣教を指す。もっとも、ガラテヤ書他所で「異邦人（ἔθνη）」（ガラ 2:8–9 参照）を用いるパウロは、「包皮」という換喩をここでのみ用いている。これは、直前（2:3）で儀礼としての割礼に言及したことを受けた用語選択だろう。

パウロにこの異邦人宣教が「**信任されてしまっている**（πεπίστευμαι）」（受動態完了時制）。これは具体的に、パウロの啓示体験における召命を指そう（ガラ 1:16）。受動態表現は啓示体験の起源となる神が主体であることを示す。また完了時制は、過去の啓示体験の結果が現在の福音宣教として継続していることを示す。この信任をエルサレムの使徒らが「分かった」という場合、その根拠は何か。少なくとも、パウロの異邦人宣教に関するユダヤ地方での評判（ガラ 1:23–24）、パウロによる福音提示の具体的な内容（ガラ 2:2）、そしてテトスという異邦人宣教の結果（ガラ 2:1）が考え得る。

この信任の様子がペトロの場合と比較される。「無割礼者の福音」と対比される「**割礼者の**（**福音**）」はユダヤ人への福音宣教を指す。しかし、対比されていてもキリストの福音の実質は異ならない。ただユダヤ人キリスト者の場合、キリスト信仰の一義性が侵されないかぎり、神への誠実さ

を表現する律法遵守が否定されはしない（ルカ 24:52–53; 使 2:46; 3:1）。その否定は、ユダヤ人の民族性を否定することになるからだ。パウロにとって「ユダヤ人もギリシャ人もない」（ガラ 3:28）とは、民族性が否定される統一体（Boyarin 1994:233）でなく、多様な民族がその多様性を祝う共有体だ（A.P. Cohen 1989 参照）。ペトロにユダヤ人への福音宣教が委ねられていることは、彼が 12 弟子の 1 人であること、またエルサレムの使徒の 1 人であることと深く関わっていよう（ガラ 2:7）。パウロは自らの福音宣教への信任とペトロの福音宣教への信任とを並列させることで、ペトロへ与えられた宣教活動の権威と少なくとも同等の権威が、自分に与えられていると主張している。

ガラ 1:18 の注解で触れたとおり、パウロが「**ペトロ** (Πέτρος)」という名を用いるのは本節と次節においてのみだ。ヨハ 1:42 が説明するとおり、（12 使徒の 1 人ヨハネの子）シモンにイエスが「岩」を意味する「ケファ (כֵּיפָא)」というあだ名を付けたが、このギリシャ語訳が「ペトロ (πέτρος)」だ。イエスの時代に用いられたパレスチナ・ユダヤ人の男性名のうち、シモンとヤコブが 18% 以上を占めており、他のシモンと区別するためにあだ名の「岩」が用いられた（他に、小ヤコブ、皮膚病のシモン、どもりのシモン、せむしのマッタティアス等、ボウカム 2011:69–86）。新約聖書でシモンに対して「ケファ」という呼び名が用いられるのは 9 回のみで、そのうちの 8 回がパウロ書簡に登場する。すなわちヘブライ語名の「ケファ」はパウロ書簡中に保存されており（例外はヨハ 1:42）、それ以降教会はこの使徒を「ペトロ」というギリシャ語名によって記憶（記録）することになった。ちなみに「ペトロ」という呼称は、福音書、使徒行伝、ペトロ書簡に 156 回登場する。パウロはなぜガラ 2:7–8 においてのみ「ペトロ」というギリシャ語名を用いたか。これに関しては Dinkler (1953–55:182–83) をはじめとする研究者らが、公文書仮説を唱える。すなわち、ガラ 2:7–8 はエルサレム会議の決議内容——「ペ・ト・ロ・にユダヤ人宣教が信任され、パウロに異邦人宣教が信任された」——を反映しており、この「公文書」には「ペトロ」というギリシャ語名が用いられた、という。パウロがガラ 2:7–8 を執筆する際にこの公文書を念頭に置いたので、この箇所においてのみギリシャ語名のペトロが用いられた、と論じられる。しかしそのような公文書が原始教会の早い時期にエルサレムで書かれ

たとすれば——たとえその公文書がヘブライ語/アラム語でなくギリシャ語で書かれたという無理矢理な想定を認めたとしても——、ケファという名を字訳（Κηφᾶς）でなく、わざわざギリシャ語名（Πέτρος）に変更する必要があったか（Dunn 1993:105）。たとえそのような公文書があったとしても、パウロの書簡執筆がそれに支配されるか疑わしい。おそらくこの仮説は、行き過ぎた資料批評の適用だ。むしろパウロは、「ケファ」と「ペトロ」をある時は作為的にある時は無作為に使っていると考えることが妥当だろう（Lake 1911:116）。統計的には、パウロが「ケファ」を用いる頻度が80％、「ペトロ」を用いる頻度が20％という点に鑑みると、前者がパウロの特徴的表現と言えなくもない。ガラ2:9においてパウロがふたたび「ケファ」という名を用いるのは、「ヤコブ（יעקב）」、「ケファ（כיפא）」、「ヨハネ（יוחנן）」とヘブライ語の名前に整えようという意図が働いたと考えるべきだろう。

2:8 ——**なぜなら、割礼者の使徒職のためにペトロへ働きかけた方が、異邦人への**（使徒職のために）**私にも働きかけたから**——、

本節は、従属節（2:7）と主節（2:9）に挟まれた挿入部で、上述のパウロへの信任の本来的な根拠を示す。したがって、理由を示す接続詞「**なぜなら（γάρ）**」によって始まる。前節ではペトロのユダヤ人宣教とパウロの異邦人宣教が対比されたので、理由を述べる本節においても同様に2人が対比される。

パウロを信任する本来の根拠は神にあるが、この神が「**割礼者の使徒職のためにペトロへ働きかけた方**」と紹介される。「**使徒職**（ἀποστολήν）」は「**使徒**（ἀπόστολος）」（ガラ1:1）と同様に、「派遣する（ἀποστέλλω）」の同根語で、人物としての「使徒」の任務（ロマ1:5を参照）あるいは職制（Ⅰコリ9:2を参照）を表す（したがって「使徒としての務め」、トピック #1）。ペトロの使徒職は「**割礼者の**（τῆς περιτομῆς）」であり、すなわち彼はユダヤ人宣教の使徒だった。ガラ1:19の注解で述べたとおり、パウロはヤコブをも使徒と見なす。しかし具体的なユダヤ人宣教を代表する使徒としては、ペトロの存在が大きかっただろう。既述のとおり（ガラ1:19注解）、ヤコブはエルサレム教会の代表者として認識されていたようだ（『古誌』20:200）。使徒ヤコブと使徒ペトロのあいだには、エルサレム教会の管理

者とユダヤ人宣教者という役割上のすみ分けがあったかも知れない。ペトロの使徒職遂行のために神が「**働きかけた**（ἐνεργήσας = ἐνεργέω）」。この語は頻繁に、霊的／神的効力の発揮を意味する（マコ 6:14；Ⅰコリ 12:6, 11；ガラ 3:5；エフェ 1:11, 20；3:20；フィリ 2:13；Ⅰテサ 2:13；ヤコ 5:16. エフェ 2:2；Ⅱテサ 2:7 をも参照）。この認識から、本ペリコペがパウロとエルサレムの使徒らとの微妙な関係性を描きつつも、パウロがペトロの使徒としての権威に疑念を挟んでいないことが分かる。神がペトロのユダヤ人宣教に対してその効力を発揮した事実は、使徒行伝のペトロ宣教物語のモチーフとなっていよう（使 2:41；3:1–10；4:4；5:1–11, 15；9:32–35, 36–42）。

　ペトロのユダヤ人宣教に対して効力を発揮した神は、「**異邦人への**（使徒職のために）**私にも働きかけた**」。パウロの異邦人宣教に対する働きかけは、まず彼のダマスコ途上における啓示体験に始まり（ガラ 1:15–16）、ユダヤ地方における評判にも反映されている（ガラ 1:23–24）。あるいは、パウロが報告するある種の霊的な顕現体験（ガラ 3:1, 4）も神の働きかけとして意識されていよう。興味深いことに、使徒行伝はユダヤ人の使徒ペトロの働きと異邦人の使徒パウロの働きとを意識的に対比し、物語展開の大きな枠組みとしている。したがって両者の、魔術者に対する勝利（ペトロ[8:9, 24]／パウロ[13:6–12]）、圧倒的癒しの力（ペトロ[5:15–16]／パウロ[19:11–12]）、死者のよみがえり（ペトロ[9:40]／パウロ[20:9–12]）等が対比されている。

2:9　そして私にその恵みが与えられたのを知ると、柱と認められているヤコブとケファとヨハネは、私とバルナバへ交わりの右手を与えた。それは私たちが異邦人へ、彼らが割礼者へ（と行くこと）のためである。

　パウロは、その異邦人宣教の信任がエルサレムの使徒らによって確認されたことを告げ（ガラ 2:7, 従属節）、その本質的根拠として神の働きかけを挙げた（2:8, 挿入部）あと、その結果として福音宣教が分担されたことを報告する（2:9b, 主節）。パウロは先行するガラ 2:7–8 の内容を「（使徒

ガラ 2:7	従属節	理由	異邦人宣教への信認が与えられた
ガラ 2:8	挿入部	理由の根拠	神の働きかけがあった
ガラ 2:9	主節	結果	友好の握手（と仕事分担）

らが）**私にその恵みが与えられたのを知る**」と要約する。パウロは神の働きかけを根拠とした異邦人への福音宣教の信任を指して、「その恵み（τὴν χάριν）」と述べる。彼がこの宣教への召命の契機となった啓示体験を、すでに「恵み」（1:15）によると述べているからだ。パウロは他所でも、異邦人の使徒としての召命を「恵み」と表現する（ロマ 1:5; 15:15–16; Ⅰコリ 3:10; フィリ 1:7）。パウロが「恵み」という概念において神の一方的（「与えられた [δοθεῖσαν]」参照）な好意（BDAG 1079, 3b）を強調するなら（トピック#8.A）、教会の破壊者が教会の創設者となり、ユダヤ律法の純粋性を守ることへの熱心者（トピック#4）が民族性を超えた福音宣教者となった契機が、神の召命と啓示だというパウロの自覚と符合する。彼に対するこの恵みの付与を、エルサレムの使徒らは「知（γνόντες）」った。認識という意味での「知る」という語はガラ 2:7 の「分かり」と同義語で、2:7–8 のまとめに相応しい語の選択である。

本ペリコペの最後で、「認められている人々」が「ヤコブとケファとヨハネ」と明かされる。ヤコブとケファに関しては既述のとおりである。パウロが「ヨハネ（Ἰωάννης）」に言及するのはこの箇所のみだ。この人物は、おそらく後 44 年にアグリッパ 1 世によって処刑されたヤコブ（使 12:2）の兄弟でゼベダイの子のヨハネ（マコ 1:19）だろう。使徒行伝によると、このヨハネはペトロの同労者としてユダヤ地方で活動していたが（使 3:1–4:22; 8:14–25）、その様子からヨハネはペトロの補佐的な役割にあったようだ。これは、3 名が表記される順序と符合する。最初のヤコブはエルサレム教会の管理者としてユダヤ人一般から認知されていた（『古誌』20:200）。2 番目のケファはユダヤ人宣教の使徒を代表した。そして 3 番目のヨハネはケファの補佐役を務めた。彼らは「**柱と認められている**」。「認められている（δοκοῦντες）」の用法はすでに述べたが（ガラ 2:2, 6）、彼らはさらに「**柱**（στῦλοι）」と呼ばれる。黙 3:12 では、栄光に満ちた「人の子のような方」がフィラデルフィアの教会に対して、「勝利する者を私の神の宮の柱にしよう」と告げるように命じる。そして、この「柱」である人物には神の権威が与えられる。新約聖書では教会を表す比喩表現として「神の宮（ὁ ναὸς τοῦ θεοῦ）」が用いられる（Ⅰコリ 3:16–17; Ⅱコリ 6:16; エフェ 2:21）。したがって「神の宮の柱」というメタファは、教会において神の権威を有する指導者を指すだろう。それならば、エルサレムの

使徒であるヤコブ、ペトロ、ヨハネが「柱」と表現されることは理解できる。ちなみに『Ⅰクレメンス書』は、ペトロとパウロとを多くの迫害や艱難に直面しながら宣教活動に努めた「もっとも偉大にしてもっとも義なる柱」(『Ⅰクレ』5 章。とくに 5:2) として称賛する。ただパウロはここでも「認められている」という表現を用いて距離をおき、エルサレムの使徒らの「柱」としての評判もパウロの神的啓示に依拠した使徒職の権威を揺るがさないことをつけ加えている。

柱と見なされる指導者らは、「**私とバルナバへ交わりの右手を与えた**」。すなわち握手をした。ここにテトスは含まれない。エルサレム訪問の代表者はパウロとバルナバで、テトスが (異邦人の) 随伴者だからだろう。この握手の意味は何か。「右手」と訳される δεξιάς (= δεξιός) は本来「右の」という形容詞だが、「右」には「力／敬意が示される場」という意味がある (したがって「神の右に座す [イエス・キリスト]」、ロマ 8:34)。右手を与える (差し出す) という行為は、対面する相手をお互いの右側に置くジェスチャーで、信頼、友情、同盟の証しとなる (*TDNT* Ⅱ:37–40; BDAG 174–75)。しかし Esler (1995:299–300) は、文脈によって「右手を与える」という行為が必ずしも友好のしるしでない点を第二神殿期資料から指摘する。マカバイ諸記は、軍事的に優位に立つ者が劣位にある者に対してその力関係を認めさせる帝国的抑圧の手段として、「右手を差し出す」ことを強要する様子を描く (Ⅰマカ 6:58–59; 11:50, 62, 66; 13:45, 50; Ⅱマカ 4:34; 11:26; 12:11; 13:22; 14:19)。パウロとバルナバがエルサレム指導者と握手を交わしたことが事実だとしても、その背後にいかなる力学が働いていたかは不明だ。もっとも本節では「交わりの (κοινωνίας)」という修飾語が付されており、少なくとも表面上はパウロ一行とエルサレムの使徒らとが友好的な合意に達したことを伝えている (したがって「友好の握手」)。「交わり」は、一般に「連帯」や「共有」を意味し、それは物資の共有 (ロマ 15:26; Ⅱコリ 9:13; ヘブ 13:16)、信頼性の共有 (使 2:42; Ⅰコリ 1:9; Ⅰヨハ 1:7)、あるいは本節の意味にもっとも近い (宣教) 活動の協働 (Ⅱコリ 8:4; フィリ 1:5; 3:10) を指す。

この握手の目的は、「**私たちが異邦人へ、彼らが割礼者へ** (と行くこと) **のためである**」。「〜のため (ἵνα)」という接続詞で始まる目的節に動詞がないが、文脈から判断して「行く (εἰσερχώμεθα)」という補足が適当だろ

う。「私たち（ἡμεῖς）／彼ら（αὐτοί）」という複数代名詞は当然パウロ一行とエルサレムの使徒らを指す。パウロ一行が「異邦人へ（εἰς τὰ ἔθνη）」、またエルサレムの使徒らが「割礼者へ（εἰς τὴν περιτομήν）」という宣教の分業は、具体的にどのようなすみ分けか——地理的なすみ分けか民族的なすみ分けか。これを地理的と解釈する者は、割礼者への宣教をパレスチナに限定する（Von Zahn 1907:106–08; Schlier 1965:46）。そうすると、異邦人への宣教は、この地理範囲以外全域を指すこととなろう。しかし割礼者と異邦人を指す περιτομή と ἀκροβυστία が本来、民族的慣習を指して地理的語彙でないのみならず、ユダヤ人居住区がローマ帝国全域に散在していたことに鑑みると、この解釈には違和感がある（Burton 1921:96–99）。一方でこれを民族的と解釈する者は、パウロの宣教が異邦人のみならずユダヤ人にも及んでいた（使 13:48–50; 18:4 参照）点を説明しなければならない（Sanders 1992:224）。もっともこの合意に、〈福音について誰に対しても口を閉ざせないパウロよ（ロマ 1:16; Ⅱコリ 5:14）、ユダヤ人と金輪際接触してはならぬ〉という厳密性は想定されていないだろう。おそらくこの文言から分かることは、ペトロがユダヤ人専門でパウロが異邦人専門という一般的で曖昧なすみ分けだろう。さらに「偽兄弟」の処遇が言及されていない点も、この合意の曖昧さを印象づける。この曖昧な表現から推測されるのは、エルサレム会議の結論が従来からのエルサレム教会の活動とパウロ一行の活動をそのまま容認する「現状維持案」だったことだ（Conzelmann 1969:70 参照）。これは、パウロの反対者であるユダヤ人の福音宣教者が、パレスチナの範囲を越えて異邦人に対して宣教を試みていた現状に加え、パウロがこのエルサレム会議の結論を根拠にして反対者を批判しないことの説明ともなろう。エルサレム会議の結論の曖昧さは、後続のペリコペが報告するアンティオキア事件に繋がった。

2:10 ただそれは、私たちが貧者らを憶えるためだが、私もまさにこのことを為すことを努めた。

　前節では、握手の目的（「～のため［ἵνα］」）を福音宣教の分担（現状維持）としたが、本節ではもう1つの ἵνα 目的節が1点だけ（「**ただ**［μόνον］」）エルサレム会議における合意の補足内容を知らせる。それは貧者への施しである。「**憶える**（μνημονεύωμεν = μνημονεύω）」は、一般に「記憶する／

思い出す」を意味するが、その対象によって「重要性に思いを巡らす」というニュアンスを持ち、それはその考察に相応しい行動をも示唆する。したがって、〈ロトの妻を思い出せ〉という命令は、「自分の命を生かそうと努める者はそれを失い、それを失う者はかえって保つ」(ルカ 17:32–33)という真理の重要性に思いを巡らしてキリスト者としての確信を実践に移すことだ。〈パウロの投獄を思い出せ〉(コロ 4:18)という命令は、宣教のための労苦の重要性に思いを巡らし (コロ 4:3)、パウロの活動を支援しつつそれに参加することを示唆する。したがって貧者を憶えることは、彼らの窮状から目を逸らさず深く心に留めて、救済活動に従事することを指す。

貧者への配慮主題は、ユダヤ教伝統に深く根ざしている(申 24:10–22; 詩 10:2, 9; 14:6; イザ 3:14–15; 10:1–4; 58:6–7; アモ 8:4–6; トビ 12:6–10)。とくにトビト記は、天使ラファエルをとおして施しの神学的重要性を明らかにし、施しが人を死から救い、罪を浄め、命を全うさせると教える (12:9)。貧者への施しは原始教会にも受け継がれた。したがってイエスの福音は、貧者への究極の施しである「主の好意の年」の到来を告げ知らせ、それを体現することとして原始教会に記憶された(マタ 11:5// ルカ 7:22, トピック #2)。また「施し (ἐλεημοσύνη)」という語がイエスの行為を言い表し(マタ 6:2–4; ルカ 11:41; 12:33)、イエスの弟子らが神に対する誠実さを示す行為を指す語として用いられた (使 3:2, 10; 9:36)。また、神を畏れる異邦人であるコルネリウスの改宗において、彼の施しが神に認められたことが印象的に記されている (使 10:2, 4, 31)。そしてパウロも、施しが自分を捧げることであり (IIコリ 8:5)、キリストの貧しさに倣うことであり (8:9)、それゆえそれが神からの報いの対象となる (IIコリ 9:6–8; フィリ 4:17)、と教える。イエスの生き様に倣う教会にとって、貧者への配慮(施し)はまさに「福音の真理」(ガラ 2:5) の重要な部分を占めた。

「**貧者ら** (τῶν πτωχῶν)」とは誰か。この語は、ローマ書にある「エルサレムの貧しい (πτωχούς) 聖徒ら」(ロマ 15:26) という表現をも視野に入れつつ、エルサレム教会とその成員を指す語として考えられる場合がある (バルツ&シュナイダー III:232; Martyn 1997:207; 山内 2002:128–29; 佐竹 2008a:167–75)。「貧者」をエルサレム教会と特定することの背景には、パレスチナに拠点を置いたと考えられるキリスト者集団のエビオン派(「貧しい者 [אֶבְיוֹן エブヨーン]」)が、「貧者」として知られたエルサレム教会の

名を継承したという解釈がある（Chadwick 1967:23）。そしてこれは、サラミスのエピファニウス（4世紀終盤）がエビオン派とエルサレム教会とを結びつけたことに端を発する（『パナリオン』30:17）[25]。しかしそれ以前にエルサレム教会とその成員とに「貧者」という呼称があてられている例は、新約聖書他書や使徒教父をはじめ見当たらない。ロマ 15:26 はたんに、エルサレム教会の成員の中に貧しい者がいたことを述べるのみだ（Keck 1966:122）。また B. Longenecker（2010:157–82）は、ヨアンネス・クリュソストモスやヒエロニュモスやアフラハトをはじめとする初期の教父らによる「貧者」の用法に上のような解釈が見当たらないことから、エルサレム教会と「貧者」とをキリスト教会がリンクさせる契機となったのが上記のエピファニウスである可能性を論ずる。

　たしかにパウロは、のちの宣教活動においてエルサレム教会のための義捐金を募った（ロマ 15:26; Ⅰコリ 16:1–4. Ⅱコリ 9:1 参照）。これはパウロとエルサレム教会（の指導者ら）との関係改善と維持にとって重要だったろう。しかし本節の、修飾語がつかないたんなる「貧者」という語をエルサレム教会とその成員だと断定することには、慎重にならざるを得ない。「エルサレムの（貧者）」という説明がないのは、パウロがエルサレムの指示に服従しているようなニュアンスをガラテヤ信徒に伝えないため（佐竹 2008a:172）とも論じられようが、かえってエルサレム教会がパウロの宣教活動へ経済的に依存するという構図は、パウロの権威の優越性（少なくとも対等性）を強調することになるまいか。むしろ本節の目的は、ユダヤ人への宣教と異邦人への宣教という区分がある中で、神信仰への応答である貧者への施しに関しては、異邦人のあいだであっても——あるいはその伝統に不慣れな異邦人のあいだではなおさら（Clark 2004:23–24 参照）——忘れないように、との確認として理解すべきだろう。

　パウロはこの確認に対し、「私もまさにこのことを為すことを努めた」と断る。「努めた（ἐσπούδασα = σπουδάζω）」はアオリスト過去時制であり、一般には一回性の過去の出来事を指す。それならばパウロは、上述し

25　エビオン派の起源と教理に関しては古代教父のあいだでも描写が異なり、現代も議論が尽くない。エウセビオスはその語源がキリスト論に関する理解の「貧しさ」にあると説明する（『教会史』28:6）。テルトゥリアヌスは「エビオン」なる人物にその起源を求める。ABD II:260 を見よ。

たアガボの預言に起因するエルサレム救済活動（使 11:27–30）を意識しているだろうか。もっともこの時制には、起動のアオリスト時制という側面もあり、この場合は動作の継続や終結については不問だが過去における動作の開始を示す（Wallace 1996:558–59; 岩隈・土岐 2001:172–73）。すなわちパウロは貧者救済の働きに対してある時点で努め始め、それを継続したと理解できよう（したがって「努めていたのです」）。パウロは貧者救済活動を「まさにこのこと（αὐτὸ τοῦτο）」と述べ、さらに「（私）も（καί）」という強調語を用いて、それがエルサレムの使徒らの要請によって初めて知らされたことでなく、パウロ自身がすでに実行していたことを強調する。パウロがガラテヤ信徒の歓待ぶりを称賛したり（ガラ 4:14）、キリスト者の行動原理として「キリストの律法」である隣人愛を強調することに（5:14; 6:2）、この福音理解が反映されている（トピック #12, 16）。

【解説／考察】

「貧しき者これ幸いなり、神の王国汝らのものなれば」（ルカ 6:20）

貧者救済はユダヤ教伝統に深く根ざしており、たとえばトビト記は天使ラファエルに施しの救済的価値を教えさせる。「施し（ἐλεημοσύνη）は死から救い、すべての罪を浄め去る。施しと義なる業を行う者らは命を全うする」（トビ 12:9）。預言者イザヤは、解放の良い知らせを貧者にもたらすため神の霊が注がれることを語り（イザ 61:1）、イエスの神の王国運動はまさにこの体現として記憶された（ルカ 4:18）。原始教会はその根源において、イエスに倣う貧者救済をそのトレードマークとした。その一端が本ペリコペ最後の確認事項（2:10）に刻まれている。「公式発表」【形態／構造／背景を見よ】の背後に錯綜する様々な意図によって空転したエルサレム会議が、しかし「貧者を憶えよ」との基本に立ち返ることで破綻を免れたとするなら、今でも貧者を憶えるという大義が繕うべき綻びを私たちは身近で頻繁に目の当たりにしているかも知れない。エルサレム会議の報告の結末にこのような積極的意義を見出すなら、価値観の多様化する社会が根本のところで絆を保つ手だてとして、ともに憶えるべき人々がどこにいるかと問うてみることが良いかも知れない。

トピック #5　ΕΚΚΛΗΣΙΑ
パウロの福音宣教と多様な教会観

A.　導入

　パウロは教会をいかに理解したか、それは教会論的な、救済論的な、宣教論的な神学作業に関わる。それはパウロの啓示体験を起点とする異邦人宣教という大義に依拠しつつ、原始教会における様々な期待を反映する多様な教会観との対話や衝突の中でその輪郭を見せ始めた。ここでは、ガラ 2:1–10 が報告するエルサレム会議から出発し、第二神殿期ユダヤ教文献に見られるユダヤ人の民族アイデンティティに対する姿勢を手がかりとしつつ、異邦人キリスト者が教会の一部となっていく過程について考察しよう。まず、いくつかの前提となる民族アイデンティティ形成にまつわる概念に言及しよう[26]。民族アイデンティティあるいは民族意識はそれが目に見えるかたちであらわれる様々な顕現要素（physio-cultural features）によって象徴されるが、その代表的な例として土地、言語、（起源神話をも含めた）宗教、食事習慣等がある。民族ごとにその顕現要素に対する固執の程度は異なり、同一民族のあいだでも共同体ごとにその程度が異なる。どの顕現要素が他よりも重視されるかも異なる。他民族との境界線上で、独自の慣習を、接触する他民族の慣習と容易に融合できる共同体もあれば、まったく相容れない共同体もある。前者は顕現要素を共同体の利益獲得のために譲歩可能な道具と見なすので（インストゥルメント型、Geertz 1963:108–13）、状況に応じてそれを変更したり再定義したり破棄したりするが、後者は顕現要素を原初的と見なすので（プライモーディアル型、A. Cohen 1969）、顕現要素が硬直的だ。インストゥルメント型の極端な場合は、顕現要素のみならず民族意識さえも譲歩可能となり、民族共同体が解消することさえある。各共同体の民族アイデンティティ形成への姿勢は、この両極端からなる連続線上のどこかに位置する（次頁、図 1）。

---

[26]　理論の詳細は浅野 2012a:41–56 を見よ。このトピックの内容は、浅野他 2016: 102–10 に依拠している。

プライモーディアル型					インストゥルメント型
大 ← ←	民族意識の顕現要素への固執		←	←	小

図1

B. ユダヤ民族アイデンティティ

1. 異邦人編入とイザテス改宗物語

　ユダヤ人の民族意識を考察する際、異邦人編入(改宗)が重要な鍵となる。異邦人はいくつかの段階を経て、神を畏れる異邦人(以後「好意的異邦人」と呼ぶ)としてユダヤ民族の境界線へと限りなく近づき、最終的には割礼を受けてユダヤ民族と同化する(S.J.D. Cohen 1989:13–33)[27]。したがってアディアベネ国のイザテス王は割礼を受けて「ユダヤ人になった」(『古誌』20:38–39)。契約のしるしである割礼(創 17:11–12)はもっとも根源的な民族アイデンティティの顕現要素なので、これなしに異邦人がユダヤ人になることはない。しかし、好意的異邦人は異邦人のままでよいか、ユダヤ人となるべきか、アイデンティティ形成に関する姿勢がユダヤ人諸共同体のあいだで異なっていた。この違いは、アディアベネ王イザテスの改宗物語に登場するエレアザルとアナニアという2人のユダヤ人に顕著だ。エレアザルがイザテス王へ割礼を要求するのに対し、アナニアは割礼を要求しない。前者は、ユダヤ人と異邦人とを分け隔てる境界線の辺りで、儀礼的に汚れた異邦人が限りなくユダヤ人に接近することに問題を感じ、後者は、彼らが完全同化せずに好意的異邦人のままでユダヤ人共同体に対して二義的に付属していることに大きな問題を感じなかった(図2)。

2. 顕現要素への異なる姿勢

　ユダヤ社会は異邦人社会と接触する過程で、割礼のみならず他の

---

[27] S.J.D. Cohen (1989) は7つの段階を示すが、その代表的なものは、1) ユダヤ教諸側面への好感(『アピ』2:283)、2) ヤハウェ神の認識(Ⅱマカ 3:36; ベル 40–41)、3) ユダヤ律法の選択的採用(『アピ』2:282)、4) 異教の神々からの乖離(『出問答』2:2;『アセ』12–13章)、そして割礼(ユディ 14:10)である。

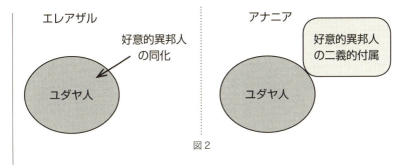

図2

顕現要素に関しても、共同体ごとに異なる姿勢を示す。異民族間婚姻に関して、祭司は「一族から処女をめとらなければならない」（レビ 21:14–15）が、一般のユダヤ人はおおよそカナンの7民族との婚姻が禁じられた（申 7:3–4; 出 34:15–16）。捕囚後のユダヤ人が異民族間婚姻に対してより厳しくなるなかで（エズ 9:1–2; ネヘ 13:23–27;『ヨベ』22, 30 章; 4QMMT B75–82）、『ヨセフとアセナト』（前 1–後 1 世紀）は異質だ。ユダヤ人指導者ヨセフがエジプト人女性と結婚してしまう。もっとも異本の長テクストには、アセナトの両親が「死せる者に命を与える神に栄光を帰した」（20:7）という付加がある。自由な編集を加える傾向がある長テクストは（Kraemer 1998:50, 76）、少なくともアセナトがヤハウェ神を信じる家庭出身だという修正を加えて異民族間婚姻の問題を解決しようとしたようだ。婚姻という民族アイデンティティの顕現要素に対するユダヤ人の姿勢は多様だ。

　ラビ文献が競技場（スタディオン）や運動場（ギュムナシオン）に行くことを禁止する理由は、そこで行われる各種の催しに偶像を讃える目的があるからだ（『ザラ』18b）。じつにギュムナシオン教育では、神々を讃美しながら競技場へ入場し、犠牲へ参加することが期待される（Marrou 1965:179–80）。ラビたちは、競技場の観客席を「傲慢な者の席」、そこに座るユダヤ人を「神に逆らう者の計らいにしたがって歩む」（詩 1:1 参照）と説明する。しかし敬虔なユダヤ人が競技場に通う例はある。ヨセフがエジプトで自由な教育を受けたと語るヨセフスは（『古誌』2:39）、その教育をギュムナシオン教育をも含めた全人的教育と捉えていたようだ。フィロンはこのギュムナシオン教育の重要性を強調し、おそらくそれが市民権獲得の必須条件だったこともあ

り（Feldman 1993:57）、これを子に対する保護者の責任と記す（『各論』2:230）。唯一神信仰という顕現要素に対するユダヤ人の姿勢さえも多様だ。

割礼にせよ、婚姻にせよ、偶像との関わりにせよ、ユダヤ民族アイデンティティの顕現要素が異邦人との接触において交渉可能だとする共同体もあれば、そうでない共同体もあった。「ユダヤ教／ユダヤ人」を一律的に理解できないゆえんだ。これらの異なった姿勢を有する共同体（あるいは個人）は、上のプライモーディアル型―インストゥルメント型連続線上（図1）に分散して位置している。

C. ユダヤ社会の縮図としてのエルサレム教会
1. エルサレムにおける福音宣教

ガラ 2:1–10 は、40 年代後半のエルサレム教会を舞台とする。エルサレム教会はユダヤ教ナザレ派としてユダヤ社会の中に位置していた。ユダヤ人のメシアがユダヤ人という枠組みの中で神の王国を宣べ、これにユダヤ人たちが応答しエルサレム教会ができたからだ。当然彼らにとって教会はユダヤ民族と切り離されない。当時ユダヤ地方では、とくにカリグラ帝の圧政の結果として反ローマ的な民族主義が熱を帯びていた（『古誌』20:113–17, 118–20）。そのような状況で、異邦人がユダヤ人キリスト者の共同体へ安易に近づくことは困難だったろう[28]。したがってパウロ一行（パウロ、バルナバ、テトス）がエルサレムを訪問した段階では、エルサレム教会に異邦人から改宗したキリスト者がいたとは考え難い。いたとすれば、エルサレム教会が異邦人キリスト者に割礼を受けさせるべきかに関し、すでに何らかの結論があったはずだ。しかし、異邦人キリスト者テトスがエルサレム教会を訪問したとき、初めて異邦人キリスト者に対して割礼を施すべきかという問題が浮上している。

無割礼者テトスの訪問によって、エルサレム指導者と「偽兄弟」のあいだに今まで意識されなかった民族アイデンティティへの姿勢に関する差異が顕在化した。エルサレムの指導者ら（ヤコブ、ヨハネ、ペ

---

28 Hengel & Schwemer（1998:387–89）、Bockmuehl（2000:73–75）。史的シナリオは多少異なるが、佐竹（2008b:131–50）、佐藤（2012:86–96）をも参照。

トロ）はテトスに対し最終的に割礼を求めず、「偽兄弟」らは割礼を求めた。これは上述したイザテス王改宗物語と似ている。アナニアはイザテス王に対して割礼を求めなかったが、エレアザルは割礼を求めた。エルサレム教会をユダヤ社会の縮図と考えるならば、ユダヤ社会における異邦人編入への異なる姿勢が、エルサレム教会に反映されていると考えることは妥当だ。

2. プライモーディアル型のエルサレム教会①（エルサレム指導者）

エルサレムの指導者らの好意的異邦人に対する態度は、アナニアの好意的異邦人に対する態度と似ている。アナニアは、イザテス王がユダヤ人共同体に完全同化する必要を感じなかった。彼が割礼など受けず、好意的異邦人としてユダヤ人共同体の近くに二義的に付属していることをよしとした。その場合、ユダヤ人共同体のアイデンティティあるいは浄さが損なわれるという危惧はなかった。もちろん、自らユダヤ人に同化してユダヤ人共同体のただ中に住もうと望む異邦人が割礼を受けることを拒みはしなかっただろう。

エルサレムの指導者らも、教会に対する好意的異邦人に対して同様の姿勢を示していただろう。好意的異邦人がエルサレム教会に正式に所属することを自ら望むなら、割礼を受けてユダヤ人になることが求められただろう。しかし異邦人テトスのエルサレム訪問は一時的滞在であり、エルサレム教会への所属でない。エルサレムの指導者らにとってテトスとはどのような人物か。おそらく、外国でパウロが行う異邦人宣教という特殊な活動に関わる好意的異邦人というほどの認識だったろう。原始教会はもともと異邦人宣教という発想を持っていなかった（トピック#6）。エルサレム教会とユダヤ地方の諸教会に集うユダヤ人キリスト者が一義的な教会ならば、外国の好意的異邦人（異邦人キリスト者）は教会にとって二義的な付属集団として存在すればよい。エルサレム指導者は、彼らが割礼を受けてユダヤ人キリスト者共同体に完全同化せずとも、一義的な教会のアイデンティティと純粋性が損なわれるという危惧を持たなかっただろう。したがってエルサレムの指導者らは、テトスに割礼を受けるよう求めなかった。

3. プライモーディアル型のエルサレム教会②（「偽兄弟」）

一方で「偽兄弟」の好意的異邦人に対する態度は、エレアザルに似

ている。エレアザルはアナニアと異なり、イザテス王がユダヤ人共同体に同化することの必要性を訴え、イザテス王に割礼を求めた。外国にいる好意的異邦人だが、好意的異邦人という曖昧な存在がユダヤ人共同体のアイデンティティや純粋性を損ねないとも限らない。そのような二義的で曖昧な集団は、割礼を受けて歴とした「ユダヤ人となる」ことが良いと考えられた。

「偽兄弟」もまた、教会に対する好意的異邦人に同様の姿勢を示した。彼らはテトスのエルサレム訪問に関してエルサレム指導者ほど楽観的でなかった。無割礼者テトスが教会と関わっている現実に直面した「偽兄弟」は、教会のアイデンティティと純粋性を損ねる可能性を憂い、テトスの割礼を主張した。しばしばテトスは、割礼を要求しない福音宣教を正当化させる材料としてパウロがエルサレムに持ち込んだ「無割礼キリスト者という標本」と解釈される（Betz 1979a:88; Bruce 1982a:117）。しかし「偽兄弟」にとって、テトスは無割礼の好意的異邦人以上の存在だった。じつにテトスは無割礼の教会指導者であり、異邦人教会の指導においてパウロの同労者だった（Ⅱコリ 8:23）。パウロは外国の好意的傍観者を無作為に同伴したのでない。パウロは重要な対談のため信頼できる同労者を同席させた。異邦人が好意的傍観者としてでなく、しかし異邦人のまま──無割礼のまま──教会の経営に深く関わっていた。この状態に「偽兄弟」たちが危機感を感じたとすれば、それは彼らの民族アイデンティティへの危機感である。結果的に「偽兄弟」の洞察力が鋭かったという評価も下せる。なぜなら教会は徐々に異邦人化し、ユダヤ戦争を境に非ユダヤ化してゆくからだ。

民族アイデンティティという枠組みで教会を捉えるという意味でエルサレムの指導者らと「偽兄弟」とは共通しているが、割礼という顕現要素、好意的異邦人と民族アイデンティティとの関わりについては姿勢が異なる。アイデンティティ形成の用語を用いれば、エルサレムの指導者らと「偽兄弟」との姿勢はプライモーディアル型の穏健派（アナニア型）と厳格派（エレアザル型）と言えよう（図 3）。

4. インストゥルメント型のパウロ宣教

上の 2 グループの立場は、いずれも民族アイデンティティ形成と

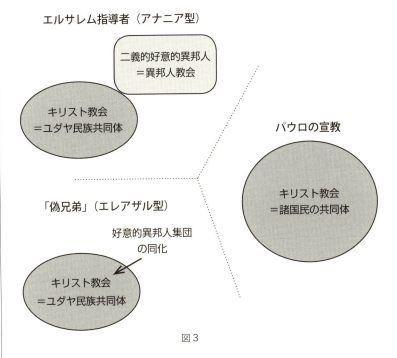

図3

維持という視点からその共通点と相違とを理解することができた。一方でパウロの行動原理は民族アイデンティティを脱却している。パウロの宣教は、民族アイデンティティの顕現要素である割礼を重視して教会のアイデンティティと浄さを守ろうとする「偽兄弟」と異なることは明らかだが、異邦人信徒を教会にとって二義的な存在として許容するエルサレムの指導者らとも異なる。パウロは新たな共同体のアイデンティティ形成において、民族意識を相対化した。パウロが「もはやユダヤ人もギリシャ人もなく……私たちはキリスト・イエスにあって 1 人なのです」(ガラ 3:28. コロ 3:15 参照)と述べる場合、異邦人宣教は民族集団への二義的付加でなく、ユダヤ人と異邦人とを同等としている。のちにエフェソ書も「自分(イエス)の内において 2 人の人(ユダヤ人と異邦人)を 1 人の人とした」(エフェ 2:15)と述べ、民族意識を相対化する。この新たなアイデンティティ形成には、おそらくパウロの啓示体験(ガラ 1:15–16)が深く関わる。パウロは神の子の啓示体験を契機に、「ユダヤ人もギリシャ人もない」という新しい認識

を獲得した。ガラ 3:6–14 においてパウロが描く神の救済計画は反対者との対立を意識した議論だろうが、その根幹にはイエスをメシアと確信するパウロの啓示体験を根拠とした永遠の契約（創 12–18 章）の再定義があろう（緒論 E.3）。神の永遠の契約は本来的に「地上のあらゆる諸国民」（創 12:3）への祝福を約束する。終末的人物（メシア）の到来は契約完成の時であり、新たな時代は諸国民が 1 つの民として祝福を受ける時代だ。啓示体験による世界観の大きな転換は民族意識を相対化し、諸国民を 1 つの民とする共同体形成に障害となる要素（割礼や食事規定）を放棄するという、いわばインストゥルメント型のアイデンティティ形成へとパウロを動かした。

D. まとめ

上の考察によると、〈真の福音を共有するパウロとエルサレム指導者〉対〈誤った福音理解をする「偽兄弟」〉という一般的な構図は成り立たない。Lightfoot（1887:106）は「偽兄弟」の正体について「心根はファリサイ派だが信者を偽った裏切り者」としてこの理解を支持した。おそらく彼はこの解釈によって、〈パウロ派対ペトロ派〉という原始教会の構図を描くテュービンゲン学派を暗に批判していよう（Goulder 2001 参照）。パウロは何の妥協点も見出せない集団を「偽兄弟」と烙印化するレトリックを用いて自らの立場を正当化するが、このレトリックによって現実の構図が見えにくくなっている。むしろユダヤ民族意識を基盤とするエルサレム指導者と「偽兄弟」とを一方に、民族意識を相対化するパウロ（一行）をもう一方に置く構図がより適当だろう。ただこの場合でも、好意的異邦人の立場を明確化しないということで、パウロはエルサレム指導者との妥協点を見出している。したがって、〈パウロ派対ペトロ派〉という安易な構図は原始教会のあり方に対する理解を妨げる。もっとも、この妥協は異邦人宣教とユダヤ人宣教という分業体制を可能としたに過ぎず、同じ共同体においてユダヤ人と異邦人が共生する際の問題を解決しなかった。この問題の困難さは、直後のアンティオキア事件（ガラ 2:11–14）において露呈することになる。

2. アンティオキア事件（2:11–14）

【翻訳】

《逐語訳》

²:¹¹ しかしケファがアンティオキアに来たとき、私は面と向かって彼に対立した。彼が咎められるべきだったからだ。¹² それは、誰かヤコブからの者たちが来る前に、彼は異邦人と一緒に食べていたが、彼らが来ると、割礼からの者たちを恐れて退き始め、自らを分離し始めたからだ。¹³ そして残りのユダヤ人らも彼と一緒に虚偽を行った。それゆえバルナバまでも彼らの虚偽によって引き離された。¹⁴ しかし彼らが福音の真理に対して真っ直ぐ歩んでいないのを見たとき、私は皆の前でケファに言った。「もしあなたが――ユダヤ人なのに――異邦人のように（生き）、ユダヤ人のようでなく生きるなら、いかにあなたは異邦人にユダヤ人のように生きることを強いるか。」

《自然訳》

²:¹¹ ところがアンティオキアをケファが訪ねた折に、私は真っ向から彼と対立しました。彼に非難されるべきところがあったからです。¹² というのも、ヤコブからの派遣団が来るまで、ペトロはここで異邦人のキリスト者らと一緒に食卓を囲んでいたのですが、派遣団が到着するとユダヤ人一般の目を恐れてしり込みし、異邦人から距離を置き始めたからです。¹³ すると残りのユダヤ人のキリスト者らも彼と一緒になって偽善を行い、結果的にバルナバさえも彼らの偽善によって真理から引き離されてしまいました。¹⁴ しかし彼らが福音の真理にのっとり、真摯に振る舞っていない様子を見たとき、私は教会全体を前にしてケファに言いました。「ユダヤ人のあなたが異邦人のように振る舞って、ユダヤ人らしく生きていないなら、どうしてあなたは異邦人に対してユダヤ人のように生きることを強要するのか」と。

【形態／構造／背景】

　食は文化だ。本来「キリストの体」という意味で用いられていた soul food という句（Wilson 1612:310）は、米国で 1960 年代にアフリカ系市民の伝統料理を指す表現として広まった（*OED*）。日本では近年、その郷土料理というニュアンスが外来語として定着し、たとえばゴーヤチャンプルーは「うちなんちゅ（沖縄の地元民）」のソウルフードとして認識

されるようになった。食は文化であり、そこに民族意識（あるいは地域性）が表象される。民族アイデンティティ理論の言語を用いるなら、会食（commensality）は言語や土地や宗教などとともに民族意識を表象する顕現要素だ（Barth 1969:9–38）。食へのこだわりはユダヤ民族に限ったことでないが、ユダヤ教において顕著だった。ユダヤ民族意識の顕現要素としての食事は、割礼や安息日とともに不可侵性が高い（トピック#5.A）。したがって前ペリコペのエルサレム会議では割礼に焦点が置かれたが、本ペリコペで場面がアンティオキアに移ると、食事にまつわる問題が俎上に乗る。

アンティオキア事件は冒頭のガラ 2:11 で事件の概要が知らされ、ガラ 2:12–13 にその詳細が続く。そしてガラ 2:14 におけるパウロのペトロ批判では、「ユダヤ人のように振る舞う」／「異邦人のように振る舞う」という句によって、問題の本質に民族意識が深く関わっていることを教える。民族性を強調するこれらの表現はそれでも具体性に欠けるが、このペトロ批判の内容がガラ 2:12 でのペトロの行動を意識していることが分かると（v.12a = v.14b, v.12b = v.14c）、読者はガラ 2:12 が 2:14 をさらに理解する鍵となることに気づかされる。本ペリコペのアウトラインは以下のとおりである。

a. ペトロの虚偽とその影響（2:11–13）
　i. パウロとペトロの対峙（2:11）
　ii. ペトロの虚偽（2:12）
　　α. 異邦人との食事（2:12a）
　　β. 異邦人への拒絶（2:12b）
　iii. ユダヤ人キリスト者の虚偽（2:13a）
　iv. バルナバの虚偽（2:13b）
b. ペトロ批判の理由（2:14）
　i. おおやけのペトロ批判（2:14a）
　ii. 異邦人のような振る舞い（2:14b）
　iii. ユダヤ人のような振る舞い（2:14c）

【注解】

2:11　しかしケファがアンティオキアに来たとき、私は面と向かって彼に対立した。彼が咎められるべきだったからだ。

「しかし（δέ）」という弱い逆接の接続詞は、歴史的叙述の舞台が移行したことを知らせる。「**ケファがアンティオキアに来たとき**」、いわゆる「アンティオキア事件」が動き出す。ここでは前出の副詞「そのあと（ἔπειτα）」（ガラ 1:18, 21; 2:1）が繰り返されず、むしろ時間的順序が不明瞭な「とき（ὅτε）」が用いられることから、Von Zahn（1907:110–11）やLüdemann（1980:104–05）は、アンティオキア事件がガラ 2:1–10 に描かれたエルサレム会議に先行すると考える。しかし、「しかし」という逆接接続詞のもっとも自然な理解は、〈エルサレム会議の合意にもかかわらず、しかしその後アンティオキアで事件が起こった〉である。本注解書はガラ 2:1–10 を使 15 章のエルサレム会議と同視した。使 15 章では、エルサレム会議後にアンティオキアでパウロとバルナバとが衝突するので（15:36–40）、これが本ペリコペでのパウロのバルナバ批判と符合すると考えられる。もっとも使 15 章では、マルコを宣教旅行に同伴するかという問題でパウロとバルナバとのあいだに対立が生じている。教会の正当性を訴える目的で執筆されたであろう使徒行伝が、アンティオキア事件を教会のあり方に関わる対立として描くよりも、2 人の個人的問題として描くことを選んだとしても不思議でない。また、2 人の対立の原因が 1 つだったとも限らない。

　エルサレムから直線にして 500 キロほど北上すると、地中海に注ぐオロンテス川に接する「アンティオキア（Ἀντιόχεια）」に至る。前 300 年頃、シリア王朝のセレウコス 1 世が建設したこの地は、その父か息子（両者ともアンティオコス）に因んでアンティオキアと命名された。「アンティオキア」と呼ばれる都市は、パウロがいわゆる第一次宣教旅行の際に訪れたピシディア地方のアンティオキアをも含めると 16 あるが、シリアのアンティオキアは「オロンテス河岸のアンティオキア」と称された。当初ここは土着のシリア人以外にマケドニア人、アテナイ人、ユダヤ人が入植して都市を建設したとされる（『古誌』12:119）。前 64 年に将軍ポンペイウスがこの地域をローマ属州シリアとして支配下に置くとアンティオキア

はその州都となり、後1世紀には50万人の人口を擁するローマ帝国三大都市（ローマとアレクサンドリアに次ぐ）の1つとなる。ユダヤ人の人口は35,000人とも65,000人とも言われる（Hengel & Schwemer 1998:291–92; Longenecker 1990:68）。ヨセフスによると、ディアスポラ・ユダヤ人はローマ帝国中に散在したが、とくにアンティオキアに集中していた。この市で異邦人と同様の権利が与えられていたユダヤ人共同体は、その経済力によってエルサレム神殿を支えた。また異邦人の内にはユダヤ教に関心を抱く者も少なからずいたようだ（『戦記』7:43–45）。ユダヤ人への優遇と平穏なくらしはカリグラ帝治世（後37–41年）に著しく乱されたが、その後パウロの時代と重なるクラウディウス帝治世（後41–54年）には彼らに対する偏見や抑圧はやや沈静化した。それでもユダヤ人と非ユダヤ人との緊張関係は続いており、このことがアンティオキア教会における好意的異邦人（トピック#5.C）の扱いにも影響を与えていたと考えられる（Murphy-O'Connor 1996:147）。エルサレムをはじめとするユダヤ地方の教会ほどでないにせよ、アンティオキア教会のユダヤ人キリスト者のあいだでも、ユダヤ民族アイデンティティが軽んじられるような仕方で好意的異邦人が教会に編入されることに対する慎重論があっただろう。使徒行伝によると、エルサレムでの迫害を逃れて北上したユダヤ人キリスト者がこの地で初めて「キリスト者（Χριστιανός）」と呼ばれた（使11:26）。

そもそもペトロはなぜこのアンティオキアを訪問したか。エルサレムでの迫害を避けるため（Longenecker 1990:71）か。それならなぜペトロだけが避難したか。少なくともヤコブはエルサレムに留まっていたようだ（ガラ2:12）。ユダヤ人への使徒であるペトロが、宣教活動の延長（あるいは一環）でアンティオキアまで足を伸ばし、同僚のパウロやバルナバを訪問したとも考えられよう。エルサレム会議のあと、ペトロがアンティオキア教会における宣教活動を視察したいと考えても不思議でない。

アンティオキアを訪問したペトロに対し、パウロは**「面と向かって彼に対立した」**。「対立した（ἀντέστην = ἀνθίστημι）」という複合動詞（ἀντί + ἵστημι）は、基本的に「対立する、敵対する、反抗する」を意味する。たとえば、ヤンネとヤンブレがモーセに反抗したように不敬虔な者が真理に逆らう（IIテモ3:8）。またヤコブ書の読者は「神に服従して、悪魔に抵抗する」（ヤコ4:7）よう教えられる。この強い反発のニュアンスはさらに

「面と向かって（κατὰ πρόσωπον）」という句によって強調され、その対立の直接性が印象づけられる（LXX 申 7:24; 9:2; 11:25; 士 2:14; 代下 13:7–8 参照）。エルサレム会議での「交わりの右手」（2:9）と対照的だ。

対立の理由は、ペトロが**咎められるべきだったからだ**。「咎められる（べき）（κατεγνωσμένος = καταγινώσκω）」という語は、しばしば神の裁きや責めを念頭に置いている（Ⅰヨハ 3:20–21; シラ 19:5;『戦記』1:635; 7:154, 327. BDAG 409; *TDNT* VIII:568）。するとパウロは、この表現を用いながら既述の反対者への呪い（ガラ 1:8–9）を意識しただろうか[29]。アンティオキアでのペトロの行動は、律法を遵守するよう異邦人キリスト者に強いることになるとパウロに映った（ガラ 2:14）。パウロにとってこの行動は、ガラテヤ教会における反対者らの活動と重なる。彼のペトロに対する批判は、ガラ 2:13 で 2 回繰り返される「虚偽」という語と 2:14 で用いられる「福音の真理」との対比によって、さらに印象的に描かれる。

2:12 [a]**それは、誰かヤコブからの者たちが来る前に、彼は異邦人と一緒に食べていたが、**[b]**彼らが来ると、割礼からの者たちを恐れて退き始め、自らを分離し始めたからだ。**

理由を示す前置詞「**それは**（γάρ）」は、ペトロの咎められるべき理由を導く。アンティオキア事件の発端は、ヤコブの派遣団の到着にある。「**誰かヤコブからの者たち**（τινὰς ἀπὸ Ἰακώβου）」は誰か。Lightfoot（1887:112）は「ヤコブ」が「エルサレム教会」を指す換喩（metonymy）で、必ずし

---

[29] このパウロのペトロ批判は、『偽クレメンス』（後 3 世紀）が描くペトロとシモン・マグスとの対峙（使 8:17–24 参照）のモチーフとなり、シモン・マグスへの批判がそのままパウロ的教会へのユダヤ人キリスト者による批判として解釈されてきた（Baur 1863:53, n1; Elliott 1993:431）。Schneemelcher 編の新約聖書外典翻訳で『偽クレメンス』を担当する Georg Strecker もこの視点に立って自らの翻訳を解説している（Schneemelcher 1992:II:535–41）。ペトロはシモン・マグスの背後に想定されているパウロに対し、「お前が私を咎められるべきとするなら、お前は私にキリストを啓示した神を非難している」（『偽クレ』「説教」19:6）と訴える。しかし近年この解釈は論破されつつある（Bockmuehl 2012:54–57）。それは、『偽クレメンス』がパウロに直接言及しないこと、改宗前のパウロ（サウロ）は言及されるが、サウロの批判の矛先はペトロでなくヤコブに向けられ、サウロ自身もシモン・マグスを批判する（『偽クレ』「再会」1:70）からだ。また、シモン・マグスの立場はパウロの思想というよりグノーシス思想を反映している。これによって、原始教会をペトロ的教会とパウロ的教会との対立として描く歴史観（Baur 1863 参照）を支持することは困難だ。

もヤコブを直接意味しないと考える。しかし換喩は固有名詞を曖昧な地名や集団名で表す婉曲表現で、その逆でない（Bullinger 1968:567–87）。したがってオバマ（元）大統領の発言が換喩では〈ホワイトハウスの声明〉となる。一方で Hort（1904:80–81）はこの集団をヤコブの派遣団と考えるものの、派遣団がヤコブの意図を誤解してアンティオキア教会にもたらしたと考える。Lightfoot も Hort もエルサレムの指導者であるヤコブを擁護し、彼をアンティオキア事件の要因にしない。これは恣意的な解釈だろう。むしろパウロがヤコブの名を明示するのは、ペトロの非難すべき行動の背後にヤコブの意向があると考えたからだろう。すなわちパウロは、エルサレム会議の合意にかかわらず、（ヤコブに代表される）エルサレムの使徒らがアンティオキア教会に混乱をもたらしたと非難している。

　ヤコブの派遣団が来訪する前、ペトロは「**異邦人と一緒に食べていた**（μετὰ τῶν ἐθνῶν συνήσθιεν）」。ペトロはどのように異邦人と食事をしたか。パウロは彼の宣教活動において、1つのパンと1つの杯をユダヤ人と異邦人とが分かち合うという主の聖餐を実施したようだ（Ⅰコリ 11:23–26）。このような民族的境界線を完全に排除した会食（聖餐型会食）がアンティオキア教会ですでに可能だったか。使徒行伝では、ペトロが異邦人のコルネリウスを訪ねた際、ユダヤ人が外国人と関わることも訪問することも律法に反すると前置きする（使 10:28）。このように厳格な律法解釈も、ユダヤ社会にはじつに存在した。とくに食事に関して、トセフタ（300 年頃の編纂か）がユダヤ人と異邦人との会食の可能性を完全に否定している。「もし非ユダヤ人が自分の息子の婚礼の祝宴のために町のすべてのユダヤ人を招くために使いを送ったなら、彼ら（ユダヤ人）が彼ら自身の食事と飲み物を運び込み、彼ら自身の給仕に仕えさせても、彼らは偶像を崇拝する（すなわち、異邦人の汚れを受ける）」（『T ザラ』4:6）。一方でミシュナ（200 年頃の編纂か）にはより柔軟な見解もある。「もしイスラエル人が異邦人と同時に食事をするとき、ぶどう酒の容器を1つ食卓に置き、もう1つの容器を給仕用の小卓に置いて、席を外すなら（イスラエル人が短時間席を立って目を離すことがあれば）食卓の上にあるものは禁じられているが、小卓の上にあるものは許されている」（『M ザラ』5:5）。前者が異民族間の食事を完全否定するのに対し、後者は異民族間の食事を前提とした上で、偶像崇拝につながりかねない食卓のぶどう酒は避けるべきだが、小卓のぶどう

酒は飲んで良いと教えている。これは、ユダヤ人が（たとえばトイレか何かで）短時間席を立った間に異邦人がぶどう酒をお神酒として神々へ献げる危険性への対処とも考えられる（Tomson 1990:230–36）。またユディトは異邦人ホロフェルネスの陣営に入る際に、独自のぶどう酒、食事、食器を持ち込む（ユディ10:5）。すなわち、ユダヤ人が食事と食器を自分で用意する限りにおいては、異邦人との食事が可能な場合がある（並列型会食）。もっとも聖餐型会食に類する食事は、例外的ではあろうが第二神殿期ユダヤ教文献にも見られる。ヨセフはエジプト人ペンテフレスの娘アセナトとの婚姻を前にしてペンテフレスの家に入り、「彼らは食べて飲んで祝った」（『アセ』20:5）。『アセ』7:1 はヨセフがエジプト人と一緒に食事をしないと述べているが、『アセ』20章でヨセフは異邦人の食卓についている（トピック#5.B.2）。すなわち当時のユダヤ人社会においては、異邦人との食事に関する理解にある程度の幅があり、会食を拒絶する厳格な立場がある一方で、例外的に異邦人の食卓について異邦人と食事をする場合もあった。それでも基本的には、偶像崇拝を回避する何らかの方策がとられたようだ（Sanders 1990:179）。

それでは、アンティオキア教会ではどうか。使徒行伝が報告するようにアンティオキア教会がパウロによって設立された異邦人教会でなく、迫害を避けてエルサレムから移住したユダヤ人キリスト者によって設立され、パウロがその教会の一同労者として後に加えられたとすれば（使11:19–26; 13:1）、パウロの異邦人宣教を象徴するような民族を超えて1つのパンと1つの杯を分け合う聖餐型会食が、パウロ独自の宣教が開始される以前のアンティオキアですでに実施されていたとは考え難い。おそらく上述の並列型会食——同じ場所で異なる食事と食器を用いたか、ユダヤ人が用意した食事を異なる食器を用いて食べたか——だったろう。ペトロはアンティオキア教会を訪問して、この会食に加わった。

ペトロは「**彼ら**」すなわちヤコブの派遣団が来ると、「**割礼からの者たちを恐れ**」た。「割礼からの者たち（τοὺς ἐκ περιτομῆς）」とは誰か。これを前ペリコペに登場した「偽兄弟」と同視する研究者もいるが（Lightfoot 1887:112）、なぜパウロは「偽兄弟」と明言しないか、またなぜペトロが「偽兄弟」を恐れねばならないかが不明だ。あるいは「割礼からの者たち」がヤコブの派遣団と同視される場合もあるが（原口 2004:102）、それなら

代名詞を用い「彼ら（αὐτούς）を恐れ」で事足りるだろう。むしろ「割礼（περιτομή）」がおうおうにしてユダヤ人一般を指す語として用いられる点に注目すべきだ（ロマ 4:12; コロ 4:11. 使 10:45; 11:2 参照）。したがってこの表現は「ユダヤ民族に属する者ら」であり、すなわちユダヤ人一般がペトロの恐れの対象だったと考えるべきだろう（Schmithals 1963:54）。それではヤコブの派遣団の来訪によって、なぜペトロはユダヤ人一般を恐れたか。ヤコブの派遣団はペトロに何を伝えたか。おそらく派遣団の来訪とペトロの恐れの背景には、クラウディウス帝治世下（後 41–54 年）におけるユダヤ人一般のあいだでの反ローマ的民族感情の醸成があっただろう（Murphy-O'Connor 1996:139–41, 151）。その一環としてユダヤ民族根源主義者による民族的粛正、すなわち異邦人がもたらす不浄を排除する抵抗活動が散見された（Jewett 1971a:204–06）。そのような状況で、ユダヤ地方の諸教会が安易に異邦人と交流することは、このような暴力活動の対象となる危険性を高めた。アンティオキア教会がエルサレム教会の影響下にあると認識したヤコブは（トピック #17.C）、アンティオキア教会のユダヤ人が異邦人との交流に細心の注意を払うようにとの指示を送った（Schmithals 1963:55–57; Bockmuehl 2000:72–73; Murphy-O'Connor 1996:151）。この注意喚起に応答したペトロは、民族感情の高まるユ・ダ・ヤ・人・一・般・の目を恐れ、異邦人信徒との並列型会食さえも不適切と判断し始めた。

そして事件は起こる。ペトロは「**退き始め、自らを分離し始めた**（ὑπέστελλεν καὶ ἀφώριζεν ἑαυτόν）」。ここで用いられる退去と分離を表す 2 つの動詞（ὑπέστελλεν, ἀφώριζεν）はいずれも未完了時制で、ペトロが徐々に態度を変えた様子を表す。アンティオキア教会の慣例にしたがって、異邦人と同じ場所で並列型の会食をしていたペトロは、派遣団がもたらしたヤコブの懸念に応じて、徐々にこの食事から身を引いた。たとえば、食事の席に同席しても食べないところから始まり、次第に会食の場に同席しなくなった。ペトロの空席には、冷めた食事だけが残った。

2:13 そして残りのユダヤ人らも彼と一緒に虚偽を行った。それゆえバルナバまでも彼らの虚偽によって引き離された。

ペトロの反応に影響された「**残りのユダヤ人ら**（οἱ λοιποὶ Ἰουδαῖοι）」が、

アンティオキア教会のユダヤ人キリスト者であることは文脈から明らかだ。ペトロが異邦人との並列型会食さえも不適切と判断したことに応答し、他のユダヤ人キリスト者も「**一緒に虚偽を行った**（συνυπεκρίθησαν）」。「一緒に（σύν）」と「虚偽を行う（ὑποκρίνομαι）」からなるこの複合動詞は新約聖書で他に使用例がない。「虚偽を行う」の名詞形（ὑπόκρισις）は本来演劇における「演技」あるいは弁論における「語り」や「手振り」を意味したが（「偽善者」と訳される同語根の名詞 ὑποκριτής は「役者」を意味する）、否定的には「口実、虚偽、偽善」を意味する。たとえば殉教者エレアザルは、処刑を回避するために豚肉を食べたかのように偽って欺くことをよしとしなかった（Ⅱマカ 6:25）。新約聖書においては、マタイ福音書がファリサイ派を批判する際に、「あなた方は外からは義人と見えるが、内からは虚偽と不法に満ちている」（マタ 23:28）と述べる。アンティオキア教会のユダヤ人キリスト者が「一緒に虚偽を行う」とは、ペトロに倣って異邦人との会食を避けたことを指す。

　この影響はバルナバにまで及んだ。「（バルナバ）**までも**（καί）」という強調の小辞が、パウロにとっての想定外の事態を表現している。前ペリコペでは、パウロが 1 人称単数の「私」を用いて異邦人宣教の責任を一身に負っている様子も窺えるが（ガラ 2:2, 3, 6, 7, 8）、それでもパウロはバルナバと共にエルサレムを訪問し（ガラ 2:1）、エルサレムの使徒らは「私とバルナバ」に交わりの右手を差し出した（ガラ 2:9）。バルナバはパウロの宣教における同労者にして最大の理解者だった。そのバルナバまでもがペトロとユダヤ人キリスト者の「虚偽」によって「**引き離された**（συναπήχθη）」。この複合動詞（ともに [σύν] + 離れて [ἀπό] + 導く [ἄγω]）は、肯定的には「順応させる」ことを意味する。したがってパウロは、「身分の低い人々と関わりなさい」と教える（ロマ 12:16）。一方でこの語は「引き離す」ことを意味するので、Ⅱペト 3:17 は不法者の誤りによって自らの確信から引き離されないように注意する。バルナバの場合は、「**彼らの虚偽**」によってパウロとの共有理解、すなわち「福音の真理」（ガラ 2:14）から離れるように導かれた（したがって「真理から引き離されてしまいました」）。この受動態表現が不可避的な圧力を前提にしているなら、バルナバの責任は軽減されていようか。むしろこの事態を誘引したペトロの責任の重大さを強調していよう。

使徒行伝によると、エルサレム会議後のアンティオキアにおいて、パウロとバルナバはマルコを宣教旅行に同伴すべきかという問題で袂を分かつ結果となった（使15:36–41）。しかし本ペリコペによると、彼らの訣別の背後にはより根本的な異邦人宣教に関する意見の喰い違いがある（異なる意見としては、荒井 2014:326）。そしてこの問題はパウロとバルナバの関係性のみならず、パウロとアンティオキア教会の関係性に影を落としただろう（Murphy-O'Connor 1996:158）。一般に第一次宣教旅行として知られる小アジア東部の宣教活動がアンティオキア教会の権威のもとでパウロとバルナバをとおしてなされたとすれば、いわゆる第二次、第三次宣教旅行は、アンティオキア教会の権威から距離をおいたパウロ独自の裁量によるエーゲ海沿岸での宣教活動と見なすことができよう。おそらくその際、パウロは宣教の拠点をアンティオキアからエフェソへと移した。

2:14 ᵃしかし彼らが福音の真理に対して真っ直ぐ歩んでいないのを見たとき、私は皆の前でケファに言った。「ᵇもしあなたが——ユダヤ人なのに——異邦人のように（生き）、ユダヤ人のようでなく生きるなら、ᶜいかにあなたは異邦人にユダヤ人のように生きることを強いるか。」

パウロは上述のペトロらの虚偽行動に対する批判を直接話法で報告する。その導入部（2:14a）では、ガラ 2:5 で用いた「**福音の真理**」という表現が繰り返される。ガラ 2:5 でパウロは、異邦人テトスに割礼を強要する「偽兄弟」の圧力と対比して「福音の真理」に言及した。トピック #4 で言及したとおり、割礼と食事規定とはともにユダヤ民族アイデンティティの表象だ。したがってパウロにとって、食事規定という民族アイデンティティの表象を基準として異邦人キリスト者を同化（／排除）することは、諸国民に神の永遠の契約の祝福が及ぶという福音の真理から逸脱する。ここで「（**福音の真理）に対して**」と訳した前置詞 πρός は、より一般には方向性を示す「〜に向かって」を意味する（したがって岩波訳は「真理に向かって」）。しかしここでの真理はパウロが報告したエルサレム会議の合意を意識しているだろうから、その合意との関係性を指す前置詞（「〜に対して／のっとり」）との理解がより適切だろう（BDAG 875, 3e 参照）。「**真っ直ぐ歩んで**（ὀρθοποδοῦσιν = ὀρθοποδέω）」は非常に稀な動詞で、教会教父の用法もおおかたガラ 2:14 から影響を受けている。同根の形容詞（ὀρθόπους）

は「直立した」を意味する。したがってこの動詞には、「直線的に歩く」とか「正しく生きる」というニュアンスがあろう（LSJ 1249）。本節では、前ペリコペのエルサレム会議での合意（福音の真理）と整合性のある振る舞いが問題となっている（したがって「真摯に振る舞って」）。ペトロやアンティオキア教会のユダヤ人キリスト者――バルナバをも含め――は、その合意から逸脱しているとパウロは判断した。

彼はこの判断にしたがって、「**皆の前でケファに言った**（εἶπον τῷ Κηφᾷ ἔμπροσθεν πάντων）」。この「皆（πάντων）」にはこれを限定する語がない。したがってこれは、異邦人との食事を控えたユダヤ人キリスト者のみならず、アンティオキア教会の全キリスト者を指そう（したがって「教会全体を前にして」）。パウロはのちにガラ 6:1 で、罪人を回復させるための柔和な忠告の必要に言及するが（マタ 18:15–17 参照）、本節では厳しいおおやけの糾弾がある。これは大きな影響力を持つ公人への厳格な批判とも考え得るが、ペトロが異邦人から徐々に距離をとるようになったことに鑑みると（ガラ 2:12 参照）、おおやけの厳しい批判の前に個人的で柔和な忠告があったかも知れない。

この糾弾は条件法によって表現されているが、その条件節では「**異邦人のように**（ἐθνικῶς）」と「**ユダヤ人のように**（Ἰουδαϊκῶς）」という２つの副詞が、動詞の「生きる／振る舞う（ζῇς）」を対照的に修飾している。これらの副詞は新約聖書で他に使用例のない語で、ともに民族性を表現する。アレクサンドリアのクレメンスはこれら２つの副詞を対比して用い、以下のように言う。「彼は唯一の神を、ギリシャ人に対しては外国人に適したように（ἐθνικῶς）、ユダヤ人に対してはユダヤ人に適したように（Ἰουδαϊκῶς）、そして私たちに対しては霊に適したように新たに示した」（『ストロマテイス』6:5:41.『戦記』6:17;『ギリシャ哲学者列伝』7:56:6 参照）。すなわち「**あなた**（σύ）」であるペトロは「**ユダヤ人なのに**」、異邦人に特徴的で、異邦人に期待され、異邦人に適した振る舞いをしており、ユダヤ人に特徴的で、ユダヤ人に期待され、ユダヤ人に適した振る舞いをしていない。これは具体的にどのような行動を指すか。

【形態／構造／背景】で触れたように、本ペリコペでは構造的にガラ 2:12a と 14b、12b と 14c が対応している。すなわちパウロは、ペトロの行動をガラ 2:12 で報告し、ガラ 2:14 でその行動の虚偽性をそのままペ

トロへ突きつけている。したがって本箇所の直接話法前半（14b）は、ヤコブの派遣団の到着以前にペトロが異邦人と食事をともにしていたこと（12a）を指す。上述のとおり、もしアンティオキア教会で並列型会食が行われていたとすれば、少なくとも厳格なユダヤ人の視点に立つと、この食事は律法に反しており（『Tザラ』4:6）、すなわちこれは、ユダヤ人のようでなく異邦人のように振る舞うことだ。パウロは意図的に厳格な律法解釈を持ちだし、2:14bにおけるペトロの行動と2:14cにおけるペトロの行動とのあいだにある大きな矛盾を強調する。

　パウロによるペトロへの糾弾は、本節の条件法の帰結節においてクライマックスを迎える。「**ユダヤ人のように生きる**」（『イグ・マグ』10:3 参照）と訳した ἰουδαΐζειν（= ἰουδαΐζω）は、また「ユダヤ人になる」（エス・ギ 8:17;『戦記』2:454）をも意味する。上述したようにガラ 2:12b と 2:14c とが対応するなら、これは異邦人との会食を中止したことを指す。もしヤコブの派遣団が、安易に異邦人と交流しないようにと注意したなら、そしてその結果としてペトロをはじめとするユダヤ人キリスト者が異邦人との会食を中止したなら、それは異邦人キリスト者にとって、ユダヤ人キリスト者との会食に相応しくなるよう圧力をかける（**強いる** [ἀναγκάζεις]）ことと同様だ。「ユダヤ人のように生きる」ことが具体的に割礼を受けることを意味するのでないが、ペトロの行為は結果的に少なくとも一部の異邦人キリスト者に対して割礼の実施を促す圧力となっただろう（Dunn 1993:129–30; Esler 1998:137）。じつにエス・ギ 8:17 では、多くの異邦人がユダヤ人への恐れから「割礼を受けてユダヤ人になった（περιετέμοντο καὶ ἰουδάιζον）」とある。したがって、テトスへの割礼の「強要」（2:3）と異邦人キリスト者への「強要」（2:14）に同じ ἀναγκάζω という動詞が用いられているのは意図的だろう。このペトロ批判の神学的意義は次のペリコペで述べられるが、それは「福音の真理とその適用」を論ずるガラテヤ書の中核部の導入として機能している。

【解説／考察】

「共同体、アイデンティティ、安定性」
（ハックスリー『すばらしい新世界』）

　アルダス・ハックスリーはディストピア小説の傑作と評される『すばらしい新世界』（*The Brave New World*）の冒頭で、そこに描かれたユートピアの憲章を上の3語で表現した。もっとも「安定性」は圧倒的統治、「アイデンティティ」は強制的同化を意味する。これらによって実現する「共同体」には不可侵な社会階層がそびえる。この辛辣なユートピア批判は、おおよそ100年を経てもなお、あるいはなおさら——ある意味でジョージ・オーウェル著『一九八四年』とともに預言の成就として——現代の読者を惹きつけて止まない。

　この批判精神とリンクするポスト・コロニアル的感性によって、かつて Boyarin（1994:233）はパウロによるある種の普遍主義的な言説に関し、民族的差異を無視した同化の圧力——つまりユダヤ人がその民族性を放棄させられる圧力——と批判した。この視点と感性自体は私たちが注意深い読者として育むべき素養でもある。しかしその批判は、ユダヤ教の一宗派だった教会において少数の異邦人が異邦人——ガラテヤ人、フリギア人、ピシディア人、リカオニア人等——として神との信頼関係を持つ可能性をパウロが切り開こうとしていた、という重要な事情を看過していないか（浅野 2012a:212–19. 緒論 E.3 参照）。ユダヤ人の民族感情が支配的な環境において、ほんの少数の他民族出身者のアイデンティティを擁護することと、西洋社会がその圧倒的な力によってユダヤ人の尊厳を蹂躙するという、のちの教会が荷担した歴史とを混同してはならない。たとえば、戦場と化したベイルートの施設からイスラム教徒の痙性麻痺児童36人を救出したマザー・テレサの行動（1982.8.14）を、私たちはユダヤ人の尊厳を無視した帝国主義的暴力行為と結びつけるだろうか。マザー・テレサのパレスチナ人救出がユダヤ人迫害と直結しないように、パウロの異邦人擁護はユダヤ人の尊厳蹂躙に直結しない。

　ただ私たちは——上のような混同を避けなければならないが——、弱小者を擁護するために割礼をはじめとするユダヤ的特徴を相対化したパウロ

のレトリックが、反ユダヤ主義や民族差別を正当化するスローガンへとのちにすり替えられ用いられたという歴史を忘れてはならない（Stegemann 1996:293-94）。4世紀のローマ教会による異教徒排斥運動（ユリアヌス『書簡』41B;『ミソポゴン』364B）はその好例であり、それ以降これに準ずる過ちが繰り返されてきた。私たちは、生き残りのレトリックと、他者排除および暴力的同化のスローガンとを明確に区別しなければならない。そして前者を後者へと移行させた責任を自ら引き受けることによって、繰り返されてきた負の歴史を断ち切る試みに参与することが望まれる。こうして私たちは、アイデンティティの多様性を祝いつつ、それが暴力のレトリックへと変容する力に抗する。そうでなければ、「自国第一主義」のスローガンの下で、被害者を装って他者を悪魔化し、他者理解の橋でなく他者排除の壁の建設を豪語する為政者がやすやすと輩出する世界に歯止めがかからない。

　さらに現代の教会とキリスト者は、原始教会がその在り方を模索した様子から、いかなる福音伝道の姿が、多様性に富む人々に和解と理解と敬意を互いに育む場を提供し得るかを学び続けるべきだろう。それは、現代日本において多様化する教会のあり方を考察する起点ともなる。私の同僚が少年期に実際体験したケースだが、イスラム圏からのある留学生が近隣にモスクがない環境で暮らすなか、身寄りのない日本に順応しようとして、同じアブラハム宗教だという理由でキリスト教会に身を寄せたらしい。たとえば教会はこの異邦人に対してどのようにキリストの福音を体現するだろうか。

トピック #6　ΠΡΟΣΗΛΥΤΟΣ
ユダヤ教の宣教？

A.　導入

　使徒行伝は福音宣教の対象者を、ユダヤ人、ユダヤ人と血縁関係があるサマリア人、神を畏れる異邦人、そして一般の異邦人へと拡大させ、この救済論的また教会論的発展という枠組みに沿って宣教物語を最終地ローマへ向かって進める。この物語が3分の1以上進んだと

ころで、ペトロはユダヤ地方での宣教活動の報告を兼ねてエルサレム教会へ帰還する。そこで彼が神を畏れる異邦人の救いに言及すると、エルサレム教会はまずこれに戸惑った。注意深い現代の読者は、この反応に対して驚きを禁じ得ないだろう。エルサレム教会にとって異邦人の救いはまったくの想定外だったのだ。彼らはペトロの詳細な改宗報告を吟味したあとで、はじめて「そうであれば、神は異邦人にさえも (καὶ τοῖς ἔθνεσιν)、命に至る悔い改めを与えたのだ」（使 11:18）と悟った。地の果てまでの福音宣教命令（1:8）の史実性にかかわらず——史実ならばなおさら——、異邦人への無関心は興味深い。

なぜなら、宣教に熱心なキリスト教と比較してそうでないユダヤ教を劣等な宗教とする、反ユダヤ教的バイアスに立つ 19 世紀以前の議論（McKnight 1990:2 参照）に別れを告げた聖書学は、一転して第二神殿期ユダヤ教が宣教に熱心だったとの結論にいたり（Jeremias 1958:11–19; シューラー 2017:221–57）、それゆえ原始教会による宣教への高い関心の要因を、系統的に先行するユダヤ教による宣教への関心に見出してきたからだ。〈第二神殿期ユダヤ教が積極的に「魂の獲得」に関わったので、この宗教母体から派生した教会はとうぜん宣教に熱心だ〉、という論理だった。しかしこの理解は、上に示した原始教会の異邦人に関する無関心を説明し得ない。そもそもユダヤ教は積極的に宣教をしたか。

B. 第二神殿期ユダヤ教と宣教

宣教に熱心なユダヤ教を想定する学者らは、その立場を支持する証拠を第二神殿期ユダヤ教文献の内に見出した。たとえば、ベルと竜 (28, 41) はバビロン王のユダヤ教改宗に言及し、Ⅱマカバイ記（9:17）はアンティオコス 4 世のユダヤ教改宗を伝える。フィロンとヨセフスは異邦人がユダヤ教に大きな関心を示す様子を記す。「ユダヤ人だけでなく、おおよそすべての諸国民が……我々の律法の価値を認め敬意を示そうと、聖さにおいて成熟を遂げた」（『モーセ』2:17）、「ユダヤ教の諸行事はギリシャ人を大勢惹きつけ、彼らはその慣習を自らの生活に取り込んだ」（『戦記』7:3:3）。また、LXX の翻訳完成の祝いが、毎年多くの異邦人の列席によって執り行われた様子が伝えられる（『モ

ーセ』2:41)。非ユダヤ人のセネカはユダヤ教の影響力を危惧し、「この呪われた人種の慣習が全世界に受け入れられるほど今大きな影響を与えている。敗北した人種が勝利者に律法を与えた」(『神の国』6:11所収)と言ったとされる。

　しかし近年、第二神殿期ユダヤ教文献の慎重な吟味をとおして、ユダヤ教の宣教観を再考する動きがある (McKnight 1990; Goodman 1994; Bird 2010)。すなわち、上に挙げた諸国王の改宗記事は、列強支配に喘ぐユダヤ人の抵抗テクストであり、当然史実に反する。これらの改宗記事の焦点は、宣教の成功でなくヤハウェへの敗北であり、じつに宣教への言及はない。Feldman (1992:380–81) は、聖書のギリシャ語翻訳が積極的宣教の方策だと結論づけるが、現在では、ヘブライ語が読めないディアスポラ・ユダヤ人のために翻訳されたとの見解でほぼ一致している (秦 2006:103–41)。本注解書で幾度と言及したイザテス王の改宗物語 (『古誌』20:34–48) に何らかの史実性があったにせよ、それは宣教者による改宗活動の結果でない。むしろヨセフスは、被支配民に対する強制的改宗に消極的だった (『自伝』112–13, 『戦記』2:454)。たしかにユダヤ教へ関心をよせる異邦人がいたことは、セネカ伝承等に鑑みると、上のヨセフスやフィロンの著しく誇張された記事からさえも否定することはできなかろう。しかしこれらを宣教の結果とは判断しかねる。おそらく、ユダヤ教の博愛主義に惹かれる異邦人はいただろう (トビ 1:8)。コロサイから西へ約 50 キロに位置するアフロディシアスで発掘された碑文には、ユダヤ会堂に隣接する救済施設建設に資金援助をした 44 名の異邦人が、「そして以下の神を畏れる人々……(ΚΑΙ ΟΣΟΙ ΘΕΟΣΕΒΙΣ ...)」として紹介されている (Tannenbaum 1986:54–57)。もちろん博愛主義は、とくに現代の宣教学において効果的な宣教手段と言えようが、これはむしろもてなしというユダヤ教的慣習として捉えるべきだろう (トピック #12)。これらのテクストから、ユダヤ教が異邦人を改宗させようとする明らかな意図は伝わらない。ユダヤ教へ関心を抱く異邦人がいたとしても、またその中でイザテス王のように割礼を受けてユダヤ人となる者がいたとしても、それは民族境界線上で一般に想定される偶発的な出来事以上のものでない。換言すると、路傍に立って異邦人に対して説教をしつ

アフロディシアス出土のユダヤ人会堂の柱
(この側面に資金援助者の名が刻まれている)

つ改宗を迫るという類の宣教を、第二神殿期ユダヤ教の文献に見出すことはできない。

C. ユダヤ教の宣教観と原始教会の宣教

上の結果は、まさに使11章の原始教会に見られる異邦人宣教への無関心に繋がる。おそらくこの無関心は、第二神殿期ユダヤ教の宣教観（の欠如）を継承したのだろう。このような宗教社会的背景にあって、パウロの異邦人宣教は著しく斬新と言わざるを得ない。彼の異邦人宣教が、創12–17章に見られる神とアブラハムのあいだに結ばれた永遠の契約を根拠としていようが、その宣教の原動力は、神の子を異邦人に宣べ伝えるという大義を受けた啓示体験に見出すことがもっとも自然と思われる（緒論E.3）。

じつは後1世紀のユダヤ人による積極的な改宗活動を仄めかす資料が1つだけある。イエスはファリサイ派教師を非難しつつ、彼らが「改宗者を1人つくろうとして、海と陸を巡り歩く……」（マタ23:15）と述べる。「海と陸を巡り歩く」という句が誇張表現であるにしても、積極的な改宗者獲得活動への言及に違いない。しかしこれは、おそらくファリサイ派の律法解釈をユダヤ人のあいだに広める活動を指している（Goodman 1994:69–72; Davies & Allison 2004:288; Luz 2005:117–18）。厳格な律法解釈によってユダヤ教刷新を望んだファリサイ派の熱意は、異邦人改宗でなく同族ユダヤ人の信仰刷新へと向けられていた。

それならば、使15:1, 5に登場するファリサイ派出身のキリスト者らがパウロの宣教に反対する様子は、上のファリサイ派教師の活動の延長にあると言えよう。ただこの場合は、同胞のユダヤ人に対する律法遵守の厳格化でなく、パウロの宣教によって拡大したナザレ派（教

トピック6　ユダヤ教の宣教？

会）における律法遵守の厳格化だ。この考察をさらに進めるなら、パウロの反対者はまさにこれらのファリサイ派出身のユダヤ人キリスト者か、それと同様の動機に動かされたユダヤ人キリスト者と言えよう。それならばこれらの反対者は、パウロと異なるスタイルの異邦人宣教を行うユダヤ人キリスト者というのでなく——ユダヤ人らは一般に異邦人宣教を考えなかったので——、パウロとその同労者らによって拡大する好意的異邦人を対象としてユダヤ律法の重要性を教えるべく海と陸を巡り歩いた、特別なタスク・フォースと理解すべきか。

第Ⅲ部
福音の真理とその適用
(2:15–6:10)

A．導入：信頼性による義（2:15–21）

【翻訳】

《逐語訳》

^{2:15} 私たちは自然にユダヤ人で、異邦人からの罪人でない。¹⁶〈しかし〉人はイエス・キリストの信頼性をとおして以外、律法の行いゆえに義とされないと私たちは知り、私たちもキリスト・イエスを信じた。それは律法の行いゆえでなく、キリストの信頼性ゆえに義とされるためだ。律法の行いゆえにあらゆる肉が義とされないからだ。¹⁷ しかし、もしキリストにあって義とされることを求めながら、私たち自身まで罪人であると見なされれば、キリストは罪の給仕か。決してそれが起こらないように。¹⁸ なぜなら、もし私が破壊したもの、これらをまた建てるなら、私は自分自身を違反者と証明するからだ。¹⁹ なぜなら、私は律法をとおして律法に対して死んだが、それは神に対して生きるためだ。私はキリストとともに十字架につけられてしまっている。²⁰ つまり、もはやこの私が生きておらず、私の内にキリストが生きている。私が今肉の内に生きているもの、それを私は、私を愛し私のために自分を引き渡した神の子の信頼性によ

《自然訳》

^{2:15} 私たちは生まれながらのユダヤ人であり、異邦人のような罪人ではありません。¹⁶ しかし、人はイエス・キリストが為した誠実な業をとおしてでなければ、律法の行いのみでは義とされないと知って、私たちもキリスト・イエスを信じたのです。それは律法の行いでなく、キリストの誠実な業によって義とされるためです。なぜなら「律法の行いによってはだれ1人として義とされない」とあるからです。¹⁷ さらに、もしキリストにおいて義とされることを求めながら、私たち自身までが罪人だと判明するなら、キリストは罪の食卓の給仕となるでしょうか。決してそのようなことはありません。¹⁸ なぜなら、もし私がすでに打ち壊したものをふたたび建て上げるなら、私は自分自身を違反者だと立証することになるからです。¹⁹ それというのも、私は神に対して生きるために、律法の基準にしたがって律法に対して死んだからです。つまり私は、キリストとともに十字架につけられてしまっているのです。²⁰ ですから、もはやこの私が生きているのでなく、私の内にキリストが生きているのです。私が今肉体において生きるこの命を、私は、私を愛し、私のためにご自身を捧げて下さった神の御子の誠実な業によって

211

って生きている。²¹ 私は神の恵みを無効にしない。なぜなら、もし義が律法をとおしてなら、キリストは無駄に死んだからだ。

生きているのです。²¹ 私はこの神の恵みを無駄にしません。それは、もし義が律法をとおして得られるなら、キリストが無駄に死んだことになるからです。

2:16　重要な異本で弱い逆接の接続詞 δέ が欠損している（𝔓⁴⁶, A, D², K, P, Ψ等）。これは、前節と本節との関連性を見出さなかった写字生による編集か。この編集はガラ 2:15 が 2:14 とより強く繋がるか、あるいは 2:16 とより強く繋がるかを曖昧にしている。パウロのペトロ批判（ガラ 2:14）がどこで終了するか、現代の注解者のあいだでも意見が分かれる。

【形態／構造／背景】

汽水域が淡水と海水との境界に位置するように、本ペリコペは歴史的叙述と神学議論とを結ぶその中間にある。このメタファをもう少し進めるなら、真水でもなく濃塩水でもない汽水域の曖昧さが独特の生態系を生み出し維持するように、やはり境界が曖昧な本ペリコペではパウロに特徴的で非常に重要な神学用語がいくつか生成される。

曖昧さを印象づける要因が２つある。１つはギリシャ語構文だ。ギリシャ語には日本語の「カギ括弧」に相当する引用記号がないので、とくに直接話法がどこで終了するか明白でない。したがって、先行するペリコペの最終節（2:14）に見られるパウロによるペトロ批判が、はたしてガラ 2:14 だけで完結するか、本ペリコペ全体（2:15–21）をも含むか議論が分かれる（前者は Betz 1979; Longenecker 1990 等、後者は Lightfoot 1887; Schlier 1965 等）。上の本文上の問題もこれと関連する。もっともパウロの実際のペトロ糾弾が、ガラ 2:14 後半の 14 語で終了するような淡泊なものだったと考えるのは、あまりに非現実的だ。パウロのペトロ批判には、ガラ 2:15–21 のような福音の核心的内容が含まれていたことは十分に考え得る。したがって本ペリコペは、ペトロ批判の一部とも見なされ得る。しかしその内容は、むしろガラテヤ書後半で展開する主題を要約しながら、その導入の役割を果たしている。それならパウロは、本ペリコペに二重意図（double entendre）を持たせつつ、第１部（歴史的叙述部）と後半との橋渡しとしているとも考え得る（Betz 1979:114）。もう１つは神学的主題の提

示方法だ。パウロは本ペリコペで、キリスト論や救済論に関わる重要な言説と1人称単数の「私」の体験とを密接に編み上げている。ここに歴史的出来事と神学的議論とが合流している。

本ペリコペが第Ⅲ部の「導入」なら、それはどの範囲の導入か。Longenecker（1990:82–83）は本ペリコペの主題をガラ3–4章の内に見出し、これら2章分の導入と考える。彼は修辞的構成を念頭に置いており、本ペリコペが提題部（*propositio*：ガラ2:15–21）なら、それが論証部（*probatio*：ガラ3:1–4:31）の導入として機能するという原則に捕らわれすぎているようだ。しかしガラ2:17–20では、義とされた者の在り方についても語られ始めており、その主題はむしろガラ5–6章の奨励部（*exhortatio*）の関心事に近い。したがって本ペリコペはガラ3–4章と5–6章の両方を覆う部分の導入と考えることができよう。パウロはガラ2:15で「律法の行い」の問題が民族性への固執とそこから派生する他民族蔑視だという点を議論の導入とし、ガラ2:16で神の義を享受する手段を「律法の行い」でなく「信頼性」だと論ずる。それに続くガラ2:17–21は3つの条件法からなっており（2:17, 18, 21）、ガラ2:16の立証として機能している。なお、ガラ2:17, 21の条件文ではそれぞれ、〈キリストは罪に仕えるか？〉また〈キリストの死は無駄死にか？〉と問いかけ、それらに対する応答が「否」であることを前提としている。しかしガラ2:18の条件文が導く「パウロは違反者か？」という問いの解は他の2つほど自明でないので、ガラ2:19–20による解説が付加されている。本ペリコペのアウトラインは以下のとおりである。

1. 律法と民族性（2:15）
2. 信頼性による義（2:16）
   a. 律法の行いと信頼性（2:16a）
   b. 信頼の重要性（2:16b）
   c. 律法の行いでなく信頼性による義（2:16c）
   d. 律法の行いによる不義（2:16d）
3. 「信頼性による義」の根拠（2:17–21）
   a. キリストは罪に仕えるか（2:17）
   b. パウロは違反者か（2:18–20）
      i. 律法の行いを否むパウロ（2:18）
      ii. 十字架につけられたパウロ（2:19）

iii. キリストが内に生きるパウロ（2:20）
    c. キリストは無駄死にしたか（2:21）

【注解】

2:15 私たちは自然にユダヤ人で、異邦人からの罪人でない。

　パウロは前節（ガラ 2:14）でペトロを批判したことにより、読者に対して、ユダヤ民族アイデンティティを象徴する律法の遵守を条件とする福音が、結果的に異邦人を教会において二義的で非正規な存在へ貶めることを印象づけた（トピック #5）。そのような福音の背景には、「私たちは自然にユダヤ人で、異邦人からの罪人でない」という認識が厳然としてある。すなわち本節は、異邦人の使徒パウロの考えでなく、改宗以前のパウロ、そしてペトロをはじめとするアンティオキアのユダヤ人キリスト者の考えを反映している。Lightfoot（1887:115）はこの句に、ユダヤ人キリスト者に対するパウロの皮肉が込められていると論ずる。このような民族意識がアンティオキア事件を引き起こし、今反対者の活動に動機を与えている。

　「**ユダヤ人**（Ἰουδαῖοι）」は民族的帰属を示す形容詞の名詞的用法だが、歴史的にユダヤの地に定着したイスラエルの民を指す（トピック #17）。彼らはその宗教を民族アイデンティティの主要な象徴——民族意識の顕現要素——としたので、「ユダヤ人」はモーセ律法と預言者の伝承に依拠する思想や慣習によって定義される集団とその成員を指す（BDAG 478）。もっともこの定義には割礼を受けた改宗者も含まれるので、より狭義の民族性を強調する「生粋の」という意味で「**自然に**（φύσει）」（φύσις：出生によって決定される条件）という修飾語が付加されている（フィリ 3:4-6 参照、したがって「生まれながらの」）。神の子（イエス）が「律法の下へ産まれた」（4:4）という場合、これは民族宗教を規定する律法体制あるいはその共同体の中に誕生したという意味で、生粋のユダヤ人だ。異邦人はたしかに割礼を受けることによって「ユダヤ人になる」（エス・ギ 8:17）が、それでも彼らは特定の文脈（たとえば祭司家族の婚姻）で生粋のユダヤ人と区別され続けた（Porton 1994:16-31）。

　「**異邦人**（ἐθνῶν）」（とそれに同化しあるいは荷担するユダヤ人）と「**罪人**（ἁμαρτωλοί）」を結びつけることは、ユダヤ人の世界観において一般だっ

た。たとえば、アンティオコス軍に対して抵抗したユダヤ人は、「怒りをもって罪人（ἁμαρτωλούς）を討ち、律法を持たない者ら（ἀνόμους）を憤りをもって打ち倒した」（Ⅰマカ 2:44.『ソロ詩』1:8; 2:3, 12; 15:8, 10; 17:11, 18 参照）。イエスを十字架につけたローマ人は「罪人（ἁμαρτωλῶν）」（ルカ 24:7）であり「律法を持たない者ら（ἀνόμων）」（使 2:23）である（ロマ 2:12–16; Ⅰコリ 9:21 参照）。これらの表現によると、神との契約の外にあって律法を持たない異邦人は、それゆえ「罪人」と見なされた。この場合の「罪人」とは、偶像崇拝ゆえに儀礼的に不浄なだけでなく、おそらく道徳的にも退廃しているという認識を反映している（Hayes 2002:193; Ⅰテサ 4:5 参照）。もっともユダヤ人のあいだで、神への不従順がより普遍的な人類の問題だという認識（詩 14:1–3; 53:2–4; コヘ 7:20）があることに鑑みると、異邦人を特定して「罪人」と表現することの背景には、定義上、律法を持たずに律法体制の外にいる異邦人に対する民族的蔑視の姿勢があろう。

「罪人」はまた、ユダヤ人であっても律法を守ることをしない、あるいは（おうおうにして経済的な理由で）できないがゆえに、神の律法を捨てて契約の共同体の外にいると見なされる「地の民（עַם־הָאָרֶץ アム・ハ＝アレツ）」、すなわち異邦人と同等に見なされる人をも指す（マコ 2:15–17// マタ 9:10–13// ルカ 5:29–32; ルカ 15:1–2 参照; Davies & Allison 1991:II:100–01; Sanders 1983b:5–36 参照）。イエス伝承は、イエスがこれらの「罪人」と意識的に会食をしたことを伝えており、原始教会は罪人との食事をキリストの福音――イエスの宣教（マコ 2:16–17）――の重要な特徴として記憶した。もし Lightfoot が上で述べるように、本節の内容にパウロの皮肉が込められているとすれば、それはたんなる皮肉以上に、〈イエスとともに罪人と食事をした弟子ペテロが今罪人との食事を拒んだ〉という痛烈な批判だろう。この民族性への固執によって特徴づけられる世界観は、パウロの福音と真っ向から対立するもので、後続する節において提示されるパウロによる福音の核心と明らかな対比をなす。

2:16 ᵃ〈しかし〉人はイエス・キリストの信頼性をとおして以外、律法の行いゆえに義とされないと私たちは知り、ᵇ私たちもキリスト・イエスを信じた。ᶜそれは律法の行いゆえでなく、キリストの信頼性ゆえに義とされるためだ。ᵈ律法の行いゆえにあらゆる肉が義とされないからだ。

本節はガラテヤ書において、いわゆる「信仰義認」を論ずる際に中心となる箇所だ。それを「**私たちは知り** (εἰδότες)」と言う場合、この1人称複数分詞には誰が含まれるか。本ペリコペが神学的説明部の導入だとしても、パウロはペトロへの反論という体裁をガラ 2:14 から継承しているので、「私たち」は究極的に「教会全体」(2:14) のうちパウロが批判を向けるユダヤ人キリスト者を指すだろう（Betz 1979:115–18 参照）。それならばとくに本節の前半は、パウロをはじめユダヤ人キリスト者が前提とする思想であり、これを起点としてパウロに特徴的な議論が展開されることになる。この理解に立って、「**以外** (ἐὰν μή)」という接続句の意味は判断されなければならない。ただその前に、本節において——またパウロ神学全体にとって——重要な3つの語句の意味を確認する必要がある。すなわち、「イエス・キリストの信頼性」、「律法の行い」、そして「義」である。

「**イエス・キリストの信頼性** (πίστεως Ἰησοῦ Χριστοῦ)」という表現は、研究者のあいだで理解が異なる。伝統的にこの句は「イエス・キリストへの信仰」と訳されてきており、今でもこの解釈が広く支持される（口語訳、フランシスコ会訳、新改訳、新共同訳、岩波訳[30]）。この解釈において「キリストへの（に対する）」と訳される属格名詞は、キリストが「信頼／信仰 (πίστις)」の目的語となるという意味で、目的語属格と称される——つまり、〈私たちがキリストを信仰する〉。一方で近年では、この語句を「キリストの信仰／誠実さ」と理解する立場がかなり広く支持を得ている（Hooker 1990; Hays 2002; 田川 2007:166–73 等）[31]。この場合の「キリストの」は、信仰／誠実さを持つ主体を指す主語なので、主語属格と称される——つまり、〈キリストが持つ（示す）信仰／誠実さ〉である。このように解釈の幅があることは、「信仰／信頼」と訳されがちな語が本来より広く一般的な「信頼性」という概念を指す語として用いられていた背景がある。パウロと同時代のギリシャ語とラテン語の両方で、この語 (πίστις / fides) は関係性構築と維持のための主要素と理解されていた（Morgan 2015:19, 29, 75–76）。これはパウロが用いる「義」という語が、基本的に神と人との正

---

30 もっとも岩波訳は「イエス・キリストの信仰」という訳の可能性を脚注に示す。日本聖書協会の新訳（2018年刊行予定）は、「真実」をも採用することになっている。
31 両方の立場とそれらを支持する二次文献については、田川 2009:141–42; 吉田 2014:653–76; 太田 2014:481–500; 原口 2015:76–94 を見よ。

しい関係性を指していることと深く関わる。すなわち、信頼は義の構築と維持のための主要素である（Gräbe 2006:115）。時代的に先行するテサロニケ両書でπίστιςがキリストと結びつくことはないが、ガラテヤ書で両語が結びつき「キリストの信頼性」となると、それは（a）信頼に値するというキリストの品性（キリストの誠実さ）、（b）その品性の体現としての行動や姿勢（キリストの誠実な業）、（c）キリストが信頼に足ると確信し依存する人の態度（キリストへの信頼／信仰）というイメージを読者に対して発する。文脈によっていずれかが優勢となり、ときとして限定的となろうが、ここでは基本的に、キリスト（の出来事）に起因する「信頼性」という多義的な表現と理解しよう（Witherington 1994:270; Morgan 2015:272. さらにトピック#7を見よ）。ちなみに（a）と（b）とについては、「私たちの諸罪過のために自分を与えた」（ガラ1:4. 4:4-5参照）がその内容を示し、（c）については「アブラハムは神を信頼した」（3:6）がその模範となっている。

　これと相反する「律法の行い（ἐξ ἔργων νόμου）」とは何を指すか（詳しくはトピック#8）。この特徴的な表現はLXXにない。たとえばBultmann（1968:262-69）は、これを律法が人に促す自己救済（実存追求）のための人間的努力と解するが、パウロも彼と同時代のユダヤ人も律法をそのように理解しておらず（トピック#9）、これは実存主義の視点に立ったテクストの現代的適用と捉えるべきだろう。もっとも自然な意味は、律法がイスラエルの民に従うよう求める諸規則だろう。これらの諸規則は、神の恵みによってその契約の内にあるイスラエルの民が、契約の内で契約の民として正しく機能するための決まり事だ。ただ、それならば「律法／掟／戒め」と言えば済む。長いあいだこの語句はパウロに特徴的な表現（造語）と考えられてきたが、死海文書の発見によって新たな解釈の道が開かれた。パウロから約150年遡る「いくつかの律法の行い（ミクツァト・マアセー・ハ＝トーラー）」（4QMMT）という義の教師からエルサレム指導者へ宛てられた論難文書は、クムラン教団の律法解釈の正しさを主張し（とくに犠牲、浄さ、婚姻等の規定）、エルサレムの邪悪な勢力から自らを分離している（VanderKam & Flint 2002:351-52）。その特徴は、共同体の排他的な正当性を律法の正しい解釈の独占によって主張することだ。社会学的には、真理独占は共同体アイデンティティを強化し維持する有用な方策である（浅野2012a:73）。たとえば『ディダケー』は、断食の適切な実施日を根拠

に、ユダヤ教一般に対してキリスト共同体の正当性を主張した。すなわち「偽善者とともに断食を守ってはならない。なぜなら彼らは月曜日と木曜日に断食するが、あなた方は水曜日と金曜日に断食すべきだからだ」（『ディダ』8:1）。これは、真理追究を装いつつも、他者否定による自己正当化のレトリックにほかならない。ユダヤ人パウロは律法自体に関して、それを契約の民が生きるべき神からの指針として肯定的に受け止めているが、エルサレム会議（ガラ 2:1–10）とアンティオキア事件（2:11–14）が示すとおり、それが異邦人を排除するレトリックとして用いられることに対して抵抗した。すなわち「律法の行い」とは、ユダヤ民族性を根拠とした神の占有と他民族の排除が背景にある律法諸規定への固執を指し、とくにガラテヤ書では割礼と食事規定とに焦点が置かれている。「律法の行い」は神が約束した契約の祝福を単一のユダヤ民族が独占することを保証するので、イスラエルをとおして諸国民に祝福が至るという本来の救済目的（創 12:2; 17:4–6）を損ねることになる。パウロはのちに、これを律法への奢り（καυχήμα, καυκάομαι）と表現して詳述することになる（ロマ 2:17, 23）。

「義」とその同根語「義とする（**義とされる**）」は、新約聖書においてパウロに特徴的な語と言えよう（表参照）。ギリシャ語本来のニュアンスは、個人の行動の規範であり、また法廷の文脈で法律用語として用いられる。たとえばアリストテレスは、「法に従わない者は不義であり、法に従う者は義である（ὁ δὲ νόμιμος δίκαιος）。すべての法に適う事柄は義である」（『ニコマコス倫理』1129b [5:1]）と説明する。

ユダヤ教的な感性においても、「義（צְדָקָה, δικαιοσύνη）」は神の裁きという文脈において法律用語として用いられる。したがって申 25:1 は、「2 人のあいだに争いが生じ……法廷に出頭するなら、正しい者（הַצַּדִּיק, τὸν δίκαιον）を無罪とし……なければならない」（出 23:7; 詩 50:6; イザ 43:26; ミカ 6:11 をも見よ）と記す。もっともユダヤ教伝承において「義」には、虐げられた民へ救いをもたらす慈悲、誠実さ等の意味が含まれている（申 32:4; 詩 82:3; ホセ 2:21）。したがってホセ 2:21 は不義な者への憐れみと慈

	パウロ	新約聖書
δικαιοσύνη（義）	57	91
δικαιόω（義とする、見なす）	27	39
δικαίωμα（要求、正しい行い）	5	10
δικαίωσις（義 [認]）	2	2
δικαιοκρισία（正しい裁き）	1	1

しみを「義」と並列させ、「私は、あなたととこしえの契りを結ぶ。……正義と公平を与え、慈しみ憐れむ」と記す。この「義」に関する理解の背景には、神がアブラハムと結んだ永遠の契約があり、この契約関係における誠実な姿勢が「義」と表される (*TDNT* II:195)。したがってクムラン共同体の契約者もこの理解に倣い、「神は私をその恵みによって傍らへ導き、その慈悲によって私に義を与える」(1QS11:13) と述べる。さらに知 15:3 は「あなたを知ることこそがまったき義です」とする。上で「信頼性 (πίστις)」が関係性の構築と維持のための主要素だと述べたことが、これと符合する。「信頼性による義」とは、良好な契約関係を開始しそれを維持することが、関係を結ぶ両者の信頼性に依拠していることであり、「キリストの信頼性による義」とは、キリストの誠実な業によって神との良好な関係性へと迎え入れられることを意味し得る。「義」の関係性というニュアンスに注目するなら、神は「義とする」のか「義と見なす」のかという従来の議論の意義が薄れる。神の一方的な恩寵によって人は神との関係性に入るが、恩寵による関係性において人はその恩寵に応答することが期待されるからだ (Dunn 1998:4 章参照)。

　ここまでで、本節を理解するために不可欠な 3 つの語句の意味を確認した。パウロはこれらを 3 度繰り返しつつ、義に関する彼の立場の正しさを立証しようと試みる。まず「**人はイエス・キリストの信頼性をとおして以外、律法の行いゆえに義とされないと私たちは知り**」(ガラ 2:16a) と述べ、議論を開始する。既述のとおり「**私たちは**」とはパウロとペトロをはじめとするユダヤ人キリスト者を指す。「**人は** (ἄνθρωπος)」という一般的な語をこの命題の主語として明記することで、この議論が最終的にユダヤ人のみならず異邦人にも関わる、より普遍的命題へ移行することを予感させる。この命題の真意を理解するためには、接続表現「**～以外** (ἐὰν μή)」の意味が重要となる。多くの注解者はこれを逆接の接続句とし (Betz 1979:117; Martyn 1997:250–51)、「律法の行いでなく信頼性」と解する。もっとも ἐὰν μή は限定条件としても理解でき、その場合は「律法の行いだけでなく信頼性も」となる。ガラ 1:7, 19 ではむしろこの後者の意味で ἐὰν μή を捉えた。のちにパウロはより明らかな仕方で唯一性 (あれかこれか) を示す表現を用いることができるのに (2:16c)、なぜ 2:16a では唯一性とも補完性 (あれもこれも) ともとれる曖昧な表現を用いるか。おそら

〈パウロは、ユダヤ人キリスト者のあいだで前提となっていた〈あれもこれも〉という命題（2:16a）を彼独自の議論の起点として用い、最終的にそれは〈あれもこれも〉でなく〈あれかこれか〉だという結論を 2:16c で導き出そうとしたのだろう（Das 2003:31–32. したがって「律法の行いの.み.では義とされない」）。すなわち、当初は「律法と信頼性」であった命題を、パウロは「律法の行いでなく信頼性」という命題として理解し、それを明らかな仕方で言い換えた。

　上の「知り（εἰδότες）」という分詞は結果を導いており、それゆえ具体的な改宗の行為「**私たちもキリスト・イエスを信じた**」（ガラ 2:16b）がこれに続く。それはパウロにとって神の子が一方的に啓示される体験であり、それを「恵み」と述べた（1:15–16）。おそらくパウロは、ペテロ自身からも神の恵みによる改宗の体験を聞いただろう（1:18）。ユダヤ人である両者（「私たち」）も、神の恵みに応答してキリスト・イエスへ信頼を置いた。当然ユダヤ人キリスト者は、〈だから異邦人も律法遵守をとおしてユダヤ人となり、キリストを信頼すべきだ〉と主張するところだが、パウロは〈ユダヤ人キリスト者の改宗においてキリストへの信頼が唯一の契機だったように、異邦人キリスト者の改宗においてもキリストへの信頼が唯一の契機であるべきだ〉と主張する。ユダヤ人キリスト者が異邦人キリスト者へ律法に頼るよう強いることは、ユダヤ民族の優位性を誇って異邦人を排除することになりかねない（すなわち、「律.法.の.行.い.」）。ちなみにガラ 2:16a では「イエス・キリスト」であったが、ここでは「キリスト・イエス」となっている。これらに何らかの意味的な差はあるか。あえてその差を強調しようとすれば、後者は「メシアであるイエス」と訳し得よう（Cranfield 1978:836–37）。この場合、パウロやペテロをはじめとするユダヤ人キリスト者の改宗が、ユダヤ教イエス派（ナザレ派）への改宗である点を浮き彫りにする。時代が経つにつれて「イエス・キリスト」という表現が固有名詞化されていったようだ（ヘブ、ヤコ、Ⅰ・Ⅱペト、黙を参照）。

　パウロは目的を示す接続詞「**（それは）〜のため（ἵνα）**」を用いてガラ 2:16a と表現の異なる命題を提示する。すなわち、ガラ 2:16a と 16b の議論の目的は、「**律法の行いゆえでなく**（οὐκ ἐξ ἔργων νόμου）、**キリストの信頼性ゆえに義とされる**」（ガラ 2:16c）という明らかな命題を示す「〜ためだ」。補完性の問題はエルサレム会議で決着がつかず、それゆえアンティ

オキア教会ではその曖昧さによって問題が露呈した。律法の行いを代表する食事規定が異邦人キリスト者を排除し、それが暗

2:16a	1. 補完性	：律法の行いとキリストの信頼性
	（唯一性	：律法の行いでなくキリストの信頼性）
		↓
2:16b	2. 特有性	：キリストの信頼性
		↓
2:16c	3. 唯一性	：律法の行いでなくキリストの信頼性
		↑↑
2:16d	聖典からの根拠	

に異邦人キリスト者への割礼を促したからだ。したがってパウロは、ペトロとアンティオキア教会全体の前で、神の義が唯一キリストの信頼性に依拠することをもっとも明らかな仕方で宣言した。

　もっともパウロは、補完性→特有性→唯一性という論理の流れ（上図）のみでは十分に説得性があると考えず、「**律法の行いゆえにあらゆる肉が義とされないからだ**」（ガラ 2:16d）というユダヤ教聖典からの根拠を挙げて上の命題を論証する。人が自ら（律法が示す）「義」に到達しない現状と、それゆえ信頼に足る神の恩寵に訴えるしかない様子はユダヤ教伝承に散見されるが（ヨブ 9:2; 詩 13:2; イザ 59:1–2）、とくに「あなたの前で生きる者だれ 1 人義とはされないからです」（LXX 詩 142:2［MT143:2］）がガラ 2:16d（とロマ 3:20）の背景にあることは明らかだ（Martyn 1997:253）。パウロは「生きる者だれ 1 人（πᾶς ζῶν）」という表現を意識的に「あらゆる肉（πᾶσα σάρξ）」と変更するが、これは「肉」の持つ民族（血縁）的ニュアンスを意識するからだろう。ユダヤ民族の優位性を象徴する「律法の行い」によっては、ユダヤ人も異邦人も神の義に近づくことができない。

2:17　しかし、もしキリストにあって義とされることを求めながら、私たち自身まで罪人であると見なされれば、キリストは罪の給仕か。決してそれが起こらないように。

　前節でパウロは人が義とされる根拠を律法の行いでなくキリストの信頼性に置いた。既述のとおり、ガラ 2:17, 18, 21 にある 3 つの条件文は、律法の行いでなく信頼性に依拠する義を支持する。冒頭の弱い逆接の接続詞「しかし（δέ）」は、前節での律法の行いによる義への反論が続いていることを示しており、反論が畳みかけられるという意味では「さらに」ほどの

意味か。この条件節では、「**義とされることを求め**」ることが前提となるが、その際に「**キリストにあって**（ἐν Χριστῷ）」という新たな修飾表現が付される。前節では義の根拠がキリストの出来事に起因する信頼性にあると述べられた。一方本節では、非常にパウロ的なこの修飾句によってキリストへの参与が強調され（トピック #10）、上の信頼関係へ組み込まれたキリスト者の義なる立場と在り方に焦点が置かれる（2:19–20; 3:25–29 参照）。

「**私たち自身まで罪人である**（καὶ αὐτοὶ ἁμαρτωλοί）」とは、前ペリコペのアンティオキア事件を指している。異邦人キリスト者との会食に対して「ヤコブからの者ら」が懸念を伝え、ペトロをはじめとするユダヤ人キリスト者らがこの食卓を離れた（ガラ 2:12）。この会食をパウロは「異邦人のように生きる」（2:14）と表現し、さらにそれを避けたペトロを「異邦人のような罪人」（2:15）という考えに取り憑かれてそこから抜け出せない者として強く批判した。この背景には、ペトロをはじめとするユダヤ人キリスト者が浄めの規定に則って、パウロが異邦人キリスト者と会食することを違反行為と判断したという事情がある。これは、キリストの信頼性によって構築された新たな関係性においてキリストのあり方に倣う行為（キリストへの参与）を罪と定めることに繋がる（2:15 注解）。

もしそうと「**見なされれば**」という条件文に続き、「**キリストは罪の給仕か**」という帰結文が疑問形で問われる。「見なされる（εὑρέθημεν = εὑρίσκω）」は観察の結果として「発見する」あるいは「確認する」ことを指す（BDAG 412）。キリストが「罪の給仕」だとは何を意味するか。パウロはここで単数形の「罪（ἁμαρτίας）」を用いるが、これは人の在り方をその肉という場をとおして支配しようとする、神に敵対する力を指す（*TDNT* II:308–13）。ガラ 1:4 では複数形の「諸罪過」というユダヤ教的な表現が用いられたが、これ以降、よりパウロ的な単数の「罪」が用いられる（ガラ 3:22. ロマ 6:15–23; 7:7–25 参照）。「給仕（διάκονος）」は、より一般には「仕える者」を意味するが（新共同訳）、ここではアンティオキアでの異邦人キリスト者との会食がパウロの念頭にあろう。〈キリストが罪人を受容し会食したように、異邦人キリスト者と食卓を交えたユダヤ人キリスト者が、浄め規定によって違反者と判断されるなら、この会食を動機付けたキリストがあたかも違反者（罪人）を生み出す「罪の食卓」の給仕役を務めているかのようだ〉、という類推が設定されている。

自らの設定したこの類推に対してパウロは、「**決してそれが起こらないように**（μὴ γένοιτο）」と即座に否定する。「起こる（γίνομαι）」の希求法を用いたこのパウロに特徴的な表現（ロマ 3:4, 6, 31; 6:2, 15; 7:7, 13; 9:14; 11:1, 11; Ⅰコリ 6:15; ガラ 3:21; 6:14）は、強い否定を示す（したがって「決してそのようなことはありません」）。彼はガラ 2:16d で詩 142:2 の思想を用いつつユダヤ人一般の理解に訴えて、義が律法の行いでなくキリストの信頼性によるという理解を支持した。本節ではさらに、そうでなければキリストが罪の食卓の給仕となるという極論を提示して、キリストの信頼性のみによる義を主張している。

2:18 なぜなら、もし私が破壊したもの、これらをまた建てるなら、私は自分自身を違反者と証明するからだ。

前節に続いて、本節も条件法「もし～」によって信頼性による義を立証する。したがって「なぜなら（γάρ）」という接続詞は、これまでの議論を受けながらも、究極的には立証すべきガラ 2:16c の内容に係っている。

「私が破壊したもの（ἃ κατέλυσα）」とは何か。「破壊する（κατέλυσα = καταλύω）」は、福音書では神殿崩壊（マコ 13:2// マタ 24:2// ルカ 21:6; マコ 15:29// マタ 26:61）、他所では計画の阻止（使 5:38–39; ロマ 14:20）という意味で用いられる。Dunn (1993:143) は本節の破壊と復興のモチーフを、エレミヤの裁きと復興の主題と重ねる（1:10; 12:16–17; 24:6; 31:4, 28; 33:7）。その場合、パウロの改宗体験と預言者エレミヤの召命体験とが重なる（ガラ 1:14–15）ことも看過できない。もっとも裁き／復興の主題はエレミヤに限定されず、広く捕囚後の預言諸書が共有した（Clements 1977:49）。本ペリコペで、パウロ自身が「破壊した」と表現し得るのは、律法の行いを根拠とした義の追求だろう。それならば彼は、むしろユダヤ人の律法体制を破壊するというⅡマカバイ記の主題（2:22; 4:11.『Ⅳマカ』4:19, 24; 5:33; 7:9; 17:9 参照）を意識している。すなわち、〈パウロの教えはユダヤ人の律法体制を破壊したアンティオコス王のようだ〉という反対者らの批判を念頭に置いた表現とも考え得る（トピック #4）。当然パウロは、ユダヤ人が割礼のしるしを消し（Ⅰマカ 1:15）、豚肉を摂食すること（Ⅱマカ 6:18; 7:1 参照）を促していない。むしろ、これらの「律法の行い」によってユダヤ人が神の義を占有する一般的姿勢と義の理解を論破（破壊）し

た（ガラ 1:23 の「滅ぼそうとしていた（ἐπόρθει）」と比較せよ）。

　すでに破壊した「**これらをまた建てる**」とは、パウロが自分の主張を撤回して、エルサレム教会の「偽兄弟」をはじめとするユダヤ人キリスト者らの教えに同意することを指す。彼は、そうなると「**自分自身を違反者と証明する**」ことになると言う。パウロは他所でも、「違反者（παραβάτην）」を律法の違反者という意味で用いている（ロマ 2:25, 27. ガラ 3:19; ヤコ 2:9, 11 参照）。すなわち、パウロがその福音を撤回するなら、改宗者へ割礼を施さないことも、異邦人と食卓を共にすることも、彼を律法違反者であると「証明する／証拠立てる（συνιστάνω）」ことになる。

2:19　なぜなら、私は律法をとおして律法に対して死んだが、それは神に対して生きるためだ。私はキリストとともに十字架につけられてしまっている。

　【形態／構造／背景】で述べたように、信頼性による義を支持するため、パウロは 3 つの条件法を用いつつ、(1)「キリストは罪の給仕か？」（ガラ 2:17）、(2)「パウロは違反者か？」（2:18）、(3)「キリストの死は無駄死にか？」（2:21）と問いかける。(1) と (3) の答えが「否」であることはキリスト者すべてにとって自明だ。しかし (2) の答えが「否」かについては同程度に明白でない。したがってパウロは、ガラ 2:19-20 でこの点を明らかにしようと試みる。つまり接続詞「**なぜなら（γάρ）**」は、なぜパウロが違反者でないか、という問いの説明を導いている。

　パウロは自らの体験を「**私は律法をとおして……死んだ**」とする。「**律法をとおして（διὰ νόμου）**」とは「律法の基準にしたがって」（自然訳）ということであり、それはパウロの経験と直結する。すなわち、改宗以前のパウロの行動原理である律法解釈とそれに準ずる律法体制が裁きを実行するなら、パウロは同時代のユダヤ民族とともに律法の呪い——あるいは捕囚状態——にある（申 30:1-3, 6. ガラ 3:13 参照。トピック #9）。律法諸規定の違反は何らかの儀礼によって償われるのでユダヤ人はその共同体に留まり得るが（トピック #8）、神への不従順（死に値する罪、出 21:12-17; 22:17-19 参照）を続けたイスラエル共同体自体は呪いへと下った。したがって他所でもパウロは、死に値する違反を含む不従順を「死に相応しい」（ロマ 1:32. 6:16, 21, 23; 7:5; 8:6, 13; I コリ 15:56 参照）と述べ得る（も

っともこの後者の場合は、ユダヤ民族のみならず異邦人の窮状をも指している。Jewett 2007:190–91 参照）。しかしこの裁きの結果としての呪いである「死」は、パウロにとって「**律法に対して** (νόμῳ)」の死でもある。したがって彼は、「死」を現状からの分離や新たな次元での生き方の開始を指すメタファとして用いる（ロマ 6:2–8; コロ 2:20; 3:3）。すなわちそれは、律法体制からの解放を意味する。したがってここでは、〈従うべき律法〉と〈死ぬ対象となる律法〉とを道徳律法と儀礼律法とに分けて理解する必要はない。また律法体制からの解放は、ロマ 7 章の文脈からも明らかなように、自己完結でなく所属の変更だ。すなわち、罪の支配（ガラ 2:17）から神の支配へと所属を変更することで、それは「**神に対して生きる** (θεῷ ζήσω)」ことだ（Sanders 1983a:83–84）。

これは「私」であるパウロの体験だが、本節後半から明らかなとおり、キリストの体験をも視野に入れている。ガラ 3:13 の注解で詳述するとおり、ユダヤ人一般の視点によると、十字架につけられたイエスは違反者であってメシアであり得ない。おそらくガラ 3:13 の背後には、この批判に対する原始教会の応答があろう（Hengel 2002:178–79）。イエスは独自の律法解釈をとおして「罪人」を神の王国へと招き、それがユダヤ人指導者の目に違反と映り裁きを受けた。じつにイエスの死は「神に対して生きる」ことの結果だった。もしパウロがその律法解釈をとおして「罪人」と見なされる異邦人を契約の祝福へと招き、それが「偽兄弟」をはじめユダヤ人キリスト者の目に違反と映るなら、彼らはキリストを律法の違反者として裁いたユダヤ人指導者と同様だ。パウロを裁く基準でイエスも裁かれた。つまりパウロにとって、ガラ 2:18 の問い（「パウロは違反者か」）は、ガラ 2:17 と 2:21 の問い（「キリストは罪に仕えるか／キリストの死は無駄死にか」）と実質的に同じである。

パウロが自らの体験とキリストの受難とを重ねていることは、「**私はキリストとともに十字架につけられてしまっている** (Χριστῷ συνεσταύρωμαι)」という表現から明らかだ。パウロは本節の内容をロマ 6 章でキリストへの参与という主題として深める（トピック #10）。キリスト者はキリストとともに葬られ（ロマ 6:4）、キリストとともに十字架につけられ（6:6）、キリストとともに死んだ（6:8）。しかしこの死は、キリストの死が神に対して生きることだったように、キリスト者が神に対して生

きることに繋がる（6:10–11）。もっともローマ書では、肉の弱さゆえに罪が律法を利用して人を支配するという構図が明らかになるので（7:7–12）、人は律法に対して死ぬのでなく罪に対して死に（6:2, 11）、こうして罪から解放される（6:7）。キリストの信頼性に身を寄せるキリスト者は、こうしてキリストと運命を共有する。ガラテヤ書ではこの主題が、ともに十字架につけられるという表現によって、もっとも印象的に語られている（Ⅱコリ 4:10; フィリ 3:10 をも見よ）。この動詞「ともに十字架につける（συσταυρόω）」は文字どおりの意味で、イエスとともに磔刑に処せられた2人の強盗に対して用いられる（マコ 15:27// マタ 27:44, ヨハ 19:32）。本節では完了時制が用いられ（したがって「つけられてしまっている」）、過去の出来事の影響が現在にまで及んでいることを示す。つまり十字架体験は一回性の過去の出来事というより、十字架死の状態を「現在」においてなお保ち続けていることが強く意識されている（Dunn 1975:330–34）。キリストへの参与は、復活の命という将来のみならず（ガラ 1:1）、十字架の死という現実の共有――あるいは「神の痛みの中に融かされ、痛みにおいて彼と一つになる」（北森 2009:92）――をも意味する（ガラ 6:17. トピック #9）。同時に十字架を視野に入れたキリスト者の在り方は、弱さに寄り添うキリストの在り方に倣う生き様であり（Ⅰコリ 4:9–13; フィリ 2:5）、民族的奢りによって他者を排除する宣教と相反する。パウロは次節で、キリストへの参与の意義をさらに深める。

2:20　つまり、もはやこの私が生きておらず、私の内にキリストが生きている。私が今肉の内に生きているもの、それを私は、私を愛し私のために自分を引き渡した神の子の信頼性によって生きている。

　パウロは前節の「キリストとともに死ぬ」という主題を、本節では「キリストとともに生きる」と言い直して（したがって「**つまり**［δέ］／ですから」）、キリストへの参与という概念を深める（トピック #2.B）。まず、前節で展開した主題を「**もはやこの私が生きておらず**」と要約して本節を導入する。改宗の決定的な時点において、「私の死」が「キリストの生」へと転換した。パウロはこの決定的な救いの開始を、Ⅱコリ 5:17 では新たな創造と表現し、ロマ 6:4 ではバプテスマ典礼のモチーフによって説明する（コロ 2:11–12 参照）。もっともこれは、救いの開始であって完成でない。

前節の完了形（「十字架につけられてしまっている」）が示すとおり、終末の緊張関係（ガラ 1:4 注解）において死を今体験し続けているからだ。動詞（「私は生きる [ζῶ]」）に示唆されている 1 人称単数主格を代名詞（ἐγώ）によって明記することで（したがって「この私が」）、後出する「キリスト」との対比が鮮明となり、改宗における主体の移行が印象的に示される。これはキリスト者の没個性を意味せず、「イエスは主です」（ロマ 10:9）という信仰告白が示すとおり、所属の変更を印象づけている（前節の「神に対して生きる」を参照）。

パウロは自らの今を、「**私の内に**（ἐν ἐμοί）**キリストが生きている**」と表現する。パウロがキリストへの参与という主題に言及する場合にはこのような表現も散見されるが（ロマ 8:10; II コリ 13:5; コロ 1:27. ガラ 4:19 参照）、むしろキリスト者が「キリストの内に（ἐν Χριστῷ）」いるという表現の方が優勢で、後者はパウロ文書中 83 回用いられる（それ以外では I ペト 3:16; 5:10, 14 の 3 度のみ）。キリスト者に内在するのはむしろ聖霊だが（ロマ 8:9, 11, 15, 23）、キリストの内在と聖霊の内在とは同視され（ロマ 8:10–11）、じつに神がキリスト者の心に送るのは子（キリスト）の霊だ（ガラ 4:6. Wikenhauser 1960:53–58）。とくにキリスト（の霊）の内在は、〈アッバの祈り〉と遺産相続という主題から明らかなとおり、神との親密な関係性を促す（ロマ 8:12–17; ガラ 4:6–7）。

パウロはキリストの内在をさらに説明するため、「**私が今肉の内に生きているもの、それ（命）を私は、私を愛し私のために自分を引き渡した神の子の信頼性によって生きている**」と述べる。パウロが生きる「**今**（νῦν）」とは改宗後の現実であり、中性関係代名詞が示す「**生きているもの**（ὃ … ζῶ）」とは「生きる」対象としての命を指す。パウロはこの命を「**肉の内に**（ἐν σαρκί）」生きる。「肉」はパウロの人間論を理解するうえで重要な語だが（トピック #15）、一般に「今の世（時代）に属する部分」を意味する。パウロにとって改宗とは、この世の邪悪な影響と完全に無縁になることでなく、キリスト者は今の肉（体）においてその脆弱さを日々痛感しながら生きる。同時に「肉」は、直前のペリコペの内容に鑑みると、民族的起源をも含意していよう（ロマ 1:3; 4:1; 9:3, 5, 8; 11:14 参照）。すなわちこれは、「肉に記された永遠の契約」（創 17:13）を象徴する割礼をも含めたパウロのユダヤ人としての在り方におけるキリストの内在でもある。フィ

リ 3:4–8 において、キリストを知ることの素晴らしさと比較してユダヤ民族の誇りを否定するパウロは、キリストというアイデンティティの前ですべての民族意識が相対化されると考えるが、自らの民族性が他民族を否定しないかぎりにおいて、その民族性を否定しない。ユダヤ人はユダヤ人として、ギリシャ人はギリシャ人として、キリストの生き様に倣う。

じつにこのキリストの生き様に倣うことが、「**神の子の信頼性によって生きている**」ことの本質だ。ガラ 2:16 では、「信頼性（πίστις）」が関係性の構築と維持を保証する主要素だと説明した。この「信頼性」とは、キリストの在り様（生き様と死に様）によって示された神と人に対する誠実さで、同時にこの誠実なキリストへ信頼を抱き続ける行為を意味する。本節では、とくにガラ 2:16 を受けて、キリストが示した誠実さが主たる意味となろう。改宗による神との新たな関係性は、キリストの在り様に応答する人の生き様なので、パウロはこの在り方を「私の内にキリストが生きている」と換言することができる。

パウロは内在するキリストが示す誠実さの内容を、「**私を愛し私のために自分を引き渡した**」と説明する。とくに後半の「私のために自分を引き渡した（παραδόντος ἑαυτὸν ὑπὲρ ἐμοῦ）」というキリスト理解は、それが原始教会の古い伝承（Kramer 1966:19–44; Wengst 1972:55–77）かは別として、パウロのキリスト論の根底にある（ロマ 4:25; 8:32; ガラ 1:4. エフェ 5:2, 25; Ⅰテモ 2:6; テト 2:14;『Ⅰクレ』16:7; またⅠコリ 11:23 参照）。ガラ 1:4 はこれを「私たちの諸罪過のために自分を与えた（δόντος ἑαυτὸν ὑπὲρ τῶν ἁμαρτιῶν ἡμῶν）」として「罪」と結びつけ、キリストの引き渡しの贖罪価値を明示する（ロマ 4:25 は「違反のため」）[32]。自らを献げる献身の行為を「私を愛し（ἀγαπήσαντός με）」と並列し、愛を献身の動機としている。パウロは他所でも、キリストの献身と神に依拠する愛とを結びつけている（ロマ 5:5, 8; 8:31–39; Ⅱコリ 5:14）。

パウロはキリスト論的および救済論的に重要な本ペリコペにおいて、「私」という 1 人称単数の表現を繰り返し、その神学を非常に個人的なも

---

[32] もう1つの定型句と目される「キリストは～のために死んだ（ἀπέθανεν ὑπέρ）」は、ロマ 5:6, 8; 14:15; Ⅰコリ 8:11; 15:3; Ⅱコリ 5:14–15; Ⅰテサ 5:10;『イグ・トラ』2:1 を見よ。この場合も、Ⅰコリ 15:3 は「罪」を明示してキリストの死の贖罪価値を教えている。

のとして提示する。それは彼の改宗が、「(神が)喜んで私の内に(ἐν ἐμοί)その子を啓示した」(ガラ 1:15–16)という非常に個人的な体験であったことに起因する。じつにパウロの神学を、彼の実体験から引き離して考えることはできない(Luz 1974:128 参照)。

2:21 私は神の恵みを無効にしない。なぜなら、もし義が律法をとおしてなら、キリストは無駄に死んだからだ。

　パウロはおそらく前節後半部を意識しつつ、「**私は神の恵みを無効にしない**」と宣言する。「恵み(χάριν)」という概念は、他者を利する姿勢やそれを動機づける品性を指す場合があるので、「恵み、好意」と訳される(BDAG 1079–80)。ガラテヤ書では、「恵み」がガラテヤ信徒の改宗(1:6)やパウロの改宗(1:15)を促す神の動機として、またパウロに与えられた異邦人宣教という神による特権(2:9)として用いられている。おそらく本節でも、改宗に関わる神の好い動機(「喜んで[εὐδόκησεν]」ガラ 1:15)が意識されていよう。それならばこの「恵み」は一般的な神の恩寵という以上に、パウロがガラ 2:20 後半で述べる、愛を動機として自らを献げる神の子(に依拠する信頼性)の背後にある神の好意、すなわち契約における誠実さを指している。文法的には(アポロニウスの規則、Wallace 1996:239–40)、ある名詞を属格句が修飾する場合、その名詞には冠詞が付されることが一般だ(したがって「神の恵み[τὴν χάριν τοῦ θεοῦ]」)。もっともここでの冠詞(τήν)は、その指示語としての役割を看過することはできず、それは前節後半を指していよう(したがって「この神の恵み」)。

　パウロはこの恵みを「**無効にしない**」。「無効にする(ἀθετῶ)」は、条約や契約や遺言を失効させたり破棄することを意味する法律用語だ(BDAG 21)。たとえば、デメトリオス王はユダヤ人に対して税免除等の取り決めが取り消され(ἀθετηθήσεται)ないと宣言した(Ⅰマカ 11:36. Ⅱマカ 13:25; ガラ 3:15; ヘブ 10:28 参照)。ヘロデ王は洗礼者ヨハネに関する娘サロメへの約束を客人の手前もあり蔑ろにし(ἀθετῆσαι)なかった(マコ 6:26)。パウロにとってこの恵みを失効させることは、彼自身のキリスト者としての開始、キリスト者としての在り方、さらに異邦人の使徒としての務めを否定することになる。本ペリコペは、律法の行いでなく信頼性に依拠した義を弁護するための導入ではあるが、Betz(1979:114)が提題(*propositio*)

の特徴として挙げる「教理の簡潔な定型句的要約」には収まりきらない、非常に個人的な体験に依拠した証言（2:16, 19, 20, 21）によって全体が支えられている。それは、ガラテヤ書における弁護の究極的な証拠が、神の恵みによって改宗し異邦人宣教に従事するパウロの姿であり、聖霊の促しによってキリストに倣うパウロの在り様だからだ。

パウロは本ペリコペの終わりに、「信頼性による義」の３つ目の根拠を提示する。接続詞の「**なぜなら**（γάρ）」は、本節前半の「無効にしない」理由を導入する（Longenecker 1990:95）とも考えられるが、本節前半と後半との因果関係は強くない。むしろパウロはこれまでの議論の流れを受けつつ、とくにガラ 2:16c で提示された「律法の行いでなく信頼性による義」の第３の根拠をこの接続詞によって導入していよう。

第３の条件法の条件節は、「**もし義が律法をとおしてなら**」である。ここでは「律法をとおして（διὰ νόμου）」であって「律法ゆえ（ἐκ νόμου）」(2:16) でない。前者は律法を手段とし、後者は律法を根拠とするが、ここでその違いをことさら重視する必要はなかろう。ガラ 2:16 では、信頼性に関してこれら２つの前置詞がほぼ同義語として用いられている（信頼性をとおして≒信頼性ゆえに）。ここでパウロは「律法」という語を用いるが、彼がユダヤ律法全体を否定的に捉えていないことはすでに述べた（さらに、トピック #8 参照）。おそらくパウロは、ガラ 2:16 からの議論の流れに沿って、「律法の行い」という意味でこれを用いているだろう。すなわちそれは、ユダヤ民族の神との関係性を保証する律法の諸規定であり、その宗教文化的な固執によって諸国民を神の義から排除する姿勢が念頭にある。のちにローマ書では、この姿勢が「律法の誇り」と言い換えられる（ロマ 2:17–29 参照）。

もし義がこのような民族的で排他的な律法規定への固執に依拠するなら、「**キリストは無駄に死んだ**」ことになる。「無駄に（δωρεάν）」という副詞は、「賜物、戦利品（δωρεά）」の対格が慣用的に副詞として用いられているもので、「無償で」（マタ 10:8; ロマ 3:24; Ⅱコリ 11:7; Ⅱテサ 3:8）あるいは「理由なく、目的なく」（ヨハ 15:25）という意味を持つ。本節では文脈から後者であることは明らかだが、義が律法の行いに依拠するなら、なぜキリストは無駄に死んだことになるか。ガラ 2:17, 18 に見られる２つの条件法は、いずれもアンティオキア事件における異邦人との会食を念頭に

置いていた。キリストの生き様に倣う異邦人の受容が、異邦人との会食の動機付けとなった。じつにパウロにとってこの生き様のクライマックスである十字架（死）は、異邦人受容のために支払われた代価だった。もし律法の行いという基準によって異邦人キリスト者を二義的な存在へと貶めて排除するなら（トピック#5）、キリストの死の意味がなくなり、それは無駄死にとなる。

　キリストの信頼性と律法とによる義というユダヤ人キリスト者の共通理解を起点としつつも、パウロはアンティオキア事件（とエルサレム会議）を念頭に置きつつ、最終的にキリストの信頼性のみによる義という結論に至る。もしユダヤ人キリスト者の一部にとってこれが受け入れがたい結論だったとしても、ガラテヤ信徒らにとっては十分に説得性がある帰結だとパウロは考えたことだろう。

【解説／考察】

　ハリカルナッソスのディオニュシオスは、「歴史は類例によってなる（ἐκ παραδειγμάτων）哲学だ」（『修辞法』11:2:19）と言った。同様に、パウロの歴史叙述も彼の体験的類例によってなる神学だと言えよう。したがってパウロは、ガラ 1:10–2:14 の歴史的叙述部において雄弁に彼の神学を語ってきたし、それがより神学に焦点を置くガラ 3:1–4:31（–6:10）の議論の布石を敷いた。そして分岐点にある本ペリコペでは、その神学的言説と「私」なるパウロの歴史上の体験とが入り混じる。キリスト教を特徴づける義認論のエッセンスが本ペリコペとくにガラ 2:16 に見出されるとして、読者はそこに集中するパウロ独特の表現――「律法の行い」、「キリストの信頼性」、「義」――の「正しい」理解に当然のごとく意識を向けがちだが、パウロの神学が彼の実体験と不可分だという点をも忘れてはならない。Keck（2006:112）がパウロ神学に関する論考において、「パウロにとっての決定的な主題は新たな思想でなく、十字架につけられたイエスを神が甦らせたという出来事だ」と述べる場合、パウロの改宗を促した啓示体験が彼の神学を決定的に方向づけたことを述べている。また本ペリコペから分かることは、慈愛に溢れるキリストの内在を実感させる神の霊の圧倒的な臨在、使徒としての苦しみをとおしたイエス受難の追体験、また民族

的同胞への思慕と異邦人への使徒としての召命とのあいだの葛藤等が、その神学に明らかな輪郭を刻んでいることだ。これは、パウロ神学が罪という人類の問題から始めて救済という解決に至る（窮状から解決［plight to solution］）演繹法でなく、キリストという救済者との遭遇が罪という人類の問題に至る（解決から窮状［solution to plight］）帰納法だという単純な議論でない。パウロの体験はそれ以前の思想背景によって解釈されるし、解釈された体験が形成する新たな神学は、過去の体験をいかに回顧し描写すべきかに影響を及ぼす。しかしこのスパイラルにおいて、歴史は抽象命題を抽出したあとの不純物などでなく、むしろモノクロの命題を天然色に変える。歴史的類例が命題よりも読者を効果的に行動へ駆りたてるという古代史家や修辞学者らの感性を反映して、「教訓（*praecepta*）による旅は長いが、類例（*exempla*）による旅は短く印象に残る」（『倫理書簡』1:6）とセネカが記すとおりだ。この視点によるなら、パウロを神学するとは、彼の書簡群をとおして彼が生きたキリストの生き様を追体験することと言えよう。

トピック #7　ΠΙΣΤΙΣ/*FIDES*
信頼性／信仰とキリスト

A. パウロの時代の「信頼性／信仰」

　このトピックでは、いわゆる「ピスティス・クリストゥー（πίστις Χριστοῦ）」問題、すなわちこの句に「キリストへの信仰」という伝統的な訳が充てられるべきか、あるいはこれが「キリストの信仰／誠実さ」と訳されるべきか、という問題に対して理解を深めよう。

　出発点は、「信仰／信頼」と訳されがちなギリシャ語 πίστις（とラテン語 *fides*）が、パウロの時代にどう理解されていたかという問いだ。幸いこの主題に関しては、ローマ古代史と古典文献学者として著名な Teresa Morgan (2015) の全網羅的研究が非常に有用である。古典期からローマ帝政初期のギリシャ語とラテン語の文献によると、これらの語に共通する基本的概念は、関係性――人と人、人と体制組織、人と神――を構築する際の主要素となる「信頼性」である。またこれは、

関係性構築と維持のための手段であるとともに徳として理解された。したがってこの「信頼性」は、信頼をよせるという能動的動作も、受動的に信頼されて信頼に値するという品性も含み、同時に信頼に値する者の姿勢としての「誠実/忠実」をも含意する（Morgan 2015:19, 29, 75–76）。πίστις（と fides）の用法に関してこのような理解に立つなら、それが「信仰すること」であるか「誠実さ」であるか、単語自体からはどちらが一般に優勢かという判断はできず、むしろ文脈から判断すべきこととなる。本来「信じること」という意味であったのが、のちに「誠実さ」という意味で例外的に用いられるようになった、というのではない。多様で具体的な動作や品性を含有する「信頼性」という概念が、意図的に多義的に用いられていることも十分にあり得る。したがって、πίστις に関してはまず「信頼（性）」という訳語を充て、文脈ごとにどの意味が適切か——信頼性という品性か、その品性を体現する行動か、信頼性への依存か、これらの幾つかか、これらすべてか——を判断することが、一般に適切な手順と言えよう。

B.「ピスティス・クリストゥー」

「ピスティス（πίστις）」がキリスト（あるいはそれに準ずる名詞表現）の属格と結びつくケースが新約聖書に9回あり、その内の7回がパウロ書簡に見られる。内訳は表のとおりだ。属格名詞は一般に所属を表すことから、「πίστις ＋属格のキリスト」が「キリストの信頼性」と訳されることがまず考えられる。「キリストの信頼性」とは何か。ある場合は、(1) キリストが他者へ向ける信頼の姿勢：「キリストの（神への）信頼」、(2) キリストが信頼に値するというその品性：「キリストの誠実さ」、(3) 信頼に値するという品性の体現：「キリストの誠実な業」、(4) キリストが信頼に値するというキリスト者の確信と

形態	箇所	頻度
πίστις ＋イエス・キリスト	ロマ 3:22; ガラ 2:16; 3:22	3
πίστις ＋イエス	ロマ 3:26; 黙 14:12	2
πίστις ＋キリスト	ガラ 2:16; フィリ 3:9	2
πίστις ＋神の子	ガラ 2:20	1
πίστις ＋主	ヤコ 2:1	1

依存：「キリストへの信頼」などが考えられる。(1)、(2)、(3) はキリストが主体となっているので、属格名詞のキリストが主語となるという意味で「主語属格」の用法と称される。一方で (4) はキリストがキリスト者の信頼の対象（目的）となっており、属格名詞のキリストが目的語となるという意味で「目的語属格」の用法と称される。

　この句を「キリストの誠実さ、誠実な業」と理解するなら、それは具体的に何を指すか。ガラテヤ書では、その冒頭で「私たちの罪のために自らを与える」(1:4) キリストの姿が示されており、贖罪を意識した十字架主題がその後も繰り返される (3:13; 4:4–5)。すなわち、神の救済計画（永遠の契約）における役割をキリストが遂行する誠実さ、またその誠実に遂行される（贖いの）業を意味する。また「キリストへの信仰／信頼」とするなら、それはアブラハムが寄せた神への信頼が義をもたらした（ガラ 3:6）ように、永遠の契約を成就するキリストへキリスト者が寄せる信頼が契約の祝福に至る根拠だ、という理解を前提にしている。伝統的にこの語句は、目的語属格として「キリストへの信仰（信頼）」と訳されてきた（口語訳、新共同訳、新改訳、フランシスコ会訳、岩波訳）。この伝統的理解は、カトリック教会の権威とその典礼による救済でなく個人が主体的に信仰することをとおした救済という、宗教改革の強調点（ソラ・フィデ）を反映している。これに対して、「主語属格」の用法を最初期に唱えたのは Haußleiter (1891:109–45, 205–30) である。そして近年においては Hooker (1989:321–42) や、より最近では Hays (2002:119–207) らがガラ 3:1–4:11 の物語分析において「主語属格」の正当性を詳細に論じている[33]。

　とくに伝統的理解に親しむ読者は、パウロが πίστις に関して主語属格の用法を採用する例が他にあるか、が気になる。パウロは上述の表以外に、πίστις と名詞や代名詞の属格を 24 回結びつける。その内の 20 回が「キリスト者の πίστις」、2 回が「アブラハムの πίστις」（ロマ 4:21, 16）、1 回が「信じる者の πίστις」（ロマ 4:5）、1 回が「神の πίστις」（ロマ 3:3）だ。初めの 3 つのケースが主語属格であること

---

[33] それぞれの立場を支持する学者のリストは、Hays (2002:139–91)；Morgan (2015:270–71) を見よ。

は明白だが（アブラハムやキリスト者はおおよそ信仰の対象にならない）、最後のロマ 3:3 もその文脈から、ユダヤ人の不誠実と「神の誠実」とを対比したものだと分かる。すなわちこれらはいずれも主語属格の用法である。上のロマ 4:21 の「アブラハムの πίστις」に関しては、近い文脈において、まったく同じ構文で「イエス・キリストの πίστις」が語られている（ロマ 3:22）。この場合、一方を「アブラハムの誠実さによって（ἐκ πίστεως Ἀβραάμ）」としながら、他方を「キリストへの信頼／信仰によって（ἐκ πίστεως Ἰησοῦ Χριστοῦ）」と訳すことは、不可能でないにせよ、やや違和感がある。

主語属格の「キリストの πίστις」を支持するもう 1 つの点は、同主題が不自然に反復されるという問題だ。ガラ 2:16 は以下のように πίσιτς の主題が 3 度繰り返される。

16a：人は<u>イエス・キリストの πίστις</u> をとおして以外、**律法の行い**ゆえに義とされないと私たちは知り、

16b：私たちも<u>キリスト・イエスを信じた（ἐπιστεύσαμεν）</u>。

16c：それは**律法の行い**ゆえでなく、<u>キリストの πίστις</u> ゆえに義とされるためだ。

16d：それは、**律法の行い**ゆえにだれも義とされないからだ。

16b は「信仰／信頼を置く」という動詞を用いており、これは明らかにキリスト者がキリストへ信頼を置くことだが、これを挟み込む 16a と 16c が目的語属格（「キリストへの信仰」）だとすると、文章全体の冗長さ──信じて、信じて、信じる──が否めない。むしろ、〈キリストの誠実な業によって義とされることが分かったので、キリストを信じた〉の方がより自然だ。この反復表現の問題は上記のロマ 3:22 にも当てはまる。もっとも、目的語属格が不可能というのでない。マコ 11:22 において、イエスは「神の πίστις」を持てと弟子たちに命ずる。この場合、「神への信頼を抱け」という命令と理解するのが自然だ（使 3:16 をも参照）。パウロ書簡を例にとれば、「神の熱心（ζήλος θεοῦ）」（ロマ 10:2）は文脈から、「神が持つ熱心さ」でなく信仰者が示す「神への熱心さ」だと分かる。同様に、「キリストの証言

(τὸ μαρτύριον τοῦ Χριστοῦ)」（Ⅰコリ 1:6）はキリストが証言するのでなく、「（私たちの）キリストに関する証言」である。また「キリスト・イエスの知識（τῆς γνώσεως Χριστοῦ Ἰησοῦ）」（フィリ 3:8）はキリストが持っている知識でなく、「（パウロの）キリストに関する知識」である。また、上の反復性の問題には、Dunn（1998:181–82）がある程度の説得性をもって応答している。すなわち、「キリストへの信仰」が3度繰り返されるのは、3度繰り返される「**律法の行い**」への応答であり、これら2つの句を3度対比させることによって、〈あれかこれか〉の議論を印象的に語っている、ということだ[34]。

　ここまでの考察から、「キリストの πίστις」を必ずしも伝統的な目的語属格の用法（「キリストへの信仰／信頼」）と理解する必要がないことは分かった。また最近の研究では、使徒教父文書のいくつかのテクスト（『イグ・エフェ』20:1[35];『イグ・マグ』1:1;『バルナバ』4:8;『牧者（喩え）』9:16:5）において、これを主語属格的に「キリストの誠実さ」と理解していることが指摘されている（Whitenton 2010:62–109. 原口 2015:76–89 参照）。また「彼（キリスト）の πίστις をとおして（διὰ τῆς πίστεως αὐτοῦ）」（エフェ 3:12）が、上記の7つのパウロ書簡群の語句を主語属格的表現と理解したもっとも早い証拠だとの指摘がされている（Foster 2002:75–96）。いずれにせよ、この表現を主語属格か目的語属格かいずれかの意味を指す定型句だと断言するには、証拠が少なすぎる。またこれらの表現で用いられる πίστις が無冠詞の名詞であることは、パウロが意図的に意味の領域を広げている可能性を示唆しているようだ。それならば、パウロはこの表現を多義的な意図で用い、「キリストの出来事によって生じた信頼性」（起源の属格）を意識しているとも考えられよう（Witherington 1994:270; Morgan 2015:272）。すなわち、神と人との正しい関係性（義）の構築に欠かせない信頼性が、いまキリストによってユダヤ人にも異邦人にも同じように提供された。換言すると、キリストがもたらした信頼性をとおして神の前で

34　もっとも、これがたんなる反復でないことに関しては、ガラ 2:16 の注解を見よ。
35　たとえば、『使徒教父文書』（講談社）の訳は「彼（キリスト）への信仰」とするが、『イグ・エフェ』20:1 は、その後半の構文から、おそらく主語属格的に「キリストの誠実さ」と訳されるべきだろう。

人は義という立場が付与される。この信頼性とは、キリストが神の救済計画に対して誠実であることを意味し、その誠実な業としての十字架を意味すると同時に、キリスト者がキリストとその業に信頼を置くことによって、神との関係性において誠実さを示すことが含まれている。パウロが他所で πίστις を単独で用いる際も、この意味での「信頼性」が意図されているだろう。

C. 信頼と信仰

20世紀の初頭、Hatch（1917:1–29）はユダヤ教聖典の信仰と新約聖書の信仰とを対比させ、前者を神への信頼と律法への忠誠、後者を命題への同意（propositional belief）と説明した。これは遡ると、アウグスティヌスの『三位一体論』（13:2, 5）が fides を fides quae（命題的内容）と fides qua（信頼の姿勢）とに分類したことが、おおよそアウグスティヌスの意図とは別に、その後の西洋社会に広義の二元的な視点を促すことになった。上述のとおり、fides（と πίστις）という語の本来的な中心概念は「信頼性」である。これには、関係を構築する相手に向ける信頼の姿勢が含まれるが、同時にその信頼が適切かどうかを保証する知識内容も含まれる。したがって本来、認知的（cognitive）であるとともに情緒的（affective）であり[36]、これらは不可分で一方だけでは成立しがたい（Morgan 2015:19, 29）。教義的内容と信頼性とのバランスを見失うとき、キリスト教の伝道と牧会とはあらぬ方向へ進みかねない。また一教派の信仰を定義する教義内容への行き過ぎた拘りが、キリストによって構築された関係性——神との関係性を築いた者同士の関係性——を崩すことに繋がるなら、そのとき πίστις の本来の意味がまったく見失われてしまう。

---

[36] 信頼性の情緒的な側面は、「私が今肉の内に生きているもの、それを私は、私を愛し私のために自分を引き渡した神の子の信頼性によって生きている」（ガラ 2:20）に顕著だ。

B. 福音の真理（3:1–4:31）

1. 信頼性と霊の受容（3:1–5）

【翻訳】

《逐語訳》

³:¹ あぁ、愚かなガラテヤ人らよ。あなた方に邪視を向けたのは誰か。そのあなた方へ、その目に対して、イエス・キリストが十字架に付けられている様子でおおやけに示された。² これだけはあなた方から学びたい。律法の行いゆえにあなた方は霊を受けたか、それとも信頼性のメッセージゆえか。³ それほどにあなた方は愚かなのか。霊によって始めながら、今肉によって完成しようとするか。⁴ あれほどのことを無駄に体験したか、もしじつに無駄ならば。⁵ あなた方に霊を与え、あなた方のあいだで力を稼働させる方は、律法の行いからか、または信頼性のメッセージからか。

《自然訳》

³:¹ あぁ、愚かしいガラテヤの人々。あなた方に邪悪な視線を放って惑わしたのは誰ですか。あなた方の目の前に、イエス・キリストが十字架に付けられた姿ではっきりと示されたではありませんか。² あなた方にこの1点だけ教えてもらいたい。あなた方が霊を受けたのは、律法の行いによるのですか、あるいは信頼関係に関わるメッセージによるのですか。³ あなた方は、それほどまで愚かなのですか。霊によって開始した信頼関係を、今度は肉によって完成しようとするのですか。⁴ あれほどのことを体験したのは無駄だったのでしょうか、無駄にならないことを願うばかりです。⁵ あなた方へ霊を豊かに授け、あなた方のあいだで奇跡を行われた方は、律法の行いゆえにそうされたのですか、あるいは信頼関係に関わるメッセージのゆえですか。

【形態／構造／背景】

「心の奥底から語ろうとすると、もっとも不適切な言葉が
湧き出でるのだ」（O'Brien 2013:134）

アイルランド現代文学を代表するエドナ・オブライエンは、修道院付属学校を舞台とした短編小説をこう締めくくる。シスター・イメルダに思い

を寄せる主人公が、未整理の思慕の念を告げることなく尼僧の後ろ姿を見送るというクライマックス・シーンだ。人は感情に支配される危うさを承知し、おうおうにしてそれを警戒する。この事態はアイルランド文学に限ったことでない。読者によっては、「愚かなガラテヤ人らよ」（ガラ 3:1）というパウロの呼びかけを、激昂を抑えきれなかった使徒が放ったもっとも不適切な言葉として受け止める。が、それで良いか。そこに修辞的意図は読み取れないか。本ペリコペは、福音の真理を 6 つの観点から弁護するパウロの試みの第 1 回目にあたる。その他のペリコペが、「信頼性と契約の祝福」（3:6–14）、「約束と律法体制」（3:15–24）、「約束の相続者」（3:25–4:11）、「2 つの契約のメタファ」（4:21–31）という神学的な議論に終始するのに較べ、霊の受容を根拠とする本ペリコペの議論は——「ガラテヤ人によるパウロ受容」（4:12–20）とともに——読者のパトス（感情）に強く訴える。

　パウロはガラ 1 章で、使徒としての正当性を自己弁護するため自らの啓示体験に言及したが、今回はガラテヤ信徒の聖霊授与体験（とおそらく啓示体験）に言及する。ガラテヤ書が II コリント書（4:6; 12:1–10）と並んで、あるいはそれ以上に黙示的なパウロ書簡と言われるゆえんだ（Martyn 1997:97–105. トピック #3）。キリストの啓示あるいは聖霊の受容という顕著な体験にもかかわらず、真理に根ざすことが困難なガラテヤ信徒に対し、パウロはその驚きと憤りを隠さない。この感情の動きが「愚かな（ἀνόητος）」（3:1, 3）という表現に見られるが、本ペリコペの特徴はそれだけでない。パウロは本ペリコペ各節に合計 6 つの修辞疑問文を配置し、ガラテヤ信徒の注意を巧妙にその宗教体験へと向け、その体験に伴って語られたパウロの福音に彼らが立ち戻るよう促している。このように明らかな修辞意図がその構造から読み取られる本ペリコペの冒頭部に配置された印象的な表現に対して、〈もっとも不適切な言葉〉としてただ顔をしかめているのではいけない。以下は本ペリコペのアウトラインである。

a. キリストの啓示体験（3:1）
b. 霊の受容体験（3:2–5）
　 i. 霊の受容体験の根拠は律法の行いか信頼性か（3:2）
　 ii. 霊の受容体験を肉によって完成するか（3:3）

iii. 霊の受容体験は無駄か（3:4）
　　　iv. 霊の受容体験の根拠は律法の行いか信頼性か（3:5）

【注解】

3:1　あぁ、愚かなガラテヤ人らよ。あなた方に邪視を向けたのは誰か。そのあなた方へ、その目に対して、イエス・キリストが十字架に付けられている様子でおおやけに示された。

　本ペリコペの開始部の呼びかけは特徴的だ。本注解書では、パウロが宣教活動を行ったガラテヤ属州南部のガラテヤ人、ピシディア人、パンフィリア人等を指す総称として「**ガラテヤ人ら（Γαλάται）**」という呼称を用いたと理解する（緒論B）。本節からは、「**あぁ（ὦ）**」という感嘆辞によって他所にはあまり見られないほどの感情の高まりが感じ取られる（ロマ 2:1, 3; 9:20 の「あぁ人よ［ὦ ἄνθρωπε］」をも見よ）。

　パウロは「ガラテヤ人ら」を「**愚かな（ἀνόητοι）**」と形容する。この形容詞は「知性的でない、頭の回転が鈍い、愚かな」様子を指し（BDAG 1979:70）、ロマ 1:14 では「賢い（者ら）（σοφοῖς）」と対比されている（LXX 箴 15:21 では「賢者［φρόνιμος］」との対比）。ルカ福音書のイエスは、エマオ途上の2人に対し「あぁ、預言者が語ったことすべてに対して愚か（ἀνόητοι）……な者らよ」（24:25）と述べる。この場合は預言者の言葉と復活の出来事とを結びつける（霊的）洞察力の欠如が指摘されている。これは改宗以前の状態を「愚か」とするテト 3:3 とも符合しよう。本ペリコペが示唆する啓示体験がガラテヤ信徒を真理へと導いたかに思われた。しかし反対者の教えに「こんなにも早く」（1:6）移ろうとする彼らの様子を知ったパウロは、それを霊的洞察力の欠如と捉え「愚か」と表現したか。ここには親近感と憤りがない交ぜになったパウロの感情が読みとれる。あるいは、親近感を抱くからこその憤りであり、エマオ途上のイエスの言葉と同様に真理へと促す戒めだろう。

　パウロはガラテヤ信徒に問う、「**あなた方に邪視を向けたのは誰か**」と。本来「邪視を向ける（ἐβάσκανεν = βασκαίνω）」という新約聖書で他に使用例のない語は、悪意ある視線を他者へ向けて病気や災難を及ぼそうとする行為を指す。この魔術行為は古代地中海世界のみならず（プリニウ

ス『博物誌』7:16–17;プルタルコス『モラリア』680C–683B 参照)、時間と地域を越えて報告されており(エルワージ 1992; Elliott 2015, 2016 参照)、日本の事象に関しては民俗学者の南方熊楠(みなかたくまぐす)の研究(1909:292–312; 1929:249–50)が有名だ。イスラエルの民のあいだでは魔術行為一般が禁じられていたからか(レビ 19:26; 申 18:10 参

邪視回避の「ΚΑΙΣΥ モザイク」、後 2 世紀
(アンティオキア考古学博物館所蔵)

照)、LXX をはじめとする第二神殿期ユダヤ教文書では「嫉妬深さ」という意味でのみこの語は用いられる(申 28:54, 56; シラ 14:8; フィロン『改名』95;『夢』1:107; ヨセフス『古誌』3:268; 10:212)。しかし、時代が下ったラビ文献(『メツィ』107b;『P サン』10, 28A)にはこの魔術行為への言及がある(Ulmer 1994:42–43, 189–90)。Schlier(1965:119)は、ガラテヤ信徒の「霊的混乱」に何らかの魔術的介入をパウロが認めたと判断する。実際に魔術行為が行われたかは別として、パウロはガラテヤ信徒が「福音の真理」(ガラ 2:5; 5:7)から乖離することが、魔術の介入を疑わせるほどに理解困難な驚くべき変化(1:6; 4:20; 5:7)だとの見解を示していよう。もっともこの場合、パウロはあいまいな「何かの魔術」を想定してはいなかろう。パウロ文書も含めた新約聖書はより一般的な魔術行為を表す語彙(φαρμακεύω [ガラ 5:20; 黙 18:23; 21:8; 22:15. LXX 代下 33:6; 詩 57:6〔MT 詩 58:6〕; II マカ 10:13〕. μαγεύω [使 8:9, 11. 知 17:7 参照], γόης [II テモ 3:13. II マカ 12:24 参照])を用い得る。したがってパウロには、具体的な邪視行為が念頭にあった。

本注解書著者は他所でこの可能性をさらに突き詰め、反対者がパウロを邪視行為者として批判したのに対するパウロ自身の応答として本節を捉えた。この邪視告発の応酬という文脈を想定するなら、本箇所は〈いったい誰(どちらの方)があなた方に邪視を向けたか、私か彼らか〉となろう(浅野 2014:455–80)。邪視行為者はその邪悪な視線を相手の目に向け、その目をとおして相手に悪影響を及ぼすと考えられるので(『モラリア』

682A 参照)、対象者である「**そのあなた方へ**(οἷς)、**その目に対して**(κατ' ὀφθαλμούς)」という表現は、パウロが邪視行為を具体的に意識していることをさらに支持する(このような邪視行為を回避するため、様々な護符やまじないが存在した。前頁絵参照)。

パウロがその宣教をとおしてガラテヤ人の目に向けたのは、邪視でなく「**イエス・キリストが十字架に付けられている様子**」だ。ガラ 2:19 と同様に、本節でも「十字架につける」という動詞が一回性の過去を示すアオリスト時制でなく、過去の出来事の継続的影響を示す完了時制(ἐσταυρωμένος)となっており、現在に至る状態に読者の注意を向ける。パウロは前ペリコペで、十字架につけられたままのイエスが「私のための」(ガラ 2:20)生き様/死に様であると語った。パウロはこれを「メシア=キリスト(Χριστός)」の死による救済計画の重大な転換点と認識し(ガラ 3:13–14. トピック#9)、改宗に至った。十字架は、神との関係性(義)を築き維持するために不可欠な信頼性(πίστις / fides)がもたらされた出来事であり、パウロはこれをガラ 2:16 で「キリストの信頼性」と表現した。イエスの十字架は、神の義が明らかにされた歴史的な出来事であると同時に、キリスト者の在り方を決定するキリストの模範の象徴である。ここにおいて義という立場が与えられ、ここから義という歩みが開始する。このような十字架の出来事の重要性ゆえに、パウロはその福音宣教の内容を「十字架の言葉」(Iコリ 1:18)と定め、「十字架につけられているメシア」を宣べ伝え(1:23)、「十字架につけられているメシア」しか知るまい(2:2)と公表する。

パウロはこの様子が「**おおやけに示された**(προεγράφη)」と述べる。この語は本来、「前/上/先に書く」を意味する複合動詞だ(ロマ 15:4 参照)。Betz(1979:131)はこの語が、雄弁家が様々な仕方で視覚的効果をもって語る様子を指すと主張するが、パウロが修辞作法を念頭に置いたかという山内(2002:517.n5)の疑念以前に、この語(προγράφω)が雄弁家の手振りや視覚媒体を指している具体的な例が見当たらない。むしろこの語は、公的に掲示を出して布告、宣告する(アリストファネス『喜劇(Aves)』450; ポリュビオス『歴史』32:5:12; ユダ 4. TDNT I:771–72 参照)という意味で用いられた。したがって、パウロがガラテヤの聴衆の面前で福音の内容を告知したことを意味するとの理解がもっとも自然だ。ただ、ガラ 3:2–5

が強調する霊の受容体験に鑑みると、パウロの宣教時に起こった何らかの啓示体験を想起させているとも考えられよう。

3:2　これだけはあなた方から学びたい。律法の行いゆえにあなた方は霊を受けたか、それとも信頼性のメッセージゆえか。

パウロはさらなる修辞疑問の導入として、「**これだけはあなた方から学びたい**」と述べる。「これだけは（τοῦτο μόνον）」が導く問いは、ガラテヤ信徒のキリスト者としての始まり（3:2, 4–5）とキリスト者としての今の在り方（3:3）とに関わる。しかもパウロは、自らとガラテヤ信徒らとが共有する宗教体験に読者の注意を促すことで、より強くパトスに訴えた福音の弁護を試みる。

パウロはまず、霊の受容が何を根拠としているか尋ねる。その根拠として、ガラ 2:16 で 3 度繰り返された「**律法の行いゆえに**（ἐξ ἔργων νόμου）」という表現をふたたび用いる。既述のとおり、パウロはこの特徴的な表現によってユダヤ人の核となる民族意識を強調するが、それは神との関係の独占と他民族への排他的姿勢を指す（トピック#8）。ガラ 2:1–10 における歴史的叙述とガラ 5:2–6 における注意喚起に鑑みると、この表現がとくに割礼を意識していることは明らかだ。

パウロは霊の受容体験を「**霊を受けた**（τὸ πνεῦμα ἐλάβετε）」と表現する。彼は共同体において霊の賜物がいかに稼働するかは具体的に語るが（ガラ 5:16–26; Ⅰコリ 12; 14 章参照）、受容体験を具体的に語らない。共同体における霊との歩み（ガラ 5:25 参照）には、当然「霊を受けた」という開始時点があろう。もっともガラ 3:4 が「あれほどの……体験」と述べることから、この開始時点に何らかの著しい（身体的）体験があったことが推測される。霊の受容はキリスト者としての開始のみならず、終末の開始をも意味する（Fee 1994:382–85）。神の霊が終末期の到来を象徴するという考えは、ユダヤ教伝統に明らかで（エゼ 11:19; 36:25–27; 37:1–14）、使 2:17 もヨエ 3:1 を引用しつつ、終末の到来を霊の顕著な活動と結びつける。パウロものちに、終末的な契約成就を霊という約束の受容と表現する（ガラ 3:14）。

この霊の受容体験はパウロのガラテヤ宣教時に起こった事柄であり、当然これは反対者のガラテヤ到来に先行する。したがって、この体験が「律

法の行いゆえ」でないことは明らかだ。それでは「**信頼性のメッセージゆえか**」とパウロは問うが、これは明らかに「是」を期待する修辞疑問だ。明らかでないのは、「信頼性のメッセージ」と訳された ἀκοῆς (= ἀκοή) πίστεως が具体的に何を意味するかだ（口語訳・フランシスコ会訳は「聞いて信じた」、新改訳は「信仰をもって聞いた」、岩波訳は「信仰に聴き従った」、新共同訳は「福音を聞いて信じた」、田川訳［2007:177–78］は「信について聞いた」）。ἀκοή は「聞くこと」という動作を指す名詞だが、「聴覚器官」および聞く内容としての「報告、伝言、説教」をも意味する（BDAG 36; LSJ 51）。したがってパウロは、宣教の内容を「説教の言葉（λόγον ἀκοῆς）」（Ⅰテサ 2:13）と表し、「誰が私たちのメ・ッ・セ・ー・ジ・を信じたか（τίς ἐπίστευσεν τῇ ἀκοῇ ἡμῶν）」（ロマ 10:16. LXX イザ 53:1 参照）と問う。とくに後者の「メッセージ」は、同節が明示するとおり「福音（τῷ εὐαγγελίῳ）」を指す。Hays（2002:129–30）は、ガラ 3:2 で対比されているのが人の行為としての「行うこと」と「聞くこと」というよりも、人・の・行・為・としての「行い」と神の行為としての「語り＝メッセージ」だとし、ἀκοή を後者の「メッセージ」と理解する。ἀκοή を「メッセージ」と解するのは良いが、それと対比されるのは人の行為でなく、誤った律法観を指す「律法の行い」である。既述のとおり（2:16 注解）、「律法の行い」が自己正当化しようとする人の行為を指すという実存論的解釈（Bultmann 1968:280–85）は、Sanders（1977）や Dunn（1998:366–71）らによってすでに否定されている。本節での対比は、反対者が提示する「律法の行い」か、パウロが提示する福・音かだろう。この意味で ἀκοή は「メッセージ」であり、それはパウロの福音を指す。

これを修飾する「信頼性の（πίστεως）」という属格名詞をどう理解すべきか。上述のとおり、本節での対比は直前のペリコペにおける「律法の行い」と「キリストの信頼性」との対比（ガラ 2:16）を受けていると考えるのがもっとも自然だろう。その場合「信頼性のメッセージ」は、(1) 信頼関係に関するメッセージ、あるいは (2) メッセージによってもたらされた信頼関係、を意味しよう（したがって「信頼関係に関わるメッセージ」）。文法と文脈のいずれも、あれかこれかの決め手になり得ない（Hays 2002:131–32; Morgan 2015:274）。信頼性を主題としたメッセージ（神とキリストがいかに人の救済計画に誠実かを知らせる福音）がガラテヤ人をして

神とキリストへ信頼を置くよう促した結果、神との信頼性が構築され、それが霊の受容体験によって明らかとなった。

3:3 それほどにあなた方は愚かなのか。霊によって始めながら、今肉によって完成しようとするか。

パウロは「それほどにあなた方は愚かなのか」という修辞疑問によって、ガラテヤ信徒が反対者の教えに影響されたことがいかに大きな過ちかを指摘し、それによって彼らを「福音の真理」（ガラ2:5）へとふたたび誘う。本節後半はガラテヤ信徒らの愚行を明らかにする。この短文はキアズム構造になっており、救いのプロセスの2側面に注目しつつ、霊肉の対比によってガラテヤ信徒の愚行を暴露する。

　　a. 始め（アオリスト時制分詞）
　　　b. 霊によって（与格名詞）
　　　　c. 今
　　　b'. 肉によって（与格名詞）
　　a'. 完成しようとする（現在時制主動詞）

救いのプロセスの2側面は「**始め**（ἐναρξάμενοι）」と「**完成しようとする**（ἐπιτελεῖσθε）」とによって示される。パウロは、今の邪悪な時代（ガラ1:4）にキリストが遣わされた（4:4–6）出来事を終末の始めと捉え、やがてこの終末が完成するときを待ち望む（5:5）。ガラ1:4の注解では、この開始と完成とのあいだの期間を「終末的緊張」と表現した。パウロは、ガラテヤ信徒をまさにこの終末的緊張の期間に置く。厳密には、改宗者はその改宗時にこの終末的緊張に具体的に参加し始める。興味深いことに、パウロはフィリピ書においてもこれら2語を用いつつ、終末的緊張における神の誠実さを描いている。「あなた方のあいだで良い業を**始め**られた方（ἐναρξάμενος）は、キリスト・イエスの日までに（それを）**完成**する（ἐπιτελέσει）」（フィリ1:6）。この「良い業」とは「福音への交わり＝改宗」（1:5）を指す（Bockmuehl 1998:62参照）。改宗は完了でなくむしろ始まりで、そのときから人は完成へと向かう。フィリ1:6はその過程における神の主体性を強調するが、パウロはこの過程におけるキリスト者の意識的な働きかけを否定しない（ガラ5:16, 25）。したがって前節と同様に、本節で

も神の行為（始める）と人の行為（完成する）とが対比されているのでない。

　むしろ、「霊によって」開始された救いのプロセスが「肉によって」完成されるという終末的逆行の矛盾に焦点がある。前節で述べたとおり、「霊」の受容は終末の開始を象徴する。これが「肉」と対比される。「肉」はより中立的な「生き物を構成する身体的素材」や「血縁」に始まり、より否定的な「人の内の罪が働く場」や「神への反抗の場」を含む広い意味の領域を持つが、これを総じて「今の時代の一部としてそこに属する部分」（Barclay 1988:206; Dunn 1998:66 参照）と表現できよう（トピック #15）。パウロが述べる「律法の行い」は血縁（民族）に対する排他的な固執であり、すなわちそれは「肉」の領域にある。同時に、「律法の行い」の代表的な規定である割礼は「包皮の肉は割礼を施され（περιτμηθήσεσθε τὴν σάρκα τῆς ἀκροβυστίας）、これが私とあなた方のあいだの契約のしるしとなろう」（LXX 創 17:11）とあるように、それは「肉」の領域にある。したがって「律法の行い」は今のこの時代に属し、この時代の終わりには消滅する。肉は復活の身体の構成素材でない（Ⅰコリ 15:50）。つまり終末の開始からその完成までの終末的緊張とは、霊と肉との緊張関係だ。罪が稼働する場である肉という側面を持つキリスト者が改宗時に霊を受けるので、この緊張関係はキリスト者における霊と肉との葛藤だ（ガラ 5:16–18）。これがパウロの想定する終末的緊張なら、霊の受容によって開始するキリスト者の生き様の深化は、（理想的には）その救いのプロセスにおいて霊の支配が増して肉の支配を減じさせ、やがて終末の完成の時を迎えるという単純化されたイメージ（図参照）で捉えられよう。パウロの視点では、割礼によって救いを確固としたものとする試みは、すなわち肉によってこの終末を完成させることになり、その終末的逆行はパウロの想定する終末の完成プロセスを破綻させる。

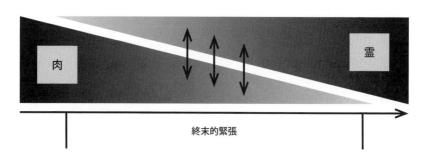

3:4 あれほどのことを無駄に体験したか、もしじつに無駄ならば。

　パウロは前節の「愚行」を表現を変えて繰り返しつつ、ガラテヤ信徒に再考を促す。その際、上述の霊の受容体験を「**あれほどのことを……体験した**（τοσαῦτα ἐπάθετε）」と表現する。「体験した」と訳し出したἐπάθετε（= πάσχω）という語は、一般に「苦しむ」という意味で用いられる（マコ8:31; ルカ24:46; Ⅰコリ12:26; Ⅰテサ2:14; Ⅰペト2:19–23. BDAG 758, 2–3）。したがって本箇所にも「苦しんだ」との訳が伝統的に充てられ（Lightfoot 1887:135; Von Zahn 1907:144–45）、改宗したガラテヤ信徒を迫害が襲ったことに伴う苦しみなどが想定された（Eastman 2007:109–10）。その場合、割礼奨励者からパウロが受けた迫害（ガラ5:11）と何らかの関連があるか。しかし割礼を奨励する反対者の教えになびくガラテヤ信徒は、その意味で迫害の対象とは考え難い。ここではむしろ、より中立的な「体験する」という意味が適切だろう（TDNT V:912–13 は、ガラ3:4 を「激しくも好ましい体験」とする）。たとえばエステル記は、エステルがハマンに勝利したことについて、「彼ら（ユダヤ人）がこれらに関して経験したこと（ὅσα πεπόνθασιν διὰ ταῦτα）」（エス9:26）と述べる。パウロはその体験を「あれほどのこと（τοσαῦτα）」と形容する。ここではτοσοῦτοςの複数形が、改宗時の1回の経験でなく、繰り返し共同体に起こったことを示していよう（Dunn 1993:157）。

　パウロは、あれほどの体験が「**無駄**（εἰκῇ）」だったかと問う。他所で彼は、自らの宣教が反対者の影響で「無駄」になることを恐れる（ガラ4:11. 2:2 [εἰς κενόν] 参照）。その場合は、パウロの宣教が無効になることでなく、ユダヤ人キリスト者らの教会とパウロの異邦人宣教との一致が損なわれることが懸念されていた（ガラ2:2 注解）。しかし本節の場合は、霊の受容体験自体に焦点がある。〈この著しい体験——しかもガラ3:5 によると聖霊授与の主体が神だとの認識がある体験——が、今までの在り方に何らかの結果や違いをもたらさないことなどあろうか〉と問うている。パウロはじつに、反対者に影響されるガラテヤ信徒に対し、「ふたたび弱く貧しい諸元素に立ち返り、ふたたびこれらに奴隷として仕えようと望むか」（ガラ4:9）と問い、律法の行いへの依拠が改宗以前の異教徒としての在り方と同様だという理解を示す。「**もしじつに無駄ならば**」という仮定句の付加は、上の修辞疑問への解が「否」であることを促す。

3:5 あなた方に霊を与え、あなた方のあいだで力を稼働させる方は、律法の行いからか、または信頼性のメッセージからか。

　本節は基本的にガラ 3:2 の繰り返しで、ガラ 3:2–5 における霊の受容体験に関する一連の修辞疑問をガラ 3:2 とともに前後から囲い込んでいる。したがって本節でも、霊の受容体験の根拠として「**律法の行い**」と「**信頼性のメッセージ**」とが対比され、ガラテヤ信徒は後者に焦点を置くパウロの福音に立ち返るよう促される。

　もっとも本節では、霊の受͈容͈から霊の授͈与͈へと主題が移る。すなわち、ガラ 3:2 では「あなた方は霊を受けた」だったが、本節では「**あなた方に霊を与え**」る方（神）に焦点がある。「与える（ἐπιχορηγῶν）」という複合動詞（ἐπί + χορηγέω）には、名詞形の ἐπιχορηγία（支え）とともに、支援の提供というニュアンスがある。したがって、フィリピ信徒の祈りとキリストの霊の支͈え͈がパウロの解放への希望である（フィリ 1:19）。Ⅱコリ 9:10 では 1 文の中に ἐπιχορηγέω と前置詞の付かない χορηγέω の両方が用いられているので、両者の意味に大きな違いはなかろう。ただ前置詞が動作を強調するなら、「豊かに与える」（Burton 1921:152）となろう。パウロはここで、預言者エゼキエルの終末の幻、「私の霊をあなた方に与えよう」（エゼ 37:5, 14）を意識していよう。したがって、本節で明言されない授与者には神が想定されていることは明らかだ。ちなみにパウロは、神の霊を「キリストの霊」と言い換えることはあるが（ガラ 4:6; フィリ 1:19）、霊の授与者としてキリストに神の役割を代行させない（Ⅰコリ 2:12; Ⅱコリ 1:22; 5:5; ガラ 4:6; Ⅰテサ 4:8. エフェ 1:17 参照）。

　この神はまた「**あなた方のあいだで力を稼働させる方**」でもある。「力（δυνάμεις）」は「能力、活力、勢力」等の意味でも用いられるが、その体現としての「奇跡」をも意味する。とくにこの語は超常的な現象を指す際に、「しるし（σημεῖα）、不思議な業（τέρατα）」とともに用いられる（使 2:22; Ⅱコリ 12:12; ヘブ 2:4）。本節では、何らかの著しく超常的な各種の出来事（「力」の複数）をとおして、パウロとガラテヤ人らが神の霊の受容を確信したことが述べられていよう。「稼働させる（ἐνεργῶν）」と前述の「与える」という 2 つの分詞はともに現在時制であることから、これらの現象が複数回にわたって継続的に体験された様子が窺える。

【解説／考察】

「パウロがテサロニケに着くと『世界中を騒がせた者がここにも来た』と恐れられたが（使17:6）、私が街に着くとまず紅茶を振る舞われた」

英国の教会を訪ねると、他所の教会から招かれた説教者が上のようにやや自嘲気味な小咄をしてから説教を始めるのに遭遇する。すると期待どおりBBCのアナウンサーよろしく単調に原稿を読み、30分ほどすると跡を濁すことなく帰途につく。おおよそパウロが報告する「あれほどの……体験」（ガラ3:4）とは無縁だ。

英国に限らず現代の教会は、おおかた「霊」の扱いに戸惑う。そこには、霊を過度に強調する人々によって教会の分裂が引き起こされるという負の連想が働いているかも知れない。したがっておうおうにして注解者らは、パウロが霊の体験に言及することを認めつつも、すぐさま霊による道徳的生活における内的動機付けという側面へ焦点を移してしまいがちだ（Schrage 1988:78）。当然、後者は看過できない（ガラ5章参照）。またパウロが霊の顕現、その動機となる愛、礼拝の秩序のあいだでバランスをとっていることも見逃せない（ガラ4:6；Ⅰコリ12–14章参照）。しかし一般に、教会は倫理的動機付けとして霊を捉えることに集中し、神学者は霊の神性、位格、役割という議論で満足するのみだ（Dunn 2009b:35）。原始教会の在り方が絶対的な規範でないにせよ、それを看過することは現代教会の在り方を模索する重要な指針の１つを失うことになりかねない。さらに、霊の顕現という側面を見過ごすことは、キリスト者の倫理的在り方に関する霊の促しへの理解をも制限しかねない。「教会はその体制化する歴史の過程で新約聖書のラディカルなメッセージをもてあまし、排除しないまでもその解釈において馴致した」（Rowland 1988:1）と言われるとおりだが、神の霊も同様に飼い馴らされる傾向にあるか。その意味で、霊体験の可能性をその前提において閉めださない聖書解釈と実践を試みるキリスト者の運動に対して、現代の教会は少なくとも無視したり敵視せずに、キリストの体を体現する１つの重要な示唆を与え得る在り方としてこれをより肯定的に評価することもできよう（Stendahl 1976:109–24；Dunn 2009a:240）。

トピック #8　NOMOΣ
律法とユダヤ人の律法観

A.　伝統的な律法理解と新たな視点[37]、とその後の視点

　ユダヤ教にとって律法とは何だったか。パウロはそれをどう理解したか。パウロは律法に関して、「律法の呪い」（ガラ 3:13）、「文字は殺し霊は生かす」（Ⅱコリ 3:6）、「律法をとおして罪の知識がもたらされる」（ロマ 3:20）等と述べ、読者に著しく否定的な印象を与える。この否定的な律法観は、とくに宗教改革以降のキリスト教会で、「信仰義認」対「行為義認」というアンチテーゼ的構図を支えてきた。そして注解者らはこの否定的な律法観を再生してきた。ルターは、キリストの到来によって律法は意義を失い、いまや「死のハンマー」として人の高慢を打ち砕く、と述べた。バウルは、律法を中心としたユダヤ教の形骸主義と排他主義から普遍的で精神的に進化発展を遂げたのがキリスト教だと論じた。ヴレーデは、律法が遵守不可能であり、またその（遵守を）要求するという本来的な性質ゆえに、キリストの恵みに対して劣等だと主張した。シューラーは、律法を基盤としたユダヤ教を応報体制と呼び、道徳心の脆弱化や宗教心の表面化という結果を生んだと述べた。そしてブルトマンは、律法への熱心がユダヤ人的な自己依存で、それは本質的に実存的体験を阻むとし、ユダヤ教律法体制を律法主義と同視した。

　しかしこのような律法（とユダヤ教）に対する否定的な考察は、とくにホロコーストへの反省に刺激されたより中立的なユダヤ教文献研究をとおして再考を余儀なくされた。ユダヤ人聖書学者からの反論も相次いだ。モンテフィオール（Montefiore 1914:87–88, 93–94）とシェップス（Schoeps 1959:197, 212）は異口同音に、パウロの律法理解はディアスポラ・ユダヤ人的な誤解であり、「あなたの律法は私の楽しみ」（詩 119:77）に反映される律法理解を見失っていると批判し

---

[37] この項の内容の詳細は、浅野（2009:20–47）を見よ。

た。これらを受けてシューラー著 *Geschichte des jüdischen Volkes* の改訂英語版は、その律法観とユダヤ教観に関する表現を大幅に修正した[38]。そのような中で律法とユダヤ教理解の修正を決定づけたのは、サンダース著 *Paul and Palestinian Judaism*（1977年）だ。彼はパウロの時代のパレスチナ・ユダヤ教を「契約維持のための律法体制（covenantal nomism）[39]」と称し、律法遵守は契約関係への編入条件でなく、すでに契約関係にある者がその関係を維持するための道しるべだと論じた。またこの体制には、契約関係を損ねた者が関係を修復するための和解規定があり、神の慈愛によってこの契約関係を維持する者が救われるべき共同体を構成している。この宗教様態には、詳細な律法規定の1つでも犯せば救いから外れるという脅迫的な「行為義認」という概念はない。したがって律法主義とか形骸主義とかの批判は、ユダヤ教律法体制にあてはまらない。

　この律法理解は広く受容され、「新たな視点（New Perspective）」の幕開けとなった。一方でこの視点は即座に新たな疑問を投げかけた。すなわち、〈律法が悪でないならパウロはなぜ律法に否定的か、律法の何を批判するか〉である。サンダースは、キリスト顕現という決定的体験からユダヤ教をふり返ったパウロが、キリストの義でない律法の義を批判せざるを得なかったと論ずる。これがいわゆる「解決から窮状へ（solution to plight）」というパウロの神学的思考の方向性だ。したがって、「パウロにとってユダヤ教の問題は、それがキリスト教でないことだ」（Sanders 1977:551–52）という、印象的だが創造性に欠ける結論に終着する。むしろ、律法を持つ者の奢りという主題（ロマ2章）や「律法の行い」（ガラ 2:16; 3:2, 5）という表現の意味に注目し、律法が象徴するイスラエルの選民的民族意識がパウロによって批判されている点に注意を向ける必要があろう。

38　2012年に刊行開始した『イエス・キリスト時代のユダヤ民族史』（全7巻予定）はこの改訂版の邦訳である。

39　これは他に「契約的法規範主義」（サンダース 2002:284, 287）あるいは「契約遵法主義」（土岐 2008:101–02）等と訳されるが、サンダースが注目するのは「宗教の様態（pattern of religion）」であり、その意味では「主義」よりも「体制」が好ましかろう。いずれにせよ、Dunn (1993:136) が「エレガントでない（inelegant）」ネーミングと評価するこの句は訳しづらい。

ちなみにサンダースが提唱した契約維持のための律法体制は、従来のユダヤ教理解に対する修正を促し、ユダヤ教を「恵みの宗教」として位置づけ、その名誉回復に貢献した。しかしその後、第二神殿期ユダヤ教文献やラビ文献の精査をとおして、サンダースの提唱に修正を試みる者も現れた（Tomson 1990; Seifrid 1992）。彼らはこれらの文献の内に行いが強調される箇所を見出し、ユダヤ教をいわゆる「無条件の恵み」とは異なる思想として理解した。このような「新たな視点」の混沌とした状況に対し、「パウロの律法批判に関する議論は宙に浮いたままである」とのコメントが寄せられた（Moo 1987:293）。近年バークレイ（Barclay 2015:183–88）はその恵みに関する研究をとおして、この混沌状態を整理することにおいて大いに貢献しているが、とくに第二神殿期ユダヤ教文献（知、フィロン、1QH[1]、偽フィロン、エズ・ラ）における恵みの特徴として以下の6つを挙げる。

1. 豊かさの過分性（superabundance）：贈り物が不足せず有り余る
2. 善意の単一性（singularity）：贈り物の授与者の姿勢が善意以外にない
3. 優先性（priority）：贈り物が受容者の働きかけに先んじている
4. 無条件性（incongruity）：贈り物の分配が受容者の価値と関係ない
5. 効力（efficacy）：贈り物が受容者の性質と行動へ影響を及ぼす
6. 互助回避（non-circularity）：贈り物が見返りの循環を生まない

各文献（各ユダヤ教共同体）が恵みの体験について語る場合、これらの特徴のいずれか、あるいはその内のいくつかを念頭に置いており、おおよそこれらすべてが備わっているのでない。したがって、4の「無条件性」と相容れない仕方で律法遵守が教えられていたとしても、そのテクスト（共同体）の宗教が恵みの宗教でないのではなく、その宗教の恵みが劣悪なわけでもない。ユダヤ教の枠内にある多様な共同体において、神はその民に良き贈り物をもたらすが、神が贈り物をもたらす仕方に関してそれぞれの共同体で期待するところが異なる。したがって、パウロによる恵みに関する教えを評価する際は、ユダヤ教の場合よりも恵みが強調されているかと問うでなく、上の6つの

特徴を手がかりにしてパウロがいかなる恵みを教えているか、恵みに関する強調点についてユダヤ教の多様な共同体といかに共通でいかに異なるかを問うべきである。この問いは、パウロ書簡の解釈に重要な視点を提供することを予想させるが、本トピックでは律法に関する論考から逸れないようにしよう。以下では、パウロが律法をいかに理解し、当時の律法理解のいかなる側面を批判したかを考察しよう。

B. 律法

1. 神の律法

a. 命を導く律法：レビ 18:5 は「私の掟と法とを守りなさい。それらを行えば人はそれらによって生きます」と述べる。これは、神がその慈愛によってアブラハムと結んだ契約の内に生きるイスラエルが、契約の民としていかに生きるべきか、契約内での生き方をいかに充実させるかを律法が示していることを教えている（箴 3:1–2; ネヘ 9:29; シラ 17:17; バル 3:9 参照。Ladd 1993:540）。一方で神はその憐れみによって命を与え（王下 5:7; ヨブ 36:6; 詩 71:20; 119:77）、他方で律法はその命の在り方を示す。したがって、パウロが律法は命を与えないと述べる場合（ガラ 3:21）、それは上述の神の憐れみと律法との違いを意識しており、厳密には律法を批判しているのでない。

b. 罪を定義する律法：何が契約の民としての在り方かを示す律法（申 11:26–32）は、当然その在り方から逸れる罪を定義して裁きの基準を与える。これが契約の民に罪の意識を生じさせて悔い改めへと導く（詩 51）。律法に従う者は、違反があっても悔い改めと献げ物をとおして契約関係を回復し、契約関係における命の豊かさを喜んで味わう（詩 19）。したがって、律法をとおして罪の知識がもたらされ（ロマ 3:20）、律法のないところに違反が認められない（4:15）ことは、厳密には律法への批判でなく、この律法の機能を述べている。

2. 律法の終末的評価

上で挙げた律法の主要な目的に関して、パウロは否定的に捉えておらず、神がイスラエルに与えた律法の適切な機能として認めている。しかしパウロが、キリストによる神の救済計画の成就という終末的な観点から、律法に関する独特な評価を下していることも確かだ。

a. **律法の一時性**:パウロは、神がアブラハムと結んだ永遠の契約と対比して、律法が一時的な挿入であることを強調する(ガラ 3:16–25)。したがって律法の役目は、キリストによってこの永遠の契約(神の救済計画)が成就するとき、終着地に至る(3:23–25)。パウロは、神がアブラハムと永遠の契約を締結した430年後の律法が、それに先行する契約を反古にできない(3:17)と述べるが、これは神が与えた律法の役割に対する適切な認識であって、律法の批判でない[40]。

b. **律法の隷属性**:パウロは律法の下にあるイスラエルの状態を、養育係や財産管理者(3:24–25; 4:2)および奴隷制度(4:1, 21–31)のメタファを用いつつ、隷属の状態にあると述べる。これは本質的には、上で述べた罪を定義する律法の機能を言い表しており、罪(不従順)→捕囚→帰還というプロセスの拘束性を強調している。人の罪という変数を組み込むと、律法の公式はおのずから拘束/隷属という解をたたき出す(Dunn 1998:158–59 参照)。したがってこの点に関しては、律法の批判というよりも、罪深い人類と律法が対峙する歴史が表現されていると理解できよう(償いと呪いとの関係は、トピック #9, 注 44)。

パウロはキリストの到来という終末的な視点に立って、律法の役割と律法の下での生き方の終焉を語っている。ただ、文字どおりの律法遵守の時代が終わったことは、律法を悪魔化して批判することとは別だ。パウロが律法を著しく否定的に捉えているように見受けられる表現が、たとえばガラ 4:3(「私たち(ユダヤ人)も……この世の神々の下で隷属状態に留め置かれていました」)に見られるが、これは終末的観点からユダヤ人と異邦人とを同じ土俵に乗せ、キリストによる救いの成就を等しく適用するという救済論的な議論だ。したがって、ガラ 3–4 章における律法への評価は、それが与えられた目的を与えられた期間に果たした、ということである。もっともこの評価は、律法がユダヤ人による神の独占を保証するという民族的な排他性に対する牽制であり、それゆえパウロは著しく否定的な表現を律法に適用する。以下では、このユダヤ人による律法観へのパウロの批判を考察しよう。

---

[40] ガラ 3:17 からは、「律法の間接性」という問題も議論されるが、この点に関しては議論が分かれるので、ガラ 3:17 の注解を見よ。

C. 誤った律法観

パウロは、ロマ2章においてユダヤ人の抱く誇りが幻想であることを暴露する。

> もしあなたがユダヤ人を自称し、律法によって安心を得、神を誇るなら……、律法を誇るあなたは、律法の違反をとおして神を侮辱しています。なぜなら、「神の名はあなた方をとおして異邦人のあいだで冒瀆されている」と書いてあるとおりだからです（ロマ2:17, 23–24）。

律法を誇りながら律法に従わないユダヤ人は神を侮辱するが、それは異邦人のあいだで神が冒瀆されることだ、とパウロは批判する。なぜならこの誇りは、異邦人に対する排他的な優越感だからだ。この律法におけるユダヤ人の歪曲した誇りと安心感は、『Ⅱバル』48:22–24 にも窺える。

> 私たちはあなたに信頼を置きます。なぜなら、見よ、あなたの律法が私たちとともにあるからです。……私たちはいつも祝福されています。少なくとも諸国民と交わりませんでした。なぜなら、私たちはその御名に属する民だからです。私たちのあいだにある律法が私たちを支えるでしょう……。

パウロの批判の対象は、改宗以前の自らをも含めた同胞のユダヤ人によるこの誤った律法観であり、とくにそれが異邦人に祝福をもたらすどころか、かえって彼らを神から遠ざけることに繋がる点だ（Jewett 2007:222–23）。上では、神が契約の民の生き方を規定する目的で律法を与えたという理解を指摘したが、パウロはユダヤ人がこの神の憐れみによる計らいを選民思想の根拠とし、自民族による神の特権的占有を保証する象徴として律法授与を捉えたことを指摘する。この律法はユダヤ人の特権的立場を保証するどころか、この民をその不従順ゆえに捕囚へと閉じ込める結果となったが——またキリストの到来によってその文字どおりの役割を終えているが[41]——、パウロの同胞はそれ

---

[41] もっとも、律法の精神が教会において継承されるという理解を、パウロは「キリストの律法」（ガラ6:2）によって示す。この点に関しては、トピック#16を見よ。

に気づかない。気づかずに、律法を根拠として異邦人を排除する。この律法観ゆえに、エルサレムの指導者らは異邦人キリスト者を二義的な立場へと閉じ込め、「偽兄弟」はユダヤ民族への同化なしに異邦人の教会編入を認めない（ガラ 2:1–14、トピック #5）。ガラ 2:16 では、このユダヤ人による律法への歪曲した誇り、それを根拠としたユダヤ民族の優位性を「律法の行い」というパウロ特有の句によって表現し、その象徴としての割礼と食事規定を異邦人へ適用することを問題視した。パウロがこの句を用いる場合、4QMMT の「いくつかの律法の行い（ミクツァト・マアセー・ハ＝トーラー）」を念頭に置いていた可能性がある（ガラ 2:16 注解）。もっとも、異邦人読者がこの句から、クムラン共同体が律法の「正しい」解釈によって他宗派を排除したことを読みとったとは考え難い。それでもパウロによる「律法の行い」に対する批判は、本来的に神から与えられた律法への批判でなく、彼の同胞による誤った律法観への批判だったことは十分に考えられる。

　パウロはまたロマ 7 章で、律法と罪の力との関係を論ずる。罪の力は人の「肉」において稼働するが、それに抵抗する力は律法にない。それはたんに律法の機能でないからだ。律法はむしろ罪を定義し、人の罪を暴露して裁きに導くので、肉に働きかける罪の力は、この律法を利用して人を死へと向かわせる。パウロはこのプロセスにおいて律法に瑕疵(かし)を認めず、律法はあくまで「聖く、正しく、良い」（7:12）。ここでは、罪の力の邪悪さと、肉の本来的な脆弱さとに焦点がある。この理解は、上で述べた律法の誤解と無関係でない。パウロの同胞が律法の目的を誤解し、律法を民族的誇りの根拠とし、異邦人を神から遠ざけ、その結果として神に不名誉をもたらしたのは、罪の邪悪さと彼らの肉の脆弱さとのなせる業である。

また、黙示集団であるクムラン共同体による、ユダヤ教の「契約維持のための律法体制」への批判とパウロ神学との類似点に関しては、Barclay 1988:190 を見よ。

2. 信頼性と契約の祝福 (3:6–14)

【翻訳】

《逐語訳》

³:⁶ ちょうどアブラハムが神を信頼し、それが彼にとって義と見なされたように、⁷ そのように、信頼性に依拠する者ら、これらの者こそがアブラハムの子らだとあなた方は知れ。⁸ 聖典は、神が信頼性に依拠して異邦人を義とすると予見し、アブラハムに予め良い知らせを告げた、「異邦人は皆あなたにあって祝福される」と。⁹ したがって、信頼性に依拠する者らは、信頼するアブラハムとともに祝福される。¹⁰ なぜなら、律法の行いに依拠する者は誰でも呪いの下にあるからだ。それは「律法の書に行うように書かれてある各事柄すべてに留まらない者はみな呪われている」と書かれてあるからだ。¹¹ なぜなら、律法において誰も神に義とされないことは明らかだからだ。なぜなら、義なる者は信頼性に依拠して生きるからだ。¹² しかし律法は信頼性に依拠しない。むしろ、それらを行う者はそれらにおいて生きる。¹³ キリストは私たちのために呪いとなり、私たちを律法の呪いから買い取った。それは、「木に架けられた者はみな呪われている」と書かれてあるからだ。¹⁴ それは、キリスト・イエスにあってアブラ

《自然訳》

³:⁶ ちょうどアブラハムに関して、「神を信頼したことで、彼は義と認められた」とあるようにです。⁷ ですから、信頼性に拠って立つ者、これらの者こそがアブラハムの子だと知りなさい。⁸ ユダヤ教聖典は、神が信頼性を根拠として異邦人を義と定めることを予見して、「異邦人は皆あなたにおいて祝福される」とアブラハムに喜ばしい知らせを前もって告げました。⁹ ですから信頼性に拠って立つ人は、神を信頼するアブラハムとともに祝福されています。¹⁰ なぜなら、律法の行いに基づく人はみな呪いの下に置かれているからです。「律法の書に行うよう記されているすべての事柄を守りとおさない人はみな呪われている」と書いてあるとおりです。¹¹ つまり律法において神に義と認められる人がいないことは明らかです。それは、「義なる者は信頼性に基づいて生きる」とあるからです。¹² 一方で、律法は信頼性に基づいていません。むしろ「それら律法の諸規定を行う者はそれらによって生きる」のです。¹³ キリストは私たちユダヤ人のために呪いとなって、私たちユダヤ人を律法の呪いから買い取って下さいました。「木に架けられた者はみな呪われている」と書かれてあるとおりです。¹⁴ それは、キリスト・イエスにおいてアブラハムに始まる神の祝福が異邦人に届くためであり、さらに私たちキリ

ハムの祝福が異邦人へと至るためで、私たちがその信頼性をとおして霊という約束を受け取るためである。

スト者すべてがキリストの誠実さをとおして霊という約束を受け取るためです。

【形態／構造／背景】

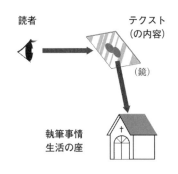

鏡映解釈（mirror-reading）という読書法がある。これは、著作に映り込む著者の執筆事情を慎重に読みとる解釈行為を指す（図）。たとえば本注解書では、パウロがガラ 2:1–10 で「〜と認められている（思しき）」という表現を繰り返しエルサレムの指導者に対して用いる様子にこの読書法を用いた。すなわち、反対者がエルサレムの指導者の権威の下にパウロを置いて、彼の特徴的な福音の信憑性を低めるようなことを述べたので、その応答としてパウロは指導者らの権威を認めつつも、そこから距離を置いて自らの独立性を主張している、という状況を推測した。これは注解者らのあいだで一般に受け入れられている推定である。この解釈法は有用だが、当然、過度な読み込みに対する注意は必要だ（Moo 1996:129–30; Stein 2011:205–06）。本注解書で幾度と触れるが、Martyn（1997）の注解書にはその傾向が強いと思われる。過度な読み込みか否かの判断はある程度主観に左右される部分もあるが、本ペリコペには反対者の説得方法がかなり明らかに映り込んでいるように思われる。

とくに本ペリコペでは、LXX の引用が目立つ。おそらくその背景には、反対者がユダヤ教聖典を根拠にパウロ批判を展開したことへの応答という受動的な事情があろう。たとえば、誰がアブラハムの子孫か（ガラ 3:7）という問題は本来、異邦人キリスト者の関心事でなかっただろう。ここには、〈律法を守りアブラハムの子孫になってこそ神の祝福を受けられる。だから割礼不要などというパウロの教えは誤りだ〉という反対者の教えが見え隠れする。また、反対者が〈「律法の書に行うように書かれてある各事柄すべてに留まらない者はみな呪われている」のだから律法遵守が当然

だ〉と言えば、パウロは同じ申 27:26 を引用しつつ反論を試みたと考え得る。もっとも この重要な神学部分において、パウロが反対者の批判に応答するという受動的な議論にのみ終始していると考える必要はない。彼はトーラー教育によって培われた自らの思想世界、反対者の批判、原始教会の伝統、そしてキリストの顕現体験を基にして、彼の神学を築き始めている。本ペリコペのアウトラインは以下のとおりである。

a. 信頼性に依拠した契約の祝福（3:6–9）
  i. アブラハムの子孫（3:6–7）
  ii. 異邦人に及ぶ祝福（3:8–9）
b. 律法の結果としての呪い（3:10–12）
  i. 律法の呪い（3:10）
  ii. 律法か信頼性か（3:11–12）
c. キリストによる祝福の成就（3:13–14）
  i. キリストの十字架（3:13）
  ii. 約束の霊（3:14）

【注解】

3:6　ちょうどアブラハムが神を信頼し、それが彼にとって義と見なされたように……。

　本節は「ちょうど〜ように（καθώς）」と始まり、このペリコペ全体が「あなた方に霊を与え、あなた方のあいだで力を稼働させる方は、律法の行いからか、または信頼性のメッセージからか」（ガラ 3:5）という前ペリコペの問いに対する応答として開始することを示す。パウロはここで創 15:6 を引用するが、本ペリコペでは神がアブラハムと結んだ契約全体（創 12–17 章）が意識されている。

　アブラハムは、「神を信頼し」た。これは当然、神の存在を初めて認識したとかヤハウェを真の神であると考える決断をした――〈神をいま信じた〉――などの現代的で認知論的な問題に言及していない。アブラハムは、ハランの地で父テラや先祖の時代から慣れ親しんできた神が子孫の繁栄を約束するという祝福の言葉を聞いて、自らとその一族とその子孫とを神に委ねた。この場合、ヘブライ語（הֶאֱמִן ヘエミン）においてもギ

リシャ語（ἐπίστευσαν）においても、信頼性を軸とした——信頼に足る神に人が依り頼み、人がその神に対して誠実さをもって応答する——関係性が構築されている。神を知らない異邦人が、神に関する内容を認識することは改宗にとって不可欠だ。しかし「信仰」を適切に表現するなら（マクグラス 2008:199–204 参照）、この認知的な側面を含みつつも、一般にそれを前提とした良好な関係性を維持し育む信頼関係を指す。その意味でここでは、「信頼する」（と同根語の「信頼／信頼性」）という訳語を用いることにしよう。これは、パウロが救い（の開始）をより包括的に捉えていることと繋がる（Dunn 1998:455–57）。この信頼関係はのちに「永遠の契約」（創 17:7）と言い表され、この契約における諸国民（異邦人）への祝福が再確認される（創 12:1–3）。永遠の契約に対する神の誠実さ（covenant faithfulness）へアブラハムが信頼を寄せたことが、異邦人をも含めた人類へ神の祝福がもたらされる起点となる。

その結果、「**それが彼にとって義と見なされた**」（創 15:6）。3 人称単数動詞の「見なす（ἐλογίσθη ＝ λογίζομαι）」が示唆する主語はアブラハムでなく、彼が神の誠実さに信頼を示したという出来事だ（もっともより自然な日本語としては「神を信頼したことで、彼は義と認められた」）。本来「見なす」は会計用語で、「会計帳簿に計上する」ことを意味する。たとえば、「愛は悪事をいちいち帳簿に記さない（οὐ λογίζεται）」寛容さを備えている（Ⅰコリ 13:5）。またパウロがフィリピ信徒に関して望むのは、彼らの募金という霊的投資の運用果実が帳簿（εἰς λόγον）に純益として上積みされることだ（フィリ 4:17）。ここでは、ある意味でアブラハムが神を信頼したという行為が、アブラハムの勘定表の「義」という費目として計上される。

既述のとおりパウロが「義（δικαιοσύνη）」を用いる場合、その背景となるヘブライ語（צְדָקָה ツェダカー）の影響から、関係性に焦点が置かれる（ガラ 2:16 注解）。したがって「義」は、ある関係性において期待されるあり方を意味する（TDNT II:195–96）。イスラエルの民は神の戒めを守ることによって義を示しつつ契約関係を維持した。じつに創 17 章で結ばれる永遠の契約には、「契約のしるし」として生後 8 日目の割礼が指示されている（17:12）。おそらく反対者は、異邦人宣教を創 12–17 章に描かれる永遠の契約という文脈でとらえ、異邦人信徒に契約のしるしである割礼を受ける必要性を説いただろう（ユディ 14:10 参照）。パウロはこの決定的とも

思われる論理に反論せねばならなかった。そのため、神が割礼制定 (17:12) 以前にアブラハムの行為を義とみなした (15:6) 点を指摘し、割礼をはじめとする規定の相対化を、出来事の時間的前後関係を根拠に試みた。パウロにとって、この議論はたんなる詭弁でなかろう（ロマ 4:9–12 ではこの議論がさらに深められている）。おそらく引用された創 15:6 において、「義」が行いでなく信頼と直結しているというユダヤ教聖典の中でも特異なケースである点 (Wenham 1987:330) に、パウロは救済論的な重要性を見出した。異邦人の祝福を約束する永遠の契約は神が示す信頼性に起因し、アブラハムはそれに信頼し身を委ねた。この祝福授与のパターンは、キリストが十字架において示す信頼性（神への誠実さと人への誠実さ）に応答する人の信頼が、ユダヤ人のみならず異邦人にも祝福をもたらすという、終末的な約束の成就のひな型となっている。

3:7　そのように、信頼性に依拠する者ら、これらの者こそがアブラハムの子らだとあなた方は知れ。

「**そのように**（ἄρα）」という接続詞は、前節での聖典に依拠した議論を受け、誰がアブラハムの子孫かを確定する。「**アブラハムの子ら**（υἱοί ... Ἀβραάμ）」は前出の「永遠の契約」から派生する概念だ。この契約においてアブラハムは諸民族の父となり、この契約における祝福はアブラハムの子孫をとおして諸民族におよぶ。「私は……あなた（アブラハム）とあなたの子孫（καὶ τοῦ σπέρματός σου）の神となる」（創 17:7）。したがって、神がアブラハムに約束した祝福を享受する者らは、「アブラハムの子孫」（代下 20:7; 詩 105:6; イザ 41:8;『ソロ詩』9:9; ルカ 1:55; ヨハ 8:33, 37; ロマ 4:13; 9:7; 11:1; Ⅱコリ 11:22; ガラ 3:29; ヘブ 2:16）あるいは「アブラハムの子」（『ソロ詩』18:3; ルカ 19:9; 使 13:26）と呼ばれる (Bovon 2006:100)。

誰がアブラハムの子か。それは「**信頼性に依拠する者ら**（οἱ ἐκ πίστεως）」だ。伝統的にこの句は「信仰による者」と訳されてきたが（口語訳、新共同訳、新改訳、岩波訳。Bruce, Dunn 他）、本注解書ではガラ 2:16 以降の議論に基づいて、このギリシャ語（πίστις）をより広義にとらえつつ「信頼性に依拠する者」と理解する（トピック #7）。前置詞（ἐκ）＋「信頼性（πίστεως）」という表現は、LXX でただ 1 度ハバ 2:4 に登場する。新約聖書では 22 回用いられるが、ヘブ 10:38 でのハバ 2:4 の引用とヤコ

2:24でのパウロへの応答とを除けば、すべてガラテヤ書とローマ書に集中している。このことから、パウロがハバ2:4を意識してこの表現を用い始めた可能性（Hays 2002:171）は高かろう。

　これは、信頼性に依拠しつつアブラハムと同じようにヤハウェにより頼む者が、キリストを飛び越えて、アブラハム宗教へ改宗することでない。むしろ、アブラハムを起点とする永遠の契約がキリストの誠実な業によって成就したので、キリストによって回復された信頼性に依拠する者、すなわち新たにされた永遠の契約に属するキリスト者が「アブラハムの子」である。換言すると、不誠実なイスラエルが異邦人のために祝福の源（創12:2）となりえなかったので、イスラエルを代表するメシアがその誠実さをとおして異邦人のための祝福の源となった（トピック#9）。神と人との信頼性はキリストの意義を相対化せず、むしろキリストの誠実な業によって回復される。アブラハムの信頼とキリスト者の信頼とを直接的に結ぶため、アブラハムが信頼したのはキリストだと理解し（Boers 1971:79）、〈キリスト者アブラハム〉といういびつな解釈をとる必要はない。この永遠の契約なる関係性は、その開始から成就に至るまで信頼性に依拠している。契約の創始者に対してアブラハムが信頼し誠実を尽くしたように、契約の成就者に対してキリスト者は信頼し誠実を尽くす。したがってパウロは、キリストに属する者がアブラハムの子孫だ（ガラ3:29）と述べる。

3:8 聖典は、神が信頼性に依拠して異邦人を義とすると予見し、アブラハムに予め良い知らせを告げた、「異邦人は皆あなたにあって祝福される」と。

　パウロはユダヤ教聖典の権威に依拠し、またおそらく反対者が聖典に依拠して論じたのに応答し、「**聖典は……アブラハムに予め良い知らせを告げた**」と述べる。当然アブラハムに喜ばしい報告をもたらしたのは神であり「聖典（ἡ γραφή）」でないが、パウロはユダヤ教聖典の権威を強調するためこの擬人化された聖典を慣用的に用いる（ガラ3:22; 4:30; ロマ9:17. フィロン『寓意』3:118参照）。複合動詞の「予め良い知らせを告げた（προευηγγελίσατο）」が具体的に指すのは、創12:3の「**異邦人は皆あなたにあって祝福される**」という約束だ（創18:18; 22:18参照）。もちろん異邦人の祝福という「福音」（新共同訳、新改訳、岩波訳参照）がその内容だが、この場合の「福音」は広義の「よい知らせ／喜ばしい報告」（口語訳参照）

であり、教会のケーリュグマと同じでない。異邦人への祝福は「あなた（アブラハム）にあって（ἐν σοί）」約束される。前置詞「〜（の内）にあって（ἐν / בְּ）」は場所を示すとともに手段を表すので（BDB 1979:88）、アブラハムが永遠の契約の祝福の源（創 12:2）となるとともに、アブラハムが信頼したという出来事が契約の祝福を保証する手段ともなる。

「祝福される（ἐνευλογηθήσονται = ἐνευλογέω）」は何を意味するか。本来ギリシャ語では「好意的に述べる」や「良く言う」を意味し、発言者の道徳的資質に焦点があった。したがってプラトンは、同根名詞の「美辞（εὐλογία）」を「優麗／優美（εὐσχημοσύνη）」と結びつける（『国家』III:400d）。ヘブライ語的な感性では、「祝福（בְּרָכָה）」とその訳語（εὐλογία）の焦点が、むしろ好意をもって発せられた言葉の影響力やその結果にある（TDNT II:756–58）。したがって親が子を祝福すると、その子と子孫の繁栄が約束される（創 48:15; シラ 3:9 参照）。この代々継承されるべき祝福の源は神だ（創 49:25 参照）。したがって、アブラハムをとおしてその子孫へともたらされる祝福は、神の祝福である（12:3）。この祝福理解が神とアブラハムとのあいだの契約に集約されているので、パウロがその救済論を契約の祝福という主題に則ってガラ 3–4 章で展開させるとき、子孫が相続すべき遺産、あるいは遺産を相続すべき子孫という表現が用いられる。さらに注目すべき祝福の特徴は、それが呪いと対比されることだ。イスラエルの民は、神の契約に関する掟への従順が祝福を招き、不従順が呪いへと繋がることを（申 11:26–32 参照）、ゲリジム山とエバル山とに分かれて立ち宣言することが命じられた（申 27:12–13）。ここでモーセは神の祝福を、敵に対する勝利（28:7）、民族の聖さ（28:9）、そして収穫の豊かさ（28:11）として述べる。また神の呪いが捕囚に繋がることを教える（28:32–33, 36）。じつに本ペリコペの議論は、契約における祝福と呪いという主題に沿って展開する。預言者エレミヤがこの祝福を「信頼」、また呪いを「肉」と結びつけることも（エレ 17:5, 7）、エレミヤの召命に自分の改宗体験を重ねるパウロの議論に影響を与えていようか。

聖典が「**予見し**」た内容は、「**神が信頼性に依拠して異邦人を義とする**」ことだ。「予見する（προϊδοῦσα = προοράω）」は「予め（πρό）」を意味する前置詞を含む複合動詞で、前出の複合動詞「予め良い知らせを告げる（προευαγγελίζομαι）」に対応している。これは異邦人の祝福という計画

が後付けでなく、永遠の契約の本来の目的だったことを強調する。構文上、「信頼性（πίστεως）」が「義とする（δικαιοῖ）」主体の神に関するものか、対象となる異邦人に関するものか、判別がつきかねる。この曖昧さはむしろ意図的だろう。異邦人が神との正しい関係性（義）を確立する根拠は、信頼に足る神の働きかけであり、かつそれに信頼する人の姿勢だ（したがって「信頼性を根拠として」）。

3:9　したがって、信頼性に依拠する者らは、信頼するアブラハムとともに祝福される。

　ガラ 3:6–7 がユダヤ教聖典による議論とその結論だったように、ガラ 3:8–9 も聖典による議論とその結果を示す。今回は「**したがって（ὥστε）**」という接続詞によって前節の聖典による議論を受け、異邦人にアブラハムの祝福が及ぶ点が明らかになる。厳密には「**信頼性に依拠する者ら（οἱ ἐκ πίστεως）**」は、民族の垣根を越えて信頼性に依拠する者すべてを含むが、本ペリコペの主題は律法に依拠しない異邦人の祝福なので、パウロはこの句を異邦人と同視している。

　永遠の契約はアブラハムを起点とし、その祝福は異邦人にも及ぶ。この契約がアブラハムの信頼によって開始したなら、それは信頼性に依拠する異邦人において成就する。この意味において、「（神を）**信頼するアブラハムとともに（σὺν τῷ πιστῷ Ἀβραάμ）祝福される**」。ロマ 4 章では、アブラハムが信頼性に依拠するユダヤ人キリスト者の「模範（ἴχνος）」（4:12）と見なされるが、神を信頼するアブラハムは異邦人キリスト者の模範でもあることが示唆されている（4:11）。本節ではこの関係性を、「ともに（σύν）」という前置詞で示す。契約の創始者に対してアブラハムが信頼し誠実を尽くしたように、契約の成就者に対してキリスト者は信頼し誠実を尽くす。この意味で異邦人キリスト者は、アブラハムとともに契約の祝福を享受する。

3:10　なぜなら、律法の行いに依拠する者は誰でも呪いの下にあるからだ。それは「律法の書に行うように書かれてある各事柄すべてに留まらない者はみな呪われている」と書かれてあるからだ。

　読者は「**なぜなら（γάρ）**」という接続詞を見ると、祝福をもたらす信頼

性の内容が何かに関する説明によってガラ 3:6–9 の議論の正当性が示されることを期待するかも知れないが、その期待は少なくとも本節では裏切られる。むしろパウロは、〈祝福が信頼性に依拠するのは、それが律法の行いに依拠しないから〉という論理を展開し、律法の行いという主題に焦点を置く。この論理の展開には、エルサレム会議とアンティオキア事件の報告で明らかになったとおり、反対者が異邦人の教会編入（契約の民への編入）において律法の諸規定を求めたという経緯が大きく影響を与えていよう（トピック #5）。律法の行いとキリストの信頼性とが、前々ペリコペ（とくにガラ 2:16 の三段階プロセス）と前ペリコペ（とくにガラ 3:5 の修辞疑問文）では、印象的な仕方で対比された。本節でも「律法の行いに依拠する者は誰でも（ὅσοι ... ἐξ ἔργον νόμου）」という表現が、前節の「信頼性に依拠する者（οἱ ἐκ πίστεως）」という表現と対置される。反対者にとって「あれもこれも（信頼性も律法の行いも）」であるべき異邦人の扱いが、パウロにとっては「あれかこれか（信頼性か律法の行いか）」でなければならない。この場合、「あれもこれも」が民族的排他性を保証し、「あれかこれか」がむしろ民族の垣根を越える。

ガラ 3:8–9 では「祝福」に焦点が置かれたが、その際、申命記が祝福の対極に呪いを置いていることを指摘した。したがって本節では、律法の行いに依拠する者の正当性を否定するため、彼らが「呪いの下に（ὑπὸ κατάραν）ある」とされる（信頼性に依拠する者は祝福 ⟷ 律法の行いに依拠する者は呪い）。本節後半で引用される申 27:26 の文脈から明らかなように、イスラエル全部族の半分は律法を守る者を祝福するためにゲリジム山に立ち、残りはそうでない者を呪うためにエバル山に立つよう命じられた（申 27:12–13）。神への不従順の結果としての呪いとは、安寧や豊かさや繁栄を示す祝福から除外されることで、その結末は捕囚だ。「あなたの息子や娘が他国の民に連れ去られ……」（申 28:32）、「あなたも先祖も知らない国に行かせられる」（28:36）。おそらく反対者は同じ申命記に依拠しつつ、そして本節後半が引用する申 27:26 を根拠として、律法規定を守らなければ契約の祝福から洩れると教えただろう。パウロはこれを受け、かえって律法の行いに依拠する者こそが呪いの下にある、と主張する。パウロが他の福音を教える者の呪い（ガラ 1:8–9）やイエスが呪いとなる（3:13）という言語表現（さらにガラ 3:1 の邪視／呪詛行為）をとおして呪いという主

題を繰り返すのは、反対者の申27–28章に依拠した主張に応答しているからだろう。

MT	この律法の言葉	דִּבְרֵי הַתּוֹרָה־הַזֹּאת
LXX	この律法の言葉すべて	πᾶσιν τοῖς λόγοις τοῦ νόμου τούτου
ガラ 3:10	律法の書に書かれてある各事柄すべて	πᾶσιν τοῖς γεγραμμένοις ἐν τῷ βιβλίῳ τοῦ νομοῦ

パウロはふたたび「**それは〜から**（γάρ）」という理由を導く接続詞を用い、律法の行いに依拠する者が呪われるという上の主張の根拠を提供する。そのためパウロは、「(〜と)**書かれてあるから**（γέγραπται γάρ）」という定型句を用い、ユダヤ教聖典から引用する。すなわち、「**律法の書に行うように書かれてある各事柄すべてに留まらない者はみな呪われている**」（申27:26参照）。もっとも表から分かるように、LXXの底本とMTが申27:26をも含めた12の掟を指すのに対し、パウロは適用範囲を12箇条から律法全体へと拡大解釈している。パウロが他のギリシャ語版を用いたか、自らの記憶に意図的な編集を加えたかは不明だ。ここでのパウロの論理は難解だ。〈律法の行いに依拠する者は呪われるが、それは律法を遵守しない者は呪われるから〉では意味が通じないからだ。この点の解釈は、以下の3つに大別される。

1. 律法遵守の不可能性という人間論（Burton 1921:164; Schoeps 1959:197; 山内 2002:186; 原口 2004:142–43; 佐竹 2008a:279）：人は律法遵守が不可能なので、律法は人を祝福へ至らせない。律法でなければ信頼性（信仰）だ。しかしサンダースと「新たな視点」が明らかにしたように、契約維持のための律法体制において求められるのは律法の完全な遵守でない（トピック#8）。この律法体制には違反を償う手だてがある。パウロが「(私は)律法の義において落ち度のない者です」（フィリ3:6）と述べるのは、律法に厳格なファリサイ人だったとの意識があったにせよ（ガラ1:13–14）、律法の諸規定を破ったことがないというのでなく、違反の際には償いをして契約共同体においてちゃんと機能していたことを意味する。おそらく多数のファリサイ派ユダヤ人は、パウロと同じように律法体制の中で機能していただろう（緒論E.1.b）。

2. 「律法の行い」という民族的誇り（Dunn 1993:173; 1998:368）：ガラ2:16の注解で説明したとおり、「律法の行い」はユダヤ人による神の祝福

の独占を律法が保証するという誤った民族的姿勢を指している。このような律法観は神の契約が約束する祝福から異邦人を排除することになり、それ自体が神の意図（祝福が諸国民に至る）から外れている。律法に対する民族至上主義的な誤った信頼は、かえってユダヤ人を罪の内に閉じ込め、呪いの下に置く。もっともこの説明では、パウロ特有の「律法の行い」という表現と、申 27:26 の「律法の書に書かれてある各事柄すべて」の関連が明らかにならない。

3. **申命記的預言の成就**（Wright 1991:144–48; Scott 1993a:187–221）：捕囚というイスラエル史に鑑みて、ユダヤ民族が申命記の予見する呪いへと下ったことは明らかだ。ここでは個人の罪でなく、むしろユダヤ民族全体による契約への不誠実に焦点がある。神は不誠実なイスラエルへ律法を与えたが、民はその不誠実ゆえに律法の祝福でなく律法の呪いへと自らを導いて捕囚に至った（イザ 29:18–19；ダニ 9:11）。パウロはガラ 3:19–26 において律法の本質的役割を述べるが、ここでは律法がユダヤ人を捕囚という呪いの状態へ閉じ込めたので、律法に基づいて生きようとする異邦人はやはりユダヤ人と同じ運命をたどる、と述べている。申 27:26 の引用は、Sanders（1983a:21–22）が述べるような律法遵守を否定するための立証テクストでなく、〈キリスト者でも律法を守らなければ呪いの下にある〉という反対者の主張への応答だろう。

本注解書では、上に挙げた 2 と 3 の視点をもとに、本節を以下のように理解する。〈たしかに律法を守らなければ呪いの下にある。ちょうどユダヤ民族がそうであるように。《律法の行い》という民族的視点に立って割礼を受けてイスラエルの家に入るなら、異邦人もその運命を共有して呪いの状態に下る。〉これを受けて、ガラ 3:11 では義なる者の生き方が提示される。

3:11 なぜなら、律法において誰も神に義とされないことは明らかだからだ。なぜなら、義なる者は信頼性に依拠して生きるからだ。

本節を開始する「**なぜなら**（γάρ）」は、前節の主張の根拠を導入するというよりも、むしろ前節の主張を確認するための接続詞だろう（したがって「つまり～」）。パウロは「**律法において誰も神に義とされないことは明らかだからだ**」と述べるが、その自明性は律法を遵守できない罪深い人の

性(さが)以上に——この人間論への適用は不可能でないが——、上述したとおり捕囚に至った律法体制の内にあるイスラエルの歴史を指していよう。したがってパウロはのちに、この律法体制の内にある期間の状態を養育係の下での拘留と表現し得る（ガラ 3:23–24）。既述のとおり、「義」はとくに契約における神との良好な関係性を指すので、それが能わないことはすなわち、契約関係から「追いやられ、追い散らされ」（申 28:32, 36）て捕囚へと下ることを意味する。同様の捕囚主題は、申 30:1–6 においてその後の祝福と対比される。そこでは「心の割礼」や「神への愛」が呪いから祝福へ移行する際の鍵となっている。のちにパウロは「心の割礼」とユダヤ人による誤った律法への過信（律法の行い）とを対比させ（ロマ 2:17–29）、そしてこの申 30:1–14 に見られる申命記の要約を「私たちが宣べ伝えている信頼性に関する言葉」（ロマ 10:8）、すなわち福音と特定する。

　このようにパウロは本節で律法と信頼性との対比を意識して、同じ前置詞「**なぜなら**」を繰り返しつつ前節冒頭と同じく「あれかこれか（信頼性か律法の行いか）」の議論を導入している。そして信頼性に依拠する祝福を正当化するため、ハバ 2:4 を引用する。「**義なる者は信頼性に依拠して生きる**」。パウロはこれを本節とロマ 1:17 とで引用するが、既述（ガラ 3:7）のとおり「信頼性に依拠する（ἐκ πίστεως）」という非常にパウロ的な表現はこのハバ 2:4 を意識しているだろう（パウロ以外はヘブ 10:38 とヤコ 2:24）。前節での申 27:26 の引用と同様に、ハバ 2:4 に関してもパウロの引用には表のように既存のテクストからの変更が見られる。ちなみにヘブ 10:38 は 5 世紀のアレクサンドリア写本（LXX A. 写本 C も）と同じ伝統に依拠する。注目すべきは、MT と 4 世紀のバチカン写本（LXX B. 写本 א, W* も）の「信頼性」を修飾する所有代名詞（それぞれ「彼」と「私」）をパウロが削除している点だ。おそらくこれは、契約関係の成立と維持が当事者相互の信頼性——神が示す誠実さとそれに応答する契約共同体成員の

MT	義なる者は**彼の**信頼性に依拠して生きる	צַדִּיק בֶּאֱמוּנָתוֹ יִחְיֶה
LXX B	義なる者は**私の**信頼性に依拠して生きる	ὁ δίκαιος ἐκ πίστεώς μου ζήσεται
LXX A	**私の**義なる者は　　　信頼性に依拠して生きる	ὁ δίκαιός μου ἐκ πίστεως ζήσεται
パウロ	義なる者は　　　信頼性に依拠して生きる	ὁ δίκαιος ἐκ πίστεως ζήσεται

信頼——に依拠していることを示すための編集だろう。Dunn（1993:175）は、この πίστις が神の誠実さであって人の信仰でないなら、パウロはわざわざ LXX B の伝承に編集を加えなかったろうと述べるが、それにはパウロが LXX B に依拠しているという前提が必要となる[42]。ちなみにクムラン出土の小預言書のギリシャ語テクストには、断片ながら MT により近い「（義）なる者は彼の信頼性において生（きる）（[δίκ]αιος ἐν πίστει αὐτοῦ ζήσετ[αι]）」があり（8HevXIIgr., col.12）、のちのギリシャ語訳（アクィラ、シュンマコス、テオドシウス）もこの伝統に依拠している。本来の預言はバビロニア帝国下で苦しむ捕囚の民に対し、〈逆境の中で神の誠実さを疑うことなく、誠実さをもって応答せよ〉と教えている。これは上の申 30 章に記された契約刷新の望みに符合する。また「生きる（ζήσεται）」は、申 30:15–16 から明らかなように契約の祝福を指し、これが呪いの「死」と対比されている。

「義なる者」がキリストを指すと理解される場合もある（Hanson 1963:6–9; Hays 2002:134–35, 171）。とくにガラ 3:13 でキリストの十字架が呪いからの解放をもたらすことを教えるので、その伏線が本節に敷かれているとも考え得る。しかしこれを「キリストが（その）誠実さによって生きる」と理解した場合、それが先行する「律法において誰も神に義とされない」という議論を支持するテクストとして有効かどうか疑わしい。人類の窮状に解決をもたらすキリストの十字架を読者に期待させはするだろうが、本節は申命記とハバクク書とが教える契約の祝福と呪い、そして呪いの先にある契約の刷新という文脈をとおして、律法か信頼性かという議論が繰り返されている。

3:12 しかし律法は信頼性に依拠しない。むしろ、それらを行う者はそれらにおいて生きる。

パウロは前節を受けて、「あれかこれか」という議論を「**律法は信頼性に依拠しない**」と結ぶ。律法の目的は信頼性という原則と異なっており、したがって「あれもこれも」であり得ない。

パウロはイスラエル史をふり返りつつ、信頼性に依拠しない律法による

---

[42] Dunn（1998:373–74）はのちに、慎重にではあるがより包括的に πίστις を理解するようになっている。

在り方が、信頼性に依拠した在り方と異なる道を辿ると述べる（したがって、逆接の「**むしろ**」）。パウロは「それら（規則と定め）を行うことで、人はそれらにおいて生きる（ἃ ποιήσας ἄνθρωπος ζήσεται ἐν αὐτοῖς）」（LXX レビ 18:5）を引用するにあたり、「**それらを行う者はそれらにおいて生きる**（ὁ ποιήσας αὐτὰ ζήσεται ἐν αὐτοῖς）」と微調整する。おそらく本節の「生きる」と前節の「生きる」とを対比して、信頼性に依拠する在り方と律法に依拠する在り方が異なる運命を辿ることを示していよう。もっともこれは、律法の本質を批判しているのでない。繰り返すが、パウロは律法が神の約束と相容れなくないと断り（ガラ 3:21）、さらに律法を「聖く、正しく、良い」（ロマ 7:12）と弁護する。パウロは「律法の行い」という句が指すユダヤ人同胞の民族的奢りを批判するが、これは律法自体の批判でない。ただ、律法は命を与えず、むしろ与えられた命をいかに生きるかを規定する。この混同こそ、「律法の行い」という句が示す誤解の結果だ（トピック #8）。律法体制のもとにいるイスラエルの民は、神への不誠実さゆえに捕囚という呪いに至った。

　パウロはここまでで信頼性と律法とを明らかに対比させ、「あれもこれも」でなく「あれかこれか」だということを十分に語った。本ペリコペの最後部は、信頼性に依拠した在り方の祝福がいかにして捕囚のイスラエルと契約の中にいない異邦人とにおいて成就するか、という論題に移る。

3:13　キリストは私たちのために呪いとなり、私たちを律法の呪いから買い取った。それは、「木に架けられた者はみな呪われている」と書かれてあるからだ。

　本ペリコペでパウロがキリストに直接言及するのは本節が初めてとなる。本ペリコペがガラテヤ書においてキリスト者の義を中心的に扱うことに鑑みると、これは奇異に感じられよう。しかし、本ペリコペ全体が反対者への応答だと考えると、パウロによる議論の展開は理解できる。反対者は、神がイスラエルの父アブラハムと結んだ契約に属するしるしとして割礼が命じられている（創 17:11–12）ことを根拠に、異邦人キリスト者に対して割礼を求めた。これに対してパウロは、この命令以前に契約締結の起点となったのがアブラハムによる神への信頼だったので（15:6）、契約の祝福は信頼性のみに依拠すると応答した。キリスト者がキリストへ信頼を

置くことの重要性に関しては両者が共有しており、パウロにとってこの点を弁護することは急務でない。もっともパウロは、とくにガラ 3:6–9 において信頼性に依拠する祝福について論ずる際、キリストの信頼性（キリストによる神と人への誠実さ、キリストに対する神と人の誠実さ）を示唆し、本節でキリストの十字架が語られるための伏線を敷いていた。

パウロは、キリストの十字架が上述の呪いの解決だと述べる。「**キリストは私たちのために呪いとなり、私たちを律法の呪いから買い取った**」。呪いから解放される「私たち（ἡμῶν, ἡμᾶς）」は誰か。キリストを信仰する者はその罪がすべて赦されるという伝統的な贖罪論の視点から、「私たち」がユダヤ人も含めたキリスト者すべてと理解されがちだ（Schlier 1965:136–37, Bruce 1977:166–67）。しかし、「私たち」が「律法の呪い」から解放される点を考慮に入れるなら、この「私たち」を本来律法体制の下にあるユダヤ人と理解するのが自然だろう（Betz 1979:148–49）。律法を持たない者は自らの良心が法律規定のようだったとしても、彼らは律法と関わりなく裁かれる（ロマ 2:12–15 参照）。永遠の契約の成就を視野に入れると、律法の呪いの下にあるイスラエルは異邦人にとって祝福の源（創 12:2）にならず、むしろ異邦人を祝福から遠ざけた。しかしイスラエルを代表するキリストが十字架で呪いを終結させたので——「苦役の時は今や満ち、咎は償われた」（イザ 40:2 参照）——、キリストの誠実な業をとおして異邦人が契約の祝福を享受する。これがガラ 3:13–14 と本ペリコペ全体が想定するシナリオだ（トピック #9）。

キリストはユダヤ民族のために「**呪い**（κατάρα）**とな**」った。ガラ 3:10 で述べたように、「呪い」とは申命記的な祝福と呪いとの対比を念頭に置いた表現だ。これは「**律法の呪い**」とも表現される。既述のとおり、パウロはこの句によって律法の本質を否定的に捉えているのでなく、イスラエルが神に対して不誠実であったこと、またそれによって自らに捕囚という結果を招いたことを表現している。

「呪いとなる」という表現の背景に追放儀礼があるとの解釈がしばしばなされる（Schwartz 1983:261–63; Finlan 2005:33–36）。ユダヤ教においてアザゼルのための山羊追放（一般には「スケープ・ゴート」）として知られるこの儀礼では、贖罪の日に山羊が民の罪をすべて負ってそれを荒れ野へと運び去るために放たれる（レビ 16:10, 21–22）。この山羊は汚れのない

犠牲の動物と異なり、罪を負って街の外へ放逐されるので、これこそが市外へ連れ出され汚れた者として十字架につけられたイエスの死を説明する主要なメタファと考えられる場合がある（McLean 1996:206–07）。この議論によると、「（神は）罪を知らない方を私たちのために罪とし」（Ⅱコリ 5:21）たことも追放儀礼を意識している。当時の地中海世界において追放儀礼は広く知られていた（ストラボン『地誌』10:2:9; プルタルコス『食卓歓談』6:8:1）。しかし、「呪いとなる」という表現だけを手がかりとしてガラテヤ信徒が追放儀礼を想起したとは考え難い。ちなみに、「塵あくた（περικάθαρμα, περίψημα）」（Ⅰコリ 4:13）が追放儀礼の専門用語だとの議論（*TDNT* Ⅵ:84–93）は、9 世紀のコンスタンティノープル総主教フォティオス（『レキシコン』περίψημα）に依拠しており、この解釈が著しく時代錯誤的であることは他所で述べた（浅野 2016a:23–41. Asano 2016:16–39 ではさらに詳しい）。本文脈において「呪いとなる」とは、むしろ申命記的な呪いがイエスの十字架に集中し、その死によって呪いが終結することを意味するだろう。したがって、パウロは本節後半で、申 21:23 を引用しつつこの申命記的呪いからの解放についてさらに述べる。

　キリストの十字架がイスラエルの呪いを終結させ、異邦人へ祝福をもたらすメカニズムについては上で述べた（トピック #9.A）。パウロはこの呪いからの解放に、「買い取った（ἐξηγόρασεν）」という表現を用いる。これは売買を意味する経済用語で、その「解放」というニュアンスの背後には奴隷市場の文脈がある。たとえばディオドロス・シクルスによると、プラトンが暴君の逆鱗に触れ奴隷として売り飛ばされたとき、哲学者仲間が協力して「彼を買い戻した（ἐξηγόρασαν）」（『歴史叢書』15:7:1）。パウロはガラ 4:5 でもう 1 度この語を用いつつ律法体制の下にある者の解放に言及する（Ⅰコリ 6:20; 7:23 ではより一般的な ἀγοράζω. コロ 4:5; エフェ 5:16 参照）。使徒教父では、買い取りの対象が「永遠の罰（τὴν αἰώνιον κόλασιν）」であり、迫害による一時の苦しみが永遠の罰を買い取る（『ポリュ殉』2:3）、あるいは永遠の命を買い取る（同異本）。初期教会が「買い取る」というメタファを救済的に用いる場合の対象は多岐に広がって行ったようだが、パウロの焦点は拘束された者の解放であって、それ以上にこのメタファを突き詰めること——たとえば、キリストの血は罪人を買い取るためにサタンに支払われた代価（オリゲネス『ロマ書注解』2:13;『マタイ注解』13:28）

——は、パウロ神学からの乖離につながりかねない。

　パウロは、イエスの十字架が呪いを象徴することを支持するため、申 21:23 を引用しつつ「**木に架けられた者はみな呪われている**」と述べる。「**みな呪われている**（ἐπικατάρατος πᾶς ὁ...）」という表現にはパウロの編集が見られるが、それはガラ 3:10 における申 27:26 の引用（ἐπικατάρατος πᾶς ὅς...）と揃えるためだろう。申命記によると処刑された者は木に吊るされるが、神に呪われたこの犯罪者は、翌日まで吊るされたままで土地を汚さないよう、その日の内に埋葬されねばならない（ヨシュ 10:26–27; サム下 4:12 参照）。パウロは「十字架」という語を用いないが、ガラ 2:19 と 3:1 とでキリストの十字架を明言したばかりなので、「木に架けられた」から十字架が連想されないとは考え難い。じつにパウロは申 21:23 の引用を明示して（「書かれてあるからだ」）、キリストの十字架が申命記的呪いだという理解を示している。

　パウロによる申 21:23 の引用には、原始教会の伝承以外にいくつかの背景が想定される。厳密には、申 21:23 の犯罪者は処刑のあとで木に吊るされるが、十字架刑は犯罪者を木の上で殺害する。しかしこの申命記のテクストは、神殿巻物においてもローマの処刑手段である十字架刑を連想させたようだ（VanderKam & Flint 2002:355–56. Yardin 1971:1–12 参照）。なぜなら、明らかに申 21:23 を意識した以下のテクストは、「死に至るまで木に架けられなければならない」という表現から分かるとおり、木に架けられた状態で殺害される処刑方法であり、すなわちそれは十字架刑である。

> もし誰かが死刑を宣告され外国に逃げ、彼の民とイスラエルの子孫とを呪うなら、あなた方はその者を・死・に・至・る・ま・で・木に架けなければならない。しかし、その者の骸が木に架けられたままで夜が明けることは許されない。その（処刑された）日に、その骸は地に埋められなければならない。じつに、誰でも木に架けられた者は神と民とに呪われる……（11QT64:9–13. 64:7–9; 4QpNah1:6–9 参照）。

　さらに本節の言語表現の背景には、ユダヤ教側からの原始教会批判のレトリックがあるかも知れない。イエスをメシアと告白する新興集団に対し、〈十字架という木に架けられ神に呪われた犯罪者がメシアなものか〉という批判が向けられたことは容易に想定できる。改宗以前のパウロ自身

がそのような批判をもって原始教会の根絶に努めたとも考え得る（Hengel 2002:178–79; Wedderburn 2015:111）。それなら「呪われたメシア」をどう理解すべきかは、改宗後のパウロにとって解決を要する問題だっただろう（Ⅰコリ1:23参照）。

3:14　それは、キリスト・イエスにあってアブラハムの祝福が異邦人へと至るためで、私たちがその信頼性をとおして霊という約束を受け取るためである。

本ペリコペ最終節は、キリストの十字架の目的あるいは結果を、「**それは～ため**（ἵνα）」という接続詞を2度繰り返して提示する。文法的には、2つ目の接続詞は従属（dependent）ではなく等位（coordinate）だろう（したがって「それは～ためであり、さらに～ためです」）。

第1の結果は、「**キリスト・イエスにあってアブラハムの祝福が異邦人へと至る**」ことだ。この表現は「異邦人は皆あなた（アブラハム）にあって祝福される」（ガラ3:8. 創12:3参照）に呼応し、創12:3の約束がキリストにおいて成就したことを教える。既述のとおり「あなた<u>にあって</u>（ἐν σοί）」は、神の契約がもたらす祝福がアブラハムの神に対する信頼を起点としていることを表す。そしてこの約束の成就は「キリスト・イエス<u>にあって</u>（ἐν Χριστῷ Ἰησοῦ）」もたらされる。これが、イエスの十字架がイスラエルの呪いに終結をもたらしたことの結果だ。「キリスト（・イエス）にあって（ἐν Χριστῷ）」というパウロ特有の前置詞句は（ガラ1:22参照）、キリストへの参与を示す「所格（locative）」である（Moule 1977:54–58参照）。したがって「キリストにあって」ユダヤ人は呪いから解放されたが（ガラ3:13）、同時に異邦人は、永遠の契約を成就したキリストに参与する（所属する）ことをとおして契約の祝福を享受する（トピック#10）。パウロはこの表現を、ガラ3:11の「律法において／あって（ἐν νόμῳ）」と意識的に対比させ、この祝福が律法体制でなくキリストの十字架によって回復された神と人との関係性によってもたらされたことを印象づける。

第2の結果は「**私たちがその信頼性をとおして霊という約束を受け取る**」ことだ（Hays 2002:181–83. Morales 2010:109–14参照）。ユダヤ教の伝統では、「霊」は終末の祝福が到来するしるしとして（イザ44:3. エゼ11:19; 36:26–28; 37:1–14参照）、また契約遂行のしるしとして与えられ

る（イザ59:21）。したがってルカはイスラエルの救済史を記すにあたって、終末時代の到来を「霊という約束」と結びつける（ルカ24:49; 使1:4–5）。パウロの聖霊観において、神の霊は契約の終末的成就という宇宙的な出来事に関与すると同時に、キリスト者を開始された終末的緊張の時代にあって方向づける（IIコリ5:5; ロマ8:21. ガラ5:16–24参照。Thiselton 2009:62）。「霊……を受け取る（τοῦ πνεύματος λάβωμεν）」という終末的成就は、「霊を受けた（τὸ πνεῦμα ἐλάβετε）」（ガラ3:2）というガラテヤ信徒による聖霊受容の実体験と密接に結びつく。この終末的成就が「その信頼性をとおして」であることは、ガラテヤ信徒の聖霊受容体験が律法の行い以前の信頼性のメッセージに起因することによって裏打ちされる。ここでは、冠詞が付いた特定化された「その信頼性（τῆς πίστεως）」が用いられるが、これは前節でキリストが十字架において示した誠実さが、神と人とのあいだの関係性を回復したことを念頭に置いているからだろう。霊を受ける「私たち」は、「異邦人はあなたにあって祝福される」（創12:3; ガラ3:8）という全人類を視野に入れた神の約束を意識しており、ユダヤ人キリスト者と異邦人キリスト者との両方を指している。

【解説／考察】

本ペリコペは伝統的に、「信仰義認」という教義を支持する箇所としてその重要性が認められてきた。本注解書はこの重要な教義を、異邦人が排除されがちな「律法の行い」でなく、永遠の契約の成就をもたらした「キリストの信頼性」に依拠する神と人との関係性（義）というパウロの救済理解として、民族アイデンティティに焦点を置いた言語表現で言い直した。当然これは、人がキリストを信頼（信仰）するという行為を蔑ろにすることでない（「はじめに」参照）。この信頼（信仰）は、キリストの信頼性に対する相応しい応答だからだ。ちなみに、ガラテヤ書全体の解釈でパウロの黙示的性格を強調することは、「義」の法廷的（forensic）な意義——個人的な罪の問題の解決——を看過することと直接つながらない。

「律法の行い」が、神によってイスラエルに与えた律法を根拠とするイスラエル民族の選民思想——律法を持つがゆえに神の祝福を排他的に占有している——を反映する民族主義的な概念であり、この「律法の行い」と

いう民族至上主義的な律法観への批判は、パウロが律法自体を批判していることを意味しないという点を、私たちは繰り返し確認した。したがって「律法の呪い」（ガラ 3:13）とは、ユダヤ人が特権的な立場にあるのでなく、むしろ神に対する彼らの不従順によって神との関係性（義）が損なわれていることを意味する。それは自己義認の行為が神への信頼に取って代わったことへの審判（Luther 1953:275）を直接意味しない。このルター的理解は——ルター自身がその適用を詳らかにするのに倣うかのように（Luther 1953:328–29. Riches 2008:194 参照）——のちにブルトマンの実存論的な解釈の枠組みの中で、ユダヤ教的要素をほぼ排除した仕方で深められた。したがって律法遵守がもたらす罪とは、実存に到達するための自力の試みであり、被造物としての存在を忘却した自己救済と理解された。それゆえ信仰に至る以前の人は、いつもすでに自らの存在に対する誤った肉的な理解を抱いている（Bultmann 1968:264–65）。これはテクストの一義的な釈義としては問題が多くとも、キリスト者が自分の自己本位な生き方を吟味する機会を得るという意味の倫理的な適用としては評価される（Barclay 2014:96–97; Wright 2015:43）[43]。このブルトマン的なアプローチは、エフェ 2:8–9 が「信頼性 vs 律法の行い」を「信頼性 vs 行い」と一般化して、異邦人キリスト者のあいだにパウロ神学の適用を促していることからも、その有用性が支持されよう（Lincoln 1990:111–13）。すなわち、現代のキリスト者が上の実存論的な適用をテクストから導き出す場合、それが歴史的および民族的により限定されたパウロの議論に依拠した現代的適用である点をいつも認識している限りにおいて、その有効性が認められる。

トピック #9　KATAPA
呪いと救い

A.　呪いと救済史

　キリストが木の上で呪いとなったという言説は、パウロが示す神の救済計画を理解する重要な鍵となる。申命記は、ヨルダン川を渡って

43　もっともこの神学作業の適用的な特徴に関しては、Bultmann 自身が『新約聖書神学』のエピローグで言及している（1968:585–89）。

約束の地に入ろうとするイスラエルの民へモーセが語った言葉を記している。

> イスラエルよ、静かにして聞きなさい。あなたは今日、あなたの神、主の民とされた。あなたの神、主のみ声に聞き従い、今日私が命じる戒めと掟とを行わなければならない。その日、モーセは民にこう命じた。あなたたちがヨルダン川を渡ったなら、民を祝福するために、シメオン、レビ、ユダ、イサカル、ヨセフ、ベニヤミンはゲリジム山に立ち、また呪うために、ルベン、ガド、アシェル、ゼブルン、ダン、ナフタリはエバル山に立ちなさい（申 27:9–13）。

これに続いて 11 の呪いが列挙され、最後に「この律法の言葉を守り行わない者は呪われる」（27:26. ガラ 3:10 参照）と締めくくる。

　少なくともバビロン捕囚を視野に入れた申命記記者は、呪いの結果としての捕囚（28:32–33, 36）を前提としつつ、そこからの帰還について述べる。

> 私があなたの前に置いた祝福と呪い、これらのことがすべてあなたに臨み、あなたがあなたの神、主によって追いやられたすべての国々で……、心を尽くし、魂を尽くして御声に聞きしたがうならば……、あなたの神、主が追い散らされたすべての民の中から再び集めて下さる。……あなたの神、主はあなたとあなたの子孫の心に割礼を施し、心を尽くし、魂を尽くし、あなたの神、主を愛して命を得ることができるようにして下さる（申 30:1–3, 6）。

ここに記される救済計画は、イスラエルの不誠実がもたらす呪いを前提とし、将来における呪いからの解放と祝福とを約束している。これは神がアブラハムと結んだ永遠の契約に依拠する（創 17:7）。ローマ書はこの契約関係を語る際に神の万物創造にまで遡るが（ロマ 1:20）、ガラテヤ書はアブラハムの神に対する誠実に起因する契約締結を起点とする（279 頁の図ⓐ）。もっともこの契約は神に対するアダムの不従順によって創造秩序が乱れたことを前提とするので（ⓑ）、ガラテヤ書が提示する救済計画も「新たな創造」（ガラ 6:15）を目指す（ⓒ）。この新たな創造においては割礼も無割礼も関係ないが、それは永遠の

契約（ⓓ）がイスラエルを含む諸民族（全人類）を視野に入れるからだ（ガラ 3:8. 創 12:3; 17:4-7 参照）。

イスラエルの神に対する不誠実はその歴史をとおして明らかだ。神はこの民が契約関係においていかに生きるべきかを定めた律法を、モーセを介して授与する（ⓔ）。上に示した祝福と呪いとは、この律法をとおしてイスラエルの民が示す神への姿勢によって決定されるが、はたしてこの民は契約関係の破綻である呪いの結果として捕囚に下る（したがって「追いやられた／追い散らされた」（ⓕ））。キリストの顕現を体験したパウロは、申命記が呪いの先に約束する祝福（罪→捕囚→帰還）の鍵がキリストの誠実（ⓖ）にあると確信する。その際に、第二神殿期のユダヤ人らのあいだで認識されていた2つの事柄が重要となる。

その1つはローマが採用した十字架刑だ。ガラ 3:13 の注解において述べたとおり、木に架けられて神の呪いがおおやけにされること（申 21:22-23）は十字架刑と同視された（11QT64:7-9, 9-13; 4QpNah 1:6-9）。したがってパウロは、十字架刑に処されたキリストの死を「呪い」（ガラ 3:13）と表現した。もう1つは、捕囚に関する理解だ。当時のユダヤ人のあいだには、マカバイ戦争の結果として獲得したわずかな自由の期間以外、バビロン捕囚後も列強の支配下で喘いでいる自民族の状況に鑑み、ユダヤ人がいまだ神の呪いの結果としての捕囚状態にあるという認識があったようだ。前1世紀に起源があるクムラン共同体の規則が記されたダマスコ文書（CD）は、この意識を反映していよう。

> 彼ら（イスラエル）が不誠実にも彼（神）を見限ったとき、彼はその顔をイスラエルと神殿から隠し、彼らを剣へと追いやった。……そして怒りの時代にあって、バビロンの王ネブカドネザルの手に彼らを引き渡してから 390 年後に彼らを訪れ、イスラエルに草木が生えるようにされ……（CD 1:5-10）。

一般に約50年と理解されるバビロン捕囚の期間を、これは大幅に超えている。同様の認識は他書（トビ 13:6-7; 14:5-7; バル 3:6-8;『Ⅰエノ』90 章;『ルベ遺』6:8;『レビ遺』16:5 等）にも見られる（Wright

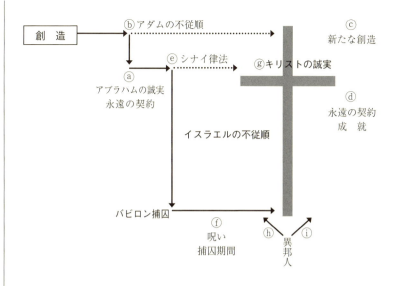

1992:269–70)。またユダヤ人会堂の祈りとして、この捕囚からの将来的な帰還への希望が記されている（Davies 1980:81–82）。

> 大いなる角笛を我らの自由のために鳴らせ。我らの捕囚からの集結を知らせる旗を高く挙げよ。……イスラエルの民を離散から集められる主よ、あなたに祝福があるように（『メギ』b 17b–18a）。

既述のマカバイ殉教思想（Ⅱマカ 7:32–33, 38; 8:5;『Ⅳマカ』6:28–29）に見られる義人の受難の救済的意義は、このような捕囚状態からの解放の希求への応答として醸成したとも考えられる（トピック #4.A.4）。このような思想世界を背景とするパウロは、十字架につけられたキリストがイスラエルにいま降りかかっている契約の呪いを引き受けたと理解した（申 29:20 参照）。ダビデ王の子孫であるメシア王（キリスト）はその民を代表する。代表して呪いとなった。イスラエルの不誠実がもたらした呪いを、神に誠実なメシア王が民を代表してその身に受けた（十字架）。したがって、キリストの十字架死は契約の呪いである捕囚（イスラエルが外国によって凌駕されること）を終結させた。イスラエルはその不誠実によって諸国民に対する祝福の源（創 12:2）とな

279

り得なかったが、イスラエルを代表するキリストの誠実な業——代表としての誠実なイスラエル——が信頼性に依拠する祝福を異邦人に対して開いた（ガラ 3:14）。

　この救済史理解に立つなら、律法は結果的にユダヤ民族を呪い——すなわち捕囚——へと拘束している。したがってパウロは、捕囚という隷属状態からの解放を「買い取る（贖う）」（ガラ 3:13）という奴隷市場のメタファで表現した。律法自体の目的は、契約の民がいかに生きるかを示すことなので、その役割には「養育係」（ガラ 3:24）というメタファが用いられる。ガラ 3:13 が「律法の呪い」という場合、それは律法が呪われているのでなく、律法をとおして神に誠実さを示すことをしないイスラエルが自らにもたらした呪いを指す。異邦人キリスト者が反対者の勧める律法遵守に応じるなら、それは捕囚へと拘束されているユダヤ民族と運命を共にすることであり（ⓗ）、したがって「恵みから落ちた」（ガラ 5:4）状態に至る。むしろ異邦人は、イスラエルがなり得なかった「祝福の源」にその誠実さゆえになったキリストをとおして永遠の契約に入る（ⓘ、ガラ 3:14）。この契約の共同体は創造秩序の回復を待ち望む終末共同体なので、終末の到来を知らせる神の霊が注がれている（ガラ 3:2, 14; 4:6）[44]。

　パウロはガラテヤ書において、神がアブラハムと結んだ「永遠の契約」（創 17:7）を枠組みとして、キリストの福音の救済を示す。ローマ書がアブラハムに言及する際も、信頼性の模範（ロマ 4:12）としての個人というだけでなく、神がアブラハムと結んだ契約が念頭にある（4:1–25）。キリストとこの契約の成就が結びつけられるのは、反対者が割礼の必要性を主張するためにこの契約の締結（「割礼を受けなければならない」創 17:12）に言及したことへの応答ということもあろうが、異邦人へ神の祝福が広く及ぶというヴィジョン（創 12:3; 17:4–6）に依拠した異邦人宣教の正当化が念頭にあっただろう（ロマ 4:17; ガ

---

[44] 近年、この〈呪いから祝福へ〉と移行するメカニズムを契約の文脈において詳細に分析する研究が進んでいる。その中で、一般の契約維持にまつわる献げ物と、契約破綻を象徴する呪いの解消との区別を明確にし、その上でキリストの死と復活が後者の呪いの解消といかに関わるかを説明する。この救済のロジックをガラ 3:10 に適用したものとして Yamaguchi（2015）を、さらにヘブライ書の祭司としてのキリスト理解に発展させたものとして Moffitt（2011）を見よ。

ラ 3:8, 14. *ABD* IV:1088–94 参照)。パウロは他所で、キリストをエレ 31:31–34 の「新たな契約」の成就と見なす（Ⅰコリ 11:25;Ⅱコリ 3:6）。この場合、とくにⅡコリ 3 章では、シナイ契約とキリストの救済とを明確に対比する目的で、後者についてエレ 31:31–34 の主題——シナイ契約の破棄（31:32）と律法の精神化（「心に記す」31:33）——が有効と考えられたからだろう（Harris 2005:271 参照）。このシナイ契約の破棄という主題は、ガラ 3:23–24 がモーセ律法の一時性を主張する根拠ともなる。この意味で、キリストの業は信頼性の回復でもあり確立でもある（ヘブ 12:2 参照）。

B. 十字架と救済

「木に架けられる」ことによる「呪い」からの解放が十字架の救済論的な価値を示唆することは、ロマ 6:6 が罪による隷属状態からの解放を「彼（キリスト）とともに十字架につけられた（συνεσταυρώθη）」と表現することと符合する。またガラ 2:17–19 も「キリストとともに十字架につけられた（συνεσταύρωμαι）」という同じ語を用いて、これを「罪の給仕」や「違反者」との対極に置いている。もっとも、原始教会からパウロが継承した定型句は「キリストが私たちの諸罪過のために死んだ（ἀπέθανεν）」（Ⅰコリ 15:3b）あるいはそれに準ずる表現であり、キリストの「十字架」が直接的に贖罪と結びつかない。青野は、たとえばロマ 6:6 におけるバプテスマ伝承において、たんなる「罪の浄め」を「キリストの死の（苦しみや惨めさの）共有」という概念へと発展させる目的で、パウロがそこに「十字架」を導入したと論ずる（青野 1989:27–29）[45]。じっさいに「十字架につける（σταυρόω）」という語をパウロが用いる 8 回の用例（「ともに十字架につける」は上の 2 回）の文脈に贖罪という概念は見当たらない。「十字架は救済（贖罪）的に寡黙だ」（Dalferth 1994:44）と言われるように、十字架刑自体は神の救済を説明しない。むしろ救済史における十字架の事件はかえって説明を要求する（Wedderburn 2015:1–2）。ちなみに、復活が十字架につけられたイエスをメシアと定めたのでなく、十字架と復活と

---

[45] パウロによる十字架の神学の発展については、とくに青野による佐竹・八木への応答（青野 1989:7–242）を見よ。

がメシアに対する新たな理解をキリスト者に促し（Dahl 1991:24–47）、この「十字架につけられたメシア」への忠誠ゆえに初代のキリスト者は改宗以前のパウロをはじめとするユダヤ人から迫害を受けた（ヘンゲル 2006:85–86）。

　もっとも、エルサレムの原始教会がキリストの死に贖罪的価値を見出したことは、Ⅰコリ 15:3b に反映される告白（「聖典に書いてあるとおり私たちの諸罪過のために死んだ」）から推測される。おそらくキリストの死は最初期の教会において、神への従順な僕の受難（Ladd 1993:366–67; ハーン 2006:217）というだけでなく、少なくともギリシャ語を話すユダヤ人キリスト者らのあいだで贖罪とリンクしていただろう（Dunn 2009a:230–41）[46]。パウロはこれを継承し、様々なメタファ（犠牲、奴隷市場、追放儀礼？）を駆使しつつ、キリストの死の贖罪価値を説明した。

　パウロの神学作業のプロセスにあって、「十字架」は著しく重要な視点を提供する。十字架に映る弱さや惨めさは、神が従順な僕をそのただ中で受け入れる様子に読者の注意を向け、これが「福音」を名乗るあらゆる教えの真価を計る（Käsemann 1971:41, 45–46, 48）。したがってそれは、「十字架の言葉」（Ⅰコリ 1:18）を受け入れ、「十字架につけられたキリスト」（2:2）を信頼する者の実存にも深く関わる（青野 2013:238–77. ハーン 2006:344 参照）。十字架と正面から向き合ったパウロは、キリストの姿に倣って僕の姿をとった（Ⅰコリ 4:6–13; フィリ 2:7）。そしてキリスト者は、このキリストの十字架に向き合うパウロに倣うことを促される（Ⅰコリ 4:16. ガラ 4:12 参照）。これはキリストの律法である隣人愛――他者へ奉仕する僕の姿（ガラ 5:14; 6:2）――がガラ 3–4 章における福音提示の延長にあることとも符合し、神の救済はこうして十字架に向き合う者によって、水の流れがたえず低きを目指すように、弱さへと浸透し始める。パウロの救済観とキリスト者理解を決定づけた十字架の言葉は（Hooker 1994:13–15）、したがって勝利主義に偏り自らの権利主張に終始するコリントの「賢

---

[46] 使徒行伝（とルカ福音書）が記述するエルサレム教会（ヘブライ語を話すキリスト者）の神殿礼拝と、神殿供儀を介さない罪の赦しという概念の関係性に関しては、とくに Dunn（2009a:235–37）を見よ。

者」に反映される人間一般の性(さが)を暴露し、その修正を促す（Schrage 1991:I:192–93 参照）。

　もっとも、キリストの福音は勝利主義者――あるいは私の勝利主義的モメント――のみを対象としていない。Luz（1974:116）が指摘するとおりに「十字架の神学」が他の救済的出来事の理解を方向づけるとしても[47]、それはたとえば終末の完成における復活期待――これをいかに解釈するにせよ――からのより直接的な安らぎを体験することを阻むものでない[48]。復活を看過したり、これを十字架と同一視したり、十字架に対して二義的に捉えることは、かえって「あなた方の信仰を虚しく」（Ⅰコリ 15:17. 15:14 をも見よ）しかねない。神の行為としての復活は、十字架とともにパウロの思想の中心にある（Beker 1980:211; Stuhlmacher 1992:169–75; Dunn 1998:235–40）。

3. 約束と律法体制（3:15–24）

【翻訳】

《逐語訳》

3:15 兄弟らよ、人間的に話そう。取り決められてしまった人の遺言を、誰も無効にせず付加しないのと同じだ。16 そして、約束はアブラハムと彼の子孫とに告げられた。多くに対してのように「子孫らに」でなく、

《自然訳》

3:15 兄弟姉妹の皆さん、身近な言葉で話しましょう。契約の永遠性については、人の遺言がいったん成立すると、誰も無効にしたり付加したりしないのと同様です。16 さて、約束はアブラハムと彼の子孫とに告げられました。つまり、多民族の隔たりを意識しているかのように「子

47　ルターによる「十字架の神学」の理解に関しては、マクグラス（2015:247–83）を参照。
48　「復活期待に依拠した安らぎ」には、終末における契約の祝福を最終的に享受するという望みもあろうが、近年では、キリストが復活によって祭司として天上での贖罪の業に従事するというヘブライ書神学の理解が提案されている（Moffitt 2011）。この贖罪理解がパウロの救済論へ与え得る影響――血が死でなく命を指し示す（レビ 17:11）ことの適用等――に関しては本注解書で取りあげないが、刊行が予定されている同シリーズの『NTJ 新約聖書注解 ローマ書簡』等で詳しく論ずることとなろう。

1つに対してのように「あなたの子孫に」と。それはキリストだ。¹⁷ 私はこう述べている。神によって予め取り決められている契約を、430年後に生じた律法が無効にし、約束を破棄することはない。¹⁸ もし相続が律法に依拠するなら、もはや約束に依拠しないからだ。しかし神は約束をとおして（相続を）アブラハムに授けた。¹⁹ ならばなぜ律法か。それは約束を与えられている子孫が来るまで逸脱のために付加された。御使いらをとおし仲介者の手によって定められた。²⁰ 彼は1つのものの仲介者でないが、神はお一方である。²¹ それでは、律法は〈神の〉約束に反するか。決してそれが起こらないように。もし命を創り得る律法が与えられていたなら、義はじつに律法に依拠していただろう。²² しかし聖典は、すべてのものを罪の下に閉じ込めた。それはイエス・キリストの信頼性に依拠する約束が、信頼する者らに与えられるためだ。²³ この信頼性が到来する前、私たちは律法の下に拘留され、来るべきその信頼性が啓示されるまで閉じ込められていた。²⁴ こうして律法は、キリストへ向けた私たちの養育係だった。それは、信頼性に依拠して私たちが義とされるためだ。

孫らに」と言わず、1つの民に対してであるかのように「あなたの子孫に」と言っています。これはキリストに属する民を意味します。¹⁷ 私が述べているのはこういうことです。神によってすでに成立していた契約を、430年後に現れた律法が無効にして、約束を破棄することはありません。¹⁸ つまり、もし相続が律法を拠りどころとするなら、それはもはや約束を拠りどころとしないのです。しかし神は、約束にもとづいてアブラハムに相続を与えました。¹⁹ それでは、なぜ律法が与えられたのでしょう。それは、約束を授けられている子孫としての1つの民が到来するまで、不誠実に対処する目的でつけ加えられたもので、御使いらをとおして仲介者であるモーセの手によって定められました。²⁰ 彼は1つとされた民の仲介者たり得ません。しかし1つの民の神はお一方です。²¹ それでは、律法は神の約束に反するでしょうか。決してそのようなことはありません。もし命を与えることのできる律法が授けられていたなら、義はたしかに律法を根拠としていたことでしょう。²² しかしユダヤ教聖典は、この時代すべてを罪の下に閉じ込めました。それはイエス・キリストの誠実さを拠りどころとする約束が、信頼する人々に与えられるためです。²³ この信頼性が実現するまで、私たちユダヤ人は律法のもとに拘留され、来るべきその信頼性が啓示されるまでのあいだ、そこに閉じ込められていました。²⁴ こうして律法は、私たちをキリストへと導く養育係の役割を果たしました。それは、私たちが信頼性に基づいて義とされるためです。

3:19　異本（D, F, G, Ir^lat, Ambst）には「付加された（προσετέθη）」でなく「与えられた（ἐτέθη）」とするものがあるが、おそらくパウロが直前（3:15）で、誰も遺言（契約）に付加しないと述べたので、契約とは別の何かが「与えられた」として矛盾解消を試みたのだろう。

3:21　〈神の（τοῦ θεοῦ）〉が欠損する重要な異読がある（𝔓^46, B, Ambst）。より短い読みが長い読みに較べて優先されるという本文批評の原則があり、この場合はのちの写字生が「約束」の属性、また前節との繋がりを明示する目的で「神の」を付加したとも考えられる。ただ、この異読を支持するテクストが圧倒的に少ないことから、ここでは上の3つのテクストにどこかの段階で関わった写字生による無意識の削除と理解する。

【形態／構造／背景】

　パウロは前ペリコペから引き続き、ユダヤ人の民族意識に影響された律法理解に依拠する異邦人宣教観、すなわち異邦人は律法を遵守し割礼をとおしてユダヤ人とならなければ契約の民となれないという理解が誤りであることを論証する。前ペリコペでは、神が制定した永遠の契約がアブラハムの誠実な信頼を起点とし、キリストの十字架が示した信頼性によって成就したことが明らかとなった。すなわちこの契約において、神の信頼性に対して誠実に応答するアブラハムの姿は、キリストが示す信頼性に対して誠実に応答するキリスト者の模範だ。パウロは本ペリコペで、約束（契約）の不可変性とその対象範囲の普遍性とを明らかにしつつ[49]、律法体制の後発性とその目的（や範囲）の限定性とを指摘する。

　このようにしてパウロは神の救済計画を展開するが、それは契約の祝福を受け継ぐ民が確立される歴史だ。したがって本ペリコペの議論では、「1つ（の民）」という語が繰り返される。反対者らが律法に象徴させる民族アイデンティティの枠を超えて、キリストの信頼性の下に多くの民族が集められ、1つの民をなす。パウロにとって異邦人の信仰共同体はユダヤ人教会に対する二義的な存在でなく、キリストに属する異邦人とユダヤ人とがともに一義的な共同体を形成する（トピック#5）。この思想は後続するペリコペでも強調され、じつに「あなた方が皆で……1人（の人）」（3:28）

---

[49]　「普遍性／普遍主義」という表現に関しては、緒論E.3を見よ。

だと宣言される。以下は本ペリコペのアウトラインである。

a. 永遠の契約（3:15–18）
  i. 約束の不可変性（3:15–16）
  ii. 律法の後発性（3:17–18）
b. 律法の目的（3:19–24）
  i. 違反のための律法（3:19–21）
  ii. キリストへと導く律法（3:22–24）

【注解】

3:15 兄弟らよ、人間的に話そう。取り決められてしまった人の遺言を、誰も無効にせず付加しないのと同じだ。

ガラ 3:1 では「愚かなガラテヤ人らよ」という強い語気で読者に注意を促したパウロが、ここでは「**兄弟らよ**（ἀδελφοί）」というガラテヤ書だけで 10 回用いられる親しみのある呼びかけで読者に寄り添う（「兄弟姉妹の皆さん」という自然訳に関してはガラ 1:2 注解参照）。新たな議論の開始にあたって、パウロは「**人間的に**（κατὰ ἄνθρωπον）」（人間の思考に調和する仕方で……）と述べるが、これは神学的議論を日常の言葉で説明する際のパウロ特有の表現だ（ロマ 3:5; 6:19; Ⅰコリ 9:8. Ⅱコリ 5:16 参照。したがって「身近な言葉で」）。

日常的な表現で言い換えられる内容は、前ペリコペの中心主題だった永遠の契約である。したがって、アブラハムの契約（διαθήκη）は「**取り決められてしまった人の遺言**」と言い直される。ガラ 3:18 以降で「相続（κληρονομία）」や「相続者（κληρονόμος）」という概念が用いられ始めるので、ここでは相続権に関する合意文という意味での「遺言（διαθήκην）」がメタファとして用いられる。ローマ法において遺言が書かれる最大の目的は相続者を定めることだった。パウロは神の契約が人の遺言と「同じだ（ὁμῶς）」と言ってこのメタファを提示する。もっとも ὅμως は反意接続の小辞（～でさえ）と理解されることもあり、その場合は「人の遺言でさえ」（新共同訳）と訳されよう。

遺言は定義上、「**誰も無効にせず付加しない**」。この節で用いられる動詞（取り決める［κεκυρωμένην = κυρόω］、無効にする［ἀθετεῖ = ἀθετέω］、付加す

る [ἐπιδιατάσσεται = ἐπιδιατάσσομαι]) はいずれも法律用語で、遺書の不可変性を定める際に用いられる。もっとも、ローマ法の下での遺言は厳密には不可変でなく、異議申し立て (querela inofficiosi testamenti) によって分与額等が変更される場合もある (OCD, 758)。この点を根拠に、本節のδιαθήκη は遺言でなく契約であるべきとの見方もある (Hahn 2009:256–62; Yamaguchi 2015:225)。しかしパウロは、遺言一般の基本的目的が相続者とその取り分の確定で、それが法的な拘束力を持ち続けることを確認している。むやみに変更されるなら遺言として機能しないことは明白だ。パウロは、人の遺言 (διαθήκη) ですらそうだから神の契約 (διαθήκη) が不変なことはなおさらだ、と述べている。

3:16 そして、約束はアブラハムと彼の子孫とに告げられた。多くに対してのように「子孫らに」でなく、1 つに対してのように「あなたの子孫に」と。それはキリストだ。

パウロは神の契約を「**約束 (ἐπαγγελίαι)**」と言い換える。「約束」という語は LXX でほとんど用いられず、創 12–18 章でも神の契約が「約束」と表現されることはない。もっとも、パウロと同時代かすこし前の時代に執筆されただろう『ソロモンの詩編』は、「主の聖なる者が主の約束を相続しますように」(12:6) と記して、契約用語の「相続」と神の「約束」とを結ぶ。パウロは契約を主題とする前ペリコペの結びでも、契約の完成を「霊という約束」と表現した。「約束」はじつにガラテヤ書で重要な語だが (パウロ書簡 20 回中、ガラ 10 回。新約聖書 23 回)、それはこの手紙が神の永遠の契約を根拠に教会への異邦人編入を正当化するからだ。興味深いことに、パウロはここで「約束」の複数形を用いる (3:21. ロマ 9:4 参照)。契約は 1 つだが、パウロはその内容として土地授与 (創 13:15)、子孫繁栄 (15:5)、諸国民編入 (17:4–6) 等を念頭に置いて複数形の「約束」を用いる。この約束は「**アブラハムと彼の子孫とに告げられた**」。神の永遠の契約がアブラハムをとおして与えられたことはガラ 3:6 以降明白だが、本ペリコペではその「子孫」に焦点が置かれる。

パウロはこの子孫に関して、「**多く (の諸民族) に対してのように『子孫らに』でなく、1 つ (の民) に対してのように『あなたの子孫に』**」と説明する。「子孫」の単数形 (σπέρμα, זֶרַע) は 1 人の子孫をも指せば、集

合名詞として民族や親族全体あるいは子々孫々をも意味し得る。創世記では神の祝福の対象としての「民族」を指すこともあれば（創 13:15; 15:18; 17:7）、1 人の「子孫」（イシュマエル）を指す場合もある（21:13）。パウロもそのことを意識しつつ、本節では単独性を前提とする一方で、のちには集合名詞として「アブラハムの子孫（τοῦ Ἀβραὰμ σπέρμα）」（ガラ 3:29）という言い方もする。パウロが「『子孫らに』でなく」と断って、あたかも σπέρμα の集合名詞としての側面を看過する議論は、ラビ・アキバに代表されるミドラシュという解釈法の特徴──単語や文字の有無（ここでは単数形と複数形の違い）に着目して議論を一定方向へ導く手法──であり（トピック #13）、ファリサイ派の律法教師だったパウロはこの手法を熟知していた。したがって両義性のある σπέρμα はパウロにとって意味深い解釈の場を提供している（Daube 1956:443）。

　従来の解釈では、〈神の約束がアブラハムとその 1 人の子孫であるキリストに告げられた〉となろう（Dunn 1993:184; Martyn 1997:139–40 参照）。当然この理解に文法上の問題はない。しかしこの解釈では、神の約束が「多くの人（πολλῶν）」を対象としないことになり、読者に違和感を与える。パウロがこの子孫を「1（ἑνός）」と言う場合、それは「1 人」を意味するか。この名詞的用法の形容詞と「多く（πολλῶν）」はともに、男性形でも中性形でもあり得る。男性形として「多くの人々」と「1 人の人」とが対比されているとの理解も可能だが、中性形として「多くのもの」と「1 つのもの」が対比されているとも考え得る。もし「もの」なら、それは何を指すか。ガラ 3–4 章での議論に鑑みると、これは「民族」と理解し得る。パウロはガラ 3:13 でユダヤ民族が呪いから解放されたと述べ、3:14 では諸民族への祝福──「私たち」への永遠の契約成就──が告げられた。ガラ 3:28 では民族の垣根が取り去られ、「あなた方は皆で、キリスト・イエスにおいて 1 人（εἷς）」となる。反対者との議論におけるパウロの主張は、〈律法を根拠として民族の隔たりを創るのでなくキリストをとおして 1 つの民を創造するのが福音だ〉となろう。パウロは「（アブラハム）とその子孫に」という創 13:15 と 17:8 を引用しつつ、神の永遠の契約が諸民族を 1 つに集めることをここで確認している（Wright 1991:162–68）。のちにパウロは、「約束の子らが子孫と見なされる」（ロマ 9:8）と述べる。ガラ 2:1–10 では、エルサレムの指導者らが抱く教会観──ユダヤ民族から

なる真正の民とそれに付随する二義的な好意的異邦人——でなく、民族性を超越したキリストに属する1つの真正の教会をパウロが意識していると述べた（トピック#5）。ここでも同様に、律法によって真正と傍流という複数の民に分け隔てる契約でなく、キリストに属する1つの民を想定した契約こそが福音の内容だと述べられている。したがって、「多くに対してのように『子孫らに』でなく、1つに対してのように『あなたの子孫に』」とは、〈多民族（の隔たり）を意識しているかのように《子孫らに》——すなわちイスラエルの民とその他諸々の二義的な諸民族——と言わず、1つの民に対してであるかのように《あなたの子孫に》〉を意味する。

パウロはこう述べたあと、「あなたの子孫」を「**それはキリストだ**」と特定する。キリストにおいて永遠の契約が完成し、ユダヤ人と諸民族が分け隔てない1つの民を形成する。これが神からの祝福を約束された子孫、キリストによってもたらされた民だ。この「キリスト」の集合体的な理解（Burton 1921:182）は、後続するペリコペにおいてパウロが宣べ伝えるキリストへの参与を前提とした「（キリストにある）1人の人」という教会観に繋がる（ガラ3:28、コロ3:15の「1つの体 [ἑνὶ σώματι]」、エフェ4:13の「1人の成熟した人 [ἄνδρα τέλειον]」を参照）。

3:17 私はこう述べている。神によって予め取り決められている契約を、430年後に生じた律法が無効にし、約束を破棄することはない。

パウロは「**私はこう述べている**」と言って、15節で始めた遺言のメタファに読者の注意を再度向ける（したがって「こういうことです」）。上述のとおり、人の遺言ですらむやみに変更されないなら、「**神によって予め取り決められている契約**」が変わらないのは当然だという前提に立ってパウロは論ずる。人と対比しつつ神の信頼性を強調する議論はパウロ書簡にしばしば見られる（ロマ3:4; 5:7–8参照）。

律法は「**430年後に生じた**」。じつに出12:40はイスラエルのエジプト滞在期間を430年と定めるが、創15:13ではその期間が400年となっている。この違いに関して第二神殿期文献やラビ文献は、エジプト滞在期間が400年で、アブラハムの契約締結からモーセの律法授与（あるいはアブラハムのカナン入りからモーセの出エジプト）までが430年と理解する（『古誌』2:204, 318；『創R』44:18；『出R』18:11参照。Str-B II:668–71）。

パウロはこのような伝承に沿って、アブラハムの契約締結から430年後にもたらされた「**律法が**（契約を）**無効にし、約束を破棄することはない**」と述べる。「無効にする（καταργέω）」（ロマ 3:3, 31；Ⅰコリ 1:28. またガラ 3:15 の ἀθετέω）と「破棄する（ἀκυρόω）」（マコ 7:13// マタ 15:6 参照）とは同義語で、本来の意義が失われ実効性がなくなることを意味する。パウロは、律法の後発性を根拠に——後発的な律法にも意味があることをパウロはこのあと述べるが——、それが永遠の契約を変更しない点を強調する。

3:18 もし相続が律法に依拠するなら、もはや約束に依拠しないからだ。しかし神は約束をとおして（相続を）**アブラハムに授けた。**

パウロは議論の帰結を導く接続詞（γάρ）を用いて、永遠の契約に主眼を置く本ペリコペ前半部をまとめる（したがって「つまり〜です」。BDAG 190, 3）。ここで彼は「**相続**（κληρονομία）」という語を初めて用いるが、これは15節に始まった遺言メタファに属し、前ペリコペにおける契約の文脈を引き継いでいる。相続という主題は神の永遠の契約の内容として繰り返され、一義的には領地の相続を指す（創 15:7–8; 28:4）。イエスも山上の説教で土地の相続に言及するが、それは「天の国」の継承への期待である（マタ 5:5, 10）。パウロはこの終末期待を共有して王国の相続に言及し（ガラ 5:21；Ⅰコリ 6:9, 10; 15:50）、さらに永遠の命の希望を述べる（ガラ 6:8；ロマ 2:7. マコ 10:17// ルカ 10:25；マタ 19:29 参照）。じつに終末における命の相続という主題は第二神殿期ユダヤ教文献に見られる（『ソロ詩』14:10;『ヨブ遺』18:6–8）。前ペリコペでは、契約の終末における成就が「霊という約束」（3:14）によって保証されたが、のちには聖霊授与が相続者の立場を確立する（ガラ 4:6 参照）。

「**律法に依拠する**」契約は、本来の「**約束に依拠**」する契約と異なる。前節が明らかにしたように、後者が永遠で不可変なのに対し、前者は後発的で一時的だからだ。既述のとおり（ガラ 3:16）「約束」はガラテヤ書理解の鍵となる語だが、LXX で「約束（ἐπαγγελία）」という語は用いられず、「（約束の）言葉（LXX：λόγος, ῥῆμα; MT：דָּבָר）」（サム下 7:21; 22:31；王上 8:20, 56；ネヘ 9:8；詩 106:24）という表現が一般だ。ただこの「言葉（דָּבָר）」が LXX 申 9:5 では「契約（διαθήκη）」と訳されているので、その互換性は高い。じつに「約束」という語を使わずとも、神はアブラハムとの契約

締結という文脈において、上に挙げた相続の各アイテムを祝福として約束（保証）している。まさに「神は約束をとおして（相続を）アブラハムに授けた（κεχάρισται = χαρίζομαι）」のだ。パウロは相続の履行に関して一般的に「与える」を意味するδίδωμιを用いず、無償で一方的な恩寵（恵み＝χάρις）による付与を意味するχαρίζομαιを用いる。救済計画における神の主権がこの語の選択によって強調されている。またχαρίζομαιの完了形が用いられていることは、約束がいまでも有効であることを示している。

3:19　ならばなぜ律法か。それは約束を与えられている子孫が来るまで逸脱のために付加された。御使いらをとおし仲介者の手によって定められた。

　パウロは律法に焦点を移し、「ならばなぜ律法か（Τί οὖν ὁ νόμος;）」と問う。この問いは文法上完結していないが、約束であって律法でないという議論の流れから、〈律法が後発的で二義的なら、そもそもなぜ律法が与えられたか〉と理解されよう。すなわち本ペリコペ後半では、律法が与えられた理由が語られる。本節ではまず律法授与の契機、律法の有効期間、そして律法授与の経緯が述べられる。

　まず律法は、「付加された（προσετέθη）」【翻訳】の本文批評を見よ）。パウロが本節のみで用いるこの語は、福音書でとくに何かを二義的に付加するというニュアンスを持つ。たとえば、心配は人の生涯に1時間も付加せず（マタ6:27// ルカ12:25）、神の王国を求めれば他はおのずから付加される（マタ6:33// ルカ12:31）。ガラ3:15では不可変的な遺言がメタファとして用いられていたが、ここでは永遠の契約に対する――契約の本質を変えない――補足条項として律法を位置づけるため、この語が選択されただろう（Burton 1921:188）。

　律法は「逸脱のために（τῶν παραβάσεων χάριν）」付加された。「逸脱」とは規範や境界線で区切られた範囲から外れることを意味する（BDAG 758）。ここでは契約に期待される誠実さからの逸脱である（したがって「不誠実に対処する目的で」）。前置詞χάρινには目的を表す「～のために」と、理由を表す「～のために」という2つの意味合いがある。たとえばⅠテモ5:14では「反対者に非難のための（λοιδορίας χάριν）機会を与えない」（目的）が、ルカ7:47では女の塗油に関して「そのために（οὗ χάριν）彼女の罪は赦されている」（理由）。本節ではどちらか。これを目的と理解

すると、違反を違反として明示する目的、あるいは違反を促す目的となろう（Martyn 1997:354–55）。これはロマ 3:20; 5:20; 7:8 における律法の説明と符合する。しかし本ペリコペで律法の後発性が語られる際には、律法の原初的目的を示すというよりも、後発性の背景を示すことの方がより容易に期待される。したがって、パウロは χάριν を理由の前置詞として用い、〈逸脱が起こったので律法があとから導入された〉と述べていよう（Dunn 1993:189–90）。神の永遠の契約にもかかわらずイスラエルは不誠実を示し続けたので、契約における生き方を示すためモーセをとおして律法が与えられた。すなわち、金の子牛事件を発端とするシナイ山での律法授与がパウロの念頭にあろう（出 32–34 章参照）。これは神の救済計画の一部であり、パウロはその先に契約成就と約束履行を見据えている（トピック #9）。

律法は「**子孫**（τὸ σπέρμα）」の到来まで有効だ。この子孫はガラ 3:16 の子孫、つまりキリストに所属する１つの民を指す（3:29 参照）。キリストの出来事による終末の到来はすなわちこの１つの民の到来、キリストに属する共同体の開始を告げた。パウロは「**来るまで**（ἄχρις οὗ ἔλθῃ）」と述べ、契約の永遠性と律法の有限性とを対比する。さらにこの子孫は「**約束を与えられている**（ἐπήγγελται）」。パウロは「約束する（ἐπαγγέλλομαι）」の完了形を用いて約束の効果が今も継続している様子を表現し、これによって一時的な律法と永続の契約（約束）との対比を強調している（したがって「子孫としての１つの民が到来するまで」）。

律法は「**御使いらをとおし**（δι᾿ ἀγγέλων）」与えられた。ユダヤ教伝承において御使いは律法授与に関与する。シナイ山から臨む神がその右手に「燃える炎（אשדת）」（申 33:2）を持つ様子を、LXX は「シナイ山から主は語り……彼（神）の右手には彼の御使いがいる」とし、律法授与における御使いの関与を教える（ウルガタ訳はタルグムに反映されている伝統の読み「火〔から〕の律法［אש דת］」を採用し、「燃えさかる律法［*ignea lex*］」と訳す。*HALOT* I:93; Christensen 2002:B.836 参照）。『ヨベル書』では、シナイ山での 40 日間に御使いがモーセのために律法を記す（1:29）、あるいは御使いがモーセに記すべきことを語る（2:1）。フィロンは律法授与に関し、民が死を恐れて直接神からでなくモーセから律法の言葉を聞きたいと願った（出 20:19）件に編集を加え、「あなた（御使い）が私たちに語って下さい」（『夢』1:143）と民に言わしめる。このような伝承をもとに、パウロのみな

らず使 7:53 とヘブ 2:2 も律法授与における御使いの関与を前提とする。

そして律法は「**仲介者の手によって**（ἐν χειρὶ μεσίτου）」与えられた。「仲介者（μεσίτης）」が誰かは語られないが、律法授与伝承からこれがモーセであることは多くの読者にも明らかだったろう。LXX は「モーセの手によって（ἐν χειρὶ Μωυσῆ）」という表現を繰り返し（22 回）、神の意志を民に伝える仲介者がモーセだと印象づける（レビ 26:46; 民 4:41, 45, 49; ヨシュ 21:2; 士 3:4; 王上 8:56; ネヘ 10:30. 出 34:29 参照）。またフィロンは、律法授与の場面でモーセが神と民とを結ぶ仲介者（μεσίτης）また和解者（διαλλακτής / διαλλακτήρ）となったと記す（『モーセ』2:166）。パウロは御使いと仲介者という中継ぎを登場させ、律法が神からの直接啓示でない点で約束に対し二義的だと述べていよう。彼は律法授与に関して「**定め**（διαταγείς = διατάσσω）」るという語を用いる。これは秩序だった取り扱いや指示を行うことを意味し（BDAG 237）、律法が神の救済計画の中でその目的に見合った場所に置かれること、創造秩序と救済計画における歴史配列の中でしかるべき位置に律法が組み込まれる様子をイメージさせる。パウロは契約の永遠性とキリストによる契約成就を教えるが、その際に律法を否定するのでなく、それを目的に沿った相応しい場所に据えている。

3:20 彼は 1 つのものの仲介者でないが、神はお一方である。

この短い節は——「パウロ（の文章）が悪い」かの評価は別として——ガラテヤ書中もっとも難解な文言の 1 つだ（田川 2007:186–87 参照）。パウロはモーセに関し、「**彼は 1 つのものの仲介者でない**（ὁ δὲ μεσίτης ἑνὸς οὐκ ἔστιν)」と述べる。新共同訳は「仲介者というものは、1 人で事を行う場合には要りません」（フランシスコ会訳参照）、口語訳は「仲介者なるものは、一方だけに属する者ではない」、岩波訳は「仲介者は 1 人の人〔を仲立ちする〕のではない」、さらに新改訳は「仲介者は一方だけに属するものではありません」とする。文法的には、冠詞つきの「仲介者」（ὁ μεσίτης）と「1（ἑνός）」を意味する男性あるいは中性の属格数詞、そして εἰμί 動詞＋否定詞からなる。冠詞つきの名詞は、前出の名詞を受けて特定化する場合があるが（この仲介者）、一般概念を指す場合もある（仲介者というのは）。数詞は男性なら「1 人」、中性なら「1 つ」である。上の訳例は、すべて一般概念としての「仲介者」を想定しているようだ。数詞に関して

は、男性（1人）か折衷案（一方）になっている。新共同訳（とフランシスコ会訳）の著しい意訳をも含め、〈一般に仲介者というのは、二者のあいだで仲立ちをする存在だ〉という理解だろう（岩波訳 1996:178n8）。この場合、〈律法が神から人への直接的な啓示でなく、仲介者が関わる間接的な啓示だ〉という主張だろうか。

しかしこの文は、前節の「仲介者（μεσίτου）」を受けて特定化された「この仲介者（ὁ μεσίτης）」、あるいは「ὁ δὲ」がモーセを意味する指示語として「仲介者」という補語をとっていると理解すると、それぞれ「この仲介者は ἑνός のものでない」あるいは「彼は ἑνός の仲介者でない」を意味し得る。直前のガラ 3:16 では、ἑνός をキリストをとおして創造された 1 つの民と理解した。したがって本注解書著者は、20 節の ἑνός をも同様に 1 つの民と理解する。すなわち、律法授与において仲介者として関わったモーセは、その民族的特性ゆえにユダヤ人と異邦人とを隔てるのであって、1 つの民——民族性を越えて 1 つとされた民——のための仲介者たり得ない（Wright 1991:168–71 参照）。

しかし「**神はお一方である**（ὁ δὲ θεὸς εἷς ἐστιν）」。パウロはシェマーの唯一神原理（申 6:4）を持ち出して、本節前半の議論を支持する。すなわち、多神教の世界にはそれに対応する多民族があるが（申 32:8;『ヨベ』15:31 参照）、神がお一方なら民も 1 つだと。これはロマ 3:29–30 における唯一神原理に基づく議論にも通ずる。またこれはのちに、諸民族を支配する諸元素に律法を準える議論とも符合する（ガラ 4:3, 9）。

前節から始まる律法の意義に関する議論において、律法はまず違反のためという特別措置、約束到来までという期間限定、御使いと仲介者を介するという間接的で二義的な付加だとされた。そしてパウロはこの仲介者に関して続け、彼がもたらした律法は結果的に民族を隔てたが、これはキリストをとおして諸民族が 1 つの民として集められる前の時代に属する、と教えている。

3:21 それでは、律法は〈神の〉約束に反するか。決してそれが起こらないように。もし命を創り得る律法が与えられていたなら、義はじつに律法に依拠していただろう。

前節でパウロは、諸民族を 1 つの民として祝福するという神の契約と、

諸民族を結果的に分け隔てた律法との違いを明示した。それなら「**律法は〈神の〉約束に反するか**」という疑問を予想し、パウロはこの誤解を打ち消す。既述のとおり（ガラ 3:16, 18 注解）、彼は約束と契約とをほぼ同義語として扱う。契約が永遠なのに対して律法は有限で、契約と律法との目的も異なる。それなら律法は契約に相対するか、という疑問は容易に予想される。

「**決してそれが起こらないように** (μὴ γένοιτο)」という希求法の表現は、パウロが強い否定を示す際の常套句だ（ロマ 3:4, 6, 31; 6:2, 15; 7:7, 13; 9:14; 11:1, 11; Ⅰコリ 6:15; ガラ 2:17; 6:14）。パウロは異邦人の律法遵守を主張する反対者への応答として律法の二義性を主張し、この二義的な律法の民族的側面をことさら強調する誤った姿勢について「律法の行い」という表現を用いるが、それでも彼にとって律法自体は決して悪でない。それは神が救済計画において特定の目的のために制定したもので（διατάσσω, ガラ 3:19）、それゆえ「聖く、正しく、良い」（ロマ 7:12）と言われる。

読者はここで、パウロが律法の肯定的な効能を即座に提示し、「決してそれが起こらない」理由を述べることを期待しよう。彼は律法に律法なりの目的があることをガラ 3:22–24 で詳らかにするが、本節後半はそのお膳立てである。「**もし命を創り得る律法が与えられていたなら、義はじつに律法に依拠していただろう**」。パウロはここで非現実的条件法を用いつつ、命を生じさせることができる律法は付与されていないことを前提とする。もっともユダヤ教伝承において律法は命に関わる（レビ 18:5; 申 6:24; 箴 3:16; 6:23; シラ 45:5;『ソロ詩』14:2）。とくにアンティオコス 4 世のギリシャ化政策の下でユダヤ民族の存亡が危ぶまれると、民族アイデンティティのしるしである律法の死守には永遠の命という報いが伴うと考えられるようになった（Ⅱマカ 7:9, 23）。シラ書も「命の律法 (νόμος ζωῆς)」という表現を用いつつ、朽ちゆく者へ永遠の望みを教える（シラ 17:11）。しかし、既述した契約維持のための律法体制（トピック #8）の視点に立つと、この「命」は契約の共同体における秩序ある営みを指す（Dunn 1993:195）。したがって、「主はわれわれにこれらの掟をすべて行うように命じ……幸いに生きるようにして下さった」（申 6:24）。律法は命を与えるのでなく、ユダヤ人に与えられた命の用い方を示す（ガラ 3:12 注解）。

パウロはここで律法への過度な信頼を牽制するため、律法が「**命を創**

(ζῳοποιῆσαι)」らないことを指摘する。この語はLXXにおいて、実社会の営み以上の新たな創造に関わる命の付与というニュアンスを含意しており、その主体は神あるいは神の知恵だ（王下 5:7; ネヘ 9:6; 詩 71:20; コヘ 7:12; ヨブ 36:6）。パウロ自身もその意味でこの語を用いる（Ⅰコリ 15:22, 36; ロマ 4:17; 8:11）。興味深いことに、パウロはこの語の主体として神、キリスト、聖霊を挙げる。すなわち、律法は契約の共同体における生活の指針を与える役割に限られ、永遠の契約の成就あるいは新たな命（創造）をもたらす目的を持たない。したがって、永遠の契約における神との正しい関係性を意味する「義」は律法によってもたらされない。むしろこの役割はキリストが担う。律法には目的があるが、それをキリストの目的と混同してはならない。この点をガラ 3:22–24 が詳らかにする。

3:22　しかし聖典は、すべてのものを罪の下に閉じ込めた。それはイエス・キリストの信頼性に依拠する約束が、信頼する者らに与えられるためだ。

　本節は強い逆接を示す接続詞「**しかし**（ἀλλά）」で始まり、前節後半の条件法における非現実的な想定を覆し始める。ここで「すべてのもの」を閉じ込めるのは律法でなく「**聖典**（ἡ γραφή）」である。律法ならば、それはイスラエルに限定されるが、ここではより広範の「すべてのもの」が視野にある。パウロはまず本節で人類一般を含む被造物（後述）の窮状を述べ、次節で展開する律法への誤解（過信）を打ち消すための布石を敷いている。彼は他所でもユダヤ教聖典を擬人化し、救済計画における神の主権とその言葉の権威を強調する。ガラ 3:8 では聖典が諸民族すべて（πάντα τὰ ἔθνη）の祝福を宣言した。本節でも、全人類の救済計画における神の主権とその言葉の権威を強調している。

　「**すべてのもの**」は中性の複数名詞で、「すべての事柄（τὰ πάντα）」である。したがってすべての民族（Dunn 1993:194）を含みつつ、おそらくより広範のこの時代のすべてが意識されていよう。「すべてのもの」は被造物総体を指す一般的な表現だ（ロマ 11:36; コロ 1:16. セネカ『書簡』65:8; マルクス・アウレリウス『自省論』4:23; フィロン『ケル』125–26 参照）。パウロはガラ 1:4 で「現行の邪悪な時代」という表現を用い、彼の黙示的な世界観を表した。人類はその不従順の結果創造秩序から逸脱したが、その

影響は人類のみならずこの時代全体を覆った。したがってパウロはのちに、罪の力の下で被造物すべてが贖いを待ち望んで今に至るまでうめき苦しんでいると述べる（ロマ 8:22）。「すべてのもの」が「**罪の下**」にあるとは、全被造物が人類の不従順の結果として創造秩序から逸脱した窮状を示す。パウロは前節の誤解を解くにあたってより普遍的な窮状に言及するが、それはロマ 7 章で罪と肉と律法との関係性を明らかにしつつ律法を擁護する様子につうずる（トピック #15）。ユダヤ教伝承では複数形の「諸罪過」という表現が一般だが、パウロは「罪」を単数で用いがちだ（ガラ 1:4 は例外）。彼はその終末的感性から、今の邪悪な時代を支配する力を単数の「罪」で表す。イスラエルの違反（ガラ 3:21）は、律法に責任があるのでなく、全被造物の一部として罪の下にあることの結果だ。さらに補足すると、律法体制——人が律法諸規定を実施する社会制度——さえ「すべてのもの」の一部として罪の下にあるとも考え得る（de Boer 2011:235; Yamaguchi 2015:201）。それならばこれは、パウロがガラ 4:3 において異邦人を支配する「諸元素」と律法とを並行して捉える世界観を披露するための布石ともなっていよう。

「**閉じ込めた**（συνέκλεισεν = συγκλείω）」という語には、たとえば漁業における魚の捕獲という意味もあるが（ルカ 5:6）、「捉える、投獄する」ことをも意味する。パウロはこの語をこの文脈で 2 度（3:22, 23）、そしてローマ書でもう 1 度だけ用いて同様に人の窮状を伝える。後者では神が主語となり、本節での聖典の擬人化より直接的に救済計画における神の主権を示す。「神はすべての人々を不従順へと閉じ込めました」（ロマ 11:32）。この語の束縛というニュアンスは、パウロに隷属のイメージを連想させる（ガラ 4:21–31 参照）。したがって彼は、神に対して不誠実な人類の様子を「罪の下にある」（ロマ 3:9）としたあと、それを「罪に対して奴隷として仕える」（ロマ 6:6）ことと説明する。

人類（を含むこの時代）はこの支配力の下にあるが、永遠の契約という視点に立つなら、これは神の救済計画の一局面だ。パウロはこの救済史の展開を「**それはイエス・キリストの信頼性に依拠する約束が、信頼する者らに与えられるためだ**」と説明する。彼は前ペリコペ（3:6–14）で「イエス・キリストの信頼性に依拠する約束」について述べた。キリストの死はユダヤ人を律法の呪いから解放し（3:13）、誠実なイスラエルであるこの

メシア王が本来の契約どおりに諸民族への祝福の源となった（したがって「イエス・キリストの誠実さ」）。それは、信頼性に依拠する約束を明示することになり、この約束に応答する（信頼する）異邦人がユダヤ人とともに神の祝福に与るという約束が成就した (3:14)。

3:23 この信頼性が到来する前、私たちは律法の下に拘留され、来るべきその信頼性が啓示されるまで閉じ込められていた。

　パウロの焦点は、人類一般の窮状とその解放から、律法の目的という本来の主題へと戻る。律法の役割は「**この信頼性が到来する前**」にある。冠詞が付された「信頼性（τὴν πίστιν）」は前節にあるキリストの誠実さ、すなわち十字架によって明示されたキリストの神に対する誠実さを指す。さらに前節が「信頼する」という人の応答をも視野に入れていることに鑑みると、これらの相互作用によってなる信頼関係が意識されていよう。パウロはさらに本節後半で、この信頼性の到来を「**来るべきその信頼性が啓示される**」と表現する。「啓示する／覆いを取りはらう（ἀποκαλυφθῆναι = ἀποκαλύπτω）」という語は、神の子が啓示されるというパウロの改宗体験の描写にも用いられており（ガラ 1:16）、彼の議論がその個人的な黙示体験に裏打ちされていることが分かる。パウロは他所で、人が福音の真理に到達する様子を「覆いが取りはらわれる（περιαιρεῖται τὸ κάλυμμα）」（Ⅱコリ 3:16. 3:15–4:4 参照）と述べ、やはり彼自身の啓示体験に依拠した表現を用いる（Kim 1981:119; Thrall 1994:318–20）。今の邪悪な時代のただ中で、キリストの信頼性が永遠の契約の成就をもたらしたことが明るみに出された。

　この信頼性の啓示以前に、「**私たちは律法の下に拘留され……閉じ込められていた**」。「律法」との関連で語られる「私たち」は当然ユダヤ人だ。パウロは、人類一般の窮状を表現するために前節で用いた「閉じ込める（συγκλείω）」を繰り返し、さらに「拘留する（ἐφρουρούμενοι）」をも用いて、ユダヤ人特有の窮状について述べる。これらの動詞の併用は知恵の書にも見られ（κατακλεισθείς / ἐφρουρεῖτο, 知 17:15）、イスラエルを迫害するエジプト人を神が裁きの牢に投獄する様子を表す。知 17:2 では、イスラエルに危害を与える律法を持たない（ἄνομοι）エジプト人が裁きの下に閉じ込められるが、ここでは律法を持つユダヤ人が律法の下に閉じ込められ

る。後者はパウロ特有の世界観で、それ以前と同時代のユダヤ教には見いだせない（Martyn 1997:372 参照）。これら 2 語の併用から、律法が否定的に捉えられがちだが、パウロは律法の目的について否定的な理解を示していない。彼は次節で、ローマ人の教育制度のメタファを用いつつ、律法自体の機能を説明する。

3:24　こうして律法は、キリストへ向けた私たちの養育係だった。それは、信頼性に依拠して私たちが義とされるためだ。

　前節と同様に「私たち」はユダヤ人を指す。「**養育係（παιδαγωγός）**」は、おもに主人の子供たちの通学と帰宅に付き添い、保護と監督の役割を果たす奴隷あるいは解放奴隷だが、幼児期からの世話係というより広い責任をも負っていた。パウロとほぼ同時代の歴史家プルタルコスは、他の家事や家業には質の良い奴隷を用いながら、子供の躾には劣悪な奴隷を用いる愚行について述べる（『モラリア』4a）。彼らは初等学校、文法学校、修辞学校などの教師とは区別されるが、教養のある奴隷が子供の初等教育に関わることはあった。フィロンの記述において、ガイウス帝が教師（διδάσκαλος）と補佐（νουθετητής）と養育係を並列させるこ

2 人の児童と養育係のための墓碑
ニコメディア、前 2 世紀
（ルーブル美術館所蔵）

とを根拠に、バルツ & シュナイダー（III:26–29）は養育係と教師との役割の違いを強調するが、フィロンの強調点はむしろ、これらの役職に就く者が共有するある種の拘束力に対し皇帝ガイウスが（補佐マクロスを意識しつつ）苛立ちを表していることだ（フィロン『ガイウス』53）。パウロは、養育係の保護と監督という役割に伴う拘束力、そしてそれが年少者を成人へと方向づける役目を負っている点に注目し、律法の目的を説明する際のメタファとして用いた。ちなみに、プルタルコスは法律と養育係とを並列させ、アルコールが人の理性を（法制度の）拘束から解き放つ様子を述べている（『モラリア』645b）。

パウロはここで律法の建設的な役割を、「**キリストへ向けた**（εἰς Χριστόν）」（より厳密には「キリストへの」）と表現する。年少者が成人へと至る過程で養育係がその保護と監督にあたるように、律法はキリストがもたらす契約の成就に至る過程でユダヤ人をその監督下に置いている。ユダヤ人の不誠実が結果的に彼らを申命記的呪いへと至らせたが、律法自体は悪でない。その目的は、「**信頼性に依拠して私たちが義とされるためだ**」。「義」をもたらす「信頼性」は前節と同様に、ガラ3:22が言及する「キリストの信頼性」である。

【解説／考察】

　パウロと反対者らのあいだで交わされた〈誰が契約の民か〉という議論は、あるいは近代史が直面した国民国家創設の模索を読者に連想させよう。この模索が、たとえば「日本には政府ありて国民なし」（福澤諭吉『文明論之概略』5:36.『学問のすゝめ』48参照）、および「イタリアは創られた。これからイタリア人を創らねばならない」（M. ダゼーリョ）という言説に象徴されるからだ。そしてこの模索はナショナリズムを醸成させた。「ナショナリズム」をアーネスト・ゲルナー（2000:1–13）が定義するように、秩序維持の機関としての「国家」が民族単位と一致することを要請する姿勢と理解するなら、その成功は単一民族の幻想の下でそこから外れる者を同化し、あるいは排除する（リヴァイアサン的な）システム構築の巧妙さに負うところが大きい。これら両方の議論に民族アイデンティティが深く関わることは、現代社会のナショナルな性向へ私たちが応答する際の手がかりをパウロの神学的試みがもたらし得ることを予感させる。

　パウロの救済史理解は、ユダヤ教の一宗派ナザレ派に属するユダヤ人キリスト者らの共同体に属しつつ、独自の異邦人宣教を正当化するという非常に限定的な文脈に置かれている。しかしそこに展開される契約成就のヴィジョンは、ユダヤ教伝統において燻っていた普遍性希求の大胆な具現化だった（緒論 E.3）。神の契約の祝福がアブラハムをとおして——しかしそれぞれに特有の民族性が維持される仕方で——全人類へと及ぶ。神の来たるべき統治において多民族が1つとなる共同体に関して、「1人／1つ」という印象的な表現はすべての差別的垣根が超越される公正と調和とを指す

のであり、1つの優勢な民族に他民族が同化されることでもなければ、後者が排除されることでもない。したがってこれはおおよそ必然的に、後続するペリコペで驚くべき平等宣言（ガラ 3:28）を世に突きつけることとなった。

現代のキリスト者が本ペリコペとガラテヤ書全体をこのような観点から読み直すならば、福音が提供する救済は、今なお（今なおさら）国の施策によって排除されがちな隣人に仕えてこれを擁護する動機を私たちの内に新たにする。じつに「律法の行い」——あるいはこれを言い直した「律法の奢り」（ロマ 2:17–29）——を批判して契約の民を再定義するパウロの試みは、「単一民族」という「神話」を暴露して「日本」を再定義する努力（網野 2008:9–28 参照）と比較できよう。同時に現代の教会は、この「1つの民」が指し示すキリストにある多様性の調和というヴィジョンをまず自らの内に結ぶことなしに、社会に対する奉仕者としての説得性を持ち得ないことを強く実感することが肝要だろう。

トピック #10　ΣΥΜΜΕΤΟΧΗ
キリストへの参与

A.　参与という関係性

パウロはとくにガラ 3–4 章において、信頼性に依拠する義と律法に依拠する義とを対比させて反対者の「福音」に反論するが、その際にしばしばキリスト者とキリストとの関係性に言及する。彼は自らのキリスト者としての体験を「私の内にキリストが生きている」（ガラ 2:20）と述べつつ、それを十字架の苦しみを共有する生き方として提示する。また永遠の契約の成就に関して、その祝福が「キリスト・イエスにあって……異邦人へと至る」（3:14）と述べる。そしてキリストに告げられた約束（3:16）は、キリスト者へと受け継がれる（3:28–29）。本来「義」が正しい関係性を示す用語であることに鑑みると、キリストをとおして神との正しい関係性が回復されることを意味する「義認／義化」の議論において、キリストとキリスト者との関係性が語られることは必至だ。それなら、パウロが「義」という概念よりもはるかに頻繁に「キリスト（の内）にある」という概念を用い

ることを根拠としながら、〈キリストへの参与（あるいは神秘主義）という神学主題と比較して「信仰義認という教義は二義的なクレーター」(Schweitzer 1981:220) だ〉というシュヴァイツァー的な議論に意味があるとは思われない。ここでは「義」理解の試みの内で、キリストへの参与なる主題を概観しよう。

B. 参与の意義

キリストへの参与という概念を示す語句、とくに「キリスト（・イエス）（の中）にあって／〜において（ἐν Χριστῷ）」と「主（の中）にあって／〜において（ἐν κυρίῳ）」は新約聖書中パウロ特有の表現と言えよう。前者はパウロ書簡に59回（パウロ文書全体で83回）で、それ以外はⅠペトロ書に3回のみ用いられる。後者はパウロ書簡に38回（パウロ文書全体で47回）、それ以外は黙示録に1回のみ登場する。これらの表現が贖罪言語とともに用いられる場合、おうおうにして〈贖罪の業がキリストによってなされた〉という客観的なニュアンスがある。したがって、「キリスト・イエスにある贖い」（ロマ 3:24）、「キリスト・イエスにある……神の恵み」（Ⅰコリ 1:4）、「キリスト・イエスにある栄光」（フィリ 4:19）は、キリストが主体として行った誠実な業に焦点がある。

しかし「（私たちが）キリストにあって義とされる」（ガラ 2:17）あるいは「キリスト・イエスにあってアブラハムの祝福が異邦人へと至る」（ガラ 3:14）という場合、その焦点はたんにキリストの業でなく、キリストと人との関係性にも置かれる。すなわち、キリストへの参与にはより主観的なニュアンスがある。さらにパウロは、「キリストにあって聖別された者」（Ⅰコリ 1:2）あるいは「キリストにある者は新たな創造」（Ⅱコリ 5:17）などと、この関係性ゆえに得られる新たな立場に言及する。つまりキリストの運命に参与することによって、キリスト者はキリストの義や祝福を自らのものとする。

しかしキリストへの参与は、キリスト者の個人的体験に終わらない。キリストに参与する者同士に強い連帯性が生じる。したがって、「キリストにあって私たちはみな1つの体」（ロマ 12:5）であり「あなた方が皆で、キリスト・イエスにあって1人だからだ（εἷς ἐστε ἐν

Χριστῷ)」(ガラ 3:28)。「1 人」が強調するキリスト者の連帯性は、キリストの体というメタファで教会を捉える教会論へと発展する（Ⅰコリ 12:27; コロ 3:15. エフェ 4:12–13 参照）。じつにキリストへの参与と教会論とを切り離して考えることはできない。

またキリストへの参与は、前置詞「〜（の中）にあって／〜において（ἐν）」のみならず、前置詞「〜とともに（σύν / συμ-）」とこの前置詞を用いた複合動詞によってさらに豊かに表現される（したがって、συμ-μετοχή ＝参与）。これはロマ 6 章において顕著だ。たとえば

> 私たちは死へと向かうバプテスマをとおしてともに葬られているが、それはキリストが父の栄光をとおして死者のあいだから甦らされたように、私たちも同様に命の新しさにおいて歩むためです（6:4）。

キリストの運命に参与することは、キリストの栄光のみならず受難の運命にも参与することであり、これはキリスト者が今の邪悪な時代（ガラ 1:4）における倫理的葛藤に堪えて歩む動機をも与える。したがってパウロは、「私はキリストの死とともなる姿になって（συμμορφιζόμενος）……この方を知りたい」（フィリ 3:10）と述べつつ、キリストに倣う自らの生き様を模範として示す。このようにキリスト者は、キリストの受難と栄光の運命に参与し、参与する者同士が連帯する共同体にあって、この終末的緊張の時代を生きぬく。

C. 参与のメタファ

a. キリストを着る

上に挙げたロマ 6:4 とそれに続くペリコペは、キリストへの参与の意義をバプテスマという儀礼が象徴することを背景としている。ガラテヤ書においても、キリストへの参与という主題にバプテスマのメタファが用いられる。

> あなた方は皆、この信頼性をとおして、キリスト・イエスにおいて神の子らだからです。というのも、キリストに属するバプテスマを受けたあなた方は、みなキリストを身にまとった（ἐνεδύσασθε）からです

（ガラ 3:26–27. ロマ 13:14 参照）。

ここで「キリストを身にまとう（着る）」という表現は、一般にバプテスマにおける衣服の着脱行為を連想させると考えられがちだ。しかしここには、複数のメタファが用いられているかも知れない。「着る（ἐνεδύσασθε = ἐνδύομαι）」には役者が役になりきって演じるという意味合いもあるからだ（*TDNT* II:319）。実際にハリカルナッソスのディオニュシオスは、ホラティウスが十人官に対して「あの（排斥された）タルクィニウス王の役を演じている（τὸν Ταρκύνιον ἐκεῖνον ἐνδυόμενοι）」と糾弾する様子を記録する際にこの語を用いる（『ローマ古代誌』11:5:2）。すなわち、その人物を身につけてその役を生きぬく。キリストへ参与し、その在り方を自ら生きぬく様子が、バプテスマのメタファのみならず、この演劇メタファによって印象深く語られているとも考えられる（Dunn 1998:194, 453–54）。

b. キリストの体

ローマ史家リウィウス（前1世紀）は雇用者に対して蜂起した叛乱首謀者らへ、共和制ローマで執政官を務めたメレニウス・アグリッパが身体のメタファを用いて説得を試みる様子を記録している。

> これら（身体の各部分）が、苦労を重ねて腹に良いものをすべて運んでいるのに、腹はこれらの真ん中で働きもせず黙って良いものを味わっていることを不公平に思い、手は食べ物を口に運ぶことを止め、口も食べ物を拒絶し、歯も噛むことを止めようとした。これらは怒って腹を空腹に追い込んだが、これらの各部分は体全体とともに衰弱してしまった（『ローマ建国史』2:32:9–10）。

これは、搾取する主人に対して反抗すれば共倒れになるからいけない、という支配者側の都合だ。家父長的差別を相対化したパウロの「キリストの体」に関する言説はこの主張と対照的だ。

> ユダヤ人もギリシャ人もありません。奴隷も自由の身分もありません。「男と女」ではありません。あなた方は皆で、キリスト・イエスにおいて1人の人のようだからです（ガラ 3:28）。

目が手に対して「お前は必要ない」と言えず、頭も足に対して「お前は要らない」と言えません。むしろより脆弱と見える体の部分が必要とされています。……体の一部が苦しめば、すべての部分がともに苦しみます。体の一部が誉れを受ければ、すべての部分がともに喜びます。あなた方はキリストの体で、それぞれがそこに属しています（Ⅰコリ 12:21–22, 26–27）。

パウロとその教会がアグリッパのメタファを実際に意識し、それを逆手にとってキリスト者の連帯の在り方を描いた（Thiselton 2009:104）かは不明だが、他者に献身しつつ神への誠実さを示すキリストの運命に参与する者が連帯する共同体は、むしろ民族や地位や性差の垣根を取り崩し、互いを尊び、愛に根ざして成長し続ける動機を得ている（ガラ 3:28; Ⅰコリ 12:12–27; エフェ 4:1–16）。したがって、キリストの体というメタファを用いて語られるこれらの箇所は、キリストへの参与の意義を印象深く教えている[50]。

興味深いことに、「キリストの体」というモチーフは、中世社会において頭なる国王によって市民が統括され奉仕を強いられる国家体制を正当化する「神秘体」概念へと姿を変えたが（カントロヴィッチ 1993:12–17 参照）、これはパウロの教会観というよりも、むしろ結果的にその対極にあったアグリッパの論理を体現することになった[51]。

---

50 「キリストの体」に関するさらなる論考は朴（2003:208–18）を見よ。
51 カントロヴィッチ（1993:18）自身は、パウロの身体論とのちの教会による解釈とを明確に区別している。

4. 約束の相続者（3:25–4:11）

【翻訳】

《逐語訳》

3:25 しかしこの信頼性が到来したので、私たちはもはや養育係の下にいない。26 あなた方が皆、この信頼性をとおして、キリスト・イエスにあって神の子らだからだ。27 それは、キリストへとバプテスマを授かったあなた方が皆、キリストを着たからだ。28 ユダヤ人もギリシャ人もない。奴隷も自由の身分もない。「男と女」でない。あなた方が皆で、キリスト・イエスにあって1人だからだ。29 もしあなた方がキリストのものなら、アブラハムの子孫、約束による相続者らである。4:1 私は言う。相続者が未成年のあいだは、すべてのものの主人でも奴隷となんら違わない。2 しかし、父の定めた時まで後見人や資産管理人の下にいる。3 私たちも同様に、未成年だったとき、この世の諸元素の下で隷属化されていた。4 しかし時の満ちが来たとき、神はその子を遣わした。彼は女から生まれ、律法の下へ生まれた。5 それは彼が律法の下の者らを買い取るためで、私たちが養子の身分を得るためだ。6 そしてあなた方が子らだから、神は「アッバ、父よ」と叫ぶ神の子の霊を私たちの心の中へ送った。7 だからあなた

《自然訳》

3:25 しかしこの信頼性が訪れたので、私たちはもはやいかなる養育係の下にもいません。26 なぜならあなた方は皆、この信頼性をとおして、キリスト・イエスにおいて神の子らだからです。27 というのも、キリストに属するバプテスマを受けたあなた方は、皆キリストを身にまとったからです。28 ユダヤ人もギリシャ人もありません。奴隷も自由の身分もありません。「男と女」ではありません。あなた方は皆で、キリスト・イエスにおいて1人の人のようだからです。29 もしあなた方がキリストに属するなら、アブラハムの子孫であり、約束による相続者です。4:1 つまりこういうことです。相続者が未熟な年齢のうちは、すべての財産の所有者であったとしても奴隷となんら変わらず、2 父の定めた時期まで後見人や資産管理人の監督下に置かれています。3 これと同じように、私たちも「未熟」な時期は、この世の神々の下での隷属状態が続いていました。4 しかし時が満ちると、神はその御子を遣わされました。この方は、女から人として生まれ、律法の下へユダヤ人として生まれたのです。5 それはこの方が律法の下にあるユダヤ人を買い取り、私たち皆が養子としての身分を受け取るためでした。6 あなた方が子らなので、神は「アッバ、父よ」と叫ぶ神の子の霊を私たちの心の中へ送って下さったのです。7 したがって、あな

はもはや奴隷でなく子だ。子なら、神をとおして相続者だ。⁸ しかし、かつて神を知らなかったとき、あなた方は本来神々ならぬものに奴隷として仕えた。⁹ だが今は神を知り、むしろ神に知られていながら、なぜふたたび弱く貧しい諸元素に立ち返り、ふたたびこれらに奴隷として仕えようと望むか。¹⁰ あなた方は日や月や季節や年を守っている。¹¹ あなた方へ無駄に労苦しなかったかと、私はあなた方（のこと）を恐れている。

たはもはや奴隷でなく子です。子であるなら、神をとおして相続者でもあります。⁸ かつて神を知らなかったあなた方は、本来神でないものに奴隷として仕えていました。⁹ しかし今は、神を知っています、いやむしろ神に知られています。それなのに、ふたたび病弱で貧窮な神々に逆戻りし、奴隷としてまた仕えようとするのはなぜですか。¹⁰ あなた方は、日や月や季節や年を祝っているではないですか。¹¹ あなた方のために無駄な労苦を重ねてきたのではないかと、私はあなた方のことで気に病んでいます。

【形態／構造／背景】

　　前ペリコペの末尾（ガラ 3:23–24）では、律法がユダヤ人にとっていかに機能したかが明らかになったが、パウロはこれを人類の窮状という大きな枠組みの中で論じた。彼の本来の関心がガラテヤ信徒をはじめとする異邦人と神との関係にあることを考慮に入れるなら、これは当然だ。パウロは本ペリコペでもユダヤ人と異邦人とを含む全人類の救いを論ずる。それゆえ本ペリコペ冒頭では、民族と社会階層と性の垣根を越える平等宣言が謳われる（3:28）。またパウロは、人類の隷属状態をユダヤ人の律法をも含めた「諸元素（神々）」の下への拘束と表現し（4:3）、キリストの到来による解放が全人類へ及ぶことを印象づける。

　　パウロはアブラハムを起点とする神の永遠の契約に独特な解釈を加えつつ福音の真理を弁護し続けるが、本ペリコペでは彼が前ペリコペで用いはじめた遺言（＝契約）というメタファをさらに展開し、キリストへの参与をとおして異邦人も神の契約（遺言）の相続者となる点が強調される。ここでパウロは、神の救済計画における 2 つの重要な出来事に言及するが、その際にある種の前パウロ伝承が用いられていることも考えられる。1 つはバプテスマの定型表現（3:26–29 参照）、もう 1 つはイエスと霊の派遣に関する伝承（4:4–6 参照）だ。後者は古い賛歌とまで言わなくとも、以下

のとおり意識的に練られた言い回しとも考えられる。

α1.	遣わした、神はその子を	（キリストの派遣1：「子の立場」）
α2.	（彼は）生まれた、女から	（キリストの派遣2：「子の誕生」）
α3.	（彼は）生まれた、律法の下へ	（キリストの派遣3：「律法との関係」）
β3.	律法の下にある者を、この方が買い取るため	（キリスト者の立場3：「律法との関係」）
β2.	養子としての身分を、私たちが受け取るため	（キリスト者の立場2：「養子の誕生」）
β1.	あなた方は神の子らだから……	（キリスト者の立場1：「子の立場」）

ちなみにこの伝承は、ロマ 8:3–4 においてより明らかな贖罪論へと編集し直される。以下は本ペリコペのアウトラインである。

a. キリストに属する者の立場（3:25–29）
　i. 養育係から自由な立場（3:25）
　ii. 神の子としての立場（3:26–27）
　iii. 平等な立場（3:28）
　iv. 相続者としての立場（3:29）
b. 相続者の立場（4:1–11）
　i. 未成年者の隷属状態（4:1–3）
　ii. 立場の移行（4:4–7）
　iii. 立場の逆行（4:8–11）

【注解】

3:25　しかしこの信頼性が到来したので、私たちはもはや養育係の下にいない。

冠詞が付された「**この信頼性**（τῆς πίστεως）」は、前ペリコペから引き継がれた「イエス・キリストの信頼性」、すなわち神に対して誠実をつらぬいたイスラエルのメシア王（キリスト）の死がもたらした救済史上の決定的な出来事を指す。この出来事においてユダヤ民族が自らにもたらした呪いが終結し、信頼性に依拠する契約の祝福が神の本来の意図に沿って異

邦人へと及んだ（トピック #9）。

　既述のとおり（ガラ 3:24）、「**養育係**」の影響力は年少者が成人に達するまでに限られる。キリストが十字架において呪いを引き受けたため（ガラ 3:13）、ユダヤ人はもはや律法の監督下に置かれる必要がない。神が意図した律法の文字どおりの役割はここで終わる。したがってパウロは、「キリストは律法の終着（τέλος）」（ロマ 10:4）と述べる。もっとも本節では、「養育係（παιδαγωγόν）」に冠詞がついておらず、かならずしもガラ 3:24 に登場した律法のメタファを限定的に指しているのでない。おそらくパウロは、本節でユダヤ人限定の議論から離れ、異邦人をも含めた神の救済計画全体へと意識を移し始めている。したがって「養育係」というメタファは、ユダヤ人を監督下に置く律法のみならず、非ユダヤ人を監督下に置く「この世の諸元素」（4:3 注解）をも念頭に置いているだろう。それなら、代名詞「私たち」（1 人称複数の ἐσμέν に含意）は、キリストに属する者すべてを意味し得る（したがって、「私たちはもはやいかなる養育係の下にもいません」）。キリストの信頼性は神の永遠の契約を成就した。したがってそれはユダヤ人を律法の監視下から解放したが、イスラエルを代表するキリストの従順は、イスラエルが異邦人にとって「祝福の源」（創 12:2）となるという本来の意図をキリストにおいて貫徹し、また異邦人を束縛した「諸元素」から解放して祝福へと導いた（トピック #9）。

3:26　あなた方が皆、この信頼性をとおして、キリスト・イエスにあって神の子だからだ。

　パウロは本節で、神の救済計画に異邦人が含まれる理由を提示する。議論がユダヤ人から全人類へと移行する様子は、ここで用いられている代名詞「**あなた方**」（2 人称複数の ἐστέ に含意）から伺われる。この「あなた方」は具体的に、ガラテヤ諸教会につらなる異邦人（とユダヤ人）を指す。パウロはキリスト者が新たな「神の子」なる立場を得る根拠を「**この信頼性**（τῆς πίστεως）」と表現するが、冠詞つきのこの語の意味は前節に示したとおりだ（ガラ 4:4 参照）。

　「神の子ら」なる立場は「**キリスト・イエスにあって**」体験される。「キリスト・イエス（の中）にあって／〜において（ἐν Χριστῷ Ἰησοῦ）」はパウロ特有の表現で、〈キリストへの参与〉というパウロ神学における重要な

309

概念を反映している（トピック #10）。この神学概念が強調するキリストとキリスト者との密接な関係性を、パウロはガラ 3:27–28 でバプテスマ定型句を用いつつ印象的に語り、ロマ 6 章においてより熟成した神学概念として詳らかにする。

　パウロがキリスト者の立場を「**神の子ら**（υἱοὶ θεοῦ）」と表現するのは、永遠の契約を意識しているからだ。この契約は神がアブラハムと結んだもので、この契約によってアブラハムの子孫が神の祝福を受ける（ガラ 3:29 参照）。アブラハムの子孫は、すなわち祝福の起源としての神に属する民（子孫）なので、契約の祝福を享受するキリスト者は神の子である。ガラ 4:4–7 では、キリスト者の「子」としての立場がさらに明らかとなる。ユダヤ教伝統では、「イスラエルは私の子」（出 4:22）という表現に契約への神の誠実さが表され、契約の刷新においては「私はイスラエルの父」（エレ 31:9）また「生ける神の子ら」（ホセ 2:1）という文言が用いられる。パウロはこの契約用語を継承している。終末においてキリストが永遠の契約を完成させたので、神の子という立場がキリスト者すべてに与えられた、と述べている。

3:27　それは、キリストへとバプテスマを授かったあなた方が皆、キリストを着たからだ。

　パウロは本節で、「神の子ら」という立場を獲得する根拠を示す。接続詞「**それは〜から**（γάρ）」には、ガラテヤ信徒にとって既知の文言へ注意を向ける参照目的があろう（したがって「というのも〜」）。それはすなわち、本節の内容を含む「バプテスマ定型句」だ。これが前パウロ伝承かパウロに起因するかは不明だが、ガラテヤ信徒はこれをパウロから受け取っただろう。「神の子ら」という立場とバプテスマとはいかに結びつくか。おそらくその鍵はガラ 4:6 にある。神の子（キリスト）の霊はキリスト者に「アッバ、父よ」と言わしめる。パウロはバプテスマに聖霊が関わることを前提としており（Ⅰコリ 12:13）、初代教会もこの理解を継承した（マタ 3:11; マコ 1:8; ルカ 3:16; ヨハ 1:33; 使 11:16）。おそらくパウロは、受洗者の「アッバ、父よ」という応答句（水から出たときの歓喜の叫びか）を根拠としつつ、バプテスマと「神の子ら」という立場とを結びつけた（de Jonge 1988:42–43）。バプテスマという通過儀礼において父と子という家族関係が鮮烈な様子で

演じられる、というパウロとガラテヤ信徒らとの共通理解を前提とし、パウロは「神の子ら」という新たな立場の付与について述べている。

　この定型表現はさらに、バプテスマの結果として受洗者が「**キリストを着た**（Χριστὸν ἐνεδύσασθε）」とする。この着衣行為のメタファはパウロのユダヤ教的思想世界に依拠しているが、同時にガラテヤ信徒の宗教性をも意識していよう。なぜなら、儀礼的な着衣行為は当時のアナトリアに浸透していたグレコ・オリエント宗教において一般に見られ、その場合は祭司が衣を着ることによって神との融合を果たすからだ（アプレイウス『黄金のロバ』11:23; Finn 1997:71–78 参照）。さらに着衣メタファは実際のバプテスマ儀礼における衣服着脱を連想させるので、2つの行為（水に浸す／衣を着る）はより密接に繋がる（Beasley-Murray 1993:62）。一方でユダヤ教伝統において、神の救いや罪の赦しは着衣のメタファによって印象的に語られる。たとえば「彼（神）は私に救いの衣を着せた」（イザ61:10）、あるいは「私はあなたの罪を取り去った。晴れ着を着せてもらいなさい」（ゼカ3:4）。神の前に立つことができない立場から神の前に立つことができる立場──「私の民でない」から「私の民」（イザ51章．ホセ1–2章参照）──へと移行する体験を、この着衣メタファが表す。それなら、「神の子でない」者が「神の子」という立場を授かるバプテスマは、着衣という象徴行為と容易に結びつく。着衣メタファはまた役者の演技姿勢をも含意し（トピック#10）、キリストの生き様にキリスト者が倣う様子を連想させる。

　「キリストを着る」という着衣行為のメタファが印象づけるキリストへの参与は、キリストの信頼性がもたらす救いを確証し（ガラ3:14; Ⅱコリ5:19; ロマ3:24; 6:23）、イエスの生き様への参加を動機づける（Ⅰコリ4:14–17; ロマ6:1–11. ガラ4:19参照。Dunn 1998:396–401）。そしてこれは、次節で述べられるキリスト者間の強い連帯性、すなわち平等と一致の根拠ともなる。

3:28　ユダヤ人もギリシャ人もない。奴隷も自由の身分もない。「男と女」でない。あなた方が皆で、キリスト・イエスにあって1人だからだ。

　バプテスマをとおして共同体に属する者らは、一様にキリストを身にまとうという象徴的行為によって一体化するので、共同体でのキリスト者同

士の関係性は等しい者同士の連帯だ。ここでは、人類の差別を象徴する3つの垣根と、その結果として生ずる民族的立場、社会的立場、性的立場が列挙される。本来の主題は神の救済計画においてユダヤ人が異邦人に対して優位かを問題としており、その点では第一の垣根の解消が一義的な関心事だろう。文脈からは唐突と思われる社会的差別と性的差別への言及は、この文言全体がバプテスマ定型表現だったことを示唆していよう。

「**ユダヤ人もギリシャ人もない**」という最初の平等宣言は、ユダヤ人キリスト者が正統な共同体成員で、異邦人キリスト者は亜流で付加的な存在だというエルサレム教会の想定を否定する（トピック#5）。「ギリシャ人（Ἕλλην）」という語は一義的にギリシャ語やその文化に属する人を指すが、1つの民族を越えた文化的繋がりを持つ人々を指すようになった（BDAG 318）。したがってイソクラテス（前436–338年）は、この語が「もはや種族を指さず、かえって知性を意味する。Ἕλλην は血縁による繋がりを表さず、われわれの文化による繋がりを表す」（『パネギュリコス（民族祭典演説）』）と記す。そしてこの用法は、とくにアレクサンドロス大王による東方遠征の結果、より広範囲に適用された。ユダヤ人の視点からは、ユダヤ教伝統と異なるギリシャ的な人々の総称なので、「異邦人」とほぼ同義語だった。これはマコ7:26がシリア・フェニキアの女を「ギリシャ人」と紹介するゆえんだが（France 2002:297; Collins 2007:366）、マタ15:22はこれを「カナン人」と訂正する。キリストに属する者は、ユダヤ人と異邦人とのあいだの民族的な垣根を越える。

キリストへの参与は社会階層へも影響を及ぼし、もはや「**奴隷も自由の身分もない**」。「自由人」と「ローマ市民権所有者」とを区別して、パウロが前者の「（ローマ市民でない）自由人」と奴隷という差別の撤廃を述べているとされる場合がある（湊 1979:111, 114, 125）。しかし、後4年に公布されたアエリア・センティア法に依拠するガイウスの『法学提要』（後160年頃）は、人権に関する議論において、まず「すべての人は自由か奴隷かのいずれか（*aut liberi sunt aut serui*）」（『法学提要』3:9）と定めている。これはローマ市民権所有者以外の「外国人（*peregrinus*）」を「自由人」と「奴隷」とに区別することを意図しておらず、より広範の一般論あるいは万民法（*ius gentium*）を扱っている（du Plessis 2015:89–112. 伊藤・本村 1997:163–64 参照）。そしてこの一般論を起点としてローマ市民権

に関する議論（ius civile）が開始される（『法学提要』3:11）。「ローマ市民（権所有者）」と「自由人」とが同義語でないことは当然だが、ここではまず人類一般の区別が語られている。パウロは本節で、「ユダヤ人と異邦人／男と女」というより普遍的に適用される差別を扱っており、「自由の身分（ἐλεύθερος / liber）」はその意味でガイウスが前提とする普遍的区分に相当する。当時のローマ帝国は奴隷制度を前提とし、イタリア半島では3分の1強が奴隷だったとの推計もある。古くはホメロスが、奴隷の身分に落ちると人間性の半分を失うと述べ（『イーリアス』6:463）、ローマ法は奴隷を所有者の所有物、原則として言葉を語る家財道具と見なした（アリストテレス『ニコマコス倫理』8:11:6〈友情あるいは愛〉参照）。ローマが共和制から帝政へ移行したあと、侵略による奴隷供給が減少した頃から、奴隷に対する扱いがより人道的になったようだが、ヘレニズム・ローマ社会において徳と見なされる自由という観点からすると、2つの身分のあいだには深淵が横たわっていた。そして奴隷の実体験は、しばしば身体的にも精神的にも人間の尊厳を著しく逸脱するものだった（アプレイウス『黄金のロバ』9:12）。キリストに属する者は、自由の身分と奴隷の身分とのあいだにある社会階層的な垣根を越える。

ユダヤ人	も	ギリシャ人	もない	οὐκ ἔνι Ἰουδαῖος	οὐδὲ	Ἕλλην
奴隷	も	自由の身分	もない	οὐκ ἔνι δοῦλος	οὐδὲ	ἐλεύθερος
男	と	女	でない	οὐκ ἔνι ἄρσεν	καὶ	θῆλυ

「ユダヤ人もギリシャ人もない。奴隷も自由の身分もない」と2つの垣根が撤廃されたあとでは、「男も女もない」という同じ表現が期待されるところだが、性差の垣根に関しては「『男と女』でない」である。その大意は明らかだ。3つめの垣根が撤廃されたことで、キリストに属する共同体の平等宣言が完成する。ただ、当然期待される均整のとれた構文が、第3の垣根撤廃の場面で崩壊している理由が気になる。この不自然な構文は、LXX 創1:27の表現と一致する。「神は人を創られた、神の似姿に人を創られた、彼らを男と女（ἄρσεν καὶ θῆλυ）として創られた」。パウロが創1:27を意識していたとするとそれは何を意味するか、注解者らは想像を膨らませてきた。創1–2章に2つの人類創造物語があることから、第二神殿期ユダヤ文献とラビ文献では、第1の創造による本来の人間性が

両性具有だったと推論される場合がある。すなわち、本来の「天の人」は男であり同時に女である者として創られた（フィロン『創造』134;『寓意』1:31;『創 R』8:1 参照）。フィロンは、おそらくグレコ・オリエント宗教における通過儀礼を意識し、第 2 の創造における「地の人」が本来の両性具有である「天の人」へと回復されるという解釈を紹介している（『寓意』1:31 参照）。注解者によっては、パウロがこの伝統を意識しつつ、バプテスマ定型句の一部として両性具有的な性的垣根の瓦解が示唆されていると考える（Boyarin 1995:5–6; MacDonald 1987:63. Meeks 1973–74:165–208; シュスラー・フィオレンツァ 1990:309 参照）[52]。しかしガラ 3:28 は「『男と女』でない」とこの状態を否定している。おそらくパウロの場合、創 1:27 に両性具有的な人間観を読みとったのでなく、むしろ「男と女」に創られたという創造秩序を根拠としながら歪められてきた関係性——家父長的秩序（「男から女」、創 2:21–23 参照）——が、キリストによって本来の姿へと回復されることを期待している。パウロが本節で創 1:27 を意識しているなら、それは「男と女」＝〈男による女の支配〉という従来の理解を否定するためだろう（後続の段落を見よ）。バプテスマが象徴するキリストにおける一致という文脈では、むしろ〈男と女による多様性の豊かさ〉が祝われる。なぜなら、本来「男と女」が互いにともなって神の姿を映し（創 1:27）、それが神の祝福と豊かさの場（1:28）だからだ（浅野他 2016:256–57）。キリストに属する者は、女と男とのあいだにある性差の垣根を越える。

　民族、社会階層、性差の垣根によって隔てられた 3 つのペアは、当時のヘレニズム・ローマ社会に浸透していた世界観を意識している。これはギリシャ 7 賢人の 1 人ターレスの言葉として記されている。「……フォルトゥーナー（運命の女神＝テュケー）に対して感謝すべきことが 3 つある。『1 つは、私が獣でなく人として生まれたこと。1 つは、私が女でなく男として生まれたこと。1 つは、私が異郷人でなくギリシャ人として生まれたこと』」（ディオゲネス・ラエルティオス『ギリシャ哲学者列伝』1:33）。ユダヤ教のタンナにも同様の思想がある。「ラビ・ユダは言う。毎日唱えなければならない祝福がある。私を異邦人にされなかった神に祝福が（ある

52　本箇所の思索的解釈の詳細は、Asano（2005:184–87）を見よ。

ように)。私を女にされなかった神に祝福が。私を田舎者(奴隷)にされなかった神に祝福が」(『Tブラ』7:18;『ムナ』43b)。パウロ——あるいはその背後にあるバプテスマ定型表現——は、これらのペアに反映される当時の世界観を意識し、3つの差別的な垣根の解消を宣言した。

パウロはこの平等宣言の根拠として、「**あなた方が皆で、キリスト・イエスにあって１人だからだ**」と記す。パウロは「キリスト・イエスにあって」という句を繰り返し、キリストへの参与をこの宣言の根拠とする。キリストへの参与は、キリスト者個人の立場が移行することを保証するのみならず、キリスト者共同体における新たな関係性の動機づけとなる。共同体が１つにまとまって一致するなら「１つ (ἕν)」という表現がより自然であり (新共同訳ガラ 3:28 参照)、9世紀のギリシャ語写本 (F, G) はそのように変更を加えている。しかしパウロは一見すると不自然な「１人の人 (εἷς)」という表現を用いつつ、不可分的で有機的な共同体の連帯性を印象的に語る。そこに１人の人を分断するような差別の余地はない。これはのちに、「多くいる私たちは１つの体」(Ⅰコリ 10:17)、「私たちはキリストにおいて１つの体」(ロマ 12:5)、あるいは「あなた方はまた１つの体においてキリストの平和へと呼ばれた」(コロ 3:15) という身体言語へと熟成する (エフェ 4:13 の「完全なる１人の人」をも参照)。

3:29　もしあなた方がキリストのものなら、アブラハムの子孫、約束による相続者らである。

神の救済計画——あるいは永遠の契約——へ異邦人が含まれることの正当性がキリストへの参与によって論じられ (ガラ 3:26–27)、それはさらにバプテスマ定型表現にある平等宣言 (3:28) によって印象づけられた。パウロは本節でふたたびキリストへの参与に言及しつつ、ここまでの議論をまとめる。「**もしあなた方がキリストのものなら**」と始まる基本的条件文条件節の内容 (キリストへの参与) は、上述のバプテスマ定型表現をとおして読者が事実として受け入れている。ガラ 3:16 でパウロは、神の約束が「あなた (アブラハム) の子孫」すなわち１つの民に与えられるが、この民を「キリスト」と説明した。そして〈民がキリストだ〉という論理には、「キリスト」を集合体的に理解するという背景がある (Burton 1921:182)。本節はガラ 3:16 の議論を受けて、「キリストのも

の（Χριστοῦ）」であるキリスト者はこの集合体に属しており、したがってそれは約束を受けるべきアブラハムの子孫だ、と述べている。

同時にこの参与は、キリスト者が「**約束による相続者ら**」であることを保証する。パウロは「相続者（κληρονόμος）」という語をガラテヤ書で3回（3:29; 4:1, 7）とローマ書で3回（4:13, 14; 8:17）用いるが、ここで初めて登場させる。もっとも彼はその概念をガラ 3:18 で用い始めている。前ペリコペから繰り返される「約束」は、契約が相続を保証する内容であるとともに（3:16 注解）、相続者に対する契約の行為そのものだ。したがって「契約」という主題では、誰が「相続者ら」かが問われる。契約の本来の意図——誠実なアブラハムをとおして神の祝福が諸国民に至る——がアブラハムの子孫であるキリストの信頼性によって成就したので、キリストに参与する者すべてがこの契約（約束）によって相続者となった。

4:1 私は言う。相続者が未成年のあいだは、すべてのものの主人でも奴隷となんら違わない。

ガラ 4:1 に始まる本ペリコペ後半部は、3:29 で登場した「相続者」というメタファを受け、契約における相続者の立場が何を意味するかを説明する。「**私は言う**（λέγω）」とは、既述の内容の換言や敷衍を導入する慣用表現である（したがって「つまりこういうことです」）。ここでは前節の「相続者」という概念を詳述する意図を示す（5:16 参照）。

相続者が「**未成年**」である状態に関しては、律法の下にあるユダヤ人が養育係の監督下にある育成期の若者に喩えられたので（ガラ 3:24–25）、読者にとって既知の主題だ。「未成年（νήπιος）」は、たとえばフィロンがヒッポクラテスに倣って、幼児（1–7歳）、子供（8–14歳）、少年（15–21歳）、青年（22–28歳）、成人（29–49歳）、長老（50–56歳）、老人（57歳以降）という年齢区分をする際の用語でなく（『創造』105）、むしろ人が知識を獲得し技能に長けて成熟した導き手となる以前の未熟な状態を指すだろう（『子孫』152。したがって「未熟な年齢のうちは」）。ヘブ 5:13–14 は同じ語を用いつつ、義に関して乳に頼る未熟な者と、堅い食物を食べる成熟した者とを対比する。パウロ自身はこの語を、乳に頼る「肉の人（σάρκινος）」の同義語とし、堅い食物を食べる「霊の人（πνευματικός）」と対比する（Iコリ 3:1）。ここでは、本節後半で述べられる財産管理の能力を念頭に置き

つつ、人の「未熟」な段階を指している。それは「父の定めた時」（ガラ 4:2）までの期間である。

未熟であっても相続者としての将来は、「**すべてのものの主人**（κύριος πάντων）」（すなわち「すべての財産の所有者」）である。これはローマ法が保証する家長（paterfamilias）の権利（patria potestas）で、妻子、子孫、奴隷、解放奴隷に対する支配権（κῦρος）、および財産の所有権を前提としていよう。古くは、「家」に属する者の処刑や彼らの労働対価の決定に対する権利も含まれた。しかし、父から子へと家長権が移行するまでは、相続者である子も法律上「**奴隷となんら違わない**（οὐδὲν διαφέρει δούλου）」と見なされた。この家長権の移行は、家長が死ぬか、あるいは家長の意志で未成年者の監督下からの解放が宣言されるときに起こる。

4:2　しかし、父の定めた時まで後見人や資産管理人の下にいる。

ユスティニアヌス（6世紀）によると、子は思春期に達する歳（男児は 14 歳の終了時、女児は 12 歳の終了時）まで後見人（tutores）の下に置かれ、その後 25 歳の終了時まで管理人（curatores）の下に置かれる（『勅法彙纂』1:22, 23）。もっともこのように法整備がなされる以前は、身体的・精神的成長の様子を考慮に入れて時期が定められたようなので、財産権の行使時期を決定する場合に保護者の意志が反映されていたようだ。パウロが「**父の定めた時**（προθεσμίας τοῦ πατρός）」とするのは、救済計画における神の主導権を意識しているからだろう。

この時期が訪れるまで、未成年者は「**後見人や資産管理人の下にいる**」。「後見人」と訳される ἐπίτροπος はユダヤ属州総督クスピオス・ファドス（『古誌』15:406）やヘロデ・アグリッパの財務役を務めるクーザの夫（ルカ 8:3）のように政治的に高い地位の者を指す場合があるが、より私的な管理者（マタ 20:8）、また世話人や後見人をも指す（Ⅱマカ 11:1; 13:2; フィロン『夢』1:107）。Ⅱマカ 10–13 章では、シリアの王アンティオコス 4 世の死後、ユダヤ支配の役割が息子エウパトルとその後見人リシアスに移る。父亡き後の国務を後見人が支えた。前出のマタ 20:8 のぶどう園を所有者から任される管理者は、「**資産管理人**（οἰκονόμος）」とほぼ同義語だろう。「後見人」は一般に思春期に至る子供の世話全般を任され、「資産管理人」は資産管理に特化する。ここでは、後見人と管理人とによって未成年期が

二分されているというより、自由意志によって財産を管理する以前の期間を、これら2つの同義語が表している（Bruce 1982a:192）。この際、パウロが律法のメタファとして用いた「養育係」（ガラ 3:24–25）を意識していることは明白だ。具体的な仕事内容は異なるが、未成年を監督するという役割は共通している。

4:3　私たちも同様に、未成年だったとき、この世の諸元素の下で隷属化されていた。

「**同様に**」という副詞は、財産権の移行・施行に関するメタファを神の救済計画と結びつける。人が監督下に置かれる時期について、パウロはガラ 4:1 で用いた表現を繰り返し「**未成年だったとき**」と記す。彼はガラ 3:25–26 で「私たち」や「あなた方」という代名詞を用い、それ以前のユダヤ人限定の議論を全人類の救済に関する議論へと発展させ始めた。彼は本節でも「私たち」という代名詞を用い、議論が異邦人とユダヤ人の両方に及ぶことを示唆する。ここでは未成年期の監督（保護）というメタファから奴隷のメタファへと移行し、「**隷属化されていた**（ἤμεθα δεδουλωμένοι）」という迂説構文が用いられる。この過去完了時制の迂説構文（繋辞＋分詞）の継続ニュアンスにあえて注目するなら、ガラ 4:4 においていよいよ実現する救いの到来の衝撃を意識しつつ、それを引き立てていることになろう（〈ず～っと隷属状態が続いてきたが、とうとう……〉か）。

　その時まで人類は「**この世の諸元素の下**」で隷属状態にあった。「諸元素（τὰ στοιχεῖα）」は本来、不可分な最小単位を指す概念だ。したがって言語学においては 1 文節の最初の音を指し、哲学においては「基本原理」を意味した。またこの世界を構成する 4 つの「元素」（火、空気、水、地）を指した。前 5 世紀の自然哲学者エンペドクレス以降、この四元素説が形を変えつつも当時の世界観に影響を与え、パウロとほぼ同時代のフィロンは、神の被造世界をこれら 4 つの元素によって説明する（『相続』134, 152;『モーセ』2:53;『ケル』127）。もっともフィロンによると、同時代人はこれら世界の構成元素を神々と同視し、たとえば火をヘーパイストス、空気をヘラ、水をポセイドン、地をデーメーテールと呼んで（『観想』3）、この世を神々の支配の下に置いた（『ヨベ』2:2;『Ｉエノ』80:6–7 参照）。アピュレイウスも神を「元素」と表現し、女神イシスを「すべての元素（霊）

の女主人 (elementorum omnium domina)」と呼んだ (『変身物語』11:5)。この世界観は第二神殿期のユダヤ人らが共有していた。したがってLXX申32:8は「至高者が諸国を分けたとき、彼はアダムの子らを散らし、神の御使いらの数 (ἀριθμὸν ἀγγέλων θεοῦ) にしたがって諸国の境界を定めた」と表現している。諸国は天的存在によって支配されるが、イスラエルは神に導かれる。前2世紀以降のユダヤ教文献 (『ヨベ』15:31–32;『Iエノ』89:59–62) において重要となったこの世界観を意識しつつ (Rowland 1982:89–90)、パウロはとくにガラテヤ人の異教信仰を指して「諸元素」という語を用いただろう (したがって「神々」)。もちろんパウロは、異教信仰を「偶像崇拝 (εἰδωλολατρία)」(ガラ 5:20) と表現することもできたが、ここでは異教信仰による隷属状態のみならず、ユダヤ人の律法による隷属状態 (ガラ 3:24–25) をも意識しているので、「原理=法律規定」をも意味するこの語が選択されたようだ。

　一方でユダヤ人は律法制度の監督下に置かれた状態で、他方で異邦人はこの世を構成し司ると信じられる神々の監督下に置かれた状態で、同様にそれらの状態からの解放を望むが、それがキリストの到来によっていよいよもたらされる。この歴史的出来事が次節の内容だ (Arnold 1996:55–76 参照)。

4:4　しかし時の満ちが来たとき、神はその子を遣わした。彼は女から生まれ、律法の下へ生まれた。

　この救済史上の節目を、パウロは**「時の満ちが来た」**と表現する。「満ち (πλήρωμα)」は、容器に水などが満たされていっぱいになる様子を指す (BDAG 829)。トビト記は同表現を用いて捕囚からの解放の日を指す (トビ 14:5)。この用法はイエス伝承にも引き継がれて、イエスの福音宣教は「時がすでに満ちており (πεπλήρωται)、神の王国が近づいている」(マコ 1:15) と始まる。パウロはイエスを救済史上の節目としながらも、聖霊の持続的な働きかけが救いの完成を導くとして (トピック#15)、すでに来ていながらいまだ完成しない終末的緊張 (「既にと未だ」) の時代を意識するので、「すでに満ちて」いながら「近づいている」神の王国を教えるマルコ福音書は同様の終末観を共有していると言えよう (クルマン 1954:132–35 参照)。LXXハバクク書は「(定めの) 時」の幻を語るが (2:3)、

それはすぐさま「義なる者は私の信頼性に依拠して生きる」(2:4) という約束へとつながる。これはパウロが編集を加えつつ引用した救済の約束だ (ガラ 3:11)。パウロはガラ 3:6 から始まる神の救済計画に関する教えにおいて、ある意味で神の救済にまつわる託宣を受けた預言者ハバククとともに時を刻んでいるので、この救済計画ではなによりも信頼性が鍵となる。

ここでは救済の歴史が確実に以前から以降へと動いている。「隷属化されていた」(ガラ 4:3) という表現とともに本節の「時」への言及は、救済の歴史 (Heilsgeschichte) を意識している。神が人を救済する意図は、その歴史において――とくにアブラハムとの契約が成就する歴史において――明らかになった。この成就はイエスにおいて啓示され、パウロへは神の子の顕現という仕方で啓示された。すなわち啓示（黙示）と歴史とは相反するのでなく、神の主権によって定められた歴史の時に救済の成就が訪れた。したがって、「時の満ち」を「歴史との断絶」とする極端な黙示解釈 (de Boer 2011:262. Martyn 1997:343–52 参照) を採用する必要はない (トピック #3)。

この救済計画の節目に、「**神はその子を遣わした**」。パウロはガラテヤ書で 4 回ほどキリストを「(神の) **子** (υἱόν)」と表現する (1:16; 2:20; 4:4, 6)。ガラ 1:16 ではパウロの内に子が啓示され、ガラ 2:20 では愛と死に示される子の信頼性ゆえにパウロは生きる。このようにパウロの個人的体験と関わる呼称をここで繰り返すのは、彼自身がガラ 4:4–5 に示されるキリストの福音に対する証言者であることを示していよう。同時に、パウロはとくにガラ 3:29 以降で神の契約に対して家族（相続）のメタファを用いているので、「子」というメタファを継承しつつキリストを契約の中心に据えている。

神による派遣は、まず子の誕生 (4:4b) に焦点を置くが、ガラ 3:13 で述べられた「贖い」の死をも意識しており (4:5a)、イエスの生き様と死に様に体現された信頼性が示唆されている。「**遣わした** (ἐξαπέστειλεν)」という語は、多くの注解者にキリストの先在性（イエスの歴史的な誕生以前にキリストが神とともにあったこと）を連想させる (Fuller 1965:230; Longenecker 1990:167–70; Stuhlmacher 1992:289–90)。キリストの先在性は、おそらく創造に関わる神の知恵（詩 104:24; 箴 3:19; 知 9:2; シラ 1:4; フィロン『相続』199）を体現するキリストという理解から発展したパウ

ロのキリスト観で（Schweizer 1966:199–210）、とくにⅠコリ 8:6 とコロ 1:15–20 においてその思想が顕著だ。本節はガラ 4:6 にある御霊の派遣主題と相まって、知 9:17 に見られる知恵と霊の派遣主題を想起させる。これはのちに、ヨハネ文書に見られるより熟成した先在するキリスト観（ヨハ 3:17; Ⅰヨハ 4:9. ヨハ 1:1–3 参照）へと発展する。もっとも本節は、キリストの先在性や知恵キリスト論を展開するのでなく、むしろイエスが遣わされた使者だとの自己認識を持っていたという原始教会の理解（マコ 9:37; 12:1–12）に沿ってイエスの派遣に言及していよう。とくにマコ 12 章の喩えにある「遣わされた者」は相続を受ける者であり、これは本ペリコペにおける相続主題と符合する（Dunn 1989:38–44）。本節におけるパウロの強調点は、イエスの派遣が契約の神の主権によること、したがって契約がかならず成就することだ。

　神の子は「**女から生まれ**」た。これも、神の言葉の受肉というヨハネ的な神学（ヨハ 1:14）を意識してはいまい。「女から生まれる（γενόμενον ἐκ γυναικός）」という表現は、本質が「人間」であることを示すユダヤ教的表現で（ヨブ 14:1; 15:14; 25:4）、マタ 11:11 もこれを継承している。したがってこれは、人間として生まれたことを意味する（したがって「女から人として生まれ」）。人類の一部として生まれたイエスが人類を代表するので、イエスをとおした神の救済は全人類がその対象となる。

　「女から生まれ」たことが示すイエスの人間性が全人類的救済の根拠を示唆するなら、「**律法の下へ生まれた**」という表現は、この救済計画の歴史的文脈を明示する（ロマ 9:4–5 参照）。したがって、救済の普遍性はその歴史性を相対化しない（したがって「律法の下へユダヤ人として」）。かえって神がイスラエルの民をとおして全人類へ祝福をもたらすとの約束をアブラハムと結んだという、歴史的出来事の普遍的意義がここに再確認されている（ロマ 9:1–5 参照）[53]。

4:5　それは彼が律法の下の者らを買い取るためで、私たちが養子の身分を得るためだ。

　本節では、神がイエスを派遣した２つの目的が、２つの接続詞「そ

---

[53] 「普遍性／普遍主義」という表現に関しては、緒論 E.3 を見よ。

れは〜ため（ἵνα）」によって提示される。最初の目的は、「**彼が律法の下の者らを買い取る**」ことだ。パウロはすでにガラ 3:13 で「買い取る（ἐξαγοράσῃ）」という語を用いたが、その場合は奴隷市場での奴隷購入というメタファがキリスト者の解放を印象的に語った。したがってガラ 3:13 では、奴隷が買い取られて奴隷商人の束縛から自由になるように、ユダヤ人が「律法の呪い」である捕囚状態から買い取られて解放されることが述べられた。本節はこのメタファを継承しつつ、ガラ 4:3 が言う隷属状態から「律法の下にある者」が解放される様子を述べている[54]。本節は明示しないが、ガラ 3:13 はイエスの十字架を買い取りの根拠としているので、本節のイエス派遣主題はイエスの誕生のみならずその死をも視野に入れている。

第 2 の目的は、「**私たちが養子の身分を得る**」ことだ。「養子（υἱοθεσία）」という語は LXX に見られず、パウロ以外の新約聖書記者も用いない（エフェ 1:5 参照）。おそらくパウロは、ローマ法の養子縁組（*adoptio*）を意識し、ガラテヤ信徒もそのように読んだ。ローマ市民は、養子縁組をとおして以前の家長の支配権（*patria potestas*）から他の家長の支配権へ移行し、新たな家長の名と社会階層と権利とを得る。また養子縁組の規定では、以前の家長の支配権放棄（*emancipatio*）が奴隷売買における解放規定と類似しており、この 2 つが並列して語られる場合がある（ガイウス『法学提要』1:12:8.§132; ユスティニアヌス『ローマ法大全』12:6; 15:3 参照）。このような法理解の文脈に鑑みると、すなわち奴隷売買から養子縁組を連想しやすい法社会的背景に鑑みると、パウロが神によるイエス派遣の目的を教えるにあたって、同じ節の中で奴隷解放のメタファから養子縁組のメタファへと素早く移ることも納得できよう。ちなみにパウロは、「養子」というメタファを用いることで、〈ユダヤ人は《息子》で異邦人は《養子》〉という区別をしていない。パウロはローマ書において、養子としての立場がイスラエル民族のものだとも述べるからだ（ロマ 9:4）。メタファはあくまでメタファであり、それを突き詰め過ぎると真理に近づいても通り越して、真理からさらに遠ざかる場合がある。

---

[54] パウロによる律法の肯定的な評価とその拘束性に関しては、それぞれトピック #8, 9 を見よ。

4:6 そしてあなた方が子らだから、神は「アッバ、父よ」と叫ぶ神の子の霊を私たちの心の中へ送った。

　パウロは本節と次節で、神と養子縁組を結び「子ら」とされた者のあり様、すなわち契約における神の祝福が何かを述べる。「**あなた方が子らだから**」という従属節は、「〜だから（ὅτι）」という因果関係を示す接続詞によって始まるが、養子縁組の結果としての聖霊授与——子となったので聖霊が与えられたという時間的かつ論理的な推移——を教えていない。パウロは他所で、ガラテヤ信徒の改宗体験そのものを聖霊授与によって言い表している（ガラ 3:2–3）。ここではむしろ、養子縁組が成立したことはすなわち聖霊派遣も起こった、という事実を述べているのみだ（Lightfoot 1887:169 参照）。パウロは、救済史的転換点（ガラ 4:4）において成就した神の契約の祝福を多方面から言い表す。すなわちイエス派遣は、律法制度からの解放、養子縁組、また聖霊授与だ。これらすべてが神の祝福を意味する。パウロはこの転換点の描写をイエス派遣によって始め聖霊授与によって閉じるが、両方の出来事に「送った（ἐξαπέστειλεν）」という語を用い、1つの出来事として描き出している。

　パウロが聖霊授与を「**神の子の霊**」の派遣と言い表すのも、救済史上でイエス派遣と聖霊派遣とが密接に結びついているという理解による。ガラテヤ書の文脈からは、これがキリストによる聖霊派遣（ヨハ 15:26 参照）を意味するとは考え難い。ガラテヤ書他所において「霊」は修飾語なしに用いられるが（ガラ 6:1 の「柔和な霊［心］」は例外）、ここでは「彼（神）の子の霊（τὸ πνεῦμα τοῦ υἱοῦ αὐτοῦ）」だ。それゆえいくつかの異本（𝔓46、マルキオン、アウグスティヌス）は、他所と表現を統一するため「子の」の部分を削除する。しかしパウロは、他書で類似する霊の呼び名を用いており（ロマ 8:9「キリストの霊」、Ⅱコリ 3:17「主の霊」、フィリ 1:19「イエス・キリストの霊」）、聖霊をキリストの霊と表現し得た（Bockmuehl 1998:84）。神の契約の祝福の中で養子縁組が成立したキリスト者は「神の子ら」としての立場が与えられたので、その立場を保証する霊——神の（長）子キリストの霊——が与えられた。他所でもパウロは、聖霊をキリストにある立場確立の保証（ἀρραβών）としている（Martin 1986:28–29. Ⅱコリ 1:22; 5:5 参照）。「神の子の霊」という表現は、キリスト者が養子であることを強調するのみならず、キリスト者の霊体験をも規定する。聖霊がキリストの霊

なら、他者に仕えるキリストの姿が霊を受けた者の姿であることが期待される。教会における顕著な霊体験は、それがキリストの生き様を宣べ伝え体現するよう人を動機づけるかによって、真価が問われる。

　神はこの霊を「私たちの心の中へ」送った。聖霊授与が終末における契約成就のしるしであることは既述のとおりだ（ガラ 3:14 参照）。パウロが聖霊授与の場を「心（καρδίας）」と特定するのは、終末におけるイスラエルの刷新を描く預言者エゼキエルの言葉を意識するからだろう。「私はあなた方に新しい心を与え、あなた方の中に新しい霊を置く。私はあなた方の体から石の心を取り除き……」（エゼ 36:26. Ⅱコリ 3:3 参照）。心は人の意識、意志、感情の源であり（BDAG 508–09）、この部分でキリスト者はキリストを意識し、その生き様に倣う日々の決断を行い、その決断を喜ぶ（あるいは、その決断の欠如を悔い悲しむ）。

　この霊は「『アッバ、父よ』と叫ぶ」。そしてこの叫びは、霊を心に宿したキリスト者の肉声ともなる（ロマ 8:15–16）。「叫ぶ（κρᾶζον）」という動詞は感情の発露でもあるが（マタ 14:26; 黙 12:2）、宣言内容の重要性を強調するための熱意を備えた発声をも意味する（BDAG 563–64）。パウロはキリスト者が霊に導かれて感情的な礼拝を献げることを否定しないが、上述のように、キリストの生き様がそこに反映されているか、たとえばそれが他者を排除せず一致をもたらすかによって（Ⅰコリ 14:26–33）、その礼拝の真価を問う。「アッバ（αββα）」は「父」を意味するアラム語（אבא）である（用法の詳細は、Barr 1988:28–47 参照）。この表現はロマ 8:15 で繰り返されるが、イエスが神を呼び求める祈り（マコ 14:36）に関する目撃者の記憶がその背景にあるかも知れない。パウロが史的イエスに言及することは非常に稀だが、このような表現に生前のイエスの活動へのパウロの関心が読みとれる（Dunn 1998:183–85）。上述したとおり（ガラ 3:27 参照）、「アッバ、父よ」がバプテスマにおける受洗者の応答句だったとすれば、これもまたイエスの祈りに起源があるかも知れない。重要なことは、神の子による神への祈り深い呼びかけを、養子縁組によって子とされたキリスト者がまさに同じ言語によって繰り返すことだ。このようにして聖霊は、キリスト者が神の子らとしての立場を得たことを保証する（Fee 1994:409–12）。

4:7　だからあなたはもはや奴隷でなく子だ。子なら、神をとおして相続者だ。

　パウロはガラ 3:6 以来、神がアブラハムと結んだ永遠の契約という主題を貫きつつ神の救済計画について述べてきた。その過程で、律法の役割をキリスト到来までの監督として説明した（3:23–24）。そして律法の下にない異邦人の状態を神々の監督下にあるとし、全人類の窮状を監督下にある「隷属状態」に準えた（4:3）。本ペリコペで 5 度繰り返される「〜の下 (ὑπό)」（3:25; 4:2, 3, 4, 5）という前置詞が、この隷属状態という主題を強調する。キリストとその霊の派遣は、人類を神の契約の家族へと迎える養子縁組を実現したので、**「あなたはもはや奴隷でなく子だ」**と宣言する。ここにはいくつかのメタファが集合している（ガラ 4:5 注解）。奴隷の身分にあった者が養子縁組をとおして正式な子の身分とされることにより、相続に与る。また未成年の立場から成人の立場へと移行したことにより、つまり監督下から解放されて、正式に相続権を享受する立場となる。こうして**「子なら、神をとおして相続者だ」**。

　パウロは、神とキリストの信頼性に依拠した契約の成就という視点から反対者による律法遵守の勧めに反論してきたが、ここにその結論を迎える。そして以下（ガラ 4:8–9）で、奴隷でなく子の立場を持つ者が反対者の勧めに促されることの矛盾を指摘しつつ、過ちの修正を促す。Hays (2002:74–117) は十字架の使信（ガラ 3:13–14）と子と霊の派遣（4:4–6）とのあいだに構造的また意味的な繋がりを見出し、ここにパウロの福音が提示されていると考える（Martyn 1997:408 参照）。

ガラ 4:4–6	ガラ 3:13–14
彼（キリスト）は生まれた、律法の下へ 律法の下にある者を、この方が買い取るため 神はその御子の霊を送られた	私たちのために呪いとなって キリストは私たちを律法の呪いから買い取った 私たちが霊という約束を受け取るために

4:8　しかし、かつて神を知らなかったとき、あなた方は本来神々ならぬものに奴隷として仕えた。

　過ちの修正を促すため、パウロは逆接の接続詞「**しかし** (ἀλλά)」によって本節を開始する。これは、強い語気でガラテヤ信徒に注意を促すガラ 4:9 の準備段階である。したがってより自然な訳としては、逆接の接続詞

を 8 節冒頭でなく、9 節冒頭へ移すことが良かろう（《自然訳》参照）。

パウロはまず、「**かつて**」のガラテヤ人の状況をふたたび確認する。彼らはかつて「**神を知らなかった**（οὐκ εἰδότες θεόν）」。エレミヤと詩編著者は、この表現を（神に敵対する）異邦人に対して用いる（エレ 10:25; 詩 79:6）。さらにこの預言者と詩編著者は「彼ら（異邦人）はあなた（神）の名を呼び求めなかった」と続ける。これは、ガラ 4:6 で子の立場を得た異邦人が神に対して「アッバ、父よ」と呼び求める様子を容易に想起させる。

このユダヤ教伝承は前 2 世紀以降のエジプトに生きるディアスポラ・ユダヤ人らのあいだでヘレニズム的な世界観の影響を帯び、LXX の知恵の書の中に継承されたようだ（Nickelsburg 1981:175–85、とくに 184–85 参照）。この著者（賢者）によると、異邦人は「かつて神を知ることを拒んだ」（知 12:27）だけでなく、自然や偶像を神々として仕えていた（知 13–14 章）。したがってパウロが「**あなた方は本来神々ならぬものに奴隷として仕えた**」と続ける背景には、まずすでに用いた奴隷主題があり（ガラ 4:1, 3, 7）、同時にこの知恵文学に反映される思想があろう（Martyn 1997:410）。創造者を忘れて被造物を拝みつつ自らを破滅へ誘う人類の窮状を描くロマ 1 章でも、パウロは同じ伝承を意識していようが、ガラ 4 章ではローマ書で省かれた知恵の書の世界観を継承している（4:9 参照）。パウロはここでこれらの伝承を意識しつつ、従来の異邦人理解を覆す救済史上の決定的な出来事を描いたのか。神を呼ぶ者が神を知る者となった。

副詞「**本来**（φύσει = φύσις）」は「自然」という名詞の与格形だが、事物のもともとの姿、本来の在り様を示す（LSJ 1964–65）。したがって、ガラ 2:15 では「生まれつきの（ユダヤ人）」という意味で用いられた。知 13:1 は、「神を知らない人々はすべて、本来的に（φύσει）愚かだ」と述べる。もっとも、「本来神でないもの」をたんなる石や動物と考えたか、何らかの悪魔的力と考えたか、パウロは明言しない（Ⅰコリ 8:4–5）。パウロ神学において人を隷属させる破壊的な支配力の主たる正体は、罪であり死である（ロマ 7 章参照）。

4:9 だが今は神を知り、むしろ神に知られていながら、なぜふたたび弱く貧しい諸元素に立ち返り、ふたたびこれらに奴隷として仕えようと望むか。

パウロは改宗前のガラテヤ人の状況と対比して「**今は**」という副詞を用

いる。神を知らなかった異邦人が、今は「**神を知**」る。この状況の転換（知らない→知っている）はガラテヤ信徒の改宗がもたらしたが、パウロはこれをアブラハムと結んだ契約によって神がもたらした祝福であることを再確認するため、「**むしろ神に知られて**」いると言い直す。「神が知る」という表現は一般的な神の全知をも教えるが（知1:6-7）、神との豊かな関係性における神の主権を強調する場合もある（詩1:6; 139:1-2; ナホ1:7)。パウロも他所で、キリスト者が神に知られていることの幸いを述べる（Ⅰコリ8:3; 13:12）。これは既出の主題、すなわちキリスト者が神の子だということの言い換えでもあろう。この幸いを認識しないガラテヤ信徒に対するパウロの憤りは、ちょうど神が「わが子」とし、支え、癒し、導いたが、それを知らなかったイスラエルに対する神の思い（ホセ11:1-4）につうじ、この憤りが「**だが**」という強い逆接の接続詞で示されている（前節参照）。

パウロがガラテヤ信徒に対して憤る理由は、彼らが「**弱く貧しい諸元素**」に心を向けるからだ。世界を構成する「諸元素（στοιχεῖα）」を「神々」と同視する当時の世界観についてはすでに触れた（ガラ4:3注解）。パウロはこの語をもって、ガラテヤ人の異教信仰とユダヤ人の律法遵守とを同じ隷属状態の範疇に並べ置いた。本節ではこの神々に「弱く貧しい（ἀσθενῆ καὶ πτωχά）」という形容詞が付され、ガラテヤ信徒の行動の愚かしさがさらに強調される。この異教信仰の愚かしさに関する表現は、おそらく知13章に見られる思想を反映している。賢者は述べる、「神への無知が留まる者はすべて本来的に愚かしい……（彼らは）火や風や吹き荒れる大気や巡る星々や荒れ狂う水の流れや天の輝きやらを、この世を支配する神々と見なした」(13:1-2)と。ここでは神への無知主題が異邦人（エジプト人）に適用され、火や空気や水といった諸元素が神々と同視される。賢者はこれらの神々の偶像を作って拝む者について、「弱いものに健康を乞い、死んだものに命を乞い……（事業の）収益や成功のため力ないものに力を乞う」(13:17-19)と続ける。賢者によると、偶像崇拝とは命と豊かさを求めて、その命と豊かさからほど遠いものにより頼む愚行を指す。これは健やかさと命のない「弱さ」、豊かさと力のない「貧しさ」であり、パウロによる神々への評価、偶像崇拝への評価と符合する。

パウロは、ガラテヤ信徒が「**ふたたび……立ち返り、ふたたびこれらに奴隷として仕えようと望む**」と述べるが、これは実際に何をすること

か。ここでは「ふたたび（πάλιν）」が繰り返され、子の身分から奴隷の身分へと逆行することへのパウロの驚きと憤りが強調される。「立ち返る（ἐπιστρέφετε）」という現在時制の動詞は、子の身分を放棄するような行為がまさに起こりつつあり、その行為へと身を投ずることを思案する者がいることを示す。ガラテヤ信徒が神々へと逆戻りするとは、異教信仰へと復帰することか。もしそうなら、ユダヤ律法の遵守を促す反対者に影響される信徒への忠告というガラテヤ書全体の文脈とは異質で、この心配は唐突だ。ガラテヤ信徒が具体的に何をしようとしているか、パウロは次節で述べる。

4:10　あなた方は日や月や季節や年を守っている。

「日や月や季節や年を守っている」とは、具体的に何をすることか。大きく分けて2つの可能性が考えられてきた。1つは、ガラテヤ信徒が改宗以前の異教信仰における祭日等をふたたび祝い始めたことだ。本注解書では、パウロがガラテヤ書を書き送った諸共同体がガラテヤ属州南部にあることを想定している。この地方の住民の一部は民族的なガラテヤ人だった。ストラボンは、ガラテヤ諸部族が収穫祭として満月の祝いを行っていたことを記している。「……名もない神に犠牲を献げ、満月の季節の夜に、庭先で家族全員がともに夜通し踊り続ける」（『地誌』3:4:16）。ここでストラボンは、イベリアのケルト人の慣習を紹介しているが、Ó Hógáinによると、満月の祭は（ガラテヤ人をも含む）同民族に一般的な祝い事だった（Ó Hógáin 2002:79）。あるいは当時のローマ帝国の政治的事情に鑑みると、ガラテヤ信徒が皇帝の誕生日等の祝祭行事への参加を拒めなかったことをパウロは述べているだろうか。考古学者 Mitchell（1993:9–10, 13–14）は、ガラテヤ書の宛先の中心をピシディアのアンティオキア（ガラテヤ属州南部）と想定しつつ、「皇帝崇拝の結果として、アンティオキアの市民は、日、月、季節、年の祝いを強いられていた」と述べる。しかしガラテヤ書の執筆意図を考慮に入れるなら、たとえガラ 5:20 が偶像崇拝を禁じていようと、ここで異教信仰への立ち戻りという懸念をパウロが示すことは唐突で場違いのように思われる。

コロサイ書においてパウロが批判する教え（コロ 2:4, 8）が具体的に何かについてもやや曖昧だが、割礼へ（2:11）と「安息日」へ（2:16）の

言及や「来たるべきものらの影」(2:17) という表現から、ユダヤ教律法を遵守する教えへの反論と考え得る（Dunn 1996:175）[55]。その際にパウロは、「だからあなた方は、誰にも、飲食に関して、祭りに関して、新月または安息日に関して、裁かれてはいけません」（コロ 2:16）と述べている。すなわちユダヤ暦に則った祭儀への参加をはじめとする律法遵守に囚われるべきでないとの警告だろう。実際ユダヤ人にとって、安息日（出 31:16–17; 申 5:12–15; イザ 56:6）、新月祭（民 29:6; 王下 4:23; 詩 81:4）、祝祭日（出 13:10; 23:14; レビ 23:4）は重要な祝祭行事だった。したがって、これと似た「日や月や季節や年を守っている」という本節の表現も、ガラテヤ書他所と同様に、ユダヤ教律法の遵守を指していると考え得る（Betz 1979:217）。もっともこの場合、ガラテヤ信徒が異教信仰へ戻る様子を表すのにより相応しい「逆戻りする」（ガラ 4:9）という語を、どう理解すべきかが悩ましい。

ここでは既述のとおり、ガラ 4:3, 9 の「諸元素（神々）」が第一義的に異教の神々を意味しつつも、ユダヤ律法をも含意しているという点に注目し、〈ユダヤ律法を遵守することは、あたかも異教信仰へと逆戻りするようなものだ〉という発想が、パウロに「逆戻りする」という語を使わせたと考えるのがよかろう（Martyn 1997:411 参照）。ただ、本注解書著者は他所で、ポスト・コロニアル批評をこのテクストに適用し、ガラテヤ信徒が折り重なる外的圧力への抵抗として、かつての異教信仰とユダヤ律法との融合的な採用によって活路を見出した可能性を探った。これを 1 つの可能性として念頭に置くこともよかろう（浅野 2012a:180–89）。この視点は、コロサイ教会で問題となる誤った教え（「哲学［φιλοσοφία］」、コロ 2:8）が、キリストの福音と周辺社会のグノーシス的思想との融合か（Lohse 1971a:127–31; Wilson 2005:35–58）、あるいはユダヤ人会堂の教えか（Dunn 1996:29–35）という（終わりの見えない）論争にも、1 つの方向性を与える可能性があろう。

4:11　あなた方へ無駄に労苦しなかったかと、私はあなた方（のこと）を恐れている。

---

[55] もっとも、コロサイ書における「誤った教え」の正体に関しては異なる見解も多く見られる（Foster 2016:280–82 参照）。

上のような状態は、パウロの宣教が「**無駄に労苦し**」たとの結果に終わりはしないか。パウロは宣教における重労働について、「労苦する」という動詞を好んで用いる（ロマ 16:6, 12; Ⅰコリ 4:12; 15:10; 16:16; フィリ 2:16; コロ 1:29; Ⅰテサ 5:12）。彼はガラテヤ信徒の改宗体験が律法遵守によって「無駄に」なることを恐れたが（ガラ 3:4）、本節ではこれがパウロの宣教活動全体の「無駄」に繋がる。彼がその使徒としての召命を預言者イザヤ（とエレミヤ）の召命体験に準えているとすると、「無駄に労苦し（εἰκῇ κεκοπίακα）」という表現にはイザヤの訴えである「私は無駄に労苦した（κενῶς ἐκοπίασα）」（イザ 49:4. エレ 28:58 参照）という体験が意識されているとも考え得る。パウロはこの無駄な労苦を「**恐れている**」。「恐れる（φοβοῦμαι）」が「**あなた方**」を直接目的語とする構文（文字どおりには「あなた方を恐れている」、ガラ 2:12 参照）からは、パウロが「あなた方のことで気に病んでいる」様子が窺える。じつにこのような失望感や焦燥感が、身体的な痛みとともに、使徒の苦しみを構成する。パウロは後続するペリコペで、この使徒の苦しみを根拠にガラテヤ信徒の説得を試みる。

【解説／考察】

　　　　　　「人はパンを要す。しかしパンの前に理想を要す」
　　　　　　　　　　　（ヴィクトル・ユゴー）

　福音の真理を弁護し続けるパウロは、ガラ 3:28 で人類の関係性に関する重要な理想を宣言する。それは福音の真理であると同時に、終末的緊張という視点に立つと、完成を目指してこの地上で体現することを絶えず試みるべき理想だ。したがって本注解書著者の恩師である故 D. M. Scholer 教授は、平等と公正と調和の理想であるガラ 3:28 こそ、人間関係に関するパウロの様々な言説の解釈を方向づけると仰った。パウロは福音の真理を弁護するプロセスで、一義的にはキリストに属する共同体においてもはや民族の壁が取り壊されたことを述べているが、その理想はキリスト者が差別に晒されたより広い外社会へ奉仕する動機をもたらした。それゆえ、Meeks（1973/74:198）が「パウロ共同体の指導者のあいだには、当時のユダヤ社会はもとよりヘレニズム・ローマ社会において驚くほどの平等

意識が見出される」と評するほど、この平等宣言の影響は顕著だった。その一例は、パウロが手紙を宛てたローマ市諸教会においてすでに見られる。この教会に所属するユニアという女性は、パウロの同労者にして「使徒」である（ロマ 16:7）。ユニアの性（女性か男性の「ユニアス」か）、またその使徒性に関してはいまだに議論が続くが、本注解書著者は、ユニアが女性使徒として「使徒のあいだでも際立って」いたと理解する（荒井 2005:185–98 参照）。教会運営におけるこのような女性重用の傾向は、フェベ（ロマ 16:1）、エボディアとシンティケ（フィリ 4:2）にも見られ、また使徒行伝のマリア（12:12）、リディア（16:14–15）、プリスキラ（18:1; ロマ 16:3）の描写とも符合する。

　もっともこの平等と一致の理想は、教会の体制化プロセスにおいてその力が早々と減退し、たとえば奴隷たちが抱いた解放の希望は、イグナティオスによってすぐさま否定された（『イグ・ポリュ』4:3. しかし小プリニウス『書簡』10:96 参照）。これを本注解書著者は他所で、境界性という社会現象の枠組みの中で説明した（浅野 2012a:190–219, Asano 2013a:331–56）。境界性はある種の理想を根拠とした反体制的応答であり、それゆえ境界性の内に理想が育まれる。境界性共同体（恒久的境界性）としての教会は、霊により日々新たにされて理想を継承すべきだが、教会自体が体制化するとそのプロセスで理想が馴致されてしまう。すなわち、教会は体制の一部となって、被差別者やその他の弱者を周縁にとどめる装置の歯車となりかねない。教会史におけるこのような傾向をキリスト者が当事者として反省することは不可欠だ。しかし、このような傾向を根拠として、キリスト者が聖書の理想自体を過小評価したり批判したりすることで安易な満足を得ようとするなら、理想を飼い馴らす調教師の役を知らずに演じさせられている場合もあろう。教会が境界性共同体として機能するなら、キリスト者はその場で理想に出会い、もう一度生きる勇気を得るかも知れない。そのとき、〈理想だけでは喰えない〉という陳腐な批判に対しては、ユゴーに倣って〈それでも、理想がなければ人は人として生きられない〉と応え、キリスト者としての生き様が一歩前に進むことだろう。ちなみにこのような理想へのこだわりはキリスト教会のみならず、たとえば本注解書著者のような大学人にも当てはまろう。日本学術会議は軍事目的の科学研究をしないとの方針を維持するという正しい判断をしたが（2017.3）、安全保障

技術研究推進制度なる人参を鼻先にぶら下げられた個々の大学と大学人がいかに振る舞うべきかが問われている。

トピック #11　ΒΑΠΤΙΣΜΑ
儀礼としてのバプテスマ

A. 水による浄めとしてのミクヴェ

「バプテスマ」の起源は何か。一般にこれは、ユダヤ教伝統における水による洗い「ミクヴェ（מקוה）」（文字どおりには保水池）に由来すると考えられる。様々な浄めの儀礼の一部として水による洗いが行われ、たとえば生殖に関する汚れの浄めには水による洗いが命じられた（レビ 13–17 章；1QS3:4–9; 6:14–23 参照）。新約聖書で「バプテスマを授ける」を意味する βαπτίζω は、LXX では汚れを浄めるための水による洗いという意味で 3 回のみ用いられる（LXX 王下 5:14; ユディ 12:7; シラ 34:25 ［新共同訳 34:30］）。儀礼上の汚れに対する浄めは、のちに道徳上の汚れ（罪）の浄めをも包含するようになった（詩 51:4）。儀礼の頻度や形態、さらに神学的意義においてかなりの差異が認められるが、ミクヴェによる儀礼上の汚れに関する水の洗いは、洗礼者ヨハネに特徴的な教えと行為——罪の赦しと悔い改めを象徴する水の洗い（バプテスマ）（マコ 1:4, 5, 8. ヨセフス『古誌』18:116–19 参照）——のルーツと考えられよう。

エリコで発掘されたミクヴェ

B. ユダヤ教への改宗とミクヴェ？

このミクヴェが「改宗者のイニシエーション（通過儀礼）」としての機能を果たした、との理解もある（長窪 2008:485）。

しかし、ユダヤ教聖典と第二神殿期ユダヤ教文献を見るかぎり、異邦人がユダヤ教へ改宗することを目的として水の洗いを受けることへの言及はない。異邦人はもっぱら、割礼をとおして「イスラエルの家に入った」（ユディ 14:10）。エピクテトスが1世紀後半に、ユダヤ教への改宗を目的とした「バプテスマ」に言及するが（『談論』II:9:19–21）、彼がどれほどユダヤ教に精通していたか、そもそもユダヤ教会堂と教会との区別をつけていたか、非常に疑わしい（Oldfather 1925:I:273–74.n4; Stern 1974:I:543）。

じつに、改宗者とミクヴェとの繋がりを示す唯一の資料がミシュナに見られる（『M プサ』8:8.『M エド』5:2:6;『M クリ』2:1 参照）。

> 近親者の喪に服した者は、夕方に水に浸り過越しの供え物を食する。……過越し（の食事）の前日に改宗した改宗者に関しては——シャンマイの家は言う、「彼は水に浸り、夕方に過越しの供え物を食する」と。ヒレルの家は言う、「包皮の切除を行う者は墓から離れる者のようだ」と。

もっともこの議論は、過越しの犠牲と過越しの会食という2つの行事のあいだに改宗した異邦人が、過越しの会食に与れるかに関するものだ。シャンマイ派は改宗者（異邦人）の汚れを精の漏出による汚れと同視し、水の洗いをとおして夕方に汚れが終了すると考えるので、そこで改宗者は過越しの食事に与る（レビ 15:16）。ヒレル派は改宗者の汚れを墓から離れる者の汚れ（死体との接触による汚れ）と同視し、割礼から3日目と7日目に水の洗いを受ける必要を訴える（民 19:11 参照）。すなわちこの改宗者は、当該の過越しの食事には与れない。いずれにせよここでは、あくまでも割礼をとおして改宗してしまった異邦人が、ユダヤ人として過越し祭に参加するときの浄めの規定が述べられているのみだ（Hayes 2002:116–22）。

また、イエスがバプテスマを改宗の象徴（あるいは手段）と考えていたかは不明だ。共観福音書において、イエスと弟子らがバプテ

スマをとおして改宗者を募る様子は見られない（しかし、ヨハ 3:22; 4:1–2 参照）。それだけに、マタイ福音書の宣教大命令における、バプテスマの指示（マタ 28:19）は唐突で大いに違和感がある（Davies & Allison 1997:III:685）。ルカ福音書では、洗礼者ヨハネが兵士にバプテスマを授けるが（ルカ 3:14）、これはおそらくヘロデ・アンティパスの警備兵かその他のユダヤ人警察隊の兵士であって、異邦人のローマ兵が改宗したわけではなかろう（Marshall 1978:143 参照）。

C. 原始教会とバプテスマ

　使徒行伝は使徒ユダの欠員を埋める際ペトロに使徒の条件を述べさせるが、その1つはヨハネのバプテスマからイエスの高挙までの目撃者であることだった（使 1:22）。そして四福音書は一様にイエスの公生涯の開始と洗礼者ヨハネによるイエスのバプテスマとを結びつける。史的イエスと洗礼者ヨハネとの関係に関する推論は他に譲るとしても（Sanders 1985:91; Dunn 2003:350–52）、イエスの活動がヨハネに特徴的な「悔い改めと罪の赦しのためのバプテスマ」（マコ 1:4）と関連することは否定できない。ヨハネのバプテスマが象徴する神殿を介さない罪の赦しによる終末の備えは、イエスによる神殿を介さない罪の赦しの宣言（マコ 2:1–12）、また現行の神殿体制への非難行為（11:15–19）と思想的につうずる。

　四福音書における「バプテスマ」の記事（名詞と動詞の用法）は、洗礼者ヨハネの活動以外では、イエスと弟子との運命の連帯性を強調するメタファとして用いられるのみだ（マコ 10:38–39; ルカ 12:50）。これはパウロのバプテスマ理解と符合する（後述）。その中でただ使徒行伝のみが、バプテスマを明らかに改宗儀礼として描く（2:41; 8:12, 36; 9:18. マコ 16:16 参照）。しかし通過儀礼としてのバプテスマを強調する傾向がある使徒行伝でさえ、一律的で確立された儀礼という印象を与えない。Munck（1959:18）が述べるとおり、使徒行伝にはバプテスマのための準備もアフター・ケアも見られず、「形式に関してほとんど無頓着で、バプテスマを受けた者はそのまま我が道を行くかのように見受けられる」。パウロがバプテスマの意義を十分に認識していたことは確かだが（βαπτίζω を 13 回用いる）、通過儀礼として

のバプテスマの価値はいまだ流動的だったろう。したがってパウロは、クリスポとガイオ（またステファナの家）以外にバプテスマを授けていないことをかえって良かったとさえ述べる（Ⅰコリ 1:14–16）。パウロの時代に儀礼としての何らかの定型表現が限定的に生じ始めていただろうが（ガラ 3:28 の注解を見よ）、洗礼者ヨハネのバプテスマに倣った水のバプテスマが、教会のアイデンティティを構築し強化する通過儀礼として定着し確立するのには、少なくとも 50–100 年ほどの時間を有したことだろう（『イグ・スミュ』8:2;『ディダ』9:5 参照）。

　もう 1 つ興味深いことに、新約聖書が言及する「バプテスマ」にはミクヴェに見られる汚れの浄めという概念がほぼ欠如している。マコ 1:4// ルカ 3:3 の「バプテスマ」はたんに「罪の赦し（ἄφεσιν ἁμαρτιῶν）」に言及し、これは倫理的教えへと繋がる（ルカ 3:7–14 参照）。ただ使 22:16 のみが「罪の洗い（ἀπόλουσαι τὰς ἁμαρτίας）」に言及する。パウロが唯一この「洗う（ἀπολούω）」を用いるⅠコリ 6:11 に関しては、おそらくバプテスマと直接関係しないだろう（Thiselton 2000:543–45）。マコ 7:4 で「バプテスマを授ける（βαπτίζω）」という動詞はユダヤ教伝統の浄めという文脈で用いられるが、この場合バプテスマとは関係がない。じつにパウロがバプテスマに言及する場合（ロマ 6:3;Ⅰコリ 1:13, 14, 15, 16, 17; 10:2; 12:13; 15:29; ガラ 3:27）、新たな所属や所属の移行がその主題であり、1 度もこれを（罪の）浄めという概念と関連させない。これは、異邦人改宗者を精の漏出や死体への接触による汚れと同等に捉えて、水の浄めを要求するラビ的なミクヴェ解釈とは著しく異なる。パウロのバプテスマ理解に汚れの浄めという概念が欠如する背景には、アンティオキア事件（ガラ 2:11–14, 15）で露呈した、異邦人の汚れというユダヤ教的前提から距離を置く意図があったかも知れない。

5. ガラテヤ人によるパウロ受容（4:12–20）

【翻訳】

《逐語訳》

⁴:¹² 私のようになりなさい、私もあなた方のよう（になったの）だから、兄弟らよ、あなた方に願う。あなた方は何一つ私を傷つけなかった。¹³ もっとも肉の弱さをとおして、私が以前あなた方に福音を宣べ伝えたことを、あなた方は知っている。¹⁴ また私の肉にあるあなた方の試練を、あなた方は蔑まず唾棄しなかった。むしろ、神の使いのように私を受け入れた、キリスト・イエスのように（受け入れた）。¹⁵ ならば、あなた方の祝福はどこか。なぜなら私は証言する、可能ならあなた方の目を取り出して、あなた方は私に与えた、と。¹⁶ こうして私はあなた方に真理を語って、あなた方の敵になったか。¹⁷ 彼らは良からぬようにあなた方を熱望しているが、あなた方を閉め出したいのだ。それはあなた方が彼らを熱望するためだ。¹⁸ 良いように熱望されることは良い。私があなた方のところにいるときだけでなくいつでも。¹⁹ わが子らよ、あなた方の中にキリストが形成されるまで、私はふたたびあなた方を出産する苦しみをしている。²⁰ 今あなた方のところにいて、

《自然訳》

⁴:¹² 兄弟姉妹の皆さん、お願いです。私もあなた方のようになったのですから、あなた方も私のようになって下さい。あなた方は私を傷つけることを何一つしませんでした。¹³ あなた方も知ってのとおり、肉体の弱さがきっかけとなって、私は以前あなた方に福音を宣べ伝えました。¹⁴ 私の肉体にあなた方の試練となるようなことがあったにもかかわらず、あなた方はそれを蔑みも忌み嫌いもしませんでした。それどころか、神の使いかキリスト・イエスかのように私を受け入れてくれました。¹⁵ それなのに、あなた方が受けた祝福はどこにありますか。断言しますが、あなた方は可能なら自分の目をえぐり出して私に与えようとまでしたのです。¹⁶ 真理を語ることによって、私はあなた方に敵対する者となったでしょうか。¹⁷ 彼らは良からぬ思いからあなた方を熱心に求めています。それは、あなた方が彼らを熱心に求めることを願い、結果的にあなた方を閉めだそうとしてのことです。¹⁸ 私があなた方のもとに滞在している時だけでなく、不在の時でもいつもそうですが、良い動機で熱心に求められることは良いことです。¹⁹ 私の子供たちよ、あなた方の内にキリストが形づくられるまで、私はふたたび出産の苦しみを味わっています。²⁰ 今あなた方の目の前で語調を変えて語ることができればと、私は切

声を変えたいと願う。あなた方において当惑しているからだ。

に願います。なぜなら私は、あなた方のことで途方にくれているからです。

【形態／構造／背景】

　コミュニケーション理論において、私的類例（逸話）の挿入は「安息の島（isle of refuge）」であって「ゴミの島（isle of refuse）」ではいけないと注意される。前者は提示される主題が聴衆の心に深く染み込む余裕を与えるための挿入部として機能し、後者はその意図を達成し得ないただの逸脱に終わる（Stanley 1994:44, 96）。

　Burton（1921:235）は本ペリコペを、パウロの激昂による本論からの一時的逸脱と判断する。それは、アブラハムを起点とする永遠の契約成就という主題に沿って神の救済計画を論じてきたパウロが、本ペリコペではガラテヤ信徒らとの個人的な関係性にその焦点を置くからだ。Mußner（1981:304–05）も同様の理由から、本ペリコペに括弧付きの挿入部的な位置づけを与える。また Schlier（1965:208）は本ペリコペの異質性を強調し、これを「個人的な議論」、「心の議論」と繰り返す。それゆえ注解者によっては、神学議論がガラ 4:11 で終了し、ガラ 4:12 から倫理的奨励が開始するとする（Longenecker 1990:186、本注解書では 5:1 から開始）。しかしそれなら、後続するペリコペ（4:21–31）の奨励部における役割が不明となる。そこで Esler（1998:235）はガラ 4:21–31 と 5:1–6:10（厳密には 4:21–5:1 と 5:2–6:10）とのあいだに主題的関連性を見出してこの問題を解決しようと試みる。しかし問題は主題の共有でなく、倫理的奨励か否かである。

　たしかにパウロは本ペリコペで、自分とガラテヤ信徒との過去の親しい交流、それが互いのあいだで痛みを共有するほど親密だったことをガラテヤ信徒に想起させ、彼らの心に訴える。その意味で先行するペリコペとは異質な感がある。もっとも福音の弁護が始まるガラ 3:1–5 も、契約に関する議論でなく、むしろガラテヤ信徒らの改宗体験に焦点があり、後続するペリコペとは異質だった。しかし既述のとおり（ガラ 3:1–5【形態／構造／背景】）、「福音の真理」を弁証する 6 つの議論（ガラ 3:1–4:31）は、その目的を達成するため、その 4 つまでがユダヤ教伝承の解釈に焦点をあて、5

つ目にあたる本ペリコペは私的類例によってパトスに訴えることが試みられていると考えられよう（Bruce 1982a:214; Barclay 1988:86–96）。ちなみにこれを計算高い感情の操作と批判するなら、修辞法のほとんどは悪意に満ちていることになる（廣石 2016:129–30 の議論、山田 2012:337 の修辞学用語集「感情」の定義を参照）。パウロがロゴスのみに訴える「理詰め」の弁明に限界を感じていたことは、彼がガラテヤ教会の再訪を切望することからも分かる（ガラ 4:20）。したがって、Burton（1921:235. 山田 2012:151 をも見よ）の本ペリコペに関する「感情的逸脱」という修辞論的評価に対しては、「感情的」だとしても「逸脱」でないと理解すべきだろう。

感情が無計画な逸脱に終わらないことは、本ペリコペが十分に考慮されたキアズム的な構造によって、全体を模倣主題で包みつつ、パウロと反対者らの動機を対照的に描いていることから分かる。

> α.　使徒に倣う（4:12）
> 　β.　純粋な絆（4:13–15）
> 　　γ.　真実と苦悩（4:16）
> 　β'.　不純な絆（4:17–18）
> α'.　キリストに倣う（4:19）

以下は、本ペリコペのアウトラインである。

a. 使徒の受容（4:12–15）
   i. 他者のための絆（4:12）
   ii. 弱さと福音宣教（4:13）
   iii. 受容と試練（4:14–15）
b. 反対者の惑わし（4:16–18）
   i. 真実の敵（4:16）
   ii. 自己のための絆（4:17）
   iii. 本来の熱意（4:18）
c. 使徒の悩み（4:19–20）
   i. キリストの形成（4:19）
   ii. 使徒の臨在（4:20）

【注解】

4:12 私のようになりなさい、私もあなた方のよう（になったの）だから、兄弟よ、あなた方に願う。あなた方は何一つ私を傷つけなかった。

パウロは本ペリコペの冒頭で、ガラテヤ信徒に「**兄弟らよ**（ἀδελφοί）」と呼びかける。しかし既述のとおり、パウロは男性信徒だけを視野に入れていたのでなく、当時の共同体においてその全成員を指す慣用的な表現を用いたにすぎない（ガラ 1:2 注解。したがって「兄弟姉妹の皆さん」）。ちなみに本ペリコペの最後は、「わが子らよ」（4:19）と結ばれる。キリストによって民族的垣根が撤廃され同等と宣言されたユダヤ人と異邦人のキリスト者に焦点を置いた議論の延長にあって、パウロはガラテヤ信徒を同じ契約の家族員として呼びかけ（4:12）、さらにパウロの宣教を契機に生まれたキリスト者らとの親密な関係を語る本ペリコペの結びでは、（霊的な）子というより密度の濃い呼びかけを選択している。

パウロは親しみを込めて「**あなた方に願う**（δέομαι）」。この動詞には、誠心誠意を込めた懇願というニュアンスがあり（BDAG 218）、より一般的なリクエストをする場合、パウロは ἐρωτάω（フィリ 4:3; Ⅰテサ 4:1; 5:12; Ⅱテサ 2:1. ἐπερωτάω はロマ 10:20; Ⅰコリ 14:35 参照）を用いる。【形態／構造／背景】で述べたとおり、パウロは本ペリコペで人情に強く訴えているが、この動詞のニュアンスはその意図と符合する。

パウロは、「**私のようになりなさい**（γίνεσθε ὡς ἐγώ）」と懇願する。懇願の内容に具体性はないが、それは文脈から明らかだ。これは、パウロが反対者と思想的に繋がるかつての生き方（ガラ 1:13–14）から訣別したように、反対者の誘いに応じて律法遵守を選択することを止めよ、との願いだ。したがって「**私もあなた方のよう**（になった）（κἀγὼ ὡς ὑμεῖς）」とは、ファリサイ派ユダヤ人のパウロが民族アイデンティティの顕現要素としての律法を厳格に遵守する生き方を止めて、異邦人宣教のために律法の外にいるガラテヤ人と同様になったことを指すだろう（Ⅰコリ 9:21 参照）。さらにパウロは、律法の支配から外れて異邦人の使徒となったことに伴う苦難を思い、反対者の圧力（迫害）に堪えつつ、パウロが伝えた福音にガラテヤ信徒が留まることをも願っている。この苦難の甘受には、キリストの生き様に倣うという共通する動機がある。それゆえパウロは、ガラテヤ

信徒の内に「キリストが形づくられる」(4:19) ことを願う。彼は他所でも、使徒としての受難をキリストにある生き様と述べ（Ⅰコリ 4:17）、キリスト者に対してそれに倣うよう促す (4:16)。そしてその勧めにおいても、パウロはコリント信徒を自らの「子」と表現する (4:14–15)。したがって「私のようになりなさい」という願いは、パウロの高圧的で権威主義的な命令（Castelli 1991:86–87）でなく、むしろキリストの献身的な生き様を共有するようにとの招きと理解すべきだ（Eastman 2007:86; Kahl 2000:45–46）。じつにパウロがこの模範主題を持ち出すときは（Ⅰテサ 1:6; Ⅱテサ 2:14; Ⅰコリ 4:16; 11:1）、いずれの場合もキリストの受難に倣うパウロの奉仕の生き様が念頭にある。唯一の例外は、パウロの非婚に倣うことへの願いだ（Ⅰコリ 7:7）。

　もしパウロが異邦人宣教における受難を意識しているなら、「**あなた方は何一つ私を傷つけなかった**」という付加は唐突な主題変更（Dunn 1993:233）でない。むしろそれは、ガラテヤ宣教においてガラテヤ人がパウロを受容した事実の確認だろう。当初パウロは、ガラテヤでの宣教において使徒としての苦しみを覚悟していただろうが、ガラテヤ人はパウロを親しく受け入れ「何一つ傷つけなかった」。むしろ使徒としての苦難はガラテヤ人でない他者によってもたらされた（ガラ 5:11–12 参照）。もっとも本節の行間には、〈それならなぜあなた方は今、私に使徒としての苦しみを与えるか〉という問いかけがあろう。

4:13　もっとも肉の弱さをとおして、私が以前あなた方に福音を宣べ伝えたことを、あなた方は知っている。

　パウロはここで、上で短く触れたガラテヤ信徒によるパウロ受容が実際にどのようだったか、「**あなた方は知っている**」と述べて事実を再確認し、かつての強い絆を回復しようとする。

　パウロはガラテヤ宣教の内容を「**私が以前あなた方に福音を宣べ伝えたこと**」と記す。「以前（τὸ πρότερον）」は一義的に「2 回のうちの 1 回目」を意味するが、副詞的には今現在と対比して「以前」をも意味し得る。したがって、この語はガラテヤ書の宛先を特定する決定的な証拠にならない（緒論 C.1）。本注解書は、パウロが最初に訪問した南部ガラテヤ（使 13:14–14:23）を再び訪問した（使 16:1–5）直後にガラテヤ書が執筆された

という立場をとっている。ここでの内容が2回の訪問の1回目とすれば、それは使13–14章が物語るいわゆる「第一次宣教旅行記」の素材となる訪問だ。

パウロがガラテヤの地を訪問したのは、「**肉の弱さをとおして**」だった。「〜をとおして（διά）」は原因や契機を示す前置詞で（BDAG 224–25, A3, B2）、ここではガラテヤ訪問のきっかけが何らかの身体的弱さにあったことを示す。「肉の弱さ（ἀσθένειαν τῆς σαρκός）」は身体的な病気や衰弱を指そうが、これが具体的に何を意味するかは不明だ。「肉の棘（σκόλοψ τῇ σαρκί）」（Ⅱコリ12:7）や「イエスの印」（ガラ6:17）との関連は推測の域を出ない。Ramsay (1898:94) は、パンフィリア地方の湿地でマラリアを罹患したパウロが、その養生のためピシディア地方の涼しい高地アンティオキア（標高約1,000メートル）へ移ったと説明するが、これも推論の1つに過ぎない。

4:14 また私の肉にあるあなた方の試練を、あなた方は蔑まず唾棄しなかった。むしろ、神の使いのように私を受け入れた、キリスト・イエスのように（受け入れた）。

ガラテヤ訪問のきっかけが何にせよ、それは自然に歓迎されるものでない。むしろそれは「**私の肉にあるあなた方の試練**」であり、その訪問はガラテヤ人に負担を強いた。上述したように、パウロが身体的に看護を要したなら、それは共同体にとって大きなストレスとなっただろう。「試練（πειρασμόν）」は、良い結果が期待される「試み」（LXX 申 4:34–35; シラ 6:7; Ⅰペト 4:12; ヘブ 3:8）か、悪い結果へと導く「惑わし」（マタ 6:13// ルカ 11:4; ルカ 4:13; ヤコ 1:13）のいずれかを意味する。ガラテヤ共同体はこれを前者として受け入れた。

この試練に対し、「**あなた方は蔑まず唾棄しなかった**」。「蔑む（ἐξουθενήσατε = ἐξουθενέω）」という語は、価値や生産性が低いものごとへ軽蔑的な態度を示すことを意味する。前節の推測に鑑みると、何らかの身体的弱さを持つパウロは、ガラテヤの住民からの侮辱的な取り扱いを容易に予想できた。外見上のパウロは、住民を利するどころか、たとえば病気の感染といった危害さえ及ぼしかねないからだ。彼はここで予想外の歓待に言及しつつ、互いの絆を確認する。

Ⅱコリ10:10でも前節の「肉の弱さ」と本節の「蔑む」とが併用され、

コリント宣教における苦労を表現している。また、イエスの受難を根拠とした使徒や信徒の謙遜を教えるⅠコリ 1-4 章では、やはりこの「蔑む」という語によって、人に卑しめられた者を神が選ぶというキリストにおける価値転換が教えられる（Ⅰコリ 1:28）。この文脈においても本ペリコペと同様に、受難のイエスの生き様（に倣うパウロ）に倣うようにとコリント信徒が促される（Ⅰコリ 4:16）。そして同語は、原始教会がイエスと受難の僕とを重ねて理解するために用いた LXX 詩 21 編（マコ 15 章参照）でも、僕が卑しめられる体験を表すために用いられている（詩 22:7 ［LXX 詩 21:7］）。パウロはその宣教において体験する——あるいは予想される——様々な苦難を、受難の僕イエスの生き様に倣う体験と同視する人生観を持っており、またそこに救済的な動機づけを見出していたようだ（Ⅱコリ 5:14-15; Dunn 1998:207-33）。ちなみに、表面的には人生訓のように見受けられるⅡコリ 5:14-15 は、直後（5:21）でキリストの業の救済的意義という議論へと発展する。

さらに「**唾棄し**（ἐξεπτύσατε = ἐκπτύω）」という語が続く。この新約聖書で他に使用例のない語は 𝔓⁴⁶ にないが、前出の「蔑む（ἐξουθενέω）」とほぼ同義語であることから、おそらく重複語として省かれただろう。その意味するところは「忌み嫌う」だが、本来は文字どおりに「唾を吐き出す」ことだ（田川 2007:193）。「唾を吐く」ことは「邪視を向ける（βασκαίνω）」という語の背景にある魔術行為に対する防御策である（ガラ 3:1 注解）。前 3 世紀の田園詩人テオクリトスは、牧者ダモエタスが水面に映る自分の見目麗しさに対する嫉妬の目（邪視）を受けないように（μὴ βασκανθῶ）、3 度自分の胸に唾を吐きかけた（τρὶς εἰς ἐμὸν ἔπτυσα κόλπον）（『牧歌』6:39）。邪視行為とその防御という人類学／民俗学的背景に注目する注解者は、このペリコペに邪視を連想させる「唾を吐き出す」行為や「目」（4:15）への言及があることから、〈反対者がパウロを邪視能者のように禁忌すべき人物と評し、それに対してパウロは、ガラテヤ信徒が彼に対して唾を吐くこともなく、目を背けることもなく、むしろ目を差し出す（4:15）ことさえしかねないほどの歓迎ぶりだったと応答している〉というシナリオを提供する（Elliott 1990:262-73; 浅野 2014:262-73）。これは当時の宗教性に鑑みると、決して看過できない推論だ。

パウロは強い逆接の接続詞「**むしろ**（ἀλλά）」を用い、ガラテヤ信徒が

パウロをいかに歓待したかを印象づける。共同体へ重荷を担わせる迷惑な者、あるいは危害を与える邪悪な者として拒絶するのでなく、むしろ彼らは、「神の使いのように私を受け入れた」。新約聖書において、「使い（ἄγγελος）」は一般的な「伝達者」という意味で用いられ、洗礼者ヨハネはイエスの到来を伝達する「使い」である（マコ 1:2; マタ 11:10. ルカ 7:24; ヤコ 2:25 参照）。しかしパウロの場合、より超常的な天の使いというニュアンスが強く（ガラ 1:8; 3:19; Ⅰコリ 4:9; 13:1; Ⅱコリ 12:7)、本節でも後者が意識されている。ガラ 3:1–5 が伝える何らかの霊体験へのガラテヤ信徒による当初の反応がここに反映されているか。これは、使徒行伝が記す南部ガラテヤ宣教の様子をも彷彿とさせる。リストラ住民は、癒やしを行ったバルナバをゼウス、パウロをその使者ヘルメスと勘違いし、彼らに生け贄を献げようとした（使 14:8–18）。おそらくこの行動の背景には、卑しい姿に身をやつしたゼウスとヘルメスを歓迎した老夫婦フィレモンとバウキスが、神々の怒りから救われて報われるという神話があろう（Gaventa 2003:207）。このような宗教性に鑑みると（ヘブ 13:2 参照)、何らかの霊体験をともなう宣教を行うパウロが、超常的な「神の使い」という印象を与えたとしても不思議でない（トピック #12）。

パウロはまた「**キリスト・イエスのように**」受け入れられた。つまりガラテヤ信徒は、当初ヘレニズム的宗教性に依拠した上のような反応を示し、そこからパウロの使信に依拠した応答へと移行した。イエスの受難がガラテヤ信徒へ神の祝福をもたらすなら、この福音のために弱り果てたパウロはイエスの生き様に倣う受難の使徒であり、パウロの内にキリスト・イエスが生きている（ガラ 2:19–20）。ユダヤ的な観点からは、遣わされた者（使徒）は遣わした者に似ている（『Ｍブラ』5:5 参照)。パウロとの絆はキリストとの絆であり、パウロとの絆が綻びるとき、キリストとの絆が断たれることになりかねない（ガラ 5:4)。この関連はガラ 4:16 で表現を変えて指摘される。

4:15 ならば、あなた方の祝福はどこか。なぜなら私は証言する、可能ならあなた方の目を取り出して、あなた方は私に与えた、と。

パウロは過去から現状へ視点を移し、「**ならば、あなた方の祝福はどこか**」と問う。「祝福（μακαρισμός）」は本来、特別に好意が授与されること

の宣言である（BDAG 161）。新約聖書において、この語は本節以外でローマ書に2度登場する（4:6, 9. 4:8参照）。パウロはとくにロマ 4:6において、LXX 詩 31:2（MT32:2）を敷衍しつつガラ 3:6に始まる神の契約成就主題を繰り返す。

> またダビデは、行いによらずに神が義とみなした者の祝福（μακαρισμόν）を語ります（ロマ 4:6）。

> 神がその罪を認めない者は幸い（μακάριος）です（ロマ 4:8 / LXX 詩 31:2［MT32:2］）。

> それではこの祝福（μακαρισμός）は、割礼者のみに与えられたでしょうか。無割礼者にもでしょうか。「アブラハムは神を信頼し、それが彼にとっての義と見なされた」（ロマ 4:9 / ガラ 3:6 / 創 15:6）。

ロマ 4:9はこの祝福が無割礼者にまで及ぶことを述べ、創 15:6を要約する。したがって本節でも、キリストをとおして異邦人にもたらされた神の契約の祝福が意識されていよう。反対者の影響を受けたガラテヤ信徒が、約束の相続者である神の子となった祝福を見失っていることをパウロは嘆いている。

この嘆きを引き立たせるため、パウロはもう一度過去の喜ばしい記憶に言及するが、その際「**私は証言する**（μαρτυρῶ ... ὑμῖν）」と開始する。これは、パウロが記述内容の真実性を断言する際に用いる常套句だ（ロマ 10:2; Ⅱコリ 8:3; コロ 4:13）。同様の目的で「神が私の証言者です（ὁ θεὸς μάρτυς）」とも言う（ロマ 1:9; Ⅱコリ 1:23; フィリ 1:8; Ⅰテサ 2:5, 10. ガラ 1:20参照）。パウロはガラテヤ信徒に対し、彼らが「**可能ならあなた方の目を取り出し……私に与えた**」ことを思い起こさせる。「**目**（ὀφθαλμούς）」は人にとってもっとも重要な器官と考えられた（LSJ 1278;『バル手』19:9）。Betz（1979:228）は、友人の解放のための代価として大切な目を差し出すダンダミスを例にとり（ルキアノス『トクサリス：友情について』40–41）、パウロに対するガラテヤ人の友情が象徴的に語られていると理解する。もっとも、この説明のみでは「目」への言及に唐突感が否めない。注解者らはパウロの弱さ（の1つ）として弱視を考え、それが熱病の結果

と推測される場合もある。これは、パウロが「大きな字で」ガラテヤ書を書かねばならない（ガラ 6:11）ことと関連づけられる場合もある。それなら、ガラテヤ信徒らがパウロの弱視を憂えて、彼らの目を差し出そうとするほどの援助を提供したことに言及しているかも知れない。反対者からの邪視告発をも視野に入れるならば、本節には、〈私の邪視を恐れて私から目を逸らすどころか、あなた方は私の弱視を心配して私の目の代わりになることさえ厭わなかった〉との意味が込められているかも知れない。

4:16　こうして私はあなた方に真理を語って、あなた方の敵になったか。

　パウロは本ペリコペのちょうど真ん中で、非常に印象的な修辞疑問を投げかける。「**真理を語る**（ἀληθεύων = ἀληθεύω）」という動詞は新約聖書中で本節とエフェ 4:15 のみで用いられるが、同根語の「**真理**（ἀλήθεια）」はパウロ書簡群に広く見られる（約 25 回）。ガラテヤ書では「福音の真理（ἡ ἀλήθεια τοῦ εὐαγγελίου）」という成句が 2 度用いられるが（2:5, 14. コロ 1:5 参照）、これは割礼等の律法規定を介さない異邦人の受容という真の福音の内容を指す。したがって本節でパウロが述べる真理とは、神の契約を成就するキリストの信頼性が異邦人をも含めた人類へ神の祝福をもたらすという福音の内容を指していよう。パウロはのちに、反対者を意識しつつ「誰が真理に説得されないようあなた方を邪魔したか」（ガラ 5:7）と問うが、その場合にも「福音の真理」が前提となっていよう。

　「**敵**（ἐχθρός）」という強い表現は、共同体アイデンティティを形成し強化するレトリックとして散見されるが（ロマ 11:28; 12:20; フィリ 3:18; コロ 1:21; IIテサ 3:15）、ここでは反対者でなくパウロが敵となっている。律法を遵守するユダヤ人キリスト者からなる反対者（の少なくとも一部）が、ガラテヤ信徒を自らの教えに引き寄せるために「敵」という語気の強い表現をパウロに対して用いたのかも知れない。実際にパウロは、3 世紀のユダヤ人キリスト者共同体（シリアか）においてそのように呼ばれていたようだ（『ペテロの宣教集』3:2 参照）。この極端に敵対的な表現をあえて用いることには、反対者に翻弄されるガラテヤ信徒の行動がいかに深刻な結果をもたらすかを示す効果がある。したがってパウロは、〈あなた方は（反対者である）彼らの教えに耳を傾けて、真理を語る私と敵対関係になることを望むのか〉という趣旨の問いかけをしていることになる。

4:17 彼らは良からぬようにあなた方を熱望しているが、あなた方を閉め出したいのだ。それはあなた方が彼らを熱望するためだ。

　パウロは問題の原因を明かす。すなわち、「**彼らは良からぬようにあなた方を熱望している**」。「熱望する（ζηλοῦσιν = ζηλόω）」という動詞および同根名詞の「熱心（ζῆλος）」は中立的なニュアンスを持つ。したがってパウロは、「より優れた賜物を熱望せよ」（Ⅰコリ 12:31）と勧めながら、直後に「（愛は）要求（熱望）しない」（13:4）と教える。それゆえ本節では、「**良からぬように**（οὐ καλῶς）」——すなわち「良くない動機で」——という副詞を用いて中立的な「熱心」の動機を問題視する。パウロは他所でも、ユダヤ人が「神への熱心を持っているが、（正しい）知識／認識によらない」（ロマ 10:2）と述べる。一方パウロ自身に関しては、「私は神の熱心によってあなた方を熱望する（ζηλῶ ... ὑμᾶς θεοῦ ζήλῳ）」（Ⅱコリ 11:2）と訴える。「財の限定性」という人類学的な視点から本ペリコペを眺めると（Malina 1993:90–115）、ガラテヤ信徒を巡るパウロと反対者との競争的な文脈で、「誰の熱意が本物か」というやりとりが透けて見える。

　もっともパウロは、ガラ 1:14 においてもう 1 つの同根語である「熱心者（ζηλωτής）」を用い、改宗以前の破壊的な律法への熱意を表現した。既述のとおりその歴史的叙述部には、おそらくマカバイ殉教思想に対するパウロの再考が反映されている（トピック #4）。パウロは改宗以前の律法に対する熱心を教会迫害と直接結びつける（ガラ 1:13; フィリ 3:6）。それならば、パウロがこの誤った熱心の破壊的な結果を意識しつつ、反対者の「熱心」を批判していることは十分に考え得る。

　したがって、反対者の良からぬ動機は「**あなた方を閉め出したい**（ἐκκλεῖσαι ὑμᾶς θέλουσιν）」ということだ。「閉め出す（ἐκκλεῖσαι = ἐκκλείω）」という語は、町の城壁の門が閉められ中には入れない状況をイメージさせる（『ヘル喩』1:5）。ガラテヤ信徒を熱心に求めながら、その目的が彼らを閉め出すとはどういうことか。ここでは、反対者の動機とパウロの視点が交叉している。反対者に勧められて律法遵守により神の祝福を得ようとすれば、それは契約の家族から閉め出されることだ。パウロは他所でこれを「恵みから落ちる」（ガラ 5:4）と表現する。一方で城壁の向こうにいる反対者の視点に立つとこれはパウロを閉め出すことで、その結果

としてガラテヤ信徒らが「彼らを熱望する」ことが期待される。

4:18　良いように熱望されることは良い。私があなた方のところにいるときだけでなくいつでも。

　本節後半から判断すると、「**良いように熱望されることは良い**」とは一般原則でなく、パウロのガラテヤ信徒らへの関わりを指している。「**良いように**（ἐν καλῷ）」——すなわち「良い動機で」——は、前節で述べられた反対者の動機と対照的なパウロの動機を指す。彼は「**私があなた方のところにいるときだけでなくいつでも**」と述べ、自分のガラテヤ信徒に対する熱望の良い動機が不変であることを強調する。パウロは、ガラ4:12から本節に至るまで、自分とガラテヤ信徒とのあいだに良い動機に依拠した固い絆があったという過去の記憶を支点とし、遠隔地にいて手紙でしか不在を埋めることができない焦燥感を抱きつつも（ガラ4:20; Ⅰテサ3:1–3）、読者に対して親しく語っている。

4:19　わが子らよ、あなた方の中にキリストが形成されるまで、私はふたたびあなた方を出産する苦しみをしている。

　ガラ4:12で触れたように、本ペリコペは「兄弟（姉妹の皆さん）よ」という呼びかけで始まり、今「**わが子らよ**」という呼びかけで終結する。パウロは「子ら（τέκνα）」という表現を用い、自らと、その宣教をとおして改宗した者らとの関係を親子関係に準える。したがってテモテ（Ⅰコリ4:17; フィリ2:22）やオネシモ（フィレ10）やコリント信徒（Ⅰコリ4:14; Ⅱコリ6:13）はパウロの子と呼ばれる。彼はまた、「自らの子らに対する父のように」（Ⅰテサ2:11）と述べ、使徒と改宗者との関係に父子のメタファを用いる。もっとも同じ文脈で、「母（τροφός）が自らの子らを大切にするように」（Ⅰテサ2:7）と母子のメタファをも用いて均衡を保つ。τροφός は「乳母」と訳されがちだが（岩波訳）、「母」をも意味する。たとえば前3世紀のアレクサンドリア図書館所属の学者にして詩人リュコプローンは、クレテ人サルピオンの実母エウロパを「サルピオンの母（τροφῷ Σαρπηδόνος）」と呼ぶ（『アレクサンドラ』1284）。以下で明らかになるように、本節でパウロはこの母子のメタファを意識しつつ、母として「**わが子らよ**」と親しく呼びかけている（Asano 2015:120–39）。

パウロの望みは、「**あなた方の中にキリストが形成される**」ことだ。「形成される（μορφωθῇ）」という表現は、いわゆるキリスト者の聖化プロセスを表すメタファだろう（Dunn 1993:240; Bruce 1982a:212–23）。パウロは同根語を用いつつ、啓示を起点とした改宗によって始まる聖化のプロセスを、「（主と）同じ姿へと変えられる（μεταμορφούμεθα）」（Ⅱコリ 3:18）と表現する。それならばこの表現は、割礼をはじめとする律法遵守によってキリスト者としての立場を確固なものとし「聖化」プロセスを前進させようとするガラテヤ信徒に、向かうべき方向が誤っていることを教える。パウロは他所で、この過ちをたんなる聖化（霊的成長）の遅延と見なさず、「恵みから落ちました」（ガラ 5:4）と述べる。このような修辞表現は、いわゆる「聖徒の堅忍」というキリスト教教理の正当性を問う材料を提供するというより、むしろパウロが共同体の維持に関していかに大きな危機感を抱いているかを示す。おそらくパウロは、イスラエルが「私の民でない」と言われながらも祝福へと誘われる救済史（ホセ 1–2 章）を意識しつつ、ガラテヤ教会の混乱をイスラエルの契約に対する不誠実に準えているだろう。

　したがって、パウロが「**ふたたびあなた方を出産する苦しみをしている（οὓς πάλιν ὠδίνω）**」という非常に印象的な表現を用いる背景には、イスラエルの不誠実に心を痛める神の姿がある。ὠδίνω（と名詞 ὠδίν）は、LXXにおいてしばしば「出産の苦しみ（を苦しむ）」を意味する（イザ 23:4; 26:17–18; エレ 4:31; ミカ 4:10 等）。したがってイスラエルは、「『何をもうけようとするのか』と父に問う。また母に問う、『なぜ出産の苦しみを味わうか（ὠδινήσεις）』と」（イザ 45:10）。これは、創造が神に由来することを疑うイスラエルの、神に対する問いかけだ。激しい苦しみを指すこの語は、終末の艱難の描写に用いられるようになる（『Ⅰエノ』62:4; Ⅰテサ 5:3; ロマ 8:22; マコ 13:8）。しかしここでの用法を、黙示的キーワードとして安易に処理する（Martyn 1997:426–31）わけにいかない。たしかにパウロは、キリストの救いを待ち望む終末的艱難を意識していた（Gaventa 2007:32–34）。啓示的描写が顕著なガラテヤ書が、その内容として終末を意識していることは確かだ（ガラ 1:4）。しかし、異邦人の救いをキリストの信頼性に依拠する神の契約成就として描いてきたパウロは、ὠδίνω という語を契約に対する神の誠実さが示される場と捉えている。申 32:18 は

母子のメタファを用いつつ、この誠実さを印象的に語る。「あなたはあなたを産んだ岩に目をとめず、出産の苦しみに喘ぐ（מְחֹלְלֶךָ）神を忘れた」。LXX 申 32:18 はこれを著しく意訳するが、LXX は一般に出産の苦しみという主題において同語を ὠδίνω と訳す傾向にある（イザ 26:17; 45:10）。ここには、契約を成就へと導くことに伴う苦難を出産の苦しみに準え、不誠実なイスラエルをその胸に引き寄せて心を焦がす母のごとき神の姿が描き出されている（トリブル 1989:64 参照）[56]。

おそらくパウロは、このような母のごとき神観を意識しつつ、出産のメタファを用いながらガラテヤ信徒のための心労を述べている。この背景には、民のために苦しむ神があり、その神を体現すべく遣わされたキリストによる人類のための苦難がある（Eastman 2007:64–65）。パウロの使徒としての苦難は、神とキリストとを宣べ伝える誠実な生き様において避けられない体験だ。ガラ 4:12 における「私のようになりなさい」という懇願は、究極的にはガラテヤ信徒をこの生き様へと誘っている。すなわち、使徒に倣うようにとの勧め（imitatio Pauli）は、キリストに倣うようにとの勧め（imitatio Christi）と直結している。

4:20 今あなた方のところにいて、声を変えたいと願う。あなた方において当惑しているからだ。

パウロは本ペリコペを閉じるにあたって、「**今あなた方のところにいて、声を変えたいと願う**」。この願いは誤解のない意思疎通を保証するためのものだが、巡回宣教者には叶わない。したがってパウロは、自らが不在の教会に、あるいは代理人を派遣し（Ⅰテサ 3:2; フィリ 2:23. 使 14:23 参照）、

---

[56] 「パウロがいかに母の痛みを語りうるか」（村山 2017:73）とのスピヴァク的な問いには十分に傾聴すべきだ。経験と知識には限界がある。が、それならば現代の注解者の主要な関心は、沈黙させられる他者（Subaltern）と遭遇しつつ神学する新たな主体として自らを再構築し、神学プロパーのあるべき姿を議論し続けるための起点をここに見出すことであり（スピヴァク 1998 参照）、家父長的な価値観に偏る神論にあえて「母」を導入して神の「翻訳」を試みた古の発話者らの内に、翻訳のコロニアルな支配的意図（ヤング 2005:200–13 参照）を一律的に読み込んで批判することでない。そうでなければ、他者を理解する（そしてあえて語る）試みにはいつもすでに嫌疑がかけられることになり、他者理解の声はそのヴォリュームが速やかにそして著しく絞られてしまいかねない。「あなたは他者を知っているか」との問いかけに、あらゆる発話者が「コメントできない」と怯えて沈黙し、鏡に映り込む自らとのみ対話することになる。

あるいは手紙を送る。文章が直接の会話と質的に異なることをパウロ自身が痛感している（Ⅱヨハ12参照）。コリント教会はパウロの文章から読みとった威厳と実際の見た目や話しぶりの乏しさとにギャップを感じた（Ⅱコリ10:10）。ここでは、書面から伝わる厳しさの陰に、パウロがガラテヤ信徒に抱く愛おしい思いが隠れてしまうことを恐れているか。

　パウロがガラテヤ教会を訪問したいと願うのは、「**あなた方において当惑しているからだ**」。「当惑する（ἀποροῦμαι）」とは困惑や不安の感情を指す語で、ヘロデ・アンティパスは洗礼者ヨハネの言葉に恐れと敬意がない交ぜになった当惑を抱いた（ἠπόρει、マコ6:20）。イースターの朝、墓に遺体が見当たらない女たちは途方に暮れた（ἀπορεῖσθαι、ルカ24:4）。しかしパウロが途方に暮れる場合、それは神や福音の力（ロマ1:16）への絶望を意味しない。彼は他所（Ⅱコリ4:8）で、途方に暮れること（ἀπορούμενοι）と絶望すること（ἐξαπορούμενοι）とを区別して語るからだ。文字どおりには「あなた方において（ἐν ὑμῖν）」と訳される前置詞句は、当惑の原因を示す（したがって「あなた方のことで」）。パウロは母として（またときに父として）、遠い地で混乱するわが子らに対する遣る瀬のない気持ちをこう表現している。そのような思いが、キリスト教の基礎をなすパウロ書簡群が出現する大きな原動力の1つとなった。

【解説／考察】

　私的類例によって過去を回想する本ペリコペでは、パウロがガラテヤ人のあいだでいかに生きたかに焦点が置かれた。パウロはその生き様を思いつつ、「私のようになりなさい」（4:12）と願った。そして彼は、この奨励を「キリストが形づくられる」（4:19）ことと結びつけた。繰り返すが、パウロに倣うことはキリストに倣うことだ。それは謙虚な奉仕の勧めだ。本ペリコペは十字架に言及しない。それでもその背景にある思想は、受難のキリストと受難の使徒とを結びつけつつコリント教会に福音を根付かせようとするパウロの十字架の神学につうずる（Ⅰコリ1–4章、トピック#9.B参照）。

　本注解書著者が師事したC. C. Rowland教授は、「福音書を執筆しなかったパウロは、しかし福音を生きた」と仰った。もちろんパウロが福音書

を執筆しなかった理由には、彼が最後まで貫いた終末期待、存命の目撃者がいまだ多くいたこと（浅野 2016b:62–74）、そしてパウロ自身が生前のイエスを直接知らなかったこと等が挙げられよう。そのような中でパウロは、書簡群においてキリストの福音を提示しつつも、福音書を執筆するのでなく福音を体現した。福音伝承（記述であれ口述であれ）の継承が教会存続に欠かせなかったように、福音の生き様も伝承されねばならなかった。それゆえ、「私のようになりなさい」。福音の記述伝承の継承が、活字化の技術向上によって日々容易で大量・安価になりつつある現代でも、福音の生き様の継承はパウロの時代と変わらず、母が子のために身を焦がすような大変な覚悟によって粛々と進められるのだろう。

トピック #12　ΦΙΛΟΞΕΝΙΑ
地中海世界のおもてなし

A. フィレモンとバウキスとリストラ事件

本ペリコペで提案したように、パウロが「神の使いかキリスト・イエスかのように私を受け入れてくれました」（ガラ 4:14）と報告するガラテヤ人による歓待体験は使 14:8–18 の記述を連想させる。すなわちリストラ住民が、バルナバをゼウス（ユピテル）、パウロをゼウスの息子であり代弁者ヘルメス（メルクリウス）と勘違いした事件だ。この背景には、ローマ詩人オヴィディウス（前 43 – 後 7/8）著『変身物語』に登場するフィレモンとバウキスの物語があるようだ。この伝説の舞台はフリギア（8:609）ともビティニア（8:704）ともされるので、小アジア中南部に住むリストラ人に周知の物語だったと考えることに無理はない。ガラテヤ書の宛先に関して南ガラテヤ説を採用するなら、パウロが歓待の体験としてこのリストラの事件に言及することは十分に考え得る。北ガラテヤ説を採用する場合は事情が異なるが、おそらく黒海に面するビティニア属州と隣接するガラテヤ属州北部の住民も、このビティニア起源の伝説とパウロの歓待記事とをリンクさせることができただろう。以下はフィレモンとバウキスの物語の要点である。

あるときギリシャ神のゼウスとヘルメスが人の姿に身をやつし、人間の歓待を期待しつつ家々を訪ねるが戸を開ける者はいない。最後に訪れた老夫婦フィレモンとバウキスの小さく貧しい小屋のみが、人の姿をした神々を歓迎し、旅の疲れを癒すようもてなした。飲めども減らない杯のぶどう酒を見て、老夫婦は彼らが神々だと悟り、なけなしの鵞鳥を屠ろうとする。ゼウスとヘルメスは「我々は神だ」（8:674）と正体を明かして夫婦を止める。神々を歓迎しない住民はみな地面に呑み込まれて町は沼地と化すが、歓迎ぶりが報われた老夫婦はゼウスとヘルメスを祀る神殿で祭司として久しく仕え、幸せな生涯を全うする。これは、〈旅人は人の姿を身にまとった神々かも知れないから歓待すべき〉との教訓だ。使 14:8–18 が報告するリストラ事件の背景にこの伝説があることは、宣教物語の構成から十分に窺える。リストラ住民は足の不自由な男を癒したパウロとバルナバを「人の姿をとった」（使 14:11）ゼウスとヘルメスだと思い込み牛を屠ろうとするが、2 人は「我々はただの人だ」（14:15）と述べて生け贄を止めさせ、生ける神の恩寵を告げる。リストラ住民がフィレモンとバウキスの伝説にある教訓に過剰に反応し、それがパウロ一行の受容に繋がったという物語の流れのようだ。

当然パウロは、改宗したリストラ住民や他の「ガラテヤ人」に対しては、「我々はただの人だ」という修正以上の神学的修正をのちに加えただろう。その結果、彼らのパウロ一行に対する歓待ぶりは、「神の使いかキリスト・イエスかのように私を受け入れてくれました」という「キリスト教的」な対応へと変化したようだ。

B. ユダヤ教的歓待

同様の宗教性はユダヤ教伝統にも見られ、ヘブライ書は「おもてなし（φιλοξενίας）を軽んじてはいけません。ある人々は、気づかないまま御使いらを歓待しました」（13:2）と述べる。おそらくこの勧めの背後には、ロトが 2 人の御使いをもてなし、その家族の一部が神の怒りを逃れたという伝承（創 19:1–29）があろう。この伝承とフィレモンとバウキスの物語との類似は興味深い。またユダヤ人がもてなしを重んじる様子は、ナタンによるダビデ王への叱責（サム下 12:4）、

主が選ぶ断食に関する教え（イザ 58:6–8）、天使ラファエルによる施しの勧め（トビ 12:9）、異教徒への弾劾（知 19:13–16）において、もてなしの有無が評価基準となっていることから窺える[57]。

テオドトス碑文（後 1 世紀）

イエスが食事に招かれる背景にもこのユダヤ教的歓待が窺えるが（マコ 1:31; 2:15–17; 14:3）、とくに弟子らに対する宣教の派遣指示（マコ 6:10–11// ルカ 9:4–5// マタ 10:10–14）では、宣教の拠点を定める際にこの歓待の慣習が前提となる。金も食料も着替えも携帯しない長期の宣教活動が実行可能なのは、行き先での歓待がある程度見込まれるからだろう。それなら、パウロがその異邦人宣教における新たな訪問地でユダヤ人会堂を目指す（使 13:14; 14:1; 16:13; 17:1–2）ことには、会堂に集まる神を畏れる異邦人を最初の宣教対象にするという宣教上の目的もあろうが、ユダヤ人の歓待の慣習を期待して当初の宿を確保するという現実的な目的もあっただろう（18:3, 7）。20 世紀初頭にエルサレムで発見された会堂碑文（写真）は、その会堂建設の目的を記している。すなわち、「テオドトス……は会堂を建てた。それはトーラー朗読、戒律の教えのためであり、必要のある旅客が泊まるための宿、部屋、水の設備のためである……」。じつに Str-B（IV:565）はバビロニア・タルムードを根拠に（『サン』104a）、ユダヤ教の歓待慣習が同胞に限定されていたとするが、これは異邦人の汚れと偶像崇拝がユダヤ人家庭に持ち込まれることに対する当然の懸念だろう。イエスによる徴税人や罪人との食事（ルカ 15 章）や良きサマリア人の歓待の喩え（10:25–37）は、このような歓待に対する宗教的制限への批判

57　大宮（2017:159–76）は古代世界の歓待慣習に関して、社会科学的観点から有益な考察を行っている。

とも理解できよう。

　したがってこの慣習は、初期教会において早々に徳として定着したようだ（ロマ 12:13; Ⅰテモ 3:2; 5:10; テト 1:8; Ⅰペト 4:9.『Ⅰクレ』1:2 参照）。上で見たギリシャ的宗教性とも符合することに鑑みると、その定着化は容易に予想される。もっとも、この勧めを逆手にとって「偽預言者」が無銭宿泊する事態が生じると、教会は歓待に関する注意喚起をもする必要が生じた（『ディダ』11:1–6）。

6. 2つの契約のメタファ（4:21–31）

【翻訳】

《逐語訳》

4:21 私に言いなさい、律法の下にいることを願う者らよ。あなた方は律法を聞かないか。22 アブラハムは 2 人の子らを持っていた、1 人は女奴隷からで 1 人は自由の女から、と書いてあるからだ。23 しかし、女奴隷からの者が肉にしたがって生まれている一方、自由の女からの者は約束をとおしてだ。24 これらのことは諷喩として語られている。それは彼女らが 2 つの契約だからだ。1 人の女はシナイ山から、奴隷状態へと子を産むが、それがハガルだ。25 そしてこのハガルなるシナイ山はアラビアにあり、今のエルサレムと同じ範疇にある。したがって彼女はその子らとともに奴隷として仕えている。26 そして上のエルサレムは自由（の女）で、それは私たちの母であ

《自然訳》

4:21 律法の下にいることを願う人々よ、私に答えて下さい。あなた方は律法の教えに耳を傾けないのですか。22 というのも、〈アブラハムには 2 人の息子がおり、その 1 人は女奴隷から、もう 1 人は自由な身分の女から生まれた〉と書いてあるからです。23 さて、女奴隷の息子が肉にしたがって生まれているのに対し、自由の女の息子は約束をとおして生まれています。24 これらのことはアレゴリーとして語られているのです。つまり、彼女らは 2 つの契約です。一方の女はシナイ山から出て奴隷身分へと子を産み落としますが、これはハガルのことです。25 そしてこのハガルというシナイ山はアラビアにあり、それが今のエルサレムに相当します。というわけで、彼女はその子供たちとともに隷属状態にあります。26 一方で上のエルサレムは自由な身分の女で、彼女は私たちの母です。

る。²⁷ したがって書かれてある、「喜べ、子を生まぬ不妊の者よ。声高く叫べ、出産を苦しまぬ者よ。孤独の者が夫ある者より、多くの子らを持つからだ」と。²⁸ あなた方は、兄弟らよ、イサクにしたがって約束の子らだ。²⁹ しかし、以前肉にしたがって生まれた者が霊にしたがった者を迫害していたように、今も同様だ。³⁰ しかし、聖典は何と言うか。「女奴隷とその息子を放り出せ。それは、女奴隷の息子が自由の女の息子とともに決して相続しないからだ。」³¹ したがって兄弟よ、私たちは女奴隷の子らでなく、しかし自由の女の（子ら）だ。

²⁷ というわけで、こう書かれてあります。「子を宿さぬ者よ、喜べ。産みの痛みを知らぬ女よ、声を張り上げて叫べ。寄る辺ない女が夫ある女より、多くの子らを持つからだ。」²⁸ 兄弟姉妹の皆さん、あなた方はイサクがそうであるように約束の子らです。²⁹ それにもかかわらず、肉にしたがって生まれた者が霊にしたがって生まれた者を迫害していた当時と、今も状況は同じです。³⁰ ただ、ユダヤ教聖典は何と言っているでしょう。「女奴隷とその息子を追い出せ。女奴隷の息子が自由な身分の女の息子とともに相続することは決してないからだ。」³¹ そういうわけで兄弟姉妹の皆さん、私たちは女奴隷に属する子らでなく、自由な身分の女に属する子らです。

【形態／構造／背景】

　前ペリコペで「母」を演じたパウロは、本ペリコペでサラとハガルという２人の母を登場させる。これは創 16–17 章に見られるアブラハム相続物語に依拠するが、その解釈がユダヤ人の常識からかけ離れているので、「奇異で一貫性のない解釈」（Barclay 1995:91）、「無理やりに歪められた説得性に欠ける（解釈）」（Martyn 1997:302–06）などと評されがちだ。ハガルとイシュマエルを否定的に描くという意味でユダヤ教伝統に則っているものの（フィロン『逃亡』; バル 3:24;『創 R』53）、ハガルがシナイ山および現在のエルサレムだと説明されると（ガラ 4:24–25）、ユダヤ教伝承に精通していればいるだけ、読者はあまりの突飛さに戸惑う。本ペリコペを神学部分の最終議論に位置づける——本ペリコペを倫理的奨励の一部と考えない⁵⁸——注解者らの多くは、これを「鏡映解釈法」（本書 258 頁参照）によって説明する。すなわち、パウロの言説は反対者の議論を反映してお

58　ガラ 4:12–20 のペリコペの【形態／構造／背景】を見よ。

り、一見唐突で奇異な表現は、現代の読者に見えない——しかし一義的読者は心得ている——反対者の言説への応答（Brinsmead 1982:107; Hansen 1989:171）だ。したがって Martyn（1997:303–06, 454–56）は、他所にない複数契約への言及（ガラ 4:24）、ガラ 3:6 にのみ登場するアブラハムの再登場（4:22）、そして突飛なサラ・ハガル物語の再話（4:24–26）をすべて、パウロが能動的に選択した主題でなく、それらを反対者に反論する目的で受動的に——ある意味で仕方なく——言及していると説明する。Martyn のこの理解は、ガラテヤ書に特徴的な神の「黙示」と人の歴史（救済史）が相反する、という極端な黙示理解に依拠している。この理解によると、パウロはアブラハムの契約成就などの救済史に関心を持ち得ない。

　反対者の影響力を意識しつつパウロがガラテヤ書を執筆したことは確かだ。これまでもしばしば、反対者の立場を想定しながらパウロの言説を解釈してきた。しかし、反対者が創 16–17 章の相続物語をどこまでつきつめたかは不明だ。たしかに割礼は、異邦人が「イスラエルの家に入る」（ユディ 14:10）方法だ。しかし、出生事情による決定的な区別というものは厳然としてそこにあり（Porton 1994:19–22; Goodman 1994:85–86）、イシュマエルは割礼を受けてもイサクと同じ祝福を得ない。家督はイサクのものだ。じつにユダヤ教伝承では、13 歳のとき自分の意志で割礼を受けたイシュマエルが、誕生時に割礼を受動的に受けさせられたイサクに勝ると力説するが、出生事情を根拠にその主張は退けられる（『サン』89b）。反対者が創 16–17 章の相続物語を用いたなら、異邦人であるガラテヤ信徒は、むしろ割礼を受けても正統と見なされないイシュマエルの体験と自らを重ねただろう。反対者は自らにとって不利な材料を提供するだろうか。また提供したなら、パウロはこの点に気付かないだろうか。

　本ペリコペを理解するには、反対者への応答という受動的意図のみならず、より能動的な意図をも考慮すべきだろう。すなわちそれは、アブラハム物語のミドラシュ的な再話をとおして、新たな共同体に相応しい世界観を創出することだ。それはガラテヤ信徒の帰属意識を高める「起源神話」を提供することになる（浅野 2012a:177–78）。このような世界観は、とくに迫害に晒される新たな弱小共同体に対して、迫害を耐えることの意義を見出す理由を提供する。すなわち、受難が救いをもたらし、「あとの者が先になる」という地位逆転の論理だ。本ペリコペにおける物語再話は、こ

のような共同体形成という生活の座をも念頭に置いて理解すべきだろう。

　伝統的にパウロ書簡を解釈する際には、その書簡という文書形態ゆえに、命題の分析に焦点が置かれがちだ。じつに Beker（1980:353）は、「パウロは命題、議論、問答の人で、喩えや物語の人でない。喩えや物語はイエスが用いた道具だ」と述べる。しかし近年、パウロの言説の物語としての価値を認めつつ解釈することが提案されている（Hays 2002; B. Longenecker 2002）。最近ではこの流れに沿って、ガラ3–4章をイザ49–55章において繰り広げられる契約成就の物語を背景として理解する重要な試みがなされている（Scott 1993b:645–65; Martínez 2014:51–67; Yamaguchi 2015:173–240 参照）。本注解書は上記の研究者らによるより直接的で順接的な物語神学的な解釈でなく、むしろ逆接的な再話として本ペリコペを解釈するが、いずれにせよパウロが相続物語の再話を試みる物語叙述意図（narrative strategy）に注意が払われる必要がある。以下は本ペリコペのアウトラインである。

a. 導入（4:21–22）
b. 約束物語の再話（4:23–27）
　i. 2つの契約の諷喩（4:23–24a）
　ii. ハガルの範疇（4:24b–25）
　iii. サラの範疇（4:26）
　iv. 地位逆転（4:27）
c. 再話の適用（4:28–31）
　i. 約束の子との連帯（4:28–30）
　　α. 約束の享受（4:28）
　　β. 迫害の甘受（4:29）
　　γ. 地位逆転（4:30）
　ii. 自由の女との連帯（4:31）

【注解】

4:21　私に言いなさい、律法の下にいることを願う者らよ。あなた方は律法を聞かないか。

　前ペリコペで「兄弟（姉妹）らよ」（12節）また「わが子らよ」（19節）と呼びつつ、あたかもガラテヤ信徒らを親しく両腕で抱くように語りかけ

たパウロが、本ペリコペの開始部では「**律法の下にいることを願う者らよ**」という呼びかけで読者の注意を厳しく促す。パウロはすでに「律法の下（ὑπὸ νόμον）」という表現で、キリストの信頼性が示される以前のユダヤ人一般の状況を述べた（ガラ 3:23）。ここでは、一義的な対象が前ペリコペからさらに限定され——しかし当然ガラテヤ信徒すべてへ語りかけながら（4:28, 31 参照）——、反対者の教えに応答して律法遵守を「願う（θέλοντες）」ガラテヤ信徒に照準が置かれる。この共同体にユダヤ人キリスト者が集っていたなら（Van der Horst 1990:141–42; Simon 1948:126–77）、彼らもここに含まれていよう。パウロはキリストの派遣が「律法の下」からの解放だと述べ（4:5）、その文脈でこの前置詞（「下に」）を繰り返した（4:2–5）。本ペリコペではこの拘束／隷属主題が、「女奴隷」と「自由の女」との対比によってより明らかに示される。

パウロはガラテヤ信徒に対し、「**律法を聞かないか**」と問う。ユダヤ人が「律法（νόμος）」という語を用いる場合、一義的にはモーセをとおして与えられた諸規定を指すが、同時にモーセ五書、さらにはユダヤ教聖典全体を指す場合もある。ここでは直後に「書いてある」（4:22）という導入句によってアブラハムの相続物語が言及され、さらに 27 節ではイザヤ書が引用されることから、聖典全体がパウロの念頭にあるようだ（ロマ 3:19; Ⅰコリ 14:21 参照）。異本には「聞く」を「読む（ἀναγινώσκετε）」と置き換える写本（D, F, G 等）があるが、これは律法を安息日に「聞く」ことがユダヤ人共同体にとって意義深い（使 15:21）ことを看過したのちの編集だろう。ユダヤ教伝統において「聞く」ことは、理解し悔い改めることと不可分だ（申 18:15; イザ 1:10; 6:9–13）。本節には、〈律法の教えを聞くというなら、それを正しく理解し、今のあり方を改めよ〉という思いが込められていよう（Longenecker 1990:207）。もっとも、これほどのユダヤ教的ニュアンスをガラテヤの異邦人キリスト者が理解したかは不明だ。しかし律法遵守を望む読者に対し、パウロが「聞け／シェマー（שְׁמַע）」という申命記の注意喚起（申 6:4）の意義を意図的に突きつけた可能性は否定できない。

4:22　アブラハムは 2 人の子らを持っていた、1 人は女奴隷からで 1 人は自由の女から、と書いてあるからだ。

パウロは、「(それは)〜からだ (γάρ)」という理由を示す接続詞によって「律法」の解釈を始め、読者がこれまで律法を正しく聞いていなかったことを証明する。パウロが他所で「〜と書いてある (γέγραπται)」という表現を用いる場合（ガラ 3:10, 13; 4:27）、それはユダヤ教聖典の直接引用を導入するが、本節では相続物語（創 16:1–21:21）を端的に要約するのみだ。

パウロはガラ 3:6 以降、神がアブラハムと結んだ永遠の契約という視点から福音の弁明を行ってきた。本ペリコペの冒頭でも、パウロは「**アブラハムは 2 人の子らを持っていた**」と述べ、契約の主題が継続していることを知らせる。「(息)子ら (υἱούς)」という複数名詞はガラテヤ信徒が契約における正式な相続者であることを指す語として、これまでも用いられてきた（3:26; 4:6. 4:7 は単数）。この契約に関わる語が再度登場することで、ガラテヤ信徒はこの物語が契約における自らの立場に関わることを認識する。

パウロはこの「子ら」に関して、「**1 人は女奴隷からで 1 人は自由の女から**」と補足する。「女奴隷」と訳される παιδίσκη は、本来「娘、少女 (παῖς)」の指小語（「女の子」）だが（クセノフォン『アナバシス』4:3:11 参照）、女性の奴隷や給仕を指す語として用いられるようになった（ヨハ 18:17）。したがって使徒教父の家庭訓では、「男奴隷 (δοῦλος)」と対比して「女奴隷 (παιδίσκη)」が用いられる（『ディダ』4:10;『バル手』4:10）。もっとも創 16:1 の文脈からは、正妻のサラの代わりにアブラハムの子をもうけるハガルは「側妻 (שִׁפְחָה)」であり、παιδίσκη はこの語のギリシャ語訳として LXX で用いられた（創 16:1; 30:9; 33:2, 6）。パウロはこの語が持つ奴隷のニュアンスを起点として、既出の「律法の隷属化」という主題を展開させる。この隷属化主題との対比として、アブラハムの妻（אִשָּׁה, γυνή）は「自由(な身分)の女 (ἐλευθέρας)」と表現されている。

Martyn (1997:434) は、アブラハム物語に関心のないパウロが反対者の議論に応答する目的で受動的にこの物語に言及するので、登場人物のサラとイシュマエルはその名が明記されず、ハガルとイサクはのちに言及されるのみだ、と説明する。しかし上述したとおり、パウロが「奴隷の女」と「自由の女」という表現を用いたのは、律法の隷属化とキリストにある自由という主題を既述のペリコペから継続するためで、物語への無関心が

原因でない。アブラハムの名を起点として、ガラテヤ信徒は既知の名前を容易に連想できただろう。むしろパウロには、この物語をとおして新たな世界観を提示するという能動的な目的があった。それは、「偽兄弟」(ガラ 2:1–10) や反対者によって、正統でない二義的な存在へと追いやられた異邦人キリスト者も、神の祝福を享受する正統な契約の相続者であることを正当化する世界観だ。

4:23　しかし、女奴隷からの者が肉にしたがって生まれている一方、自由の女からの者は約束をとおしてだ。

パウロは前節で相続物語を要約したあと、逆接の接続詞「しかし (ἀλλά)」によって本節を始める。これには、前節が事実の提示であるのに対し、本節からはその真意の解き明かしが開始することを示す目的がある (したがって「さて〜」)。この解き明かしにおいて 2 組の母子の対比を強調するために、「〜一方 (ὁ μέν... ὁ δέ)」という熟語表現が用いられる。また、前節の事実と本節から始まる解釈との連続性を明示するため、「女奴隷 (παιδίσκη)」と「自由の女 (ἐλευθέρα)」という語が省略されずに繰り返されている。

まず、「**女奴隷からの者**（＝息子）**が肉にしたがって生まれている**」。「女奴隷から (ἐκ τῆς παιδίσκης)」と「肉にしたがって (κατὰ σάρκα)」という 2 つの前置詞句によって、最初の「子」の起源が明らかとなる。女奴隷は自然の身体的なプロセスをとおして子をもうけた (創 16:4)。もっともパウロは、「肉にしたがって」という表現に否定的なニュアンスを持たせがちで、とくに「霊にしたがって」という句と対比される場合にそれが顕著だ (ロマ 8:4–5; ガラ 4:29)。本節では霊でなく約束と対比されるが、聖霊は約束成就のしるしなので (ガラ 3:14 の「霊という約束」参照)、約束は霊とほぼ同義語として肉の対極に置かれている (ロマ 9:8 参照)。この場合の「肉」の否定的なニュアンスは、パウロが「肉」をこの時代に属するものの象徴 (トピック #15)、とくに人の堕落と神への不誠実を罪によって孕む場と捉えるからだ (Dunn 1988:13)。すると「肉にしたがって」は、サラの子イサクをとおして諸国民へ祝福が及ぶという神の約束に対する信頼の欠如をも指す。ちなみに割礼は「肉に記された永遠の契約」の象徴 (創 17:13) なので、反対者の割礼への固執も念頭に置かれていよう。上の信

頼欠如の結果、ハガルをとおして子が「生まれている」。「生まれている（γεγέννηται）」という完了時制は、この誕生がもたらす隷属状態の結果がいまだ続いていることを意味している。

パウロは、ガラテヤ教会にまつわる反対者との応酬に際して、「肉」と「霊」とを対比させる表現を用い始めたのだろう。したがって彼は、ガラテヤ書より先に執筆されたテサロニケ2書において「肉」を用いないが、それ以降の書簡では霊／肉の対比が14回登場する。中でも「肉にしたがって」という表現は、パウロ文書中に21回登場する（ロマ8回、Ⅰコリ2回、Ⅱコリ6回、ガラ3回［4:23, 29; 5:17］、コロ1回、エフェ1回）。おそらくこの表現は、反対者との議論を契機にパウロの常套句になった（Jewett 1971b:95–116）。

一方で、「自由の女からの者は約束をとおして」生まれた。上述したとおり、「約束（ἐπαγγελίας）」は霊とほぼ同義語として用いられており、それゆえ「肉」と対比されている。これは本来ダマスコのエリエゼルでなくアブラハムの子が家督となり（創 15:1–6）、またハガルの子でなくサラの子が家督となる（創 17:15–21）というユダヤ教聖典の物語を念頭に置いている。2組の母子の対比をより鮮明にしようとすれば、「約束をとおして」でなく、前出の「肉にしたがって」に対応する「約束にしたがって」が期待される。しかしここでは、イサクの自然な身体的誕生を否定せず、しかしそれ以上の意志が作用していることを示すため、2母子の対比にこのような微妙なずれが生じていよう。ちなみにフィロンは、イサクの誕生が人の自然の出産のような妊娠期を経ないと説明する（『逃亡』167）。フィロンの二元論的な関心によると、それゆえイサクはあらゆる教育をもってしても得られない聖さと人格の持ち主となる。パウロの関心は他にある。この「約束」という語の背後には、神がアブラハムと結んだ契約があり、それは「イサクと立てる」（創 17:21）契約である。神の永遠の契約という視点からキリストの福音を語ってきたパウロは、本ペリコペでもこの主題から逸れない。

4:24 これらのことは諷喩として語られている。それは彼女らが2つの契約だからだ。1人の女はシナイ山からで、奴隷状態へと子を産むが、それがハガルだ。

パウロは相続物語の解釈を開始するにあたり、「**これらのことは諷喩として語られている**」と述べる。中性複数関係代名詞の「これらのこと(ἅτινα)」は、上述した2つの母子関係とその出産事情を指す。そしてこれらが「諷喩（アレゴリー）として語られている（ἀλληγορούμενα)」。この語は新約聖書で他に使用例がない。LXX はこれを用いないが、フィロンは頻用する（『寓意』2:5, 10; 3:4, 60;『ケル』25;『子孫』51 等。キケロ『弁論家について』94 に初出）。この解釈法は、フィロンが生きたアレクサンドリアのユダヤ人共同体で受け入れられ、ラビ・ユダヤ教の聖典解釈へと引き継がれたようだ（TDNT I:260–61. トピック #13）。「諷喩」がテクストから、表面上の（本来の）意味より深い哲学的あるいは神学的原則を抽出する解釈方法だとすると、それはフィロンの解釈に該当しても、パウロが本ペリコペで展開する解釈とは異なる（異論としては Lohse 1971b:98)。むしろ彼の創造物語再話は、ユダヤ教聖典中の人物や場所を現代の人物や場所の予型としてとらえる予型論的解釈に近い (Hanson 1959:80)。もっとも、ガラ 4:25–26 における予想外の解釈の展開は予型論という範疇にも収まりきらず、ここでは「諷喩的予型論」とでも表現しよう。

この（諷喩的）予型論によると、「**彼女らが2つの契約**」を指す。既述のとおり、創世記の相続物語はイスラエルの契約に直接関わるので、神はサラの出産を約束したあと、「私の契約は……サラがあなた（アブラハム）とのあいだに生むイサクと立てる」（創 17:21）と述べる。したがってサラは、この契約を象徴すると言い得よう。もっともこの場合、契約締結プロセスの一翼を担う人物が契約全体を示す記号として用いられるので、厳密には代喩であって諷喩や予型でない。パウロは、正当な契約の相続者は誰か——律法の下にいる者か、キリストの信頼性に依拠する者か——という二者択一を読者に迫るため、彼女らを2つの契約として提示する。本来パウロにとって、神がアブラハムをとおして諸国民に祝福をもたらす永遠の契約のみが「契約」だが、反対者とパウロとのあいだで契約に関する異なった理解があることを示すため「2つの契約」と述べている（ガラ 1:6 の「異なる福音」参照）。

「**1人の女はシナイ山からで、奴隷状態へと子を産む**」。パウロはこの女を、「**それがハガルだ**」と補足する。彼はすでにハガルを「女奴隷(παιδίσκη)」と述べているので（4:22）、その子イシュマエルが「隷属状態

／奴隷制へ（εἰς δουλείαν）」の出産、すなわち奴隷の身分を受け継ぐことは、とくにローマ法の身分決定基準に慣れ親しむガラテヤ信徒にとって容易に理解できただろう（ガイウス『法学提要』76, 88–89参照）。ユダヤ人キリスト者にとっても、παιδίσκηの広い意味範囲に鑑みると、この点に大きな異論はなかっただろう。ちなみにユダヤ教伝承には、ハガルの子を「非嫡出子（νόθος）」と見なすものがある（フィロン『覚醒』8）。これは、側妻の子を息子として育てるという正妻の権利を、サラが行使しなかったからだ（ABD IV:1156–62参照）。ここまでのパウロによるハガルとイシュマエルに関する描写は、一般的に受け入れられるものだ。問題はハガルが「シナイ山から出て」という部分だが、これに関しては次節で述べよう。

4:25　そしてこのハガルなるシナイ山はアラビアにあり、今のエルサレムと同じ範疇にある。したがって彼女はその子らとともに奴隷として仕えている。

　前節でハガルの出身をシナイ山と特定したあと、パウロは「**このハガルなるシナイ山はアラビアにあり**（τὸ δὲ Ἁγὰρ Σινᾶ ὄρος ἐστὶν ἐν τῇ Ἀραβίᾳ）」と述べて、ハガルがシナイ山と同視された前節の理解を繰り返す。この句は解釈が困難で、「ハガル」を省略した重要な異読（𝔓^{46}, ℵ, C, F, G等）もある。中性冠詞（τό）と女性名の「ハガル」が対応しないことから、これらの異読が選択される場合もあるが（田川 2009:197–98）、おそらくそれはむしろ写字生らが「ハガル」を省いた理由の1つだろう。ここでは「ハガル」と「シナイ（山）」が同格関係にあり（Burton 1921:258–59）、形容詞的に「ハガルなるシナイ山」という表現で前節との関係を示しているだろう（あるいは「ハガルというシナイはアラビアの山で」、Dunn 1993:251）。岩波訳（p182）は「アラビアにあり（ἐν τῇ Ἀραβίᾳ）」を「アラビア語では」と訳すが、その場合は厳密には（ἐν) Ἀραβιστί か（LSJ 28）。ハガルとシナイ山とを結ぶ根拠はどこにあるか。ヘブライ語聖典はハガルをシナイ出身だと語らない。ただタルグムの伝統では、サラに追われたエジプト人（ハガル［הגר］）が神の御使いに出会う場所を「ハグラ（הגרא）に向かう泉（MTでは『シェル街道に沿う泉』）」（『タルグム・オンケロス』創16章）としている。Gese（1984:59–62）は、律法授与の場所がアラビア語で「ハグラ」と呼ばれたこと、またシナイ山がハガルの出身地エジプト（創16:1）

に近いアラビアに位置すると考えられていたこと（ヨセフス『アピ』2:25）等に鑑み、パウロがエジプト人ハガルとシナイ山とを結びつけたと考える（McNamara 1978:34–37 参照）。シナイ山は、律法授与の場所（出 19–31 章）であることから、律法体制を象徴する。したがってハガルは、シナイ山からでる律法体制であり、同時に律法体制を象徴するシナイ山である。こうして律法体制は女奴隷ハガルをとおして奴隷制と結びつく。律法の本来の機能をキリストが到来するまでユダヤ人を監督下に置くこと（ガラ 3:23–24）と説明したパウロは、キリストに信頼を置く者を自由な成人相続者としてこれと対比し始めた（4:1–7）。本ペリコペでは、律法をユダヤ民族の優位性の象徴と理解し（律法の行い）、律法の下に留まるだけでなく、異邦人をも律法の下へ誘う反対者の誤りを指摘する目的で、律法と「奴隷」とを直結させるという非常に印象的な表現が用いられる。が、既述のとおりパウロに本来の律法を悪魔化する意図はない（トピック#8）。

パウロはさらに、ハガル＝シナイ山が「**今のエルサレムと同じ範疇にある**」と述べる。新約聖書で他に使用例がない「同じ範疇にある（συστοιχεῖ）」という動詞は、兵隊が戦闘において隊列を維持するために縦に並ぶ（「横に並ぶ［συζυγέω］」に対して）ような状況を意味するが（ポリュビオス『歴史』10:23:7）、そこから派生して論理的議論において関連する事柄を同じ範疇に列挙することを意味するようになった（LSJ 1670, 1735）。したがってここでは、ハガル＝シナイ山と今のエルサレムとが同じ範疇にあって、他の範疇と対比される。前提となるもう 1 つの範疇に関しては、次節が述べる。

「今（νῦν）のエルサレム」は「今の邪悪な時代」（ガラ 1:4）に属する。これは来たるべき終末の時代と対比されており、したがって後続する「上のエルサレム」の伏線となっている。パウロはガラ 2:1–10 においてエルサレムを、異邦人に割礼を要求する「偽兄弟」が所属する場であることを印象づけた。したがってガラテヤ信徒は、ハガル＝シナイ山という律法授与の場と、律法遵守を要求する「偽兄弟」の場とが、同じ範疇にあるという説明に違和感を持たなかったのではないか。Martyn（1997:457–66）は、異邦人のガラテヤ信徒が「エルサレム」という語から連想するのは、ユダヤ教の中心地としてのエルサレムでなく教会の起源としてのエルサレム（すなわちエルサレム教会）とする。しかしパウロは、神の契約に不誠実な

イスラエルの民が律法の監督下に置かれていることをこれまで述べてきており、この監督下で「律法の呪い」（ガラ 3:13 参照）のもとにいるイスラエルの民を象徴する語として「今のエルサレム」を用いていると考えるべきだろう。

　パウロは最後に「したがって彼女はその子らとともに奴隷として仕えている」と述べ、ガラ 4:24b–25 の結論を導く。接続詞 γάρ は一般に前の議論の根拠／理由を導くが（「なぜなら」）、前の議論からの推論／結論を導く接続詞（「したがって／というわけで」）としても用いられる（BDAG 190. ロマ 15:27; 使 16:37）。上では、シナイ山起源の律法体制の中心地「今のエルサレム」が女奴隷ハガルに属するという相続物語の「真意」が諷喩によって明らかにされた。つまり、現状のエルサレムに属するユダヤ人一般は、女奴隷ハガルの「子ら」だ。女奴隷の隷属化はその子イシュマエルに及ぶのみならず、ユダヤ人一般の現状を指す。こうして相続物語は、諷喩によってパウロとその一義的読者との現在と結びついた。

4:26　そして上のエルサレムは自由（の女）で、それは私たちの母である。
　パウロは読者の視点を、ハガル＝律法体制と相対する範疇へと向ける。それは「今のエルサレム」に対する「**上のエルサレム**」であり、これが女奴隷（ハガル）と相対する「**自由**（の女）」と同じ範疇にある。ここでは自由と隷属という対比に、「今」と「上（ἄνω）」というやや奇異な対比が並ぶ。「今」には「のち」が、「上」には「下」が通常期待されるだろう。他所でパウロは、「天／地」（ロマ 10:6–7; コロ 3:1–2）というより一般的な対比を用いる。もっとも、フィリ 3:13–14 では「うしろ（ὀπίσω）／まえ（ἔμπροσθεν）」という時間軸での対比と、「上からの召命」という空間軸での対比とを融合させつつ、改宗前後のあり方の本質的違いが強調される。興味深いことに、ロマ 10:6–7 における申 30:12–13 の引用では、後者が「天に上り」（30:12）と「海のかなた」（30:13）という縦軸と横軸の空間軸を対比させる一方で、パウロは「天―地上」（10:6）と「地上―地下」（10:7）と縦軸を引き延ばす仕方で編集する。パウロはこのように柔軟に対比表現を用いるようだ（次頁表参照）。

パウロの福音 キリストによる契約の祝福	反対者の福音 律法による契約の祝福
自由の女（22, 26, 30, 31）	女奴隷（22, 25, 30, 31）
契約 A（24）	契約 B（24）
約束の子（23）、霊の子（29）	肉の子（23, 29）
私たちの母（26）	ハガル（24, 25）
	アラビアのシナイ山（24, 25）
上のエルサレム（26）	今のエルサレム（25）
イサク（28）、自由の女の息子（30–31）	女奴隷の息子（30–31）

2つの範疇

　より重要な点は、2つのエルサレムが対極に置かれていることだ。一般にユダヤ教終末思想においては、天のエルサレムが地上のエルサレムを改善したり（イザ60–66章；エゼ40–48章；トビ13:9–18;『ヨベ』4:26）、一方が他方に取って替わることで（『Ⅰエノ』90:28–29; エズ・ラ7:26; 10:40–44）、「今のエルサレム」に慰めが与えられる。Lincoln（1981:18–22）が述べるように、パウロの場合は「開始された終末論」において2つのエルサレムが二元論的に対比されているとも考えられよう。すなわちパウロは、天上のエルサレムと今（地上）のエルサレムとに関してユダヤ教伝統が想定しないほどの対極化を試み、キリストの契約成就がもたらした終末的緊張の時代を表現している。パウロはのちに、「地上の住まい／幕屋」と「天からの住まい」とのあいだでのキリスト者の葛藤（Ⅱコリ5:1–5）という同様の二元論的構図によって、終末におけるキリスト者のあり方を述べる（ガラ1:4注解）。

　この構図において、パウロは天上のエルサレム（女性名詞）を「**私たちの母である**」と述べる。本ペリコペの母子主題に鑑みると、「私たちの母（μήτερ ἡμῶν）」という表現自体は自然だ。さらに、エルサレムを民の「母」と表現する伝統がある。MT 詩 87:5 が「シオンについて言われるだろう」と記す一方で、これに対応する LXX 詩 86:5 は「母なるシオン（μήτηρ Σιων）は言う」とし、その場所で民が生まれる（イザ50:1; 51:3 参照）。この母は、ハガルと対比される自由な女、すなわちサラのことだ。サラと血縁関係にあるユダヤ人一般がハガルの子孫となり、むしろサラとの血縁

関係にない異邦人（とパウロに賛同するユダヤ人キリスト者）がサラの子孫である。これは驚くべき世界観の逆転だ。しかし、アブラハムに始まる神の契約の祝福がキリストの信頼性をとおして異邦人へ注がれるというガラ 3:6 以降でパウロが展開してきた救済計画は、この世界観の逆転を促す。異邦人がアブラハムの子孫なら（ガラ 3:29）、当然サラの子孫だ。

相続物語再話のクライマックスとして、パウロは次節でユダヤ教聖典から引用しつつ、そこに見られる地位逆転によって新たな世界観の正当性を印象づける。

4:27　したがって書かれてある、「喜べ、子を生まぬ不妊の者よ。声高く叫べ、出産を苦しまぬ者よ。孤独の者が夫ある者より、多くの子らを持つからだ」と。

　パウロは「したがって書かれてある」と述べ、LXX イザ 54:1 を引用する。「書かれてある（γέγραπται）」という表現は、パウロが聖典から引用する際に導入句として用いる定型表現だ。ガラ 4:22 では例外的に引用でなく物語の要約を導入するために用いられたが、ここでは通常の用法に戻る。

　ガラ 4:27 におけるイザ 54:1 の引用は、上での物語再話の正当化として理解するのがもっとも自然だろう。ガラ 4:26 では「上のエルサレム」＝「サラ」＝「私たちの母」という二重の等式が提示された。イザ 54:1 はエルサレムを「不妊の者」として描いており、これはイサク出産以前のサラを想起させる。さらにイザヤ書の文脈には、この不妊の女が象徴するエルサレムに多くの異邦人が集うという第 2 イザヤ的な契約刷新主題が明示されている（イザ 54–56 章）。こうしてイザ 54:1 は、ガラ 4:26 での等式が正しいことを立証する（Longenecker 1990:215）。のちにイザ 54:1 は、教会とユダヤ人会堂との分離という歴史的文脈において、キリスト者の異邦人宣教がユダヤ会堂の勢力を凌駕するという終末的希望を示すテクストとして用いられる（『Ⅱクレ』2:1–3）。

　パウロは当然、イザ 54:1 の背景にある契約刷新主題を熟知しており、それが異邦人への祝福を意味する点を見逃していない。おそらくその際に、契約刷新がイスラエルによる異邦人諸国の支配であり（イザ 54:3）、「汚れた無割礼者（ἀπερίτμητος καὶ ἀκάθαρτος）」の拒絶を意味する（52:1）という詳細は、ガラテヤ信徒に告げられない。これは、パウロが神の永遠の契

約締結について述べる際（ガラ 3:6）、アブラハムが諸国民の父となるという約束（創 17:6）に焦点を置いて、この契約のしるしとして「割礼を受けなければならない」という命令（17:12）があることを看過する様子と同様だ。イザヤ書の契約刷新にも、「異邦人は言うな、主はご自分の民と私を区別される、と」（イザ 56:3）という包摂的なヴィジョンが見られるが、それは律法遵守が前提となっている（56:6–7 参照）。パウロによる契約物語の再話は、聖典ミドラッシュにおける解釈の許容範囲内にあり、とくに「諷喩」という枠組みで再話を試みることを明言するパウロにとって、このようなテクスト引用は正当な議論の組み立て方となる。

引用テクストは LXX イザ 54:1 にほぼ逐語的で、これは MT ともほぼ一致する。「喜べ、子を生まぬ不妊の者よ。声高く叫べ、出産を苦しまぬ者よ。孤独の者が夫ある者より、多くの子らを持つからだ」。ガラ 4:22–26 では、パウロの福音と反対者の福音とが、2 人の女（母）として対比されて範疇分けされ、一方が自由を他方が隷属をもたらすと指摘された（表）。本節はそのクライマックスとして、「私たちの母」への祝福が述べられる。本来はエルサレムの終末的祝福を約束する預言が、「不妊の者」の出産というメタファで語られる。「出産の痛み」が終末の艱難を象徴することはすでに述べたが（ガラ 4:19 注解）、ここではそれに続く喜びに焦点がある。このメタファは、子を宿すことが祝福だという価値観に基づいており、預言者は女として出産の痛みを味わうこと（子を授かること）の幸福を「声高く叫べ（ῥῆξον καὶ βόησον）」と命じる。「声高く」と訳した ῥῆξον = ῥήγνυμι には、沈黙の状態から（おうおうにして感情に動かされて）声を解放するというニュアンスがある（LSJ 1568）。これに「叫ぶ（βοάω）」という動詞が加わり、先行する「喜ぶ（εὐφραίνω）」とも相まって、歓喜の表現に制限がかからない様子が伝わる。本節の焦点は、子のない悲しみが子を持つ喜びへと変わることだ。それは母としての立場の否定から、その正統な立場への移行であり、正統な立場を否定された異邦人キリスト者（トピック #5）はここに慰めを見出す。

4:28　あなた方は、兄弟らよ、イサクにしたがって約束の子らだ。

上に展開された相続物語の再話は、本節以降でその適用に移る。パウロはガラテヤ信徒に対し「兄弟らよ（ἀδελφοί）」と呼びかけ（ガラ 1:11; 3:15;

4:12 参照)、さらにこの注意喚起を印象づけるため、「**あなた方**(ὑμεῖς)」という代名詞を明示する。いくつかの写本(א, A, C, D² 等)は「私たち(ἡμεῖς)」とするが、おそらく「私たちの(母)」(ガラ 4:26)と対応させようとする編集意図が働いただろう(Metzger 1975:597)。とうぜん「約束の子ら」にはパウロをはじめ彼に賛同するユダヤ人キリスト者も含まれるが、ここでの一義的目的はガラテヤ信徒への注意喚起であり、それゆえ 2 人称複数の代名詞(「あなた方」)が用いられている。

「自由の女」(ガラ 4:22–23)が「私たちの母」(4:26)なので、パウロの福音にしたがうガラテヤ信徒はとうぜん自由の女の子孫であり、すなわち「**イサクにしたがって約束の子らだ**」。パウロはイサクに関して「自由の女からの者は約束をとおして(生まれた)」(4:23)と述べたので、その子孫は「イサクにしたがって(κατὰ Ἰσαάκ)」——すなわち「イサクがそうであるように」——「約束の子ら」だ。ガラ 3:16 の注解で述べたとおり、「約束」は「契約」の内容を指し、それゆえこの 2 語はしばしばほぼ同義語として用いられる。すなわち、「約束」という語が示す契約主題によって、アブラハム、サラ、イサクという正統な契約の継承ラインがいまや異邦人キリスト者に及ぶことが示される。それは、神がアブラハムと結んだ契約が諸国民の祝福を約束するからだ。パウロはここで初めて、そしてパウロ書簡群において唯一イサクの名に言及するが、それは契約の祝福というアイデンティティをイサクと共有するガラテヤ信徒が、イサクと連帯する者として、イサクの運命(またサラの運命、ガラ 4:27)を繰り返すという次節の主張のための伏線を敷いている。

4:29 しかし、以前肉にしたがって生まれた者が霊にしたがった者を迫害していたように、今も同様だ。

本節が強い逆接を表す接続詞「**しかし**(ἀλλά)」で始まるのは、28 節の内容を打ち消すためでなく、「約束の子」であるにもかかわらず迫害を受ける不条理を印象づけるためだ。本節は「**以前〜ように**(ὥσπερ τότε)」と「**今も同様だ**(οὕτως καὶ νῦν)」とによって挟まれる構文となっており、これまで語られてきた相続物語の再話が、現在に直接影響を及ぼしていることを知らせ、ガラテヤ信徒に再話の適用を促す。

パウロはイシュマエルとイサクとの関係を「**肉にしたがって生まれた**

者が霊にしたがった者を」と表現する。ガラ 4:23 で両者が対比されるとき、イシュマエルに関しては「肉にしたがって（κατὰ σάρκα）」という同じ表現がすでに用いられているので、人物特定は容易だ。それと対比されるのがイサクであることも容易に推測されるが、ガラ 4:23 はイサクを「約束をとおして（δι' ἐπαγγελίας）」生まれた子と記した。上述したように、パウロはしばしば「約束」と「霊」とを互換的に用いる（ガラ 4:23 注解）ので、「霊にしたがった」者と「約束をとおした」者とはほぼ同義語である（Dunn 1998:62–70 参照）。また彼は終末の緊張関係を表すのに霊／肉の対比を好んで用いる（新約聖書 14 回中 5 回がロマ 8 章、5 回がガラ 3:3; 4:29; 5:16, 17; 6:8）。キリストの信頼性がもたらす永遠の契約の成就は霊によって象徴されるので、「霊にしたがった者」は契約の正統な相続者である。一方で肉は今の時代に属するものを象徴するので、「肉にしたがった者」は契約成就以前の隷属状態にある者を指す。

イシュマエルはイサクを「**迫害していた**（ἐδίωκεν）」か。MT 創 21:9 では「笑った（מְצַחֵק）」（新共同訳：「からかった」）であり、LXX は「遊んだ（παίζοντα）」とする。いずれの場合もイシュマエルの攻撃性を伝えない。もっともユダヤ教伝承では、イシュマエルの行動（צחק）を否定的に解釈する場合がある。とくに צחק に目的語が伴わないことから（新共同訳は LXX に倣って「イサクを」を補っている）、たとえば姦淫等の性的罪（創 39:17 参照）、偶像崇拝（出 32:6 参照）、血なまぐさい戦い（サム下 2:14 参照）という意味でこの語を理解し、相続者として不適合なイシュマエルの排除を正当化する（『創 R』53:11）。またヨセフスは、ハガルとイシュマエルの追放に関して、「（アブラハムが死んだあと）年長のイシュマエルが彼（イサク）に危害を加えるかも知れないと恐れた」（『古誌』1:215）と解説する。このような相続物語理解がパウロの時代にすでに存在したので、パウロはそれを再話に採用して対立関係を強調したと考えられる（Str-B III:575–76）。

4:30 しかし、聖典は何と言うか。「**女奴隷とその息子を放り出せ。それは、女奴隷の息子が自由の女の息子とともに決して相続しないからだ。**」

前節を開始する接続詞「しかし」は約束の子が体験する不条理を強調したが、本節を開始する「**しかし**（ἀλλά）」は、最終的な地位逆転を示す逆

接の接続詞である。この議論でもパウロはユダヤ教聖典にその根拠を置く。本ペリコペの開始にあたって、「律法を聞かないか」（4:21）という問いかけによって自らの議論がユダヤ教聖典に依拠していることを示したパウロは、本ペリコペの終結部において「**聖典は何と言うか**」と再び問う。「律法（νόμον）」は広義にはユダヤ教「聖典（γραφή）」と同義だ。同様の仕方で聖典に権威を求める修辞疑問文は、ロマ 4:3; 11:2 にも見られる（ロマ 9:17; 10:11 参照）。

ここでの「聖典」の内容は、イシュマエルによるイサク「迫害」に対するサラの対応である。すなわち、「**女奴隷とその息子を放り出せ。それは、女奴隷の息子が自由の女の息子とともに決して相続しないから**」（創 21:10）。LXX と MT の表現がほぼ一致している一方、パウロは否定詞を重ねて相続の不可能性を強調し（οὐ κληρονομήσει → οὐ ... μὴ κληρονομήσει）、直接話法を間接話法へと編集している（「私の息子イサク［τοῦ υἱοῦ μου Ἰσαάκ］→「自由の女の息子［τοῦ υἱοῦ τῆς ἐλευθέρας］」）。パウロはこの引用文をもって、約束の子らがしばらくは迫害に遭うという「今の時代」（ガラ 1:4）の不条理を超え、最終的には祝福に至ることを示す。

本来の相続物語におけるサラの排他的行動がいかに評価されるかは、本ペリコペにおけるパウロの関心の外にある。ここでの関心は、反対者が主張する律法の行いに依拠した福音によって正統な立場を否定された異邦人キリスト者を擁護することだ。そのような「迫害」が今の時代の現実でも、やがて永遠の契約の祝福を享受するときが来る。子のないサラの苦しみが、子に恵まれた喜びへと変わった地位逆転は、イサクにも当てはまった。そして迫害を受けたイサクが迫害から解放された地位逆転は、その子孫であるガラテヤ信徒にも当てはまる。本ペリコペの物語再話は、じつに逆境が逆転する希望を与える。パウロはこの目的のみに焦点を置いて、相続物語を語り直した。その際に、アブラハムとサラの不誠実にもかかわらず示された神の誠実さや、虐げられたハガルとイシュマエルに向けられる神の慈愛は、それ自体がいかに意義深くとも、この再話においては削ぎ落とされている。

4:31 したがって兄弟らよ、私たちは**女奴隷の子ら**でなく、しかし**自由の女の**（子ら）だ。

本ペリコペの適用部は「兄弟らよ」という呼びかけで開始し（4:28）、「**兄弟らよ**」という呼びかけで閉じる。前節で引用した LXX 創 21:10 に基づく適用としては、〈したがって、律法遵守者を追い出せ〉が容易に予想されるが、パウロはそう述べない。したがって、パウロが反対者（ガラ 4:17）と同じ排他的思想に陥っている（Betz 1979:250–51.n123）との批判は議論がいささか単純すぎる（後続の【解説／考察】参照）。厳密にそうは述べないが、一方でパウロは反対者の福音の誤りを軽んずることもしない。彼は後続するペリコペで、律法による義を求める者が「恵みから落ちた」（ガラ 5:4）とさえ言い得る。むしろ本節におけるパウロの関心は、最終的にガラテヤ信徒自身のあり方に置かれている。

　したがってパウロは、「**私たちは女奴隷の子らでなく、しかし自由の女の（子ら）だ**」と記す。これは一見すると、ガラ 4:28–30 を飛び越え、本ペリコペ前半の適用／結論へ逆戻りしたように思える。しかし実際は、ガラ 4:30 で述べた論理を補強している。すなわち、〈苦しみを甘受したサラはその地位逆転によって祝福の喜びを得た。苦しみを体験したイサクはその地位逆転によって祝福の家督を得た。今苦しみの中にある私たちは、その苦しみゆえに地位逆転をとげた自由の女（そしてその子イサク）に属しており、やがて地位逆転によって祝福の正統な相続人であることが明らかとなる〉と。ここでパウロは、主語を「あなた方」（4:28）から「私たち」へと変更している。これは、霊にしたがった（によって生まれた）者（4:29）にガラテヤ信徒とパウロがともに含まれているという理解もあろうが（Dunn 1993:259）、前ペリコペ（4:12–20）で明らかになったように、パウロとガラテヤ信徒が福音の真実ゆえに、その生き様においてキリストの苦しみを分かち合う者だという理解があろう。「私たち」がキリストの苦しみ（迫害）を分かち合う者だという現実が、自由の女に属し、やがて祝福に至るという希望に繋がっている。

【解説／考察】

　パウロはガラ 3 章以降で、神がアブラハムと結んだ永遠の契約の成就という枠組みをとおしてキリストの福音を語ってきたが、最後の議論である本ペリコペにおいては、アブラハムの妻たちと息子らにまつわる物語を

驚くべき方法で敷衍しつつ、共同体の生き残りをかけた新たな世界観の創出を試みた。サラとハガルに関するごく伝統的な理解に基づく物語の開始部に油断する読者は、ハガルが律法と直結し、ユダヤ人でなく異邦人がサラを「母」と呼ぶ急展開に虚を突かれる。気がついたときには、異邦人キリスト者がアブラハムの正統な相続者イサクの直系となって、物語再話がすでに終了している。ちなみに、こうしてガラテヤ信徒らが「神のイスラエル」（ガラ 6:16）と呼ばれる確かな布石が敷かれる。

新規で弱小の共同体が、存続の危機に瀕して外圧を跳ね返す力を持たないとき、内的論理によってアイデンティティの維持を図ることがしばしば行われる。共同体の維持という意味では意義があるが、内的論理はその定義上「内向き」であり、おうおうにして排他的だ。ノーベル経済学者にして思想家である A. Sen（2006:174–76）が「自己理解という意味（のアイデンティティ）を殺人的な道具に変容させるのは何か」と問うて、アイデンティティの二面性に読者の注意を向けるゆえんだ。このようにして民族間の争いは絶えない。たとえば米国の入国管理問題でふたたび注目が集まった、ジョン・オガタ著『ノーノー・ボーイ』（2016）が語る日系移民によるアイデンティティの模索は赤裸々だ。自らの教育が息子イチローを「ノーノー・ボーイ[59]」として 2 年間の実刑に追いやったと思い悩むシアトル在住日系人である母親は、おそらくサンパウロの「臣道連盟」が発信したプロパガンダの影響を受け、日本が太平洋戦争に勝利したという物語の内に引きこもってなんとか正気を保とうとする。しかし他の物語にしがみつくしかない隣人とのあいだに壁が生じ、敵意が醸成される。一方で隣人と語り合いつつ、ローカリティの差異とヒューマニティの共通性とを認め合うことによって壁越えを試みるイチローの姿に命の希望が見出される。これはまさに Sen（2006:176–78）がコンフリクトの回避の鍵として注目するアイデンティティの多様性と交叉性だ。すなわち、個人が単一のアイデンティティに集約され得ないことを認め、したがってしばしば他

---

[59] 大戦中「敵性人種」――『シアトル・タイムズ』（1942.3.30）等の地方紙はこの敵性人種の「秩序ある立ち退き（orderly evacuation）」を称賛したが――として収容所送りされた日系人青年のうち、兵役義務に関する質問と米国への忠誠に関する質問にそれぞれ「ノー」と答えた者（したがって「ノーノー・ボーイ」）はカリフォルニア州ツールレイク収容所に集められ連邦刑務所送りとなった。

者のアイデンティティとリンクしているという事実（「複数の所属［plural affiliations］」）を手がかりに、排他性の回避の可能性を探る。これは、上部アイデンティティ（superordinate identity）によって複数の下部アイデンティティ（subordinate identities）の違いを肯定的に意味づけしつつ衝突を回避するという、社会アイデンティティ理論による試みと呼応する（Tajfel 1978; Gaertner et al 1989）。

　パウロ書簡を読む者がときとして感ずる違和感の一部は、この排他性だろう。とくに本ペリコペでは、その微妙なニュアンスに関してガラ 4:30–31 の注解部で解説したものの、それでもなお「放り出せ」という創 21:10 の引用が読者に強い印象を残す。私たちがテクストに真摯に向き合うとき、パウロ（や反対者ら）の生き残りのレトリックから彼らが置かれた状況の痛ましさと緊急性とを深く感じ取りながらも、キリストの生き様を体現する次のステップを模索することを始めるべきだろう。他者との対話はアイデンティティの喪失や同化でなく、「人の親」、「アブラハム宗教信仰者」、あるいは「東北アジア市民」といったアイデンティティを、「私たち」と「彼ら」とが共有していることを確認する機会であり、その連帯性の観点から他者との違いを全体としての豊かな多様性として祝う場である。

トピック #13　EPMHNEIA
聖典の解釈

A.　導入

　パウロが「聖典（γραφή）」あるいは広義の意味での「律法（νόμος）」という語を用いる場合、しばしばそれはユダヤ教聖典——所謂「旧約聖書」——を指す（ガラ 4:21, 30 注解参照）。新約聖書記者は広くユダヤ教聖典に依拠するが、パウロの場合はその直接引用が 100 件弱（ローマ書に 60 回、Ⅰコリント書に 17 回、Ⅱコリント書に 10 回、ガラテヤ書に 10 回）、また聖典を仄めかす箇所が約 300 件認められる（UBS 4th edn, 887–901 参照）。これは何よりも、パウロ自身の思考がユダヤ教伝統の思想世界にその根を深く下ろしていた、とい

う事情が大きく関わっていよう（Porter 2016:84–85）。それでは、彼の読者に関してはどうか。パウロ書簡群の受信者らはこれらの箇所を理解したか。ユダヤ人キリスト者が多くいたと思われるローマ教会（Jewett 2007:27, 58–59）への手紙に、ユダヤ教聖典の直接引用が著しく偏っていることは十分に納得できる。しかしそれ以外の、異邦人が大多数を占めたであろう教会へ宛てられた手紙においても、聖典の権威に依拠した議論が数多く見られる。教会へ所属する以前に「神を畏れる異邦人」としてユダヤ教会堂へ足繁く通っていた者もあっただろう（使 13:43, 50; 16:14; 17:4, 17; 18:7 参照）。ユダヤ人キリスト者が異邦人信徒らに対して聖典の手ほどきをしたことも十分に考えられる（ガラ 6:6 参照）。ガラテヤ教会の場合は、反対者が聖典を根拠にパウロの教えへの付加を試みた結果、「律法の下に」身を置くことを願う者がいた（4:21）。それなら、異邦人が大多数を占めるパウロ書簡群の受信者らが、ユダヤ教聖典の内容と当時の解釈の傾向にある程度親しんでいた可能性は否めない[60]。

　本ペリコペにおけるユダヤ教聖典に対するパウロの解釈は、その結論が当時の読者の一部にとって突拍子のないものとして映ったとしても、解釈の手法は後１世紀のユダヤ教社会においてじつに一般的だった。現代の読者に目を向けると、おそらく検索エンジン等のツールによってパウロが引用するユダヤ教聖典を素早く察知することは可能だろうが、彼が前提としている解釈方法を知ることなしには、その議論から取りのこされてしまう危険性が十分にある。以下では、パウロの時代におけるユダヤ教聖典の解釈方法を簡単に説明し、パウロ書簡におけるそれらの適用例を挙げよう。

B.　ユダヤ教聖典の解釈方法[61]

1. タルグムは本来「翻訳」を意味する。捕囚以降のパレスチナ在

60　もっとも、Hays（1989）が想定するように、聖典の１箇所を引用することによって、その文脈を十分に理解するという状況が大多数の異邦人読者に当てはまったということを前提とすることには、十分に慎重を期する必要があろう（Tuckett 2000:403–25）。

61　パウロが用いたユダヤ教聖典の解釈法に関する詳細は、Dunn 1990b:81–102（第５章の 'The Use of the Old Testament'）を見よ。

住ユダヤ人のあいだで言語がヘブライ語からアラム語へ移行した結果、ユダヤ教聖典のアラム語への翻訳が行われ、数種類の異なる翻訳（タルグミーム）が現存する。これは逐語訳からほど遠い著しい自由訳である。その傾向は聖典のギリシャ語訳であるLXXにも見受けられるが、それ以上に自由な解釈的翻訳をする傾向がある。パウロを含めた新約聖書記者は、一般にLXXを用いたようだ。パウロが聖典を引用する場合、51件がLXXと完全かほぼ完全に一致し、4件がLXXでなくMTに一致し、38件がいずれとも一致しない。この結果は、パウロの時代のギリシャ語聖典が現存するLXXと必ずしも一致しないこと、異なるギリシャ語訳が併存していたこと、パウロがヘブライ語聖典をギリシャ語に訳していること、そしてパウロ自身がタルグム的な解釈を含めた聖典の翻訳・引用の仕方を行っていることを示す（Marcos 2001:328–29）。この好例がガラ3:11だ。ここではハバ2:4が引用されるが、MTは「義なる者は彼の信頼性に依拠して生きる」、LXX（バチカン写本）は「義なる者は私の信頼性に依拠して生きる」、LXX（アレクサンドリア写本）は「私の義なる者は信頼性に依拠して生きる」であるところを、パウロは「義なる者は信頼性に依拠して生きる」とする。おそらくパウロは、当事者相互の信頼性に読者の注意を向けることを意図して、あらゆる代名詞を省くという自由な編集を聖典に施しただろう。

  2. **ミドラシュ**とは「（文章の）解説／注解」を意味するが、それは表面上の意味を説明することよりも、その内に秘められた深い意味を様々な連想をとおして導き出し、今日的な意義を提供する作業だ。律法規定に関わるミドラシュが「ハラハー」、それ以外のミドラシュが「アガダー」と分類されている。パウロによる典型的なミドラシュはロマ4:3–25に見られる。ここではガラ3:6–14でも扱われた主題が明らかなミドラシュによって詳しく解説されている。まず冒頭（ロマ4:3）で解釈の対象となるユダヤ教聖典テクスト「アブラハムは神に信頼を置いた。このことが彼に対しての義と認められた」（創15:6）を提示する。そして、ロマ4:4–8において「認められた」という語を解説し、これが等価価値交換でない恩寵の付与である点を指摘する。続いてロマ4:9–22では「信頼を置いた」という語を解説し、この信

頼が割礼に先んじていることの救済上の意義を強調する。こうしてパウロは、信頼性と割礼のそれぞれの歴史的タイミングを根拠として契約のしるしである割礼の意義を相対化し、律法の行いに依拠しない異邦人の救済を論証する。

3. **ペシェル**とは「解釈」を意味するが、これは一般にミドラシュよりも限定的な解釈方法と理解される。ミドラシュが解釈するテクストを現代的適用へと広げるならば、ペシェルは一語一句の意味をそれに対応する意味へと置き換える（Dunn 1990b:84–85）。したがってダニエルはベルシャツァル王の夢を解読する際、「これが解釈（ペシェル）です」と言い、「メネとは数えること……テケルとは量を計ること……パルシンとは分けること」（ダニ 5:26–28）と、それぞれの意味を特定する（コヘ 8:1 参照）。またこれは、死海文書に見られる預言書を中心とした注解書に特徴的な解釈法だ（『イザ注解』、『ナホ注解』、『ハバ注解』参照）。パウロによる典型的なペシェルはロマ 10:6–9 に見られる。パウロは申 30:12–14 に依拠し、「心の中で、だれが天に上るか、と言ってはならない」（申 30:12; ロマ 10:6a）と引用して、「これはキリストを引き降ろすことにほかなりません」（ロマ 10:6b）と解説する。これに続き、「誰が海のかなたに渡るか（底なしの淵に下るか）」（申 30:13; ロマ 10:7a）と引用して、「これはキリストを死者の中から引き上げることにほかなりません」（ロマ 10:7b）と解説する。「これは〜ほかなりません（τοῦτ᾽ ἔστιν）」はペシェルを導入する表現である。こうしてパウロは、律法遵守が困難でないという申命記の教えを、律法遵守をとおしてメシアの到来を早める必要がもはやないという議論へと移行させている（Barrett 1991:199）。

4. **予型論**とは過去の人物や出来事と現在や将来のそれとを関連させる解釈法を指す。この場合、過去と将来（現在）を関連づけるのは過去のテクストの著者でなく現在の著者なので、預言の成就（マタ 2:5–6 参照）はこれに含まれない。また、予型論は過去のテクストの歴史的意義を考慮に入れつつその歴史的考察を起点として将来（現在）との関連を指摘するので、テクストを歴史から切り離してその隠された意味を指摘するアレゴリーとは異なる。ユダヤ教聖典に記されるイスラエル史の人物や事件——出エジプト、ダビデ王、バビロン捕囚、

捕囚からの帰還等——に見られる神の救済計画における意図が、終末を生きる人々の体験において完成するとの理解に立った解釈である（Dunn 1990b:85–86）。パウロは「予型（τύπος）」という語を用いてこの解釈を展開している。アダムはその違反によって人類を罪の下へ置いたので、彼は人類をその誠実さによって罪の下から救い出すキリストの「予型」（新共同訳は「前もって表す者」）である（ロマ 5:14）。また神の恵みにもかかわらず不誠実なイスラエルに対して裁きが下るという出エジプトと荒野体験は、バプテスマと聖餐に与るキリスト者も偶像崇拝によって不誠実を示すならばそれに相応しい神の裁きを免れないことの「予型」である（Ⅰコリ 10:6）。

5. 諷喩（アレゴリー）とは文字どおりの意味の背後に隠れた「真意」を汲みとる解釈法で、テクストは暗号のように解読される。これは文字どおりの意味を蔑ろにするのでない。たとえばフィロンは、割礼が指し示す真意を情欲の回避だと諷喩的に解釈したとしても、割礼に関する規定が無効になるのでないと断る（『移住』92）。しかし同時に彼は、文字どおりの意味に留まる者を「無批判的」（『不動』21；『相続』91）と戒める（『農耕』97；『賞罰』61 参照）。この好例が、本ペリコペである。パウロは「これらのことは諷喩（アレゴリー）として語られている」（ガラ 4:24）と述べて、この解釈を展開している。そして表（4:26 注解）に示したとおり、サラ、ハガル、イサク、イシュマエル、シナイ山、エルサレムという語に対して、その真意を提供している。もっともガラ 4:24 の注解部が指摘するとおり、パウロは諷喩と予型論とを融合しているようだ。

C. 福音の適用（5:1–6:10）

1. 自由の行使（5:1–15）

【翻訳】

《逐語訳》

5:1 この自由のために、私たちをキリストは自由にした。だからあなた方はかたく立ち続け、ふたたび奴隷の軛に拘繋されるな。2 見よ、私パウロがあなた方に言う。もしあなた方が割礼を受けるなら、キリストはあなた方を何も利さない。3 私はすべての割礼を受ける人にふたたび証言する。その人は律法全体を行う責務者だ。4 誰でもあなた方が律法において義とされるなら、キリストから引き離され、恵みから落ちた。5 なぜなら私たちは、霊により信頼性に依拠した義の希望を待っているからだ。6 なぜならキリスト・イエスにあって、割礼にも無割礼にも何の意味もなく、しかし愛をとおして稼働する信頼性（に意味があるの）だ。7 あなた方はよく走っていた。誰が真理に説得されないようあなた方を邪魔したか。8 その説得は、あなた方を呼んでいる方からでない。9 少しの酵母が生地全体を発酵させる。10 私は主にあってあなた方について説得されている、あなた方が何も他のことを考えないだ

《自然訳》

5:1 まさにこの自由のため、キリストは私たちを自由にされました。だからしっかり立ち続け、奴隷の軛に2度と捕らわれないようにしなさい。2 御覧なさい、私パウロがあなた方に告げます。もしあなた方が割礼を受けるなら、キリストはあなた方に何の益をももたらしません。3 割礼を受けようとしている人すべてに重ねて断言しますが、その人は律法全体を行う義務を負っています。4 誰であれあなた方が律法において義とされようとするなら、すでにキリストから切り離され、恵みから落ちたのです。5 なぜなら私たちは、信頼性による義の希望を霊によって待ちわびているからです。6 キリスト・イエスにおいては、割礼にも無割礼にも何の意味もなく、むしろ愛をとおして具体的に示される信頼性にこそ意味があるからです。7 あなた方はよく走っていました。真理に従わないようあなた方の邪魔をしたのは誰ですか。8 そのような妨害を行うのは、あなた方を召している方ではありません。9「少量の酵母が生地全体を膨らませる」とあるとおりです。10 私は主にあって、あなた方が何の異なる考えにも至らないだろうと確信しています。あなた方を混乱させる者は、それが誰で

III・C・1 自由の行使(5・1—15)形態/構造/背景

ろうと。あなた方を掻き乱す者は(有罪の)評決を負うだろう、それが誰であれ。[11] またこの私が、兄弟らよ、割礼をも宣べ伝えているなら、なぜそれでも迫害されているか。それなら十字架の躓きは取り除かれてしまっているだろう。[12] 自らを去勢してしまえばよい、あなた方を転覆させる者らは。[13] だからあなた方は、自由のために呼ばれた、兄弟よ。唯一その自由を肉への機会のためでなく、愛をとおして互いに仕え合いなさい。[14] それは、すべての律法が1語において満たされてしまっているからだ。あの「自分自身のようにあなたの隣人を愛せよ」において。[15] しかし、もしあなた方が互いに噛みつき喰いあさろうとすれば、互いに滅ぼされないよう気をつけよ。

あろうと罪に定められます。[11] さて兄弟姉妹の皆さん、この私が割礼をも宣べ伝えているというなら、なぜ迫害されているのでしょう。もし割礼をも宣べ伝えているなら十字架の躓きは取り除かれているでしょうに。[12] あなた方の確信を覆そうとする者は、自らを去勢してしまえばよいのです。[13] さて兄弟姉妹の皆さん、あなた方のほうは、自由のために召されたのです。ただその自由を、肉をとおして満足を得る機会として誤用せず、むしろ愛をとおして互いに仕え合いなさい。[14] すべての律法が1つの戒めの内に成就されているからです。つまりそれは、「自分自身のようにあなたの隣人を愛せよ」です。[15] しかし、もしあなた方が互いに噛みついたり喰い尽くすようなことをするなら、互いに滅ぼされないよう気をつけなさい。

【形態/構造/背景】

　真理を得た私たちが、その真理の責任によって身を引き締め、私たちの在り方を律することをせず、むしろそれを盾にして権利を主張し責任を回避するなら、真理は遠からず私たちを見限るのだろう。もちろんこのように言って責任を強調することは、困窮者支援を回避(放棄)するレトリックとして「自己責任」というマジック・ワードを連呼することと同様でない。真理はまことの道に人を誘う、ということだ。その道とはおうおうにして、他者の利用でなくその確立による自己実現と言えよう。

　したがってガラテヤ書は、その神学部分で福音の真理を提示した後、本ペリコペからすぐさま隣人を視野に入れた道徳的奨励へと移行する。Dibelius(1937:217)はこれを「勧告(*Paränese*)」と称し、それをユダヤ教伝承やヘレニズム的道徳観に基づく既存の教えが書簡の他の部分との関

連性なしに連結された部分、と説明する（もっとも Dibelius 1937:224 参照）。注解者らは、ガラテヤ書最初の4章と本ペリコペとの強い関連性を主張しつつ、Dibelius に反論を試みる。したがってたとえば Longenecker (1990:221–22) は、ガラ 5:1–12 と 1:6–10 との主題的近似性（語彙上の重なりはほぼ皆無だが）に着目し、これをインクルーシオ構造と説明しつつ勧告部とそれ以前との関連性を強調する。

　他所で Dibelius（1971:240）は、「パウロ書簡における勧告部は使徒の倫理観の基礎的理論とほとんど何の関係もない」と断言するが、これは本当か。既述のとおり、パウロは反対者への応答として肉と霊との対比構造をガラテヤ書で提示し始めている。とくに「肉にしたがって」（ガラ 4:23, 29）はおそらくパウロ特有の表現だろう。パウロは本ペリコペにおいて、まず自由の実践を促す際にそれが肉の満足ではいけないと教え (5:13)、これに続くペリコペ (5:16–26) では霊と肉との対峙が道徳的行動の中心主題となる。この道徳的奨励（勧告）部は、むしろガラテヤ教会にまつわる反対者との議論を契機として生じた、パウロに特徴的な道徳的動機づけと理解すべきだろう。パウロはまた、ガラ 5:14 でレビ 19:18 を引用するが、はたしてこれはガラ 1–4 章における「律法の行い」に否定的なパウロの言説と関係なく引用された、ユダヤ教伝統に基づく隣人愛の教えか。本節 (5:14) を「律法全体は……全うされる」（新共同訳）と訳すことは、あたかも Dibelius の結論を支持するかのようだ。本ペリコペでは、この節をガラ 1–4 章の議論と関連させて解釈する。

　パウロは契約の正当な相続者を象徴する「自由の女」という前ペリコペの表現を受けつつ、ここで「自由」という概念を起点としてキリスト者のあり方を語る (5:1, 13)。3部からなる教えは、愛の体現による自由の追求をガラテヤ信徒に促す a と c の部分が、それを邪魔する反対者への非難 (b) を挟み込む構造になっている。本ペリコペのアウトラインは以下のとおりである。

a. キリストの自由に反する割礼 (5:1–6)
   i. キリストの自由と割礼の隷属 (5:1)
   ii. キリストからの分離としての割礼 (5:2–4)
   iii. 割礼に替わる信頼 (5:5–6)
b. 反対者に関する警告 (5:7–12)

          i. 反対者の悪影響（5:7–10）
          ii. 反対者への応答（5:11–12）
      c. 隣人愛による自由の行使（5:13–15）
          i. 愛による奉仕の勧め（5:13）
          ii. キリストによる隣人愛の戒め（5:14）
          iii. 搾取による破滅の警告（5:15）

【注解】

5:1　この自由のために、私たちをキリストは自由にした。だからあなた方はかたく立ち続け、ふたたび奴隷の軛に拘繋されるな。

　パウロは奨励部を開始するにあたり、「**この自由のため**（τῇ ἐλευθερίᾳ）」というキリストの行動目的（与格名詞による目的表現）を、倒置法によって文頭に置きつつ強調する（したがって「まさにこの自由のため」）。これは、直前のペリコペにおける再話の中心人物である「自由の女」が象徴する自由、すなわち神の契約の正統な相続者としての立場──異邦人がキリストの信頼性に依拠して神の祝福を享受する体験──を意識している。しかしこの自由主題は、パウロが報じたエルサレム訪問に始まり（「キリストの内にある自由」2:4）、パウロの福音弁証（3:1–4:31）における律法の隷属化主題の底流で意識され続けていた。したがってガラ5章に始まる奨励部はそれ以前の議論と直接繋がっており、以前の議論を受けた適用となっている。パウロは「**自由にした**（ἠλευθέρωσεν）」という同根の動詞を用いて自由主題をさらに強調し、福音がまさに自由に関するものだと教えている。同族目的語（cognate objective）を用いる強調構文（詩14:5；哀1:8；Ⅰテモ6:12参照）ではないが、それと同様の強調効果がこの句に見られる。「自由のための自由化」という趣旨の表現は、一見すると自明のようだが、これはキリストによる解放がかえって隷属へと陥ることの悲惨（ガラ5:8–11）を念頭に置いている。

　パウロは本節後半の適用を、「**だから**（οὖν）」という接続詞によって始める。キリストの信頼性あるいは誠実な業にはキリスト者の応答が期待される、という論理を示している。神の主導権によりキリストの業をとおしてもたらされた新たな立場を、キリスト者は生き続ける。「**あなた方は**

かたく立ち続け（στήκετε）」は、本来「立つ（ἵστημι）」の完了形（ἕστηκα）の語根が変化した動詞と考えられる（LSJ 1643）が、新約聖書以前に使用例が見当たらない。その意味は本来、身体的な起立姿勢を指すが（マコ 3:31; 11:25）、正しさが揺るがずに留まることを指すメタファとして用いられ（ロマ 14:4）、さらに、正しいと認識する確信や信仰を堅持することを意味する。したがってキリスト者は、信仰の内に立ち（Ⅰコリ 16:13）、1つの霊の内に立ち（フィリ 1:27）、主の内に立ち（フィリ 4:1; Ⅰテサ 3:8）、また伝承を保持しつつ立つ（Ⅱテサ 2:15）。ここでは命令法によって、「福音の真理」（ガラ 2:5, 14）がもたらす自由から揺るがずにそれを堅持し続ける（現在形の継続のニュアンス）ことが求められている。

それはすなわち、「**ふたたび奴隷の軛に拘繋され**」ないことだ。本来「軛（ζυγῷ = ζυγός）」は農耕用語で、家畜を拘束して耕作に用いるための道具を意味する（LXX民 19:2; 申 21:3 参照）。これがメタファとして、人の自由を奪って繋ぎ止める力を指すようになる。したがって、「軛」は一般的な生活上の苦労（シラ 40:1）や他者の舌禍の下での苦しみ（シラ 28:19-20）をも意味するが、とくにイスラエルが体験した諸外国やその為政者の圧政を指す（レビ 26:13; イザ 14:25; エレ 27:8, 11; 28:2, 4, 11, 14）。すなわち、諸外国への隷属状態を意味する（エゼ 34:27; ホセ 11:4; Ⅰマカ 8:18）。プラトンはまさにこの意味で「奴隷の軛」という表現を用いる（『法律』6:770）。したがって実際の奴隷は、「軛の下にある者」（Ⅰテモ 6:1）と表現される。もっとも、軛には「保護」という肯定的な意味もあり（エレ 2:20; シラ 51:26）、イエスが言う「私の軛」（マタ 11:29-30）はこのように理解すべきだろうか。あるいは、本来は重いことが前提である軛だが（代下 10:9-11; イザ 47:6）、それを「軽い」とすることは、軛の重さ軽減という切望が成就したことを印象づけているだろうか（『Ⅰクレ』16:17「主の恵みの軛」／『ディダ』6:1「主の軛」参照）。

既述のとおり、律法の隷属化という主題は神の契約における祝福と対比され、とくにガラ 3-4 章を貫いている。したがって「**奴隷の軛**」という表現が、「律法の行い」という語に表された民族至上主義的な視点に立った律法遵守を指すことは明らかだ（トピック #8）。じつに使徒行伝の著者は、異邦人が割礼を受けてイスラエルの家に入り律法を遵守することの耐えがたい重荷を、ペトロに「軛」と言わせている（使 15:10）。この著者

がガラ 5:1 の表現を意識しつつ律法に対して「軛」という語を用いたことは十分に考えられよう（Jervell 1979:302; Porter 2001:206 参照）。ラビ・ユダヤ教において明文化されるトーラー理解が後 1 世紀のユダヤ人のあいだにあったなら、「トーラーの軛（עול תורה）」（トーラーの研究）や「王国の軛（עול מלכות）」（公的職業）は神から与えられた特権であり祝福だった（『M アヴォ』3:5. シラ 51:26 参照）。パウロはこのようなトーラー理解を反対者の内に見出し、「軛」という語をあえて用いつつ彼らの教えを牽制しているのかも知れない。

したがってパウロは、この軛に「**拘繋されるな**（μὴ ... ἐνέχεσθε）」とガラテヤ信徒らを促す。ἐνέχω（= ἐνέχεσθε）は「悪意を抱く、嫉妬する」という能動的意味を持つので、ヘロディアは洗礼者ヨハネを敵視してその首を所望し（マコ 6:19）、律法学者とファリサイ人らはイエスを妬みつつ議論を投げかけた（ルカ 11:53）。そして受動的に用いられる場合、そのような思いによって押さえつけられ自由を奪われることを意味する。したがって、人は不敬虔な思いに捕らわれ（『III マカ』6:10）、奴隷や犯罪者として囚われの身となる（『アリ』16;『古誌』18:179）。すなわちパウロは、律法の隷属化の力の下で自由を生きる活力が奪われることがないよう、注意を与えている。また、軛によってあらぬ方角へ導かれずに歩むことが促されていよう。

「ふたたび（πάλιν）」は、ガラテヤ信徒が以前律法の奴隷となったことがあることを意味するか。パウロはガラ 4:3 において、「この世の諸元素（神々）の下で隷属化されていた」という表現を用い、律法の下にあるユダヤ人と異教の神々の下にある異邦人の状況とを同視した。したがって、異教崇拝から律法遵守へと移ることを「ふたたび……奴隷として仕えようと望む」（4:9）と述べた。本節においても、異教の神々の下から自由になったガラテヤ信徒が、今度は律法体制の下でふたたび隷属状態となる状況を想定し、このように述べていよう（トピック #9. A）。

5:2　見よ、私パウロがあなた方に言う。もしあなた方が割礼を受けるなら、キリストはあなた方を何も利さない。

パウロはガラ 5:2–3 で前節の警告の具体的内容を明らかにするが、その際「見る」のアオリスト形命令法（「見よ［ἴδε］」）によってまず注意を促す。

彼は他所でこの語を目的語とともに用いて注意を促すが（ロマ 11:2; ガラ 6:11）、ここでは単独の注意喚起の小辞として用いている（マタ 26:65; マコ 2:24; 15:35 参照）。「**私パウロが……言う**（ἐγὼ Παῦλος ... λέγω）」という表現では、文法上不必要な代名詞と固有名詞を付加することで、勧告の重要性を際立たせている（Ⅱコリ 10:1「私パウロが勧めます」／フィレ 19「私パウロが書きます」）。パウロは次節で「証言する（μαρτύρομαι）」という語を用いて読者の注意を促し続けるが、これには証人を立てるというニュアンスがある。それならば、パウロは本節で「私パウロ」と言って自らを証言台に立たせているかのようだ。

　パウロはここに至るまで、反対者との意見の相違を、律法理解、あるいはそれを含めた救済史理解という一般的議論として扱ってきたが、本節と次節において「割礼」に焦点を置く。彼はエルサレム会議におけるテトスへの割礼要請を報告する際（ガラ 2:3）に「割礼」に言及する以外には、ユダヤ人一般（「割礼者」）を指すためにのみ「割礼」に言及してきた（2:7, 8, 9, 12）。それがここに至って、「**もしあなた方が割礼を受けるなら**」と述べ、これを主題としてとりあげる。本ペリコペ全体が「割礼」の問題に特化するのでないが、割礼という儀礼が最終的に不可逆的に[62]異邦人をユダヤ民族へと編入する手段と見なされていたので（ユディ 14:10;『古誌』20:38–39）、その象徴的意義の重要性は看過できない。これがユダヤ教の祭日を祝うことなら（ガラ 4:10）止めれば良い。しかし割礼は他民族への「帰化」を身体に刻み、パウロがガラ 2 章で述べた共同体理解と、ガラ 3 章で述べた救済史観から逸脱するしるしとなる。「割礼を受けるなら（ἐὰν περιτέμησθε）」という蓋然的条件節は、割礼を受けようかと思案しているがいまだ受けていない人を想定している。

　パウロは条件文の帰結節で、「**キリストはあなた方を何も利さない**」と断言する。「利する（ὠφελήσει）」はしばしば二重対格をとり、「『誰か』に『何か』の利益／助けを届ける」ことを意味する。たとえばイエスは、「全世界を得ても命を失うなら、それは人に何かの利益をもたらすか（ὠφελεῖ）」（マコ 8:36）と問う。この帰結はキリストの業が結実しない徒労さを強調しており、パウロの福音宣教が無駄（εἰς κενόν）か（ガラ 2:2）、

---

[62] もっとも、割礼のしるしを消す外科手術はあった（Ⅰマカ 1:15;『古誌』12:241; Ⅰコリ 7:18）。

ガラテヤ信徒の福音受容が「無駄（εἰκῇ）」（3:4）か、という修辞的問いと呼応する。パウロはガラ3–4章で、永遠の契約における律法とキリストの役割とを対比した。神はキリストの到来まで、不従順なイスラエルを律法の管理下に置いた（3:23–24）。キリストに属する者（3:26–28）は律法の支配から自由にされ（3:25）、キリストをとおして永遠の契約の祝福を相続する（4:5–6）。したがって、割礼を受けてイスラエル民族に連なる者は、キリストの到来がもたらした利益を放棄し、ふたたび「奴隷の軛に拘繋される」（5:1）こととなる。

5:3　私はすべての割礼を受ける人にふたたび証言する。その人は律法全体を行う責務者だ。

　パウロは「すべての割礼を受ける人に……証言する」と言い、割礼に関する警告を続ける。彼は現在分詞の「**割礼を受ける**（περιτεμνομένῳ）」を用い、ガラテヤ信徒がすでに割礼を受けているか、受けようとしているかを曖昧にしている（したがって「受けようとしている」）。その１つの理由は、パウロにもたらされた割礼「被害」の報告がある程度具体的であったにせよ、ガラテヤ書の執筆時には、手紙が諸教会へもたらされる頃までにその影響がどれほど広がっているか（いないか）が不明だったことが挙げられる。おそらく、割礼をすでに受けた者と受けようとしている者の両方がパウロの忠告の対象だろう。パウロはここで「**ふたたび**（πάλιν）」証言している。これは、以前パウロがガラテヤを訪問したときの割礼に関する教えを受けて、ふたたび同じ忠告を繰り返すというのではない。おそらくパウロは、以前のガラテヤ宣教で割礼について語る必要がなかった。語っていれば、反対者の教えは大問題にならなかっただろう。ここではむしろ、ガラ5:2で行った警告を換言して繰り返すという意味で、ふたたび証言している。これはガラ1:9の完了時制動詞「以前言っておいた（προειρήκαμεν）」の場合とニュアンスが異なる。

　換言した警告の内容は、「**その人は律法全体を行う責務者だ**」である。「**責務者**（ὀφειλέτης）」は借金の返済義務（マタ18:24）やその他の責務を負う者（ロマ8:12; 15:27）で、ここでは律法遵守の責務を負う者を意味する。パウロが割礼と律法全体の遵守との関係を明らかにした理由は何か。反対者が割礼の重要性を教えたとき、それが律法全体の遵守を前提に

していると教えなかったからか（Mußner 1981:348）。より多くの改宗者を得るため、反対者らはまず手始めに割礼と祭日と食事規定の遵守だけに限定したか（Martyn 1997:470）。これは考え難い。第二神殿期ユダヤ教文書において、異邦人がユダヤ教へと編入する際、まず手始めに割礼だけを受けるという発想はない。ユダヤ教に好意的な異邦人は、簡単に模倣できるユダヤ人の慣習から始め、徐々に唯一神信仰へと近づき、上述したように編入の決定的で最終的な段階として割礼のしるしを身体に刻んだ（浅野 2012a:97–105）。それはユダヤ人として契約維持のための律法体制の下で生活することの表明だった。この律法理解と改宗理解とを顕著に表すのが、イザテス改宗物語だ。一国の王が世界中で忌み嫌われている割礼を受けること、それが王国全体に混乱をもたらすと考え、またその責任を問われることを恐れたユダヤ人のアナニアスは、「もし（イザテス）王がユダヤ教の真に献身的な帰依者になろうと決心しておられるなら、割礼を受けなくとも神を礼拝できる」（『古誌』20:41）と忠言した。割礼に先立つ律法への献身はあっても、律法への献身に先立つ割礼はない。また、改宗のハードルを下げるために他の律法でなく割礼に限定するという発想は理解しがたい。とくに成人男性にとって大きな身体的苦痛が伴うのみならず、古代地中海世界において侮蔑の対象であった割礼（タキトゥス『同時代史』5:5）を受けることの心理的苦痛は計り知れない（トピック#15）。改宗のハードルを下げるならば、むしろ割礼を不問とすることが理にかなった方策だ。

　ガラ5:2で述べたとおり、割礼を選択することはユダヤ民族へ帰化することを意味し、それはすなわち律法全体の下に留まるイスラエルに自らの名を連ねることだ。それはイスラエルとともに捕囚の呪いへ自らを閉じ込めることだ（トピック#9）。パウロが「律法の書に行うように書かれてある各事柄すべてに留まらない者はみな呪われている」（ガラ3:10; 申27:26）と述べるゆえんである。パウロはガラ5:2–3をとおして、割礼がキリストへの所属か律法体制への所属かを決する最終的な岐路であると警告している。

5:4　誰でもあなた方が律法において義とされるなら、キリストから引き離され、恵みから落ちた。

　不定代名詞「誰でも（οἵτινες）」が割礼問題の影響の甚大さを強調する

一方で、「**義とされる** (δικαιοῦσθε)」は2人称複数動詞のため、警告の対象はより限定された「**あなた方**」である。義は、既述のとおり（ガラ2:16注解）神との契約における関係性を示す。パウロはこの語を用いつつ、「律法の行い」による義とキリストの信頼性による義とを対比したが（ガラ2:16, 17; 3:8, 11, 24）、それはキリストに属する者が契約を相続する正当な立場にあることを示すためだった（3:29; 4:5–6）。「**律法において** (ἐν νόμῳ)」は、「律法体制という枠組みにおいて／～の中で」というニュアンスである。したがって「律法において義とされる」は、能動態的な意味で義となるための意欲や努力を指す（Longenecker 1990:228）というより、ここでは中間態的な意味で律法体制の下に自らを置くことを意味する。さらにこの動詞の現在時制は、そのプロセスに焦点を置いている（したがって「義とされようとする」）。

その結果、「**キリストから引き離され、恵みから落ちた**」。現在時制の行動に対して、その結果が2つのアオリスト過去時制によって印象的に示されている。ギリシャ語の構造は以下のとおりだ。

> 5:4a：引き離された、キリストから
> 　　　5:4b：誰でもあなた方が律法において義とされるなら
> 5:4c：恵みから、落ちた

2つの動詞は文章の先頭と最後尾に配置され、行動の影響の大きさが強調されている。先頭に配置される「**引き離され** (κατηργήθητε)」の辞書形（καταργέω）には、約束（ロマ4:14; ガラ3:17）や律法（ロマ3:31; エフェ2:15）を「無効にする」、十字架の躓き（ガラ5:11）や罪の体（ロマ6:6）や幼稚なあり方（Ⅰコリ13:11）を「取り除く」という意味がある。あるいは、死んだ夫に関する法律から妻が「放免される」（ロマ7:2, 6）。パウロはガラテヤ書で「**恵み** (χάριτος)」を7回用いるが、それは人を祝福に導き入れる神の恩恵を示す（1:6, 15; 2:21参照）。律法体制に自らを置く者は、この恩恵の領域から「**落ちた** (ἐξεπέσατε)」。これら2つの動詞によって、パウロは関係性の断絶を強く印象づけている。現在時制の意志がアオリスト過去時制の結果をともなうことの意義は何か。現在時制が継続的様態を示すのに対し、アオリスト時制は一回性を強調して、行動の影響が

決定的であることを強調している。キリストに属することと律法体制の下に身を置くことがまったく相容れないことを、パウロはこれ以上ないほどの強い語気で警告している。

5:5　なぜなら私たちは、霊により信頼性に依拠した義の希望を待っているからだ。

　ガラ 5:1 で一般的な警告を与えたあと、ガラ 5:2–4 で割礼をとおして律法体制の下へ身を置くことがもたらす否定的な結果を印象的に述べたパウロは、ガラ 5:5–6 でキリスト者のあるべき姿を確認する。接続詞の「**なぜなら**（γάρ）」は、上の警告と否定的結果を提示した理由が、キリスト者にあるべき姿への修正を促すためであることを示している。すなわち、〈このように警告してきましたが、それというのも（なぜなら）本来私たちのあるべき姿は〜だからです〉という論理の流れだ。パウロが 1 人称複数代名詞「**私たち**（ἡμεῖς）」とあえて書き出しているのは、パウロとガラテヤ信徒らの本来の立場がいかなるものかに注意を向けるためだ。

　「**私たち**」は「**待っている**（ἀπεκδεχόμεθα）」。本節はこれら 2 語を文頭と最後尾に置いて、キリスト者の今の生き様に読者の注目を集める。パウロは「待つ」という動詞を、終末的救済の完成を忍耐強く待つという特別な意味で用いる。したがって、待望の目的語は「神の子らの啓示」（ロマ 8:19）、「養子縁組、体の贖い」（8:23, 25）、「主イエスの啓示」（Ⅰコリ 1:7）、「主イエス・キリスト」（フィリ 3:20）である。

　待望の目的語は「**義の希望**（ἐλπίδα δικαιοσύνης）」、つまり終末に希望されている義の完成だ。上述のとおり、「義」とは神との契約における正しい関係性を指し、したがって義なる者が契約の祝福を受けるべき正統な相続人である。パウロはこの立場がすでに確立していることを、神が養子縁組の成立を示すキリストの霊を「送った」（ガラ 4:6）と表現した。他所でパウロは、「キリストが私たちを買い取った（贖った）」（3:13）と述べ、さらに「私たちを自由にした」（5:1）と言う。これらアオリスト過去時制の動詞は、神との正しい関係性がすでに確立したことを示す。しかし本節では、「希望」という語が義の将来における完成を示唆している。この希望がヘブライ的思想を反映した確固たる期待（*TDNT* II:522–23）だとしても、過去と未来とのギャップが説明されねばならない。これは改宗時に決定

的となった救いが終末において完成するという終末的緊張を反映しており、一般に「既に／未だ」という対比で示される（Dunn 1998:466–72; Wolter 2011:186–91）。この点はガラ 1:4 の注解で「開始された終末論」として説明した。この終末的緊張の中を生きるキリスト者は、すでに与えられた立場に依拠し、将来において完成する姿を見据えつつ今を生きることが求められる。したがって、キリスト者の立場は既に確立しているが、未だ完成を迎えていない。この「既に／未だ」は、パウロ神学を理解するうえで重要な「叙実法（indicative）／命令法（imperative）」という枠組みと直結している（Furnish 1968:9）。すなわち、パウロ書簡の神学部分が「私たちは既に〜である」という事実を叙実法（直説法）によって述べる一方で、終末の完成を待つ緊張の時代では「私たちは未だ〜すべき」という命令法によってキリスト者がキリストの生き様に倣い続けるよう促される。

　この義は「**信頼性に依拠し**（ἐκ πίστεως）」ている。パウロはこの表現をローマ書（9 回）とガラテヤ書（8 回）のみで用いる。まずガラ 2:16 では、義とされることが「キリストの信頼性に依拠し」、それ以降、義認の手段を指す略語としてこの表現が繰り返される（ガラ 3:7, 8, 9, 11, 12, 24; 5:5; ロマ 1:17 × 2; 3:26, 30; 4:16; 5:1; 9:30, 32; 14:23）。義の完成を待つ方法は「**霊により**（πνεύματι）」だ。義の完成の始まりである改宗時に、キリスト者は神の子の霊を受けた（ガラ 4:6）。キリスト者に「アッバ、父よ」の祈りを導き（ガラ 4:6; ロマ 8:15）、神に対する信頼を深化させる霊は（ロマ 8:26）、やがて義が完成するときまで「私たち」を支え続ける。

5:6　なぜならキリスト・イエスにあって、割礼にも無割礼にも何の意味もなく、しかし愛をとおして稼働する信頼性（に意味があるの）**だ。**

　パウロは前節と同様に「**なぜなら**（γάρ）」という接続詞を用い、ガラ 5:1–4 で警告した律法の隷属化を受け、それとは異なるキリスト者の在り方をさらに提示する。神の契約の祝福を相続する者は、「律法の下で（ὑπὸ νόμον）」でなく「**キリスト・イエスにあって**（ἐν Χριστῷ Ἰησοῦ）」である（ガラ 3:26, 28 参照）。キリストに所属することが正式な契約の相続者であることを決定づけ、それは律法体制に属することでない。したがって、キリスト者共同体の基本的なアイデンティティの標章は「キリスト」であり、割礼の有無でない。「**意味がある**（ἰσχύει）」は本来、支配力や影響力を持

つことで（マコ 2:17; 9:18; 使 19:20; ヘブ 9:17)、つまりキリスト者としての立場に割礼の有無が何らの決定力も持ち得ないことを述べている。あるいはこの語は、意味／意義／同等の価値があることであり（『ヘル喩』6:4:4)、その場合、割礼と無割礼の議論を持ち出すことは無意味だ、となろう。パウロはガラ 2:1–10 で、エルサレムの使徒らと「偽兄弟」らとともにキリスト者共同体のあり方について議論した様子を伝えた。そこで彼は、異邦人信徒とその共同体が、割礼の有無によって二義的な存在へと追いやられることに抵抗した（トピック #5)。そのようなエルサレム会議の様子をガラテヤ信徒へ報告した理由が、ここで明らかになる。それは、割礼とその他の律法規定をとおして義が保証されるという教えに傾くガラテヤ人に、その誤りを指摘することだ。

割礼がキリスト者の立場を決定しないなら、何がそれを定義するか。パウロは「**愛をとおして稼働する信頼性**」と述べる。「愛（ἀγάπης = ἀγάπη)」という語は、新約聖書以前の文書であまり使用されることがない語だが、それはその口語的性格が敬遠されるからとも理解される（BDAG 6)。新約聖書で 116 回用いられる中、パウロ文書に 75 回登場することに鑑みれば、パウロがこの語をいかに重視しているかが分かる。ガラテヤ書での使用は 5:6, 13, 22 の 3 回のみで本節が初回だが、ガラ 2:20 では動詞形（ἀγαπησάντος）がキリストの死の献身的姿を指しており、パウロは本節でもそのような仕える姿を念頭に置いている。「稼働する（ἐνεργουμένη)」は「自らの能力を動員する（ἐνεργέω)」（ガラ 2:8 参照）の中間態で（Mußner 1981:353)、「ものごとが働いてその存在を発揮する」ことを意味する。したがって、「罪深い欲望が律法をとおして私たちの各部分において稼働する」（ロマ 7:5)。また「死（の力）が私たちの内に稼働し、命があなた方の内に稼働する」（Ⅱコリ 4:12)。

キリストの献身的な姿を指し示す愛をとおして「**信頼性**（πίστις)」が稼働するとは何を意味するか。これはたんに、キリスト者に付与される義という立場がキリストの十字架における誠実な業に依拠しているという既出の議論（とくにガラ 2:16–3:14 参照）を繰り返しているのでない。奨励部におけるパウロの視点はキリスト者の在り方へと向けられており、神との関係性を確立する信頼性をキリスト者がいかに体現するかを問うている。キリストは契約という関係性において、その在り様によって神と人への誠実

さ（信頼性）を示したので、このキリストに属する者はキリストの在り方に倣うこと（愛）をとおしてこの信頼性の中で生きる。

5:7　あなた方はよく走っていた。誰が真理に説得されないようあなた方を邪魔したか。

　ガラ 5:7–12 では、反対者へ注意が向けられる。彼らが来るまで、「**あなた方はよく走っていた**」。「走っていた（ἐτρέχετε）」とは、文字どおりに「走る」という運動を指すが（マコ 5:6; ヨハ 20:2）、パウロはしばしば宣教活動やキリスト者の在り方の前進や発展（霊的成長）を指すメタファとしてこれを用いる（ガラ 2:2; フィリ 2:16）。とくにⅠコリ 9:24 はこのメタファを明示し、キリスト者が競技場での競走と「同じように（賞／報いを）得るために走る」と表現する。ガラテヤ信徒のキリストに倣う生き方が前進していた（5:7, ἐτρέχετε）ことは、パウロの宣教活動の前進（2:2, ἔδραμον）を反映している。

　そしてパウロは、「**誰が……あなた方を邪魔したか**」と問う。「邪魔する（ἐνέκοψεν = ἐγκόπτω）」は本来「割って入り込む（ἐν + κόπτω）」ことを意味するので、パウロは上の競走メタファを維持しつつ、競走者の進路に割り込んで邪魔をするというイメージでこの語を用いているようだ（de Vries 1975:115–20）。彼は他所でも、教会への訪問が何らかの理由で邪魔された様子を伝える際に同語を用いる（ロマ 15:22; Ⅰテサ 2:18）。

　邪魔をする目的は「**真理に説得されないよう**」にすることだ。パウロは「真理（ἀλήθεια）」を本書で他に 2 度用いるが、それはいずれも「福音の真理」だ。パウロは、福音の真理がガラテヤ信徒に留まるよう心がけ（ガラ 2:5）、福音の真理にしたがって行動しない者を諫めた（2:14）。パウロがこのように教える文脈には、エルサレムにおけるテトスの割礼問題があった。したがってその真理とは、割礼が象徴する律法の行いに依拠しない、キリストの信頼性によってもたらされた永遠の契約の成就を指す。ここではさらに、その信頼性に応答するキリスト者の生き様がキリストの愛の体現であることをも意識していよう。

　「説得される（πείθεσθαι）」という受動態の表現は、説得された結果として従うという意味でしばしば用いられる（したがって「真理に従わないよう」）。それゆえ、「真理に従わずに、不義に従う」者には神の怒りがあり

(ロマ2:8)、ヘブライ書の読者らは「指導者らに従う」ように促される（ヘブ13:17）。もっともパウロは次節とガラ5:10でこの語の同根語を繰り返し、パウロ自身の説得と反対者の説得とを意識的に対比しているので、ここでは「説得」という訳語を維持している。ちなみに「真理に説得されないよう」というまったく同じ表現が、ガラ3:1の異読（C, D², K等）に挿入されている（「真理に説得されないように邪視を向けたのは誰ですか」）。おそらく一部の写字生のあいだに、本ペリコペにおける反対者へのより具体的な批判を、ガラ3:1へ挿入して意味を明確にしようとの意図があっただろう（Metzger 1975:593）。両節がともに、「誰（が）」という疑問詞による修辞疑問文となっていることも、この挿入によって文章構造を統一することを促した原因の1つかも知れない。しかし本ペリコペには、3:1が示唆するような魔術が介入しているように書かれておらず、むしろ後述するように、説得の真偽に焦点がある。

5:8　その説得は、あなた方を呼んでいる方からでない。

　パウロは、福音の真理からガラテヤ信徒を遠ざける教えを「**その説得**（πεισμονή）」と表現し、前節でのパウロの「説得」と対比する。この名詞は新約聖書でパウロが本節でのみ用いており、それ以前の文献で用いられた形跡がない。この語が（1）受動態の意味（説得された結果：「あなた方が説得されて今ある状態」）か、（2）能動態の意味（説得している行為：「反対者が今している説得行為」）かを判断するのは困難だが（Burton 1921:283）、ガラ5:8bの「呼んでいる（καλοῦντος）」が現在時制分詞であることに対応して、今まさに続いている説得の行為（つまり2）と理解することがより自然だろう（したがって「そのような妨害を行うのは」）。

　Betzは本来この語（πεισμονή）が否定的な意味で用いられていたとし、これを反対者の「詭弁」と訳す（Betz 1975:265. Martyn [1997:475] は反対者を「詭弁家」とする）。これは本節の文脈においては適切な訳語だろうが、πεισμονή自体のニュアンスは中立的で、文脈によって否定的にも肯定的にもなり得る。たとえばイグナティオスは、実のない名ばかりのキリスト者でないことを示すための殉教を意識しつつ、「（キリスト教の）業は詭弁でない（οὐ πεισμονῆς τὸ ἔργον）」と述べる（『イグ・ロマ』3:3）が、一方でユスティノスはこの語を用いつつ、自分の議論が他者を説得することを肯定

的に述べている (『第 1 弁論』53:1. エイレナイオス『異端反駁』IV 断片 17:5 は「適切な証言」、V 断片 15:21 は「神を明示する証言」)。

ちなみに、パウロがガラ 5:7, 10 でも πεισμονή の同根語を用いていることに鑑みると、福音の真理に関して人の理知を動員して判断すべき側面があることをこの語から垣間見ることができる (Dunn 1993:274–75)。宗教には、ガラ 3:1–5 が示すような体験的側面があると同時に、理知的な側面があることをも看過すべきでない。

反対者の説得内容は、「あなた方を呼んでいる方からでない」。パウロはしばしば、神からの召命を「呼ぶ／召す (καλέω)」という語で表現する (ロマ 8:30; 9:12, 24; I コリ 1:9; 7:15, 17, 18, 20–22, 24; ガラ 1:6, 15; コロ 3:15; I テサ 2:12; 4:17; 5:24; II テサ 2:14)。ガラ 1:6, 15 ではアオリスト時制が用いられており、1 回性の過去の改宗体験がパウロの念頭にあろうが、本節では現在形が用いられている。同様に現在形が用いられる I テサ 2:12; 5:24 では、改宗後のキリスト者を終末の成就に至るまで神が導く様子を描いている (Wanamaker 1990:107)。すなわちパウロは、(改宗に至るプロセスをも含めて) キリスト者が改宗後に神との信頼関係の中でキリストに倣う者として成長する過程で、そのプロセス全体を損なうような説得行為に警戒するよう促している。

5:9　少しの酵母が生地全体を発酵させる。

パウロは唐突に酵母菌の機能に言及する。パウロはこれと同じ文言を I コリ 5:6 でも用いており、しかもその場合は直接引用を示す ὅτι が併用されていることから、この文言はパンの発酵過程に関する諺の引用と考えられる (したがって「『～』とあるとおりです」)。「**酵母／パン種 (ζύμη)**」は一般に悪い影響のメタファとして否定的に用いられる。過越し祭の規定 (出 12:1–20) と供えのパンに関する規定 (レビ 2:11) とが酵母の使用を禁じていることに依拠し、フィロンは神の偉大さから目を逸らす人の尊大な (膨張する) 態度を酵母のメタファで表現し (『各論』1:293)、他所では酵母自体を「本来的に世俗的で汚れている」(『教育』168) と見なす。パウロが I コリ 5:1–8 で酵母に言及しつつ、不品行の罪を看過する教会の尊大さを批判することは (5:2)、フィロンの理解につうずる。酵母に関する否定的な理解は当時の地中海世界に一般で、プルタルコスはユピテル神殿に仕え

る祭司が酵母に触れてはいけない理由を、それが生地に腐敗をもたらすもので、それゆえ堕落の象徴だからと説明する（『モラリア』289f）。イエスがファリサイ派とヘロデの「酵母」に注意せよと戒めるのはこのような理解を反映しており（マコ 8:15// マタ 16:6）、彼らの思想がイエスの神の王国運動に悪影響を及ぼすことへ注意を促している（Collins 2007:386）。もっとも酵母は、神の王国が拡大する仕方を示す喩えとしても用いられる（マタ 13:33// ルカ 13:21）。このような用法はイグナティオスによって受け継がれ、律法という古い酵母とキリストという新たな酵母とが対比される（『イグ・マグ』10:2）。

　Lightfoot（1887:205）はこの諺を、（1）割礼という1つの儀礼が律法全体の遵守に繋がるという教え（ガラ 5:3）、（2）少数の反対者が共同体全体に影響を及ぼすことへの懸念のいずれかとしながら、後者を提案する。パウロがⅠコリ 5章の文脈で、究極的に不品行な信徒の存在が教会全体に悪影響を与えることの喩えとして「酵母」を用いていることからも、後者の意味が適切と思われる。「酵母」が反対者かその教えに従った者かという議論は、メタファの不必要な深読みへと読者を促すのみだ。ここでは、律法の行いを強調する教えがガラテヤ共同体全体へ悪影響を及ぼすことの懸念が、酵母菌がパン生地全体を発酵させ生地を膨らませるという喩えによって印象的に語られている、ということ以上を読みとる必要はなかろう。「**発酵させる**（ζυμοῖ）」が現在時制動詞であることは、前節の現在時制動詞（「呼んでいる」）をも視野に入れて考えるなら、ガラテヤ共同体における悪影響が今まさに拡大しつつあるというパウロの不安を表現しているとも受けとられる（Burton 1921:283）。

5:10　私は主にあってあなた方について説得されている、あなた方が何も他のことを考えないだろうと。あなた方を掻き乱す者は（有罪の）評決を負うだろう、それが誰であれ。

　パウロは前節の不安をぬぐい去るように、ガラテヤ信徒への信頼を言葉にする。反対者への牽制を意図しつつも、本来の議論の動機はガラテヤ信徒への使徒としての責任感と思慕に起因しており、その強い思いが「**あなた方について**（εἰς ὑμᾶς）」という一見すると蛇足とも思える——無くても意味が通りそうな——表現に反映されている。「**説得されている**

(πέποιθα)」という完了時制の表現は、その結果としての信頼に焦点がある（したがって「確信しています」）。他所でパウロが読者（「あなた方」）へこの信頼を表明する場合、読者を修辞的に彼の望む行動へと促す意図が見られる（Martyn 1997:475）。ローマ信徒は良いものと知識とに満たされて互いを教え合い（ロマ 15:14）、コリント信徒がパウロの再訪問に際して喜びを分かち合い（Ⅱコリ 2:3）、テサロニケ信徒がパウロらの戒めを実行し続ける（Ⅱテサ 3:4）ことをパウロは信頼するが、それは彼らをこのような行動へと導くための促しである。ある意味でこれは、スピーチアクト論における発語媒介行為（伊東 2016:207–34）とも理解できよう。もっともパウロは、これをたんなる人間的な操作と区別している（Ⅱコリ 5:11 参照）。なぜなら、パウロは「**主にあって（ἐν κυρίῳ）**」信頼するように説得されているからだ。パウロがガラテヤ書で「主にあって」という表現を用いるのは本節のみで、他所では「キリストにあって」である（1:22; 2:4, 17; 3:14, 26; 5:6）。「主にあって」という表現は、キリストの主権――キリストが主であるという関係性――を強調していよう。すなわちこの説得（信頼）の背後に、パウロの権威やガラテヤ信徒の能力でなく、主（人）であるキリストに誠実さを示すキリスト者とそれを導く主キリストとの関係性（Lordship）があることが、「主にあって」という句によって示唆されている（Dunn 1993:276–77）。パウロが説得させられて信頼する内容は、ガラテヤ信徒が「**何も他のことを考えない**」、つまりパウロの説得（5:7）とは異なる反対者の説得（5:8）に従わないことだ。

パウロの焦点はふたたび反対者、すなわち「**あなた方を掻き乱す者**」に向けられる。ガラ 1:7 で述べたとおり、パウロは反対者に対してのみ「掻き乱す」という語を用い、彼らが扇動的で混乱をもたらすことを厳しく批判する。ここで注目すべきは、パウロがガラ 1:7 では「掻き乱す者ら（οἱ ταράσσοντες）」（複数）と述べていながら（ガラ 5:12 参照）、ここでは「掻き乱す者（ὁ ... ταράσσων）」（単数）と記している点だ。この違いに関して様々な推論がなされている（Barrett 1985:68 参照）。単数の「掻き乱す者」が反対者集団の首謀者を指していると理解される一方、「**それが誰であれ（ὅστις ἐὰν ᾖ）**」という表現が「彼らが以前誰だったか（ὁποῖοί ... ἦσαν）」（ガラ 2:6）という類似表現が指すエルサレム教会の指導者を想起させることから、とくに反対者が思想的支えと見なすヤコブ（「ヤコブからの者たち」、

ガラ 2:12）と理解される場合もある。しかしいずれも推測の域を出ない。ここでは、ガラテヤに散在する諸教会に反対者の誰が何人訪問したか把握していないパウロが、不特定の人物に対して単数の「掻き乱す者」という曖昧な表現を用いたと理解しよう。

　その者は「(有罪の)**評決を負うだろう**」。「評決（κρίμα）」は法廷用語で、裁判官の審判を指す（*TDNT* III:942）。この語に対応する動詞「負うだろう（βαστάσει = βαστάζω）」は、一般に「担う、荷を負う、もって運ぶ」ことを意味し、パウロも他所でそのように用いる（ロマ 11:18; 15:1; ガラ 6:2, 5, 17. マタ 3:11; マコ 14:13// ルカ 22:10; ルカ 7:14; 14:27; 使 3:2; 21:35 参照）。ここでは文脈から有罪判決というレッテルをその身に負うことを意味する（したがって「罪に定められます」）。したがって厳密には、刑罰に服することをもそのニュアンスとして含むと思われる「裁きを受ける」（新共同訳、岩波訳、NRSV 参照）は、この評決の結果をも訳出しているので、むしろその場合は「評決（κρίμα）」から派生する「刑罰（κατάκριμα）」が相応しかろう。実際にロマ 5:16 はこれら 2 語を並列させ、アダムへの判決（κρίμα）の結果が人類の「刑罰（κατάκριμα）」をもたらす様子を描いている（Jewett 2007:382）。パウロは本節で、全人類へ及ぼすアダムの影響まで念頭に置いているとは思われないが、反対者の行動が及ぼす悪影響をひしひしと感じていただろうと推測される。

5:11　またこの私が、兄弟よ、割礼をも宣べ伝えているなら、なぜそれでも迫害されているか。それなら十字架の躓きは取り除かれてしまっているだろう。

　パウロはふたたび「**兄弟らよ**」と読者に注意を促しつつ、弱い逆接の接続詞「**また／しかし**（δέ）」を伴って、先行する内容から話題を一変させる（したがって「さて兄弟姉妹の皆さん」）。「**この私が……割礼をも**（ἔτι）**宣べ伝えているなら**」とは何を意味するか。この文言の背景として、反対者が「パウロも割礼を宣べ伝えている」とガラテヤ信徒に語ったことが容易に考えられる。反対者がガラテヤ宣教において割礼を促す際、〈パウロもじつは割礼を宣べ伝えている〉と教えたなら、ガラテヤ信徒の心は揺さぶられただろうし、そのような事実があれば本書簡におけるパウロの説得性も著しく低下する。したがって、パウロはこの〈言いがかり〉を一蹴す

る必要があった。

そもそもパウロが割礼を宣べ伝えていたという反対者の情報に根拠があるか。この考察では、まず副詞の ἔτι の用法を理解する必要がある。この条件文では、前半の条件節と後半の帰結節の両方で ἔτι が用いられている。一般にはこの両者とも時間的副詞「今に至るまで」と考えられ、「私が今・でも割礼を宣べ伝えるなら、なぜ今・でも迫害されるか」と訳されがちだ。「今でも割礼を宣べ伝えるなら」という条件文が成り立つためには、パウロが以前割礼を宣べ伝えていたことが必要となる。この場合とくに2つのシナリオが想定される。

すなわち、(1) 改宗以前のパウロが異邦人をユダヤ教へ改宗させようとして、割礼の必要を宣べ伝えていた（Burton 1921:286; Bruce 1982a:236–37; 原口 2004:210. 佐竹 2008a:478–81 参照）。しかし、第二神殿期にユダヤ人が異邦人を意識的に改宗させる慣習を持っていたとは考え難い（トピック #6）。その中で、パウロのみが異邦人をユダヤ教に改宗させていたと想定することは困難だ。あるいは、(2) 宣教とは関係がない、より一般的なユダヤ社会への異邦人の同化に際して割礼が期待されることをパウロも前提としていた（Dunn 1993:279–30）。使 16:3 におけるテモテの割礼がこれにあたる。リストラ出身のテモテの割礼が史実に基づくなら、パウロ一行はその直後にガラテヤ宣教を行っているので、この割礼がガラテヤ信徒の記憶に留まっていないとも限らない。しかしテモテに関しては1度きりの例外措置であり、パウロはこれをもって「かつて割礼を施していた」とは認めないだろう。

むしろ本節では、ἔτι を時間的副詞でなく、ある種の論理的副詞（BDAG 400, 2–3 参照）と捉えることがより適切だろう（Mußner 1981:358–59）。すなわち、（割礼を求めないこともあるが）「**割礼をも**」求めることがある、である。「今でも」ではないので、パウロとしては「割礼をも宣べ伝える」という反対者の主張に対して、「かつては割礼を施していたが」と譲歩することはない。この理解に立つと、上の2つのシナリオは成り立つか。(1) は誤ったユダヤ教の宣教観に基づいており、いずれにしてもあり得ない。むしろ (2) のように、反対者がテモテへの割礼を引き合いに出して「パウロは割礼をも宣べ伝えている」と主張したことに対するパウロの反論と理解すべきだろう。これに関しては、使 16:3 の出来事は異邦人の改

宗でもなければ、ユダヤ人の改宗でさえない。これはユダヤ人の母を持つキリスト者テモテが無割礼のままでパウロの宣教活動に参加すると、ユダヤ人会堂を訪問する際に問題となりかねないとの実務的な配慮に過ぎない (Barrett 1998:761–62)。これをもって「（パウロは）割礼をも宣べ伝えている」と言う反対者に対して、パウロは反論している。

その反論とは、「**なぜそれでも（ἔτι）迫害されているか**」である。条件節の ἔτι が時間的副詞でないなら、帰結節の ἔτι も「今でも」でなく、論理的副詞の「それでも」が適切だ。パウロの異邦人宣教が、ユダヤ人と無割礼の異邦人との安易な接触と見なされて迫害の対象となる可能性に関しては、ガラ 2:12 の注解ですでに触れた。このような事態が異邦人宣教とユダヤ社会とのあいだに懸念されたことに関しては、パウロは他所でも述べている（ロマ 8:35; Ⅰコリ 4:12; Ⅱコリ 4:9; 11:24; 12:10; Ⅰテサ 2:14–16; Ⅱテサ 1:4 参照）。したがって、反対者に対するパウロの反論は以下のとおりである。〈反対者はあなた方ガラテヤ信徒に対して、私がときとして割礼を受けるよう教えてもいると伝えているそうだが、それは根拠のない言いがかりです。私が割礼をも宣べ伝えているなら、それでも私が迫害されるのは道理に合いません。私が今まさに体験している迫害こそ、私が割礼を宣べ伝えていない証拠です。〉

パウロはこの論理を本節後半で明言する。接続詞「**それなら（ἄρα）**」は、上を受けて「パウロが割礼をも宣べ伝えるなら」を意味する。その場合、「**十字架の躓きは取り除かれてしまっているだろう**」。「躓き（σκάνδαλον）」は本来、物質的な障害を意味する（レビ 19:14; ユディ 5:20）。パウロはこの語を 6 回用いるが、その内の 2 回は LXX の引用であり（ロマ 9:33 = イザ 8:14; ロマ 11:9 = 詩 68:23 [MT 69:23]）、いずれも神への信頼の障害が念頭にある（מוקש. レビ 19:14; イザ 8:14）。じつに本節を除いた他の 3 回も（ロマ 14:13; 16:17; Ⅰコリ 1:23）、同様にキリスト者の信頼関係が育まれることの障害について述べている。本節でもやはり、ガラ 2:2; 5:7 の競走のメタファをも意識しつつ、キリストへの障害物という意味で用いられているのだろう（Dunn 1993:281）。

Ⅰコリ 1 章では、「**十字架の躓き（τὸ σκάνδαλον τοῦ σταυροῦ）**」が、十字架につけられたイエスを主キリストとして告白することが神理解の障害となることを意味する。「私たちは十字架につけられたキリストを宣べ伝え

ますが、それはユダヤ人にとっては躓き……」（Ⅰコリ1:23）。イグナティオスはこれを受け、「私の霊は十字架の（上の）塵[63]、それ（十字架）は信じない者には躓きでも、私たちには救いと永遠の命」（『イグ・エフェ』18:1）と展開する。ガラ3:13の注解ですでに述べたとおり、十字架につけられた「罪人」をメシアとする原始教会に対する、改宗以前のパウロ自身とユダヤ社会一般の抵抗と反感とが、このような表現の背景にあろう（朴2003:36参照）。もっともこの場合の「十字架の躓き」は割礼と直接関係がない。割礼を求める福音宣教（反対者らの福音宣教）も求めない福音宣教（パウロらの福音宣教）も、十字架刑に処されたイエスをキリストと告白するので、ユダヤ人一般には程度の差こそあれ抵抗があった。したがって、本節が語る「十字架の躓き」はたんに十字架に焦点を置いているのでなかろう。ガラ3:6–14の注解が明らかにしたように、パウロはキリストの十字架をユダヤ人と異邦人とに永遠の契約の成就をもたらす決定的な出来事として理解し、そこには割礼が象徴する民族的な差別はない。この割礼を相対化する十字架理解が反対者と同じ考えに立つユダヤ人キリスト者（またより広いユダヤ社会一般）に対する躓きとなった。この躓きゆえにパウロは迫害に晒された。

　したがって、この躓きが「**取り除かれてしまっている**（κατήργηται）」とは、迫害されない状態を意味する。しかし当然パウロには、反対者の抵抗をはじめ異邦人宣教における様々な迫害が絶えず存在するので、結果としてパウロが割礼を宣べ伝えるという反対者の主張は成り立たないことになる。ちなみに後続するガラ5:16の表現に、パウロが律法を無視した放縦を教えているという反対者の批判が示唆されているなら、彼らはパウロの自己矛盾——割礼をも教え、放縦をも促す——を批判しているのだろう。

5:12　自らを去勢してしまえばよい、あなた方を転覆させる者らは。

　上のような嫌疑をもたらした反対者（5:10では「掻き乱す者」）に対し、パウロはさらに強い語気を用いて「**あなた方を転覆させる者ら**」と表現する。「転覆させる（ἀναστατοῦντες = ἀναστατόω）」という動詞は古典ギリシャ文献に見られない一方、LXXダニ7:23では第4の王国が全地をひ

---

[63] 『使徒教父文書』（講談社）の「私の霊は十字架に献げられたもの」は著しい意訳。

っくり返す（ἀναστατώσει）様子を描くのに用いられる。新約聖書では使徒行伝が2回用いる。パウロ一行の宣教活動が「世界をひっくり返した」（17:6）、またエジプト人反乱首謀者が「騒乱を起こした」（21:38）。したがって本節では、反対者の教えがガラテヤ共同体の神に対する信頼性を根こそぎにしている、というニュアンスで用いられていよう（したがって「[あなた方の確信を] 覆そうとする」）。

　パウロはこのような甚大で破壊的な影響力を及ぼす反対者らに対し、「**自らを去勢して（ἀποκόψονται）しまえばよい**」と言い放つ。この語（= ἀποκόπτω）は本来「切り離す」を意味し、手（申 25:12）や指（士 1:6–7）や衣服（サム下 10:4）を切り落とす際に用いられるが、目的語をとらずに「去勢を施す」（申 23:2）という意味でも用いられる。本節では中間態が用いられているので、自分自身に去勢を施すという意味だ。この表現は、反対者らがガラテヤ信徒に割礼を求めることと関連している。古代地中海世界において割礼は忌み嫌われる慣習と見なされていたが、おそらくその理由はこの慣習がしばしば去勢と同視されたからだ（トピック#14）。したがってパウロは他所でも、「去勢（者）（κατατομήν）に警戒しなさい。なぜなら、私たちこそが割礼（者）（περιτομή）だからです」（フィリ 3:2–3）と述べ、パウロに反対するユダヤ人（去勢者）とパウロを含めたフィリピ信徒（割礼者）とを対比している。パウロ一行を「割礼者」とするのは割礼の霊的解釈に基づくが（ロマ 2:25–29 参照）、反対者を「去勢者」とするのは、去勢と割礼が混同される社会背景に依拠した皮肉な表現である。一見すると趣味の悪い毒舌は、ディアトリベーという古代の談論法の典型的な表現に即したものとも考え得る（Betz 1979:270）。パウロはこれ以上反対者に焦点を留めると、その表現がさらに毒々しくなると考えたわけでもなかろうが、ガラテヤ信徒らに対するより建設的な戒めへと意識を移す。

5:13　だからあなた方は、自由のために呼ばれた、兄弟らよ。唯一その自由を肉への機会のためでなく、愛をとおして互いに仕え合いなさい。

　パウロは接続詞「**だから（γάρ）**」を用い、直前にある反対者への批判でなく、本ペリコペ冒頭で宣言されたキリスト者の自由という主題へ読者の意識を戻しつつ、結論へと注意を向ける（BDAG 189, 2）。さらにパウロは、「**兄弟らよ**」とふたたび親しく呼びかけ、「**自由のため**」キリストによって

自由にされた（5:1）ガラテヤ信徒の注意を喚起する。また、2 人称複数代名詞「**あなた方**」を明示することで、呼びかけの語調を強めている（したがって「さて……あなた方のほうは」）。

パウロはガラテヤ信徒が「**自由のために呼ばれた**」と述べる。「呼ばれた／召された（ἐκλήθητε）」という語はガラ 1:6; 5:8 でも用いられ、神がその主権によって人を神との関係性へと招くことを指す。ガラ 5:1 では、与格名詞（τῇ ἐλευθερίᾳ）によって「自由のため」という解放の目的を示したが、ここでは前置詞を付加して神からの召しが「自由のため（ἐπ᾽ ἐλευθερίᾳ）」であることを明示する（BDAG 366）。前置詞 ἐπί + 与格名詞が目的を示す例としては、「神は私たちを不浄のために召され（ἐπὶ ἀκαθαρσίᾳ）ず」（Ⅰテサ 4:7）や、「キリスト・イエスにあって良い業のために（ἐπὶ ἔργοις ἀγαθοῖς）創造された」（エフェ 2:10）が挙げられる。それならこの奨励はガラ 5:1 と実質的に同じ内容の繰り返しになろうが、ガラ 5:1 が〈自由を得たから、以前の状態に戻るな〉という後ろ向きの教えだったのに対し、ガラ 5:13 は〈自由を得たから、それを正しく行使せよ〉という前向きの勧めだ。自由はキリスト者に保証された恩恵だが、同時にそれは正しく行使すべき行動責任でもある。「『何のための自由か』と問わない自由は危険な代物だ」（Dunn 1993:287）と言われるゆえんだ。

したがって本節後半は「何のための自由か」という問いに焦点を置く。「**唯一**（μόνον）」という限定を表す副詞は、自由の行使を「A でなく B だ」と特定する。それはまず「**肉への機会のため**」でない。本来「機会（ἀφορμήν）」は動作の起点や移動の開始点を指し（ピンダロス『断片』119 参照）、それはある目的を遂行する適切な状況（＝きっかけ、機会）へと広がる。したがって、罪が肉の弱さを良い機会として用い、貪欲をもたらし死に至らしめる（ロマ 7:8, 11. Ⅱコリ 5:12 参照）。本文節には動詞が欠損しているので微妙なニュアンスは断言できないが、おそらく「与える（δίδοτε）」を補って「自由を誤用する機会として肉に与えず」と理解できよう（佐竹 2008a:493; 田川 2007:207–08 参照）（したがって「肉をとおして満足を得る機会」）。パウロはこれまで「肉（σάρξ）」を身体的な表現（肉体［割礼］、人）として用いてきたが（ガラ 1:16; 2:16, 20; 3:3; 4:13, 14, 23, 29）、ガラ 5 章では「霊」との対比によって倫理的なニュアンスでこの語を用い始める（トピック #15）。のちにパウロは、霊・肉の二元論を牽制するよ

うに、「肉」自体が邪悪でなく、人の脆弱さに罪の力が関与して神への反抗がもたらされると説明する（ロマ 7:7–25）。パウロはガラテヤ書において「罪（ἁμαρτία）」を頻用しないが（3 回のみ）、それでも罪の力の下にすべてが閉じ込められているという世界観を示している（ガラ 3:22）。それならば、ποιεῖτε（作る）を補って「自由を肉に対する機会のために用いず」と理解することもできよう。すなわち、肉の弱さをとおして罪の力が自由を搾取し誤用するに任せないことを指している（この場合は「肉をとおして満足を得る機会」か）。パウロはその具体的な内容を、キリスト者同士の争いとし（ガラ 5:15）、さらに「肉の行い」として列挙する（5:19–21）。

するとこの自由は肉が罪の力から解放される自由であり、キリスト者はいまやその束縛を離れ、愛という原則によって生きることができる。パウロが「愛をとおして（διὰ τῆς ἀγάπης）」と言う場合、この冠詞つきの「愛」はガラ 5:6 に言及されたキリスト者を動かす基本原理としての愛、キリストの死が象徴する「あの愛」を指すだろう（ガラ 2:20 参照）。ガラ 5:6 では、キリスト者による神への信頼性が愛によって稼働し具現化すると語られたが、本節ではやはりあの愛がキリスト者を動機づけて他者への奉仕へと駆りたてる。

したがってパウロは「互いに仕え合いなさい」と命じる。「仕える（δουλεύετε）」という語は、本来奴隷としてその職務を果たすことを指し、ガラ 3:28 の注解で述べたように（「人類は自由か奴隷かのいずれかである」〔『法学提要』3:9〕）、そのような条件では独立した個としての人間の尊厳が剥奪されている。ガラ 3–4 章では律法の下にある人が隷属状態にあり、キリストの信頼性をとおしてその束縛から解放されると述べられた。その結果として本ペリコペは「自由」を主題としている。しかし本節では、隷属化主題と自由化主題とが融合し、自由とされた者が奴隷として仕える。パウロはこのような逆説表現を用いて、「何のための自由か」を印象的に語っている。自由は、権利主張に目をくらまされた好き勝手を指すのでなく、むしろ肉の弱さをとおして罪の力が導く自尊心、世間体、党派心等からの解放であり、それは他者への奉仕へと人を向ける。

5:14　それは、すべての律法が 1 語において満たされてしまっているからだ。あの「自分自身のようにあなたの隣人を愛せよ」において。

自由への召命が愛という原理による他者への奉仕だと述べたパウロは、この自由の行使の正当性を示すため、理由を導く接続詞「**それは**」によって本節を開始する。パウロが律法に対して否定的だという伝統的な理解に立つ注解者にとって、本節はガラテヤ書におけるもっとも難解な箇所の1つだ（Shaw 1983:50. Betz 1979:299 参照）。既述のとおり、パウロの律法に関する否定的な表現は、神が与えた律法の本質を否定するのでなく、それを民族的優位性を保証する象徴として捉えたイスラエルの誤解（「律法の行い」）に対する批判を反映している（トピック #8）。したがって、割礼を受ける者に「律法全体を行う義務がある」ことを否定的に警告しながら（5:3）、本節で律法の完成を教えるパウロを一貫性の欠如（Räisänen 1987:42–73）と捉えるのは、明らかな誤りだ。Hübner（1984:37）はガラ 5:3 の「律法全体（ὅλον τὸν νόμον）」と本節の「**すべての律法（ὁ πᾶς νόμος）**」とを対比し、前者がユダヤ律法なのに対し後者（とガラ 6:2）はキリスト者の一般原則（νόμος）を指すとする。しかし直後のガラ 5:18 の νόμος がユダヤ律法なのは明らかだ。すると Hübner は、ガラ 5:3 の νόμος を「律法」、5:14 を「原則」、5:18 をふたたび「律法」、6:2 はふたたび「原則」と、明らかに恣意的な解釈を読者に強いることになる。パウロがガラテヤ書で νόμος を用いる場合、ほぼ一貫してユダヤ律法を意識していると考えることがより自然だ。

後続する引用文は 6 単語からなるが、それを「1 語（ἑνὶ λόγῳ）」と表現するのは、おそらく LXX の影響だろう。LXX 申 27:26（ガラ 3:10 参照）は、「この律法のすべての言葉／掟（πᾶσιν τοῖς λόγοις τοῦ νόμου τούτου）」と記し、1 つの戒めを「1 語（λόγος）」とカウントしている。律法授与物語においても、モーセは神から「契約の言葉、十戒（十語 = δέκα λόγους; MT：עֲשֶׂרֶת הַדְּבָרִים）」（出 34:28）を授かる（申 10:4; ヨセフス『古誌』3:101, 138; 4:304; 8:104）。1 つの戒めがいくつの語で構成されているかでなく、1 つの戒めが 1 語と数えられる。

神の 1 つの戒めの内にすべての律法が「**満たされてしまっている**（πεπλήρωται = πληρόω）」。律法に関して πληρόω という動詞を用いる例はパウロ以前のユダヤ教文献になく、「規則（ἐντολή）」が πληρόω の目的語となるケースが数件あるのみだ。そしてパウロがこの動詞を用いる場合、ユダヤ人の律法体制でなく（その場合は φυλάσσω, ποιέω, πράσσω が用いら

れる)、キリスト者の在り方と律法との関係を言い表す (ロマ 8:4; 13:8; ガラ 6:2)。さらに、新約聖書において πληρόω が終末期待の成就と深く関わっていることに鑑みるなら (Moule 1967–68:293–320)、終末の時が満ちてキリストの到来の内に律法が成就されたという律法観を本節が反映していると考えられよう (Barclay 1988:138–40)。したがってガラ 5:3 と本節とは矛盾しない。前者は「律法を行う」ことを否定し、後者は「律法が成就される」ことを肯定しているに過ぎない。すなわち、律法諸規定の完璧な遂行でなく、律法の精神 (ガラ 6:2 注解) の完成である。「満たされてしまっている」という完了時制のニュアンスは、「既に／未だ」の終末的緊張関係という文脈で理解されよう (成就の時が開始し、それが完成に向けて継続している)。

すべての律法を成就する 1 つの戒めとは、「**自分自身のようにあなたの隣人を愛せよ**」である。これは新約聖書がモーセ五書のうちもっとも頻用するレビ 19:18 の引用だが (マコ 12:31// マタ 22:39// ルカ 10:27; マコ 12:33; マタ 4:43; 19:19; ロマ 13:9; ガラ 5:14; ヤコ 2:8;『ディダ』1:2 をも見よ)、それ以前のユダヤ教文献でこの箇所が用いられた形跡がない。もっとも後 2 世紀に入ると、ラビ・アキバがレビ 19:18 を「もっとも偉大な原理」とする (『創 R』24:7)。したがって、原始教会がレビ 19:18 を大切に伝承した背景に、イエスがこれをもっとも重要な掟 (の一部) として提示したという記憶があると考えられる (Dunn 2003:584–86. Collins 2007:569–70 参照)。それなら、パウロが「あの〜において (ἐν τῷ)」と冠詞を付けて引用する隣人愛の掟は誰の掟か。他所でユダヤ教聖典を引用する (「〜と書いてある [γέγραπται]」) のとまったく異なる仕方で引用されたレビ 19:18 を、ガラテヤ信徒はイエスによる隣人愛の掟と理解したのではないか。したがってパウロは、のちにこの掟を意識しつつ、互いの重荷を負い合うことを「キリストの律法」と述べる (ガラ 6:2)。「キリストの律法」がガラ 5:14 を指すとの理解は、大半の注解者によって共有される (Dunn 1998:655.n134 の文献リストを見よ)。

パウロは、前節で愛の原則に基づいたキリスト者の自由を語り始めたが、イエスがユダヤ教聖典において重視した隣人愛の掟——すなわち「キリストの律法」——を提示することで、この愛の原則の重要性をさらに明らかにしている。この隣人愛の掟が律法全体を成就するとは、神がイスラエル

に与えた律法が破棄されることでなく、終末におけるキリストの到来に際して、キリストの生き様をとおしてその本来的な意図が完全なかたちで達成されたことを意味する（Schrage 1988:206–07）。これはさらに、律法の本来的な意図が終末的緊張の時代においてキリスト者の内に達成されつつあることを意味する。キリスト者の自由とは、イエスの生と死に象徴される他者愛の実行が何の束縛も受けないことで、これが律法をとおして神が人に求める本来の行動原理である（トピック#16）。

5:15　しかし、もしあなた方が互いに噛みつき喰いあさろうとすれば、互いに滅ぼされないよう気をつけよ。

　パウロはその奨励において、否定的命令（5:13）に肯定的命令（5:13–14）を重ね、本節ではさらに否定的命令を畳みかけて、自由の行使があらぬ方向へ向かわぬよう気を配る。

　「**噛みつき**（δάκνετε）」という語は、LXXでもっぱらイスラエルの民を毒蛇が噛むという状況で用いられるが（申8:15; 民21:6–9; コヘ10:8, 11）、獣が噛みついたり虫が刺したりと用法は柔軟で（ホメロス『イーリアス』17:572; 18:585）、比喩的に情愛が若者の心に取り憑くというニュアンスでも用いられる（プラトン『国家』474d）。新約聖書では本節以外に用例がなく、ここでは本節の他の表現と併せて、ガラテヤ信徒同士の争論を、犬などの獣が噛み合う情景に見立てていると思われる。本来「**喰いあさろう**（κατεσθίετε）」という語は、獣が獲物を貪り食べ尽くす様子を意味する。したがって道ばたに落ちた種を鳥は啄み（マコ4:4//マタ13:4//ルカ8:5）、終末の竜は女が産む子を貪ろうとして待ち構える（黙12:4. LXX創37:20, 33;『イグ・ロマ』5:2参照）。そして比喩的に、炎（黙11:5; 20:9）や熱心（ヨハ2:17//LXX詩68:10［MT69:10］）や剣（LXXイザ1:20）が人を**滅ぼす**ことを指す。新約聖書の他所では弱者の搾取にこの語が用いられる（マコ12:40//ルカ20:47; IIコリ11:20）。パウロはこれら2語を併用して獣が（「**互いに**」）共喰いする情景を投影しつつ、愛の原理に従わない自由がどこへ向かい得るか、その警告を発している。キリスト者が人のために自らを差し出して仕えたイエスを横目に、互いに自分の思いを達成するため同胞と潰し合いをするなら、その結果「**互いに滅ぼされ**」る。「**互いに**（ἀλλήλους, ἀλλήλων）」が繰り返されることで、前節の隣人愛における関係

性との対比が浮き彫りとなる。「滅ぼす（ἀναλωθῆτε）」という語も「嚙みつく」同様、新約聖書で他に用例がないが、箴言はこれら2語を併記して、邪悪な者が他者を破滅へと追いやる様子を描く（箴30:14）。

はたしてこの状況が、パウロが受けた報告の実際の内容か、その報告に基づくパウロの想定か、あるいはたんなる一般論か、ここで用いられている基本的条件文からは断定できない。

【解説／考察】

「キリスト者はすべてのものの上に立つ自由な主人であって、誰にも従属しない。キリスト者はすべてのものに奉仕する僕であって、誰にも従属する」
（ルター『キリスト者の自由』）

私たちはルターとともに、奉仕という責任が自由という権利に伴走することを深く思い留めている。したがって本ペリコペがキリストの自由（5:1, 13）をいかに適用するかを語る際、それは持てる者の権利主張を刺激することでなく、むしろ持たざる者の権利擁護の責任を促す。

本ペリコペは、「福音の真理とその適用」（ガラ 2:15–6:10）の適用部分の開始部にあたる。キリストの到来によって律法の下での隷属状態から自由とされたという福音の真理（とくにガラ 3–4章）をもとに、その自由がいかに行使されるべきかをパウロは本ペリコペで述べている。すなわち、叙実をもとにした命令だ（5:5参照）。パウロ書簡群の論旨の特徴が、「叙実法と命令法」と表現されるゆえんである（「自由なのだから、自由を生き自由を活かせ」、ガラ 5:1. Bultmann 1955:112; Furnish 1968:273 参照）。キリスト者は、与えられた立場に則って生きる。与えられた立場が何かを熟知することが、いかに生きるかという命の質を高め深めることにつながる。同時にその立場の熟知は、その命の実践によってのみ適切に測られる。

したがって、キリスト者としての立場を得ることは、キリスト者としての完了を意味しない。改宗は、開始であって完成でない。この立場の獲得と完了との緊張関係は、「既に／未だ」という終末的緊張として説明される。この終末の時は、キリストの2つの到来によって仕切られた、古い時代と来たるべき時代とが重なる時であり、それゆえ未完成と完成との

緊張関係だ。この現実を、パウロはガラ 5:5 において「希望」、「霊」、「信頼性（誠実さ）」という 3 つの鍵となる語をもって語っている。キリストに属することによって神の祝福を受けるという契約の正統な相続者としての立場を得たキリスト者は、正統な相続者としての資質（あるいは義という関係性）において日々成長する。この成長は、契約に対して誠実な神が遣わした霊によって促され、また神への誠実をその在り様によって示したキリストの模範が導く。したがって終末の待ち望む時代は、未完成が完成へと向かう待ち遠しい時代だ。この救いのプロセスを、パウロは競走のメタファで表現し（5:7）、その行く手を阻む障害物（「邪魔」[5:7]、「躓き」[5:11]）に対しての注意喚起を怠らない。

「叙実／命令」が「既に／未だ」と対応していることは明らかだ。これはすなわち、「恩恵の享受」と「責任の遂行」とを直結させる根拠となる。本ペリコペの重要な主題である自由に関して言えば、自由という恩恵の獲得は、その自由の行使という責任と無関係でない。上述したとおり、「何のための自由か」を熟考しない自由は放縦をその懐で暖め始め、他者を搾取する欲望で身を焦がす。したがってルターは、キリスト者の自由が何のための自由かを問うて、命を育む奉仕へと私たちの歩みを向けた。その意味でキリストの自由はあらゆる搾取の軛からの解放であろうし、「私の軛は（負うのに）良い」（マタ 11:30）と言われる奉仕の軛を引き受けることとも言えよう。

トピック #14　ΠΕΡΙΤΟΜΗ
古代地中海世界における割礼と去勢

ユダヤ人にとって割礼がいかに重要かに関しては、本注解書をとおして述べてきたし、とくにトピック #5 でも言及した。一方で古代地中海世界において、ユダヤ人による割礼という慣習は嘲笑、非難、迫害の対象となっていた。これはセレウコス朝のアンティオコス 4 世によるユダヤ地方のヘレニズム化政策において顕著だ。アンティオコス 4 世はユダヤ全土に対して、産まれる男児の割礼を禁ずる勅令を布告した（Ⅰマカ 1:48）。また、この禁止令を破る母親らを捕らえて、

母の腰にその子を結びつけてともに城壁から突き落とすという処置がとられたことが記されている（Ⅱマカ 6:10;『Ⅳマカ』4:25）。アンティオコス 4 世はユダヤ人の民族感情を希釈し根絶して支配体制を強化する試みの一環として、その民族感情の顕現要素である割礼を禁じた。これは、割礼に対する一般的な嫌悪感とも無関係であるまい。

割礼への嫌悪感は、のちにフィロンが割礼の弁護を必要と考えたことからも推測できる。フィロンは『十戒各論』において割礼の正当性を 5 つ挙げている。それはすなわち、

1. 他の民族のあいだでも割礼の慣習があること（1:2）
2. 割礼が重い病を防ぐこと（1:4）
3. 神の民の清さを保証すること（1:5）
4. 心の割礼の外的象徴であるとともに、知的作業の効率を増長させること（1:6）
5. 多産を保証すること（1:7）

である。1 に関しては、とくにエジプト人の慣習が念頭にあろうが、これは包皮に切り傷を入れる慣習であり、祭司に限定された。

割礼に対する明らかな嫌悪感は、たとえばタキトゥスに顕著だ。タキトゥスは後 1 世紀後半、ユダヤ人の安息日や食事規定に関して、奇異な慣習ではあるがその古代性ゆえにこれらには敬意を払うべきとしながら、こと割礼に関しては「邪悪で呆れかえる」と酷評した（『同時代史』5:5）。ストラボンはパウロとほぼ同時代にイスラエル史を解説するにあたって、敬虔なモーセに続く子孫らが迷信と暴政とに走ったため、（食）肉を避ける慣習や「割礼と去勢（αἱ περιτομαί καὶ αἱ ἐκτομαί）」やその他の規定を持つようになった、と記している（『地誌』16:2:36–37）。ここでストラボンは、割礼と去勢とを同視しないまでも、明らかに混同している。なぜなら、ユダヤ人には去勢の慣習がないからだ。他所でストラボンはクレオファゴス人を描写する際に、「（男性は）陰茎を切除し、女性はユダヤ人のように切除する（αἱ γυναῖκες Ἰουδαϊκῶς ἐκτετμημέναι）（慣習を持つ）クレオファゴス人」（『地誌』16:4:9）と説明する。περιτομαί（περιτομή）が男性の割礼、ἐκτομαί (ἐκτομή) が女性の割礼を指すとの理解も不可能でないが、ἐκτομή は一般に「去勢」を指す（ヘロドトス『歴史』3:48, 49; プラトン『饗宴（シュンポシオン）』195c）。同様の混同の痕跡は、ローマ法にも見られる。アントニヌス・ピウス帝は、ハドリアヌス帝による割礼禁止令を受けて、ユダヤ人に対しての特例を設ける。「神的なるピウス帝の勅令によって、ユダヤ人にのみその息子らが割礼を受けることが許される。この宗教に属さぬ者がこれを行えば、去勢を行う者へ科せられる罰則が適用される」(Mommsen, Krueger and Watson 1985:4:48:8:11 参照)。古代地中海世界における割礼への嫌悪感は、それが去勢と同視されないまでも、しばしば混同され、容易に連想されることによって引き起こされていると考えられる。

　当然パウロとガラテヤ信徒らは、このような文化背景を熟知していたと思われる。ガラテヤ北部のペッシヌスはフリギア人によるキュベレー信仰の中心地であり、その祭司たちは去勢者だった。パウロがこれを意識していたとまでは言えないが、小アジアの住民にとって宗教的な去勢が身近だったことは確かだ。したがって、パウロが反対者に関して「自らを去勢してしまえばよい」（ガラ 5:12）と述べる場合、意識的に皮肉をこめて割礼と去勢とを混同し、「あなたの子孫が繁栄しますように」との讃辞の逆バージョン——「去勢により子孫が絶えよ」——を差し向けているのだろう。

　パウロがフィリピ信徒に対して反対者への警告を発する際、「κατατομήν に気をつけよ、私たちこそが περιτομή なのだから」（フィリ 3:2–3）と述べる。κατατομή は従来、「肉に割礼の傷をつけている人」（口語訳）、「肉体だけの割礼の者」（新改訳）、「切り傷にすぎない割礼を持つ者」（新共同訳）などと訳されてきた。κατατομή の用法に関しては慎重な考察が必要だが、おそらくパウロはここでもガラテヤ書と同様の皮肉をこめて、「（切り落とされた）去勢者に気をつけよ、私たちこそが（真の霊的な）割礼者なのだから」（ロマ 2:25–29 参照）と言い放っていると考えられる（浅野 2010b:143–64）。

2. 相反する霊と肉（5:16–24）

【翻訳】

《逐語訳》

⁵:¹⁶ しかし私は言う、あなた方は霊により歩みなさい。そうすればあなた方は決して肉の欲望を満たさないだろう。¹⁷ なぜなら肉は霊に反して望み、霊は肉に反して（望むもの）だから。なぜならこれらが互いに反対しているからで、その結果、あなた方は自分の欲するこれらのことをしない。¹⁸ またもし霊により導かれているなら、あなた方は律法の下にいない。¹⁹ 肉の行いは明らかだ。それらは、性的不品行、汚れ、放縦、²⁰ 偶像崇拝、魔術、敵意、争い、ねたみ、怒り、利己心、内輪もめ、分派、²¹ 嫉妬、酩酊、狂宴、またこれらの同類だ。このことを、以前話したとおり、私はあなた方に予告している。このようなことを行う者らは神の王国を受け継がない。²² しかし霊の実は、愛、喜び、平和、寛容、親切、善意、信頼性、²³ 柔和、自制で、これらについて律法は（関係）ない。²⁴ そしてキリスト〈・イエス〉に属する者らは、肉をその情欲と欲望とともに十字架につけた。

《自然訳》

⁵:¹⁶ むしろ私は言いましょう。霊によって歩み続けなさい。そうすれば、あなた方が肉の欲するという性質を満たすことは決してありません。¹⁷ なぜなら肉の思いは霊に反し、霊の思いは肉に反するからです。つまりこれらは互いに敵対しています。結果としてあなた方は、自分が欲する肉の思いを行いません。¹⁸ さらにもし霊によって導かれているなら、あなた方は律法の下にはいません。¹⁹ 肉の行いは明白です。それらは、性的不品行、汚れ、放縦、²⁰ 偶像崇拝、魔術、敵意、争い、ねたみ、怒り、利己心、内輪もめ、分派、²¹ 嫉妬、酩酊、狂宴、またこの類です。以前お話ししたようにもう一度警告しますが、これらのことを行う人が神の国を受け継ぐことはありません。²² 一方で霊の実は、愛、喜び、平和、寛容、親切、善意、信頼性、²³ 柔和、自制であり、これらについて律法は関与しません。²⁴ そしてキリスト（・イエス）に属する人々は、肉をその情欲と欲望とともに十字架につけたのです。

5:24 〈・イエス（Ἰησοῦ）〉が欠損する異本にはいくつかの重要な写本（𝔓⁴⁶, D, F, G 等）が含まれるが、おそらく冠詞つきの「キリスト・イエス（τοῦ Χριστοῦ Ἰησοῦ）」という稀な表現を避けるための編集と思われる。冠詞

つきの当該句を厳密に訳すと、「メシアなるイエス」とも訳し得る。

【形態／構造／背景】

　　　　「神々にとって、愛することと貪ることは同じなの」
　　　　（C. S. Lewis, *Till We Have Faces*［邦題：顔を持つまで］）

　C. S. ルイスは晩年の作品で、キューピッドとプシュケーにまつわる神話の再話をとおし、人の内面を深く探った。グローム王国の女王となるべきオルアルは異母妹イストゥラ（プシュケー）が飢饉回避のための生け贄となる際に、「山神（キューピッド）との婚礼」と称されるこの儀式に抗議しつつこう訴えた。しかしその晩年、この告発の内容が神々に映し出された自分自身の姿だと気づき、「いくつもの顔に気づくまで（Till we have faces）、どうしてまともに神々が私たちを相手にしようか」と自問する。すなわち両義性（多面性）や自己矛盾という人の現実を直視したオルアルは、神に対する告発が自らに対する告発だと気がつく。

　人は矛盾する。そして、おおよそ愛についてもっとも言動が一致しない。愛他を叫びつつ自愛に勤しむ。前ペリコペが貪りを警告しながら隣人愛を促すゆえんだ。愛をキリスト者の行動原理と定めるパウロは、本ペリコペにおいて、キリストに倣う倫理的あり方の困難さを熟知しつつ、その困難さにおいて神の霊の指導が確かなことを告げる。じつに霊は、終末的緊張の時代にあって、キリスト者としての生き方を定めて促す鍵となる存在だ。

　もっともパウロが霊について語る理由は、より具体的な事情にも起因している。ガラ 3:1–5 では、ガラテヤ信徒が改宗する際の霊的体験に話題が及んだ。それは彼らのキリスト者としての開始を知らせるのみならず、キリスト者としての完成へ向かって彼らを導く決定的な出来事であるはずだった。そこに反対者らが異なる教えをもたらし、ガラテヤ信徒のあいだに「霊によって始めながら、今肉によって完成しようとする」（3:3）様子が見られた。したがってパウロは本ペリコペにおいて、霊と肉との対比という枠組みの中で、霊によるキリスト者のあり方について教える。

　本ペリコペの特徴の１つは、パウロが霊と肉との対立を強調する際に、悪徳と美徳のリストとをそれぞれ「肉の行い」と「霊の実」として挙げ

る点だ。このようなリストの内容と様式は、ギリシャ哲学諸派にその前例が見られる。Longenecker（1990:249）は、これが古代市民の理想に関するソクラテスの記述（プラトン『国家』4:427; 7:536）にまで遡るとするが、より明白な例はアリストテレスによる美徳と悪徳の対比に見られる。アリストテレスは、とくに正義と勇気とに焦点を置きつつも、9つの美徳をそれに対応する悪徳とともに解説する（『弁論術』1:9:5–13）。あるいは、人の美徳を自信や怒りや恥などの項目のバランスがとれた様子とし、それらに関する両極端（たとえば、自己過信と自己卑下、激情とすべての争いを回避する臆病）を悪徳とする（『ニコマコス倫理』2:7）。このような倫理的考察は第二神殿期ユダヤ教にも影響を与え（知 14:22–27；フィロン『供物』14–33；『IVマカ』1章）、パウロへと継承された（ロマ 1:29–31; 13:13; Iコリ 5:10–11; 6:9–10; IIコリ 12:20–21; ガラ 5:19–23; フィリ 4:8; コロ 3:5–8, 12）。しかし、パウロの倫理的表現が究極的にストア派的だという見方（Easton 1932:1–12）は極論で、ユダヤ教的思想のみならず、より多様なギリシャ思想の影響があったと考えるべきだ（Witherington 1998:403–04）。

　もっともギリシャ哲学に広く見られる「徳（ἀρετή）」はフィリピ 4:8 に見られるのみで、「幸福（εὐδαιμονία）」にいたってはパウロの語彙にない。ソクラテスが正義と勇気とをそれぞれ平和時と戦争時における最重要な徳とする一方で、パウロは愛や忍耐を重視する。また、同性愛や異教信仰に関するパウロの姿勢は、明らかにユダヤ教的な感性を継承している。したがって、Bultmann（1924:138）が結論づけるように、キリスト者に課せられた倫理的要求には、時代的に先行する哲学諸派の道徳内容と較べて「新たな内容がない」とは言い難い。倫理的動機付けにキリストが加えられただけで、あとは古い倫理観が繰り返されるというよりも、キリストとの出会いが一般的倫理観に新たな意味づけと変更とをもたらしたと理解すべきだ（Schrage 1988:198–201）。たとえばパウロは愛の行為に関して、一般的に評価される同胞愛とは異なる愛敵の実践をイエスの生き様から導き出す（ロマ 5:6–10）。これは、ヘレニズム・ローマ社会で評価された英雄死（リュクルゴス『レオクラテス告発弁論』1:84–87 参照）と大きく異なる（トピック #4.B.3）。とくにガラテヤ書では、パウロ特有の人間観に基づく肉と霊との関係が、その倫理的奨励に特徴を与えている。以下は、本ペリコペのアウトラインである。

a. 霊と肉（5:16–18）
　　i. 霊による歩みの奨励（5:16）
　　ii. 霊と肉との対峙（5:17）
　　iii. 霊と律法（5:18）
b. 肉の行い（5:19–21）
　　i. 悪徳目（5:19–21a）
　　ii. 神の王国との訣別（5:21b）
c. 霊の実（5:22–24）
　　i. 徳目（5:22–23）
　　ii. 肉との訣別（5:24）

【注解】

5:16　しかし私は言う、あなた方は霊により歩みなさい。そうすればあなた方は決して肉の欲望を満たさないだろう。

　直前のペリコペが自由の誤用に関する警告によって閉じられたので、本節でパウロは「しかし私は言う（λέγω δέ）」と、キリスト者のあり方に関して新たな角度から議論を開始する。パウロは同じ表現を、ガラ 4:1（「私は言う／つまりこういうことです」）でも用いて読者の注意を促した。

　パウロは「霊により歩みなさい」と命ずる。パウロは「歩む（περιπατέω）」という表現を頻用するが（約 30 回）、これは人の生き様、とくに宗教的／道徳的なあり方を指すメタファだ（ロマ 6:4; 13:13; Ⅰコリ 3:3; 7:17; Ⅱコリ 5:7; フィリ 3:17–18; コロ 1:10; 2:6; Ⅰテサ 2:12; 4:1; Ⅱテサ 3:6, 11）。このような用法は古典ギリシャ語文献に見られず、むしろヘブライ語の「行く（הָלַךְ）」の用法が意識されていると思われる（*TDNT* V:944）。これは神に対する誠実な生き方を指し（申 8:6; 10:12; 26:17; 30:16; 王上 2:3; 8:25; 詩 78:10; 84:12; イザ 2:3; ミカ 4:2; 6:8）、さらに「ユダヤ教の基盤をなす法制」（いかに生きるか）を意味する「ハラハー／ハラホート」の語源だ（長窪 2008:387–88）。ユダヤ教伝承においては——とくに契約維持のための律法体制では——「律法の内に歩む」という表現が慣用的に用いられる（出 16:4; 王下 10:31; 詩 119:1; エレ 32:23; ネヘ 10:30; 代下 6:16）。パウロはこの表現を意識しつつ「霊により歩む」と述べて、終末における

新たな在り方を提示しているだろう (Dunn 1993:295)。また、「歩む」というメタファは、原始教会が「道 (ὁδός)」(使 9:2; 18:25; 22:4; 24:22) と称されたことと無関係であるまい。

パウロ書簡群に「霊」は123回登場するが、パウロは「霊による (πνεύματι)」という与格の表現を40回用いる。この大半は (「手段の与格」として)、キリスト者がその活動を遂行するために、霊が方向性や動機や活力を与える様子を示している。たとえば、霊によって仕え (ロマ 1:9)、霊によって体の行いを殺し (8:13)、霊によって語り (Ⅰコリ 12:3)、霊によって祈り (14:15)、霊によって振る舞い (Ⅱコリ 12:18)、霊によって生き (ガラ 5:25)、霊によって堅く立ち (フィリ 1:27)、霊によって礼拝する (3:3)。したがって「霊によって歩む」とは、これらの活動を含めたキリスト者の在り方において、神の霊の促しに従い (ガラ 5:18)、その導きを妨げずに足並みをそろえ (5:25)、霊の臨在に満たされ (エフェ 5:18 参照)、キリストの在り様に現れた神の姿──「真に人である姿」(Thiselton 2009:67)──を体現し続けることだ。「歩みなさい (περιπατεῖτε)」という命令が現在時制であることは、その継続的なニュアンスが強調されているとも考えられる (したがって「歩み続けなさい」)。パウロは、救いのプロセスを「霊によって始めながら、今肉によって完成しようとする」(ガラ 3:3) のではなく、霊によって開始し完成させるようにとガラテヤ信徒を促している。

パウロはガラ3:3における対比をさらに意識しつつ、**「あなた方は決して肉の欲望を満たさないだろう」**という結果を示す。既述 (ガラ 5:13) のとおりガラ5章では、「肉」を3章よりも広義に倫理的な意味で捉えている。パウロがガラテヤ書を執筆した一義的な目的は、割礼という「肉」へのしるし (とその他の律法諸規定) を異邦人キリスト者に課するという、反対者の教えに抵抗するためだった。ここまでの議論では、「肉」は何よりも割礼を指した (創 17:13. ガラ 2:20; 4:23 注解)。しかし、おそらく反対者が〈パウロは律法遵守を無視した放縦な生き方を教えている〉と批判したことに応答し (使 21:21. ガラ 5:11 参照)、律法遵守をキリスト者のアイデンティティとしないことが放縦に繋がらないことを示す必要が生じた。したがってパウロは、ガラ5章ではより広義の「肉」理解を導入し、霊による終末的なキリスト者の在り方が、今の時代に属する肉のあり方と根

本的に異なることを示しつつ、キリスト者の倫理を展開している。

したがってここでは、より具体的に「**肉の欲望**」という道徳的に踏み込んだ概念が登場する。「欲望（ἐπιθυμίαν）」は「強い願い」を意味し、その対象によって肯定的な意味に用いられもすれば（フィリ 1:23; Ⅰテサ 2:17）、否定的な意味にもなる（ロマ 6:12; 7:7–8; コロ 3:5; Ⅰテサ 4:5）。パウロは一般的な傾向に倣い（BDAG 372）否定的な意味で用いることが多い（貪り、[邪悪な] 欲、[体の] 欲望など、11/14 回。とくにロマ 13:14 参照）。ただ、パウロが純粋な概念として単数の「欲望」を用いるのは本節とロマ 7:7 のみだ（その他は、フィリ 1:23 の「個人の思い」やⅠテサ 2:17 の「各々の望み」）。これは、肉が持つ欲望という性質自体を指しており（したがって「肉の欲するという性質」）、これが諸々の欲望（ガラ 5:24）を生み出す。ロマ 7:7–8 でも罪の根源が「欲望」だと教え、それが「あらゆる欲望」を生じさせる。割礼が「あらゆる快楽と情欲の切り離し」の象徴だ（フィロン『移住』92）というディアスポラ・ユダヤ教的な理解を意識したのか、パウロはむしろ霊にこの切り離しの役割を見出している。のちに彼は、キリスト者を霊的な割礼者と表現するに至る（ロマ 2:29; フィリ 3:3 参照）。クムラン共同体においては、神の霊が成員の心を浄め（1QHa 4:38）、祈りを導き（8:29）、歩みを確かにする（15:9）聖い霊として描かれており、これはまた邪悪な霊と対峙される（8:19–20）。パウロが語る肉と霊との対峙は、この神の霊に関する理解と呼応する（Frey 2014:253–60）。

霊によって生きる結果、肉の欲望を「**決して……満たさない**」。「満たす（τελέσητε）」は「終わり／目標（τέλος）」と同根語の動詞で、「目的を達成させる／成就させる」ことを意味する（BDAG 996）。ここでは「決して……ない（οὐ μή）」という二重の否定詞が、不可能性を際立たせている。したがって、本節は霊と肉との対立を述べるだけでなく、肉に対する霊の最終的な勝利を印象的に語っている。しかしその「勝利」は安易な約束でなく、Dunn（1998:478）の言葉を用いれば、パウロはここであるべき姿の「理想型（ideal type）」を述べている。

5:17 なぜなら肉は霊に反して望み、霊は肉に反して（望むの）だから。なぜならこれらが互いに反対しているからで、その結果、あなた方は自分の欲するこれらのことをしない。

パウロは理由を導く前置詞「**なぜなら（γάρ）**」によって、前節で述べた霊による肉の克服に関してさらなる説明を加える。もっとも、パウロはなぜ霊が肉を克服するかその理由を展開するのでなく、むしろ前節で述べられた状況を別の表現で詳しく述べるのみだ。

すなわち「**肉は霊に反して望み、霊は肉に反して（望むの）だから**」だ。これはキリスト者の道徳的葛藤を表現するが、ここでの「霊（πνεῦμα）」を人の霊と理解する（Lagrange 1925:147）必要はない。改宗時に賜物として神の霊を授かったキリスト者が、キリスト者として生きようとする際に、神の霊の導きと罪の影響を受ける脆弱な肉の欲望とのあいだでの葛藤を体験する。パウロはキアズム構造を用いて、肉と霊との対立を際立たせている（図）。「〜に反して望む（ἐπιθυμεῖ κατά）」という特異な表現は、両者の意図が反対方向へベクトルを向けていることを示す。ポリュカルポスはこの不自然な表現を、「あらゆる欲望が霊に戦いを挑む」（『ポリュ・フィリ』5:3）と言い換える。キリスト者の葛藤は、霊に頼るか、肉の弱さに流されるかの体験だ。ただこの道徳的葛藤をギリシャ的な二元論的世界観と理解する必要はない（トピック #15. Longenecker

```
x. 肉
   y. 反して
      z. 霊
          望む
      z. 霊
   y. 反して
x. 肉
```

[1990:245] はこれを「倫理的二元論 [ethical dualism]」と表現する）。パウロは「**なぜなら**」を繰り返し、前節への付加が続いていることを示す。つまりガラ 5:17a の補足として、「**これらが互いに反対している**」とする。文脈から「これら（ταῦτα）」が霊と肉であることは明らかだ。ガラ 5:17a が霊と肉との方向性が異なることに焦点をあてているなら、5:17b はその結果として霊と肉とが相反する関係性にあることを教えている。

パウロは上で述べた霊と肉との対立の結果を、「**その結果（ἵνα）**」という接続詞で導き、「**あなた方は自分の欲するこれらのことをしない**」と述べる。この接続詞をガラ 5:17a–b における霊と肉の対峙の目的と捉え「それはあなた方が自分の望むことをしないためです」と理解することも可能だが、霊と肉との対立を意図された計画とすることには違和感がある。パウロは、ガラテヤ信徒が何をしないと述べているか、注解者によって理解が異なる。律法の行いに頼り「恵みから落ちた」（ガラ 5:4）ガラテヤ信

徒が、肉の思いに引き寄せられ、霊が促す「これらのこと（ταῦτα）」ができない（Martyn 1997:536–40）のか。あるいは、霊と肉とが対立する状況で、霊の思いをしようとすれば肉の思いに阻まれ、肉の思いをしようとすれば霊の思いに阻まれ、結局両者がそれぞれ促すことのあいだでキリスト者らはジレンマに陥る――霊に属する「これらのこと」と肉に属する「これらのこと」のあいだで逡巡し、どちらか一方の「これらのこと」をしない――（Burton 1921:302. 佐竹 2008a:510–12; 山内 2002:320 参照）のか。少なくとも後者は、終末的緊張におけるキリスト者の葛藤を反映している。しかしこれらの解釈は、霊に従う者が肉の欲望を決して満たさない（ガラ 5:16）、という霊への絶対的な信頼から大きく外れている。前節と本節との整合性を考慮に入れるなら、「これらのこと」は肉の思いと捉えるべきだろう。すなわち、今や肉の思いに対して、それと相反する霊の思いが対峙するので、（霊の促しに従うかぎり）肉が促す「これらのこと」を行わない（Jewett 1971b:106–07; Fee 1994:435–36; Barclay 1988:114–15）（したがって「自分が欲する肉の思いを行いません」）。

　これは、キリスト者が道徳的に完璧だと述べていない。むしろ、道徳的な人としての完成に至る動機と力の供給源である神の霊に従うかぎり、キリスト者は肉の思いを克服する。しかし、今の時代に属する肉は霊に反する思いをキリスト者に訴え続ける（5:17 前半）。終末の時代が開始したので神の霊がキリスト者を強く促すが、今の時代が終了するまで肉の思いはキリスト者を異なる方向へと促し続ける。すでに開始した霊の祝福は、いまだ完全な形で体験されない。パウロが霊に対する大きな信頼を示すのは、終末の開始の祝福を語っているからであり、それは終末的緊張という現実を看過していることでない。

5:18　またもし霊により導かれているなら、あなた方は律法の下にいない。

　パウロはガラ 5:16–17 で述べた霊と肉との対峙という構図を、本節ではとくに 3 章以降で注目されてきた律法の問題と結びつけて発展させる。したがって、弱い逆接の接続詞「**また／しかし（δέ）**」が順接の意味で用いられる（したがって「さらに」）。基本的条件文からなる本節の条件節は、「**もし霊により導かれているなら**」である。ガラ 5:16 と本節は同じ「霊により（πνεύματι）」という句を用いながら、前者がいかに歩むか（手段の与

格）を示すのに対し、後者は誰が導くか（動作主を示す与格）を示している。パウロはロマ8:13–14で、キリスト者が「生きる（ζάω）」ことを「（霊に）導かれる」という表現で言い換える。「歩む」ことが「生きる」ことのメタファなら（ガラ5:16参照）、「歩む」と「導かれる」との関連は強い。したがって「霊により歩む」（5:16）ことと「霊により導かれる」（5:18）こととは内容的にはほぼ同じだろうが、能動態と受動態を用いることによって、キリスト者の道徳的営みが、神の働きかけとキリスト者の意識的な選択とのバランスにおいて進められる様子が表現されていると理解できよう。

そのとき、「あなた方は律法の下にいない」。パウロは「律法の下（ὑπὸ νόμον）」という表現を7回用いるが（ロマ6:14; Ⅰコリ9:20; ガラ3:23; 4:4, 5, 21; 5:18）、これは他の第二神殿期ユダヤ教文献に見当たらず、新約聖書でもパウロ以外が用いることはない。おそらくこれは、ガラテヤ教会における割礼問題に対処するパウロの議論から派生したパウロ的表現だろう。霊と肉との対立から律法の問題へと移行する理由は何か。ガラ5:16との並列関係が注目されると、肉の欲を満たすことの問題と律法の下にいることの問題とが同列に置かれ、律法自体が律法主義的な生き方として批判されがちだ（Burton 1921:302–03）。しかし、パウロの論理は他にある。

キリストの到来によって、ユダヤ人は律法（体制）の下にある状態から解放され（ガラ3:23–24）、異邦人とともに神の相続者である神の子とされた（4:5–6）。この終末的出来事において、ユダヤ人と異邦人との区別なくキリスト者に神の霊（キリストの霊）が与えられた（3:14; 4:6）。キリストに属し（3:27, 29）霊を受けた者は、律法やそれに相当する「諸元素（神々）」の下から自由にされた（4:8–9; 5:1）。しかし、パウロの福音が教える律法（体制）からの解放は、無法的な放縦を意味するかというと、そうでない（5:13）。イエスが模範を示した他者愛が律法を成就したのであり、この他者愛という律法の精神によってキリスト者は道徳的な営みを続ける（5:14–15）。キリスト者が他者愛を実行することの妨げとなる肉の思いに対しては、神の霊がキリスト者を支え導く（5:16–17）。霊によって導かれるキリスト者は、愛という律法の精神を遂行する。したがって、キリスト者が道徳的営みをなすために、律法（体制）の下に身を置いて、律法を遵守することは必要でない（5:18）。これがパウロの意味するところだろう。

パウロが律法を悪と見なしていないことはすでに述べた（トピック#8）。

ただ、キリストにある救い（契約の祝福）を一民族の特権とする誤った熱心や排他的な高慢を「律法の行い」（ガラ 2:16; 3:2, 5, 10）と表現し、ユダヤ人（とくにユダヤ人キリスト者）の異邦人に対する律法の誤った適用を批判した。ちなみにパウロが、人の脆弱さ（「肉」）において稼働する罪と死の力を、「律法の行い」を容易に連想させる「肉の行い」（5:19）と表現することは、おそらく意図的だろう。パウロが他の書簡で倫理を語る際に、肉と律法とをこのように接近させることはない。これは、ガラテヤ書特有の割礼問題という文脈における特徴的な表現と言えよう（Barclay 1988:210–11; Dunn 1993:301）。

パウロは本節で、霊によって始まったキリスト者の自由が、肉によって完成するのでないことを繰り返している（ガラ 3:3 参照）。それは異邦人が律法体制の下に身を置くことを意味し、終末の時代が逆行することだ。そうではなく、霊によって始まったキリスト者の自由は霊によって完成する。そのときキリスト者は律法体制の下にいないが、霊が促し支える他者愛という律法の精神をとおし道徳的営みを続けることとなる。

5:19 肉の行いは明らかだ。それらは、性的不品行、汚れ、放縦、

パウロは霊と肉との関係を述べたあと、それぞれが具体的に何を指すか明らかにする。したがってまず、「**肉の行い**」の内容を説明する。この表現が「律法の行い」を意識している可能性に関しては上で述べた（複数の ἔργα なので文字どおりには「諸行」）。パウロがガラ 5:17 で言及した肉の思いは、肉の思いに従う人によって肉の行いとして体現される。パウロはこれらが「**明らか**（φανερά）」だと言う。当時のヘレニズム世界においても、「肉」は種々の悪徳を引き起こす原因と考えられた。たとえばプルタルコスによれば、近親相姦、（性的）節度のなさ、宗教的迷信、妬み、怒り、不法、暴飲暴食、悪行は「（体が生じさせる）肉の悦び（τῆς σαρκὸς ἡδοναῖς）」（『モラリア』100–01）だ。このような思想世界に生きたガラテヤ信徒らは、「肉の行い」を明らかにイメージできただろう。

パウロが「**それらは**」という導入によってまず提示するのは、3 つの性的な悪徳だ。性行為／関係に関するギリシャ文化一般の傾向は開放的だが、ストア派はこの傾向に修正を試みた（*TDNT* VI:583–84）。性的な悪徳の一般的総称である「**性的不品行**（πορνεία）」は本来、売買春とくに神殿

娼婦との関係を意味する。婚姻関係以外での性的関係を禁ずるのは、神殿娼婦をとおして偶像崇拝に関与するという唯一神信仰的な懸念を反映していよう（知 14:22–31 参照）。「**汚れ**（ἀκαθαρσία）」は本来、宗教的不浄を指すが、これにも性的な不浄というニュアンスが意識されていると思われる（*TDNT* III:428–29）。パウロはこの語をしばしば上の πορνεία とともに用い（Ⅱコリ 12:21; コロ 3:5. エフェ 5:3 参照）、ローマ書でも性的乱れという文脈で用いる（1:24）。「**放縦**（ἀσέλγεια）」は自尊心と配慮の箍が完全に外れて節度がないことを指すが、パウロはやはりこの語も性的乱れを示す語とともに用いるので（ロマ 13:13; Ⅱコリ 12:21. マコ 7:22; Ⅰペト 4:3; Ⅱペト 2:7 参照）、性的な放縦を意識しているだろう。

5:20–21a　偶像崇拝、魔術、敵意、争い、ねたみ、怒り、利己心、内輪もめ、分派、嫉妬、酩酊、狂宴、またこれらの同類だ。

　19 節で挙げられた 3 つの悪徳は、性的乱れに関わるものだが、それらはおうおうに宗教的場面と関わった。20 節最初に挙げられる「**偶像崇拝**」と「**魔術**」は、より明白に異教的（宗教）活動を指している。「偶像崇拝（εἰδωλολατρία）」という語は古典ギリシャ文献や LXX で用いられないが、ヘブライ語聖典は「偶像（פסל, εἴδωλον）を作ってはならない」（出 20:4）と命じており、パウロはこの思想と語彙とを継承している。パウロは、εἴδωλον + λατρεύω（崇拝する + 仕える）（王下 17:12; 21:21; ダニ 3:12, 18 参照）からなるこの造語を、神々を象徴する像、あるいは像の背後にある神々に対する崇拝という意味で用い（Ⅰコリ 5:10–11; 6:9; 8:4, 7）、またそれと関連する飲食（Ⅰコリ 10:7）をも含意させている。彼は「魔術（φαρμακεία）」という語をここでのみ用いる（新約聖書他所は、黙 9:21; 18:23 のみ）。「薬、麻薬、毒」を意味する φάρμακον から派生しており、一般に薬物を用いて行う魔法や魔術の類を意味する。したがってエジプトのファラオはモーセの奇跡に対抗して、魔術師ら（φαρμάκους）を集めて魔術（φαρμακεία）を行わせた（出 7:11. イザ 47:9, 12; 知 12:4 参照）。ちなみに、追放儀礼における被追放者が φαρμακός と称される場合もあったようだ（ハルポクラシオン『レキシコン』φ. ツェツェス『キリアデス』5:743–58 参照）が、放逐の対象に薬物を投与するという慣習がこれと関わっているか（ポリアエヌス『戦略』8:43 参照）。

順番としてはリストの最後だが、「**酩酊**」と「**狂宴**」にも異教的活動との関連が意識されていよう。偶像崇拝に飲食が関わることは上で述べた（Ⅰコリ 10:7）。これらの行為は他所でも対をなす悪徳として挙げられている（また放縦［ἀσέλγεια］も、ロマ 13:13）。「酩酊（μέθαι）」は μέθη の複数形で、たんなる飲酒でない痛飲（暴飲）が念頭にあろう。たとえばユディトは、大量のワインに酔い潰れた（ἐν ταῖς μέθαις）ホロフェルネスの首を取った（ユディ 12:20; 13:15）。この語は、神殿で毎年開かれる饗宴（シュンポシオン）の様子を容易に連想させる。「狂宴」と訳される κῶμοι は、本来ディオニュシオス神の祭りを祝う行列を意味する。これは肯定的な酒宴を意味する場合もあるが、ユダヤ教伝統においては偶像崇拝と関連するみだらな飲食や（知 14:23）、アンティオコス 4 世によるエルサレム神殿での（偶像崇拝的な）狼藉の一部としての飲食（Ⅱマカ 6:4）を指す。これらの悪徳の項目に関しては、ガラテヤ信徒（とくに男性）が改宗以前に異教の慣習として関わっていた事柄が意識されているのかも知れない（Witherington 1995:191–95）。

　以上の諸項目に挟み込まれるかたちで、残りの項目が置かれている。ガラ 5:15 の内容に鑑みるなら、これらの悪徳が現在のガラテヤ共同体における問題を指していることが推測できる。すなわち、上に挙げられた項目がとくに外社会との以前からの繋がりに起因する悪徳ならば、以下はとくに新たな共同体内に見られる悪徳だろう。「**敵意**（ἔχθραι）」（ἔχθρα の複数形）は民族間（『古誌』4:106; 17:269）や個人間（ルカ 23:12）に存在するあらゆる敵愾心を指し、パウロは他所で神に対する人類の敵対心をこの語で表現している（ロマ 8:7. エフェ 2:14; ヤコ 4:4 参照）。関係性において愛と相反する状態である。「**争い**（ἔρις）」は一般に、不和や口論や論争という意味で用いられる（シラ 28:11; 40:4［新共同訳 40:5］, 9）。新約聖書では、パウロ書簡で他に 6 回（ロマ 1:29; 13:13; Ⅰコリ 1:11; 3:3; Ⅱコリ 12:20; フィリ 1:15）と牧会書簡で 2 回（Ⅰテモ 6:4; テト 3:9）用いられ、関係性において調和（平和）のない状態を指す。「**ねたみ**」と訳される ζῆλος は、LXX において（1）神が人に示す熱意（民 25:11; 王下 19:31; イザ 26:11）、（2）人が神に示す熱意（Ⅰマカ 2:54, 58; 詩 69:10）、（3）この熱意に起因する排他的態度や破壊的行動（民 25:11; 申 29:19）、（4）そしてねたみ（イザ 11:13; Ⅰマカ 8:16; 箴 6:34; 27:4; コヘ 4:4; シラ 30:24）を意味する。新約聖書にお

いて（2）にあたるのはロマ 10:2; Ⅱコリ 7:11、(3) はガラ 1:13–14; フィリ 3:6、(4) はロマ 13:13; Ⅰコリ 3:3; Ⅱコリ 12:20; 使 5:17; 13:45; ヤコ 3:14, 16 である。悪徳の文脈から、本節では「ねたみ」がもっとも自然だろう。ただ、ガラ 1:13–14（フィリ 3:6 参照）に鑑みると、自らの確信に起因する他者への圧迫としての「熱狂」がパウロの念頭にあったことも否定できない（トピック#4）。「**怒り**（θυμοί）」（θυμός の複数形）は、Burton（1921:307–08）によると神の義なる怒り（ὀργή）と比較すべき、人のより感情的な憤慨を指す。しかし、ロマ 2:8 では神を主体とする怒りに ὀργή と θυμός とが並列され、黙示録 16:19 と 19:15 でも神の怒りの激しさを表現するためにこれら 2 語が併用されているので（τοῦ θυμοῦ τῆς ὀργῆς）、これらは単純に区分できない。「**利己心**（ἐριθεῖαι）」（ἐριθεία の複数形）は新約聖書以前に、アリストテレス『政治学』（5:1302, 1303）のみに見られ、利権の獲得と確保に走る政治家の姿勢を指す。ここからの連想で、新約聖書における用法も、自己中心的な利益追求と理解される（ロマ 2:8; Ⅱコリ 12:20; フィリ 1:17; 2:3）。「**内輪もめ**」と訳される διχοστασία は、意見の違いから起こる集団の亀裂を意味し、アンティオコス 4 世のヘレニズム化政策への対応に際するユダヤ人同士の「分裂」にこの語が充てられる（Ⅰマカ 3:29）。パウロは他所で、不和の種となる人を注意するよう促す際にこの語を用いる（ロマ 16:17）。「**分派**（αἵρεσις）」は、ヨセフスがユダヤ教諸宗派を説明する際に用いる語だ（『古誌』13:171）。この場合はむしろ「諸派」と訳され、必ずしも否定的な意味合いはないが、党派的争いの文脈で用いられる場合もある（『古誌』13:293; 15:6）。使徒行伝も、ファリサイ派、サドカイ派、ナザレ派を否定的な評価を下さずに「諸派／分派」と表現するが（5:17; 15:5; 24:5）、その中でナザレ派である教会が迫害の対象として「分派」と呼ばれたことを記している（24:14）。「**嫉妬**（φθόνοι）」は「ねたみ（ζῆλος）」と意味的に重なるが、後者が肯定的にも否定的にも用いられるのに対して、前者はほぼ一貫して否定的な悪意による妬み／嫉みである（例外はヤコ 4:5 を見よ）。福音書によると、ユダヤ人は嫉妬の思いからイエスを権威者に引き渡す（マコ 15:10// マタ 27:18）。

5:21b これらのことを、以前話したとおり、私はあなた方に予告している。このようなことを行う者らは神の王国を受け継がない。

「これらのこと (ἅ)」という関係代名詞は、ガラ 5:19–21a で挙げられた悪徳のリストを指す。パウロはこれらを「**以前話したとおり (καθὼς προεῖπον)**」、今また「**私はあなた方に予告している (προλέγω)**」。パウロがここで繰り返す προλέγω(アオリスト時制の προεῖπον) は、前もって (πρό) 告げる (λέγω) ことだが、その内容によって「予言する」ことだったり、「警告する」ことだったりする (LSJ 1488)。パウロが「以前話した」とことわる背景には、律法遵守を教えないパウロの福音が放縦に繋がるという反対者の批判に対して、道徳的指導が以前のガラテヤ宣教の際に十分なされたことを確認する意図があろう。そして今また「予告している」と述べるのは、終末の完成を意識しつつその前に告げているからだ。したがって、パウロが告げる内容は終末における「神の王国」に関するものだ。

その内容は、「**このようなことを行う者らは神の王国を受け継がない**」である。当然「このようなこと (τὰ τοιαῦτα)」とは上述の悪徳リストを指す。パウロが「神の王国」という主題をここで持ち出す理由は、本ペリコペに一貫した主題である神の霊の授与が終末の開始を知らせ、霊が終末の時代にあるキリスト者をその完成へ導くからだ。霊に導かれる者が神の王国を受け継ぐ。「神の王国 (βασιλείαν θεοῦ)」が共観福音書における主要なテーマなのは確かだが (βασιλεία は 115 回)、パウロ書簡でもその初期から後期にかけて言及されており (Iテサ 2:12; ロマ 14:17; その他 9 回)、パウロの福音宣教が神の王国を宣べ伝えるイエスに関する原始教会の記憶に依拠していたことを示す。もっとも、「神の王国を受け継 (κληρονομήσουσιν)」ぐという表現は、パウロが 4 回用いる (Iコリ 6:9, 10; 15:50; ガラ 5:21) 以外では唯一マタ 25:34 に見られることから、パウロに起因する道徳教示の定型句だったとも考えられる。パウロは Iコリ 6:9–10 でも、悪徳を列挙しつつ神の王国の相続に言及する。神の王国の相続は未来のことであると同時に (Iコリ 6:9–10; ガラ 5:21)、すでに起こったことでもある (コロ 1:13)。これはイエス伝承において、「神の王国が近づいた」(マコ 1:15) と同時に「神の王国は来た」(マタ 12:28// ルカ 11:20; ルカ 17:21 参照) でもあることに呼応する (異なる意見としては、Dunn 1993:307)。ここでも、神の王国の支配がすでに始まっていながら、その完成にいまだ至っていないという終末的緊張が窺える (ガラ 1:4 注解)。Iコリ 6 章ではこのような緊張の状態において悪徳を行う者は王国を継

がないと記した直後に、「あなた方にもこのような者がいました」(6:11)と述べ、滅びが救いに変わる希望を告げる。パウロは今の時代と神の王国とが重なる終末的緊張の状況において、神の霊から目を離すことがないよう警告しながら、霊の導きが確かであるという慰めをも忘れない。

5:22–23a しかし霊の実は、愛、喜び、平和、寛容、親切、善意、信頼性、柔和、自制で、

　それでは、神の王国を肯定的に示す特徴は何か。パウロはそれを「霊の実」と表現する。「実（καρπός）」は本来、草木につく果実を指すので、ある行動や姿勢の結果や報酬を意味するメタファとして用いられる。LXXはヘブライ語聖典における「実（פְּרִי）」の用法を踏襲し、農耕における収穫（民 13:27; 申 1:25）や子孫（創 30:2; 詩 127:3; 132:11）のみならず、敬神の体現（エレ 17:10）、勤勉への報い（箴 31:31）、悪事の報い（ホセ 10:13）等を指す語として用いた。ヨセフスは、イザテス王の神に対する信頼が王室と王国の安全という報酬／報い（καρπός）をもたらしたと述べ（『古誌』20:48）、フィロンは、黙想という行為が知識という結果（καρπὸς ἐπιστήμης）を生むと教える（『逃亡』176）。パウロもこのような仕方で「果実」をメタファとして用いる。すなわち神の霊に信頼しその促しに従順な姿勢から期待される結果が「霊の実」だ（フィリ 1:11 の「義の実」参照）。パウロは他所で、彼の宣教活動の結果である改宗者（ロマ 1:13）、募金活動の結果としての贈りもの（ロマ 15:28）、募金の結果としてのキリスト者への報い（フィリ 4:17）等をも「実」と表現する。

　「肉の行い」の行いが複数（諸行）なのに対し、「霊の実」の実が単数で表されることに意義はあるか。「実（καρπός）」は決して不可算名詞でない（マタ 7:17; マコ 12:2; Ⅱテモ 2:6; ヤコ 3:18）。ここでは、終末の完成に備えるキリスト者の品性が、より総体的なものとして認識されているだろう（Witherington 1998:408）。たとえば善意に富みつつも喜びがないなら、（何もないよりずっと良いが）それは霊の指し示す理想でない。この点で「霊の実」は「霊の賜物（複数の χαρίσματα）」（Ⅰコリ 12:4）と異なる。後者は、それぞれの賜物に特化したキリスト者が、補完しあって1つの教会を建て上げることを表現する。しかし、「霊の実」の一側面のみに特化したキリスト者の成熟は、（それ自体が悪いわけでなくとも）ここでは想定されて

ない。

ガラ 5:22–23	IIコリ 6:6	Iテモ 4:12	Iテモ 6:11	IIテモ 2:22	IIペト 1:5–7
愛	愛	愛	愛	愛	愛
喜び					
平和				平和	
寛容	寛容		忍耐		忍耐
親切	親切				
善意					
信頼性		信頼性	信頼性	信頼性	信頼性
柔和			柔和		
自制					自制
	聖さ	聖さ			
	知識				知識
			正義	正義	
			敬神		敬神
					徳
					兄弟愛

　美徳リストの最初は「**愛**（ἀγάπη）」だ。ἀγάπη は古典ギリシャ語文献にほとんど見られず、同様の概念として、「友情（φιλία）」、「家族愛（στοργή）」、「性愛（ἔρως）」が用いられる。LXX では ἀγάπη が「性愛」（雅 2:5, 7; 3:5; 5:8; 8:6）や「愛欲」（サム下 13:15）という意味でも用いられるが、神に関する愛が語られる場合はかならず ἀγάπη が用いられる。ἀγάπη はガラテヤ書のリストで最初に挙げられるのみならず、表から分かるとおり、新約聖書における同様の美徳リストに一貫して見られる。このことからパウロは ἀγάπη を美徳の１つというだけでなく、おそらくキリスト者の在り方を何よりも象徴する品性と認識しているようだ。これは、彼がキリストによる隣人愛の教えに言及し（ガラ 5:14）、さらにそれを「キリストの律法」として定める（6:2）ことからも分かる。また、愛がすべてに優り（Iコリ 13:13）、すべてを結ぶ（コロ 3:14）とされるゆえんだ。また、神の霊がキリストの霊として紹介されるなら（ガラ 4:6）、霊の実である愛はやはりキリストの在り様に現れた、キリスト者が倣うべき姿である。愛によって始まる美徳のリスト全体がキリストの在り様に裏打ちされた品性

(「キリストのポートレート」、Dunn 1993:310) であるなら、キリスト者はその倫理的動機をイエスの物語に置くことになる。

　ストア派が「喜び (χαρά)」をも含めた感情を理知の誤った判断として否定的に捉えたとしても、一般にこれは「楽しみ (ἡδονή)」と同視され、人が置かれた好ましい状況に関する感情と見なされた。宗教的には、祭りの祝いムードを指す (*TDNT* IX:362)。パウロが「喜び」に言及する場合、それは終末の希望に依拠しており (ロマ 14:17; 15:13; Ⅰテサ 2:19)、かならずしも今の時代における好ましい状況に依拠しない。したがってパウロは、逆境の中での喜びを語り得る (Ⅱコリ 7:4. フィリ 1:4, 25; 4:1 では獄中での喜び)。

　ギリシャ的感性における「平和 (εἰρήνη)」とは、苦しみや痛みがない状況を指し、基本的に戦争 (πόλεμος) の反対であり、静寂 (ἀταραξία) である (エピクテトス『語録』3:13)。これはまた、自己完結する独立性 (αὐτάρκεια) に依拠した個人的な安寧である (*TDNT* II:401)。一方でヘブライ語の「平和 (שָׁלוֹם)」は、身体的「健康」や物質的「栄え」を含みつつも (士 19:20; サム上 16:5; サム下 18:29)、むしろ関係性を表現するために用いられる。現代的な「平和学」における平和の概念はこの後者に近かろう (ガルトゥング 2003:3–16)。契約という文脈においては、二者間の同盟という意味で用いられる (民 6:22–27; イザ 48:18; マラ 2:4–5; Ⅱマカ 1:2–4. *TDNT* II:403)。したがってパウロは、このヘブライ語的感性を継承しつつ εἰρήνη を用い、平和の神との正しい関係性を指し (ロマ 15:33; 16:20; Ⅱコリ 13:11; フィリ 4:9; Ⅰテサ 5:23)、さらに神との契約における正しい関係性をも意識しているだろう。ちなみにフィリ 4:7 では、この神の平和 (関係性) がキリスト者の心と考えを守るのであり、上で述べた苦難の欠如が平和であるという理解とは異なる。

　3つの対をなす徳のあと、パウロはさらなる徳を連ねる。「寛容 (μακροθυμία)」は古典ギリシャ語資料にほとんど見られないが、LXX においては人や神の忍耐／寛容を指す語として用いられる (箴 25:15; イザ 57:15; エレ 15:15; シラ 5:11; Ⅰマカ 8:4)。この語の形容詞 (μακρόθυμος) は、神の忍耐／寛容を表す「怒るに遅い (אֶרֶךְ אַפַּיִם)」(出 34:6; 民 14:18; ネヘ 9:17; 詩 86:15; 103:8; 箴 14:29; 15:18; ヨエ 2:13; ヨナ 4:2) という慣用句のギリシャ語訳だ。新約聖書でもこのような神やキリストの寛容さを意味す

るが（ロマ 2:4; 9:22; Ⅰテモ 1:16; Ⅰペト 3:20; Ⅱペト 3:15）、パウロはこれを迫害への忍耐（Ⅱコリ 6:6; コロ 1:11）やキリスト者間での忍耐（コロ 3:12. エフェ 4:2 参照）にも用いる。「**親切**」と訳される χρηστότης は、古典ギリシャ語において一般に「善良さ、優しさ、正直さ」を意味し、LXX もこれに倣う（LSJ 2007）。同根の形容詞 χρηστός に有益性というニュアンスがあることから、他者に益をもたらす「親切」と訳されがちだ（LXX 詩 13:1, 3; 20:4; 67:11［MT14:1, 3; 21:4; 68:11］参照）。新約聖書でもこの語は、神の優しさ（ロマ 2:4, 11:22; テト 3:4）やキリスト者（とくに「神の僕」）の優しさ（Ⅱコリ 6:6）を指す。次に挙げられる ἀγαθωσύνη は「**善意**」と訳されようが、この古典ギリシャ語文献に見られない語は上の「親切」とほぼ同義語として用いられる（士 8:35; 9:16; ネヘ 9:25, 35; LXX 詩 51:5［MT52:5］；ロマ 15:14; Ⅱテサ 1:11; エフェ 5:9）。前者が奉仕における具体的な善意としての「親切」なら、後者はより抽象的に「善い（ἀγαθός）」こととして捉えられよう。

パウロは次に、関係性確立と維持に欠かせない要素としての「**信頼性**（πίστις）」を挙げる（トピック #7）。これは神がアブラハムと結んだ永遠の契約という文脈で救済論を展開するガラテヤ書に不可欠な概念だ。パウロはこの語によって（ロマ 3:3）、またその形容詞形（πιστός）によって（Ⅰコリ 1:9; 10:13; Ⅱコリ 1:18; Ⅰテサ 5:24; Ⅱテサ 3:3）、契約における神の誠実な信頼性を表現する。徳目としての信頼性とは、神との関係性と人との関係性とを円滑にする個人の信頼性（誠実さ）であり、キリストの在り様に現れた神への「誠実さ」がその模範と動機となる。また、このように誠実な神とキリストへ人が寄せる信頼感（信仰）をも含意していよう。「**柔和**」と訳し得る πραΰτης（πραότης）は、ギリシャの哲学者らが他者との関わり合いにおける柔軟な姿勢を指す語として用いる。LXX では神に逆らわず素直な柔らかい姿勢（シラ 1:27; 45:4）、他者への思慮深さ（詩 131:1［MT132:1］；シラ 3:17; 4:8; 36:28）を意味する。とくにシラ 1:27; 45:4 が神に対する柔和を教える場合、本節と同様に「信頼性と柔和」とが対になっている。パウロはこの語を他者に接する際の思いやりある姿勢として用いる（Ⅰコリ 4:21; Ⅱコリ 10:1; ガラ 6:1; コロ 3:21. エフェ 4:2 参照）。とくにⅡコリ 10:1 では「キリストの柔和」が語られ、ここでもイエスの生き様への記憶がキリスト者の在り方を導く（Stanton 1974:108. Luz 2001:174 参

照）。パウロは最後の徳として「**自制**（ἐγκράτεια）」を挙げる。これはギリシャ哲学諸派が重視する徳で、たとえばアリストテレスは『ニコマコス倫理』7巻で様々な情欲に対する自制心の有無に関して詳しく論ずる。LXXでは動詞の「自制する（ἐγκρατεύομαι）」が2度のみ用いられ（創43:31; サム上13:12）、形容詞は自制を意味しない（トビ6:3; 知8:21; シラ6:27; 15:1; 26:15）。例外的に『アリ』278と『IVマカ』5:34、またヨセフスがエッセネ派の禁欲生活を報告する際に用いる（『戦記』2:120, 137. 『古誌』15:237; 16:218参照）。新約聖書では、使24:25; IIペト1:6を含めて3度のみ登場する（動詞としてIコリ7:5, 8; 9:25）。

5:23b　これらについて律法は（関係）ない。

　パウロはこれらの徳を列挙したのち、これらと律法との関係について述べる。従来この句は、「これらを禁じる掟はありません」（新共同訳、フランシスコ会訳）、「律法はこれらに対立するものではない」（岩波訳）、あるいは「これらを否定する律法はない」（口語訳）などと訳されてきた（Burton 1921:318; Longenecker 1990:263など多くの注解者が支持する）。Barrett（1985:77）は、パウロが反対者とそれに追従する者とに対する皮肉として、〈あなた方は律法を遵守したいのでしょう。それならば、これらの徳に対して相反する律法など1つもありませんよ〉と述べていると論ずる。パウロが律法を否定するという伝統的な解釈において、徳が律法に抵触しないというこの文言理解は解釈が困難だった――〈なぜパウロはいまさら律法を気にするか？〉――が、パウロと律法に関する新たな視点がこの問題をある意味で解消した（トピック#8）。たしかに、愛をはじめとする霊の実が律法の精神を体現するという意味で上のような解釈に問題はないが、本節の特徴的な言い回しにはさらなる注意を向ける必要があろう。

　いくつかの文法的事柄を整理しよう。第1に、「これら」と訳されるτῶν τοιούτωνは何を指すか。中性、女性、男性のいずれの可能性もあるが、複数形であることに鑑みると、大方の注解者が判断するとおり、前出の9つの美徳を中性指示代名詞で受けていると考えるのがもっとも自然だ。Witherington（1998:411–12）は、これらの美徳を有する霊に満たされた人々を指す男性指示代名詞と捉えるが、具体的な先行詞が直前に見当

たらない。第2に、前置詞 κατά + 属格の構文（κατὰ τῶν τοιούτων）にはどのようなニュアンスがあるか（詳細は Asano 2013b:1–8）。上に列挙した従来の翻訳には、「禁ずる」、「対立する」、「否定する」などの相反する関係性が読みとれるが、これは κατά + 属格がしばしば「〜に相反して」という意味で用いられるという理解に依拠する。もっとも、κατά + 属格は「〜の点で、〜については」という意味でも用いられる（LSJ 883）。LXX では κατά + 属格の構文自体が稀だが、これが明らかに後者の意味で用いられるケースが散見される（王下 22:13; イザ 1:1; 知 12:12）。パウロ書簡にはこの構文が9回見られるが、明らかに後者の意味で用いられるケースがある（Ⅰコリ 15:15. Ⅰコリ 11:4 参照。Thiselton 2000:823–26）。以上を総合すると、κατὰ τῶν τοιούτων は「これらのこと（9つの美徳）に関して言えば」と訳し得る。

それでは、「これらのことに関して言えば、律法はありません（οὐκ ἔστιν νόμος）」とは何を意味するか。この意味を考察する手がかりとして、第1にガラ 5:14 が明らかにしたパウロの律法に対する姿勢がある。彼は神の救済計画における律法の意義を否定しない。律法は不従順なイスラエルの民をキリストの日まで導いた。しかし、霊の到来によって告げられた終末の開始に際してその役割を終えた（ガラ 3:23–26）。もはや律法の諸規定を遵守すること（律法体制）の主眼は、ユダヤ人が民族アイデンティティを維持することに限定される。もっとも律法がその目的を終えたことは、他者愛に依拠した奉仕という神の律法の精神が放棄されることを意味せず、それはむしろ神の霊をとおして生きるキリスト者を導く（5:14）。その意味において、神が与えた律法は悪でなく、「聖く、正しく、良い」（ロマ 7:12）、また「霊的」（7:14）だ。パウロにとっての問題は、救済計画においてその役割を終えた律法規定の遵守を異邦人改宗の要件とすることが異邦人の民族的同化に繋がることであり（律法の行い）、結果的に異邦人を今の邪悪な時代に拘繋することだ（トピック #9）。一方で、終末において神の霊に導かれるキリスト者は9つの美徳がその命に結実する。これらの美徳は律法体制の下になく、律法諸規定はこれらに関与しない。

第2に注目すべき手がかりは、アリストテレス著『政治学』に見られるほぼ同じ表現である。

ガラ 5:23b	κατὰ　　τῶν τοιούτων οὐκ ἔστιν νόμος
『政治学』 3:1284a	κατὰ δὲ τῶν τοιούτων οὐκ ἔστι　νόμος

アリストテレスはここで、通常以上に優れた倫理観の持ち主を念頭に置いて、普通は法律が人のあり方を制御するが、「これらの人に関しては、(制御する)律法がない」と述べ、これに続けて「なぜなら彼らこそが律法だからだ (αὐτοὶ γάρ εἰσι νόμος)」と説明する。アリストテレスは法律を否定しているのでなく、むしろその価値を述べつつ、しかし法律規定を超えた状況があることを教えていよう。このような言説の背景には、司法体制に対する一般的なアンビヴァレントな姿勢があるかも知れない。知識人のあいだには、法律は良いが、法律を施行する体制に問題がないわけではないという理解があり、そこから「不法を行わない者は法を要しない」という、司法体制へ距離を置くスタンスが見られた (Morgan 2007:106 参照)。パウロやガラテヤ信徒らが『政治学』に精通しているというのでない。しかし、ほぼ一字一句違わない表現が倫理観と律法/法律との関係を語るという同様の文脈で用いられていることに鑑みると、それが何かしら意味上の方向性を示唆し得ることが期待される。以上を総合して本節を訳すならば、「**これらについて律法は (関係) ない**」となろう (したがって「これらについて律法は関与しません」)[64]。霊の実は、愛によって代表される神の律法の精神が体現されたものだ。神の霊に導かれるキリスト者は、その導きによって律法の精神を体現する霊の実を自らの命の内に育むのであり、これに律法規定の遵守が関与することはない (Dunn 1993:313; Mußner 1981:389 参照)。

5:24　そしてキリスト〈・イエス〉に属する者らは、肉をその情欲と欲望とともに十字架につけた。

　パウロは前節の最後に霊の実と律法との関係を述べたが、それは本ペリコペ全体のまとめでなく、むしろキリスト者の倫理を語るにあたって霊と肉とを対比させる際に、どうしても回避できない律法に対する理解の表明

---

[64] 日本語の注解書では原口 (2004:219–20) と伊藤 (2010:350) とが『政治学』の類似表現に言及するが、いずれも従来の訳 (「律法はこれらのことに反していない」、「このようなことに律法は反しない」) に留まっている。

だった。これに続いてパウロは、接続詞「**そして（δέ）**」によって本ペリコペのまとめを導入する。

パウロは本ペリコペ冒頭で、「霊により歩みなさい」（ガラ 5:16）と述べたが、その霊によって歩むキリスト者を、ここでは「**キリスト・イエスに属する者ら**」と言い換える。パウロは「彼（神）の子」（キリスト）の霊とも表現するので（4:6）、「霊によって歩む」と「キリストに属する」とは直結する。「キリスト・イエスに属する者ら（οἱ ... τοῦ Χριστοῦ Ἰησοῦ）」と似た表現（「あなた方がキリストのもの〔ὑμεῖς Χριστοῦ〕」）はガラ 3:29 にもあるが、それはガラテヤ信徒が「キリスト・イエスにあって（ἐν Χριστῷ Ἰησοῦ）」（3:26）神の子であることの言い換えだった。つまりキリストへの所属は、キリストが神の子として生きる物語がキリスト者の内に繰り返されることを前提としている（Matera 1992:204）。したがって、キリスト者としての歩み（道徳的営み）という主題は本節をも含めて本ペリコペを貫いている——つまり本ペリコペは 23 節で終了しない。

これらのキリスト者は、「**肉をその情欲と欲望とともに十字架につけた**」。ガラ 5:16 では単数（ἐπιθυμίαν）で表現された「欲望」が、本節では複数（ἐπιθυμίας）になっている。既述のとおり、前者は肉の持つ欲望という性質自体（ガラ 5:16–17 参照）、後者はその具体的諸例を指す。やはり複数名詞の「情欲（παθήμασιν）」（ロマ 7:5 参照）をも含め、本節の「情欲と欲望」はガラ 5:16–17 が述べる肉の欲望という性質の具体例である「肉の行い」（5:19–21）を受けた総称と理解できよう（図）。すなわち、「肉をその情欲と欲望とともに」とは、この時代に属する人の脆弱さを象徴する「肉」と、その弱さの結果として生ずる各種の悪徳とを指している。

ガラ 5:16–17	「肉の欲望」	**肉の本質**
	↓	
ガラ 5:19–21	「肉の行い（諸行）」	**欲望の具体例** （性的不品行、汚れ、放縦、偶像崇拝、魔術、敵意、争い、ねたみ、怒り、利己心、内輪もめ、分派、嫉妬、酩酊、狂宴）
	↓	
ガラ 5:24	「その情欲と欲望」	**欲望の具体例の総称**

これらを「十字架につけた」。悪に対する適切な処置という肯定的な行

為に対し、十字架というおぞましいメタファ（ガラ6:14注解）を用いることに前例がない。これは、十字架が苦しみや惨めさのみに読者の注意を向けるという限定的な理解でなく、キリストの十字架に救済的な意義をパウロ（とおそらく原始教会）が見出していたことを示す（トピック#9.B）。ここで「つけてしまった」という完了時制でなく、「つけた」というアオリスト時制が用いられることは重要だ。本節では、改宗時に「肉を十字架につける」という、一回性の出来事が起こったことに焦点がある。じつにこれは本ペリコペに一貫した特徴だった。パウロは、「決して肉の欲望を満たさない」（ガラ5:16）と断言し、「あなた方は自分の欲するこれらのことをしない」（5:17）と言って霊の肉に対する勝利を宣言した。パウロは他所でも「私たちの古い人が、その罪の体が取り壊されるために、ともに十字架につけられた（συνεσταυρώθη）」（ロマ6:6）と述べ、同じメタファの救済的意義を強調する。この場合はバプテスマにおけるキリストへの所属という文脈で用いられており、やはり一回性の出来事の重要性に焦点が置かれている。しかし既述のとおり、これらは現行のキリスト者の葛藤を看過していない。本ペリコペがキリスト者の「叙実法」的言説に焦点を置いたのは（ガラ5:5参照）、これに続くペリコペにおいて「命令法」的言説を導入するためだ。じつに後続するペリコペでは、ほぼ全ての節において何らかの命令や勧めがなされている。

【解説／考察】

パウロはキリスト者の現実を、霊と肉との葛藤として綴った。神の霊の圧倒的な臨在に注目し、それがキリスト者の内にキリストを体現する美徳（「霊の実」）を豊かに実らせる様子を描いた。それは人の弱さを看過した安易な勝利主義でなく、人の弱さを象徴する「肉」が終末の完成において克服されることへの切望であり、ここにパウロの牧会的神学の一端が垣間見られる。彼は霊による肉の克服という文脈においてさえ、「これらのことを行う人が神の国を受け継ぐことはありません」（ガラ5:21）と述べる。すなわちパウロは、「未だ」が看過され「既に」が過度に強調される「実現された終末論（realized eschatology）」を牽制しているのであって、「受け継がない」という脅迫による道徳教導を試みているのでない。それでは

喜びなる霊の実が欠けている。かえってキリスト者が神の霊への信頼をさらに深めつつ、終末的緊張の状態を忍耐強く生きることが促されている（ガラ 5:21b 注解）。

　霊と肉との葛藤がキリスト者の現実なら、改宗前の非キリスト者には霊の促しがなく、それは肉の欲望のみで生きる状態か。Dunn はこの状態を「（善悪の）自問の余地がない」と表現しつつも、同時に「（その自問が）あるいは少ない」（1993:298）とし、多少なりとも表現を和らげる。至極当然のことだが非キリスト者に立派な人が少なからずいる。この事実に対して、〈その善行の動機が純粋かどうか判断できない〉などと無理やり懐疑的になる必要はない。キリスト者は無意味な「文化闘争（culture war）」──排他的な自己正当化──に徴兵されていない。パウロ自身、律法を持たない異邦人の良心（συνείδησις）が律法の要求を満たす場合があると認める（ロマ 2:15）。聖書的視点によると、人はキリスト者であれ非キリスト者であれ神に創造され、またまったく堕落しても（ロマ 1–3 章）、ふたたび神との関係性の中で充足し得る。パウロは異邦人の道徳的感性の内に神の似姿を（歪なかたちだとしても）見出し、彼らの善行を神との関係性の希求と見なしたようだ（Barrett 1991:41–52）。じつに人は「神の似姿がその面影を残す大いなる遺跡（glorious ruins）」と言われるゆえんだ。したがってキリスト者は、隣人とともに同じ社会の成員として倫理的な社会を切望し希求する。教会は孤立した唯一の倫理的集団でない。人の内に見られる義を渇望する神の姿が、教会と社会との協働を要求する。その際にキリスト者は、神を体現するキリストの霊を授かった者として、キリスト特有の在り様（生き様と死に様）に倣うという動機に基づいた倫理的営み──いわば「キリストの形をした倫理」──をとおして、隣人とともに隣人に対して仕える道を模索する。

トピック #15　ΣΑΡΞ ΚΑΤΑ ΠΝΕΥΜΑ
霊に対峙する肉

　パウロはガラ 5 章で、霊と肉との対峙という枠組みをとおして、キリスト者の倫理を語った。これは、ガラテヤ書とローマ書における

際だった特徴だ。この文脈における霊とは、キリスト者が賜物として授かった神の霊である。ヘブライ語聖典において、神から出る命の息としての「霊（רוּחַ）」は、大風の力のような活力であり（出 10:13; 王上 19:11; イザ 7:2; エゼ 27:26）、人を導き促す（士 3:10; 6:34; 11:29; サム上 10:6）。ギリシャ語の「霊（πνεῦμα）」はこれにほぼ対応し、したがってパウロはこの語をもって神の霊を指す。キリストはその在り様（生き様と死に様）をとおして神を人に啓示したので、神の霊はまたキリスト（御子／主）の霊とも呼ばれる（ロマ 8:2; Ⅱコリ 3:17; ガラ 4:6）。「霊の思い」（ガラ 5:17）は神の意志であり（ロマ 8:7 参照）、「霊の実」（ガラ 5:22）は神の品性を表現する。またキリスト者はこの霊の導きをとおして、キリストに倣う歩みを続ける（ロマ 8:9–11）。

　これと相反するのが「肉（σάρξ）」である。すなわち、「肉は霊に反して望み、霊は肉に反して望む」（ガラ 5:17）。「肉」とは何か。パウロの人間論を整理しようとするとき、彼の「肉（σάρξ）」に関する理解が1つの厄介な障害としてある。なぜなら、パウロは「肉」をたんに否定的に語るのみならず、ときには肯定的（あるいはむしろ中立的）にも表現し得るからだ（ガラ 2:20）。ここでは、「肉」の意味の領域を確認することから始めよう。

　「肉」はまず、「肉体」のような身体的で物質的な素材（ロマ 2:28; Ⅱコリ 12:7; ガラ 1:16）、また血縁関係（ロマ 1:3; 4:1; 9:3, 8）を指す。そして、腐敗、破滅、死に代表される人の脆弱さを意味する（Ⅰコリ 15:50; Ⅱコリ 4:11; 7:5; ガラ 4:13–14）。これはより具体的な道徳的脆弱さという意味へと発展する（ロマ 3:20; 8:3, 8; Ⅰコリ 1:29; ガラ 2:16）。したがって、霊との対比がなされる場合、「肉」はその比較において劣る（ロマ 2:28; ガラ 3:3; フィリ 3:3）。さらに「肉」は、罪が稼働する場というローマ書的な意味を持つ（ロマ 7:5, 18, 25; 8:3）。そして「肉」の否定的な意味の極端な例として、「肉」自体が神へ反抗する（ロマ 8:7; 13:14; ガラ 5:24; 6:8）。これらの意味のあいだには重なりがあり、また序列を判断することは容易でないが、それでもこれらを連続線上に置いて単純化すると、以下のようである。

| 素材 | 血縁 | (道徳的)脆弱 | 劣等 | 罪の場 | 反抗 |

中立的 ←————————————————————→ 否定的

肉：〈今の世の一部としてそこに属する部分〉の意味領域

　このような広がりを見せる意味領域に一貫した性格、それぞれの意味が共有する性質は何か。Dunn（1998:66）はこれを「人の死ぬべき脆弱さ」とし、Barclay（1988:206）は「たんに人間的なもの」とする。ここでは、これらの意味合いを意識しつつ、〈今の世（時代）の一部としてそこに属する部分〉（図）と表現しよう。パウロはこの時代をその終末的観点から「現行の邪悪な時代」（ガラ 1:4）と捉えつつも、神の創造という観点に立って、肉体という牢獄に閉じ込められた精神の解放を求めるというギリシャ的二元論から距離を置いている。上述のとおり、少なくとも素材や血縁としての「肉」に否定的な意味合いはない。また「体（σῶμα）」に関してパウロは、さらに積極的な意義を見出している（Ⅰコリ 15 章の復活に関する議論を見よ）。この点でパウロは、アレクサンドリアのユダヤ人思想家フィロンとは人間観が異なる。フィロンはプラトン的二元論に依拠して、「非肉的で非身体的な魂（ψυχαί ... ἄσαρκοι καὶ ἀσώματοι）」（『巨人』31）を理想と教えるからだ。ちなみにソフォクレスは「身体が奴隷だとしても、精神は自由だ（εἴ σῶμα δοῦλον, ἀλλ᾽ ὁ νοῦς ἐλεύθερος）」（『断片』677）とし、その二元論的な世界観を示す。

　ここで、「肉」と「体」の関係を簡潔に補足しよう。「肉」を指すヘブライ語はבָּשָׂר（バーサール）であり、これは動物の皮、素材としての肉、食材としての肉、人、血縁を指す（HALOT I:164）。したがってLXXでは、σάρξがそのギリシャ語訳として用いられる。一方でギリシャ語の「体（σῶμα）」に相当するヘブライ語はない。フィロンは「肉」と「体」の両者をほぼ同義語として否定的に用いるが、パウロはσάρξの背後にあるבָּשָׂרの意味を継承しつつ、一方で「体（σῶμα）」をより中立的な身体を持つ「私」という意味で用いる。したがってパウロにとって、「肉」は新たな時代である神の王国を相続できないが（Ⅰコリ 15:50）、「体（σῶμα）」はこれを相続する（15:44）。パウロの人間論における「体」と「肉」との違いは、「体」がこの世にあ

る一方で、「肉」はこの世に属している（Robinson 1977:25, 31. Dunn 1998:72 参照）と言えよう。

　来たるべき世に取って代わられる今の世は、しかしそこに属する人とともに神の被造物であるという繊細なバランスが、「肉」という語に多彩な意味を与え、その用法の把握を困難にしている。ただ、パウロが来たるべき世を意識した終末的観点から「肉」について述べるガラ5章では、今の邪悪な時代に属する「肉」と、来たるべき時代を象徴する「霊」との対立がとくに顕著な仕方で表現されている。ガラ5章のみからは、あたかも「肉」自体が神の霊に敵対する邪悪な力かのように読み取れよう。しかしロマ7–8章におけるより詳細な（より熟成した？）人間論をも考慮に入れると、神の霊と敵対するのは罪（と死）の力だと分かる（ロマ 7:14–18）。この邪悪な力が、この世に属する人の部分である「肉」の脆弱な特性に働きかけて、神の意志とベクトルを違える方向へ人を誘う。今の時代と新たな時代とが重なる終末における緊張とは、神の霊のベクトルと罪のベクトルとが「肉」を介して人を相反する方向へと引き合う状態と言えよう。

3. 霊の共同体（5:25–6:10）

【翻訳】

《逐語訳》

⁵:²⁵ もし私たちが霊によって生きるなら、また霊に足並みをそろえ続けよう。²⁶ 互いを挑発し合い、互いに妬み合い、虚栄に陥らないようにしよう。⁶:¹ 兄弟らよ、もしある人が何かの違反について突きとめられたら、霊的なあなた方は柔和の霊でそのような人を修復しなさい、あなたまで誘惑されないよう自分自身に気をつけながら。

《自然訳》

⁵:²⁵ 私たちが霊によって生きるのなら、さらに霊と足並みをそろえ続けましょう。²⁶ 互いに挑発し合ったり妬み合ったりして、虚栄心に捕らわれないようにしましょう。⁶:¹ 兄弟姉妹の皆さん、もし誰かがある違反を見咎められたとしても、霊的なあなた方は柔和な霊でそのような人を回復へと導きなさい。その際にあなたまでが誘惑されないよう自戒しなさい。² 互いに重荷を担って支え合いなさい。そのようにすれば、

² 互いの重荷を担い合いなさい。このようにあなた方はキリストの律法を満たすことになる。³ もし誰かが、何でもないのに、何かだと考えるなら、彼は自分自身を欺くからだ。⁴ 各人に自分自身の行いを吟味させよ。そうすれば彼は、自分自身のみへ向けて他者へ向けず、誇りを持つだろう。⁵ 各人が自分自身の荷を負うことになるからだ。⁶ 言葉を教わる人に、教える人とすべての良い物において分かち合わせよ。⁷ 惑わされてはいけない。神は侮られない。人は何でも蒔いたもの、それを刈り取ることにもなるからだ。⁸ すなわち、自分の肉へ蒔く者はその肉から滅びを刈り取り、霊へ蒔く者はその霊から永遠の命を刈り取ることになる。⁹ 善を行いながら、失望しないようにしよう。挫けなければ、かの時に刈り取ることになるからだ。¹⁰ だから、機会を持っているときに、すべての人に善を行おう。とくに信頼性の家族へ。

あなた方はキリストの律法を成就することになります。³ なぜなら「もし誰かが、何者でもないにかかわらず、自分を何か特別と考えるなら、そのような人は自分自身を欺く」とあるとおりです。⁴ １人１人が自分自身の行動を吟味するよう促しなさい。そうすれば、他人と比較して優越感を抱くのでなく、自分の誇りを自ら適切に管理することができるでしょう。⁵ 人はそれぞれ自分に対して責任を持つべきだからです。⁶ 御言葉を教わる人が、教える人と良い物をすべて分かち合うよう促しなさい。⁷ 思い違いをしてはいけません。「人は何を蒔こうと、それを刈り取ることにもなる」という摂理を定める神は侮られないからです。⁸ つまり、自分の肉に対して種を蒔く者は肉から滅びを刈り取り、霊に対して種を蒔く者は霊から永遠の命を刈り取ることになります。⁹ 善を行うにあたって、やる気を失わないようにしましょう。挫けないでいれば、定められた時が来て、刈り取ることになるからです。¹⁰ ですから機会があるかぎり、すべての人に対して善を行いましょう。なによりこの信頼関係に基づく家族に対して。

【形態／構造／背景】

　アリストテレスが「人は本質的にポリス（社会）的な生き物だ（ζῷον πολιτικόν）」（『政治学』1:2:9）と言う場合、人がその徳を発揮して最善なるものを追求する場として都市国家（ポリス）が想定される。この周知の人間観（と政治観）は、それが中世社会において市民の国家的犠牲を正当化するレトリックとして用いられた事実（カントロヴィッチ 1993:18–21）とは別に、示唆に富む洞察だ。パウロの倫理的奨励が個人の徳目に始まって

もそれに終わらず、共同体での実践に展開してもそれに尽きず、外世界へと広がる様子を期待させるからだ。前ペリコペで「肉の行い」（悪徳）と「霊の実」（美徳）とを対比させたパウロは、本ペリコペで徳の社会性（共同体性）へと焦点を移す。

多くの注解者が本ペリコペの論理的構成を説明しようと試したが（一覧は Longenecker 1990:270 参照）、そのアウトラインに関してこれほど意見が一致しない箇所はガラテヤ書をとおして他に見られない。それは、列挙された命令の文脈が見えないことに起因する。したがって O'Neil（1972:71）は、この箇所全体をパウロが直面する状況と直接関係ない、他者の倫理的教えの援用だと断ずる。Betz（1979:291–93）はこれを、「ヘレニズム哲学」の倫理教示の焼き直しと説明する。しかし、パウロが依拠しているとして Betz が列挙するおびただしい数の文献箇所が総じて表面上の関連性に限られ、またギリシャ哲学諸派の思想が一律的であるかの印象を与える点は、十分に批判されてきた（Barclay 1988:170–77）。既述のとおり、ガラ5章に始まる奨励部はとくに 3–4 章での神学的議論をもとにして、キリスト者のあるべき姿がパウロの終末的視点から語られている。したがって本ペリコペは、そのより具体的な教示と考えられる。

しかし文脈が不明なまま格言的な命令が繰り返される本ペリコペからは、たとえば「違反」（6:1）や「重荷」（6:2）が具体的に何を指すか、「（御）言葉を教える人」（6:6）が誰を指すかを知る術は当然ない。もっとも、奨励や命令が列挙される本ペリコペの特徴に目を留めると、パウロの思考の一部は浮き彫りになる。パウロは全12節からなる本ペリコペで、命令法を5回、また奨励を表す1人称複数接続法を4回用いている。そして現在時制の接続法による奨励が本ペリコペの開始部（a）と終了部（c）に置かれ、5つの命令法からなる命令部（b）を囲み込んでいる。さらにこの命令部では、異なる主題（i–iii）に関してそれぞれ互いへの責任と個人的な戒めとが示されている。この観察によると、本ペリコペはより具体的な命令部がより一般的な奨励部の導入とまとめによって囲まれ、さらにその命令部は、共同体全体の在り方と共同体各成員の在り方とを示していると理解できよう。したがって、本ペリコペのアウトラインは以下のとおりである。

a. 奨励部（導入）：霊と共同体（5:25–26）
        b. 命令部（6:1–8）
            i. 過ちの克服（6:1）
                α. 互助（6:1a）
                β. 自戒（6:1b）
            ii. 他者の支え（6:2–5）
                α. 互助（6:2）
                β. 自戒（6:3–5）
            iii. 行為への報い（6:6–8）
                α. 互助（6:6）
                β. 自戒（6:7–8）
        c. 奨励部（まとめ）：善行のための忍耐（6:9–10）

【注解】

5:25 ᵃ**もし私たちが霊によって生きるなら、**ᵇ**また霊に足並みをそろえ続けよう。**

　パウロは本ペリコペの導入にあたって、前ペリコペの主題を他の表現で繰り返す。「**もし私たちが霊によって生きるなら**」という条件法の条件節は、ガラ 5:16 の「霊により歩みなさい（περιπατεῖτε）」、また 5:18 の「もし霊により導かれているなら（ἄγεσθε）」をより一般的な「生きる（ζῶμεν）」という語で言い換えている。それが「霊により〜（πνεύματι）」であるとは、キリスト者の生き様が、神の霊を源泉とする力や動機や方向性に依拠し、そのように日々を送ることを意味する。

　前ペリコペではほぼ一貫して 2 人称複数の「あなた方」を用いたパウロは、ここにきて 1 人称複数「私たち」を用い、ガラテヤ信徒をパウロとともにキリスト者としての在り様を生きる者として描いている。パウロは、自らが霊肉の葛藤を共有する者であることを明らかにしつつ、ガラテヤ信徒に親しく語る。【形態／構造／背景】で述べたように、本ペリコペは「奨励（1 人称複数接続法）→命令（2 人称複数命令法）→奨励（1 人称複数接続法）」という構造からなる。すなわち、パウロの教えは権威主義的な指導者の一方的な命令（Shaw 1983）でなく、ともに生きるキリスト者の励ましによって包まれた、個別の問題への指導である。

条件文の帰結節は、「霊に（πνεύματι）足並みをそろえ続けよう」という奨励だ。キリスト者の在り方において霊が決定的な要因であることが、本節のキアズム構文から読み取られる。

```
    a.  ζῶμεν（生きる、25a）
      b.  πνεύματι（霊によって、25a）
      b'. πνεύματι（霊に、25b）
    a'. στοιχῶμεν（足並みをそろえる、25b）
```

ガラ 5:25a の πνεύματι は手段を表す与格名詞だが、5:25b の πνεύματι はおそらく「足並みをそろえる」対象を指す与格だろう。「足並みをそろえる（στοιχέω）」という語は、新約聖書において使 21:24 以外でパウロが 4 度用いるのみだ。それは、模範（ロマ 4:12）や基準（ガラ 6:16）や特権（フィリ 3:16）を大事にしてそれに準拠することを意味する（『イグ・ポリュ』22:1「イエスの言葉に従う」参照）。本来的なニュアンスは、ガラ 4:25（συστοιχέω）で述べたように、兵隊の隊列において縦に整列することである。すなわち本節では、神の霊が方向を指し示して導くとおり、列を乱さずに進むことだ。パウロは現在時制を用いて、これが日々繰り返されるキリスト者の歩みであることを教える。神の霊を受けたキリスト者は、その事実に安んじず、むしろキリスト者としての歩みを始めた者として、その歩みの列からそれないよう日々心を配るようにと、パウロは励ましている。

言わば、列を導く神の霊の両肩に背後から手を置いたキリスト者は、そこが「ムカデ競走」のスタートで、競走が始まれば列が崩れないようにゴールを目指しつつ、たえず歩調を揃えているようなイメージだろう（ちなみに、二人三脚競走ならば「横に並ぶ [συζυγέω]」）。

5:26 互いを挑発し合い、互いに妬み合い、虚栄に陥らないようにしよう。

パウロは前節の肯定的な奨励を今度は否定的な表現に変えて注意を促すが、「互い」という語を繰り返して共同体における関係性を強調する。これはガラ 5:13–15 において「互いに仕える」、「隣人を愛する」、「互いを滅ぼす」等の相互関係が強調されたことと符合しており、パウロの奨励部全体が共同体を視野に入れていることを示す。

「虚栄」と訳した形容詞 κενόδοξος は、文字どおりには「空っぽな（偽りの）栄光」である。パウロは他所でも同語を共同体の一致を脅かす要素として挙げている（フィリ 2:3）。過剰な自意識に育まれた虚栄心は脆く、その不安を打ち消すために他者を「**挑発し**」て支配しようと試み、また脅威と感じる者に対して「**妬み**」を燃やす。パウロはこのように、内に向かう自意識と外に向かう破壊力とが刺激し合って悪循環に陥ることに注意を促す。パウロはこの対処として、外に向かった奉仕を促しつつ、それがさらに内なる自己の吟味へと繋がることを、以下に列挙される命令法をとおして教える。

6:1 兄弟らよ、もしある人が何かの違反について突きとめられたら、霊的なあなた方は柔和の霊でそのような人を修復しなさい、あなたまで誘惑されないよう自分自身に気をつけながら。

パウロは「兄弟らよ」という親しい注意喚起の語句を用い（ガラ 1:2 参照）、上の一般的な奨励から、より直接的なガラテヤ信徒に対する命令へと本ペリコペを進める。「**もしある人が何かの違反について突きとめられたら**」という条件節は、その意味と文脈が曖昧だ。まず、「**突きとめられた**」と訳される προλημφθῇ（= προλαμβάνω）は、新約聖書に 3 回（マコ 14:8; Ｉコリ 11:21; ガラ 6:1）、LXX に 1 回（知 17:16）用いられるのみで、とくに本節における訳が定まらない。「前もって（πρό）」＋「取る（λαμβάνω）」という意味では、本人がそれと気づく以前に違反を犯すというニュアンスが可能だろう（新共同訳「不注意にも……罪に陥った」、岩波訳「軽率にも……罪過に陥った」）。また「（予期せずして）捉えられる」というニュアンスならば（BDAG 872, 知 17:17 参照）、他者によって違反を発見されることを意味する。ガラ 5:1 に始まった奨励部ではここまで、意図しない不注意な行いに限定した議論がなされてないことから、ここでは後者のニュアンスで「突きとめられた」としよう（したがって「見咎められた」）。「**ある人**（ἄνθρωπος）」にも「**何かの違反**（τινι παραπτώματι）」にも具体性がなく、パウロが特定の状況を想定しているか不明だ。むしろ、のちに「柔和」という「霊の実」（ガラ 5:23）の一側面が解決として登場することから、ここでの違反は「肉の行い」として挙げられた悪徳の諸項目（5:19–21）が不特定のキリスト者に見られる場合が想定されていよう。

パウロはこの状況に対し、「霊的なあなた方は柔和の霊でそのような人を修復しなさい」と指示する。「霊的な（πνευματικός）」という語は、Ⅰペト2:5に2回登場する以外、新約聖書においてパウロ文書のみが用いるが（24回）、本節がその最初である。LXXでは用いられず、「霊を持つ（πνευματοφόρος）」が否定的な意味で2度用いられるだけだ（ホセ9:7; ゼファ3:4）。パウロは前ペリコペで強調した霊肉の対立主題を継承しつつ、神の霊によって歩み（ガラ5:16）、導かれ（5:18）、生き、足並みをそろえる（5:25）状態をこの語によって表現しているのだろう。それなら、「あなた方（ὑμεῖς）」はガラテヤ教会のキリスト者すべてというよりも限定的に、パウロの教えに倣って神の霊の促しに従いキリスト者として生きるガラテヤ信徒らを指す。したがってこれは、律法の霊的理解に長けていると自らを誇る一部のガラテヤ信徒に対する、皮肉を込めた注意喚起（Barrett 1985:79; Martyn 1997:546）ではなかろう。パウロはコリント教会で霊を強調する信徒らの問題が表面化する状況でさえ（Ⅰコリ2:6–16）、この語を諷刺的に用いない。

彼らは、過ちを犯した「**そのような人を修復しなさい**（καταρτίζετε）」と命じられる。LXXでκαταρτίζετε（= καταρτίζω）は、城壁の営繕（エズ4:13–16）あるいは神への誠実さへの回帰（詩16:5; 17:34; 39:7; 79:16 [MT17:5; 18:34; 40:7; 80:16]）を意味し、新約聖書でも同様のニュアンスで、網の修繕（マコ1:19// マタ4:21）や信頼性の回復（Ⅰテサ3:10; Ⅰペト5:10）に用いる。とくに、「私の歩みをあなたの道へと回復して下さい」（LXX詩16:5 [MT17:5]）という詩編著者の祈りは、キリスト者が神の霊と足並みをそろえる再出発の思いと呼応する。

回復の手段は「**柔和の霊**（πνεύματι πραΰτητος）」である。パウロが「霊（πνεῦμα）」を人の霊として用いることは稀だが（Ⅰコリ4:21; 14:15; Ⅱコリ4:13; フィリ1:27参照）、本節はその一例だ。「霊の実」（5:22–23）として挙げられる「柔和」の霊とは、すなわち神の霊が人の内に育んだ徳としての柔和さである。この柔和さをとおして、罪に陥るキリスト者を回復へ導く。それは問題対処における威圧的な断罪を牽制し、共同体に癒やしをもたらす。共同体の問題に対するこのような対処の仕方は、Ⅰコリ5:1–2, 11–12に見られる厳しい排除勧告と対照的だ。コリント教会の場合は、より具体的に破壊的な罪が想定されているからだろうか。もっとも、このよ

うな排除が当該人物の救いを目的としている（Ⅰコリ 5:5）ことに鑑みるなら、いずれの状況においても、キリスト者の回復こそがパウロの願いだと分かる。

　パウロは、問題の対処にあたる霊的なキリスト者に対して、「**気をつけながら**（σκοπῶν）」という現在分詞を用いて注意する。「気をつける／警戒する（σκοπέω）」という語は関心を対象に向けることで、積極的には気を留めて模倣したり（フィリ 3:17）獲得する（フィリ 2:4）ことを目的とし、消極的には警戒して被害を回避する（ロマ 16:17）ことを目的とする。本節では「**自分自身**（σεαυτόν）」に注意の目を向け、外からの影響に対して身を守るよう促されている（したがって「自戒しなさい」）。それは、「**誘惑されないよう**（μὴ ... πειρασθῇς）」にである。この場合、「誰か」が陥った同じ過ちへの誘惑に注意することかも知れないが、指導者としての立場が傲慢や虚栄を育むことへの警告とも理解し得る。この警告は、2人称複数の「あなた方」でなく単数の「**あなた**（σύ）」へ向けられる。おそらく、この警告が当事者1人1人に対して直接向けられているからだろう。

6:2　互いの重荷を担い合いなさい。このようにあなた方はキリストの律法を満たすことになる。

　パウロはふたたび共同体における相互関係へと目を向け、「**互いの重荷を担い合いなさい**」と命じる。「重荷（βάρη）」は本来「錘（おもり）」（フィロン『相続』46）や「重量」（『アリ』93）を意味し、肯定的には「重厚さ」をも意味し得る（Ⅱコリ 4:17）。しかし一般に新約聖書では否定的な「負担」を意味し、その内容は過重労働（マタ 20:12）や過重義務（使 15:28; Ⅰテサ 2:7; 黙 2:24）だ。本節での「重荷」とは何か。前節で問題となった違反への誘惑（Mußner 1981:398–99; Martyn 1997:548–49）だろうか。この場合、「担い合」うとは互いが直面する誘惑を共有し、それに対して忍耐し合うことか（黙 2:2 参照）。しかし、本節後半がより一般的な隣人愛を意識した「キリストの律法」に言及することに鑑みると、本節の「重荷」は罪の誘惑に限定されず——それをも含みつつ——、共同体メンバーが日常生活において実感する様々な苦悩を指していよう。したがって「**担う**（βαστάζετε）」とは、イエスの在り様を「私たちの病を負った」僕と重ね合わせるマタイ福音書（8:17. MTイザ 53:4 参照）における用法のように、

奨励部（ガラ 5:1–6:10）	共同体倫理（ロマ 13:8–15:6）
隣人愛と律法完成	
それは、すべての律法が1語において満たされてしまっているからだ。あの「自分自身のようにあなたの隣人を愛せよ」において（5:14）。	……他者を愛する者は律法を満たしてしまっているからだ。……その他どのような掟もこの語の内に要約される。あの「自分自身のようにあなたの隣人を愛せよ」において。……愛が律法の完成だからだ（13:8–10）。
（キリストの律法）　**隣人の負担軽減**	（キリストの模範）
互いの重荷を担い合いなさい。このようにあなた方はキリストの律法を満たすことになる（6:2）。	強い私たちには、弱い者の弱さを担う義務がある。……なぜならキリストはご自身を喜ばせることをしなかった（15:1–3）。

他者の負担を軽減する行為を指すだろう。

「**このように**（καὶ οὕτως）」とは、隣人の過重負担を軽減するため互いに仕え合うことを指す。その結果として、「**あなた方はキリストの律法を満たすことになる**」。「キリストの律法（τὸν νόμον τοῦ Χριστοῦ）」という句が何を意味するか、したがって適切な訳は何かという問題に、多くの議論が費やされた（トピック #16）。既述のとおり本注解書では（ガラ 5:14 の注解を見よ）、この句が隣人愛に象徴される律法の精神――イエスがその生き様によって再定義し体現した律法の精神（Schrage 1988:206–07 参照）――を指すと理解する。これは、ローマ書におけるパウロの共同体倫理の教えに直結する。両書簡の倫理教示の文脈において、パウロはレビ 19:18 を引用しつつその主題である隣人愛が律法の完成だと教える。その直後で他者の負担軽減という隣人愛の具体例が提示され、これがガラ 6:2 では「キリストの律法」と表現され、ロマ 15:2–3 ではキリストの模範に依拠すると教えられる。したがって「キリストの律法」は、何よりもイエスがその生き様をとおして体現した律法の精神を指す。Davies（1980:141–49）が正しく表現するように、「イエス自身がその言動あるいは実際の出来事において新たなトーラーである」（とくに p148）。それは原始教会の教理伝承（Burton 1921:329–30）でもなく、反対者とそれに追従する者への諷刺的表現（「敢えて律法というなら、キリストの律法」、Betz 1979:300–01）でもな

い。

6:3　もし誰かが、何でもないのに、何かだと考えるなら、彼は自分自身を欺くからだ。

　前節では、「担い合う」という相互の助け合いが促され、その意味において自らの弱さも認め、助けを乞う謙虚さが前提となった。共同体においてこのような関係性を育もうとするパウロは、キリスト者個人に対して警告する。パウロはこの警告を前置詞「(なぜなら) 〜からだ (γάρ)」で始めるが、これは前節の補完として周知の格言を引き合いに出しているからだろう (したがって「[なぜなら] 〜とあるとおりです」)。このような虚栄に対する格言は広く知られていたようだ。たとえばパウロとほぼ同時代のストア派哲学者エピクテトスは、「他人に対して何者かであると考える (κἂν δόξῃς τις εἶναι) なら、自らを疑え」(『提要』13) と警告する (同様の格言は、Betz 1979:304–05 参照)。「欺く (φρεναπατᾷ)」という語が、新約聖書のみならず第二神殿期ユダヤ教文献において他に使用例がない語であることも、パウロが何らかの格言を意識していることをある程度支持しよう。「**何でもないのに** (μηδὲν ὤν)、**何かだと考えるなら** (δοκεῖ τις εἶναί τι)」という表現で、中性名詞の「何 (μηδέν, τι)」は厳密には「物、事柄」だが、ここでは、〈重要人物でもないのに、何様かのように自惚れるなら〉ほどの意味だろう。自分を実質以上と見なし自らを欺く虚栄は、他者と弱さを認め合って助け合う関係性の構築を妨げる。

6:4　各人に自分自身の行いを吟味させよ。そうすれば彼は、自分自身のみへ向けて他者へ向けず、誇りを持つだろう。

　前節のような妨げを回避するために、パウロはふたたび命ずる。したがって、ここでは敢えて訳し出してない弱い逆接の接続詞 δέ は、むしろ前節からの順接的な論理展開を示す「さらに」程度の意味となろう。その命令とは、「各人に自分自身の行いを吟味させよ」である。パウロは「**各人** (ἕκαστος)」また「**自分自身** (ἑαυτοῦ)」という表現を用いつつ、他者との良好な関係性を育むために不可欠な個人への心得をさらに述べる。じつにパウロは、共同体生活における自己吟味の重要性を繰り返している (以下の箇所に加えて、Ⅰコリ 11:28; Ⅰテサ 5:21)。「**吟味**」すると訳し

た δοκιμαζέτω（= δοκιμάζω）は、正しさや適切さを判断するために客観的に審査することを意味し（ロマ 2:18; 12:2; Ⅱコリ 13:5; フィリ 1:10）、その結果として正しさを認めることをも指す（Ⅰコリ 16:3; Ⅰテサ 2:4）。本節では前者の意味で用いられており、吟味すべき対象は自らの「行い（τὸ ἔργον）」である。冠詞つきの ἔργον は、「律法の行い」や「肉の行い」でなく、より一般的な各人の普段の行動や姿勢を指す。3 人称単数の命令法（「吟味させよ」）を用いつつも、パウロはガラテヤ共同体において他者と関わるキリスト者に対して、直接呼びかけている。

パウロは自己吟味に付随する誇りに関して、「**そうすれば彼は、自分自身のみへ向けて他者へ向けず、誇りを持つ**」と教える。「誇りを持つ（καύχημα ἕξει）」の解釈には注意を要する。なぜなら、パウロは他所で人の誇りをしばしば批判的に述べ（ロマ 3:27; 4:2; Ⅰコリ 4:7; 5:6; 9:16）、さらに誇りは神とその業に対して抱くものとするからだ（ロマ 5:2, 11; Ⅰコリ 1:29, 31; Ⅱコリ 10:17; フィリ 1:26）。したがって Mußner は誇りの否定的な面（「虚栄心」、ガラ 5:26 参照）を意識しつつ、罪に影響された人の行いは他者に向けて誇ると虚栄にしかならないので、自分の内に秘めておくべきだ、と解する（1981:400–01）。もっともパウロは、その働きにおいて適切に誇ることができる場合があると認識している（たとえば、ロマ 5:3; 15:17; Ⅱコリ 7:4, 12, 14; フィリ 2:16）。それは適切な評価による「適切な自尊心」とでも呼べようか（Dunn 1993:325）。この場合、「**自分自身のみへ向けて他者へ向けず**（εἰς ἑαυτὸν μόνον ... οὐκ εἰς τὸν ἕτερον）」という誇る際の限定表現が重要となる。この前置詞（εἰς）を「～に関して」という意味で捉えるなら、「自分（の行い）に関して誇り、他者（の行い）に関して誇らしく思わない」（自分に甘く他人に厳しい）となるが、これが自己吟味の結果とは考え難い。後者を「他者との比較で誇らない」とするなら、それに対応する「自分との比較で誇る」が意味不明となる。ここでは εἰς を誇りを向けるべき方向性を示す前置詞と理解すべきだろう（Barclay 1988:160–61 参照）。その場合、自己吟味によって育まれた適切な誇りは自分自身へ向け、その誇りに対して責任を持つべきであり、他者へ向けて優越感（や妬み）が生ずる機会としないことが教えられているだろう（したがって「他人と比較して優越感を抱くのでなく、自分の誇りを自ら適切に管理することができるでしょう」）。日本語訳聖書は前置詞 εἰς を一様に「～に対

して」と訳し出しているが（新共同訳、岩波訳、フランシスコ会訳、口語訳、新改訳）、これが方向性を意味するなら本注解書の解釈を支持する。

6:5 各人が自分自身の荷を負うことになるからだ。

パウロは、ガラ 6:3–4 におけるキリスト者個人の自己吟味の責任に関して、その理由を「**各人が自分自身の荷を負うことになるからだ**」と補足する。その際に、これに先立つ「互いの重荷（βάρη）を担い合いなさい」（ガラ 6:2）という戒めを念頭に置いているので、これに近似した「**荷（φορτίον）を負う**」という表現を用いている。前者の重荷が「錘（おもり）」に起因するのに対し、φορτίον は本来「（積）荷」である（『ヘル喩』9:2:4 参照）。たとえば『古誌』14:377 と使 27:10 ではともに、嵐に遭遇した船が「積荷（φορτίον）」を海に投げ捨てる。したがってこれは、日常の困窮や苦難を表すメタファとして用いられるようになった。φορτίον は軽い負担を指すこともあるが（マタ 11:30）、「負い難い（δυσβάστακτος）」（マタ 23:4// ルカ 11:46）負担をも指すので、βάρη と φορτίον という 2 語に、1 人では負いきれない重荷（前者）と 1 人で負える荷（後者）という実質的な差はない。じつにエピクテトスは、φορτίον の分かち合いによる負担軽減に言及する（『語録』4:13:16）。

それでは、（重）荷は自分で担うべきか他者と分かち合うべきか。上述したとおり、互いの重荷を支え合う関係性を育むためには、個々のキリスト者の自己吟味が欠かせない。個人が抱く虚栄心や優越感はこの関係性の構築を阻む。このような日々の自己吟味の責任自体が、キリストにある共同体を構築するために各人が負うべき荷であろう。同時に、互いの重荷を支え合う共同体であればこそ、他者に自分の責任を押しつける態度の助長に対する配慮が不可欠となる。

6:6 言葉を教わる人に、教える人とすべての良い物において分かち合わせよ。

パウロはさらなる共同体の在り方として、キリスト者の行為とその報いについて語る。「**教わる人**」と「**教える人**」とはともに、κατηχέω という動詞の分詞によって表されている。この語は本来「（情報を）提供する」という意味で用いられた。たとえばカリグラ帝によるエルサレム神殿の冒

潰を報告する際に、フィロンはエルサレム神殿が世界一美しいという「情報が提供されている」と述べる（『ガイ』198. 使 21:24 参照）。新約聖書では、福音宣教という情報提供を指し（使 21:21）、また福音の内容を提供する教育を意味する（ルカ 1:4; 使 18:25; Ⅰコリ 14:19;『Ⅱクレ』17:1. ロマ 2:18 はユダヤ人会堂での教育）。パウロは本節でも、教会における信徒の教育を念頭に置いているだろう。それなら「言葉（τὸν λόγον）」はイエス伝承（ロマ 13:9; Ⅰコリ 1:18; ガラ 5:14; Ⅰテサ 4:15）や福音の言葉（ロマ 15:18; Ⅰコリ 2:13; 14:36; 15:2; Ⅱコリ 5:19; フィリ 2:16; Ⅰテサ 2:13）を指し、教育という文脈ではこれらの内容に関する解説をも指すだろう。後1世紀終盤にはバプテスマに先立つ何らかの教理教育が行われていた地域もあったようだが（『ディダ』7:1. Niederwimmer 1998:126 参照）、パウロがガラテヤ諸教会においてそこまで確立した教育を想定していたかは不明だ。

パウロは学ぶ者が教師へ教育の報酬を提供するよう指示する。ここでもガラ 6:4 と同様に、3人称単数の命令法が用いられ、パウロは「**すべての良い物において分かち合わせよ**」と命じる。「すべての良い物（πᾶσιν ἀγαθοῖς）」は、何にせよ生活に必要な糧を指すだろう（ルカ 1:53; 12:18–19; 16:25 参照）。「すべての良い物において（ἐν πᾶσιν ἀγαθοῖς）」の分かち合いは、教授する者をあらゆる「良い物」の益が享受できる場へ招き入れ、それを教わる者と共有させるというイメージを伝えている。パウロは他所で「分かち合う（κοινωνέω）」という語を、何らかの必要を互いに満たすこと（ロマ 12:13）、他者の恩恵に浴すること（15:27）、経済的出費を共に負担する（フィリ 4:15）という意味で用いる。これらの場合は何らかの任意的な善意というニュアンスが含まれるようだが、本節ではむしろ等価交換的な意味での、教授行為への相応な報酬について述べている。これはおそらく常識的な市場原理に依拠した議論で、その意味では「恵み」に関する論考の前提にある労働への権利としての報酬（κατὰ ὀφείλημα, ロマ 4:4）に通ずる。後者はこの市場原理を否定するのでなく、Barclay (2015:485) の表現を用いるなら、恵みの「無条件性」——贈り物の分配が受容者の（労働）価値に関わりない——を強調するための対比として等価交換的な原理に言及している（トピック #8）。

地域教会の教師と宣教者としてのパウロとは区別されねばならないが、パウロは広い意味での宣教者／教師に対する物質的援助の正当性を、耕作

する者や脱穀する者（牛）の分け前と神殿祭司の給与とを類例として支持し、さらにこれを「主が命じた」と述べる（Ⅰコリ 9:9–14）。もっともパウロ自身は、他地域での宣教活動のための献金を募ることがあっても（ロマ 15:24; フィリ 1:5; 4:15. Bockmuehl 1998:60 参照）、現在滞在して奉仕している教会から奉仕の報酬を得る権利を放棄する傾向がある（Ⅰコリ 9:15; Ⅱコリ 11:7–8; Ⅰテサ 2:9; Ⅱテサ 3:8）。パウロ自身の報酬に関してはコリント教会におけるエリート意識等の固有の問題が背景にあるため、その方針を普遍化することが困難だ[65]。また、これを現代の教会宣教へ適切に適用するためには、パウロ書簡群に見られる宣教者／教師の給与に関する教えが、教会派生直後の過渡期における試行錯誤のプロセスである点を看過できない。

6:7 惑わされてはいけない。神は侮られない。人は何でも蒔いたもの、それを刈り取ることにもなるからだ。

　前節でパウロは、教会における教育という奉仕に対する相応の報いについて述べ、相互関係のあるべき姿を示した。パウロは本節と次節において、行為とその報いという主題を個人の在り方へと向ける。視点を共同体の関係性から個人へと向けるため、「**惑わされてはいけない**」という注意喚起が挿入される。ここで用いられる動詞 πλανᾶσθε は「あらぬ方向へ導く」（他動詞）や「迷う」（自動詞）を意味するが、慣用的に否定の命令法によって強い注意喚起を示す記号のように用いられる（Ⅱマカ 7:18; ルカ 21:8; Ⅰコリ 6:9; 15:33; ヤコ 1:16 参照）。したがって本節においても慣用的な注意喚起であり、ガラテヤ信徒らを騙そうとする具体的な人物がパウロの念頭にあるわけではなかろう（したがって「思い違いをしてはいけません」）。なお、多くの注解書が Braun（*TDNT* VI:244–45）に依拠してこれをストア派的表現と説明するが、Braun 自身は証拠テクストを挙げない。現存する資料からは、専門用語でないより一般のギリシャ的表現をギリシャ語話者であるパウロが用いた、以上のことは言えなさそうだ[66]。

---

[65] 「放浪のラディカリスト」のイエスと「教会組織者」のパウロという構図でこの問題を理解することに関する議論は、タイセン（2010:75–87, とくに注 35）と Horrell（1996:210–16）を見よ。

[66] ギリシャ語文献の検索エンジン *Thesaurus Linguae Graecae*（*TLG*）による

読者が注意すべき事実は、まず「**神は侮られない**」である。「侮る」と訳した μυκτηρίζεται は「鼻（μυκτήρ）を向けて軽蔑の意を示す、鼻先であしらう」を意味する。LXX において頻出するこの動詞とその同根名詞は（たとえば代下 36:16; 王上 18:27; 王下 19:21; 詩 80:7; 箴 15:20）、新約聖書で本節のみに登場する。この句の「神（θεός）」が無冠詞であること、またこの動詞が新約聖書で他に使用例のない語であること、さらに、Ｉコリ 15:33 の「惑わされてはいけない」が格言を導入する句として用いられていることに鑑みると（Fitzmyer 2008:583）、「神は侮られない」という句もまた、何らかの格言である蓋然性を否定できない。この格言（めいた表現）は具体的に何を意味するか。それを後続する句と次節が明らかにする。

　すなわち、「**人は何でも蒔いたもの、それを刈り取ることにもなるからだ**」。接続詞「〜からだ（γάρ）」は、この文言がある種の引用で、それに依拠した説明をしていることを示す（6:3 参照）。この引用文は種蒔き（σπείρῃ）と収穫（θερίσει）という農耕メタファを用いて、行為には相応の結果（報い）がともなうことを、まず一般論として提示する。このメタファはギリシャ・ローマ世界で広く用いられ、ユダヤ文献にも頻繁に登場する。たとえばアリストテレスは、「愚かさがあなたの蒔いた行いなら、悪はあなたの刈り取る収穫だ」という文言を周知の例として用いつつ、その行き過ぎた詩的性格ゆえにメタファの有用性に疑念を挟む（『修辞学』3:3:4）。ヨブ 4:8 では悪を蒔いて苦しみを刈り取り、詩 126:5 では涙で蒔いて喜びで刈り取り、箴 22:8 では不正を蒔いて悪を刈り取り、ホセ 10:12 では義を蒔いて愛（命の実）を刈り取る。新約聖書でもこのメタファが継承され（ルカ 19:21–22. ヨハ 4:35–36 参照）、パウロは多く（少なく）

と、μὴ πλανᾶσθε あるいはそれに準ずる表現が新約聖書以前に登場するのは『Ｉエノ』104:9 の 1 箇所のみだ（「あなた方の心が惑わされないように［μὴ πλανᾶσθε τῇ καρδίᾳ］、嘘をつかないように、真実の言葉を変えないように……」）。後 5 世紀に至るまでの約 75 件の用例において、エピクテトス著『語録』4:6:23（「人よ、思い違いするなかれ、私は足りている……」）と「背教者」と呼ばれた皇帝ユリアヌス著『ガリラヤ人論駁』245C の 2 件の例外を除くと、他はすべて新約聖書と教会著作家の文書であり、その多くがパウロの引用だ。しかも例外であるユリアヌス帝もパウロ（Ｉコリ 6:9）を引用している。*TLG* がオールマイティでないにせよ、この証拠に鑑みてストア派のパウロへの影響に言及することが意義深いとは考えられない。筆者は他所（Asano 2016:16–39）でも、G. Stählin の περίψημα に関する根拠に欠く論考（*TDNT* VI:84–93）が注解者らによって不用意に用いられている点を詳しく論じた。

蒔く者は多く（少なく）刈り取ると述べて募金を募る（Ⅱコリ 9:6）。おそらく本節（と次節）ともっとも深く関わるのは、霊的奉仕という種蒔きに対して物質的報酬という収穫がともなうという、上で述べた宣教者への報酬を正当化する文脈におけるメタファだろう（Ⅰコリ 9:11）。

人の行いには相応の結果がともなう。あたかもこの摂理を超越するかのように振る舞う者——自分の悪の結果を恐れず顧みない者——は、摂理を定める神を侮ることになるようだが、最後には相応する結果がともなうので、結局神を侮ることはできない（代下 36:16 参照）。次節はこの真理をより具体的に言い換える。

6:8 すなわち、^a 自分の肉へ蒔く者はその肉から滅びを刈り取り、^b 霊へ蒔く者はその霊から永遠の命を刈り取ることになる。

パウロは、「**すなわち**（ὅτι）」という接続詞によって前節の一般的真理のより具体的な内容を導く（BDAG 732, 2a）。彼はその際、この真理が霊肉の対立という奨励部（ガラ 5:1–6:10）における中心的主題と符合することを確認している。表にあるように、非常にバランスに富んだ構文が霊肉の対立を強調している。

6:8a		6:8b	
蒔く者は	ὁ σπείρων	ὁ σπείρων	蒔く者は
自分自身の**肉へ**	εἰς τὴν σάρκα ἑαυτοῦ	εἰς τὸ πνεῦμα	**霊へ**
その**肉から**	ἐκ τῆς σαρκός	ἐκ τοῦ πνεύματος	その**霊から**
刈り取る	θερίσει	θερίσει	刈り取る
滅びを	φθοράν	ζωὴν αἰώνιον	**永遠の命を**

まず、「**自分の肉へ蒔く者はその肉から滅びを刈り取**」る。トピック #15 で述べたように、パウロは「肉」を「この世の一部としてそこに属する部分」と理解する。この世は、そこに属する肉と共に最終的に「滅び」を迎える。自分の行いや思いが肉という場に集中する場合、期待される成果や業績は無に帰する。ただそれは、たんに行いが無駄に終わるのみならず、滅びという相応の報酬を自らが被ることを意味する。罪が稼働する場である肉における行いに対する裁きを、その行為者が受けるからだ。のちにパウロは、キリスト以外の土台の上に家を建てることの愚かしさを述べ、

審判の日に当人が神の恵みによって滅びを免れても、その行いは燃え尽きるという印象的な戒めを行っているが（Ⅰコリ 3:14–18）、これが霊の人と肉の人との対比という議論の延長にあることに鑑みると（2:10–3:3）、本節の真意との繋がりは看過できない（Fee 1987:144 参照）。

これと対比される約束は、「霊へ蒔く者はその霊から永遠の命を刈り取ることになる」である。この霊が「永遠の命」の源ならば、人の霊ではなく神の霊だろう。自分の行いや思いが神の霊に向けられていれば、すなわち「霊により歩み」（ガラ 5:16）、「霊により導かれ」（5:18）、「霊によって生き、霊に足並みをそろえる」（5:25）なら、相応な報酬は「永遠の命」だ。パウロは他所で、神の霊を「命の霊」（ロマ 8:2, 6, 10）と表現し、霊と（永遠の）命とを結びつけている。もっとも、本来イスラエルの宗教には死後の生に関する希望が希薄だった。詩編著者が「死んだ者は主を賛美しない、沈黙へと下った者は」（115:17）と述べ、今を生きる者こそが神を讃えるべきと述べるゆえんだ。捕囚とその後の抑圧、とくにアンティオコス 4 世の迫害を経験したユダヤ人は、終末における「永遠の命」という希望を明確に抱くようになった。「多くの者が塵の中の眠りから目覚める。ある者は永遠の命に入り、ある者は永久に続く恥と憎悪の的となる」（ダニ 12:2）。そしてⅡマカバイ記は、「永遠の命」を「体の復活」と結びつけ、終末における神の報いをより明確にする（Ⅱマカ 7:9, 14, 23; 12:43–44; 14:46. Phobee 1985:14–19, 40）。パウロはこのユダヤ教伝承に倣い、終末における神の王国の完成を、永遠の命（ロマ 2:7; 5:21; 6:22, 23. Ⅱコリ 4:14; 5:1; Ⅱテサ 2:16; フィレ 15 参照）あるいは体をともなう復活（ロマ 8:23; Ⅰコリ 15:42–50）と表現する。

パウロは、過ちを犯す者の回復（ガラ 6:1）と弱者への支援（6:2–5）に続き、公正な報い（6:6–8）について語った。最後の点に関しても他と同様に、戒めが共同体で実行可能となるために個人への自戒が促されている。神の公正な裁きが人の行いに対して応分の報いを約束するという視点に立って行動することが促される。それは、回復と支援のみならず、共同体に必要な公正という側面をも育む原動力となり得る。

6:9 ᵃ 善を行いながら、失望しないようにしよう。ᵇ 挫けなければ、かの時に刈り取ることになるからだ。

本節はガラ 6:7–8 の農耕メタファを引き継ぎつつも、本ペリコペ全体のまとめを開始する。したがって、ガラ 6:9–10 では動詞の 2 人称あるいは 3 人称命令法でなく、現在時制の 1 人称複数接続法を用いた「奨励」が示される（「〜せよ」でなく「〜しよう」）。その内容は、「**善を行いながら、失望しない**」ことだ。「善を行う（τὸ ... καλὸν ποιοῦντες）」という非常に一般的な表現は、本ペリコペ全体にわたってパウロが命じた内容——違反者の回復、他者の支援、奉仕者への正当な報い、そしてより広く霊肉の対立におけるキリスト者としての振る舞い——を総括する。

「失望する（ἐγκακῶμεν = ἐγκακέω）」という語は、おそらく本来「無気力な行動をとる、怠惰になる、手を抜く」を意味し、古典ギリシャ語文献における唯一の用例（前 2 世紀）では、スパルタ軍が支援を出し渋る様子を表すのに用いられている（ポリュビオス『歴史』4:19:10）。第二神殿期ユダヤ教資料に用例はないが、新約聖書では「やる気をなくす、意気消沈する」という意味で、キリスト者の忍耐主題との関連で用いられる（ルカ 18:1;Ⅱコリ 4:1, 16;エフェ 3:13）。とくに「善を行うにあたって失望してはいけません（μὴ ἐγκακήσητε καλοποιοῦντες）」（Ⅱテサ 3:13）という命令は、本節の奨励と近似している。善行は当人の「やる気」を削ぐか。善行が正当に評価されず、その努力の報いを他者に横取りされれば、失望もし疲労感もたまる（岩波訳、口語訳、新共同訳参照）。ただ、善行に対する他者の反応への失望や疲労のみならず、霊と肉との思いに挟まれたキリスト者個人の葛藤において（ガラ 5:16–24）、「肉へ蒔く」（6:8）ことによって善行を放棄することをも、パウロは視野に入れていよう。

この奨励の根拠（γάρ）として、「**挫けなければ、かの時に刈り取ることになる**」という期待が挙げられる。「挫ける」と訳出した ἐκλυόμενοι（= ἐκλύω）は用例が多く、本来「手放す／解放する」を意味し（LXX 創 27:40; ヨシュ 10:6;『Ⅲマカ』6:27）、そこから「（体力／気力を失い）倒れる」というニュアンスで用いられ（LXX 士 8:15; サム上 14:28; サム下 16:2, 14; ユディ 14:6）、さらに「意気消沈する」という意味でも用いられている（LXX 申 20:3; 箴 3:11）。新約聖書でも、マコ 8:3// マタ 15:32 は 5000 人給食物語において身体的な意味で用い（「[群衆が] 疲れきってしまう」）、本節とヘブ 12:3, 5（= 箴 3:11）は「意気消沈する」という意味で用いているようだ。ただ、たとえばⅠマカ 9:8 のように、身体的作用と精神的作用とが

明確に分けられない場合もある（したがって両義的な「挫けない」）。ちなみに、この語はガラ 6:9a の ἐγκακέω の同義語と見なされることがあり、テオドシウスのギリシャ語訳聖書（2 世紀）では、LXX 箴 3:11 の ἐκλύω が ἐγκακέω へと変更されている。

LXX の例証ではとくに戦争での疲弊が語られるが、本節では農耕をする農夫の疲弊がメタファとして用いられている。したがって、ガラ 6:9a での善行という種蒔きに対しては、「刈り取ることになる（θερίσομεν）」という未来時制の収穫が対応している（ガラ 6:7–8 参照）。「かの時に（καιρῷ ... ἰδίῳ）」は文字どおりには「それ自身の時に」であり、農耕メタファでは収穫期だが、本ペリコペ後半に見られる終末的希望に鑑みるなら終末が完成する未来の時を指す。

終末の完成に向かう霊肉の緊張状態において、善行は骨が折れ、心も折れがちだ。それは、他者との関係性における葛藤の結果でもあり、キリスト者個人を異なる方向へと引き合う霊と肉との葛藤の結果でもある。キリストの霊を受け（ガラ 4:6）、霊によって始まった（3:2–4）キリスト者としての歩みは、疲れては英気を与えられ、挫けそうになっては癒されながら、永遠の家路を日々たどる。

6:10 ^a だから、機会を持っているときに、すべての人に善を行おう。^b とくに信頼性の家族へ。

パウロは、「だから（ἄρα οὖν）」という表現を用いて本ペリコペの総括を行う（ロマ 5:18; 7:25; 8:12; 9:18; 14:12; Ⅰテサ 5:6 参照）。しかしそれは、奨励部全体（5:1–6:10）の幕を降ろす記号でもある。「**機会を持っているときに**（ὡς καιρὸν ἔχομεν）」は「機会があれば／〜あるごとに」と訳し得る（岩波訳、口語訳、フランシスコ会訳）。しかし、ガラテヤ書序文（1:4）に始まるパウロの終末意識が本ペリコペにまで至っている（6:8, 9）ことに鑑みると、また前節の「かの時に」が終末の完成を期待させていることを考慮に入れるなら、パウロが終末の完成を視野に入れつつ、今の終末的緊張の時において与えられている 1 つ 1 つの機会を逃さないように促していると理解すべきだろう（とくに Longenecker 1990:282–83. したがって「機会があるかぎり」）。その促しとは「**善を行おう**」である。ガラ 6:9 の「善（τὸ καλόν）」と本節の「善（τὸ ἀγαθόν）」とのあいだに意味的な差

はない。いずれの場合も冠詞つきの単数名詞で、具体的な行いでなく善一般であり、キリストの律法 (6:2) が示唆する他者愛 (5:14) によって象徴されるすべての善きことを指すだろう。善行の対象 (πρός) は「**すべての人** (πάντας)」だ。パウロは神がアブラハムと結んだ永遠の契約の祝福が (創 15–17 章)、アブラハムをとおしてすべての諸国民へ及ぶという救済史観に立って論じてきた。したがって、契約の民である教会はアブラハムとともに「すべての人」に対して神の祝福の起源 (創 12:2) となる。

しかし善は、「**とくに信頼性の家族へ**」なされる。「家族 (τοὺς οἰκείους = οἰκεῖος)」は「家に属する」という形容詞の名詞的用法で、「家族 (員)」を意味する。ここでは、複数の家族員が集う総体としての共同体が意識されている。「家」は家族や親戚縁者の集合体などより広い共同体を指すメタファとして用いられ、LXX では「イスラエルの家 (ὁ οἶκος Ἰσραηλ)」という表現が 130 回を超える。さらに本節の家族は「信頼性の (τῆς πίστεως)」家族だ。本注解書が繰り返し述べてきたように、「信仰」と訳されがちな πίστις は、本来何らかの関係性の確立と維持に欠かせない主要素である信頼性を指し、パウロはこの語に永遠の契約という関係性における神と人との信頼性、とくにこの関係性に終末的成就をもたらしたキリストの誠実さ (πιστός) という意味を持たせている (トピック#7)。したがって本節でも、この信頼性によって成立する家族関係が意識されている (Morgan 2015:267)。とくに冠詞つきの「この信頼性 (τῆς πίστεως)」は、本ペリコペでパウロが促す、キリストの律法に則った共同体内の信頼関係 (互助関係) を意識していよう (したがって「この信頼関係に基づく家族」)。

パウロは、ガラ 6:10a に見られる普遍的視野を、6:10b においてすぐさま制限しているのでない。本ペリコペでは、キリスト者個人の成熟が教会における相互の信頼関係の熟成と深く関わっている様子が示された。それなら、教会が世に示す奉仕の業の熟成も教会自体の成長と深く関わっていよう。家族の問題を看過した人類愛よりも、豊かな家族愛から溢れ出る人類愛のほうがどちらかといえば良いことを、私たちは薄々気づいている。

【解説／考察】

本ペリコペは、パウロの道徳的奨励がパノラマ的に広がる様子の一端を

垣間見せた。パウロはキリスト者共同体である「信頼関係に基づく家族」（ガラ 6:10）の成熟が、各成員の自戒と不可分であることを明らかにした。そして最後に、キリスト者個人の在り方がキリスト者共同体の成長に欠かせないという教会内の視点をさらに外へ向け、キリスト者共同体の成熟がより広い社会（「すべての人」）に善をもたらすことに繋がるというヴィジョンをも明らかにした。これらすべてが、神とアブラハムとのあいだで結ばれた永遠の契約に対するパウロの熟考に依拠している。神の祝福があらゆる諸国民に行きわたることは、アブラハムとその子孫とに属する民が、神に信頼し誠実な歩みを続けることと深く関わる。

　教会の歴史は、ときとしてこのヴィジョンが体現される様子を目撃し、それを証言してきた。たとえばエウセビオスはディオニュシオスの報告に基づいて、後 3–4 世紀のエジプト人キリスト者の奉仕について記している（『教会史』7:22:7–8）。

> ほとんどの兄弟たちが、愛と兄弟愛ゆえに、互いに寄り添い、自らを惜しむことなく献げ、恐れずに病人の看病にあたりました。……病人の看病をして彼らを力づけた多くの者が、彼らの死を自らに移したため死んでしまいました。一般に友好の意を示すだけの言い回しをじつにその行いにおいて現実のものとし、彼らの περίψημα としてこの世を去りました。じつに私たちの内で卓越した人々、つまり長老、執事、その他の非常に評判の良い人々が、このようにして世を去りました。このような形の死は、大いなる敬神と確固とした信頼であり、なんら殉教に劣らないと思われます。

疫病が蔓延する中で、エジプト人キリスト者は危険をも顧みずに病人の看病にあたり、実際に多くの奉仕者が看病の過程でその疫病を罹患して命を落とした。ここで、「一般に友好の意を示すだけの言い回しをじつにその行いにおいて現実のものとし、彼らの περίψημα としてこの世を去りました」が何を意味するか曖昧だが、これに関して 17 世紀の注解者 Henri Valois（Valesius 1659）が説明を加えている。それによると、「あなたの卑しい僕（περίψημα）」という言い回しが当時の挨拶の常套句であったが、περίψημα は本来「ゴミ」を意味し、つまりキリスト者がその看病の奉仕において文字どおりの「ゴミ（消耗品）」となって死んでしまった、ということだ。ちなみに、「ゴミ」が「（卑しい）僕」という意味に転

ずる背景には、パウロが自らの使徒としての苦しみに関して、「私たちはすべての人のためのゴミとなった」（Ⅰコリ4:13b）と述べたことがある（『イグ・エフェ』8:1 参照）。パウロはこれをイエスの生き様に倣う自分の姿であり（Ⅰコリ4:17）、キリスト者が倣うべき姿でもある（4:16）と述べる。

　自らを「ゴミ（περίψημα）」と称する自虐的な表現が、あるいは現代人の感性に違和感を与えよう。しかし私たちは、この表現が価値転換──〈ゴミがじつは高徳〉──を遂げた歴史的背景を注意深く読み取り、その行為自体の意義に目を向ける必要があろう。キリストの在り方によって自己吟味をするキリスト者が世に仕える様子を歴史の内に読むたびに、私たちは私たちが生きる今の時代に対していかに接するべきかと自問する機会を得よう。

トピック #16　ΝΟΜΟΣ ΧΡΙΣΤΟΥ
律法、キリスト、キリストの律法

　「誰であれあなた方が律法において義とされようとするなら、すでにキリストから切り離され、恵みから落ちたのです」（ガラ5:4）、あるいは「もし霊によって導かれているなら、あなた方は律法の下にはいません」（5:18）という言説からは、律法の肯定的価値を見出すことが困難なだけでなく、律法がキリストや神の霊のアンチテーゼとして描かれているという印象を容易に受ける。実際に、このような律法（ユダヤ教）に対する「抵抗神学」としてのパウロ理解が、中世のカトリシズムへ抵抗する改革運動に動機を与えることとなった（浅野2009:20–30［とくに21–23］参照）。このパウロ理解は、とくにプロテスタント教会をとおして現代まで継承されたので、教会はユダヤ律法の意義を考察することなしに教会倫理を語り、むしろ律法と教会倫理とを対極に置く傾向がある（Rosner 1995:5–7, 35–36 参照）。

　E. P. Sanders の著 *Paul and Palestinian Judaism*（1977）が新約聖書学における律法理解に決定的な影響を与え、20世紀終盤以降パウロの律法理解に関する「新たな視点」が影響を及ぼし始めたことは

トピック #9 ですでに確認した。パウロの時代において律法とは、契約の民であるユダヤ人が契約共同体のうちでいかに生きるべきかを記しており、その規定に反した際に契約共同体に復帰する手段をも明記している（「契約維持のための律法体制［covenantal nomism］」）。したがってユダヤ律法は死のハンマー（ルター）でもなく、宗教の形骸性（バウル）でもなく、恵みのアンチテーゼ（ヴレーデ）でもなく、道徳の脆弱性（シューラー）でもない。むしろ、「あなたの律法は私の楽しみ」（詩 119:77）という同時代の感性をパウロはある程度共有していた。上のようにパウロが律法を否定的に語る理由は、命の付与と生き方の規定との混同への警告という事情もさることながら（トピック #8.B–C）、律法を民族の優位性の根拠とし、異邦人をその民族的優位性の下に置こうとする、ユダヤ人による律法の誤解と誤用に起因する（「律法の行い」、ガラ 2:16 参照）。これは特定の場所と時間に律法の精神を固定化することであり、神の救済計画におけるキリスト到来の意義を相対化することでもある。ガラテヤ書においてパウロの律法に対する表現が他書と較べて厳しいのは、その執筆時に、ガラテヤ諸教会で異邦人キリスト者に律法遵守を促す反対者の存在が念頭にあったからだ。

ユダヤ律法と出会い直した新約聖書学は、パウロの倫理における律法の意義をふたたび問うた。この新たな試みにおいて起点となるのが「キリストの律法」というパウロ自身の表現である（ガラ 6:2；I コリ 9:21）。とくに宗教改革以降の約 500 年間、アンチテーゼとして対比されてきた「キリスト」と「律法」が所有（属）格によって結びつくこの表現には、多くの注解者が違和感を抱き続ける。しかし、「律法」をユダヤ律法でなく一般原則（「キリストの法」、Hübner 1984:37）、あるいは類例としてのユダヤ律法（「キリスト者に適切な生き方」、Westerholm 1988:214.n38）とする解決は、具体的にユダヤ律法に言及するパウロの文脈において説得性に欠ける。

> 互いに重荷を担って支え合いなさい。そのようにすれば、あなた方はキリストの律法（τὸν νόμον τοῦ Χριστοῦ）を成就することになります（ガラ 6:2）。

> 律法の下にある人々に対して、私は律法の下（ὑπὸ νόμον）にある者のようになりました。私自身は律法の下にいませんが。それは律法の下にいる人々を獲得するためです。律法の外にいる人々に対して、私は律法の外にいる者のようになりました。私は律法の外におらず、キリストの律法の内（ἔννομος Χριστοῦ）にいますが。それは律法の外にいる人々を獲得するためです（Ⅰコリ 9:20–21）。

多くの注解者がガラテヤ書における直前の言説を手がかりとして、他者の負担軽減のために奉仕する「キリストの律法」を隣人愛と同視する。すなわち、「すべての律法が１つの戒めの内に成就されているからです。つまりそれは、『自分自身のようにあなたの隣人を愛せよ』です」（ガラ 5:14）。この隣人愛の教え（レビ 19:18）は律法全体が示す律法の精神であり、イエスがこれをもっとも重要な掟と定め（マコ 12:31// マタ 22:39// ルカ 10:27）、それを自らの在り様において体現したことによって、パウロ（とおそらく原始教会）はこれを「キリストの律法」と表現した。それはユダヤ律法に替わるキリストの原理でなく、キリストが体現した律法の精神だ。したがって、キリスト者がキリストに倣い他者を愛するとき、「すべての律法が……成就されている」。この律法理解はローマ書にも引き継がれ、パウロはやはりレビ 19:18 を引用しつつ「愛が律法の成就です」（ロマ 13:10）と繰り返す。

厳密には、イエスは敬神と隣人愛との２つの戒めをもっとも重要な掟とするが、パウロが教会倫理の文脈でこのイエス伝承を用いる場合、後者に焦点が置かれても不思議でない。ユダヤ教伝承において顧みられないレビ 19:18 が（例外として『創 R』24:7）、新約聖書では９回も言及されていることは（マコ 12:31// マタ 22:39// ルカ 10:27; マコ 12:33; マタ 5:43; 19:19; ロマ 13:9; ガラ 5:14; ヤコ 2:8）、イエスがその重要性を教えたという原始教会の記憶と深く関わっているだろう。ガラテヤ信徒らが知っている「あの『自分自身のようにあなたの隣人を愛せよ』」（逐語訳、ガラ 5:14）とは、何よりもイエスが教えた隣人愛であり、イエスがその行動によって示した隣人愛だ。したがって、教会の倫理はイエスがその生前に体現した律法の精神に依拠しているとも言えよう。Dunn（1998:650–51）は、パウロの倫理的奨励がイエス

の教えを示唆している点を指摘するが（ロマ 12:17–19 とルカ 6:27–28//マタ 5:44、ロマ 14:14 とマコ 7:15、Ⅰコリ 13:2 とマタ 17:20、Ⅰテサ 5:13 とマコ 9:50)、その一部はイエスが律法に独自の解釈や適用を加える箇所である。

　キリスト教においては、神の律法の代わりに隣人愛の原則を採用するのでなく、隣人愛を実行することによって神の律法の精神を生きる。したがって、「愛の掟が律法全体を満たす理由は、それが律法の精神を満たすから」(Dunn 1998:657) である。たしかにパウロが自由を語る場合、それは隷属されない状態でなく、ある（劣悪で異質な）隷属状態から他の（優れた健全な）隷属状態への移行である (Thiselton 2009:38–39 参照)。これは当時の古代地中海世界での一般的な理解で、自由は外国の支配的な法律から解放され自らが制定する法律に服することを意味した (Wolter 2015:362–66 参照)。しかしこと「キリストの律法」に関しては、ユダヤ律法からキリストの律法への移行というのでなく、「キリストの律法」に服することが神の律法の精神を生きることを意味する。

第Ⅳ部
結　び
(6:11–18)

【翻訳】

《逐語訳》

6:11 見よ、いかに大きな字で私はあなた方に書いたか、私の手で。12 肉において見栄えを良くしたい者ら、これらの者はあなた方が割礼を施されるよう強いている。それはただ、彼らがキリストの十字架ゆえに迫害されないようにするためだ。13 また、割礼を自らに施している者ら自身さえ律法を守っていない。むしろあなた方の肉において誇るため、彼らはあなた方が割礼を施されることを願っている。14 しかし私については、私たちの主イエス・キリストの十字架において以外、決して誇ることが起こらないように。これ（十字架）をとおして、世は私に対して十字架刑に処されてしまっており、私も世に対して。15 また、割礼も無割礼も何でもなく、むしろ新たな創造（が重要）だ。16 誰でもこの基準に足並みをそろえる者ら、彼らの上に平和と憐れみとが（あるように）、すなわち神のイスラエルの上に。17 これ以上、誰にも私に苦労をかけさせないように。この私は私の体にイエスの印を負っているから。18 私たちの主イエス・キリストの恵みがあなた方の霊とともに（あるように）、兄弟らよ。アーメン。

《自然訳》

6:11 ご覧なさい、どれほど大きな字であなた方に手ずから書いたことでしょう。12 肉において見栄えを整えたいと思うこれらの人々は、あなた方が割礼を受けるように強要していますが、それはただ自分たちがキリストの十字架のために迫害を受けないようにするためです。13 さらに言えば、割礼を受けている反対者ら自身でさえも律法を守っていないのです。むしろあなた方の肉について誇るため、彼らはあなた方に割礼を受けさせたいのです。14 しかし私に関して言えば、私たちの主イエス・キリストの十字架において以外、決して誇ることはありません。この十字架をとおして、世は私に対して十字架刑に処され、私も世に対して十字架刑に処されています。15 また、割礼にも無割礼にも何の価値もありません。むしろ価値があるのは新たな創造です。16 この基準に沿って生きるすべての人々、つまり神のイスラエルの上に、平和と憐れみとがありますように。17 これ以上は誰も私に苦労をかけないで下さい。私はこの身にイエスの印を刻んでいるのですから。18 私たちの主イエス・キリストの恵みがあなた方兄弟姉妹の霊とともにありますように、アーメン。

【形態／構造／背景】

　パウロの書簡執筆が彼自らの教会訪問の代用と見なされるなら（浅野 2012a:274–84）、とくにガラテヤ書の長い結びからは惜別の情が伝わってくるようだ。

　ガラ 1:1–5 の【形態／構造／背景】では、ガラテヤ書が古代書簡の挨拶部の構造に倣いつつも「感謝部」を欠いており、これがパウロの執筆状況を垣間見る手がかりとなると述べた。パウロ書簡群の終結部（「結び」）は当時の手紙よりやや詳しく、Gamble (1977:83. Horrell 2006:50 参照) はその構造を一般に、(1) 執筆後記、(2) 平和の願い、(3) 挨拶、(4) 頌栄からなるとするが、下の表から分かるようにそのパターンは流動的で、それぞれの手紙の執筆事情を反映しているようだ。テサロニケ 2 書と同様に

	自筆明記	執筆後記		平和	挨拶		頌栄
		勧告、要約	計画、指示		〜へ宜しく	〜が宜しく	
ロマ 15		15:14–21	15:22–29	15:33			
ロマ 16	(16:22)	16:17–20		16:20a	16:3–15	16:16b, 21, 23	16:20b (24)
I コリ	16:21	16:1–4, 12–18	16:5–12			16:19–20a	16:23
II コリ		13:11a		13:11b		13:12b	13:13
ガラ	6:11	6:12–15	6:17	6:16			6:18
フィリ				4:9b	4:21a	4:21b–22a	4:20, 23
コロ	4:18a	4:2–6	4:7–9, 16–17		4:10–14	4:15	4:18b
I テサ				5:23			5:28
II テサ	3:17			3:16			3:18
フィレ	19		22			23–24	25
エフェ			6:21–22	6:23			6:24
I テモ							6:21b
II テモ			4:9–15		4:19	4:21	4:18b, 22b
テト			3:12–14		3:15b	3:15a	3:15b

ガラテヤ書に最後の挨拶が欠損しているのは、エーゲ海沿岸宣教の初期にあたり、挨拶を送るほどキリスト者同士の人的繋がりが地域間にいまだ育まれていなかった——テサロニケやガラテヤのキリスト者らは他所のキリスト者らを知らなかった——という事情があろうか。また緒論（B.2.c）で述べたように、ガラテヤ書がある種の回覧書簡だったなら、個人への挨拶が欠損していることもあろうか。また、最後の勧告と要約が比較的長いことも本書簡の特徴と言えよう。Betz（1979:313）は終結部こそがガラテヤ書解釈の鍵だと述べるが、少なくとも本書簡での主要な指示を今一度強く確認する必要をパウロが感じたことは十分に考えられる。本ペリコペのアウトラインは以下のとおりである。

A. 導入：パウロの大きな字（6:11）
B. 肉の誇りと十字架の誇り（6:12–15）
  1. 十字架の恥と割礼の誇り（6:12–13）
  2. 十字架の誇りと新たな創造（6:14–15）
C. 最後の挨拶（6:16–18）
  1. 平和の願い（6:16）
  2. イエスの印（6:17）
  3. 頌栄（6:18）

【注解】

6:11 見よ、いかに大きな字で私はあなた方に書いたか、私の手で。

　パウロは結びの部分を開始するにあたって、「見よ」と注意喚起をする。「見る（ὁράω）」の命令法（ἴδετε）は読者の注意をひく表現（したがって「ご覧なさい／いいですか」）として用いられる（ロマ 11:22; BDAG 720, B.2）。パウロがガラテヤ信徒の注意を向ける対象は、彼の自筆である（「私の手で［τῇ ἐμῇ χειρί］」）。問題となるのは、パウロの自筆部分がガラテヤ書のどの範囲かである。書簡執筆については、代筆者が手紙の大部分を筆記し、著者が終結部を自筆で書くことが慣習的に行われ（次頁写真、Deissmann 1923:140）、パウロもこの慣習に倣っていたようだ。著者の署名を記す慣習がない代わりに、終結部を著者が自筆で書くことがしばしばされた（Gamble 2002:I:192）。この場合、一般に自筆の事実が明かされている部分

IV 結び（6・11–18）注解 6・11

（Ⅰコリ16:21; コロ4:18; Ⅱテサ3:17）から手紙の終わりまでがパウロの自筆と考えられる。ちなみにフィレ19では、金銭支払いの約束をするため、パウロが代筆者の筆を中断し、自ら書き込んだようだ（Bruce 1984:220; Dunn 1996:339–40参照）。ロマ16:22では、興味深いことに代筆者自らが手紙に登場して挨拶している。パウロがガラ6:11から自筆で書き始めたなら、アオリスト時制によって「**書いた**（ἔγραψα）」と記されているのは、著者が読者の視点と時点に立った表現（書簡的アオリスト時制）を用いているからであり、パウロの執筆の時点では「書いている」だろう。もっともⅠコリ16:21; コロ4:18; Ⅱテサ3:17でパウロの自筆が明記される場合は、動詞のない「私パウロの手による挨拶（ὁ ἀσπασμὸς τῇ ἐμῇ χειρὶ Παύλου）」

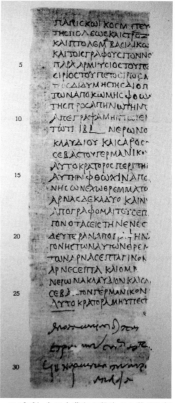

エジプト人の小農から役人らへ後66年に宛てた書簡（オクシュリンコス出土）

であり、この点で本節の表現は例外的だ。パウロは他所でも「書簡的アオリスト時制」を用いることがあるが（フィリ2:28［送った ἔπεμψα］; フィレ19［書いた ἔγραψα］）、ガラ1:20では現在時制で「私は書いています（γράφω）」と記している（同様にⅠコリ14:37）。Longenecker（1990:289）が書簡的アオリスト時制の例証として挙げるⅠコリ5:11; 9:15は、むしろ普通のアオリスト時制が意図されているだろう（Thiselton 2000:413, 694）。もしパウロが普通のアオリスト時制で「私の手で書いた」という意味を伝えているなら、一般的な書簡執筆の慣例とは異なり、ガラテヤ書全体をパウロが「私の手で」書いた可能性も否定できない。4世紀の教父クリュソストモス（『ガラテヤ書注解』6:11）、ルター（Luther 1953:555）、Von Zahn（1907:277–78）がそのように結論づけるが、ガラテヤ書原本が存在しない

かぎり、いずれの判断も推測の域を出ない。

明らかな点は、「**いかに大きな字で**（πηλίκοις ... γράμμασιν）」書いたかをパウロが印象づけていることだ。「大きな字で」書く理由として、パウロの身体的理由——近視眼や家内工業に携わる無骨な手が細かい字を書くことを阻んだ（Deissmann 1923:141）——等が指摘される場合もあるが、パウロが唐突に自分の身体的問題に注意を集めたとは考え難い。パウロが当時の執筆慣習に倣って代筆者を用いたなら、おそらく前頁の写真で代筆者（line 26 まで）と著者（line 28 以下）の筆跡の違いが明らかなのと同様に——前者は熟練した大文字体、後者は小文字体——、パウロの筆跡の開始部が視覚的にも明らかだったことだろう。ただ、なぜパウロはそれを敢えて明記したか。これが一般の慣習ならば明記する必要はない。上の考察を総合すると、ガラ 6:10 まで代筆者をとおして書き終えたパウロが自ら筆を執り、とくに大きな自筆で残りの部分を書くことを明記することで、そこに記す要約部の重要性を強調したと考えられよう（Cribiore 2001:89 参照）。現代であれば、傍点を付けたり、アンダーラインを引いたりするところだろうか。

6:12 **肉において見栄えを良くしたい者ら、これらの者はあなた方が割礼を施されるよう強いている。それはただ、彼らがキリストの十字架ゆえに迫害されないようにするためだ。**

ガラ 1–4 章では律法と律法体制という視点から議論したパウロが、ガラ 5 章からその中核にある割礼の問題を明言しだしたことはすでに触れた（ガラ 5:2 注解）。パウロはこの終結部において、ガラテヤ書の核心に割礼問題があることをもっとも明らかな仕方で示している。「**あなた方が割礼を施されるよう強いている**（ἀναγκάζουσιν）」のは、当然パウロの反対者だ。これまでもパウロは反対者の活動を意識しつつ、ユダヤ人キリスト者の異邦人への姿勢を、割礼や他のユダヤ人の慣習を「強要する（ἀναγκάζω）」行為として描いてきた（ガラ 2:3, 14）。

パウロはこれらの反対者を「**肉において見栄えを良くしたい者ら**」と表現し、その動機をパウロの視点から暴露し始める。「見栄えを整える（εὐπροσωπῆσαι = εὐπροσωπέω）」は、「良い（εὐ）＋顔（πρόσωπον）」という複合語からなっており、外見をよく見せる姿勢や行為を指す（LSJ

728)。この語は、劇場で「仮面（προσωπεῖον）」を被って役を演じる様子を連想させる（プルタルコス『モラリア』2:857）。じつに『イソップの生涯』（Eberhard 1872:263）では、「見かけ倒しの（εὐπρόσωπος）」という形容詞が、奴隷イソップの主人クサンソスの偽善的行為（συνυποκριθῆναι）と結びつけられる。ガラ 2:13 の注解では、虚偽というやはり演劇のメタファが、ペトロをはじめとするユダヤ人キリスト者の行為と結びつけられ、それがガラ 2:14 の強要へと発展する様子を説明した。つまり、パウロは一貫して、異邦人へ割礼を促す行為を外見を整える虚偽として批判している。「肉において（ἐν σαρκί）」が割礼を指すことはガラ 2:20（4:23 参照）で説明した。割礼が人の見栄えを整えるという感性はユダヤ人的だ。すなわち異邦人が割礼を受けることは、ユダヤ人の契約理解において、異邦人がユダヤ人となって正当な契約の民の一員となることを指すので、この意味において見栄えが整う。しかしヘレニズム・ローマ社会において割礼は、むしろ忌み嫌われるべき肉体の印なので（トピック #14）、ここにパウロの辛辣な皮肉がある（ガラ 5:12 参照）。パウロは、アブラハムの子孫であるキリストに属することによって神の永遠の契約の祝福を受ける契約の民となる、という救済的観点から割礼への固執を批判している。

　パウロは、反対者がガラテヤ信徒らに割礼を促す理由をたんなる宗教的（および社会学的）動機として終わらせない。むしろその背後に、「**キリストの十字架ゆえに迫害されないように**」という自己防衛的動機があることを暴露する。パウロはガラ 5:11 で割礼の強要と迫害の回避についてすでに述べた。本注解書では、これをガラ 2:12 の「割礼者への恐れ」と結びつけて説明した。すなわち、反帝国主義的な民族感情が高まるユダヤ社会全体で、異邦人と安易な接触を持つユダヤ人キリスト者が、同族への裏切りと神への冒瀆という理由で迫害を受けることが懸念された。（汚れた無割礼の）異邦人との共生は、同族からの迫害の対象となり得る。したがって、ユダヤ人キリスト者が「**迫害されない**」ためには、異邦人キリスト者に割礼を代表とする律法を守らせることが必要となる。

　パウロはこの迫害を「**キリストの十字架ゆえ**」とする。ガラ 5:11 で説明したとおり、「キリストの十字架」には、パウロのみならずユダヤ人キリスト者としての反対者も神学的な意義を見出していた。したがってユダヤ人一般の目には、割礼を促す異邦人宣教であれ、割礼を促さない異

邦人宣教であれ、「キリストの十字架」を宣べ伝える宣教は「呪い」（ガラ 3:13）だった。しかしこの神学的問題は、教会に対する批判の要因とはなっても、迫害の要因とまではならなかっただろう。ただパウロはガラ 3–4 章において、異邦人が神の祝福を受ける手段として、割礼に象徴される律法の行いとキリストの信頼性——すなわち十字架におけるキリストの誠実な業——とを対比させて議論した。したがって「キリストの十字架」とは、割礼をとおしてユダヤ人になることなしに異邦人を教会へ迎え入れる宣教を指しており、割礼を異邦人に施さないという、より民族的な理由でユダヤ人からの迫害の対象となった。

6:13 また、割礼を自らに施している者ら自身さえ律法を守っていない。むしろあなた方の肉において誇るため、彼らはあなた方が割礼を施されることを願っている。

　前節と本節とを繋ぐ接続詞「**また（γάρ）**」は一般に理由を導く（「なぜなら～だから」）と理解されるが、ここではむしろ付加説明や論理の継続を示すと考えられる（したがって「さらに言えば～」、BDAG 190–91, 2–3）。これと同じ γάρ の用法は、ガラ 6:14 と 6:15 との連結部においても繰り返される。

　ここでは、「**割礼を自らに施している者ら**（οἱ περιτεμνόμενοι）」と表現される人物が誰かが曖昧だ。「割礼を施す（περιτέμνω）」という動詞からなる分詞の名詞的用法は、受動態であれば「割礼を施されている者ら」であり、これは反対者の教えに影響されて割礼を受けたガラテヤ信徒を指す。中間態であれば「割礼を自らに施している者ら」であり、これはユダヤ人一般をも指し得るが（ガラ 2:12 参照）、具体的には反対者を指すことになろう。文法的にはどちらも可能だが、前節における反対者への批判が本節においても継続されていると考えるのが、もっとも自然だ（したがって「反対者」）。その場合、肉に対して誇る反対者（6:12–13）と十字架に対して誇るパウロ（6:14–15）との対比という構図が、より鮮明になる。

　反対者でさえ「**律法を守っていない**」とは何を意味するか。あえて厳密な律法遵守者の視点からすると反対者らの遵法の様子は十分でなく、したがって彼らの言動に一貫性がないと言っているのか（Howard 1990:14–17）。むしろパウロはこの終結部で、より根本的な観点から律法について語っ

ているのではないか。パウロはガラ 5:14 において、隣人愛が律法の精神だ、隣人愛において律法が成就すると教えた。そしてこれを「キリストの律法」と言い換えた（6:2）。パウロは、迫害回避という自己防衛（6:12）や虚栄心に繋がる、肉における見栄えや誇り（6:12–13. 5:26 参照）のために異邦人キリスト者を「強要する」行為を、隣人愛との対極に置く。他者の重荷を担うキリストの律法は、他者に割礼という重荷を負わせ自らの身を守る姿と相容れないからだ。異邦人キリスト者の割礼に固執する反対者は、この意味で律法の精神を見失っており、したがって「律法を守っていない」。この論理はローマ書に引き継がれる。ユダヤ人は律法を根拠とした奢りのために律法を違反するので（ロマ 2:23）、もはや身体的な割礼と無割礼との違いに意義が見出されない（2:25–29）。本節での議論も、割礼の有無が意味をなさないという結論に至る（ガラ 6:15）。

　パウロは律法の精神に言及したところで、強い逆接の接続詞「**むしろ（ἀλλά）**」によって、律法（の精神）が異邦人への割礼と相容れないことを強調する。パウロは反対者がガラテヤ信徒へ割礼を促す目的を、「**あなた方の肉において誇るため**」とする。「あなた方の肉（ὑμετέρᾳ σαρκί）」はガラテヤ信徒の肉に刻むべき割礼のしるしを指す（創 17:13）。ガラテヤ信徒の割礼を反対者が誇るとは、異邦人の身体にユダヤ人のアイデンティティを刻み込むことが示す民族的優位性を指す。既述のとおり、パウロはこれを「律法の行い」という表現を用いて批判した（ガラ 2:16; 3:2, 5, 10）。この誇りが、永遠の契約の祝福を占有するという民族的優越感で、それゆえこの祝福が異邦人へ及ぶことを阻むからだ（トピック #8）。またパウロは、「肉」をこの時代に属することがらを指す語として用いるので、終末の時代をもたらしたキリストの十字架と容易に対比される。パウロはこの点を次節で述べる。

6:14　しかし私については、私たちの主イエス・キリストの十字架において以外、決して誇ることが起こらないように。これ（十字架）をとおして、世は私に対して十字架刑に処されてしまっており、私も世に対して。

　パウロは、「私については（ἐμοί）」という代名詞を倒置法によって文章の先頭に置き、ガラ 6:12–13 で批判の対象となった反対者との対比を鮮明にする（「彼らは××だが、私は○○」）。同時に、「**決して～起こらない**

ように（μὴ γένοιτο）」という新約聖書でパウロのみが用いる表現によって（ロマ 3:4, 6, 31; 6:2, 15; 7:7, 13; 9:14; 11:1, 11; Ⅰコリ 6:15; ガラ 2:17; 3:21）、強い打ち消しの意志を示しつつ、反対者との違いを強調する。

　パウロの誇りの対象は「**私たちの主イエス・キリストの十字架**」だ。改宗以前のパウロは、反対者らと同様に割礼をはじめユダヤ民族の優位性を象徴する「律法の行い」を誇ったが（フィリ 3:5–6; Ⅱコリ 11:22）、キリストを知ることの素晴らしさゆえこれらはすべて無となり、忌み嫌われるべき「糞土（σκύβαλα）」となった（フィリ 3:7–9）。この価値転換は、たんにユダヤ民族としての誇りを相対化しただけに終わらない。「十字架（τῷ σταυρῷ）」に肯定的な意味を見出す価値転換については、ガラ 5:24 で触れた。当時のローマ社会において、十字架には強い嫌悪の感情が伴っていた。したがってキケロは、「十字架という言葉自体（*nomen ipsum crucis*）が……ローマ市民の体のみならず、その思いと目と耳から遠く離れるように」、また「（十字架を含む）これらの響きはあなたの立場（ローマ市民と自由人）に相応しくない」と述べる（『ラビリウス弁護』16:13 参照）。これほどまでに忌むべき十字架を誇ること——それ以外を誇らないこと——は、パウロの改宗がいかに決定的な価値転換をもたらしたかを示す。その結果が本節後半に示されている。パウロはこの十字架を「私たちの主イエス・キリスト」の十字架と述べているが、これはイエスに関するもっとも完成し整った称号だ。おそらくこの表現は、十字架に言及するパウロの感情の高まりの結果（Longenecker 1990:294）ではなかろう。むしろパウロは、書簡の結びに相応しい信仰告白を、省略のない完成した称号としてガラテヤ書の終結部に置いているのだろう。同様の点は手紙冒頭でも言える（ガラ 1:3）。

　十字架への誇りの結果、「**これ（十字架）をとおして、世は私に対して十字架刑に処されてしまっており、私も世に対して**」。「これをとおして（δι' οὗ）」という関係代名詞の先行詞は「十字架」を指すと考えられるが、「キリスト」を指すとの理解（岩波訳）も不可能でない。いずれにせよそれは、キリスト者の「十字架につけられたキリスト」への参与であり、「キリストがつけられた十字架」の追体験だ（ガラ 2:19–20）。

　キリストの十字架を誇ることは、キリストの十字架体験に倣う在り方である。キリストは世に対して十字架刑に処され、この裁きの苦しみを受け

た。これはすなわち、この世の価値観がキリストの価値観を拒絶してこれを処罰したことだ。これは神の被造物としての世界を悪と見なすことでなく、この世を支配下に置く罪の原理を悪と見なすことである（Burton 1921:514）。ガラ 5:16–18 では肉の欲望として、これが霊の導きと相対した。一方で世はいわばキリストに対して十字架刑に処された。すなわち、キリストを十字架に架けて処罰したこの世は、その在り方の責任を負って神の裁きを受ける。この世がキリストに対して用いた十字架はいわば諸刃の剣で、世はそれによってキリストを裁いたが、それゆえに世は神の裁きを被る。この裁きを受けた「**世**（κόσμος, κόσμῳ）」とは、終末的観点から見た「現行の邪悪な時代（αἰῶνος）」（ガラ 1:4）を指す（4:3 参照）。キリストに倣うパウロも、キリストと同様に世に対して十字架刑に処され、世もパウロに対して十字架刑に処される。すなわち、キリストの価値観に拠って立つパウロは、この世の価値観によって苦しみを体験する。同時にパウロはその宣教の言葉とキリストに倣う在り方によって、この世の在り方に対して裁きを告げる。しかしこれは厭世主義でない。今の時代と新たな時代とが重なる終末的緊張の状態において、この世に生きながら来たるべき時代に属し、新たな時代の秩序に倣って今を生きる選択をすることを意味する。この時代に属する価値観から離れ（Ⅱコリ 5:16）、この時代の在り方に倣わない（ロマ 12:2）が、この時代に深く関わる。このような仕方でキリストに倣うことに起因する苦しみは、キリストに倣うという点において価値が見出される（Ⅱコリ 11:23–30; フィリ 3:8, 10）。さらに、パウロが本節で十字架に焦点を置くことは、彼が復活を看過することに繋がらない。なぜなら、キリストの復活は次節が述べる「新たな創造」の「初穂」（Ⅰコリ 15:20–24）と見なされるからだ（ガラ 1:4 注解）。

6:15　また、割礼も無割礼も何でもなく、むしろ新たな創造（が重要）**だ。**

ガラ 6:13 と同様に本節の接続詞「**また**（γάρ）」も、本節が前節の付加説明であることを示す。パウロは「**割礼**」と「**無割礼**」とを列挙し、これらがともに「**何でもなく**（οὔτε ... τι ... οὔτε）」と述べる。パウロは他所でも「何か（τι = τις）」を何らかの価値を有するものという意味で用いた（ガラ 2:6; 6:3）。この意味において、割礼も無割礼も意味がなく、その価値が相対化される。この相対化は、前節の終末的観点の延長にある。前節で述

べたとおり、今の時代とその価値観に対して訣別を宣告したパウロは、この時代に属する肉に刻まれた印に重きを置かない。「この世のかたちは過ぎ去ろうとしているからです」（Ⅰコリ7:31）。パウロは割礼の価値の相対化に他所でも言及している。ガラ5:6では、相対化の根拠をキリストへの所属とした。その際、キリストというアイデンティティの表象と割礼というアイデンティティの表象とを対比し、割礼の価値を否定した。これはキリストに所属する者はギリシャ人もユダヤ人も区別がない、とするガラ3:28につうずる。そしてロマ2:17–29では、割礼に象徴される神の祝福の専有という奢りが律法の精神にもとるので、外見上の割礼の価値が否定される。Ⅰコリ7:19は本節の終末的な割礼の相対化を繰り返しつつ、「完成された終末論」に誤って立つコリント信徒らを牽制するために「神の掟への従順」の重要性を強調する（Thiselton 2000:551–52参照）。

パウロは割礼の価値を相対化したのち、その根拠となる終末的視点から、これに代わる真に価値あるものを提示する。それが「**新たな創造**」だ。パウロは「創造（κτίσις）」という語をここで初めて導入するが、本書簡において繰り返される終末的主題は、とくに「新たな創造（καινὴ κτίσις）」というモチーフの登場を備えてきたと言えよう。パウロは前節で用いられた「世」をこの時代に属する存在に限定するが――したがってそれは「肉」と直結する――、「創造」は現存する被造物のみならず来たるべき時代をも指す（ロマ8:19, 21; Ⅱコリ5:17）。そして「新たな創造」は、来たるべき世の到来を「新たな天と新たな地」の創造と表現するイザ65:17–25の伝統に依拠していよう（『ヨベ』4:26;『Ⅰエノ』72:1; エズ・ラ7:75. Martyn 1997:565.n64参照）。

パウロは本節でこの終末的表現になんら説明を加えないが、Ⅱコリ5:17では「誰でもキリストの内にあるなら、新たな創造（です）。古いものは過ぎ去り、見なさい、新たなものが来ました」と説明する。すなわちこれは、キリストがその十字架（と復活と）によって開始した新たな時代であり、キリスト者が改宗において迎え入れられた新たな秩序だ。本節の「新たな創造」をキリスト者個人が創り変えられることとし、Ⅱコリ5:17のより宇宙論的な「新たな創造」と区別すること（Martin 1986:152）は無意味だ。なぜなら、キリスト者個人の新たな立場と宇宙論的「新たな創造」とを引き離すことは不可能であるばかりか、本ペリコペにおける割礼

の相対化はじつに宇宙論的に決定的な出来事である新たな創造の開始に依拠しているからだ。

6:16 誰でもこの基準に足並みをそろえる者ら、彼らの上に平和と憐れみとが（あるように）、**すなわち神のイスラエルの上に。**

パウロはいわゆる執筆後記を終え、最後の挨拶部に移る。書簡執筆の慣習にしたがい、まず「平和の願い」がある。この願いの対象は、「**この基準に足並みをそろえる者ら**」である。「基準」と訳される κανόνι（= κανών）の語源は「葦」を意味するセム語（קָנֶה）と言われる。これが計測のための尺を意味するようになり、「基準／範囲」やそれを計る「物差し」のメタファとして用いられるようになった（TDNT III:596–96 参照）。エピクテトスは「哲学の開始は（すべての人に対して正しい）基準の発見だ（εὕρεσις κανόνος τινός）」（『語録』2:11:13）と述べる（『IVマカ』7:21 の「哲学の基準」参照）。新約聖書でこの語はパウロ書簡に 4 回用いられるのみだが、本節以外では「領域、範囲」（IIコリ 10:13, 15, 16）を意味する。いずれにせよ、何か期待される事柄の境界線を指す概念で、どこまでが正しく許容される範囲かが示される。本節では、ガラ 6:12–13 における反対者への批判に応答する 6:14–15 でのパウロの態度表明が「この基準」だ。「足並みをそろえる（στοιχήσουσιν）」という語はガラ 5:25 でも解説したが、目的語となる規範、権威を大切にしてそれに準拠することを意味する（ロマ 4:21; フィリ 3:16 参照）。「この基準」はパウロの姿勢を示すのみならず、キリスト者が倣うべき基準でもある。

ちなみに κανών は、初期の教会教父らによって「教会の規範」という意味で用いられだした（『Iクレ』1:3 は「従順の規範」、7:2 は「伝統の規範」、『ポリュ殉』22:2 [23:1] は「教会の正当な規範」）。アレクサンドリアのクレメンス（3 世紀）は「信仰の基準」あるいは「真理の基準」という句を用いつつ教会の在り方を定めた（『雑録』4:15:98; 6:15:124）。そしてラオデキア教会会議（4 世紀）でこの語が権威ある教会の文書群を指す語として用いられ、教会における「正典（canon）」という概念の展開が始まる（Metzger 1987:289–93）。

パウロの願いは「**彼らの上に平和と憐れみとが**（あるように）」である。パウロはガラテヤ書の導入部（1:3）でも「平和（εἰρήνη）」を願っており、

またこれは霊の実の一側面としても挙げられた (5:22)。「平和」は身体的な健康や戦いのない安寧をも含意しつつ、とくに神との平和という内的安寧を指す。パウロ書簡群が平和の願いによって囲み込まれるのは（ロマ 1:7–15:33; 16:20; Ⅱコリ 1:2–13:11; フィリ 1:2–4:9; Ⅰテサ 1:1–5:23; Ⅱテサ 1:2–3:16）、パウロがイスラエルの伝統である平和（שָׁלוֹם シャーローム）の挨拶を継承するからだろう（サム下 18:28; LXX 王下 5:22; Ⅱマカ 1:1）。それなら「憐れみ（ἔλεος）」にも、それに対応するヘブライ語（חֶסֶד ヘセド）が意識されているだろう。この語が神について用いられる場合、契約に対する神の誠実さ、とくに民の解放や回復に関わる神の業を指す（*HALOT* I:336; *TDNT* II:478–80 参照）。つまり「憐れみ」は、ガラテヤ書に一貫する神の永遠の契約という主題と関連している。じつに「憐れみ」と「平和」は、不誠実なイスラエルを赦し救出する神への希望を歌う詩 85:11 とイザ 54:10 において併記されている。

　パウロはこの願いの最後に「**神のイスラエルの上に**」と付加する。この解釈に関しては議論が続いている。これは誰を指すか、パウロの教えに準拠するガラテヤ信徒らを言い換えただけか、あるいは歴史的で民族的なイスラエルの民か。「神のイスラエル（Ἰσραὴλ τοῦ θεοῦ）」という句はパウロが依拠すべきユダヤ教文献に見当たらず、後 1 世紀後半に編集されたと考えられる『十八祈祷文』に「平和と……憐れみが我らに、あなた（神）の民イスラエルすべてに（あるように）」という表現があるのみだ。

　この句が民族的イスラエルを指すとする根拠には、まずパウロが他所でキリスト者を直接的に「イスラエル」と呼ばない点が挙げられる。パウロが「イスラエル」という語を用いる場合、それは一般に歴史的イスラエルを指す（ロマ 9:31; 10:19, 21; 11:2, 7; Ⅰコリ 10:18; Ⅱコリ 3:7, 13; フィリ 3:5）。Burton (1921:357–58) はこれを根拠に、また本節の語順を厳密に捉えつつ、「この基準に足並みをそろえる人々、彼らの上に平和があるように、そして（καί）憐れみが神のイスラエルの上に（あるように）」と訳す[67]。すなわち、〈キリストの福音を受け入れたガラテヤ信徒らには平和が、イスラエル民族には福音に心を向けるよう神が憐れみを与えて彼らが救われるように〉との 2 つの異なる願いがある（Bruce 1982a:274; Mußner 1981:417 参

67　この場合、καί は補足説明のための接続詞（すなわち、つまり）でなく、順接節接続詞（そして）である。

照)。本節における「平和→憐れみ」の語順がこの理解を支持するとされる。パウロ文書の挨拶文でこれら2語が併記される場合、かならず「憐れみ→平和」の順番だ（Ⅰテモ 1:2; Ⅱテモ 1:2. Ⅱヨハ 3; ユダ 2 参照）。これは、神の憐れみが人を平和へと導くという論理的順序に依拠していると考えられる。したがって、本節ではその順番から、「平和」と「憐れみ」を一対として捉えることができない、との論理だ。

しかしロマ5章では、救済の結果としての平和と和解（5:1–11）が、その根拠となる恵み（5:12–21）に先行している（Longenecker 1990:298）。また既述のとおり、『十八祈祷文』には「平和……と憐れみ」の順番で併記されている。したがって「平和」と「憐れみ」の語順を根拠として、これらの対象をキリスト者とユダヤ人とに分けることには無理がある。むしろここでは、パウロがガラ 3–4 章で神の救済計画を説明する際に、契約の言語を用いたことに留意すべきだ。神がイスラエルの父アブラハムと結んだ永遠の契約は、キリストをとおして諸国民である異邦人へとその祝福が及び（ガラ 3:6–14, 29）、彼らはアブラハムの子孫と見なされる（3:7）。したがってキリストにある異邦人はユダヤ人とともに契約の相続人であり、神の子ら（民）だ（4:7）。この永遠の契約の視点から、パウロが異邦人を終末的な意味でイスラエルの民と捉えていることは明らかだ。それならパウロは、「神のイスラエル」をこの観点から再定義し、終末的な契約の完成の祝福にキリストをとおして与る人々全体を指す句として用いたと考えられよう（Wright 1991:248–51; Sanders 2015:565–66）。パウロの焦点は、アブラハムをとおして神が約束した祝福からイスラエル民族がキリストゆえに排除されることでなく、むしろその祝福へ異邦人もキリストゆえに招き入れられることだ。こうして、「ユダヤ人もギリシャ人もない……キリスト・イエスにあって 1 人」（ガラ 3:28）、アブラハムの子孫、約束の相続者である（ガラ 3:29）。この基準に準拠するすべての人、「**すなわち**（καί）」ユダヤ民族のみならず、すべての諸国民からなるキリスト者である「神のイスラエル」の上に、パウロは平和と憐れみとがあるように願う（トピック #17）。

6:17 これ以上、誰にも私に苦労をかけさせないように。この私は私の体にイエスの印を負っているから。

パウロは最後の挨拶の一部として、1つの指示を与える。「**これ以上**」と訳した τοῦ λοιποῦ（λοιπός =「残り」の属格による副詞的用法）は、新約聖書では本節とエフェ 6:10 にのみ見られる（『古誌』4:187;『ヘル喩』9:11:3. LXX にはない）。同語の対格による副詞的用法（τὸ λοιπόν）は広く用いられ、「これ以上は／最後に／今後は」などと訳される（BDAG 602 3.a.α, b 参照）。おそらく本節では、時間的な「今後」という意味もあろうが、「これ以上は」という論理的な意味合いをも含むだろう。すなわち、パウロがガラテヤ書で議論してきた内容に関して、もう話すことがないという意味だ。この解釈は本節後半の内容と関わる。

「**苦労**」と訳した κόπος は、「自分の胸を打つ（κόπτω）」から転じて、人にかける「困難」（マコ 14:6// マタ 26:10; ルカ 11:7; 18:5）や「（苦労を伴う）労働」（Ⅰコリ 3:8; 15:58; Ⅱコリ 10:15; 11:23; Ⅰテサ 1:3; 2:9; 3:5; Ⅱテサ 3:8）を意味する。ルカ福音書では、本節と同じ動詞「（苦労を）かける（παρέχω）」をも用いつつ、夜中にパンを求める隣人がいる人に「苦労をかけるな」（11:7）、執拗に裁判を求める女に応答する裁判官に「（女が）苦痛を負わせる」（18:5）と言わせる。つまり本節でパウロは、〈同じ問題について聞かれても、同じことを繰り返すだけだから、そのような苦労を自分にかけないでくれろ〉と述べている。

パウロはその理由として、「**この私は私の体にイエスの印を負っているから**」と述べる。「印」と訳した στίγματα（στίγμα の複数）は、本来「点」を意味する στιγμή から転じた語で、逃亡奴隷やその他の犯罪者に付す「刻印」を意味し、また神信仰の表象としての「入れ墨」を意味した（バルツ & シュナイダー Ⅲ:316–17）。ユダヤ教聖典には、生涯奴隷の印として耳たぶに穴を空ける慣習（申 15:17）や、神の守りの印への言及がある（創 4:15; エゼ 9:4, 6. 黙 7:2–4 参照）。Witherington（1998:454）は、逃亡奴隷がヘラクレス神殿に逃げ込んで聖なる護符を身につけると、誰もその奴隷に手出しできないという慣習（ヘロドトス『歴史』2:113）を根拠に、キリストの護符に守られているパウロは反対者が苦痛を与えようとしても、かえって報復に遭うと警告している、と理解する。もっともこの慣習が北アフリカのものであること、また「イエスの印」が肉に刻まれた割礼の印と対比されていることに鑑みると、むしろ福音宣教の働きにおいて彼が負った数々の傷跡（Ⅱコリ 11:23–27 参照）を指すと考えることがより自然だろう。

パウロにとっては、キリストの働きに与る者は、キリストの苦しみにも与る（ロマ 8:17; IIコリ 1:5; フィリ 3:10; コロ 1:24）。パウロが約 150 回言及する「イエス」のうち、主やキリストなどの称号を伴わないケースは 6 回ほどしかない。そのほとんどが地上における受難のイエスであり、本節もそれに該当しよう。IIコリ 4:10 は使徒としてのパウロ一行に関して、「いつもイエスの死をその体に負っている」と述べるが、これこそが本節の「イエスの印」だろう（佐竹 2008a:605）。イエスの死によって決定的に定義づけられる福音の宣教をとおして、パウロは数々の傷を負った。それはイエスの受難を共有している印であり、したがってそれはパウロに宣教者としての権威を与える認証だ。

さらにパウロは、1 人称単数代名詞を「**この私は**」とあえて表記して、キリストの権威の所在を強調する。「印」と「体に……負う」という表現から、ガラテヤ諸教会の読者は容易に割礼を連想することができただろう。ここで「肉（σαρκί）」でなく「体（σώματι）」を用いたのは、パウロが本書簡で今の時代に属する部分を象徴する語として「肉」を否定的に用いてきたので（トピック#15）、イエスの印が顕れる場に否定的な印象を与えないようにするためだろう。〈反対者がその肉に負っているのはあなた方にとって価値のない割礼の印だが、この私が体に負っているのはイエスの印だ〉という意味が意識されていよう。

この印を負っていることが、苦労をかけないことの理由となるのはなぜか。「福音宣教というはるかに重要な仕事」（Dunn 1993:346）に遣わされていることを示す印を持つパウロなので、ガラテヤ信徒の問題に煩わされたくない、ということか。しかし、宣教活動の結果である教会とその信徒らの諸問題に関する対応、彼らがキリスト者として成熟するための苦労こそが、福音宣教の業でなかろうか。じつにパウロは、「あなた方の中にキリストが形成されるまで、私はふたたびあなた方を出産する苦しみをしている」（ガラ 4:19）と述べ、親としての責任と特権を放棄するつもりがないことを表明している。それぞれのパウロ書簡が個々の教会の問題へ対処するために書かれている。そこにこそ福音宣教の業が見られるのであり、これらは福音宣教よりはるかに劣ることでなかろう。むしろパウロは、福音宣教者の権威を示す印をその身に負っており、その権威によってガラテヤ書執筆の筆を今まさに擱こうとしているので、この手紙で扱ったガラテ

ヤ教会特有の問題に関して、〈今書き終わるこの手紙が「ファイナル・アンサー」だ、同じことをこれ以上尋ねられても同じことを繰り返すのみだ〉と述べているだろう。本ペリコペからパウロの惜別の情を読みとるなら（【形態／構造／背景】）、後ろ髪を引かれる思いに自らピリオドを打つ様子が伝わろうか。パウロはガラテヤ書を開始するにあたって、「イエス・キリストを介して、またこの方を死者のあいだから甦らせた父なる神からの使徒」（1:1）と名乗り、使徒として真実を語る権威があることを明らかにした。そして今パウロは、福音宣教者の権威を示す印を負っていることを述べた。その意味でガラテヤ書全体は、キリストと神から与えられた宣教者としての権威によって前後から囲み込まれる構造となっている。

6:18 私たちの主イエス・キリストの恵みがあなた方の霊とともに（あるように）、**兄弟らよ。アーメン。**

　ガラテヤ書の頌栄には特徴的な点もあるが、おおよそは他の書簡と共通する。すなわち、「**主イエス・キリストの恵み**」が「**あなた方……とともに（あるように）**」との願いだ。Ⅰコリ 16:23–24 では「私の愛」が「キリストの恵み」と併記される。Ⅱコリ 13:13 では「神の愛」と「聖霊の交わり」が付加され、「あなた方」が「すべて」という修飾語で強調される（「すべて」はⅡテサ 3:18 も）。本節とフィリ 4:23 とフィレ 25 では、「**あなた方の霊とともに**（μετὰ τοῦ πνεύματος ὑμῶν）」である。ガラテヤ書において πνεύματος（= πνεῦμα）が神の霊でなく人の霊として用いられるのはガラ 6:1 と本節のみだ。パウロは人の霊を、神の霊が直接関与する場と理解するので（ロマ 8:16）、この表現によってキリストの恵みが具体的に臨在する仕方を強調しているのだろう。

　頌栄のあとに、「**兄弟らよ**」また「**アーメン**」という付加があるのがガラテヤ書の特徴だ。パウロは本書で「兄弟（ἀδελφοί）」という親しい呼びかけを要所要所で繰り返してきたが（ガラ 1:11; 3:15; 4:12, 28, 31; 5:11, 13; 6:1）、手紙の最終場面でもう一度この呼びかけをすることで、パウロとガラテヤ信徒らとのキリストにある強い絆を強調する（ガラ 1:2 注解）。ときとして強い語気で読者に警告を与えてきたパウロは、それがガラテヤ信徒らへの強い連帯感に起因するものであることを教えている。

　パウロが神への賛歌を「**アーメン（ἀμήν）**」によって閉じることはある

が（ロマ 1:25; 9:5; 11:36; ガラ 1:5; フィリ 4:20）、手紙をこの語によって閉じるのはガラテヤ書のみだ。イエスが真実を語る際の注意喚起として繰り返し用いた語（福音書に 75 回登場する「まことに私は告げます［ἀμὴν λέγω］」）によって、パウロは手紙を閉じている。パウロは擱筆するにあたって、「イエスの印」（6:17）と「アーメン（真実）」なるイエスの認証によってこの手紙を封印した。そのとき以来この手紙が世に与えた衝撃については、後続する「その後のガラテヤ書」で述べる。

【解説／考察】

> 「良い話者の仕事は、何を語るかを告げ、それを語り、
> 語った内容を的確に要約し、速やかに着席することだ」
> （Stanley, *Communication Method Handbook*, 76）

　パウロは本ペリコペで、この最後の要約の部分を行って速やかに着席するように、擱筆した。「割礼への誇り」と「十字架への誇り」との対比は、まさにガラテヤ書における中心的主題の要約だ。「割礼への誇り」は異邦人に対するユダヤ人同胞の民族的優越感（律法の行い）の象徴であり、これは異邦人が契約の祝福に至ることを妨げる原因だ。「十字架への誇り」とは、キリストが契約を完成させることで確立した信頼性に対する応答であり、それはキリスト者がキリストの在り方に倣って生きることにより示すキリストへの信頼性である。こうして人は契約の祝福を体験する。当時のローマ社会において忌み嫌われる割礼を誇るという表現には、パウロの反対者に対する皮肉が込められているが、同時代において同様にあるいはそれ以上に忌み嫌われていた十字架刑を誇るという表現からは、パウロの逆接的な価値転換がにじみ出ている。

　この価値転換はパウロに対する神の子の啓示（ガラ 1:15–16）に起因した。この決定的な出来事は、教会迫害者を異邦人のためのキリストの使徒へと変革させた（1:13, 23）。異邦人がキリストの信頼性（誠実さ）ゆえに契約の祝福へと招き入れられるという福音の真理（2:5; 3:6–14）のため、パウロはかえって迫害を受ける側に身を置いた（5:11）。イエスの受難に救済的意義を見出したパウロは（3:13; 4:4–5）、キリストへの参与（所属）

という強い連帯感を根拠に（3:27–29; 4:6）、キリスト宣教における自らの受難にも（救済的）意義を見出し（4:19）、キリストとともに十字架刑に処せられているという自己認識に至った（2:19; 6:14）。キリストの生き様に倣うキリスト者は、この逆説的な価値観ゆえに今の時代において葛藤する（5:16）。他者愛というキリストの律法（6:2）に象徴される律法の精神が、他者を支配し搾取するレトリックとして誤用されがちだからだ。この葛藤の中で生きるキリスト者は、神の霊との交わりにおいて（5:25）、また神の霊におけるキリスト者同士の交わりにおいて支えを得る（6:1–8）。こうして教会はこの時代を生きるすべての人に仕えつつ（6:10）、新たな創造を日々体現する（6:15）。これがパウロの言葉と生き様をとおして示された「私によって宣べ伝えられた福音」（1:11）であり、今あるキリスト者が語り生きる福音だ。

トピック#17　ΙΣΡΑΗΛ
パウロとイスラエル

　既述のとおり、パウロは「イスラエル（Ἰσραήλ）」という語をガラテヤ書で1度のみ用いる（ガラ 6:16）。じつにパウロは、ロマ 9–11 章で神の救済計画におけるイスラエルの役割を詳述する際に9回用いる以外、この語をほとんど用いない（Ⅰコリ 10:18; Ⅱコリ 3:7, 13; フィリ 3:5. エフェ 3:5 参照。その他「イスラエル人［Ἰσραηλίτης］」がロマ 9:4; 11:1; Ⅱコリ 11:22 にある）。一方で「ユダヤ人（Ἰουδαῖος）」という語は、ローマ書での11回を含め24回（ガラ 2:13, 14, 15; 3:28 を含む。「ユダヤ人のように［Ἰουδαϊκῶς］」、ガラ 2:14 参照）と、使用頻度がやや多い。表面的には同じ民族（とその成員）を指すと思われがちなこれらの語は、具体的に何を意味し、どのように使い分けられるか。

A. イスラエルとユダヤ人
　ユダヤ教伝承においては、神と格闘したヤコブが「イスラエル（יִשְׂרָאֵל）」と改名するよう命じられた（創 32:29）ことがこの語の起源だ。そして、ここに起源を求める12部族連合を指す語として「イス

ラエル」があり、それは12部族が共通するヤハウェ崇拝と、その契約における選びの民としての確信を反映している（TDNT III:357）。ソロモン王朝が南朝（ユダ）と北朝（イスラエル）へと分裂した約200年のあいだ（王上12章参照、前922–722年）「イスラエル」はおもにその北朝を意味したが、その滅亡により「イスラエル」はふたたびヤハウェの民全体を指す語として用いられた（「イスラエルの両王国」、イザ8:14. イザ5:7; 8:18; ミカ2:12; 3:1, 8, 9; 4:14; 5:1参照）。北朝の滅亡とバビロン捕囚を経たこの民族の領地は、本来のユダ地方（エルサレムから死海に至る丘陵地）に相当するものとなったが（ネヘ5:14参照）、それにもかかわらずヘブライ語聖典の預言者らが彼らを「ユダヤ人（יהודה）」と呼ばず「イスラエル」と呼ぶのは（イザ49:3; 56:8; 66:20; ヨエ2:27; 4:2; オバ20; ゼカ12:1. 例外としてゼカ8:23; ダニ3:8, 12）、ダビデ王朝の版図回復という終末的期待を反映させたものか（TDNT III:358）。

　両語ともにこの集団の民族的および宗教的な連帯性を表すが、第二神殿期文献においてはその用法にある程度の特徴が現れる。パレスチナ的用法が顕著なＩマカバイ記では、外国人がこの民を呼ぶ際に「ユダヤ人」が用いられ——おうおうにして侮蔑的なニュアンスで——、また外国人を視野に入れた外交文書で同語が用いられる。一方で民の自己認識は「イスラエル」であり、とくにヤハウェ崇拝を表明する宗教的なニュアンスにおいてこの傾向が顕著だ。その他パレスチナ起源の文書と見なされるシラ書、ユディト記、トビト記、バルク書、知恵の書等においても、宗教的な文脈では「イスラエル」が用いられる。一方でヘレニズム的用法が顕著なＩＩマカバイ記では、民の自己表現にも「ユダヤ人」が用いられるが、やはり宗教的な文脈では「イスラエル」が用いられる（ＩＩマカ1:25, 26; 9:5; 10:38; 11:6）。フィロンとヨセフスでは用例が少ないが、両者ともに古の民に対して「イスラエル」を用いる傾向がある（『相続』203;『子孫』54;『古誌』4:108）。

B.　パウロとイスラエル

　「イスラエル」と「ユダヤ人」の用法に関する上の傾向に鑑みると、おおかた異邦人の読者を想定した、あるいは異邦人との関係性に言及

するパウロ書簡群において、「ユダヤ人」という語がより一般であることは得心がいく。この場合の「ユダヤ人」という語には、外国人とは異なる民族性や歴史を持つ集団というニュアンスが顕著だ。したがって、キリストにあって「ユダヤ人」と「ギリシャ人」という差異が撤廃される（ガラ3:28）。また神との関わりにおいて、「最初にユダヤ人、そしてギリシャ人も」（ロマ 1:16; 2:9, 10）という差異と序列が意識される。ただパウロは、「ユダヤ人」の真価がその外見によらず内面によるとしてこの語が有するその民族性と歴史性を相対化するが（ロマ 2:28-29）、これはユダヤ人の民族的優位性を誇ることの誤りを指摘するためのレトリックとして理解すべきだろう。

　パウロがコリント2書で「イスラエル」を用いる場合（Ⅰコリ 10:18; Ⅱコリ 3:7, 13）、これは古の民の律法受容物語と、おそらくその際の金の子牛事件が文脈にあり（Gardner 1994:165; Martin 1995:179-97）、この場合は荒野時代に遡る12部族連合の総称としてのイスラエルが念頭にある（上のフィロンとヨセフスと同様）。パウロはフィリ 3:5 で「イスラエル民族の出身（ἐκ γένους Ἰσραήλ）」と述べるが、これは古の契約の民に属するという自己理解であり、直前の「8日目の割礼」と契約のしるしと結びついている。

　ロマ 9–11 章の焦点は、救いに関して異邦人とユダヤ人とを区別することでなく、いかに異邦人とイスラエルの民とが神の永遠の契約の成就にともに与るかという問いにある。上述したとおり、ローマ書でパウロが「イスラエル」を用いるのはこのロマ 9–11 章に限られている。これらの章で「ユダヤ人」は2回のみ用いられるが（ロマ 9:24; 10:12）[68]、これらの場合はユダヤ人と異邦人の民族的・歴史的差異を相対化することが目的である。ここでは、神への不誠実を示した歴史上の「イスラエル」へも言及するが（ロマ 9:31; 10:19, 21; 11:2）、初めに「すべてのイスラエルの出がイスラエルでない」（9:6）として神の民の民族性と歴史性とを相対化し、最後に「このようにしてすべてのイスラエルが救われる」（11:26）と述べて、神の永遠の契約の成就に連なる者——ユダヤ人も異邦人も——すべてが、神がイスラエルに示

---

[68] 新共同訳はロマ 11:11, 20 の動詞が示唆する3人称複数の主語（「彼ら」）を「ユダヤ人」と訳出している。

した救いの恵みに与ることとなる[69]。

　この視点は、ガラ 6:16 に見られる「神のイスラエル」の大胆な再定義の延長にある。既述のとおりガラ 6:16 の「神のイスラエル」に関しては、これを歴史的なイスラエル民族と捉えて、これに対する平和を祈ることは、ガラテヤ書全体の議論の流れからはあまりにも唐突だ。むしろこの議論において、パウロがその救済観をアブラハムに起点を置く神の永遠の契約という観点で説明してきたことに鑑みるなら、この契約の祝福に与るすべての諸民族に対して「イスラエル」という語を用いることに不自然さはない。

C. 「イスラエルの地（エレツ・イスラエル）」

　最後に、「イスラエルの地」という民族的概念に触れておこう。伝統的なユダヤ人の視点によると、神がイスラエルに与えた「イスラエルの地」はパレスチナ地方に限定されず、遙かシリアとキリキア地方にまでその範囲を延ばしている。使 2:9–11 はペンテコステの際にエルサレムを訪れているディアスポラ・ユダヤ人の出身地を列挙するが、その際にメソポタミアとカパドキアのあいだに「ユダヤ」という地名が挿入されている。ヘンゲルはその理由として、この広範囲の「イスラエルの地」という概念があると考える（Hengel 2000:64）。アブラハム（創 15:16）とモーセ（出 23:31）に約束され、ダビデ王の人口調査（サム下 24:6–7）に含まれる土地は、その北と東がユーフラテス川とアマヌス山に接している。この広範囲のイスラエルの地という理解は第二神殿期にも継承され、これがハスモン家のシリアにおけるユダヤ人地域拡張活動（『古誌』13:9:1）に根拠を与えたとも考えられる。一方で、イスラエルの地に関するラビの議論（後 1 世紀の時代設定）では、ラビ・ガマリエルがケジブ（現代のレバノンとの北境）を北限とする（『M ハッラ』4:7–8）。このように、イスラエルの地に関して広範囲の概念と狭い範囲の概念の両方が存在していたので、原始教会開始当時のアンティオキアがイスラエルの地に属するか、あるいはディアスポ

---

[69] ロマ 11:26 の「イスラエル」が民族的イスラエルに限定されるか否かに関する多様な解釈についての二次文献は、Jewett（2007:701 の注 73, 74）を見よ。さらに Wagner（2002:219–305）参照。

ラか、人によって認識が異なったと考えられる（Scott 1995:158）。そ
れなら、エルサレムの使徒らとパウロのあいだでも、イスラエルの地
に関する理解が異なっていても不思議でない。ヤコブは広範囲でイス
ラエルの地を捉えており、そこにはアンティオキアも含まれた。一方
パウロは、アンティオキアをキリキア・シリア属州の一部であってイ
スラエルの地から外れると考えた。ヤコブは彼の理解から、アンティ
オキアがユダヤ人宣教に特化したエルサレム教会の管轄に属すると考
え、派遣団を送ってユダヤ人キリスト者に対する忠告を与えた。パウ
ロはこれを、彼が責任を持つ異邦人の地に対するヤコブによる不当介
入として捉えた。アンティオキア事件はこのようにして生じたのかも
知れない（Bockmuehl 1998:72; Scott 1995:158）。

あとがきに代えて：その後のガラテヤ書

導入：その後のガラテヤ諸教会

　パウロがガラテヤ書を書き送ったあと、ガラテヤの諸教会はどうなったか。残念ながら、それを知る術を私たちはほとんど持ち合わせていない。本注解書では、後51年辺りにコリントに滞在していたパウロがガラテヤ書を執筆したと想定した。この後、パウロがガラテヤ諸教会を訪問した記録は使18:23に短い言及があるのみで、パウロ自身は何も述べない（Ⅱテモ4:10は、パウロを見限ったクレスケンスがガラテヤへ向かったとする）。もっとも、パウロはⅠコリント書（55年）において、1度だけガラテヤ諸教会での募金活動について触れている。

> 聖徒らへの募金に関しては、私がガラテヤ諸教会に指示したと同じように、あなた方もしなさい。週の初めの日に、あなた方の暮らしぶりにしたがって貯めたものを各自で取っておきなさい。私が来たときに、募金をしなくても良いためです（Ⅰコリ16:1–2）。

　「聖徒ら」がエルサレム教会とその成員を指すことは、直後のⅠコリ16:3から明らかだ。この募金活動がガラ2:10の「貧しき者を憶えよ」というエルサレムの使徒らによる要請への直接の応答でなかろうことは、ガラ2:10の注解で述べた。しかしパウロはその宣教活動のある時点から、エルサレム教会を経済的に支援するための募金を始めたようだ。おそらくパウロがガラテヤ諸教会を再訪したおりに、上のような募金の指示をしたのだろう。コリント教会の信徒らは、パウロのコリント滞在中に、ガラテヤ信徒らがパウロの募金活動に賛同している様子を聞いていたのだろう。
　ところがロマ15:26がエルサレムへの募金について触れる際（57年）、マケドニア地方とアカイア地方の諸教会が協力したとの報告はあるが、ガラテヤ諸教会の参加には言及がない（Ⅱコリ9:2–4も同様）。ガラテヤ諸教

会はパウロの募金活動にそっぽを向いただろうか。これを手がかりとしてLüdemann（1984:86–87）は、パウロがガラテヤ諸教会における影響力を失い、ひいては小アジアの諸教会がみな反対者らの影響下に入ったと推論する。それならば、その後ガラテヤ書が流布し保存されたのは、パウロから離反する以前のガラテヤ諸教会からすでに流出していた、あるいはパウロ自身の手許にあった写本から転写されたということになろうか。

　もっとも、上の2書の募金報告がガラテヤに言及しないことは、ガラテヤ諸教会がパウロの募金活動から撤退したことの決定的な証拠とならない。使20:4はエルサレムへ義捐金を送るためにパウロに同行した人物として、デルベ出身のガイオス、リストラ（デルベ）出身のテモテ（使16:2）、アジア州出身のティキコとトロフィモを挙げており、この募金活動に小アジアの諸教会が積極的に関わった可能性を示唆している。またおそらくパウロには、コリント教会とローマ教会への会計報告義務があったわけでなく、募金活動に協力した教会を網羅的に挙げる必要がなかっただろう。とくにコリント教会に対しては、地理的に繋がりが深いアカイア地方とマケドニア地方の募金活動を例にとれば事足りただろう。シリアのアンティオキア教会における足場は失ったようだが（ガラ2:11–14; 使15:36–41）、その後エフェソに拠点を移して展開したエーゲ海沿岸都市宣教の東端に位置するガラテヤ諸教会が、パウロの宣べ伝えた福音を拠り所として、その遺

パウロを記念するビザンツ期の教会跡（ピシディアのアンティオキア）
撮影：木下滋雄

産を後代へと継承した可能性を完全に否定することはできない。ピシディアのアンティオキアを訪ねると、ビザンツ期にパウロを記念して建てられたと言われる教会の跡が今でも見られる（写真）。

A. ガラテヤ書とパウロ文書

　ガラテヤ書がパウロによる初期の手紙であることに鑑みるなら、その解釈史／影響史はパウロの他の書簡そしてより広いパウロ文書に対する影響から開始するのが良かろう。しかしこの場合、「ガラテヤ書の影響」とパウロ神学一般の所謂「偶発性と一貫性 (contingency and coherence)」(Beker 1980:23–36) とを区別することが難しい。後者は、パウロ神学が書簡群のあいだで発展するというよりも、一貫した神学がそれぞれの共同体の偶発的な状況によって様々に表現されたことを意味する。しかし後者を想定したとしても、この偶発性に起因する表現の変化を歴史の流れに置くことが誤りとは言えなかろう。ここでは、ガラテヤ書に反映される神学的主題等の行方を、その後のパウロ文書において概観しよう。

　a. 救済論：異邦人宣教における割礼の問題はガラテヤ書によって払拭されたのでなく、程度の差こそあれパウロとその諸教会に混乱をもたらし続けた（フィリ 3:2–3）。エイレナイオス（2 世紀後半）が「(エビオン派キリスト者は) 律法からの逸脱者として使徒パウロを拒絶した」（『異端反駁』I:26:2）と報告していることからも、ユダヤ人キリスト者の一部で割礼をはじめとする「律法の行い」に関する問題がある程度継続したことが分かる。パウロ神学がもたらす危険性は、ヤコブ書がすでに察知している。このもっともユダヤ教的性格が顕著な新約聖書テクストにおいて、その著者はパウロがガラテヤ書 (2:16) とローマ書 (3:28) で明示する信頼性に依拠した義に対し、「人は律法（の行い）によって義とされ、それは信頼性のみに依拠しない」（ヤコ 2:24）と反論する。これが明らかにパウロの言説を意識していることは、同じ文脈において、パウロが用いたアブラハムの相続物語（ガラ 3:6; ロマ 4:3）に対する著者なりの解釈によってその反論を支持していることから明らかだ（ヤコ 2:23）。もっともヤコブ書の反論は、パウロ自身に向けられたというより、パウロの言説を曲解して倫理的責任を果たさない者に向けられているだろう（Dunn 1990b:251–52）。

パウロが信頼性に依拠した義認を教える背景には、「律法の行い」というユダヤ人の民族意識に依拠した律法への奢りを牽制するという具体的な意図があった。ところがガラ 3:6–14 の【解説／考察】で短く触れたとおり、エフェ 2:8–9 では「律法の行い」でなく「行い」全般を義認の根拠としないという教えが展開する。この場合、救済は単民族的宗教の越境という問題から自己依存や自己正当化の脱却という主題へと焦点が移る。これは、たとえば「僧侶は修道会（戒律）によって、尼僧はその貞節によって……義とされない」(Luther 1953:145) というルターの解説、また既述のとおり（ガラ 2:16 注解）自己救済が実存に至らないとの Bultmann (1968:264–65) による適用を促す布石を敷いている。

b. 終末論：本注解書では、キリスト者が終末的緊張の時代を生きているという「開始された終末論」をパウロが想定していると説明した。したがって、キリストは今の邪悪な時代からキリスト者を救出し（ガラ 1:4）、キリスト者は終末の到来を象徴する霊という約束を受け取り（3:14）、終末の成就に至るまでキリスト者の内で肉と霊とが対峙する（5:16–17）。この霊肉の葛藤は、キリスト者が今の時代においてキリストの受難に倣うことに起因する（4:19; Ⅰコリ 4:11–13, 16; Ⅱコリ 1:5–6; フィリ 1:29–30; コロ 1:24）。おそらく 1 世紀後期の教会のあいだでは、切迫した終末期待からその遅延を受け入れる姿勢が次第に整ったようだ。この終末の遅延は、たとえば「到来（παρουσία）」という語の用法から推測される。この語は Ⅰコリ 15:23 を例外として、パウロの最初期の手紙であるテサロニケ 2 書（Ⅰテサ 2:19; 3:13; 4:15; 5:23; Ⅱテサ 2:1, 8）以外で、キリストの再来を指す語として用いられない。コロサイ書やエフェソ書が家庭訓を提示することは、この時代の終わりが早々にやって来るとの期待が薄れ始めたことのしるしと見なされる場合もある（Lincoln & Wedderburn 1993:127–41）。教会教父として知られるイグナティオスの『ポリュカルポスへの手紙』4:3 は、ガラ 3:28（やⅠコリ 12:13; コロ 3:11）の平等宣言を根拠として高まった教会による奴隷の解放の期待を修正している。もっとも、エフェソ書が終末の遅延を前提としてキリスト者の忍耐に関して教えている（エフェ 5:6–7. コロ 1:21–22 参照）という説明は、初期の手紙に見られる同主題を説明できない（ロマ 11:22; Ⅰコリ 9:27; ガラ 5:4）。さらにコロサイ書がこの遅延を根拠にした「完成された終末論」を反映して救済の完成と内面性とを強調

している（コロ 2:12–13; 3:1–4）という説明は（Barclay 2004:89–90）、コロ 2–3 章がバプテスマのモチーフを一貫して用いつつ、バプテスマ儀礼が象徴する未来の希望の現在における体験（「既に／未だ」）を教えている点を看過している。「終末の遅延」を安易に、あるいは無理やりテクストに読み込むことは避けなければならないが、待ち人が現れない現実にすくなくとも 2 世紀以降の教会が組織的に適用したことは確かだ。

c. **ユダヤ教**：おそらくパウロ自身は、異邦人とユダヤ人とが比較的近しく共生する際の微妙な文化的バランスをますます意識して、律法に関する表現を軟化させた。彼の基本的な律法観は一貫しており、律法自体を悪魔化することはガラテヤ書においてさえない（トピック #8）。したがって、「律法は神の約束に反するでしょうか」と問い、「決してそのようなことはありません」と強く否定する（ガラ 3:21）。ローマ書では、ユダヤ人キリスト者の擁護という事情も加わってか、ガラテヤ書以上に律法に対する明白な肯定的表現が目につく。したがって「私たちは律法を無にするのでなく……むしろ律法を確立する」（ロマ 3:31）。「律法は聖く、掟は聖く正しく良い」（7:12）。律法やその他の遺産によって特徴づけられるユダヤ人は救済史において特別な位置にあり、パウロはそれゆえ神に栄光を帰す（9:4–5）。この傾向は他のユダヤ教的主題についても同様だ。パウロはガラテヤ書の最後で、キリストに属するユダヤ人と異邦人をともに「神のイスラエル」（ガラ 6:16）と称したが、ロマ 9–11 章は神の救済計画の成就におけるユダヤ人と異邦人との関係を詳細に描く。Dahl（1986:37）は、エフェソ書が教会内外のユダヤ人にまったく関心を示さないとするが、キリストの十字架による民族を越えたキリストの体の実現（エフェ 2:11–21）は、ガラ 3:28 と 6:16 に表されたパウロのヴィジョンを言い直したものと言えよう。

d. **教会伝承**：ガラテヤ諸教会を巡る反対者との攻防において、パウロはその福音の正当性を主張する必要があった。そのため彼は、福音と異邦人への使徒という召命とが直接啓示に依拠しており、エルサレム教会の指導者らや原始教会の伝承から独立していることをことさら強調した（1:1, 11–12, 15–20; 2:1–10）。このことがパウロと教会伝承との関係を分かりにくくしているが、たとえば I コリ 15:3（11:23 参照）でパウロは自らを伝承の継承者と言ってはばからず、また聖餐定型文を引用している

(11:23–26. マコ 14:22–25// マタ 26:26–29// ルカ 22:14–20 参照)。したがってトピック #3 では、パウロが主張する彼の福音の独自性は、宣教の対象を彼が異邦人に定めたという点だ、と説明した。パウロは教会の伝承を蔑ろにしたのでない。ガラ 6:6 がこのような伝承の継承者に言及しているとも考え得る。この姿勢は、教会が「使徒や預言者という土台の上に建てられている」（エフェ 2:20）という、伝承と伝承者の権威を重視する思想へと発展してゆき、牧会書簡に至るとその伝承を正しく継承し教会を運営する指導者らを任命する際の基準が明記される（Ⅰ テモ 3:1–13; テト 1:6–9）。ここには教会組織化（体制化）のプロセスが観察される。ちなみに、少なくとも一部の教会は、その後まもなく単一監督制というより高度な組織体制を持つようになったようだ（『イグ・スミュ』8;『イグ・エフェ』5;『イグ・マグ』7) [70]。

e. まとめ：上ではとくにパウロ文書を中心とした新約聖書におけるガラテヤ書の影響を概観したが、そこには緊迫した終末期待の中でも終末的緊張のプロセスを生きぬくことを教えるガラテヤ書から、パルーシアの遅延が次第に意識されるその後の様子が推し測られた。反対者を意識して伝統的権威から距離を置きつつも決してそれを蔑ろにしなかったガラテヤ書から、伝承とその継承者の権威がじょじょに確立されていく様子を窺うことができた。もし初期カトリシズムを、(1) パルーシア期待の減退、(2) 体制化の高度化、(3) 信仰の定型化によって判断することが適切なら（Dunn 1990b:344）、いまだ異邦人教会のアイデンティティ形成を模索するキリスト者らが、少なくとも 50–60 年という時間を費やして初期カトリシズムの様相を呈していくプロセスの開始部にガラテヤ書とその受信者であるガラテヤ諸教会を置くことができるかも知れない。

B. その後のガラテヤ書理解

1. 古代教父

古代キリスト教において特記すべき神学的問題は、グノーシス派に代表される二元論的な神理解に対する「正統派」教会の応答だ。キリスト教独

---

[70] 初期教会の体制化のプロセスに関しては、浅野（2011b:47–67）を見よ。

自のアイデンティティを確立するためにユダヤ教とその律法を批判的に捉える過程で、しかし宗教母体であるユダヤ教から継承した唯一神とその救済計画の永遠性と非連続性の問題には、異なる理解が示された。そしてこの問題は、ガラテヤ書をその論争における重要な場の1つとして選んだ。

 a. マルキオン：小アジアは黒海に面するポントス地方出身のマルキオンが、後140年代に10書からなる「パウロ書簡」(牧会書簡と一般にパウロ著と考えられたヘブライ書を除く) とルカ福音書へ彼の神理解に適合する編集を加えて、それを彼に賛同する信仰者集団の教典とした。ある意味でこれは、もっとも最初期の正典化の動きと理解できよう (Aland 1992:91)。マルキオンは彼が「正典」と考える書簡群『使徒』の第1にガラテヤ書を挙げる。それは、「キリスト教対ユダヤ教」という構図がガラテヤ書に明示されているとのマルキオンによるガラテヤ書解釈に基づく (テルトゥリアヌス『マルキオン反駁』5:2–21)。マルキオンは、〈パウロがガラテヤ書においてすべてのユダヤ的な要素に批判的で、ユダヤ律法の廃止を訴えた〉と考えた。キリストがイスラエルの父祖アブラハムの子孫であり、律法の目的が神の約束に反しないとするガラ3:6–9, 15–25は、マルキオン版ガラテヤ書からは省かれたようだ。ユダヤ教聖典の創造神はパウロが宣べ伝える良き神と相反する。したがって、異なる福音を伝える「天からの使い」(ガラ1:8) はこのユダヤ教的な劣悪な創造神から遣わされており、パウロはこの「使い」を「呪われよ」と断罪する。2つの神 (至高者と創造神) とそれぞれの福音が、ガラ2:16において「信仰 (信頼性) による義」と「律法の行いによる義」として対比される。ユダヤ教に親和的なエルサレムの指導者らはパウロと異なる福音を宣べており、その結果パウロはアンティオキアでペトロを諌める (ガラ2:11–14；『マルキオン反駁』5:3:1, 6–7を参照)。この構図において、至高者である良き神から遣わされたキリストは創造神の律法によって呪われ殺されるが、良き神の忍耐がキリストの死をとおして示される (ガラ3:13；『マルキオン反駁』5:4)。

 b. テルトゥリアヌス：カルタゴ出身のテルトゥリアヌスはその著書『マルキオン反駁』(208年) において、マルキオンのガラテヤ書理解を批判する。テルトゥリアヌスもマルキオン同様、ガラテヤ書がユダヤ教批判の役割を持つと理解するが、律法の破棄と福音の確立は唯一神である創造神の意志によると述べる (『マルキオン反駁』5:2)。神が人を導く目的で与

えた律法は、キリストの到来によって役割を終え破棄された。パウロによる無割礼者への宣教を容認するエルサレムの使徒らは、救済論とキリスト論に関してパウロと共通の理解を示しており、両者は福音を曲解した「偽兄弟」と一線を画す。こうして一方にパウロとエルサレムの使徒らを、他方に「偽兄弟」を位置づけるという一般的な構図が生まれる（Lightfoot 1887:106 参照）。

c. **アウグスティヌス**：北アフリカはヒッポの司教を務めたアウグスティヌス（354–430）は、その職に就く直前の 390 年前半にガラテヤ書注解書を執筆した。これが彼による唯一の完結した注解書である。アウグスティヌスの論敵にはマニ教、ドナトゥス派、ペラギウス派が挙げられようが、マニはマルキオンの神観（2つの神）にもつうずる二元論的な神論に基づいて人間論を語った。人は至高の良き神によって論理的で霊的な存在として創造されたが、邪悪なデミウルゴスによって創造された身体に捕らわれ、悪の力によって支配されている。マニ教祭司フォルトゥナトゥスとアウグスティヌスとの議論では、ガラテヤ書の「この邪悪な時代」（1:4）や霊肉の対峙主題（5:16–18）に関する異なる解釈が交わされたようだ（『フォルトゥナトゥス駁論』21）。人の内面に罪を見出すアウグスティヌスは、ガラ 1:4 を外的な悪の力の支配領域としてでなく、罪人の住む場としての邪悪な時代——本来罪深い人々が生きる社会は結果的に邪悪——と説明するが、これにはおそらく人が禁欲的生活によって罪から脱却できるというマニの人間論に対する反論が含まれていよう（Plumer 2003:129.n13）。またガラ 5:17 に関しては、霊肉が対峙する時代（恵みの段階）から不滅の体の時代への移行の希望を語る。これもマニ教への応答であると同時に、おそらく完全主義を主張するドナトゥス派に対する牽制とも考えられる（Riches 2008:16）。

d. **クリュソストモス**：のちにコンスタンティノープルで総主教となるクリュソストモス（347–407）は、シリアのアンティオキアで司祭を務めていたときにガラテヤ書注解書を著した。多数のユダヤ人が住むアンティオキアでは、キリスト者とユダヤ教徒とのあいだでの交流が盛んだったようだ。そのためクリュソストモスは、ユダヤ人会堂と教会とに通い、ユダヤ教の祭儀に参加するキリスト者を警告するための説教を著している。しかし彼のガラテヤ書注解書には、その説教に見られるような反ユダヤ的

レトリックが見られない。律法の目的が「不誠実のため」（ガラ 3:19）というパウロの曖昧な表現に関しては、人に罪を示してキリストへと向かわせるという肯定的な機能を見出す。ガラ 3:25–26 は、たんに律法の役割がキリストの到来をもって完了したと述べているに過ぎない。したがって「律法の下」（3:23）にあることも、律法に捕らわれているというよりも、むしろ律法の庇護の下にあると理解する。ちなみにクリュソストモスは、ガラ 3:28 の平等宣言に関してその興味深い適用を提示している。「しかしキリストが来たとき、彼はこのことをも廃絶した。すなわちキリスト・イエスにあって『奴隷も自由人もない』のだ。奴隷を所有する必要はない。もし必要とあれば、ただ 1 人か多くとも 2 人……しかし彼らが自立できる技術を教えた後は、彼らを解放しなさい」（『説教』40）。パウロの平等宣言を教会による積極的な奴隷解放と混同しないように（『イグ・ポリュ』4:3）との伝統に即しながらも、奴隷の尊厳回復という配慮が見てとれる。

e. **まとめ**：ユダヤ教から派生し、歴史的・地理的にユダヤ教と隣接する初期キリスト教は、そのアイデンティティを形成し確立する過程にあって、ユダヤ教聖典の正しい解釈を主張して聖典の独占をはかり、この隣接する他者に否定的な烙印（スティグマ）を捺した（浅野 2012b:40–53）。ガラテヤ書におけるパウロと反対者との応酬では、ローマ書におけるより慎重なユダヤ律法の解釈よりも批判的な表現が動員されているが、それでもその批判は異邦人キリスト者に割礼を促すユダヤ人キリスト者に向けられており、律法の救済史上の役割が否定されるものでなかった。しかしこのテクストは古代教父らや、彼らが異端者と見なす者らによって、より激しい宗教間・宗派間論争を支える立証テクストとして用いられる様子がここに観察された。

2. 中世神学
a. 宗教改革以前

ドミニコ会の著名な神学者／哲学者である**トマス・アクィナス**（1227–74）は、その反ユダヤ的社会風潮において、極端に破壊的な政策――ユダヤ人への経済制裁やユダヤ人児童の両親からの隔離――には反対しつつも、その神学的世界観においてはユダヤ人を律法の「隷属状態」に置き、キリスト教の真理独占を正当化する中世教会の前提を受け継いだ

（Brearley 2005:29）。もっとも、「律法の行いに依拠する者は誰でも呪いの下にある」（ガラ 3:10）とパウロが言う場合、ユダヤ教聖典の父祖をすべて糾弾するマニ教のような二元論的視点を牽制するため、〈律法の行いが救いをもたらすと信じてそこに依拠する者はみな呪われるが、律法を守るユダヤ人がみな呪われるのでない〉と理解した（Aquinas 1966:79）。アクィナスのガラテヤ書注解書は古代教父らの律法理解を継承しており、ガラ 3:15–29 の注解において律法が与えられた理由を罪の結果とする。その目的は、邪悪な行為を制御し、人の脆弱さを暴き、その欲望を抑えることだ（ガラ 3:19）。同時に律法は、無知な者を導くために将来の恵みを指し示す象徴である（ヘブ 10:1）。律法がユダヤ人を善人として成長させるという肯定的な意味で「養育係」（ガラ 3:24）であると理解しつつも、律法の「仲介者」（3:19）をキリストより劣る御使いとして、律法の時代と信仰の時代とを明確に区別する。一方で新約聖書の「法」は聖霊の導きを指し、それは人に徳の慣習を染み込ませ、善行への思いを湧き起こさせる（Aquinas 1966:95–98）。

アクィナスはこの注解書において「キリストにある新たな命」という主題を重視し、その序文で新たな命を定義している。それは基本的に旧い契約と対比されたキリスト教教義、信仰による義認、栄光の希望を指す。彼はガラ 5 章の注解においてこの新たな命をさらに解説する。ガラ 5:1 をユダヤ律法の遵守が伴わない信仰義認への不信という過ちへ陥ることへの警告としながらも、「義の望みを待ち望む」（5:5）ことが所謂「死んだ信仰」（ヤコ 2:26）でなく愛の実践に裏打ちされた形ある信仰を要請すると解説する。「信仰によってキリストがあなた方の心に宿る」（エフェ 3:17）という言葉は、愛の実践による裏打ちがなければ完全に受肉しない（Aquinas 1966:157）。ガラテヤ書における「新たな命」という主題へのアクィナスの格別な関心は、のちにカトリック教会がトリエント公会議（1545–63 年）にてルターをはじめとする改革者らへ応答する際、義認と倫理との関係性に注目するという重要な視点を提供した（Riches 2008:250）。

b. 宗教改革

宗教改革運動の中心に位置したルターとカルヴァンは、古代教父らやアクィナスに代表されるスコラ派のガラテヤ書理解をある程度において継承しつつも、その「信仰のみによる義認」という運動原理をガラテヤ書から

導き出した。

したがって**マルティン・ルター**（1483–1546）は、「信仰義認」に関するガラ2:16の注解において、スコラ派のあいだで議論された恩恵と功績との関係性に対し非常に強い語気で反論する。報われるべき功績に関するスコラ派の論考によると、神の恩恵を受ける以前（改宗以前）の人の功績が神に報いられるのは、神がその行いを喜ぶことが正しいことだからだ。また神の恩恵を受けた者の功績が報いられるのは、神に、その行いに報いる義務があるからだ（McGrath 1986:I:110. 小高 2001:255–68 参照）。ルターはこの神学が、一方で自らの力で救いに至る功績を積むように人を促しながら、他方でそのような行いを神は受け入れないとし、これが救いに関する二重の疑念を人に抱かせると批判した。一方でルターは、キリストの憐れみと赦しへの信頼のみが救いの確信をもたらすことをガラ2:16におけるパウロの言説に見出した（Luther 1953:132–36）。救いに関わる功績と律法（の行い）とを同視することによって、律法の行いによらない義（ガラ2:16）というパウロの主張は功績によらない義というルターの主張に直接結びつく。したがってルターはユダヤ律法に対し一貫して否定的だ。〈律法の霊的理解によって律法の肉的理解から解放される〉と解釈するアウグスティヌスの伝統から離れたルターは（Plumer 2003:30 参照）、「律法をとおして律法に対して死んだ」（ガラ2:19）という言説を〈恵みの律法によってモーセ律法から解放される〉体験と理解した。ルターはこれら2つの「律法」の対峙を印象的に語っている。

> モーセ律法は私を告発し断罪する。しかしその告発し断罪する律法とは別の律法、すなわち恵みと自由とが私にはある。この別の律法は告発する律法を告発し、断罪する律法を断罪する。したがって、死が死を殺す。この殺す死が命そのものである。これは死に対する激しい霊の怒りによる死の死と呼ばれる（Luther 1953:158）。

では律法はなぜ与えられたか（ガラ3:19）。ルターはロマ5:20をも見据えて、その目的を違反が「増し、より広く知られ、明らかに見られるため」（Luther 1953:302）と理解した。律法には、社会において犯罪を抑制する行政的役割と自己義認の虚しさを知らしめる神学的役割があるとしながらも（Luther 1953:298, 304）、この律法が義をもたらすという理解は「悪魔

の強大な力だ」（Luther 1953:296）と注意を促す。

改革運動のもう1人の担い手である**ジャン・カルヴァン**（1509–64）は、義をもたらさない律法を儀礼律法に限定する古代教父やローマ教会の理解に反して、道徳律法をも含めたモーセ律法全体が信仰と対比されていると主張する。それは、「（パウロが）儀礼が行われるかどうかでなく、救いの確信と栄光とが行いに依拠するかどうかに焦点を置いている」（Calvin 1965:38–39）からだ。この律法全体が人を呪いの下に置く（ガラ 3:10）理由は、ルターにとっては自己義認の欲求が律法の要求を満たすのを妨げることだったが、カルヴァンは今の堕落した世において誰も律法を満たすことができないからと説明する（Calvin 1965:53）。カルヴァンは律法が与えられた目的（ガラ 3:19）に関してルターに同意するが、敬虔で正しい生き方の規範としての律法の意義を否定しない。ルターは律法の建設的な目的を、行政的視点（犯罪の抑止）と神学的視点（人の道徳的脆弱さへの喚起）から説明したが、カルヴァンはこれに加えて倫理的視点を強調する。古代教父らやルターがキリスト教倫理に対する律法の役割を非常に限定的に認めるのに対して、カルヴァンはユダヤ教聖典と新約聖書との一貫性という観点からこの意義を強調する。したがって律法は、神の霊がその心を満たして支配する信仰者らに、教え、励まし、戒め、修正を提供しつつ、彼らをすべての良い業に相応しい者として整える（『キリスト教綱要』II:7:12–14 参照）。おそらくカルヴァンは、霊を過度に強調するより過激な改革運動から意識的に距離を置き、霊の役割を認めつつも、キリスト教倫理のより明確な導き手として律法に肯定的な価値を認めたのだろう（Riches 2008:196–97）。

c. まとめ

律法の行いによる義を否定するガラテヤ書の教えは、すでに新約聖書においても「行い vs 信仰」というより一般的な議論へと適用され始めた（エフェ 2:8–9）。この伝統的な解釈は、古代教父をとおして中世の改革者へと引き継がれ、カトリック体制への抵抗運動を突き動かす「信仰のみ」という原理を彼らに提供した。律法とキリストとキリスト者の倫理との関係性――さらにユダヤ教の評価――に関しては、改革者のあいだでも微妙に異なったが、この議論はサンダースと「新たな視点」に至るまでのキリスト教聖書学において足踏み状態を続けることとなる。またユダヤ律法という

歴史的で民族的な問題が一般化されるにともなって、宗教がきわめて個人的な心の在り様という議論へと移っていった。

3. 近現代へ

近現代をひとまとめにして最後に短く扱うことは、ガラテヤ書の影響とこの書簡にまつわる考察が中世以降不活発になっていることを意味しない。むしろガラテヤ書への関心が高まったがゆえに、本注解書は本論でその内容にしばしば言及してきた。ここではそれを詳しく繰り返すことを避け、近現代のガラテヤ書研究における重要な点を再確認し、本注解書の該当する箇所へ読者の注意を向けるに留まる。

原始教会の様相を再構築しようとすれば、ガラ 1–2 章における歴史的叙述に関心が向けられることは必至だ。**F. C. バウル**（1792–1860）とテュービンゲン学派はヘーゲル的な歴史観を導入して、個別主義を代表するペトロと普遍主義を代表するパウロとが対峙する姿をこのテクストに見出した。これに対して **J. B. ライトフット**（1828–89）は、おおよそ「異端」的なユダヤ主義者（「偽兄弟」ら）に対してペトロとパウロとが一致団結して抵抗する構図を描いた。これ以降、原始教会におけるエルサレムの指導者とパウロの異邦人宣教とのあいだの関係性について議論は絶えない。この点は、緒論 D：「反対者のプロファイル」とトピック #5：「パウロの福音宣教と多様な教会観」を参照されたし。

ユダヤ教とその律法への理解については、中世から近代に至るまで、ユダヤ人に対する歴史的な偏見の影響を大きく受けてきたし、この偏見を焚きつける結果ともなってきた。これには、ガラテヤ書における、パウロの反対者を意識した強い論争的な語気が、その生活の座から引き離されて解釈されたことも大きく影響している。2000 年にわたるこの偏った解釈は、とくにホロコーストを体験したヨーロッパを中心に再考を余儀なくされた。**E. P. サンダース**（1937– ）を起点とする「新たな視点」はこの延長線上にある。彼が提唱した「契約維持のための律法体制」というユダヤ教と律法とのより冷静で健全な理解を意識した、新たなパウロ像とその救済観に関する議論が、20 世紀終盤以降のパウロ研究における最大の焦点と言っても過言でなかろう。この点は、トピック #8：「律法とユダヤ人の律法観」を参照されたし。

ガラ1章が啓示体験に言及することから分かるとおり、これがパウロの宣教と牧会と神学作業、すなわち彼の人生全般を方向づけた。したがってパウロ神学を考察する際に **J. C. ベカー**（1924– ）が「黙示」をその枠組みとして提唱したこと（Beker 1980）は非常に意義深い。また **C. C. ローランド**（1947– ）のユダヤ教黙示文学研究（Rowland 1982）が、「黙示」という概念をパウロ研究に洗練された仕方で積極的に動員する契機となると、**J. L. マーティン**（1925–2015）が黙示的視点からガラテヤ書の注解書（Martyn 1997）を著すのはもはや時間の問題だった。マーティンのガラテヤ書とパウロ理解に関しては、黙示と歴史あるいは黙示と贖罪とを乖離させる傾向の是非が評価を分ける。もっとも、「黙示的パウロ」が論じられる場合に、その焦点は黙示思想にありその体験が看過されすぎているとの批判がある。これは **A. シュヴァイツァー**のパウロ考（Schweitzer 1981）から続く傾向で（Ashton 2000:143–51 参照）、たとえば **A. シーガル**の研究（Segal 1990）をさらに発展させる「黙示者パウロ」への深い考察が今後期待される。この点に関しては、緒論 E：「パウロの改宗」とトピック #3：「パウロと黙示／啓示」を参照されたし。

　N. T. ライト（1948– ）（Wright 2015:221–346）は、この近現代のプロセスを 2015 年に至るまで概観したが、その最後に社会史と社会科学批評が近年のパウロ研究にもたらした新たな貢献について論じている。たしかに社会史と社会科学批評がパウロ理解にもたらした視点は重要であり、本注解書著者も社会科学的な視点からガラテヤ共同体について論考した（Asano 2005）。しかし 20 世紀後半になって再評価された古代ユダヤ教とその律法理解が、民族アイデンティティという人類学的視点からテクストを読み直す試みを要請していることは明白であり、この点を Wright が十分に評価していないことは残念だ（トピック #5）。民族アイデンティティへの関心は、当時のローマ社会においてキリストの福音が示す抵抗の神学を読みとる手だてを提供することでもある。これに関しては、近年**ロペス**（Lopez 2008）と**カール**（Kahl 2010）による帝国神学への抵抗としてのガラテヤ書研究が明らかにした。それはまた文化研究批評ともリンクしており、**ガヴェンタ**（Gaventa 2007）と**イーストマン**（Eastman 2007）によるフェミニスト神学的視点が――両者ともに黙示思想と抵抗のレトリックとの関連を自明のこととせず明確に説明すべきだったが――ガラテヤ書理解

に大きく貢献した。これらの聖書解釈の動向は、21世紀の混沌に足を踏み入れた現代人がガラテヤ書の意義を再評価する機会を新たに提供している。この意味で現代の聖書読者の多くも、500年前を生きたルターや100年前を歩んだ内村鑑三が抱いたガラテヤ書に対する強い愛着の念（本書「緒論」導入を参照）を理解し、それを共有するのでなかろうか。

Aland, B 1992. 'Marcion/Marcioniten'. *Theologische Realenzyklopädie.* XXIII, 89–101. Berlin: Walter de Gruyter.

Aquinas, T 1966. *Commentary on Saint Paul's Epistle to the Galatians,* tr by F R Larcher. Albany: Magi Books.

Arnold, C E 1996. Returning to the Domain of the Powers: *STOICHEIA* as Evil Spirits in Galatians 4:3, 9. *NovT* XXXVIII.1, 55–76.

Asano, A 2005. *Community-Identity Construction in Galatians.* JSNTSup 285. London & New York: T & T Clark.

Asano, A 2013a. The Changing Faces of Identity in Paul's Letters: With Reference to Robert Jewett's Commentary on Romans, in K K Yeo (ed), *From Beijin to Rome: Symposia on Robert Jewett's Commentary on Romans,* 331–56. Lincoln: Kairos.

Asano, A 2013b. 'With Regard to These Things, There Is No Law': Is Paul Positive about the Law in Gal 5–6?, *Kwansei Gakuin University Humanities Review* 18, 1–8.

Asano, A 2015. Motherliness of God: A Search for Maternal Aspects in Paul's Theology, in G L Green et al (ed), *The Trinity among the Nations.* Grand Rapids: Eerdmans.

Asano, A 2016. 'Like the Scum of the World, the Refuse of All': A Study of the Background and Usage of περίψημα and περικάθαρμα in 1 Corinthians 4.13b. *JSNT* 39, 16–39.

Ashton, J 2000. *The Religion of Paul the Apostle.* New Haven & London: Yale University Press.

Aune, D 1981. Review of H. D. Betz, *Galatians. RSR* 7, 323–28.

Bammel, E 1968. Galater 1:23, *Zeitschrift für die neutestamentliche Wissenschaft* 59, 108–12.

Barclay, J M G 1988. *Obeying the Truth: Paul's Ethics in Galatians.* Edinburgh: T & T Clark.

Barclay, J M G 1995. *Jews in the Mediterranean Diaspora from Alexander to Trajan, 323 BCE – 117 CE.* Edinburgh: T & T Clark.

Barclay, J M G 2004. *Colossians and Philemon.* T & T Clark Study Guides. London & New York: T & T Clark.

Barclay, J M G 2014. Humanity under Faith, in B W Longenecker & M C Parsons (eds), *Beyond Bultmann: Reckoning a New Testament Theology*, 79–99. Waco: Baylor University Press.

Barclay, J M G 2015. *Paul and the Gift*. Grand Rapids: Eerdmans.

Barr, J 1988. 'Abba' isn't 'Daddy'. *JTS* 39, 28–47.

Barrett, C K 1985. *Freedom and Obligation: A Study of the Epistle to the Galatians*. Philadelphia: The Westminster Press.

Barrett, C K 1991. *A Commentary on the Epistle to the Romans*. (BNTC) 2nd ed. London: T & T Clark.

Barrett, C K 1994, 98. *Acts I, II*. (ICC) London: T & T Clark.

Barth, F (ed) 1969. *Ethnic Groups and Boundaries: The Social Organization of Culture Difference*. Oslo: Universitetsforlaget.

Bauckham, R J 1994. The Brothers and Sisters of Jesus: An Epiphanian Response to John P. Meier. *CBQ* 56, 686–700.

Bauer, B 1852. *Kritik der paulinischen Briefe*. Berlin: Gustav Hempel.

Bauer, W 2000. *A Greek-English Lexicon of the New Testament and Other Early Christian Literature*, tr by F W Danker, W F Arndt & F W Gingrich. 3rd ed. Chicago: University of Chicago Press. [BDAG]

Baur, F C 1863. *Geschichte der christlichen Kirche*, Bd1: Kirchengeschichte der drei ersten Jahrhunderte. 3 Ausg. Tübingen: L. Fr. Fues.

Baur, F C 1866. *Paulus, der Apostel Jesu Christi: Sein Leben und Wirken, seine Briefe und seine Lehre*. 2 Bde. 2 Aufl. Leipzig: Fues's Verlag.

Beasley-Murray, G R 1993. 'Baptism', in G F Hawthorne et al (eds), *Dictionary of Paul and his Letters*, 60–66. Downers Grove & Leicester: InterVarsity.

Becker, J 1990. *Der Brief an die Galater*. Göttingen: Vandenhoeck.

Beker, J C 1980. *Paul the Apostle: The Triumph of God in Life and Thought*. Philadelphia: Fortress.

Betz, H D 1975. The Literary Composition and Function of Paul's Letter to the Galatians. *NTS* 21, 353–79.

Betz, H D 1979. *Galatians*. (Hermeneia) Philadelphia: Fortress.

Bird, M F 2010. *Crossing Over Sea and Land: Jewish Missionary Activity in the Second Temple Period*. Peabody: Hendrickson.

Bligh, J 1969. *Galatians: A Discussion of St. Paul's Epistle*. London: St Paul.

Bockmuehl, M 1998. *The Epistle to the Philippians*. (BNTC) London:

Hendrickson.

Bockmuehl, M 2000. *Jewish Law in Gentile Churches: Halakhah and the Beginning of Christian Public Ethics*. Edinburgh: T & T Clark.

Bockmuehl, M 2012. *Simon Peter in Scripture and Memory: The New Testament Apostle in the Early Church*. Grand Rapids: Baker Academic.

Boers, H W 1971. *Theology out of the Ghetto: A New Testament Exegetical Study Concerning Religious Exclusiveness*. Leiden: Brill.

Bornkamm, G 1971. *Paul*, tr by D M G Stalker. London: Hodder.（『パウロ――その生涯と使信』佐竹明訳、新教出版社、1970。）

Borse, U 1984. *Der Brief an die Galater*. Regensburg: Friedrich Pustet.

Bousset, W 1970. *Kyrios Christos: A History of the Belief in Christ from the Beginnings of Christianity to Irenaeus*, tr by J E Steely. Nashville: Abingdon Press.

Bovon, F 2006. *Luke the Theologian*. 2nd ed. Waco: Baylor University Press.

Bowker, J W 1971. 'Merkabah' Visions and the Visions of Paul. *Journal of Semitic Studies* 16, 157–73.

Boyarin, D 1994. *A Radical Jew: Paul and the Politics of Identity*. Berkeley & London: University of California Press.

Boyarin, D 1995. *Galatians and Gender Trouble: Primal Androgyny and the First-Century Origins of a Feminist Dilemma*. Berkeley: Center for Hermeneutical Studies.

Brearley, M 2005. 'Aquinas, Thomas', in E Kessler & N Wenborn (eds), *A Dictionary of Jewish-Christian Relations*, 25. Cambridge: Cambridge University Press.

Brinsmead, B H 1982. *Galatians: Dialogical Response to Opponents*. (SBLDS 65) Chico: Scholars.

Brown, F 1979. *The New Brown–Driver–Briggs–Gesenius Hebrew and English Lexicon with an Appendix Containing the Biblical Aramaic*. Peabody: Hendrickson. [*BDB*]

Brown, R 1993. *The Death of the Messiah: From Gethsemane to the Grave*. 2 vols. New York et al: Doubleday.

Brown, R 1997. *An Introduction to the New Testament*. New York: Doubleday.

Bruce, F F 1977. *Paul: Apostle of the Heart Set Free*. Exeter: Paternoster.

Bruce, F F 1982a. *The Epistle to the Galatians: A Commentary on the Greek Text*. (NIGTC) Grand Rapids: Eerdmans.

Bruce, F F 1982b. *1 & 2 Thessalonians*. (WBC 45) Waco: Word Books.

Bruce, F F 1984. *The Epistles to the Colossians, to Philemon, and to the Ephesians*. (NICNT) Grand Rapids: Eerdmans.

Buck, C H & Taylor, G 1969. *Saint Paul: A Study of the Development of His Thought*. New York: Scribner.

Buckler, W H, Calder, W M & Guthrie, W K C (eds) 1933. *Monumenta Asiae Minoris antiqua 4*. London: Manchester University Press. [*MAMA*]

Bullinger, E W 1968. *Figures of Speech Used in the Bible*. Grand Rapids: Baker Book.

Bultmann, R 1924. Das Problem der Ethik bei Paulus, *ZNW* 23, 123–40.

Bultmann, R 1955. *Essays: Philosophical and Theological*, tr by J C G Greig. New York: Macmillan.

Bultmann, R 1965. *Der Brief an die Galater*. 4 Aufl. Göttingen: Vandenhoeck und Ruprecht.

Bultmann, R [1958] 1968. *Theologie des Neuen Testaments*. 6 Aufl. Tübingen: Mohr.(『新約聖書神学Ⅰ–Ⅲ』［ブルトマン著作集 3–5］川端純四郎訳、新教出版社、1963–80。)

Bultmann, R 1976. *Der zweite Brief an die Korinther*. Göttingen: Vandenhoeck und Ruprecht.

Bultmann, R 1984. New Testament and Mythology: The Problem of Demythologizing the New Testament Proclamation (original 1941), in S M Ogden (ed), *New Testament and Mythology and Other Basic Writings*, 1–43. Philadelphia: Fortress.

Burton, E d W 1921. *The Epistle to the Galatians*. (ICC) Edinburgh: T & T Clark.

Callander, T 1906. *Studies in the History and Art of the Eastern Provinces of the Roman Empire*. Aberdeen: University of Aberdeen.

Calvin, J [1548] 1965. *The Epistles of Paul the Apostle to the Galatians, Ephesians, Philippians and Colossians*, tr by T H L Parker. Grand Rapids: Eerdmans.(『ガラテヤ・エペソ書』カルヴァン新約聖書註解 10、森井真訳、新教出版社、1962。『ピリピ・コロサイ・テサロニケ書』カルヴァン新約聖書註解 11、蛭沼寿雄訳、新教出版社、1970。)

Campbell, D A 2014. *Framing Paul: An Epistolary Biography*. Grand Rapids & Cambridge: Eerdmans.

Castelli, E A 1991. *Imitating Paul: A Discourse of Power*. Louisville:

Westminster John Knox Press.

Chadwick, H 1967. *The Early Church*. Harmondsworth: Penguin.

Chilton, B 2004. *Rabbi Paul: An Intellectual Biography*. New York et al: Doubleday.

Christensen, D 2002. *Deuteronomy 21:10–34:12*. (WBC 6B) Waco: Word Books.

Clark, G 2004. *Christianity and Roman Society*. Cambridge: Cambridge University Press.

Clements, R E 1977. Patterns in the Prophetic Canon, in G W Coats & B O Long (eds), *Canon and Authority: Essays in Old Testament Religion and Theology*, 42–55. Philadelphia: Fortress.

Cohen, A 1969. *Custom and Politics in Urban Africa*. Berkeley: University of California Press.

Cohen, A P 1989. *The Symbolic Construction of Community*. London & New York: Routledge.（『コミュニティは創られる』吉瀬雄一訳、八千代出版、2005。）

Cohen, S J D 1989. Crossing the Boundary and Becoming a Jew. *Harvard Theological Review* 82, 13–33.

Collins, A Y 2007. *Mark*. (Hermeneia) Minneapolis: Fortress.

Collins, J J 1997. *Apocalypticism in the Dead Sea Scrolls*. London & New York: Routledge.

Conzelmann, H 1969. *Geschichte des Urchristentums*. (GNT) Göttingen: Vandenhoeck und Ruprecht.（『原始キリスト教史』田中勇三訳、日本キリスト教団出版局、1985。）

Cranfield, C E B 1964. St Paul and the Law. *Scottish Journal of Theology* 17, 43–68.

Cranfield, C E B 1978. *The Epistle to the Romans 9–16*. (ICC) London: T & T Clark.

Cribiore, R 2001. *Gymnastics of the Mind: Greek Education in Hellenistic and Roman Egypt*. Princeton & Oxford: Princeton University Press.

Cullmann, O 1956. *The Early Church*, tr by S Godman, ed by A J B Higgins. London: SCM.

Cummins, S A 2001. *Paul and the Crucified Christ in Antioch: Maccabean Martyrdom and Galatians 1 and 2*. (SNTSMS 114) Cambridge: Cambridge University Press.

Dahl, N A 1977. *Studies in Paul: Theology for the Earliest Christian Mission*. Minneapolis: Augsburg.

Dahl, N A 1978. The Origin of the Earliest Prologues to the Pauline Letters, *Semeia* 12, 233–77.

Dahl, N A 1986. Gentiles, Christians, and Israelites in the Epistle to the Ephesians. *HTR* 79, 31–39.

Dahl, N A 1991. *Jesus the Christ: The Historical Origins of Christological Doctrine*. Minneapolis: Fortress.

Dalferth, I U 1994. *Der auferweckte Gekreuzigte: Zur Grammatik der Christologie*. Tübingen: Mohr Siebeck.

D'Angelo, M R 1992. Abba and 'Father': Imperial Theology and the Jesus Traditions. *JBL* 111: 611–30.

Das, A A 2003. *Paul and the Jews*. (Library of Pauline Studies) Peabody: Hendrickson.

Daube, D 1956. *The New Testament and Rabbinic Judaism*. (Jordan Lectures) London: Athlone Press (University of London).

Davies, W D [1948] 1980. *Paul and Rabbinic Judaism: Some Rabbinic Elements in Pauline Theology*. 4th ed. Philadelphia: Fortress.

Davies, W E & Allison, D C 1991. *Matthew 8–18*. (ICC) London & New York: T & T Clark Continuum.

Davies, W E & Allison, D C 1997. *Matthew 19–28*. (ICC) London & New York: T & T Clark Continuum.

de Boer, M C 2011. *Galatians: A Commentary*. Louisville: Westminster John Knox Press.

de Jonge, M 1988. *Christology in Context: The Earliest Christian Response to Jesus*. Philadelphia: Westminster.

de Vries, C E 1975. Paul's 'Cutting Remarks' about a Race: Galatians 5:1–12, in G F Hawthorne (ed), *Current Issues in Biblical and Patristic Interpretation*, 115–20. Grand Rapids: Eerdmans.

Deissmann, A 1923. *Licht vom Osten: Das Neue Testament und die neuentdeckten Texte der hellenistisch-römischen Welt*. 4 Aufl. Tübingen: Mohr.

Dibelius, M 1937. *A Fresh Approach to the New Testament and Early Christian Literature*. London: Ivor Nicholson & Watson.

Dibelius, M 1971. *Die Formgeschichte des Evangliums*. 6 Aufl. Tübingen: J C

B Mohr.

Dinkler, E 1953–55. Der Brief an die Galater. *Verkündigung und Forschung* 1–3, 182–83.

Dittenberger, W 1903. *Orientis graeci inscriptiones selectae.* Supplementum Sylloges inscriptionum graecarum. Lipsiae: Apud S. Hirzel. [*OGIS*]

Dodd, C H [1936] 1963. *The Apostolic Preaching and its Developments.* London: Hodder & Stoughton.(『使徒的宣教とその展開』平井清訳、新教出版社、1962。)

du Plessis, P & Borkowski, A 2015. *Borkowski's Textbook on Roman Law.* 5th ed. Oxford: Oxford University Press.

Dunn, J D G 1975. *Jesus and the Spirit.* Philadelphia: Westminster.

Dunn, J D G 1982. The Relationship between Paul and Jerusalem according to Galatians 1 and 2, *NTS* 28, 461–78.

Dunn, J D G 1988. *Romans 1–8.* (WBC 38A) Dallas: Word Books.

Dunn, J D G 1989. *Christology in the Making: A New Testament Inquiry into the Origins of the Doctrine of the Incarnation.* 2nd ed. Grand Rapids: Eerdmans.

Dunn, J D G 1990a. *Jesus, Paul and the Law.* Louisville: Westminster John Knox Press.

Dunn, J D G 1990b. *Unity and Diversity in the New Testament: An Inquiry into the Character of Earliest Christianity.* 2nd ed. London: SCM.

Dunn, J D G 1991. *The Partings of the Ways: Between Christianity and Judaism and Their Significance for the Character of Christianity.* London: SCM / Philadelphia: Trinity.

Dunn, J D G 1993. *The Epistle to the Galatians.* (BNTC) Peabody: Hendrickson.

Dunn, J D G 1996. *The Epistles to the Colossians and to Philemon.* (NIGTC) Grand Rapids: Eerdmans.

Dunn, J D G 1998. *The Theology of Paul the Apostle.* Grand Rapids: Eerdmans.

Dunn, J D G 2003. *Jesus Remembered.* (CIM 1) Grand Rapids & Cambridge: Eerdmans.

Dunn, J D G 2009a. *Beginning from Jerusalem.* (CIM 2) Grand Rapids & Cambridge: Eerdmans.

Dunn, J D G 2009b. *New Testament Theology: An Introduction.* Nashville:

Abingdon Press.

Dunn, J D G 2010. *Did the First Christians Worship Jesus?: The New Testament Evidence*. London: SPCK.

Eastman, S 2007. *Recovering Paul's Mother Tongue: Language and Theology in Galatians*. Grand Rapids: Eerdmans.

Easton, B S 1932. New Testament Ethical Lists. *JBL* 51, 1–12.

Eberhard, A 1872. *Fabulae romanenses Graece conscriptae*. Vol 1. Leipzig: Teubner.

Elliott, J H 1990. Paul, Galatians, and the Evil Eye, *Current in Theology and Mission* 17, 262–73.

Elliott, J H 2015. *Beware the Evil Eye: The Evil Eye in the Bible and the Ancient World*, Vol 1: Introduction, Mesopotamia, and Egypt. Eugene: Cascade.

Elliott, J H 2016. *Beware the Evil Eye: The Evil Eye in the Bible and the Ancient World*, Vol 2: Greece and Rome. Eugene: Cascade.

Elliott, J K 1993. *The Apocryphal New Testament: A Collection of Apocryphal Christian Literature in an English Translation*. Oxford: Clarendon Press.

Esler, P F 1995. Making and Breaking an Agreement Mediterranean Style: A New Reading of Galatians 2:1–14. *Biblical Interpretation* 3(3), 285–314.

Esler, P F 1998. *Galatians*. (NTR) London & New York: Routledge.

Evans C A 1997. Jesus and the Dead Sea Scrolls from Qumran Cave 4, in C A Evans & P W Flint (eds), *Eschatology, Messianism, and the Dead Sea Scrolls*. Grand Rapids & Cambridge: Eerdmans.

Fee, G D 1987. *The First Epistle to the Corinthians*. (NICNT) Grand Rapids: Eerdmans.

Fee, G D 1994. *God's Empowering Presence: The Holy Spirit in the Letters of Paul*. Peabody: Hendrickson.

Feldman, L H 1992. Jewish Proselytism, in H W Attridge & G Hata (eds), *Eusebius, Christianity, and Judaism*, 372–407. Detroit: Wayne State University Press.

Feldman, L H 1993. *Jew and Gentile in the Ancient World*. Princeton: Princeton University Press.

Finlan, S 2005. *Problems with Atonement*. Collegeville: Liturgical Press.

Finn, T M 1997. *From Death to Rebirth: Ritual and Conversion in Antiquity*. Mahwah: Paulist.

Fitzmyer, J A 1985. Abba and Jesus' Relation to God, in F Refoulé (ed), *À cause de l'évangile*. Paris: Cerf.

Fitzmyer, J A 1998. *The Acts of the Apostles: A New Translation with Introduction and Commentary*. (AB 31) New Haven et al: Doubleday.

Fitzmyer, J A 2008. *First Corinthians: A New Translation with Introduction and Commentary*. (AYB 32) New Haven & London: Yale University Press.

Foster, P 2002. The First Contribution to the πίστις Χριστοῦ Debate: A Study of Ephesians 3:12. *JSNT* 85, 75–96.

Foster, P 2016. *Colossians*. (BNTC) Bloomsbury: T & T Clark.

France, R T 2002. *The Gospel of Mark*. (NIGTC) Grand Rapids & Cambridge: Eerdmans.

Frey, J 2014. Paul's View of the Spirit in Light of Qumran, in J-S Rey (ed), *The Dead Sea Scrolls and Pauline Literature*. Leiden et al: Brill.

Fuller, D P 1975. Paul and 'The Works of the Law'. *Westminster Theological Journal* 38, 28–42.

Fuller, R H 1965. *The Foundations of New Testament Christology*. London: Lutterworth.

Furnish, V P 1968. *Theology and Ethics in Paul and His Interpreters*. Nashville: Abingdon Press.

Gaertner, S L et al 1989. Reducing Intergroup Bias: The Benefits of Recategorization. *Journal of Personality and Social Psychology* 57, 239–49.

Gaius 1904. *Gai Institutiones, or Institutes of Roman Law by Gaius, with a Translation and Commentary by the late Edward Poste, M.A.* 4th ed. Rev by E A Whittuck. Oxford: Clarendon Press.

Gamble, H 1977. *The Textual History of the Letter to the Romans: A Study in Textual and Literary Criticism*. Grand Rapids: Eerdmans.

Gamble, H 2002. Letter in the New Testament and in the Greco–Roman World, in J Barton (ed), *The Biblical World*, Vol 1. London & New York: Routledge.

Gardner, P D 1994. *The Gifts of God and the Authentication of a Christian*. Lanham: University Press of America.

Gaventa, B R 1986. *From Darkness to Light: Aspects of Conversion in the New Testament*. Philadelphia: Fortress.

Gaventa, B R 2003. *Acts*. (ANTC) Nashville: Abingdon Press.

Gaventa, B R 2007. *Our Mother Saint Paul*. Louisville: Westminster John Knox Press.

Geertz, C 1963. The Integrative Revolution: Primordial Sentiments and Civil Politics in the New States, in C Geertz (ed), *Old Societies and New States: The Quest for Modernity in Asia and Africa*, 108–13. New York: Free Press.

Gese, H 1984. *Vom Sinai zum Zion: Alttestamentliche Beiträge zur biblischen Theologie* (BEvT 64) München: C. Kaiser Verlag.

Goodman, M D 1992. Diaspora Reactions to the Destruction of the Temple, in J D G Dunn (ed), *Jews and Christians: The Parting of the Ways, A.D. 70 to 135*. Grand Rapids & Cambridge: Eerdmans.

Goodman, M D 1994. *Mission and Conversion: Proselytizing in the Religious History of the Roman Empire*. Oxford: Clarendon.

Goulder, M D 1994. *A Tale of Two Missions*. London: SCM.

Goulder, M D 2001. *Paul and the Competing Mission in Corinth*. Peabody: Hendrickson.

Gräbe, P 2006. *New Covenant, New Community: The Significance of Biblical and Patristic Covenant Theology for Contemporary Understanding*. Milton Keynes: Paternoster.

Grossman, D 2009. *On Killing: The Psychological Cost of Learning to Kill in War and Society*. Rev ed. New York et al: Back Bay Books. (『戦争における「人殺し」の心理学』安原和見訳、筑摩書房、2004。)

Gundry, R H 1993. *Mark*. Grand Rapids: Eerdmans.

Haacker, K 2003. Paul's Life, in J D G Dunn (ed), *The Cambridge Companion to St Paul*, 19–33. Cambridge et al: Cambridge University Press.

Hagner, D A 2012. *The New Testament: A Historical and Theological Introduction*. Grand Rapids: Baker Academic.

Hahn, S W 2009. *Kinship by Covenant: A Canonical Approach to the Fulfillment of God's Saving Promises*. New Haven: Yale University Press.

Hansen, G W 1989. *Abraham in Galatians: Epistolary and Rhetorical Contexts*. (JSNTSup 29) Sheffield: JSOT Press.

Hanson, A T 1963. *Paul's Understanding of Jesus: Invention or Interpretation?*. Hull: University of Hull.

Hanson, R P C 1959. *Allegory and Event: A Study of the Sources and*

Significance of Origen's Interpretation of Scripture. London: SCM.

Harrer, G A 1940. Saul Who Also Is Called Paul. *Harvard Theological Review* 33, 19–34.

Harris, M J 2005. *The Second Epistle to the Corinthians*. (NIGTC) Grand Rapids: Eerdmans.

Harrisville, R A 1987. *1 Corinthians*. (ACNT) Minneapolis: Augsburg Publishing House.

Hatch, W H P 1917. *The Pauline Idea of Faith in its Relation to Jewish and Hellenistic Religion*. Cambridge: Harvard University Press.

Haußleiter, J 1891. Der Glaube Jesu Christi und der christliche Glaube. *Neue kirchliche Zeitschrift* 2, 109–45, 205–30.

Hayes, C E 2002. *Gentile Impurities and Jewish Identities: Intermarriage and Conversion from the Bible to the Talmud*. Oxford: Oxford University Press.

Hays, R B 1989. *Echoes of Scripture in the Letters of Paul*. New Haven & London: Yale University Press.

Hays, R B [1983] 2002. *The Faith of Jesus Christ: The Narrative Substructure of Galatians 3:1–4:11*. 2nd ed. Grand Rapids & Cambridge: Eerdmans.(『イエス・キリストの信仰――ガラテヤ3章1節‐4章11節の物語下部構造』河野克也訳、新教出版社、2015。)

Hemer, C J 1989. *The Book of Acts in the Setting of Hellenistic History*. Tübingen: J C B Mohr.

Hengel, M 1969. *Judentum und Hellenismus: Studien zu ihrer Begegnung unter besonderer Berücksichtigung Palästinas bis zur Mitte des 2. Jh. v. Chr.* (WUNT) Tübingen: Mohr.(『ユダヤ教とヘレニズム』長窪専三訳、日本キリスト教団出版局、1983。)

Hengel, M 2000. Ἰουδαία in der geographischen Liste Apg 2, 9–11 und Syrien als 'Grossjudäa'. *RHPR* 80, 51–68.

Hengel, M 2002. *Paulus und Jakobus*. (WUNT) Tübingen: Mohr Siebeck.

Hengel, M & Schwemer, A M 1998. *Paulus zwischen Damascus und Antiochien: Die unbekannten Jahre des Apostels*. (WUNT) Tübingen: Mohr Siebeck.

Holladay, W L 1988. *A Concise Hebrew and Aramaic Lexicon of the Old Testament*. Grand Rapids: Eerdmans / Leiden: Brill.

Hooker, M D 1989. *PISTIS CHRISTOU*: Faith in Christ or the faith of Christ: A New Testament Analysis. *New Testament Studies* 35, 321–42.

Hooker, M D 1990. *From Adam To Christ: Essays on Paul*. Cambridge: Cambridge University Press.

Hooker, M D 1991. *The Gospel according to Saint Mark*. (BNTC) Peabody: Hendrickson.

Hooker, M D 1994. *Not Ashamed of the Gospel: New Testament Interpretations of the Death of Christ*. Carlisle: Paternoster.

Hornblower, S & Spawforth, A (eds) [1949] 2003. *The Oxford Classical Dictionary*. 3rd ed. Oxford: Oxford University Press. [*OCD*]

Horrell, D G 1996. *The Social Ethos of the Corinthian Correspondence: Interests and Ideology from 1 Corinthians to 1 Clement*. (SNTW) Edinburgh: T & T Clark.

Horrell, D G 2006. *An Introduction to the Study of Paul*. 2nd ed. London & New York: T & T Clark.

Horsley, G 2000. Anatolia, from the Celts to the Christians. *Buried History* 36 (1–2), 49–55.

Hort, F J A 1904. *Judaistic Christianity*. London: Macmillan.

Howard, G 1990. *Paul: Crisis in Galatia*. Cambridge et al: Cambridge University Press.

Hübner, H 1984. *Law in Paul's Thought*. (SNTW) tr by J C G Greig. Edinburgh: T & T Clark.

Hurd, J C 2005. Reflections Concerning Paul's 'Opponents' in Galatia, in S E Porter (ed), *Paul and His Opponents*, 129–48. Leiden: Brill.

Hurtado, J W 2003. *Lord Jesus Christ: Devotion to Jesus in Earliest Christianity*. Grand Rapids & Cambridge: Eerdmans.

Jeremias, J 1958. *Jesus' Promise to the Nations*, tr by S H Hooke. London: SCM.

Jeremias, J 1966. *Abba: Studien zur neutestamentlichen Theologie und Zeitgeschichte*. Göttingen: Vandenhoeck und Ruprecht.

Jeremias, J 1967. *The Prayers of Jesus*. (Studies in Biblical Theology) tr by J Bowden et al. London: SCM.

Jervell, J 1979. Paul in the Acts of the Apostle: Tradition, History, Theology, in J Kremer (ed), *Les Actes des Apôtres: Traditions, rédaction, théologie*. (BETL) 297–306. Gembloux: J. Duculot / Leuven : Leuven University Press.

Jewett, R 1971a. The Agitators and the Galatian Congregation. *NTS* 17,

198–212.

Jewett, R 1971b. *Paul's Anthropological Terms: A Study of Their Use in Conflict Settings*. (AGAJU) Leiden: Brill.

Jewett, R 2007. *Romans*. (Hermeneia) Minneapolis: Fortress.

Johnson, L T 1986. *The Writings of the New Testament: An Interpretation*. Philadelphia: Fortress.

Joslyn-Siemiatkoski, D 2009. *Christian Memories of the Maccabean Martyrs*. New York: Palgrave Macmillan.

Kahl, B 2000. No Longer Male: Masculinity Struggles behind Galatians 3:28? *JSNT* 79, 37–49.

Kahl, B 2010. *Galatians Re-Imagined: Reading with the Eyes of the Vanquished*. (Paul in Critical Contexts) Minneapolis: Fortress.

Käsemann, E 1971. *Perspectives on Paul*, tr by M Kohl. London: SCM. (『パウロ神学の核心』佐竹明・梅本直人訳、ヨルダン社、1980。)

Keck, L E 1966. 'The Poor among the Saints' in Jewish Christianity and Qumran. *ZNW* 57, 54–78.

Keck, L E 2006. Paul in New Testament Theology: Some Preliminary Remarks, in Rowland & Tuckett (eds), *The Nature of New Testament Theology*, 109–22. Oxford: Blackwell.

Kellermann, U 1980. Zum traditionsgeschichtlichen Problem des stellvertretenden Sühnetodes in 2 Makk 7,37f. *Biblische Notizen* 13, 63–83.

Kim, S 1981. *The Origin of Paul's Gospel* (WUNT) Tübingen: J C B Mohr.

Kim, S 2002. *Paul and the New Perspective: Second Thoughts on the Origin of Paul's Gospel*. Grand Rapids & Cambridge: Eerdmans.

Kittel, G (ed) 1964–76. *Theological Dictionary of the New Testament*. 10 vols. tr by G W Bromiley. Grand Rapids: Eerdmans. [*TDNT*]

Knox, J 1989. *Chapters in a Life of Paul*. London: SCM.

Koehler, L, Baumgartner, W & Stamm, J J [1994] 2000. *The Hebrew and Aramaic Lexicon of the Old Testament*. 5 vols. Leiden et al: Brill. [*HALOT*]

Kraemer, R S 1998. *When Aseneth Met Joseph: A Late Antique Tale of the Biblical Patriarch and His Egyptian Wife, Reconsidered*. Oxford & New York: Oxford University Press.

Kramer, W 1966. *Christ, Lord, Son of God*. London: SCM.

Kümmel, W G 1983. *Einleitung in das Neue Testament*. 21 Aufl. Heidelberg:

参考文献

Quelle und Meyer.

Ladd, G E 1993. *A Theology of the New Testament*. Rev ed. Grand Rapids: Eerdmans.

Lagrange, M-J 1925. *Saint Paul Épître aux Galates*. (Études Bibliques) 2nd ed. Paris: Gabalda.

Lake, K 1911. *The Earlier Epistles of St. Paul: Their Motive and Origin*. London: Rivingtons.

Levy, I C 2011. *The Letter to the Galatians*. (The Bible in Medieval Tradition) Grand Rapids: Eerdmans.

Lewis, C S [1956] 1984. *Till We Have Faces: A Myth Retold*. Orlando et al: Harcourt.(『顔を持つまで——王女プシケーと姉オリュアルの愛の神話』中村妙子訳、平凡社、2006。)

Liddell, H G, Scott, R & Jones, S. 1940. *A Greek-English Lexicon*. 9th ed. Oxford: Clarendon. [LSJ]

Liddell, H G, Scott, R 2006. ΛΕΞΙΚΟΝ ΤΗΣ ΕΛΛΗΝΙΚΗΣ ΓΛΩΣΣΗΣ, ΤΟΜΟΣ 2ος. Ἀθήνα: Ἐκδοσεις Περεκάνος. Β΄ Ἔκδοση.

Lightfoot, J B 1887. *Saint Paul's Epistle to the Galatians*. 9th ed. London & New York: Macmillan.

Lincoln, A T 1981. *Paradise Now and Not Yet: Studies in the Role of the Heavenly Dimension in Paul's Thought with Special Reference to his Eschatology*. (SNTSMS 43) Cambridge: Cambridge University Press.

Lincoln, A T 1990. *Ephesians*. (WBC 42) Dallas: Word Books.

Lincoln, A T & Wedderburn, A J M 1993. *The Theology of the Later Pauline Letters*. (New Testament Theology) Cambridge: Cambridge University Press.

Lohse, E 1971a. *Colossians and Philemon*. (Hermeneia) Philadelphia: Fortress.

Lohse, E 1971b. *Umwelt des Neuen Testaments*. (GNT 1) Göttingen: Vanderhoeck und Ruprecht.(『新約聖書の周辺世界』加山宏路・加山久夫訳、日本キリスト教団出版局、1976。)

Longenecker, B W (ed) 2002. *Narrative Dynamics in Paul: A Critical Assessment*. Louisvill & London: Westminster John Knox Press.

Longenecker, B W 2010. *Remember the Poor: Paul, Poverty, and the Greco-Roman World*. Grand Rapids & Cambridge: Eerdmans.

Longenecker, R N 1985. The Nature of Paul's Early Eschatology. *New Testament Studies* 31, 85–95.

Longenecker, R N 1990. *Galatians*. (WBC 41) Dallas: Word Books.

Lopez, D C 2008. *Apostle to the Conquered: Reimagining Paul's Mission*. (Paul in Critical Contexts) Minneapolis: Fortress.

Lüdemann, G 1980. *Paulus, der Heidenapostel*, Bd 1: Studien zur Chronologie. (FRLANT 123.1) Göttingen: Vandenhoeck und Ruprecht.

Lüdemann, G 1984. *Paul Apostle to the Gentiles: Studies in Chronology*, tr by F S Jones. London: SCM.

Lüdemann, G 2002. *Paul: The Founder of Christianity*. New York: Prometheus Books.

Lüdemann, H 1892. *Die Anthropologie des Apostels Paulus und ihre Stellung innerhalb seiner Heilslehre*. Kiel: Universitäts-Buchhandlung.

Lütgert, W 1919. *Gesetz und Geist: Eine Untersuchung zur Vorgeschichte des Galaterbriefes*. Gütersloh: C. Bertelsmann.

Luther, M [1575] 1953. *A Commentary on St. Paul's Epistle to the Galatians*. London: James Clarke. Original 1535. (『ガラテヤ大講解 上・下』ルター著作集第2集11・12、徳善義和訳、聖文舎、1985–86。)

Luther, M 1911. *D. Martin Luthers Werke*. Weimar: Hermann Böhlaus Nachfolger. 40.1 Band.

Luz, U 1974. Theologica crucis als Mitte der Theologie im Neuen Testament. *EvT* 34, 116–41.

Luz, U 2001. *Matthew 8–20*. (Hermeneia) tr by J E Crouch. Minneapolis: Fortress.

Luz, U 2005. *Matthew 21–28*. (Hermeneia) tr by J E Crouch. Minneapolis: Fortress.

Lyons, G 1985. *Pauline Autobiography: Toward a New Understanding*. (SBLDS 73) Atlanta: Scholars.

MacDonald, D R 1987. *There is No Male and Female: The Fate of a Dominical Saying in Paul and Gnosticism*. Philadelphia: Fortress.

Malina, B J 1993. *The New Testament World: Insights from Cultural Anthropology*. Rev ed. Louisville: Westminster John Knox Press.

Manson, T W 1962. *Studies in the Gospels and Epistles*. Manchester: Manchester University Press.

Marcos, N F 2001. *The Septuagint in Context: Introduction to the Greek Version of the Bible*. Boston & Leiden: Brill.

Marrou, H I 1965. *Histoire de l'éducation dans l'Antiquité*. 6th ed. Paris:

Éditions du Seuil.（『古代教育文化史』横尾荘英ほか訳、岩波書店、1985。）

Marshall, I H 1978. *The Gospel of Luke: A Commentary on the Greek Text*. (NIGTC) Grand Rapids: Eerdmans.

Marshall, I H 2004. *New Testament Theology: Many Witnesses, One Gospel*. Downers Grove: InterVarsity Press.

Marshall, S L A 1947. *Men Against Fire: The Problem of Battle Command*. New York: William Morrow.

Martin, D B 1995. *The Corinthian Body*. New Haven: Yale University Press.

Martin, R P 1986. *2 Corinthians*. (WBC 40) Waco: Word Books.

Martínez, F G 2014. Galatians 3:10–14 in the Light of Qumran, in J-S Rey (ed), *The Dead Sea Scrolls and Pauline Literature*, 51–67. Leiden: Brill.

Martyn, J L 1985. Apocalyptic Antinomies in Paul's Letter to the Galatians. *NTS* 31, 410–24.

Martyn, J L 1997. *Galatians*. (AB 33A) New York: Doubleday.

Matera, F J 1992. *Galatians*. (SP 9) Collegeville: Liturgical Press.

McGrath, A E 1986. *Iustitia dei: A History of the Christian Doctrine of Justification*, Vol I: From the Beginnings to 1500. Cambridge et al: Cambridge University Press.

McKnight, S 1990. *A Light among the Gentiles: Jewish Missionary Activity in the Second Temple Period*. Minneapolis: Fortress.

McLay, R T 2003. *The Use of the Septuagint in New Testament Research*. Grand Rapids & Cambridge: Eerdmans.

McLean, B H 1996. *The Cursed Christ: Mediterranean Expulsion Rituals and Pauline Soteriology*. (JSNTS) Sheffield: Sheffield Academic Press.

McNamara, M 1978. 'To de (Nagar) Sina oros estin en te Arabia' (Gal 4:25a): Paul and Petra. *Milltown Studies* 2, 24–41.

Meeks, W A 1973/74. The Image of Androgyne: Some Uses of a Symbol in Earliest Christianity. *HR* 13, 165–208.

Meeks, W A 1981. Review of H. D. Betz, *Galatians*. *JBL* 100, 304–07.

Meineck, P & Konstan, D (eds) 2014. *Combat Trauma and the Ancient Greeks*. New York: Palgrave Macmillan.

Metzger, B M 1975. *A Textual Commentary on the Greek New Testament*. Stuttgart: United Bible Societies.

Metzger, B M 1987. *The Canon of the New Testament: Its Origin, Development, and Significance*. Oxford: Clarendon.

Metzger, B M & Ehrman, B D 2005. *The Text of the New Testament: Its Transmission, Corruption, and Restoration*. 4th ed. Oxford & New York: Oxford University Press.

Mitchell, S 1980. Population and the Land in Roman Galatia. *ANRW* 2.7.2, 1053–81.

Mitchell, S 1993. *Anatolia*. 2 vols. Oxford: Clarendon.

Moffatt, J 1918. *An Introduction to the Literature of the New Testament*. 3rd ed. Edinburgh: T & T Clark.

Moffitt, D M 2011. *Atonement and the Logic of Resurrection in the Epistle to the Hebrews*. Leiden: Brill.

Mommsen, T, Krueger, P & Watson, A (eds) 1985. *The Digest of Justinian*, Vol 4/4. Philadelphia: University of Pennsylvania Press.

Montefiore, C G 1914. *Judaism and St. Paul: Two Essays*. London: Max Goschen.

Moo, D J 1987. Paul and the Law in the Last Ten Years. *Scottish Journal of Theology* 40, 287–307.

Moo, D J 1996. *2 Peter, Jude*. (NIVAC) Grand Rapids: Zondervan.

Morales, R J 2010. *The Spirit and the Restoration of Israel*. (WUNT 282) Tübingen: Mohr Siebeck.

Morgan, T 2007. *Popular Morality in the Early Roman Empire*. Cambridge: Cambridge University Press.

Morgan, T 2015. *Roman Faith and Christian Faith: Pistis and Fides in the Early Roman Empire and Early Churches*. Oxford: Oxford University Press.

Moule, C F D 1967/68. Fulfilment-Words in the New Testament: Use and Abuse. *NTS* 14, 293–320.

Moule, C F D 1977. *The Origin of Christology*. Cambridge & New York: Cambridge University Press. (『キリスト神学の起因なるもの』和田光正訳、晴心会、1979。)

Moulton, J H & Milligan, G 1929. *The Vocabulary of the Greek New Testament: Illustrated from Papyri and Other Non-Literary Sources*. London: Hodder & Stoughton. [MM]

Moxnes, H 1980. *Theology In Conflict*. (NovTSup 53) Leiden: Brill.

Munck, J 1959. *Paul and the Salvation of Mankind*. London: SCM.

Murphy-O'Connor, J 1995. *Paul the Letter-Writer: His World, His Options,*

His Skills. Collegeville: The Liturgical Press.

Murphy-O'Connor, J 1996. *Paul: A Critical Life*. Oxford: Oxford University Press.

Mußner, F 1981. *Der Galaterbrief*. (HTKZNT) Freiburg et al: Herder.

Nanos, M D 2002. *The Irony of Galatians: Paul's Letter in First-Century Context*. Minneapolis: Fortress.

Nickelsburg, G W E 1981. *Jewish Literature between the Bible and the Mishnah*. Philadelphia: Fortress.

Niederwimmer, K 1998. *The Didache*. (Hermeneia) Minneapolis: Fortress.

Ó Hógáin, D 2002. *The Celts: A History*. Woodbridge: The Boydell Press.

O'Brien, E 2013. *The Love Object: Selected Stories*. London: Faber and Faber.

O'Brien, P T 1991. *The Epistle to the Philippians: A Commentary on the Greek Text*. (NIGTC) Grand Rapids: Eerdmans.

Oldfather, W A (ed) 1925. Epictetus: The Discourses as Reported by Arrian, the Manual, and the Fragments. 2 vols. (LCL) Cambridge: Harvard University Press.

O'Neil, J C 1972. *The Recovery of Paul's Letter to the Galatians*. London: SPCK.

Phobee, J S 1985. *Persecution and Martyrdom in the Theology of Paul*. (JSNTS 6) Sheffield: JSOT.

Pietersma, A & Wright, B G (eds) 2007. *A New English Translation of the Septuagint and the Other Greek Translations Traditionally Included under That Title*. New York & Oxford: Oxford University Press. [*NETS*]

Plumer, E 2003. *Augustine's Commentary on Galatians: Introduction, Text, Translation, and Notes*. Oxford: Oxford University Press.

Porter, S E 1989. *Verbal Aspect in the Greek of the New Testament, with Reference to Tense and Mood*. New York: Peter Lang.

Porter, S E 2001. *Paul in Acts*. (Library of Pauline Studies) Peabody: Hendrickson.

Porter, S E 2016. *The Apostle Paul: His Life, Thought, and Letters*. Grand Rapids: Eerdmans.

Porton, G G 1994. *The Stranger within Your Gates: Converts and Conversion in Rabbinic Literature*. Chicago & London: University of Chicago Press.

Proffitt et al (eds) 2017. *Oxford English Dictionary*. Newly rev. Oxford: Oxford University Press. [*OED*]

Räisänen, H 1987. *Paul and the Law*. (WUNT 29) 2nd ed. Tübingen: Mohr.

Ramsay, W M 1894. *The Church in the Roman Empire before A.D. 170*. 3rd ed. London: Hodder & Stoughton.

Ramsay, W M 1898. *St. Paul the Traveller and the Roman Citizen*. New York: G.P. Putnam's Sons / London: Hodder & Stoughton.

Ramsay, W M 1899. *A Historical Commentary on St. Paul's Epistle to the Galatians*. London: Hodder & Stoughton.

Rankin, H D 1989. *Celts and the Classical World*. London & New York: Routledge, 1989.

Riches, J 2008. *Galatians through the Centuries*. Oxford et al: Blackwell.

Robinson, J A T 1977. *The Body: A Study in Pauline Theology*. Philadelphia: Westminster.

Ropes, J H 1929. *The Singular Problem of the Epistle to the Galatians*. (Harvard Theological Studies 14) Cambridge: Harvard University Press.

Rosner, B S 1995. *Understanding Paul's Ethics: Twentieth Century Approaches*. Grand Rapids: Eerdmans / Carlisle: Paternoster.

Rössler, D 1960. *Gesetz und Geschichte*. Neukirchen: Neukirchener Verlag.

Rowland, C C 1982. *The Open Heaven: A Study of Apocalyptic in Judaism and Early Christianity*. London: SPCK.

Rowland, C C 1988. *Radical Christianity: A Reading of Recovery*. Cambridge: Polity Press.

Rowland, C C 2002. *Christian Origins: The Setting and Character of the Most Important Messianic Sect of Judaism*. 2nd ed. London: SPCK.

Rowland, C C 2009. *The Mystery of God: Early Jewish Mysticism and the New Testament*. Leiden & Boston: Brill.

Runesson, A 2000. Particularistic Judaism and Universalistic Christianity? Some Critical Remarks on Terminology and Theology. *Journal of Greco-Roman Christianity and Judaism* 1, 120–44.

Sanders, E P 1977. *Paul and Palestinian Judaism*. Minneapolis: Fortress.

Sanders, E P 1983a. *Paul, the Law, and the Jewish People*. Minneapolis: Fortress.

Sanders, E P 1983b. Jesus and the Sinners. *JSNT* 19, 5–36.

Sanders, E P 1985. *Jesus and Judaism*. Philadelphia: Fortress.

Sanders, E P 1990. Jewish Association with Gentiles and Galatians 2:11–14, in R T France & B R Gaventa (eds), *Conversation Continues: Studies in*

Paul and John in Honor of J. Louis Martyn, 170–88. Nashville: Abingdon Press.

Sanders, E P 1992. Judaism: Practice & Belief 63 B.C.E. – 66 C.E. London: SCM.

Sanders, E P 2015. *Paul: The Apostle's Life, Letters, and Thought.* Minneapolis: Fortress.

Schlier, H 1965. *Der Brief an die Galater.* (MK) Göttingen: Vandenhoeck und Ruprecht.

Schmithals, W 1956. Die Häretiker in Galatien. *ZNW* 47, 25–67.

Schmithals, W 1961. *Das kirchliche Apostelamt: Eine historische Untersuchung.* (FRLANT 79) Göttingen: Vandenhoeck und Ruprecht.

Schmithals, W 1963. *Paulus und Jakobus.* (FRLANT 85) Göttingen: Vandenhoeck und Ruprecht.

Schmithals, W 1965. *Paulus und die Gnostiker: Untersuchungen zu den kleinen Paulusbriefen.* Hamburg-Bergestedt: Herbert Reich Evangelischer Verlag.

Schneemelcher, W (ed) 1991–92. *New Testament Apocrypha*, 2 vols, tr by R McL Wilson. Louisville: Westminster John Knox Press. Original 1989-90.

Schnelle, U 2005. *Apostle Paul*, tr by M E Boring. Grand Rapids: Baker Academic Press.

Schoeps, H J 1959. *Paulus: Die Theologie des Apostels im Licht der jüdischen Religionsgeschichte.* Tübingen: J C B Mohr.

Scholem, G G 1955. *Major Trends in Jewish Mysticism.* London: Thames and Hudson.（『ユダヤ神秘主義――その主潮流』山下肇ほか訳、法政大学出版会、1985。）

Schrage, W 1988. *The Ethics of the New Testament*, tr by D E Green. Philadelphia: Fortress.

Schrage, W 1991. *Der erste Brief an die Korinther.* (EKK 7) Neukirchen-Vluyn: Neukirchener Verlag.

Schwartz, D R 1983. Two Pauline Allusions to the Redemptive Mechanism of the Crucifixion. *JBL* 102, 259–68.

Schweitzer, A [1930] 1981. *Die Mystik des Apostels Paulus.* Tübingen: J C B Mohr.（『使徒パウロの神秘主義』シュヴァイツァー著作集第10–11巻、武藤一雄・岸田晩節訳、白水社、1957–58。）

Schweizer, E 1966. Zum religionsgeschichtliche Hintergrund der

,Sendungsformel' Gal 4,4f., Rö 8,3f., Jn 3,16f., 1Jn 4,9. *ZNW* 57, 199–210.

Scott, J C 1990. *Domination and the Arts of Resistance: Hidden Transcripts*. New Haven & London: Yale University Press.

Scott, J M 1993a. For as Many as Are of Works of the Law Are under a Curse (Galatians 3.10), in C A Evans & J A Sanders (eds), *Paul and the Scriptures of Israel*. (JSNTSup 83) Sheffield: JSOT Press.

Scott, J M 1993b. Paul's Use of Deuteronomic Tradition. *JBL* 112, 645–65.

Scott, J M 1995. *Paul and the Nations: The Old Testament and Jewish Background of Paul's Mission to the Nations with Special Reference to the Destination of Galatians*. (WUNT 84) Tübingen: J C B Mohr.

Scott, J M 1996. The Triumph of God in 2 Cor. 2:14: Additional Evidence of Merkabah Mysticism in Paul. *NTS* 42, 260–81.

Segal, A 1990. *Paul the Convert: The Apostolate and Apostasy of Saul the Pharisee*. New Haven & London: Yale University Press.

Seifrid, M A 1992. *Justification by Faith: The Origin and Development of a Central Pauline Theme*. (NTSup 68) Leiden et al: E. J. Brill.

Sen, A 2006. *Identity and Violence: The Illusion of Destiny*. London & New York: W. W. Norton. (『アイデンティティと暴力──運命は幻想である』大門毅監訳、東郷えりか訳、勁草書房、2011年。)

Shaw, G 1983. *The Cost of Authority: Manipulation and Freedom in the New Testament*. London: SCM.

Shay, J 1995. *Achilles in Vietnam: Combat Trauma and the Undoing of Character*. New York et al: Scribner.

Shay, J 2002. *Odysseus in America: Combat Trauma and the Trials of Homecoming*. New York et al: Scribner.

Simon, M 1948. *Verus Israël: Étude sur les relations entre chrétiens et juifs dans l'Empire Romain (135–425)*. Paris: Éd. de Boccard.

Stanley, G 1994. *How You Say What You Say Makes All the Difference*. (Communication Methods Handbook) Arrowhead Springs: ISOT.

Stanton, G N 1974. *Jesus of Nazareth in New Testament Preaching*. (SNTSMS 27) Cambridge: Cambridge University Press.

Stegemann, W 1996. Anti-Semitic and Racist Prejudices in Titus 1.10–16, in M G Brett (ed), *Ethnicity and the Bible*, 271–94. Leiden: E. J. Brill.

Stein, R H 2011. *A Basic Guide to Interpreting the Bible: Playing by the Rules*. 2nd ed. Grand Rapids: Baker Academic.

Stendahl, K 1976. *Paul among Jews and Gentiles*. Minneapolis: Fortress.

Stern, M 1974. *Greek and Latin Authors on Jews and Judaism*, Vol 1: Herodotus to Plutarch. Jerusalem: The Israel Academy of Sciences and Humanities.

Strack, H & Billerbeck, P 1922–28. *Kommentar zum Neuen Testament aus Talmud und Midrasch*. 4 vols. München: Beck. [Str-B]

Strecker, C 1999. *Die liminale Theologie des Paulus: Zugänge zur paulinischen Theologie aus kulturanthropologischer Perspektive*. (FRLANT 185) Göttingen: Vandenhoeck und Ruprecht.

Stuhlmacher, P 1992. *Biblische Theologie des Neuen Testaments*, Bd 1: Grundlegung von Jesus zu Paulus. Göttingen: Vandenhoeck.

Swank, R L & Marchand, W E 1946. Combat Neuroses: Development of Combat Exhaustion. *Archives of Neurology and Psychiatry* 55(3), 236–47.

Tajfel, T (ed) 1978. *Differentiation between Social Groups: Studies in the Social Psychology of Intergroup Relations*. London et al: Academic Press.

Tannenbaum, R E 1986. Jews and God-Fearers in the Holy City of Aphrodite. *BARev* 12.5, 74–94

Thiselton, A C 2000. *The First Epistle to the Corinthians: A Commentary on the Greek Text*. (NIGTC) Grand Rapids & Cambridge: Eerdmans.

Thiselton, A C 2009. *The Living Paul: An Introduction to the Apostle and His Thought*. London: SPCK.

Thrall, M E 1994. *A Critical and Exegetical Commentary on the Second Epistle to the Corinthians*, Vol 1. (ICC) Edinburgh: T & T Clark.

Thrall, M E 2000. *A Critical and Exegetical Commentary on the Second Epistle to the Corinthians*, Vol 2. (ICC) Edinburgh: T & T Clark.

Tomson, P J 1990. *Paul and the Jewish Law: Halakha in the Letters of the Apostle to the Gentiles*. (Concordia rerum iudaicarum ad novum testamentum 3/1) Assen & Maastricht: Van Gorcum / Minneapolis: Fortress.

Tuckett, C 2000. Paul, Scripture and Ethics: Some Reflections. *NTS* 46, 403–25.

Ulmer, R 1994. *The Evil Eye in the Bible and in Rabbinic Literature*. Hoboken: KTAV Publishing House.

Valesius, Henricus 1659. *Eusebii Pamphili, Ecclesiasticae historiae*. Paris.

Van der Horst, P W 1990. Juden und Christen in Aphrodisias im Licht ihrer

Beziehungen in anderen Städten Kleinasiens, in J van Amersfoot und J van Oort (Hg), *Juden und Christen in der Antike*, 125–43. Kampe: Kok.

Van Henten, J W 1993. The Tradition-Historical Background of Romans 3.25: A Search for Pagan and Jewish Parallels, in M C de Boer (ed), *From Jesus to John: Essays on Jesus and New Testament Christology in Honour of Marinus de Jonge*. (JSNTSup 84) Sheffield: JSOT.

Van Henten, J W 1997. *The Maccabean Martyrs as Saviours of the Jewish People: A Study of 2 and 4 Maccabees*. (JSJSup 57) Leiden: Brill.

VanderKam, J C & Flint, P 2002. *The Meaning of the Dead Sea Scrolls: Their Significance for Understanding the Bible, Judaism, Jesus, and Christianity*. New York: HarperCollins.

Von Zahn, T 1907. *Der Brief des Paulus an die Galater*. (Kommentar zum Neuen Testament) Leipzig: A. Deichert.

Wagner, J R 2002. *Heralds of the Good News: Isaiah and Paul 'In Context' in the Letter to the Romans*. Leiden et al: Brill.

Wallace, D B 1996. *Greek Grammar beyond the Basics: An Exegetical Syntax of the New Testament*. Grand Rapids: Zondervan.

Wanamaker C A 1990. *The Epistles to the Thessalonians*. (NIGTC) Grand Rapids: Eerdmans.

Watson, F 1986. *Paul, Judaism and the Gentiles: A Sociological Approach*. (SNTSM 56) Cambridge: Cambridge University Press.

Weaver, P R C 1972. *Familia Caesaris: A Social Study of the Emperor's Freedmen and Slaves*. Cambridge: Cambridge University Press.

Wedderburn, A J M 2015. *The Death of Jesus: Some Reflections on Jesus-Traditions and Paul*. (WUNT 299) Tübingen: Mohr Siebeck.

Wengst, K 1972. *Christologische Formeln und Lieder des Urchristentums*. Gütersloh: Gütersloher Verlagshaus.

Wenham, D 1995. *Paul: Follower of Jesus or Founder of Christianity?* Grand Rapids & Cambridge: Eerdmans.

Wenham, G J 1987. *Genesis 1–15*. (WBC 1) Waco: Word Books.

Westerholm, S 1988. *Israel's Law and the Church's Faith: Paul and His Recent Interpreters*. Grand Rapids: Eerdmans.

Westerholm, S 2004. *Perspectives Old and New on Paul: The 'Lutheran' Paul and His Critics*. Grand Rapids & Cambridge: Eerdmans.

Whitenton, M R 2010. After ΠΙΣΤΙΣ ΧΡΙΣΤΟΥ: Neglected Evidence from the

Apostolic Fathers. *Journal of Theological Studies* 61(1), 62–109.

Wikenhauser, A 1960. *Pauline Mysticism: Christ in the Mystical Teaching of St. Paul.* Freiburg: Herder.

Wilson, R M 2005. *Colossians and Philemon* (ICC) London et al: T & T Clark.

Wilson, T 1612. *A Christian Dictionarie.* London: William Iaggard.

Witherington, B III 1994. *Paul's Narrative Thought World: The Tapestry of Tragedy and Triumph.* Louisville: Westminster John Knox Press.

Witherington, B III 1995. *Conflict and Community in Corinth: A Socio-Rhetorical Commentary on 1 and 2 Corinthians.* Grand Rapids: Eerdmans.

Witherington, B III 1998. *Grace in Galatia: A Commentary on Paul's Letter to the Galatians.* Grand Rapids: Eerdmans.

Wolter, M 2011. *Paulus: Ein Grundriss seiner Theologie.* Neukirchen-Vluyn: Neukirchener Verlagsgesellschaft.

Wolter, M 2015. *Paul: An Outline of His Theology*, tr by R L Brawley. Waco: Baylor University Press. Original 2011.

Wrede, W 1907. *Paulus.* (Religionsgeschichtliche Volksbücher) 2 Aufl. Tübingen: J C B Mohr. Original 1904.

Wright, N T 1991. *The Climax of the Covenant: Christ and the Law in Pauline Theology.* Minneapolis: Fortress.

Wright, N T 1992. *The New Testament and the People of God.* London: SPCK.（『キリスト教の起源と神の問題 1 ——新約聖書と神の民　上巻』山口希生訳、新教出版社、2015年。）

Wright, N T 2005. *Paul in Fresh Perspective.* Minneapolis: Fortress.

Wright, N T 2015. *Paul and His Recent Interpreters: Some Contemporary Debates.* London: SPCK.

Yamaguchi, N 2015. Sacrifice, Curse, and the Covenant in Paul's Soteriology. Ph.D. Dissertation submitted to the University of St Andrews.

Yardin, Y 1971. Pesher Nahum (4QpNahum) Reconsidered. *Israel Exploration Journal* 21, 1–12.

青野太潮 1989.『「十字架の神学」の成立』ヨルダン社。

青野太潮 2013.『最初期キリスト教思想の軌跡』新教出版社。

浅野淳博 2009.「パウロと律法①——『新たな視点』以前の『パウロと律法』解釈史概観」『ペディラヴィウム』64、20–47。

浅野淳博 2010a.「パウロの『回心』——その過程と体験に関する議論の概観と考察」『神學研究』57、15–28。

浅野淳博 2010b.「フィリピ書翻訳に関する一提案――パウロの『反対者』」『聖書学論集』42、143-64。

浅野淳博 2011a.「パウロとパロディ」秦剛平編『古代世界におけるモーセ五書の伝承』京都大学学術出版会、373-98。

浅野淳博 2011b.「フィリピ書翻訳に関する一提案――διάκονος と教会職制」『聖書翻訳研究』32、47-67。

浅野淳博 2012a.『ガラテヤ共同体のアイデンティティ形成』創文社、原著 2005。

浅野淳博 2012b.「『使徒教父文書』に見るユダヤ教からの教会分離――プロレゴメノン」『古代・中世初期のユダヤ教とキリスト教』(CISMOR ユダヤ学会議、第 5 回) 40-53, 148-61。

浅野淳博 2014.「ガラテヤ書における邪視告発の応酬――社会科学的批評のためのエチュード」日本聖書学研究所編『聖書的宗教とその周辺』リトン、262-73。

浅野淳博 2016a.「塵芥について（1 コリント 4:13b）――イエス受難のメタファに関する一考察」『新約学研究』44、23-41。

浅野淳博 2016b.「『イエスとその目撃者たち――目撃者証言としての福音書』」、『人生を聖書と共に――リチャード・ボウカムの世界』新教出版社、62-74。

浅野淳博（他編）2016.『新約聖書解釈の手引き』日本キリスト教団出版局。

アスコー, R 2015.『パウロの教会はどう理解されたか』村山盛葦訳、日本キリスト教団出版局、原著 1998。

網野善彦 2008.『「日本」とは何か』講談社学術文庫。

荒井献 2005.「使徒『ユニア（ス）』（ロマ書 16.7) をめぐって」『日本學士院紀要』59(3)、185-98。

荒井献 2014.『使徒行伝』中巻（現代新約注解全書）新教出版社。

伊藤明生 2010.『ガラテヤ人への手紙講解――パウロが語る福音の真理』いのちのことば社。

伊藤貞夫・本村凌二（編）1997.『西洋古代史研究入門』東京大学出版会。

伊東寿泰 2016.「スピーチアクト分析」浅野淳博他編『新約聖書解釈の手引き』日本キリスト教出版局、207-39。

岩隈直・土岐健治 2001.『新約聖書ギリシア語構文法』キリスト教図書出版社。

上村静 2008.『宗教の倒錯――ユダヤ教・イエス・キリスト教』岩波書店。

内村鑑三 1926.『加拉太書之精神』向山堂（『内村鑑三全集』岩波書店、29 巻、1983 年所収）。

エルワージ, F T 1992.『邪視』奥西峻介訳、リブロポート、原著 1895。

オーウェル, G 2009.『一九八四年　新訳版』高橋和久訳、早川書房、原著 1949。

太田修司 2014.「『キリストのピスティス』の意味を決めるのは文法か？」『聖書学論集 46　聖書的宗教とその周辺』リトン、481–500。
大貫隆・山内眞（監修）2003.『新版 総説 新約聖書』日本キリスト教団出版局。
大宮有博 2017.「歓待の物語としてイエスの降誕場面を読む——ルカによる福音書 2 章 1 節〜20 節の社会科学的聖書解釈」『外国語外国文化研究』XVII、159–76。
小高毅（編）2001.『原典古代キリスト教思想史 3　ラテン教父』教文館。
カエサル 1994.『ガリア戦記』國原吉之助訳、講談社学術文庫。
カーマイケル, E 2004.『カルバリの愛を知っていますか』柳瀬多喜雄訳、いのちのことば社。
ガルトゥング, J（他編）2003.『ガルトゥング平和学入門』法律文化社。
ガルトゥング, J 2017.『日本人のための平和論』御立英史訳、ダイヤモンド社。
カントロヴィッチ, E 1993.『祖国のために死ぬこと』甚野尚志訳、みすず書房。
北森嘉蔵 [1946] 2009.『神の痛みの神学』教文館。
クナップ, R 2015.『古代ローマの庶民たち——歴史からこぼれ落ちた人々の生活』西村昌洋・増永理考・山下孝輔訳、白水社、原著 2013。
クラウク, H-J 2017.『初期キリスト教の宗教的背景』上巻、小河陽・吉田忍・山野貴彦訳、日本キリスト教団出版局、原著 1995。
クルマン, O 1954.『キリストと時』前田護郎訳、岩波書店、原著 1948。
クロッサン, J D & ボーグ, M J 2008.『イエス最後の一週間——マルコ福音書による受難物語』浅野淳博訳、教文館、原著 2006。
ゲルナー, E 2000.『民族とナショナリズム』加藤節監訳、岩波書店、原著 1983。
佐竹明 2008a.『ガラテア人への手紙』第 2 版（現代新約注解全書）新教出版社。
佐竹明 2008b.『使徒パウロ——伝道にかけた生涯　新版』新教出版社。
佐藤研 2012.『旅のパウロ——その経験と運命』岩波書店。
サンダース, E P 2002.『パウロ』土岐健治・太田修司訳、教文館、原著 1991。
ジェイムズ, W 1969.『宗教的経験の諸相』上巻、枡田啓三郎訳、岩波文庫、原著 1902。
シュスラー・フィオレンツァ, E 1990.『彼女を記念して——フェミニスト神学によるキリスト教起源の再構築』山口里子訳、日本キリスト教団出版局。原著 1983.
シューラー, E 2012.『イエス・キリスト時代のユダヤ民族史』1 巻、小河陽訳、教文館、原著 1973。
シューラー, E 2017.『イエス・キリスト時代のユダヤ民族史』5 巻、木村和良訳、教文館、原著 1986。

スピヴァク, G C 1998.『サバルタンは語ることができるか』上村忠男訳、みすず書房。原著 1988。

タイセン, G 2010.『イエス運動——ある価値革命の社会史』廣石望訳、新教出版社、原著 2004。

田川建三 , 2007.『新約聖書　訳と註 3　パウロ書簡その一』作品社。

田川建三 , 2009.『新約聖書　訳と註 4　パウロ書簡その二』作品社。

辻学 2013.『偽名書簡の謎を解く——パウロなき後のキリスト教』新教出版社。

土岐健治 2008.「契約遵法主義」樋口進・中野実（監修）『聖書学用語辞典』日本キリスト教団出版局。

トリブル, P 1989.『神と人間性の修辞学——フェミニズムと聖書解釈』河野信子訳、ヨルダン社、原著 1978。

長窪専三 2008.『古典ユダヤ教事典』教文館。

日本聖書学研究所（編）1976.『聖書外典偽典』5 巻、教文館。

朴憲郁 2003.『パウロの生涯と神学』教文館。

秦剛平 2006.『乗っ取られた聖書』京都大学学術出版会。

ハックスリー, A 2013.『すばらしい新世界』黒原敏行訳、光文社、原著 1932。

原口尚彰 2004.『ガラテヤ人への手紙』（現代新約注解全書別巻）新教出版社。

原口尚彰 2015.「イエス・キリストの信実か、イエス・キリストへの信仰か？」『日本の神学』54、76–95。

バルツ, H & シュナイダー, G（編）1993–95.『ギリシア語 新約聖書釈義事典』I～Ⅲ、荒井献・ＨＧマルクス（監訳）、教文館、原著 1980–83。

ハーン, F 2006.『新約聖書神学 I』上巻、大貫隆・大友陽子訳、日本キリスト教団出版局、原著 2002。

廣石望 2016.「パウロと初期ユダヤ教における普遍主義」『キリスト教学』58、3–33。

フィー, G D & スチュワート, D 2014.『聖書を正しく読むために——聖書解釈学入門』和光信一・関野祐二訳、いのちのことば社、原著 2014。

福澤諭吉 2010.『学問のすゝめ』岩波文庫。

ベルレユング, A & フレーフェル, C（編）2016.『旧約新約聖書神学事典』山吉智久訳、教文館、原著 2006。

ヘンゲル, M 2005.『キリスト教聖書としての七十人訳——その前史と正典としての問題』土岐健治・湯川郁子訳、教文館、原著 1994。

ヘンゲル, M 2006.『贖罪——新約聖書におけるその教えの起源』川島貞雄・早川良躬訳、教文館、原著 1980。

ボウカム, R 2011.『イエスとその目撃者たち——目撃者証言としての福音書』浅

野淳博訳、新教出版社、原著 2006。

マクグラス，A E 2008.『総説 キリスト教』本多峰子訳、キリスト新聞社、原著 1997。

マクグラス，A E 2015.『ルターの十字架の神学──マルティン・ルターの神学的突破』鈴木浩訳、教文館、原著 2011。

南方熊楠 1909.「出口君の『小兒と魔除』を讀む」『東京人類學會雜誌』24 (278)、292–312。

南方熊楠 1929.「邪視に就いて」、『民俗學』1 (4)、249–50。

湊晶子 1979.「ローマにおける自由人と奴隷の実体」『福音主義神学』10 (6)。

村山盛葦 2017.「論評：浅野他『新約聖書解釈の手引き』（日本キリスト教出版局 2016 年）」『新約学研究』45、70–74。

メイソン，S 2007.『ヨセフスと新約聖書』浅野淳博訳、リトン、原著 2003。

八木誠一 2000.『パウロ』（人と思想）清水書院。

山内眞 2002.『ガラテア人への手紙』日本キリスト教団出版局。

山田耕太 2012.『フィロンと新約聖書の修辞学』新教出版社。

ヤング，L J C 2005.『ポストコロニアリズム』本橋哲也訳、岩波書店、原著 2003。

吉田忍 2014.「ガラテヤ人への手紙における ΠΙΣΤΙΣ ΧΡΙΣΤΟΥ」『聖書学論集 46 聖書的宗教とその周辺』リトン、653–76。

リヴィングストン，E A（編）2017.『オックスフォード・キリスト教辞典』木寺廉太訳、教文館、原著 2013。

浅野淳博（あさの あつひろ）

1960年、島根県松江市生まれ。フラー神学校にて Th.M.、オックスフォード大学にて D.Phil. を取得。現在は、関西学院大学教授、西日本新約聖書学会会長。

単著：*Community-Identity Construction in Galatians* (London & NY: T&T Clark Continuum, 2005);『ガラテヤ共同体のアイデンティティ形成』（創文社、2012年）。

共著：*The Cambridge Dictionary of Christianity* (Cambridge: CUP, 2010); *The Oxford Handbook of Reception History of the Bible* (Oxford: OUP, 2011); *T&T Clark Handbook to Social Identity in the New Testament* (London et al: Bloomsbury T&T Clark, 2014); *The Trinity among the Nations* (Grand Rapids & Cambridge: Eerdmans, 2015)、『新約聖書解釈の手引き』（日本キリスト教団出版局、2016年）他。

翻訳：R. ボウカム『イエスとその目撃者たち』（新教出版社、2011年）、J. ダフ『エレメンツ——新約聖書ギリシャ語教本』増補改訂版（新教出版社、2016年）、J. D. G. ダン『使徒パウロの神学』（教文館、2018年予定）他。

NTJ 新約聖書注解
ガラテヤ書簡

2017 年 10 月 1 日　初版発行　　　　　Ⓒ 浅野淳博　2017

著　者　浅　野　淳　博
発　行　日本キリスト教団出版局
〒 169-0051　東京都新宿区西早稲田 2-3-18
電話・営業 03(3204)0422、編集 03(3204)0424
http://bp-uccj.jp

印刷・製本　精興社

ISBN 978-4-8184-0980-4　C1316　**日キ販**
Printed in Japan

日本語で書き下ろす聖書注解シリーズ

VTJ 旧約聖書注解
Vetus Testamentum Japonicum

NTJ 新約聖書注解
Novum Testamentum Japonicum

2017年、マルティン・ルターの宗教改革から数えて**500年目**を迎える。
キリスト教が拠って立つ聖書を一般信徒の手に返したという意味で、
宗教改革はまさに画期的な出来事であった。
それによって、プロテスタント教会のみならず、カトリック教会においても
幾多の新しい流れが生まれ、新しい時代が準備されていった。
聖書には新しい時代を拓く力が宿っている。
私たちはそう信じ、宗教改革から500年を経た今日、
日本語で書き下ろされた聖書注解シリーズの刊行という旅路へ踏み出す。

5つの特長

1. 日本語で書き下ろされており、読みやすい
2. 原典の文書・文体・文法・語彙の特徴がわかる
3. 聖書各書の歴史的・文化的・社会的背景がわかる
4. 先入観に支配されず、聖書が提起している問題を理解できる
5. 聖書の理解を通して、現代社会への深い洞察を得ることができる

2017年に、日本キリスト教団出版局より刊行開始!

VTJ 旧約聖書注解

監修者
月本昭男／山我哲雄／大島 力／小友 聡

五書
創世記	月本昭男
出エジプト記	鈴木佳秀
レビ記	山森みか
民数記	竹内 裕
申命記	大住雄一

歴史書
ヨシュア記	魯恩碩
士師記	山吉智久
サムエル記	勝村弘也
列王記	山我哲雄
歴代誌	山我哲雄
エズラ記・ネヘミヤ記	守屋彰夫

預言書
イザヤ書	大島 力
エレミヤ書	大串 肇
エゼキエル書	北 博
ホセア書	大島 力
ヨエル書	金井美彦
アモス書	小林 進
オバデヤ書	左近豊
ヨナ書	水野隆一
ミカ書	金井美彦
ナホム書	左近 豊
ハバクク書	左近 豊
ゼファニヤ書	左近 豊
ハガイ書	樋口 進
ゼカリヤ書	樋口 進
マラキ書	樋口 進

諸書
ルツ記	加藤久美子
エステル記	高橋優子
ヨブ記	月本昭男
詩編1〜72編	飯 謙
詩編73〜150編	石川 立
箴言	加藤久美子
コヘレト書	小友 聡
雅歌	小友 聡
哀歌	左近 豊
ダニエル書	守屋彰夫

NTJ 新約聖書注解

監修者
須藤伊知郎／伊東寿泰／浅野淳博／廣石 望／中野 実／辻 学

マタイ福音書	須藤伊知郎
マルコ福音書	挽地茂男
ルカ福音書	嶺重 淑
ヨハネ福音書	伊東寿泰
使徒行伝	今井誠二
ローマ書簡	浅野淳博
第1コリント書簡	村山盛葦
第2コリント書簡	廣石 望
ガラテヤ書簡	浅野淳博
フィリピ書簡・フィレモン書簡	小林高徳
第1、第2テサロニケ書簡	焼山満里子
エフェソ書簡	山田耕太
コロサイ書簡	保坂高殿
第1、第2テモテ書簡・テトス書簡	福嶋裕子
ヘブライ書簡	中野 実
ヤコブ書簡	東よしみ
第1、第2ペトロ書簡・ユダ書簡	辻 学
第1、第2、第3ヨハネ書簡	三浦 望
ヨハネ黙示録	遠藤勝信

VTJ／NTJ の特設ホームページをぜひごらんください!
http://bp-uccj.jp/publications/tokusetsu/
本注解書シリーズの特長や監修者のコメント、『VTJ 旧約聖書注解』『NTJ 新約聖書注解』の見本原稿など、豊富な内容を掲載。

日本キリスト教団出版局 〒169-0051 東京都新宿区西早稲田2-3-18 TEL 03-3204-0422 FAX 03-3204-0457
■ホームページ http://bp-uccj.jp ■Eメール eigyou@bp.uccj.or.jp